Criminal Court Process

当 代 世 界 学 术 名 著

美国刑事法院诉讼程序

[美] 爱伦·豪切斯泰勒·斯黛丽（Ellen Hochstedler Steury）／著
南希·弗兰克（Nancy Frank）

陈卫东　徐美君／译
何家弘／校

中国人民大学出版社
·北京·

"当代世界学术名著"
出版说明

中华民族历来有海纳百川的宽阔胸怀，她在创造灿烂文明的同时，不断吸纳整个人类文明的精华，滋养、壮大和发展自己。当前，全球化使得人类文明之间的相互交流和影响进一步加强，互动效应更为明显。以世界眼光和开放的视野，引介世界各国的优秀哲学社会科学的前沿成果，服务于我国的社会主义现代化建设，服务于我国的科教兴国战略，是新中国出版工作的优良传统，也是中国当代出版工作者的重要使命。

中国人民大学出版社历来注重对国外哲学社会科学成果的译介工作，所出版的"经济科学译丛"、"工商管理经典译丛"等系列译丛受到社会广泛欢迎。这些译丛侧重于西方经典性教材；同时，我们又推出了这套"当代世界学术名著"系列，旨在迻译国外当代学术名著。所谓"当代"，一般指近几十年发表的著作；所谓"名著"，是指这些著作在该领域产生巨大影响并被各类文献反复引用，成为研究者的必读著作。我们希望经过不断的筛选和积累，使这套丛书成为当代的"汉译世界学术名著丛书"，成为读书人的精神殿堂。

由于本套丛书所选著作距今时日较短，未经历史的充分淘洗，加之判断标准见仁见智，以及选择视野的局限，这项工作肯定难以尽如人意。我们期待着海内外学界积极参与推荐，并对我们的工作提出宝贵的意见和建议。我们深信，经过学界同仁和出版者的共同努力，这套丛书必将日臻完善。

中国人民大学出版社

译者说明

现代各国刑事诉讼制度在保持各自特点的同时，愈来愈趋向于相互融合和彼此渗透。美国作为英美法系国家的代表，其刑事法院诉讼程序一直是我国诉讼法学者研究和讨论的重要课题之一。正是基于此，我们翻译了这本书，希望本书的出版能给从事外国诉讼制度研究的我国学者提供某些参考，也能为外国刑事诉讼的教学提供一些素材。

为便于对照核查，本书在切口处均标明原著页码，因排版调整，个别地方容有出入。人名、地名及专用术语尽量按通行译法，并兼顾约定俗成的原则译出，书后附有中英文对照表。为便于了解和利用文献，原著参考书目未译出。

正在美国威斯康星大学求学的周健先生为本书的版权事宜做了大量工作，并参与了本书第九章和第十章的翻译。对于他的努力和帮助，我们表示诚挚的谢意。

中文版序言

这本书最初是为美国的学生们写的，我们的目的旨在通过提出一个超然的和现实的关于刑事法院诉讼程序的观点来激发思考和讨论。我们决定从刑事法院诉讼程序的制度压力、现实实践、社会科学的研究成果以及针对我们抗辩制历史起源的背景和持续的演变发展来描述法律程序的运作。我们非常荣幸能向中国的法律学生和学者们提供我们对美国刑事法院诉讼程序的理解和看法。

很显然，这本书将为中国的法律专业学生和学者们提供比较研究。更为重要的是，在中国刑事诉讼法作了很大改革后的不久，我们希望这本书能介绍一些新的思维方式，对政府和公民在一个有秩序的社会里的刑事活动中的不同的可能角色进行探讨。如果本书能激起他们的思考和讨论，就像在成千上万的美国学生中所引起的反响那样，我们就认为取得了成功。

爱伦·豪切斯泰勒·斯黛丽
南希·弗兰克

Preface to Chinese Edition

Originally written for the American college student, our goal was to stimulate thought and discussion by presenting a balanced and realistic perspective of the criminal court process. We determined to describe the operation of the legal procedure in light of systemic pressures, practical realities and findings from social scientific studies of the process, and against the backdrop of our adversarial system's historical origins and continuing evolution. We are honored and pleased that we can now offer our perspective on the American criminal court process to Chinese law students and scholars.

Most obviously, this text will serve Chinese law students and scholars as a point of comparison. More importantly, in this era shortly after major reforms in the Chinese criminal procedure law, we hope this text will introduce new ways of thinking about the different possible roles of government and citizen in responding to criminal acts in an ordered society. If this book stimulates thought and discussion among

Chinese students, as it has among thousands of American students, we will consider it a success.

Ellen Hochstedler Steury
Nancy Frank

目　　录

第1部分　刑事法院诉讼程序介绍

第1章　刑事法院的任务 ··· 3
- 纠纷的解决 ··· 4
- 民事和刑事审判的异同点 ··· 10
- 刑事法院判决的纠纷类型 ··· 12
- 刑事实体法 ·· 14
- 刑事诉讼程序 ··· 16
- 刑事法院的价值和政策 ·· 19
- 政策改革和刑事法院 ·· 21
- 总结 ··· 22
- 参考书目 ··· 23

第2章　刑事法院总览：结构和诉讼程序 ·························· 25
- 法院和法院的管辖 ··· 25
- 州法院结构 ·· 27
- 联邦法院结构 ··· 36
- 州法院结构简单化 ··· 37

抗辩式诉讼程序 …………………………………………… 39
　　在刑事法院诉讼案件 ………………………………………… 39
　　诉讼案件的不同方法 ………………………………………… 49
　　总结 …………………………………………………………… 50
　　参考书目 ……………………………………………………… 51

第3章　抗辩制中被指控者的权利 ……………………………… 53
　　两种公正 ……………………………………………………… 54
　　抗辩制中的被告人权利 ……………………………………… 56
　　抗辩模式的优点 ……………………………………………… 71
　　对抗辩制的批判 ……………………………………………… 72
　　抗辩模式的局限 ……………………………………………… 74
　　衡量非抗辩式诉讼程序 ……………………………………… 77
　　总结 …………………………………………………………… 78
　　参考书目 ……………………………………………………… 80

第4章　法院和刑事诉讼程序的历史 …………………………… 82
　　没有法院的司法 ……………………………………………… 83
　　作为纠纷解决场所的中世纪法院 …………………………… 84
　　陪审团的发展 ………………………………………………… 90
　　大宪章和正当程序的概念 …………………………………… 95
　　内战和对陪审团审判的反对 ………………………………… 96
　　刑事程序进入18世纪 ………………………………………… 98
　　美国殖民时期的司法实践 …………………………………… 103
　　总结 …………………………………………………………… 112
　　参考书目 ……………………………………………………… 113

第5章　刑事法院诉讼程序的制度比较 ………………………… 117
　　司法制度的分类 ……………………………………………… 118
　　抗辩式和讯问式司法制度 …………………………………… 120
　　现代法国刑事诉讼程序 ……………………………………… 123
　　沙特阿拉伯的刑事诉讼程序 ………………………………… 128

中国的刑事诉讼程序 ················· 135
总结 ················· 141
参考书目 ················· 142

第 2 部分 法院的主要角色

第 6 章 法官 ················· 149
成为一名法官 ················· 149
得到工作：司法选拔程序 ················· 159
了解行业规则 ················· 167
法官的工作 ················· 168
保持廉正 ················· 179
总结 ················· 183
参考书目 ················· 184

第 7 章 检察官 ················· 189
检察官职务 ················· 190
成为一名检察官 ················· 192
检察官的工作 ················· 196
保持廉正，控制自由裁量权 ················· 210
总结 ················· 212
参考书目 ················· 213

第 8 章 抗辩制中辩护律师的角色 ················· 217
被告人的角色 ················· 218
律师—委托人特权 ················· 221
辩护律师的工作 ················· 223
辩护服务组织 ················· 228
支持被告人和辩护律师 ················· 238
保持廉正 ················· 240
总结 ················· 242
参考书目 ················· 243

第 3 部分　诉讼案件

第 9 章　检察官的初步指控决定 ········· 249
- 指控和它的替代 ········· 251
- 指控签发中的主要因素 ········· 255
- 对指控的研究：固定模式和起诉的自由裁量权 ········· 267
- 指控期待谈判 ········· 270
- 控制指控的自由裁量权 ········· 272
- 总结 ········· 273
- 参考书目 ········· 274

第 10 章　在初级法院诉讼较轻微的罪行 ········· 278
- 过去的遗产：治安法院 ········· 279
- 现代限制管辖权法院 ········· 282
- 移送案件：每个人的事务 ········· 284
- 初级法院的辩护律师 ········· 288
- 改革的后果：20 世纪 90 年代的初级法院 ········· 296
- 初级法院之外：调解 ········· 297
- 总结 ········· 300
- 参考书目 ········· 301

第 11 章　初次到庭：设定保释金和其他释放条件 ········· 304
- 初次到庭的职能 ········· 305
- 审前释放的类型 ········· 310
- 保释担保：一个争议不断的问题 ········· 315
- 保释改革运动 ········· 318
- 保释决定的作出 ········· 321
- 审前释放结果 ········· 326
- 20 世纪 80 年代的保释改革：保护公众 ········· 331
- 新的指示 ········· 338

总结 ·· 340

　　参考书目 ·· 340

第12章　审前程序 ·································· 345

　　衡量证据 ·· 345

　　证据的正式审前审查：大陪审团和预审听证 ········ 352

　　展示 ··· 368

　　审前动议 ·· 369

　　总结 ··· 370

　　参考书目 ·· 371

第13章　交易时间：答辩谈判 ······················ 374

　　答辩交易的历史发展 ······························· 375

　　定义和基本的变异 ·································· 379

　　谈判类型 ·· 380

　　各方和他们的职责 ·································· 386

　　交易制度中的公正和道德 ························· 394

　　成功改革的可能性 ·································· 399

　　总结 ··· 403

　　参考书目 ·· 404

第14章　提审：答辩指控 ····························· 409

　　提审程序 ·· 409

　　放弃审判权利的答辩 ······························· 410

　　无罪答辩 ·· 419

　　与答辩有关的特殊问题：无行为能力和精神错乱 ··· 420

　　答辩或接受审判的行为能力 ······················· 420

　　精神错乱和限制行为能力辩护 ···················· 424

　　总结 ··· 432

　　参考书目 ·· 433

第15章　准备审判 ···································· 436

　　预测辩护方 ··· 438

辩护计划……………………………………………… 439
　　准备证人：审查证据和预先演习审判……………… 449
　　准备物证和示意证据………………………………… 450
　　放弃或不放弃：陪审团审判和审判策略…………… 452
　　总结…………………………………………………… 459
　　参考书目……………………………………………… 460

第 16 章　审判的戏剧性场面……………………… 462
　　审判权利……………………………………………… 463
　　审判程序……………………………………………… 469
　　总结…………………………………………………… 495
　　参考书目……………………………………………… 496

第 17 章　量刑……………………………………… 499
　　量刑的目的…………………………………………… 500
　　刑罚种类……………………………………………… 504
　　量刑程序……………………………………………… 517
　　自由裁量权和量刑差别……………………………… 523
　　量刑结构：构造司法自由裁量权…………………… 524
　　特殊的问题：死刑…………………………………… 533
　　总结…………………………………………………… 540
　　参考书目……………………………………………… 540

第 18 章　上诉和其他宣告有罪后的救济………… 547
　　上诉和间接复审的途径……………………………… 548
　　直接上诉……………………………………………… 549
　　间接救济……………………………………………… 559
　　负担过重的上诉法院………………………………… 563
　　上诉的结果…………………………………………… 572
　　总结…………………………………………………… 574
　　参考书目……………………………………………… 575

中英文对照表…………………………………………… 578

第 1 部分
刑事法院诉讼程序介绍

第1章 刑事法院的任务

　　几乎没有哪个政府机构像刑事法院那样富于戏剧变化。我们的想象似乎总是围绕着刑事被告人未卜的命运、检察官与辩护律师机智的较量以及法官令人敬畏的权力。法院实际上是执掌生死大权的机构。国家集中全力反对被指控者。对抗这一巨大力量的是辩护律师，被告人视其为唯一的联盟者，一起反对让他受耻和蒙羞的国家指控。最后，被告人的命运由十二个普通市民组成的陪审团决定，他们并非法律专业人士，被要求花几个小时或数天的时间决定被告人的命运。这就是使我们对刑事法院着迷的原因所在。

　　以上是对刑事法院理想化的想象，但这与现代刑事法院诉讼程序的现实以及公众对法院认识的转变反差很大。那种认为正义最终能得到维护，如《佩里·梅森》的主题那样令人心安的想法，随着公众越来越了解现代刑事法院的常规工作而渐被磨灭。现实中并且在公众看来，陪审团裁决的戏剧场面已被答辩交易所代替，检察官和辩护律师之间的交易结果取代了十二位好市民的裁决。通常，正义似乎被遗弃在法院门前的台阶上，法院内部十分混乱。

　　刑事法院真正的情形其实居于上述两种看法之间，法院从来没有像我们罗曼蒂克般想象的那么纯洁无瑕，也没有像今天许多人担心的那样腐败混乱。在许多方面，如今的刑事法院比历史上任何一个时期都更能体现公正，然而在有些方面，控制犯罪的强大社会压力也威胁着程序的正义与公平。总之，法官、检察官和辩护律师为界定正义真正要求什么而继续努力着。

2   我们最基本的一些价值观念在刑事法院得以体现。那些可能伤害我们或威胁我们生活秩序的人使我们感到害怕与不安，而正义、公平和对个人权利的保护能使我们获得安全感。我们要求对有罪者绳之以法，也殷切地希望还无辜者以清白。刑事法院的任务就是满足这些不同的要求。

这本书介绍刑事法院以及刑事法院处理案件的诉讼程序。本章主要阐述刑事法院作为一种纠纷解决方式的任务。然而，正如本章所指出的，刑事法院的诉讼程序不是唯一的——也未必是最好的——解决诉讼至法院的各类纠纷的途径。

纠纷的解决

冲突是人们相互交往中一个自然的部分。冲突可能是很微小的——比如相互争执谁扔垃圾，也有很大的，造成死亡、破坏、甚至战争的冲突。所有社会群体，小至家庭，大到社会组织，都希望有一个能解决发生在他们成员之间的纠纷的机构。这些机构可以完全依于个人自愿的行为，也可以通过运用武力和权威的干涉强迫个人解决他们之间的纠纷。

以前私下里解决的事现在经常在法院解决。"20世纪以来，法院已经解决了很大一部分家庭、朋友、邻居间的纠纷"（Merry 1982a, 172）。将案子提到法院解决，经常意味着其他一些比较缓和的解决纠纷的手段已经失败。因为法院经常是最后的诉诸地，所以我们也不必奇怪，对一些其他社会机构不能解决的纠纷，法院也经常不能解决。

法院不能解决犯罪问题或甚至不能使之有明显的改善。所以，平心而论，法院——负责处理社会失败，也总是失败。家庭、教堂、工作单位、学校不能解决的事，法院也不能解决（Feeley 1983，19）。然而，失败是对刑事法院合法性的一种严重的挑战。如果刑事法院丧失合法性，纠纷双方可能付诸武力去获得他们所寻求的正义。所以，合法性的丧失威胁社会的和平与秩序。

因为刑事法院只是解决纠纷的一种方法，对其他纠纷解决方法的了解有助于理解法院的特殊任务和在刑事法院中被用来解决纠纷的特殊程序。这些解决纠纷的方法包括谈判、调解、武力、仲裁和非刑事裁决。

谈判和调解

有时纠纷各方会自愿同意通过谈判来解决纠纷。在谈判中，各方讨论相互之间的分歧以努力达成互相能接受的解决方案（Sander 1982）。谈判经常涉及一方为获得正被争论的权利而同意放弃另外某些权利作为交换。

谈判广泛发生在个人、组织和国家的范围内。国家就领土边界纠纷谈判，一个国家可能以贸易退让或补偿作交换，同意放弃被争论的领土。工会与老板谈判工资和工作条件，工会可能接受较低的工资报酬，而换得更好的健康保险。甚至小孩也谈判，如果萨拉为得到球而给比利另一个玩具，那么比利也许就会很乐意地给萨拉刚刚还是他的球。夫妻也通过谈判而满意地解决家务分工问题，每方同意做一项家务而换取其他任务的互相帮助。谈判是社会交往的一个永恒部分，我们经常在还没有完全意识到这是一场纠纷之前就开始了谈判。

调解是谈判的一种变异。调解由一个中立的第三方主持纠纷各方的谈判（Sander 1982）。调解者不施行决定，而是通过显现各方都同意的观点使纠纷者作出彼此均满意的解决方案。随着解决方案的确定，纠纷者也自愿地放弃争斗。双方都有所让步但都不是完全的让步。比如上面所谈的例子，父母亲调解孩子们的纠纷，使他们同意先由比利玩球，然后再由萨拉玩。

因为谈判和调解出于完全的自愿，所以当一方或双方不同意交换的话，谈判和调解则失败（Merry 1982b）。当纠纷双方都认为争论的事很重要，那么就没有一方会愿意让步。比利会觉得没有玩具能比得上争抢的球。成人们经常也很固执，尤其当他们认为他们的权利正受到威胁。"这是我的"，"这是我的权利"，"你没有这个权利"——所有这些话都造成谈判的失败。当谈判失败，那么纠纷双方就会寻求其他方法来解决纠纷。

力量产生权力

可能最原始解决纠纷的方法是运用武力。从中世纪的原始部落到在操场上争斗的孩子们再到国家之间的领土战争，武力被用来征服对方并借以赢得这场纠纷的工具。当谈判失败，无论是争议什么，家族的荣誉、橄榄球场抑或是土地的使用，一方则简单地采取武力措施。

运用武力很显然增加了冒险。起先自信能胜利的侵犯者可能发现对方在战场上比原来自己的估计更强或更聪明。另外，武力的运用经常会导致运用武力升级，除非胜利者彻底地消灭失败者，否则失败一方在将来某些时候可能会卷土重来，所以纠纷的解决永远不会终止。这样，力量产生权力，而权力始终处于纠纷之中。

合法的权力

17、18世纪的社会契约哲学家，比如托马斯·霍布斯和约翰·洛克，指出最初建立政府是为了结束生活在力量产生权力的世界中所产生的不稳定和不确定。为了使纠纷的解决具有终结性，人们不得不建立一些宣告最后的胜利者和预防失败者报复的合法权力或程序。因为宣告具有终止纠纷的效力，纠纷双方不得不自愿地同意官方的决定是有效的且双方都必须遵循。早期权力落在个人群体，比如年老者议会或有权威的个人手中，比如国王、王后、部落酋长或帝王。这些掌权者对纠纷者进行调解，或者只是简单的下达命令解决纠纷。只要统治者被认为是合法的统治者，那么根据命令作出的决定就具有合法性。这种合法性基于遗传、道德品质和其他特征。后来，合法性由法律而不是由人来赋予，这称为法治。在法治社会中，正当地遵循合法的程序，所作出的决定才被认为是合法的。

命令统治

一些社会认为特定的群体或个人拥有根据他们个人的判断解决纠纷的权力。这种判断基于掌权者的专断。如果一方具有令人不快的嗓音或"看上去"不值得信任，或有不好的名声，那么这一方就可能失败，不管案件的事实或当事人可能宣称的任何权利。这种专断的权力统治称为命令统治。

尽管我们经常将命令统治与较原始的社会联系在一起，但甚至今天在许多场合也存在着利用专断的权力解决纠纷。在家庭中，父母亲权威的宣布经常解决了兄弟姐妹间的纠纷——例如，"约翰，给比利球"或"玛丽，不准拉你姐的头发"。在作出决定之前没有谈判，没有试图了解事实的真相，也没有询问错误的原因。父母亲只是作出决定和签发命令。玛丽争辩是她姐姐先拉她的头发，约翰也声称这是他的球，但都没有用。父母亲只是作出简单的反应："我不管，你听到我说了些什么。"

工作中老板有很大的权力解决员工之间的纠纷。如果两个员工正在争辩谁该完成这项任务，老板可能简单地命令其中一个员工去做。员工的纠纷可能出于互相考虑每个人只能得到公平的工作份额，老板则可能运用与公平完全不同的理由给员工分配工作，可能因为这位员工工作比较努力且能信赖完成更多的工作，也可能是因为这位员工总是抱怨而惹怒了老板。一项专断的权力在作出决定时不必考虑权利和公平。

最早的法院可能只是依靠以军队力量作后盾的统治者合法权力来解决发生在统治者统治领土内的纠纷。与现代法院根据正式的规定进行事实认定和裁决不同，早期法院很大程度上依靠统治者的判决和宣告。

根据合法权力专断规则解决纠纷也有其局限性。官方决定的合法性经常取决于个人的性格特征，忠诚及热情的领导者被认为拥有良好的判断能力，他们的命令可能被成功地执行。但是，古板而又缺乏领导艺术的性格却使他们的决定和权威受到挑战。国民造反、儿童变得叛逆不可管制，或员工罢工都随着发生，于是官方又寻求武力或谈判的方式来解决。命令统治的另一个问题是引起专制，也就是绝对剥削或压迫的统治。

法治

与命令统治相对的是法治。美国法律体系中的法治原则起源于早期英国的法律原则。英国的法治明确限制统治者（国王或皇后）的权力。法治意味着没有人能高于法律，甚至包括国家的统治者。诸如在英国早期的君主统治时期，即使是国王也被要求遵守土地法令，以维护合法性。在美国，法治意味着政府中没有人——总统、国会议员、法官、警察——能够高于法律。法律能从许多不同的地方或原始资料中被发现。

宪法。宪法规定了政府的结构和政府不同部门的权力以及对政府权力的限制。例如，美国宪法规定，美国政府由三个部门组成（行政部门、立法部门和司法部门）以及每个部门的权力。美国宪法也规定了与政府相关的一定的个人权利，比如宪法第一到第十修正案，被称为权利法案中的规定，其中一些修正案规定了犯罪嫌疑人享有的权利和法院在判决刑事案件过程中必须遵循的程序。

制定法。由立法机构，比如国会和州立法会制定的法律称制定法。例如，大多数州立法会已编纂刑法并以法典形式出版。制定法也规定了审判刑事案件过程中法院必须遵循的程序。比如，许多州都颁布了规定刑事审判中挑选陪审员程序的制定法。

判例法。另一项重要的法律原始资料发现于法院的判决。英国的许多法律最初都是通过法院对具体纠纷的判决而建立起来的，这种法律后来发展成为英国普通法。美国犯罪的定义和许多法院程序都直接效仿普通法，尽管大多数州已采用编纂和修改最初普通法条款的制定法。美国法院的判决也具有法律效力。这种产生于法院案例而具有法律强制力的条款称为判例法。通过将宪法和制定法适用到正在争论的具体事件中，以及审查过去的案件和传统做法，法院宣布具有法律效力的原则，然后运用这些原则判决将来事实相似的纠纷。

行政法。最后，立法机构授权一些行政机构起草具有法律效力的规定。行政法界定了与一系列行为相关的非法行为，包括环境犯罪、种族和性别歧视以及商业欺骗行为。例如,环境保护机构(EPA)颁布了一份禁止释放有毒化学物的法规。如果一生产厂家排放其中被禁止的化学物质而触犯了这项法规,环境保护机构有权处罚,在一些情况下,还可以提起刑事诉讼。

判决

根据法治解决纠纷不同于用命令来解决纠纷,因为司法者在作出决定的过程中必须遵循一定的法律程序和法律标准。法治要求法院在判决案件时必须遵循所有相关的宪法、制定法、判例法和行政法。纠纷不是凭着官方(或法官)一时兴起的想法,而是通过在衡量证据的过程中权威地适用法律规定被解决。这种解决纠纷的方法称作判决。

判决是"一种和平解决纠纷的方法。纠纷双方将争论和证据出示给中立的第三方,使第三方根据已有的程序和法律规定作出对他们有利的决定"(Howard 1986,58)。判决经常会发生纠纷的一方要求另外一方在委员会、代表、法院或其他类似场合前作出回答。例如,一个对老师评定的成绩有争议的学生可能将争议提到决定成绩是否根据公平的标准作出的既设的申诉委员会。学生将出示支持他认为这一成绩是老师基于不公平和任意武断的态度作出的证据和论点。委员会根据一定的程序和适用特定的法规对这一成绩作出是否公正的决定。

与解决纠纷的其他方法不同,判决则依赖于法律规定。审判机构在决定纠纷的过程中被要求适用已有的规定。这些规定一般界定了能被采纳的证据的性质和事实认定者在决定主张是否被证明的过程中必须遵循的标准。法治也考虑合法的程序,所有有关的人员(争论双方和审判者)在解决纠纷时必须遵循法律规定的程序。

尽管判决大多与法院和其他与确定事实有关的政府机构联系在一起,但也发生在私人机构中。例如,公司可能为解决员工之间的争论而设立申诉委员会。公司也可能设立一个解决消费者关于公司产品质量和运作纠纷的委员会。许多私立裁决机构被指望应该同时使用调解和裁决的方法。在许多情况下,裁决者可能鼓励纠纷双方通过谈判达成解决方案;如果谈判或调解不成,则通过裁决解决。

裁决由许多政府机构和法庭作出。成百上千的地方、州的行政机构和制定规章制度的机构以及联邦一级的政府机构享有裁决职能。例如，国家劳动关系委员会裁决员工与老板之间的关于劳工管理关系的纠纷。同样地，行政委员会举行裁决听证会裁决被指控违反污染规定的工业公司是否触犯法律。这些行政机构和委员会虽然在解决纠纷过程中遵循与法院同样的裁决程序，但通常对程序不及法院要求的严格。

私立机构和政府机构的裁决与这些机构其他的目的和职能同时存在。裁决是处理组织正常运作过程中出现的问题的最后一种方法。裁决委员会同时还有其他一些职能，比如调解、制定规则和管理。相反，法院仅以判决纠纷为目的，判决是法院为其他个人和组织提供的一项服务。

民事和刑事审判的异同点

益格鲁—美国法律一个不断演变的特征是民事与刑事纠纷之间的区别。一旦认识到民法与刑法之间的不同点，专门的刑事法院与刑事诉讼程序就发展起来，它们在一些重要方面与民法和民事诉讼程序不同（第4章将具体介绍英国和北美国家刑事法院和刑事诉讼程序的发展）。

犯罪与非刑事违法行为的区别

尽管法律不断演变发展了几百年，刑法与民法仍然在许多方面重合，刑事案件与民事案件之间的界限是不确切的。一般来说，刑事案件涉及以下几方面：触犯刑法，不是被害人而是政府提起诉讼，公开受谴责的耻辱，宣告有罪后可能丧失自由以及专门的法院诉讼程序。被害人、警察、检察官、辩护律师和其他人所作的决定对纠纷究竟以刑事纠纷还是以民事纠纷以及是否在刑事法院运用刑事诉讼程序解决产生影响。

一起纠纷能被刑事起诉，必须是纠纷一方已经实施了刑法所禁止的行为。严格地说，犯罪是任何触犯刑法的行为——作为或不作为。如果法律没有规定这种行为是犯罪行为，那么这起纠纷就不能以犯罪被起诉。这个规定在古老的法律格言中就有体现：nulle crimen sine lege，大致意思是没有法律就没有犯罪；此外还必须是 actus reus，即声称的行为触犯了法律。刑事法院只考虑声称的行为是法律规定的犯罪行为。

即使行为是法律规定的犯罪行为，但也不一定在刑事法院判决。许多可以在刑事法院解决的纠纷却不在刑事法院解决，是因为纠纷双方选择不将这些行为以犯罪行为对待，并且不向刑事法院告发。例如，一起朋友之间轻微殴打案件，双方都不希望政府干涉他们自己私人解决的冲突。有时比起惩罚有责任的一方，另一方更愿意获得经济的补偿。在这种情况下，即使刑事指控可以成立，人们却提起民事诉讼。而在另外一些情况，即使一方希望在刑事法院中解决案子，而政府却拒绝以犯罪行为起诉。可能是因为政府认为这种行为很轻微，在法院解决是浪费资源，或可能是由于对所声称的行为发生没有足够的证据证明，或对行为是否触犯刑法有疑问。

许多情况下一件具体的纠纷可能同时触犯几种法律。刑事法院处理案件所作的判决不能代替非刑事法院所作的决定。一项声称可能向行政机构提起，向民事法院、刑事法院或同时向三个机构提起要求解决。

与其他的解决纠纷形式和法院诉讼不同，刑事诉讼是政府提起的公共控告。在美国，没有政府的合作和正式诉讼，个人不能提起刑事诉讼。从这个意义上说，所有的刑事诉讼都是政府与被告人之间的纠纷，而不是被告人与另一个人之间的纠纷。即使被提起刑事诉讼的纠纷最初是一起私人纠纷，比如一场邻居间的争吵后来导致殴打，一旦纠纷被认为是刑事纠纷，那么告发的被害人就只是一名证人，政府在刑事法院诉讼程序中担任原告的角色。

政府提起诉讼和将行为认定为危害全体公民的犯罪行为的意愿使刑事起诉蕴含着耻辱的意味。耻辱是指在刑事起诉中附在被告人身上的贬低的社会名声。被宣告为一名罪犯是身份降低的表现。经过公诉、审判和宣告有罪，被告人成为了一个臭名昭著的罪犯。尽管刑法在许多方面与其他法律重合，但是对同一行为来说，刑事起诉被认为比任何其他法院诉讼都产生更大的耻辱。刑法和民法犯罪行为的真正区别在于"触犯法律的人受谴责的程度"(Reid 1992,3)。

因为这种谴责,并与大多数案件被宣告有罪后受监禁的威胁结合起来,就要求刑事法院比民事法院遵循更严格的程序。所以刑事法院与其他纠纷解决形式的另外一个区别是在作出决定的过程中所遵循的程序不同。

尽管刑事法院和民事法院的操作过程有许多相似之处,但区别是很大的。本书着重于刑事法院的具体运作。

刑事法院判决的纠纷类型

刑事法院,与其他法院一样,解决两种类型的纠纷:事实纠纷和法律纠纷。事实纠纷产生于当纠纷各方不同意确实发生了什么或当时的真正情况如何,而当纠纷各方对法律的规定意见不一时就产生了法律纠纷。

埃克森·瓦尔德兹案

各种法律重合的一个例子是1989年对埃克森·瓦尔德兹公司的油泄漏到阿拉斯加海岸的法律反应。油轮的船长以犯罪被指控并在刑事法院接受审判(Frank and Lynch 1992,32—33)。埃克森公司也以犯罪、两项重罪和三项轻罪被指控(Galen 1990,39)。这一事件也触犯了有关油污染的行政法规。最后,阿拉斯加州政府、环境和土著美国人的群体组织以及由于威廉王子海峡的鱼受污染而生活受打击的渔民们提起了数百个起诉埃克森公司的民事诉讼。所有这些诉讼都起源于一桩事件,但却涉及适用不同程序和行为标准的不同的法律。只有行为被认为触犯刑法才能向刑事法院起诉并通过刑事诉讼程序解决。

事实纠纷

差不多所有刑事案件一开始都产生对事实的争论。一般来说，刑事法院被要求解决政府指控的被告人所实施的行为是否确实为被告人所为。检察官指控，被告人否认。争论的事实是犯罪嫌疑人是否实施了检察官声称的行为。例如，检察官指控某一天在密歇根银行里一个人威胁银行出纳，如果不交出钱就实施暴力。而被告人则声称检察官说他在银行的那一天他正在新泽西。刑事法院根据证据解决事实问题。双方均有机会出示证据来证明他所说的事实。事实认定者，即陪审团或法官，根据刑事判决的专门规则决定最可信的证据。

法律纠纷

许多刑事案件也涉及有关法律的纠纷。这些纠纷可能牵涉实体法或程序法。实体法是确定一定的行为是犯罪行为和明确惩罚的法律。程序法规定起诉一个案件所遵循的程序，包括对犯罪嫌疑人、被告人权利的规定。

对实体法争论的问题是一系列事实是否构成实体法所规定的犯罪行为。这种争论充满许多居于单纯事实纠纷和单纯法律纠纷之间的中间理由，因为它们要求法院对具体事实适用法律。例如，一名计算机操作者闯入了一家银行的财政数据库，然后透支了几千美金。被告人并不争论他的确实所为，而争论这种行为是否构成法律所规定的盗窃罪以及政府能否判被告人有罪。

更常见的是对程序法的争论。例如，一个刑事案件的被告人可能争论一名秘密的官员询问他有关刑事行为的问题，认为这是审讯且应享有律师在场的权利。而政府则可能争论被告人在审讯期间没有被羁押，他没有要求律师在场的权利。这是关于法律要求的争论。（双方均同意警察的所为和被告人的所说，也就是，双方对事实部分没有争论。）他们只争论法律的要求，一方声称在这种场合有律师帮助的权利，而另一方则坚持享有律师帮助的权利没有如此广泛，这种场合不应享有这种权利。

尽管对事实的争论可能提交给法官或陪审团,但陪审团不能决定法律问题。法官唯一负责对法律争论作出决定。法官作出法律判决解决法律争论。在作出判决过程中,法官必须参阅与案件有关的宪法、制定法、行政法和与此案件有关的判决先例。处理案件依靠判决先例也将事实问题与法律问题区分开来。关于事实的纠纷,法官只需考虑目前案件的证据;而对法律的纠纷,以前处理的相似案件的事实和判决与当前案件的法律判决有关联。

刑事实体法

刑事实体法规定了能以犯罪行为处罚的行为类型。刑事实体法一般分为重罪和轻罪。此外,刑法与刑事法院管辖权有时涉及通常被认为严重性不及轻罪的一定的非刑事罪行。

重罪和轻罪

一般来说,重罪是指判一年以上监禁处罚的刑事罪行。轻罪是指除重罪之外的所有的犯罪行为。各州对重罪与轻罪的划分界限有所不同(比如,两年而不是一年),但所有各州对重罪和轻罪都作了区分。对于各种不同类型的行为,各州将比较轻微的罪行归为轻罪,而对比较严重或有加重情节的同一类型行为归为重罪。而且,根据指控的罪行是重罪还是轻罪,处理案件的法院、法院遵循的程序、被告人的权利以及处理案件的态度也经常有所不同。

每个罪行由一个或一个以上的犯罪要件构成,犯罪要件是国家为确定被告人实施了所指控的罪行而必须证实的事实。例如,一起简单的殴打案件,犯罪构成包括:(1)被告人对另一个人实施了身体伤害;(2)实施伤害是故意的;(3)受伤害的人不同意被殴打。情节加重的殴打罪还包括与特别严重的殴打罪性质有关的其他要件。

非刑事罪行

非刑事案件，包括触犯条例、违反交通规章和触犯规章制度，经常与刑事案件同时发生且可能在审理刑事案件的同一法院判决。大约从 19 世纪末开始，大部分的"罪行"被判处罚款和民事没收。各地政府被授权制定称为法规的地方法律，以明确规定对各种违法行为的处罚。地方法规也可能涉及刑法规定的行为，比如扰乱社会治安行为、偷窃和斗殴。此外，19 世纪末 20 世纪初，州和地方政府制定了违反商业法规（比如零售规则），健康和安全保护规则以及交通规则的"违反公共秩序罪"。

20 世纪末社会发展导致了非刑事罪行的进一步增长。70 年代，健康、安全和环境法规产生了与个人和公司潜在危险行为相关的数量不菲的非刑事罪行。触犯这些规则对个人和环境造成灾难性的危害。不能因为这些罪行是非刑事就一定意味着它们造成的危害轻微。此外，尽管这些非刑事罪行被称为民事案件，但他们不是由被害人而是由政府提起诉讼。

也是在 70 年代，立法机构有时通过将一些轻微的刑事行为，比如扰乱社会治安行为或公开酗酒非刑事化而减轻刑事法院的工作量。案件非刑事化有两种形式：一种是立法机构废除禁止实施某些行为的刑事制定法。州或地方政府制定新的法律，将原来的犯罪行为以非刑事罪行处理。70 年代中期，一些管辖区因为大麻的广泛使用而将拥有大麻非刑事化，废除了刑法典中的拥有少量大麻罪。此后某人因拥有大麻被抓就给一张传票，与汽车驾驶员违反交通规则的传票相似或者只处以轻微罚款。

第二种形式只是采取非刑事处理。这种情况下，行为仍旧是犯罪行为，但是立法机构根据已有的地方法规或制定州法规而采取非刑事处理。这样就导致了在同一件事上刑事和民事同时管辖。一个行为可以刑事地或非刑事地处理，也可以两者同时处理。如何处理就取决于刑事司法系统中司法人员的自由处分。如果警察和检察官坚持不适用刑法而按非刑事处理，那么即使书中仍旧有刑法的规定，而结果则是实践中的非刑事处理。

刑事案件非刑事化是控制法院刑事案件工作量和减少费用的一种方法。尽管非刑事案件经常在与审理刑事案件相同的法院判决，但非刑事案件的诉讼不要求法律对刑事被告人规定适用那么严格的程序。被指控犯非刑事罪行的被告人在法院拥有极少的权利。所以，州能免花为遵守这些权利所需的费用（Lindquist 1988，27）。刑事法院不断增多的案件工作量对通过将最轻微的案件以非刑事处理来减轻负担的司法系统产生了持久的压力。

刑事诉讼程序

刑事法院已经发展了有关州和被告人在刑事诉讼中任务的专门程序。这些程序防止政府干涉公民的生活，除非州有这样做的一些特殊的正当理由。没有法治，政府官员可能无任何正当理由搜家、监听电话或逮捕讯问我们。法治意味着政府在行使合法职能时对法律负责。

重罪和轻罪

威斯康星州制定法 940.19 规定了殴打罪和情节严重的殴打罪。威斯康星州的规定与其他州对这些罪行的规定十分相似，明确罪行之间的不同点。与许多州一样，威斯康星将罪行分为不同的级别，以科处的刑罚严苛程度加以区别。在威斯康星，A 级的轻罪最高刑为在地方看守所关押 9 个月，而 E 级重罪最高刑为监狱关押 2 年，C 级重罪最高刑为监狱关押 10 年。所以，C 级重罪比 A 级轻罪可能的刑罚要严厉得多。区分这些罪行的严重性，有什么行为或意识状态的不同？

940.19 殴打罪；情节严重的殴打罪。

(1) 无论谁通过实施一项行为造成另一个人身体伤害，怀有对那个人或另一个人造成身体伤害的故意并没有受伤害者的同意，被定为 A 级轻罪。

(1m) 无论谁通过实施一项行为造成另一个人身体巨大伤害，怀有对那个人或另一个人造成身体伤害的故意并没有受伤害者的同意，被定为 E 级重罪。

(2) 无论谁通过实施一项行为造成另一个人身体巨大伤害，怀有对那个人或另一个人造成巨大身体伤害的故意，有或没有受伤害者的同意，被定为 C 级重罪。

(3) 无论谁通过实施极有可能对身体造成巨大伤害的行为故意地对另一个人造成身体伤害，被定为 E 级重罪。不可反驳的极有可能造成身体巨大伤害的行为由此推定：

(a) 如果受伤害的人是 62 岁或年纪更大；或

(b) 如果受伤害者是一位身体残疾者，无论是先天的还是因为事故、损伤或疾病造成的，只要一位普通人认为是身体残疾者就可以确定。

法治是一个抽象的概念或理想。任何政府或司法制度公平与否的一个衡量标准是每天实现这个理想的程度。独裁是缺乏法治的表现。尽管在独裁统治下也可能有立法机构、法院和其他政府机构，并且它们似乎也完成了各自的任务，但是政府行为的不可预见性却使公民担惊受怕。保安部队可能威风凛凛地穿过居住区，且逮捕持不同政见的嫌疑者。政府可能将反动分子无休止地关在监狱里并对他们施以严刑拷打。政府强有力的联盟可能运用保安部队和法院机构清除商业和政治上的竞争对手。法律可能规定这些行为都是非法的但却被实施是因为政府拒绝受国家法律限制。政府认为权力终究是权力，权力高于法律。

甚至在美国，法治是我们奋斗的目标但却不同程度地取得成功。当法院被认为没有坚持法治和不能维持公正时，法院的判决很快丧失合法性，被认为是未按法律程序和超出法律权限所作的判决。

刑事诉讼程序由美国宪法，尤其是权利法案、州宪法和与刑事诉讼有关的州和联邦制定法规定。此外，因为法院决定有关程序方面的法律问题，法院的判决也成为其他法院必须遵循的程序法的一部分。程序法规定了一个人能被逮捕和被指控犯罪的情形,刑事诉讼的具体步骤,犯罪嫌疑人、被告人的权利,比如享有陪审团审判或律师的权利。此外,刑事诉讼程序还包括规定能在法院出示的证据种类的证据规则。

正式程序对非正式程序:刑事法院纠纷的谈判解决

刑事法院是一个解决各种具体纠纷的判决场所。刑事法院的正式程序明确规定了如何审理案件,在美国这意味着将证据提交给决定被告人犯罪是否有足够证据的事实认定者(法官或陪审团)。当事人为避免正式审判也进行谈判。刑事法院的大多数案件通过谈判解决。尽管刑事案件的谈判不是正式的诉讼程序,但它却不可避免地受法律原则和法院正式审判程序的影响。因为谈判是自愿的,所以无论何时如果正式的诉讼程序不能提供一个满意的结果,任何一方都可以拒绝谈判。

罗德尼·金和1992年洛杉矶暴动
一场关于合法性的教训

1991年春天,一伙警官殴打一位在常规交通停车站停车的非洲裔美国人的录像带震惊了全国。批评警官野蛮的人声称殴打罗德尼·金是不寻常的,只是因为旁观者将事件全过程录下来。这些批评家们认为殴打嫌疑人,尤其殴打非洲裔美国人和西班牙裔美国人在洛杉矶和其他城市都太普遍。

四位警官被指控重罪起诉。许多人想知道法院将如何处理。案件被地方和国家新闻媒体密切关注,且许多人发现他们自己不由自主地从电视上观看审判。

由于审判前广泛的新闻宣传,被告方要求将审判移至另一个县进行。法官命令将审判移至文图拉县,那是一个很大的白人市郊县,且居住着大量的、不成比例的在职和退休警官。

由12位白人、一位西班牙裔美国人和一位菲律宾裔美国人组成的陪审团宣告对三位官员指控的全部重罪无罪,且不能对在录像中表现出最积极地使用武力殴打罗德尼·金的第四位官员作出裁决。

> 非洲裔美国人社区成员和其他人马上批评了这种裁决。又一次充分说明了非洲裔美国人不能在美国刑事法院中得到公正。裁决触发了为期两天的暴动,这可能是美国历史上最充满暴力和最富破坏性的暴动。
>
> 法律专家们对四位洛杉矶警官的审判是否坚持法治肯定会争论几十年。一些人已经指出将审判移至威尼土拉县没有必要,阻碍了对案件事实的正当认定和裁决具有合法性的认识。陪审团的裁决是否受种族主义的影响,陪审团的组成充分说明了不是事实而是种族主义最能解释他们的决定。
>
> 显然,许多人认为陪审团没有遵守法律原则。宣告无罪的裁决被认为不合法,审判是一场骗局。在这种情形下,人们认为受警察野蛮和种族偏见者司法侵害的许多人,在洛杉矶街头寻求报复是一幕悲剧,但也不足为奇。
>
> 州法院的无罪判决促使合众国的检察官通过联邦法院为罗德尼·金寻求公正。四位官员以触犯罗德尼·金民事权利的联邦指控被起诉。两位官员在联邦法院被宣告有罪而且被处以监禁。罗德尼·金也在对四位官员和洛杉矶市的民事诉讼中获得了一笔很大的损失补偿。

对被告人谈判的自愿程度一直存在着争论。刑事处罚有着固有的强制性,因此刑事法院的谈判是一种欺骗吗?如果是的话,谈判可能被认为是法治的倒退。但是,如果被告人拥有拒绝谈判和要求正式判决(审判)的能力,那么谈判则可能是刑事法院审判诉讼程序的补充而不是一种破坏。

刑事法院的价值和政策

至此的讨论都着重于刑事法院的任务。法院的任务完成得怎么样?回答这个问题不仅仅是简单地收集有关法院的具体运作、处理的案件数量、案件处理的速度和处理结果的事实资料。这些信息固然重要,但却不充分。评价刑事法院的工作质量需要一些衡量工作好坏的价值理念。

刑事法院被期望能在维护法院的合法性和刑法的合法性等很多方面开展工作,而且也被指望能正确地区分有罪和无罪。美国司法制度很强调公平和平等,同时资源有限的现实也使得其讲究效率。还有司法制度的可视性和责任性,因为这样才能使公众确定法院是否达到了人们所期望的合法性和可靠性,体现了公平和效率。

所以这些价值很重要,但却很难说哪个价值最重要。取舍在所难免。比如,在努力追求效率的事实认定程序中,如何充分体现可靠性?

正当程序对犯罪控制:冲突的价值观,不同的政策

一位著名的法学家,赫伯特·帕克(1968)将取舍称为正当程序模式和犯罪控制模式之间一场意识形态的拔河比赛。按帕克的观点,正当程序模式主要考虑防止无辜者被宣告有罪。正当程序模式支持者认为让十个有罪的罪犯免受惩罚比宣告一个无辜者有罪更好。帕克将正当程序模式比喻成一条布满荆棘的道路;刑事司法制度在宣告有罪的道路上设置了许多程序障碍,每个案件必须清除每一处阻碍。遇到每处障碍,法院必须决定是否有充分的证据以及证据是否能证明将案件诉至下一阶段,即下一个程序障碍。正当诉讼模式将个人权利置于效益之上。按照正当程序模式,如果法院忽视了个人的权利和宣告无辜者有罪,法院的合法性受到最大的威胁。正当程序规则被认为是确保法院诉讼程序可视性和对公众负责的一种手段。

相反,犯罪控制模式则"基于对犯罪行为的控制是至今为止刑事诉讼程序最重要的职能的理论"(Packer 1968,158)。如果罪犯逍遥法外,遵守法律的公民则成为在自己家里受惊吓的囚犯。司法制度越能有效地诉讼犯罪分子,就越能有效地控制犯罪。犯罪控制模式认为刑事司法官员在诉讼开始阶段就能审查出无罪者,没有被审查出来则可能有罪并可以继续迅速诉讼。没有不必要的延误程序而作出最终判决是提高效益的一种方法。这种模式认为处罚一些无辜者抵得上社会为防止市民免受掠夺性犯罪所付出的代价。只要这些错误并不阻碍惩治犯罪，市民就可以忍受。犯罪控制模式强调有效地处理案件，所以它又被称为"装配线司法"，每个案件就像是一条装配线上的产品。按照犯罪控制模式，如果法院被认为纵容罪犯或不能有效地镇压犯罪，则构成对刑事法院最大的威胁。

两种模式反映了两组不同的几乎渗透于刑事司法制度每个问题的价值观。正当程序模式的支持者被称为自由派，并经常被他们的反对者冠以罪犯比被害人更受关心的特征。犯罪控制模式的倡议者被称为保守派，且经常被他们的反对者冠以对惩罚一些人比惩罚正确的人更感兴趣的特征。正当程序模式和犯罪控制模式之间的争斗在政治领域中一而再地发生。刑事法院诉讼程序的政策争论也不可避免地围绕着这些意识形态取向。

政策改革和刑事法院

为了维护法院的合法性和促进事实认定程序的可靠性，改革者寻求弥补法律的缺陷。一些改革家怀着增进法院诉讼程序公平性的愿望，而另一些改革家则强调犯罪控制目的，寻求效益的提高。因为增进公平和促进效益两个目的经常发生冲突，所以一些人提议的改革经常会被另一些人视为问题。这些冲突阻碍了任何的改革。

而且，因为法院强烈抵制改变，所以昨天的问题仍然是明天的问题。改革失败是因为改革经常不能影响对法院参与者行为的塑造最具有影响力的那些因素。具体地说，非正式的惯例、态度和规范标准以及维持现状的动机经常阻碍了刑事法院的改革。

与大多数人一样，法院的重要角色（那就是，法官、检察官和辩护律师）有希望按已习惯的方式进行工作的最大动机。严重干涉既有的标准或重要动机的改革会遇到很大的阻力。政策制定者在制定旨在促进刑事法院诉讼程序的新政策过程中必须考虑这些因素。

这本书几乎每一章节都描述了改革进展和刑事法院不断发展的实践做法。并非评判反对专断的刑事法院实践和完美司法的理想化标准,我们必须注视刑事法院过去是如何而将来又可能如何现实地完成他们的任务。法院艰巨的任务,对刑事法院诉讼程序获取的最重要价值的分歧以及有限的资源,如何才能提高将被告人、被害人和社会作为一个整体看待的司法质量?我们如何才能继续促进刑事法院的合法性、可靠性、公平性、效益性和责任性?

总　结

纵观历史,人们已经使用过解决个人和群体之间纠纷的许多方法。刑事法院作为解决纠纷的场所拥有一些独一无二的特点。首先,将纠纷提交到法院,一方必须实施了具体的行为且另一方必须认为这个行为触犯了刑法。如果起诉方至少不能令人信服地主张另一方的行为是犯罪行为,那么争论双方则必须采用其他解决纠纷的方法而不能通过刑事判决解决。一旦进入刑事法院,所有当事人都必须遵循法律规定的程序,这样法院的判决才具有合法性。

法院解决两种纠纷:事实纠纷和法律纠纷。在法院,对事实的争论常常是有关被告人的行为是否触犯了刑法。除非被告人承认犯罪,事实纠纷一直持续到判决的作出。法律纠纷是指对法律要求不同或冲突的理解,法律纠纷涉及实体法或程序法。刑法的这些正式方面构筑了发生在美国大多数刑事案件中的非正式谈判和交换的结构。尽管这些非正式处理方式将法律的正式方面和程序推向背后,但法律的正式方面与诉讼案件的程序和当事人之间能达成的交换形式仍然有很大的关系。

通过这本书,你将了解到刑事法院演变发展的过程,正当程序模式和犯罪控制模式的争论是刑事法院改革的持续推动力。同时,尽管法院已经过数年的改变和发展,但改革或改变政策却遇到了极大的阻碍:非正式惯例、态度、规范标准和影响司法实践者忽视政策并且维持以往做法的动机。

过去的改革为将来提供了重要的经验。对犯罪的更加关注以及财政的缩减要求清楚地了解刑事法院做得好与不好之处，以及在将来如何完善。尽管这本书不能为你回答这些问题，但我们希望能为你提供寻求这些答案的工具。

参考书目

Church, Thomas W., and Milton Heumann. 1992. *Speedy Disposition: Monetary Incentives and Policy Reform in Criminal Courts*. Albany: State University of New York Press.

Feeley, Malcolm M. 1983. *Court Reform on Trial: Why Simple Solutions Fail*. New York: Basic.

Frank, Nancy, and Michael J. Lynch. 1992. *Corporate Crime; Corporate Violence*. Albany: Harrow and Heston.

Galen, Michele, and Vicky Cahan. 1990. "The Legal Reef Ahead for Exxon." *Business Week* (March 12): 39.

Howard, J. Woodford, Jr. 1986. "Adjudication Considered as a Process of Conflict Resolution." In Walter F. Murphy and C. Herman Prithchett, eds., *Courts, Judges, and Politics*, 4th ed. New York: Random House.

Lindquist, John H. 1988. *Misdemeanor Crime: Trivial Criminal Pursuit*. Newbury Park, CA: Sage.

Merry, Sally Engle. 1982a. "Defining 'Success' in the Neighborhood Justice Movement." In Roman Tomasic and Malcolm M. Feeley, eds., *Neighborhood Justice: Assessment of an Emerging Idea*, New York: Longman.

——1982b. "The Social Organization of Mediation in Nonindustrial So-

cieties: Implications for Informal Community Justice in America."
In Richard Abel, ed., *The Politics of Informal Justice*. New
York: Academic.

"Opinion Poll Says Race Plays Role in O. J. Simpson Case." 1994.
Jet (July25): 16—18. Packer, Herbert L. 1968. *The Limits of
the Criminal Sanction*. Palo Alto, Calif.: Stanford University
Press.

Reid, Sue Titus. 1992. *Criminal Law*, 2d ed. New York: Macmillan.

Sander, Frank E. A. 1982. "Varieties of Dispute Processing." In
Roman Tomasic and Malcolm M. Feeley, eds., *Neighborhood Justice: Assessment of an Emerging Idea*. New York: Longman.

第 2 章 刑事法院总览：结构和诉讼程序

第 1 章描述了刑事法院的目的和宗旨以及作为纠纷解决一种方法的判决。本章将详细介绍刑事法院的结构和法院处理案件的关键点。本章节介绍的许多概念和词组对于理解书中的其他部分有着重要的作用。本章的目的是为学习刑事法院诉讼程序积累词汇。

法院和法院的管辖

理解刑事法院的结构和职能要求必须理解管辖这一概念。管辖是指司法权的范围或界限，可以用三种方法加以概念化。首先管辖是地理的概念。比如，加利福尼亚州的刑事法院对触犯加利福尼亚州的刑法且发生在加利福尼亚州境内的行为有管辖权。

管辖还涉及哪个法院有管辖权。一些法院只能听审特定的案件。比如，一个州建立的州法院体系，规定一些法院只对民事案件有管辖权，而另外一些法院只能管辖刑事案件。但是，同样的法院在其他州则可能同时管辖民事案件和刑事案件。一些州可能建立只对离婚案件或少年犯罪案件有管辖权的专门法院。联邦体系中有处理军人犯罪的专门法院和其他处理有关税法纠纷的专门法院。

最后，管辖还有等级之分。全国的每个法院体系都将法院分成不同的等级。上级法院拥有上诉管辖权，也就是，它们审查下级法院处理案件所适用的程序是否合法。此外，任何管辖区内的上级法院都可以规定下级法院必须遵循的程序。在这方面，上级法院比下级法院更有权，上级法院享有对下级法院的级别管辖。

最简单地说，美国的法院分成两大类：州法院和联邦法院。美国的刑事法院被分成州体系和联邦体系两类。州法院和联邦法院的分离有时被称为双轨法院制度。联邦法院对涉及联邦法律的案件有管辖权。每个州法院管辖涉及本州法律的案件。美国法院体系的双轨性产生了两种后果：联邦法院和州法院有时的共同管辖以及对与美国宪法有关的案件，美国最高法院享有对州法院的级别管辖。

如果一个行为同时触犯联邦法律和犯罪行为发生地的州法律，由于双轨的法院制度存在，可能出现法院共同管辖，即被告人可能同时在联邦法院和州法院被指控。例如，如果一个人殴打了正在堪萨斯州威石塔市访问的美国总统，那么犯罪者能以殴打总统在联邦法院被起诉和根据禁止殴打任何人的州法律被堪萨斯州起诉。在四位洛杉矶警官殴打一位黑人摩托车驾驶者罗德尼·金一案中，警官首先根据加利福尼亚州法律被审判。在加利福尼亚陪审团宣告警察无罪之后，合众国检察官以侵犯公民权利的联邦犯罪向他们提起刑事指控。后来以联邦指控宣告两位被告人有罪。这种在州和联邦法院中的双重起诉并不认为违反了一罪不二审的规定。

双轨制的另一个后果是美国最高法院对州法院有关联邦宪法的案件有级别管辖权，也就是说，州法院必须维护美国宪法保护的任何权利。一个声称被侵犯了联邦权利的被告人可以上诉到美国最高法院（见表2—1）。反过来美国最高法院可以规定所有各州都必须遵循的一定的程序，但这种程序不能与美国宪法相抵触（见第3章对合并这个概念以及这种权力的历史和法律基础的介绍）。

表 2—1 美国法院系统的基本结构

资料来源：取自 *Want's Federal-State Court Directory*, 1995. Copyright © 1994 WANT Publishing Co. (Washington, D. C.). 允许重印。

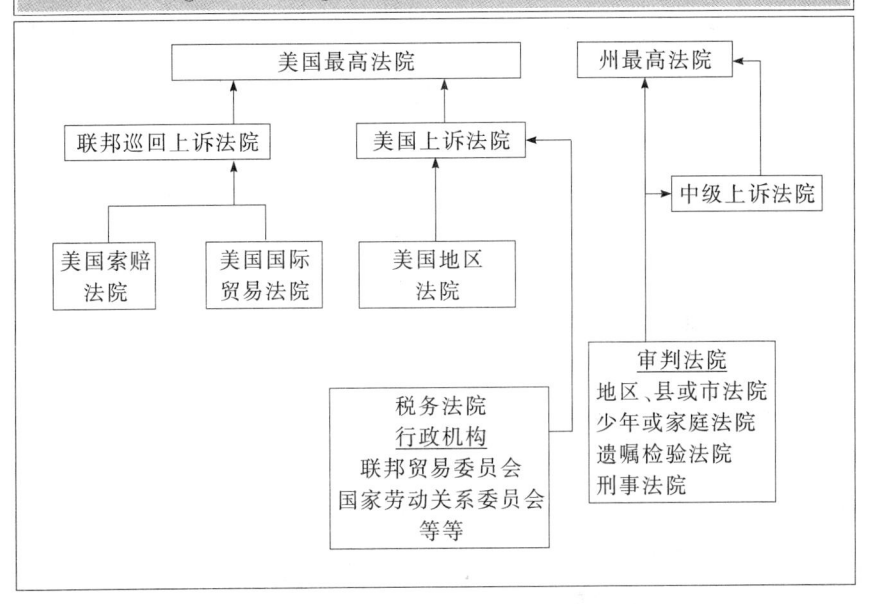

```
                 美国最高法院                    州最高法院
                  ↑      ↑                        ↑
    联邦巡回上诉法院    美国上诉法院 ←────┐
       ↑    ↑              ↑          │      中级上诉法院
                                      │           ↑
  美国索赔  美国国际   美国地区          │
    法院    贸易法院    法院            │      审判法院
                                      │      地区、县或市法院
                 税务法院              │      少年或家庭法院
                 行政机构              │      遗嘱检验法院
                 联邦贸易委员会 ───────┘      刑事法院
                 国家劳动关系委员会
                 等等
```

每类法院体系都有自身的结构或各个级别的法院和专门法院不同的管辖权。联邦法院体系的结构相对比较简单，而许多州，法院的结构复杂且法院之间经常是武断的管辖权分工，管辖权不断更改且经常互相交错重叠。

州法院结构

任何一个州法院体系，具体法院的管辖都被划分成更小的地理单位，比如县或多个县巡回区或地区。此外，每个州都有审判管辖权法院和上诉管辖权法院。审判法院听审证据解决事实问题，也就是决定被指控者是否犯了所指控的罪行。审判法院也必须解决在审理案件过程中出现的法律问题，即有关对正在审理的案件适用的实体法和程序法解释的问题。上诉法院不需要直接听审证据，它们只审查审判法院的记录，决定审判法院在审判过程中是否犯了错误,需要进行纠正,包括撤销有罪判决或对被告人重审。上诉法院主要解决法律问题并建立判决先例,以指导初级法院审理案件的程序。

许多州将审判法院受理案件的管辖权分成两种级别。限制管辖权法院有权审理轻微的纠纷,"除此之外的全部案件都由一般管辖权审判法院或专门法院听审"(American Bar Associaton[ABA]Commission 1973,7)。

限制管辖权法院

大多数刑事案件均由限制管辖权法院,又称为初级法院审理。除了六个州和哥伦比亚特区没有限制管辖权法院之外,在有限制管辖权法院的44个州内,其中一些州的限制管辖权法院只管辖民事案件,绝大多数州(39个)的限制管辖权法院对轻微刑事案件具有管辖权,这些法院一般从头至尾全过程地处理轻罪案件。此外,典型的初级法院还处理一些按刑事案件处理的非刑事罪行(见第一章)。在许多地方,这些初级法院还有权处理犯罪行为或普通的违法行为案件。另外,初级法院常常对重罪案件有限制管辖权,一般仅限于保释、预审听证、签发搜查令和逮捕令。不过每个州的规定一般不尽相同。

所有限制管辖权法院的管辖权都由州法律规定,甚至一个州内的规定也有不同。每个州经常建立几种不同的限制管辖权法院,结果设有初级法院的44个州有122种不同的初级法院管辖(National Center for State Courts 1988)。这些不同的法院可能以不同的政治单位设立(县法院、市政法院和农村治安法院),每个法院的管辖范围也不同。比如,亚利桑那州的大部分乡村治安法院仅限于对最高刑罚金不超过$300或监禁不超过6个月的轻罪案件有管辖权。但是授权亚利桑那州市政府设立的限制管辖权法院则有权审理违反市政法规的案件和最高罚款少于$2 500或监禁低于6个月的轻罪案件。

堪萨斯州、密苏里州和威斯康星州的限制管辖权法院对违反交通法规和地方法规的案件有管辖权,但对所有的刑事案件(轻罪和重罪)都没有管辖权,刑事案件均在一般管辖权法院审理。然而,违反地方法规的行为也经常是一些能按轻罪处理的行为（比如，扰乱社会治安行为、卖淫、轻微盗窃和轻微殴打行为）。例如，一个深夜在住宅区制造噪音的人可能以扰乱社会治安被刑事起诉，或以违反禁止扰乱治安的市政法规被非刑事起诉。在堪萨斯州、密苏里州和威斯康星州，如果以违反地方法规被诉讼意味着案件将在与警察按刑事指控提起的案件不同的法院审理。然而，在大多数地方不管案件如何称谓都将在同一个法院审理。

初级法院对重罪的管辖权也区别很大。一些州规定限制管辖权法院有权对重罪案件进行预审听证，然而其他州则规定只有一般管辖权法院才能管辖重罪案件。在初级法院对重罪案件有权预审听证的州内，重罪案件首先在初级法院审理，然后移送至一般管辖权法院。一些州甚至规定初级法院能受理有罪答辩和对重罪案件量刑（National Center for State Courts 1998）。但是初级法院一般不能审判重罪案件。因为存在着这些不同，所以必须小心地使用限制管辖权法院一词。尽管每个这种法院的管辖权都明显地受到限制，但对每个法院的限制差别都很大。

在许多州限制管辖权法院都不是记录法院，也就是法院对诉讼程序不作记录。因此，也就没有记录给上诉法院审查。为了能给限制管辖权法院的被告人提供审查有罪判决的机会，许多州允许限制管辖权法院的判决通过一个被称为重审程序的法院记录进行审查。重审即由一般管辖权法院重新进行审判。法院听审证据，就像限制管辖权法院没有进行过审判一样，根据案件的事实作出裁决。一些州允许被告人在重审宣告有罪后基于重审记录通过普通的上诉程序上诉，而另一些州则规定重审的裁决是最终的裁决，不允许上诉。

一般管辖权法院

一般管辖权法院一般对所有重罪有专属管辖权，并且在一定条件下，包括重审，对轻罪也有管辖权。每个州在划分初级法院和一般管辖权法院的管辖权方面也不同。一些州以重罪和轻罪作为区分，而另外一些州则运用最高刑划分，这样一般管辖权法院既听审所有的重罪，又听审比较严重的轻罪。

表 2—2　亚利桑那州法院系统

资料来源：取自 *Want's Federal-State Court Directory*，1995. Copyright © 1994 WANT Publishing Co. (Washington, D. C.). 允许重印。

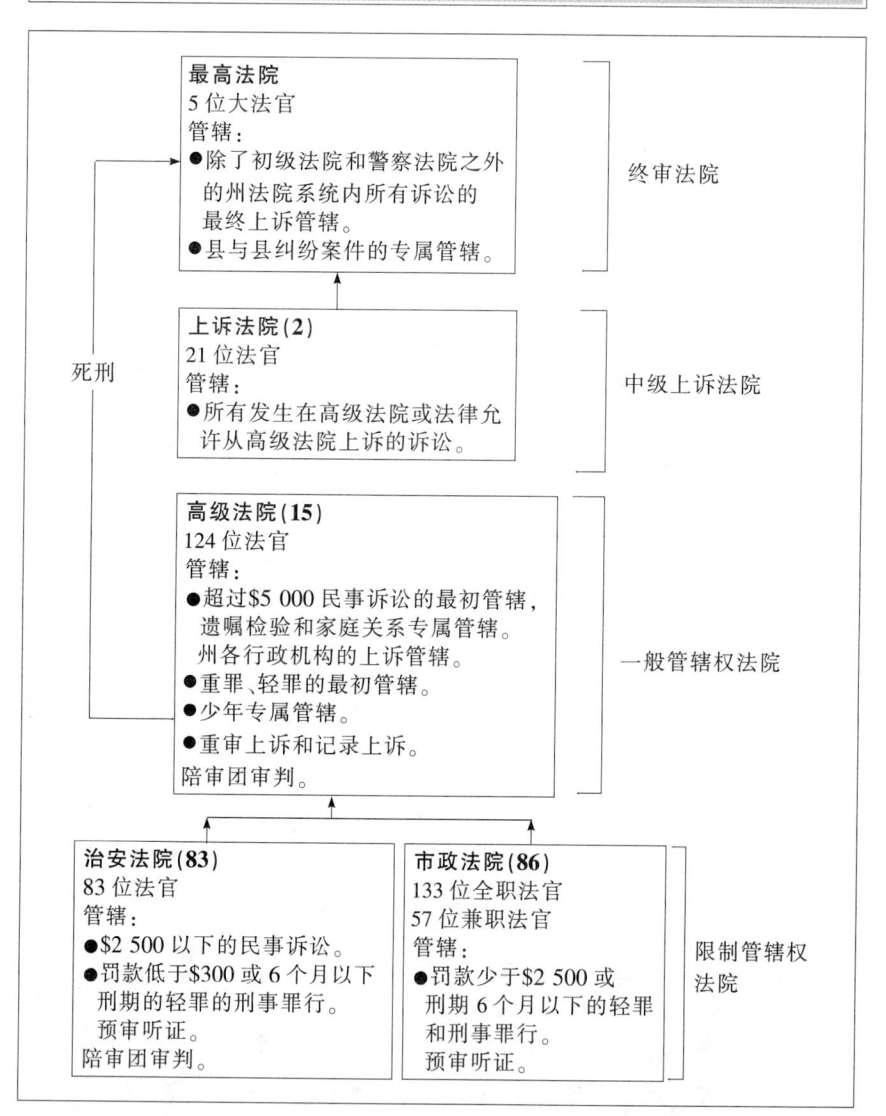

```
                    ┌─────────────────────────────┐
                    │ 最高法院                     │
                    │ 5 位大法官                   │
                    │ 管辖：                       │
                    │ ●除了初级法院和警察法院之外  │──── 终审法院
                    │  的州法院系统内所有诉讼的    │
                    │  最终上诉管辖。              │
                    │ ●县与县纠纷案件的专属管辖。  │
                    └──────────────▲──────────────┘
                                   │
                    ┌──────────────┴──────────────┐
                    │ 上诉法院(2)                  │
 死                 │ 21 位法官                    │
 刑                 │ 管辖：                       │──── 中级上诉法院
                    │ ●所有发生在高级法院或法律允  │
                    │  许从高级法院上诉的诉讼。    │
                    └──────────────▲──────────────┘
                                   │
                    ┌──────────────┴──────────────┐
                    │ 高级法院(15)                 │
                    │ 124 位法官                   │
                    │ 管辖：                       │
                    │ ●超过$5 000民事诉讼的最初管辖，│
                    │  遗嘱检验和家庭关系专属管辖。│──── 一般管辖权法院
                    │  州各行政机构的上诉管辖。    │
                    │ ●重罪、轻罪的最初管辖。      │
                    │ ●少年专属管辖。              │
                    │ ●重审上诉和记录上诉。        │
                    │  陪审团审判。                │
                    └──────▲───────────────▲──────┘
                           │               │
        ┌──────────────────┴──┐   ┌────────┴────────────────┐
        │ 治安法院(83)         │   │ 市政法院(86)             │
        │ 83 位法官            │   │ 133 位全职法官           │
        │ 管辖：               │   │ 57 位兼职法官            │
        │ ●$2 500 以下的民事诉讼。│   │ 管辖：                   │──── 限制管辖权
        │ ●罚款低于$300 或 6个月以下│ │ ●罚款少于$2 500 或       │     法院
        │  刑期的轻罪的刑事罪行。│   │  刑期 6 个月以下的轻罪   │
        │  预审听证。          │   │  和刑事罪行。            │
        │  陪审团审判。        │   │  预审听证。              │
        └─────────────────────┘   └─────────────────────────┘
```

一些州也建立了数种类别的一般管辖权法院。比如，密歇根州在大多数地方都有巡回法院，但也建立了底特律法官特别法院听审底特律市内的所有重罪案件（Want's 1994；见表 2—3）。印第安纳州将重罪案件

管辖权扩展到高级法院和巡回法院（Want's 1994；见表2—4）。法院的名字并不重要（例如，高级法院对巡回法院），不同州对法院命名有不同的惯例，重要的是这些一般管辖权法院所扮演的角色。

不顾州法院的系统结构，各州一般将一般管辖权法院按地理区域或巡回区划分。只有发生在这个地区的犯罪行为才可能由这个地区的法院处理。地区可能按县边界线划分，例如，在这个县境内发生的犯罪将被这个县的地区法院审判。每个地区都有大量的法官。例如，佛罗里达州一般管辖权法院分为20个巡回法院，有434位法官（Want's 1994, 128；见表2—5）。但是，所有的地区法院法官管辖相同类型的案件，以级别管辖来说，他们是平等的。在一些有简易法院结构的州，比如佛罗里达州，因为案件工作量的要求，法官能被暂时地从一个巡回区借调到另一个巡回区。尽管选举法官可能受县或其他司法区域的地理限制，但法院的结构可以根据需要有很大的灵活性。一些州是按地域进行法院管理，但是其他一些州则由州一级法院集中进行法院管理。最后甚至在一个地区或一个巡回区内，法院再被分为分院或部门，每个分院或部门由一名法官主持。例如，一个大的县地区法院可能有100多个分院，每个分院设一名法官。每个地区都具有对每个分院或分部分配案件的程序。

上诉法院

每个州都建立上诉法院以审查下级法院的诉讼。上诉管辖涉及审判记录的程序审查，以决定审判法院是否按规定的程序审判和准确地适用法律。上诉法院很少审查在审判法院一级所作的事实认定。上诉法院的主要任务是弄清法律问题并决定在具体情况下适用何种法律。已出版的上诉法院的决定确定了一些规则，根据遵守先例原则，同一管辖区的初级法院都必须遵循这些规则。

遵守先例的一般原则认为，法院必须遵守对先前案件所作的判决，但这并不是要求对先前判决的机械适用。第一，遵守先例原则只适用于同一体系不同级别的法院。如果一个较高级别的法院过去审理了相似的

美国刑事法院诉讼程序

表2—3 密歇根州法院系统

资料来源：取自 *Want's Federal-State Court Directory*，1995. Copyright © 1994 WANT Publishing Co.（Washington, D. C.）. 允许重印。

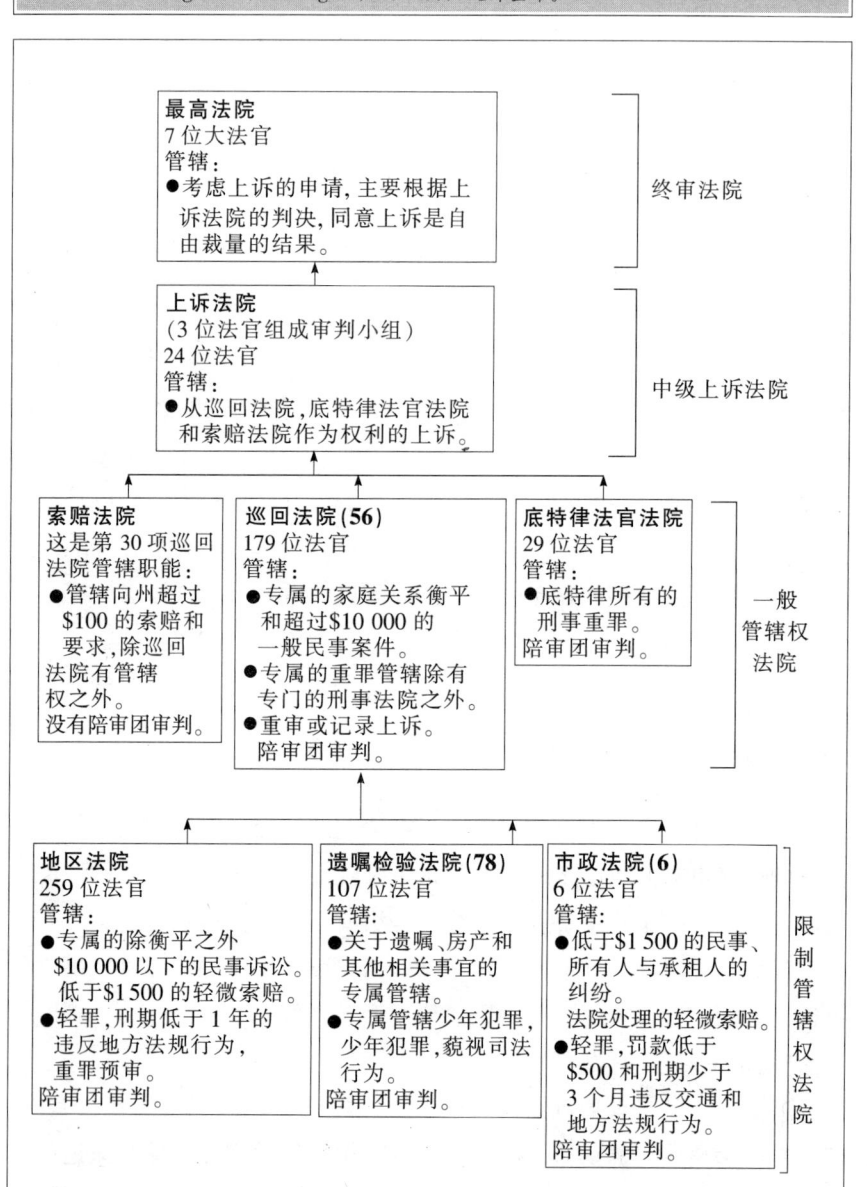

最高法院
7位大法官
管辖：
- 考虑上诉的申请，主要根据上诉法院的判决，同意上诉是自由裁量的结果。

（终审法院）

上诉法院
（3位法官组成审判小组）
24位法官
管辖：
- 从巡回法院、底特律法官法院和索赔法院作为权利的上诉。

（中级上诉法院）

索赔法院
这是第30项巡回法院管辖职能：
- 管辖向州超过$100的索赔和要求，除巡回法院有管辖权之外。
没有陪审团审判。

巡回法院(56)
179位法官
管辖：
- 专属的家庭关系衡平和超过$10 000的一般民事案件。
- 专属的重罪管辖除有专门的刑事法院之外。
- 重审或记录上诉。
陪审团审判。

底特律法官法院
29位法官
管辖：
- 底特律所有的刑事重罪。
陪审团审判。

（一般管辖权法院）

地区法院
259位法官
管辖：
- 专属的除衡平之外$10 000以下的民事诉讼。低于$1 500的轻微索赔。
- 轻罪，刑期低于1年的违反地方法规行为，重罪预审。
陪审团审判。

遗嘱检验法院(78)
107位法官
管辖：
- 关于遗嘱、房产和其他相关事宜的专属管辖。
- 专属管辖少年犯罪，少年犯罪，藐视司法行为。
陪审团审判。

市政法院(6)
6位法官
管辖：
- 低于$1 500的民事，所有人与承租人的纠纷。
法院处理的轻微索赔。
- 轻罪，罚款低于$500和刑期少于3个月违反交通和地方法规行为。
陪审团审判。

（限制管辖权法院）

案件，那么在同一司法系统内的较初级法院应该将那个法院判决作为先例遵循。第二，适用相同的判决，法院必须考虑现在审理的案件事实与以前审理的案件事实是否的确相似。不同的案件事实要求不同的审判结果。法院常常找出现在正在审理的案件与以前的案件不同的理由。第三，很少见的情况下，法院可能将先例视为错误的判决而简单的予以拒绝。所以因为各种原因，法院可能决定不遵守具有约束力的先例的判决。然而，遵守先例原则要求法院必须说明不遵守的正当理由，解释目前的案子为什么不能适用先前的判决。

大多数州设立了两种级别的上诉法院：中级上诉法院和终审法院。设立中级上诉法院经常基于上诉案件数量的考虑，包括刑事案件和民事案件。如果上诉案件很多，单个上诉法院很难处理，那么立法机关为减轻最高级法院的负担就可能设立中级上诉法院。大多数州的最高级法院称为最高法院，但在纽约和马里兰，最高级法院被称为上诉法院。得克萨斯和俄克拉何马这两个州，设立了专门的刑事案件终审法院，称为刑事上诉法院。

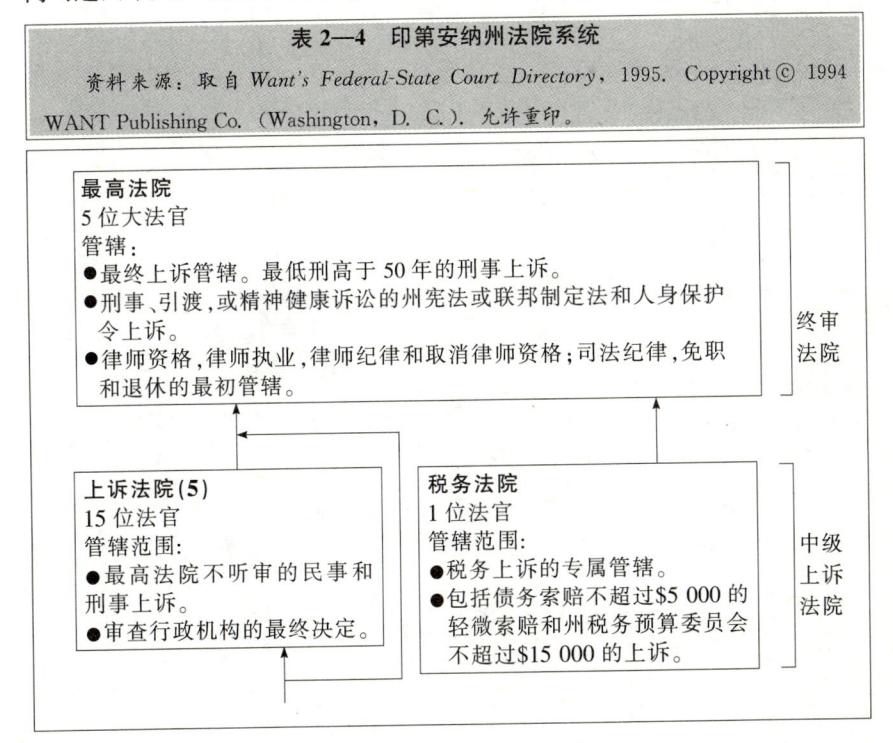

表 2—4 印第安纳州法院系统

资料来源：取自 Want's Federal-State Court Directory, 1995. Copyright © 1994 WANT Publishing Co. (Washington, D. C.). 允许重印。

最高法院
5 位大法官
管辖：
● 最终上诉管辖。最低刑高于 50 年的刑事上诉。
● 刑事、引渡，或精神健康诉讼的州宪法或联邦制定法和人身保护令上诉。
● 律师资格，律师执业，律师纪律和取消律师资格；司法纪律，免职和退休的最初管辖。

（终审法院）

上诉法院(5)
15 位法官
管辖范围：
● 最高法院不听审的民事和刑事上诉。
● 审查行政机构的最终决定。

税务法院
1 位法官
管辖范围：
● 税务上诉的专属管辖。
● 包括债务索赔不超过 $5 000 的轻微索赔和州税务预算委员会不超过 $15 000 的上诉。

（中级上诉法院）

表 2—4 续　印第安纳州法院系统

高级法院(139)
138 位法官
管辖：
- 法律，衡平。一些地区的家庭关系和轻微索赔。
- 重罪，轻罪，预审听证，一些轻微刑事案件。
- 一些县的少年案件。

重审上诉。
陪审团审判。

巡回法院(92)
98 位法官
管辖：
- 法律，衡平。
- 家庭关系和遗嘱检验（除马里恩和莱克县之外）。
- 重罪，轻罪，预审听证，一些轻微刑案。

重审上诉。
陪审团审判。

一般管辖权法院

县法院(32)
31 位法官
管辖：
- $1 000 或低于$10 000 合同和侵权纠纷。
- 租赁纠纷，财产价值不超过$10 000 所有财产纠纷；轻微索赔。
- 轻罪，罚款低于$1 000 或刑期少于 1 年的刑事案件。

陪审团审判。

遗嘱检验法院(1)
1 位法官
管辖：
- 圣约瑟夫县内。
- 遗嘱，收养和监护专属管辖。
- 少年案件。

遗嘱检验。
陪审团审判。

市政
(马里恩县)
16 位法官
管辖：
- 所有 D 级重罪，轻罪，轻微违法和违反。地方法规共同管辖。
- 不超过$25 000 合同或侵权纠纷，所有财产租赁纠纷共同管辖。
- 临时监护。

陪审团审判。

市法院(48)
52 位法官
管辖：
- $500 以下(可高至$1 500)民事诉讼。
- 罚款低于$500 和刑期少于 6 个月轻罪。违反市法规。

陪审团审判。

镇法院(25)
22 位法官
管辖：
- 违反地方法规，罚款低于$500 和/或刑期少于 6 个月轻罪。

陪审团审判。

马里恩县轻微索赔法院(5)
8 位法官
管辖：
- 低于$1 500 合同、侵权财产和租赁纠纷。
- 担保。

没有陪审团审判。

限制管辖权法院

26

第 2 章 刑事法院总览：结构和诉讼程序

> **表 2—5 佛罗里达州法院系统**
>
> 资料来源：取自 *Want's Federal-State Court Directory*，1995. Copyright © 1994 WANT Publishing Co. (Washington, D.C.). 允许重印。

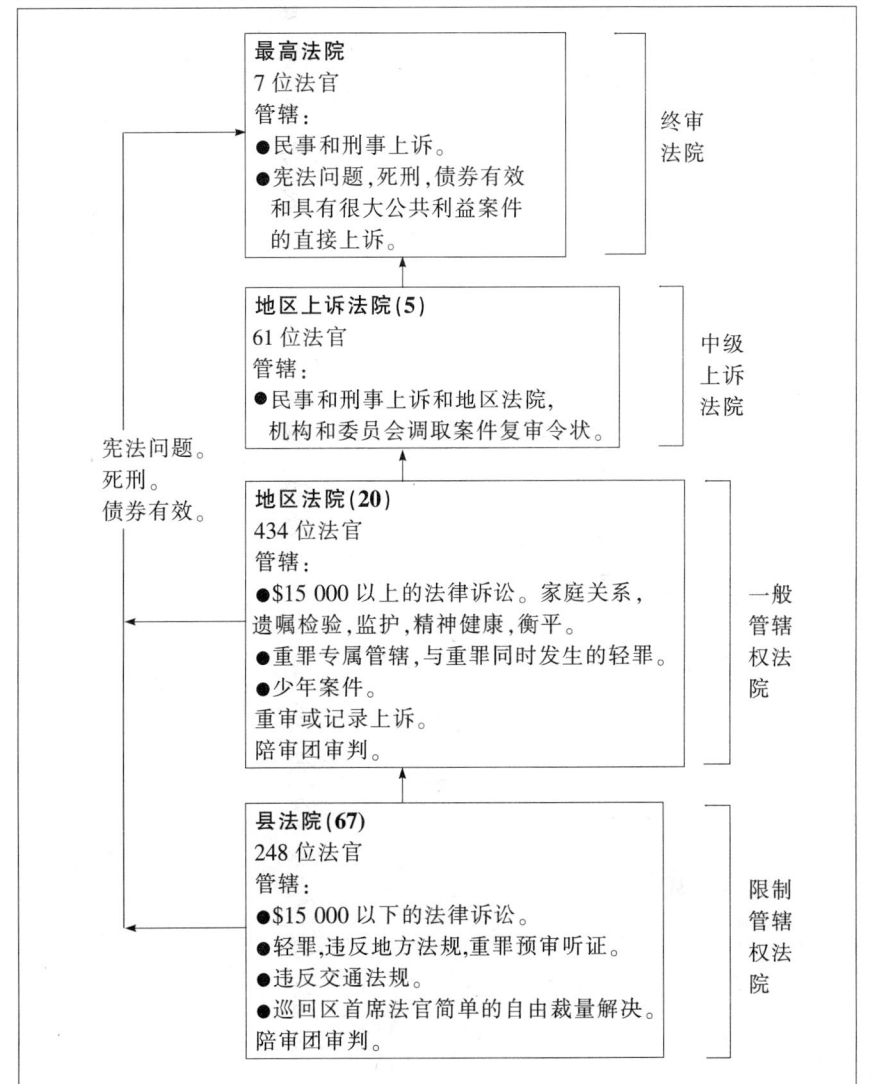

最高法院
7 位法官
管辖：
- 民事和刑事上诉。
- 宪法问题，死刑，债券有效和具有很大公共利益案件的直接上诉。

（终审法院）

地区上诉法院(5)
61 位法官
管辖：
- 民事和刑事上诉和地区法院，机构和委员会调取案件复审令状。

（中级上诉法院）

宪法问题。死刑。债券有效。

地区法院(20)
434 位法官
管辖：
- $15 000 以上的法律诉讼。家庭关系，遗嘱检验，监护，精神健康，衡平。
- 重罪专属管辖，与重罪同时发生的轻罪。
- 少年案件。
重审或记录上诉。
陪审团审判。

（一般管辖权法院）

县法院(67)
248 位法官
管辖：
- $15 000 以下的法律诉讼。
- 轻罪，违反地方法规，重罪预审听证。
- 违反交通法规。
- 巡回区首席法官简单的自由裁量解决。
陪审团审判。

（限制管辖权法院）

专门法院

在一些管辖区，专门法院对特定的案件，比如离婚案件、少年犯案件、税务或破产案件有专门的管辖权。在这些法院工作的法官有机会获得对一些敏感的且经常带感情色彩的或需要专门知识的案件的处理经验（ABA Commission1973，7）。这些法院一般没有刑事案件管辖权。尽管少年法院处理的案件，如果为成人所犯即是刑事案件，但少年法院的判决不是刑事判决，而且少年法院的诉讼程序也不同于刑事法院的诉讼程序。

联邦法院结构

联邦法院的结构相对比较简单。联邦法院常常被称为三级体系（美国地区法院、美国上诉法院和美国最高法院，见表2—1）。联邦体系也有很多专门法院，比如美国索赔法院、美国税务法院和美国国际贸易法院。联邦专门法院对公民所犯的刑事案件没有管辖权。

所有公民犯的联邦刑事案件都由94个联邦地区法院审理。在每个地区法院供职的是司法官，与限制管辖权法院的法官职责相似。每个地区法院管辖美国的具体的地理区域。大的地区可能再被分成几个小区。比如，阿肯色被分成两个联邦法院地区（西部地区和东部地区）。然后每个地区又被分为5个或6个多县联合区。

有13个联邦上诉法院，由11个以数字命名的巡回区、哥伦比亚特区上诉法院和联邦巡回区上诉法院组成。联邦巡回区是专门的上诉法院，管辖专门的联邦法院。哥伦比亚特区上诉法院听审哥伦比亚特区内特区法院提起的上诉，哥伦比亚特区有一个独立的上诉法院是因为哥伦比亚作为联邦政府的所在地，有大量的民事诉讼。11个以数字命名的巡回区按地理区域管辖，每个地理区域包含一个或一个以上的地区法院（见表2—6）。上诉法院除了认为必须全体出庭法官听审的案件之外，通常由三个法官一起听审上诉案件。上诉法院全体出庭法官听审，是为了解决不同陪审员所作出的决定的分歧或者是案件具有不同寻常的重要性。

表 2—6　十三个联邦司法巡回区
资料来源：重印自 *West's Law Finder*. 1987. St. Paul, Minn.: West Publishing, p.4.

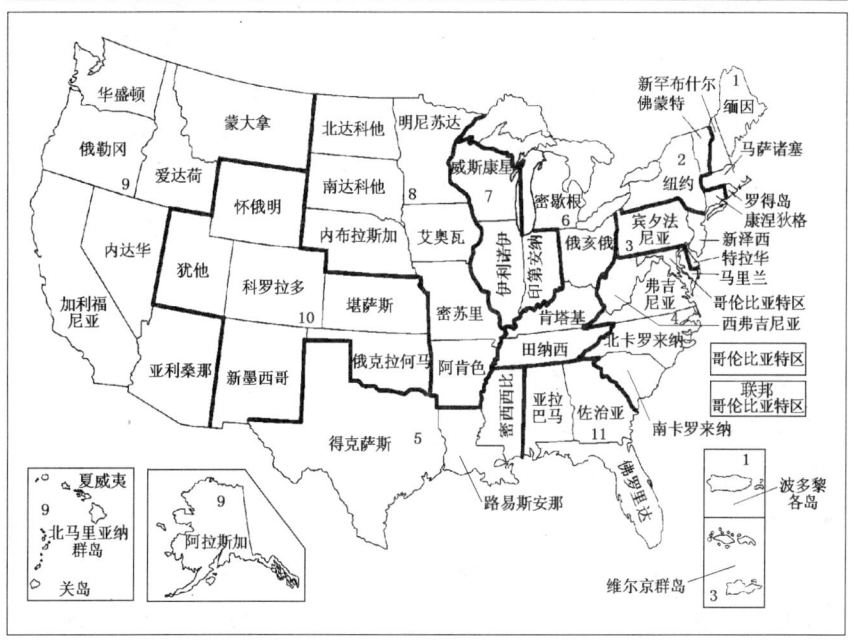

[美国十三个联邦司法巡回区地图，标注有各州名称及巡回区编号：华盛顿、俄勒冈、加利福尼亚、内达华、爱达荷、蒙大拿、犹他、亚利桑那、新墨西哥、科罗拉多、怀俄明、北达科他、南达科他、内布拉斯加、堪萨斯、俄克拉何马、得克萨斯、明尼苏达、艾奥瓦、密苏里、阿肯色、路易斯安那、威斯康星、伊利诺伊、密歇根、印第安纳、肯塔基、田纳西、密西西比、亚拉巴马、俄亥俄、佐治亚、佛罗里达、南卡罗来纳、北卡罗来纳、弗吉尼亚、西弗吉尼亚、宾夕法尼亚、马里兰、特拉华、新泽西、纽约、康涅狄格、罗得岛、马萨诸塞、新罕布什尔、佛蒙特、缅因、哥伦比亚特区、夏威夷、北马里亚纳群岛、关岛、阿拉斯加、波多黎各岛、维尔京群岛]

美国最高法院是联邦管辖区的终审法院。美国最高法院受理联邦巡回法院，包括联邦专门巡回区的上诉和当事人在州法院提起的关于联邦问题的上诉。在州法院审理的刑事案件，被告人可以通过声称州司法机关剥夺了他们美国宪法规定的权利而将有罪判决上诉到美国最高法院。

州法院结构简单化

上述的法院结构只是纷繁复杂的法院组织结构的一个缩影。许多州很少考虑建立拱形的法院结构，而是根据需要，管辖经常相互交叉重复，法院结构非常复杂。早在 1906 年，罗斯科·庞德，一位著名的法学家就提出改革法院结构。他建议设立只有一个审判法院和一个上诉法院的简单法院结构（National Institute of Justice［NIJ］1984，3）。所有案件均在审判法院开始审理，上诉法院监督审判法院的诉讼程序。这两层的法院体系将会消除州法院常常发生的无从下手的管辖权重合问题。此外，简单化的法院结构将使整个法院体系的诉讼程序更趋统一。

为达到法院统一化而付出的不均衡的努力，导致法院结构连续的变化和富有复杂性。在庞德最先提出简单法院结构之后，40年来几乎没有什么改色。新泽西是第一个接受庞德建议的州，并在1947年简化了法院结构（NIJ 1984，4）。此后进展虽然缓慢但却很稳固。60年至70年代，至少大多数州采纳了法院统一化运动的一些提议。这个运动竭力寻求简化法院结构和加强法院的行政管理。改革者希望统一化的法院体系能提供更好或更一致的诉讼程序，反对者则担心法院统一化会造成官僚主义泛滥，对公民的事项漠不关心（NIJ 1984，5）。因为这种反对和传统做法的沿袭，法院统一化在各州发展得很不平衡。

许多州已经建立了管辖更简单的更统一的法院结构和统一的法院管理，而一些州只废除了法院结构中一些最令人困惑和重复的部分。地方的传统和情形经常阻止州法院结构的完全统一化。希望通过废除初级法院，从而简化法院结构，但有时重新改组的专门法院和权力有限的新的法院官员却又接踵而来。这些司法官员与法官不同，也不通过法官的选举程序产生。比如，威斯康星州，在一般管辖权法院中设立法院委员。爱达荷州、阿拉斯加州、堪萨斯州和达科他州则使用司法官，艾奥瓦州设立助理法官和司法官。这些司法官员执行改革前初级法院法官执行的任务，例如，他们颁发逮捕令，主持初次到庭，设置和审查保释，进行重罪的预审听证和终止贫穷的被告人案件。所以即使法院的重组已经废除了初级法院，但与初级法院法官职能相同的官员却经常被发现。

记住这本书介绍的有关法院多种诉讼程序的法院组织结构和权限非常重要。即使在一个州内，治安法院的实际操作可能与市政法院的实际操作不同。同样的，如果存在几个不同的一般管辖权法院，比如高级法院和巡回法院，有关设置保释、预审听证的严格程度、答辩交易、庭审时间等等事项的程序和实际操作也存在很大的差异。

第 2 章 刑事法院总览：结构和诉讼程序

抗辩式诉讼程序

无论法院是如何组织的，但美国法院处理案件的基本方式却相同：抗辩式诉讼程序。美国所有的法院都分享着这一共同的遗产和成为核心的司法哲学。了解美国的刑事法院诉讼程序就要了解抗辩式诉讼程序。第 3 章和第 4 章介绍抗辩式诉讼程序的理论和发展历程。第 5 章介绍讯问式诉讼程序，是抗辩式诉讼程序的一个主要替代，在其他国家被广泛使用。

抗辩式诉讼程序的主要思想是法院依靠纠纷当事人出示决定案件的证据。刑事案件的一方当事人是州，由检察官代理；另一方是被告人，通常也由辩护律师代理。法院案件通常以纠纷双方的名字命名，比如，一个刑事案件被命名为 *State v. John Smith*。案件按照法官实施的正式法律规则进行诉讼。

因为抗辩理论是刑事法院的基础模式，所以刑事法院的正式诉讼程序和法院适用的法律规则对了解刑事法院诉讼程序的结果非常重要。除正式诉讼程序之外还有非正式诉讼程序，诉讼参与者对他们任务的重新界定和谈判有时似乎与抗辩制度的基础哲学相冲突。正式与非正式两方面在美国宪法和抗辩制规定的广泛范围内同时发生。

在刑事法院诉讼案件

大约只有 1/3 立案的刑事案件在一般管辖权法院被处理（Ostrom et al. 1994，6，8）。在一般管辖权法院处理的案件比在初级法院处理的案件受到了（法庭参与者、法院研究者和公众）更广泛的注意。此外，重罪诉讼程序比轻罪更复杂。这些区别贯穿在刑事法院的整个案件诉讼过程。

大多数一般管辖权法院的刑事案件，在警察逮捕了一名嫌疑犯并将案件移交给检察官指控而开始诉讼。逮捕以后，严重刑事案件的诉讼主要分四个阶段：审前程序、审理、量刑和上诉。

诉讼期限长短不一，从只要几星期到一年多，而且不同管辖区的法院也差异很大（见表2—7）。例如，1987年一项对刑事诉讼进度的调查研究

表2—7 重罪案件在挑选的法院中诉讼审理期限长于一年和六个月的案件比例

资料来源：重印自 Willam E. Hewitt, Geoff Gallas, and Barry Mahoney, 1990. *Courts That Succeed: Six Profiles of Successful Courts.* Williamsburg, Va.：National Center for State Courts, 1990, p. xi.

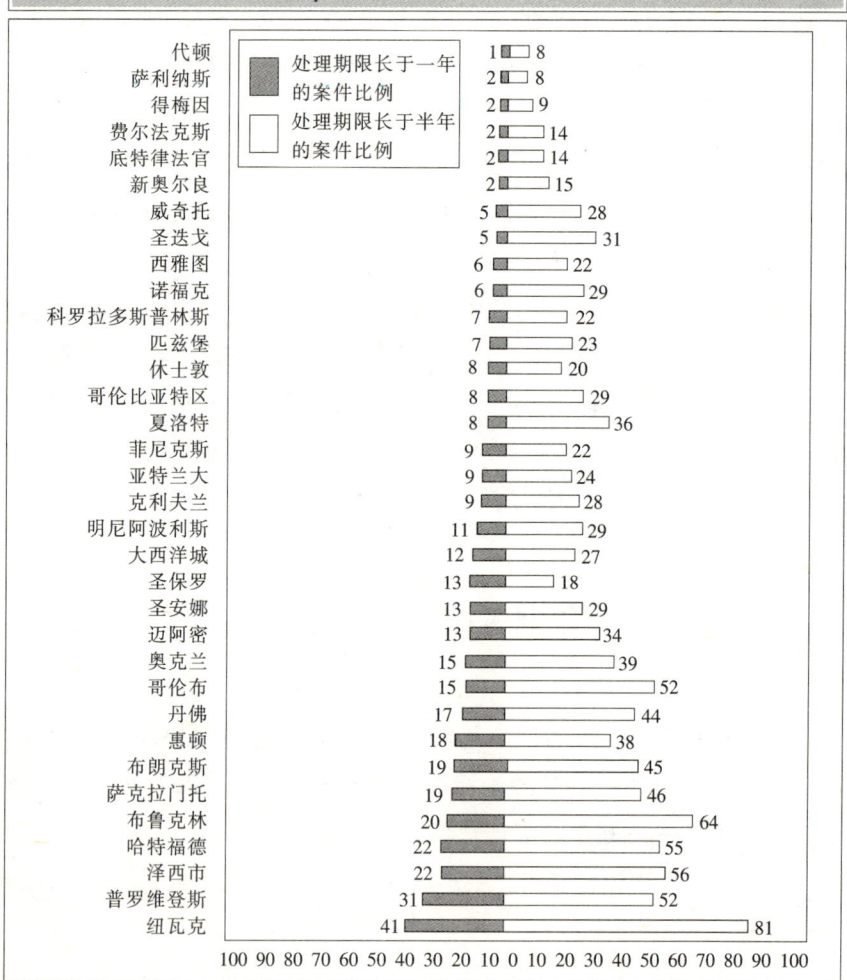

城市	处理期限长于一年的案件比例	处理期限长于半年的案件比例
代顿	1	8
萨利纳斯	2	8
得梅因	2	9
费尔法克斯	2	14
底特律法官	2	14
新奥尔良	2	15
威奇托	5	28
圣迭戈	5	31
西雅图	6	22
诺福克	6	29
科罗拉多斯普林斯	7	22
匹兹堡	7	23
休士敦	8	20
哥伦比亚特区	8	29
夏洛特	8	36
菲尼克斯	9	22
亚特兰大	9	24
克利夫兰	9	28
明尼阿波利斯	11	29
大西洋城	12	27
圣保罗	13	18
圣安娜	13	29
迈阿密	13	34
奥克兰	15	39
哥伦布	15	52
丹佛	17	44
惠顿	18	38
布朗克斯	19	45
萨克拉门托	19	46
布鲁克林	20	64
哈特福德	22	55
泽西市	22	56
普罗维登斯	31	52
纽瓦克	41	81

表明，在俄亥俄州的代顿，不到1％的案件从逮捕到最终判决花了1年多时间，90％以上的案件均在逮捕后6个月以内结案。相反，新泽西州的纽瓦克法院则比较慢，大多数案件从逮捕到最终判决要6个多月，在纽瓦克40％以上的重罪案件逮捕后还要一年时间才能结案（Hewitt, Gallas, and Mahoney 1990，xi）。

刑事法院诉讼案件的一个主要特征是诉讼过程中各个阶段的审查职能（见表2—8）。许多案件在警察逮捕嫌疑犯后进入刑事司法程序，然后通过一系列正式的和非正式的审查。在每个诉讼阶段，一些案件被撤销，而另一些案件则被移送至下一个诉讼阶段。审查就像是从一个碎石坑中挑选石头。各种大小石块，从大的石块到细沙，均一起放置在筛中挑选。最初，筛的洞较大，所以只有最大的石头才能被挑出来。随着石头慢慢地被挑出来，筛的网孔也越来越细，最后只剩下最细的沙。

表2—8 100件警察提起诉讼的重罪逮捕案件一般的结果

资料来源：重印自 Barbara Boland, Paul Mahanna, and Ronald Sones. 1992. *The Prosecution of Felony Arrests*, 1988. Washington D. C.：U. S. Department of Justice, Bureau of Justice Statistics, front cover.

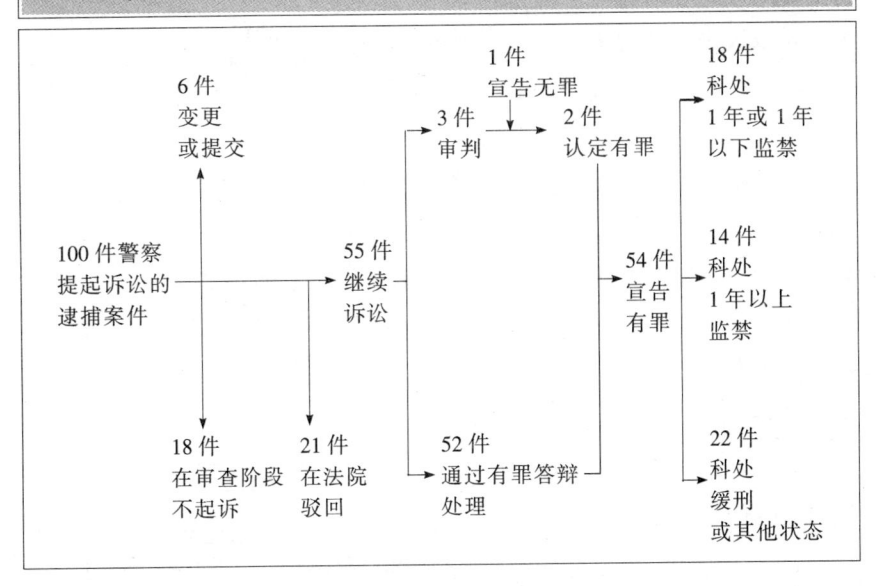

```
100件警察              55件          3件审判  →  2件认定有罪     18件科处1年或1年以下监禁
提起诉讼的    →       继续                  ↗
逮捕案件               诉讼          1件宣告无罪                     14件科处1年以上监禁
   ↑  ↕                                →  54件宣告有罪
   │  6件变更或提交                                                  22件科处缓刑或其他状态
   ↓
18件在审查阶段不起诉    21件在法院驳回    52件通过有罪答辩处理
```

刑事案件的诉讼大致按这种过程进行。各类型的案件均在逮捕后进入诉讼程序，警察和检察官进行筛选。随着诉讼的进展，证据审查越来越严格。一些审查程序是法院诉讼程序的正式阶段，而一些案件，检察官进行非正式的审查以决定案件是否该继续诉讼。如表2—8所示，差不多半数逮捕案件在法院诉讼审前阶段就被筛选出来终止诉讼。

审前程序

审前程序三个最重要的阶段是提起指控、设定保释金和正式审查指控。这三个阶段以何种次序进行，取决于法律和法院体系的传统做法和案件的具体情况。具体地说，一些案件保释金的设定可能在指控提起之前或之后，而另一些案件保释金则在指控正式审查之后设定。

提起指控

案件的审查和指控程序，各管辖区差异很大。最常见的安排是警察在逮捕后数小时内将案件提交给检察官，由检察官负责正式地提起指控（Boland, Mahanna, and Sones 1992, 14）。检察官一般审查案件以决定这种情形下的适当指控。这种非正式审查在正式的提起指控之前后均可发生，取决于当地的传统和法律规定的提起指控期限。

无论检察官在什么时候审查证据，他们总是筛选掉许多重罪逮捕案件。一项最近的全国范围内的重罪案件诉讼程序研究表明，39％的重罪逮捕案件被检察官决定不起诉或被法院驳回（Boland, Mahanna, and Sones 1992, 6），随后这些案件的很大一部分以轻罪被起诉，这种案件的丢失被称为案件磨损，主要是因为缺少证据和可信的证人（Boland, Mahanna, and Sones 1992, 35—39）。也就是说，尽管警察已逮捕了嫌疑犯并将案件移交给检察官指控，但是因为证据不充分检察官决定不指控。尽管证据的数量和质量在作出指控决定的过程中似乎是最重要的因素，但是其他一些因素，包括组织的、实际的或人道的考虑均可影响指控决定的作出。

此外，案件磨损也反映出警察过分指控的做法，即警察逮捕了嫌疑犯并将案件移送起诉但却证据不足。另一方面，案件磨损也反映了检察官和警察对待案件的方式不同。检察官很重视宣告被告人有罪所需的证据，这比警察逮捕一名嫌疑犯所需的证据要多得多（Jacoby 1977）。

初次到庭和保释

逮捕后不久，在正式提起指控前后，被告人必须被带到法官（或有管辖权的司法官员，比如司法官或法院委员）面前初次到庭。大多数管辖区，初次到庭在限制管辖权法院举行。在许多管辖区，这个阶段也可被称为提审。重罪案件，提审是一个独立的程序，通常在初次到庭数星期后发生在一般管辖权法院内。大量轻罪案件的被告人在初次到庭时服罪。对于重罪案件，初次到庭的主要目的是告知对被告人的指控，包括逮捕指控或正式提起的指控罪名，并决定被告人被审前释放的条件。此外，法官可能被要求作出可能性根据的裁定，确保至少有证明被告人有罪的证据存在。

大部分被告人被具结释放。如果是具结释放，则被告人同意案件进一步审理时自动归案。法院允许以被告人保证归案的允诺将其释放，并不要求其他的出庭保证。

如果法官认为被告人具结释放后不会返回参加庭审，则可能命令被告人为了获得审前释放必须担保保释或现金保释。担保是被告人的一种附属金钱保证或专业保证人的保证。现金保释是指被告人获释之前，必须将金钱留置于法院。这两种保释，如果被告人在随后的案件诉讼过程中不能及时归案，财产或金钱就被没收。

对于一些案件，初次到庭也就是最后出庭。限制管辖权法院只有当它们处理有权作出最终判决的案件时才会出现这种情况。在大多数州，这些案件包括轻罪和一些重罪。所以，当这些案件初次到庭时，司法官就可能接受有罪答辩并马上科处刑罚。这样，被告人立即答辩指控有罪并被当场判刑。这在可能仅处以罚金的案件中最常见。

正式审查

重罪案件在被移送至一般管辖权法院审判前，指控要接受正式审查。正式审查是一个法官或陪审团审查案件证据并决定证据是否充分以便继续诉讼的程序。在美国，正式审查重罪指控有两种不同的体系：预审听证和大陪审团。

在运用预审听证正式审查重罪指控的州，在法官（通常是在限制管辖权法院）面前举行听证会，以决定被告人犯检察官所指控的罪行是否有可能性根据。可能性根据指的是有证据足以合理地相信被告人犯了所指控的罪行。如果法院认为证据足以支持可能性根据，那么被告人就被责令在一般管辖权法院接受重罪审判。检察官向重罪法院提交一份正式指控文件，称为检察官起诉书。起诉书写明对被告人的指控。半数以上的州按照这种程序运作，稍微有所变更。

还有一些州和联邦管辖区，大陪审团是正式审查和将重罪案件提交给一般管辖权法院的机构。在一些大陪审团管辖区，检察官可以选择预审听证或大陪审团，或两者同时对重罪案件进行审查（见表2—9）。6至23个公民（根据各管辖区）被邀请担任大陪审员，并听审检察官希望以重罪起诉的案件的证据。大陪审员的任务与预审听证中的任务相似，考虑证据并决定证据是否足以表明被告人犯重罪存在可能性根据。但在预审听证中是法官作出这个决定，而法官不列席大陪审团，签发重罪指控的决定留给非专业人士组成的陪审团作出，所以这一点大陪审团与预审听证不同。如果大陪审团认为证据支持可能性根据，就签署大陪审团起诉书，或作出真实诉状的决定，这是一份列明对被告人指控的正式指控文件。当证据不充分时，大陪审团就作出证据不足或没有根据的诉状的决定。

大约90%正式审查的重罪案件在预审听证后被具结审判，或被大陪审团起诉（Boland et al. 1990，5）。如果被告人在预审听证时没有以重罪指控被具结审判，或大陪审团作出证据不足或没有根据的诉状的决定（又是根据不同的管辖区），案件仍旧可能以轻罪指控在限制管辖权法院被诉讼。

从最初向法院提起指控到预审听证或大陪审团作出决定，期限大约是两个星期到一个月。这段时间内，检察官可能将重罪指控减为轻罪或较轻微的罪行。如果是这样，可能是持续审查的结果，在审查过程中由于缺乏证据或认为根据情节指控太严厉，检察官减掉了一些指控。例如，检察官可能选择撤回即使能被证明的重罪指控，以显示对初犯的怜悯。

第2章 刑事法院总览：结构和诉讼程序

表2—9　在费尔法克斯县诉讼的刑事案件

资料来源：重印自 Willam E. Hewitt, Geoff Gallas, and Barry Mahoney, 1990. *Courts That Succeed: Six Profiles of Successful Courts*. Williamsburg, Va.: National Center for State Courts, 1990, p. 62。

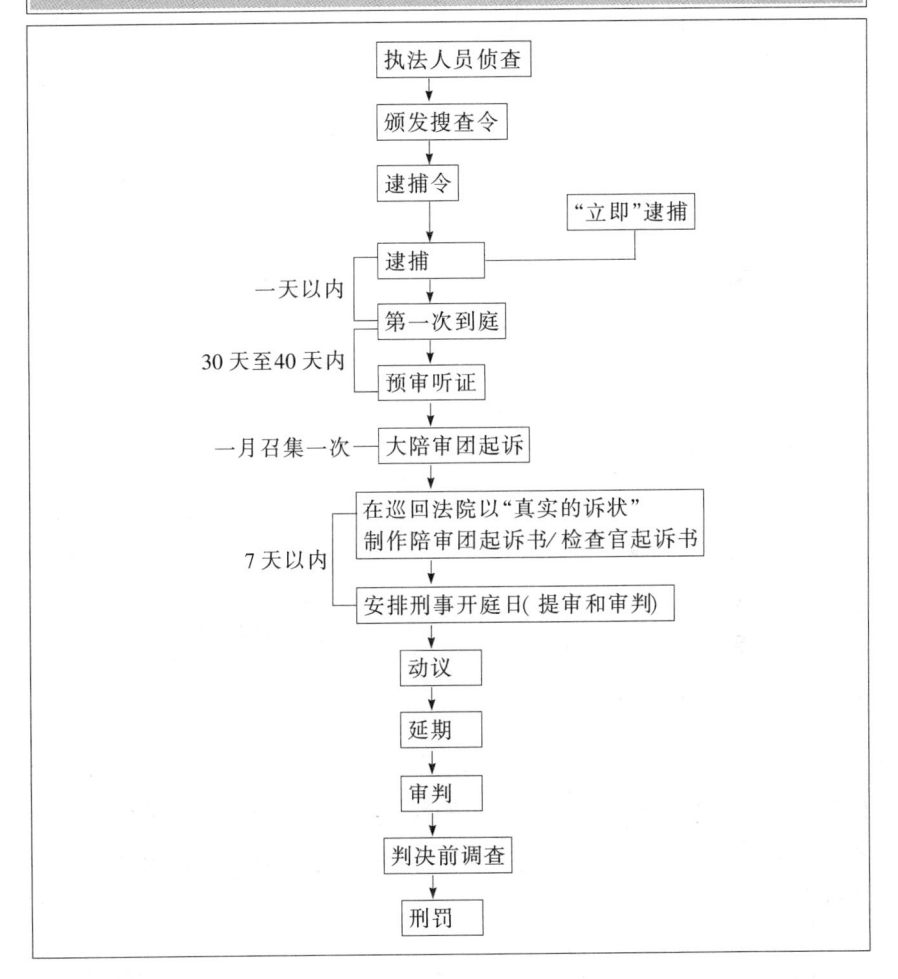

```
                        执法人员侦查
                            ↓
                         颁发搜查令
                            ↓
                          逮捕令          "立即"逮捕
                            ↓               │
                           逮捕  ←──────────┘
            ┌─一天以内─→    ↓
                         第一次到庭
            ┌─30天至40天内─→ ↓
                          预审听证
            ┌─一月召集一次─→ ↓
                         大陪审团起诉
                            ↓
                  在巡回法院以"真实的诉状"
            ┌─7天以内─→ 制作陪审团起诉书/检查官起诉书
                            ↓
                  安排刑事开庭日（提审和审判）
                            ↓
                           动议
                            ↓
                           延期
                            ↓
                           审判
                            ↓
                         判决前调查
                            ↓
                           刑罚
```

答辩谈判

另一些案件，检察官作出撤回重罪指控或将重罪指控减为轻罪可能是被告人、辩护律师和检察官之间积极谈判的结果，这个过程通常称为答辩交易。检察官涉入答辩谈判的程度，他们提供的答辩协议的类型以及答辩协议是否造成重罪指控减为轻罪，各检察官事务所之间区别很大

(Boland et al. 1990，6)。

起诉审查和答辩谈判均为非正式诉讼程序。法律没有规定检察官审查案件或与被告人谈判。非正式审查和谈判均发生在法院之外，检察官不被要求对他们作出的决定说明理由或具体的标准。然而，大多数案件的结果都是根据这些非正式程序而并非是按照刑事法院正式程序作出的决定。

最近几年，检察官事务所努力设立标准以引导检察官的指控和答辩交易决定。尽管这些决定仍然是非正式的，但这种政策的出台使得指控和谈判程序更公开和更能被监督。此外，尽管起诉审查和答辩谈判是非正式的，但它们也受法院诉讼程序正式一面的影响。例如，检察官指控决定的关键在于可获得证据的数量和质量。尽管大约只有10%被指控的被告人去审理，但审判的证明标准是大多数检察官在审查案件时衡量证据的标准。

一项市区管辖区的研究表明，100名重罪逮捕者中只有三个被告人去审判，其他案件则被检察官决定不起诉、被法院驳回或被被告人答辩有罪解决（Boland，Mahanna，and Sones 1992；见表2—8)。去审判是刑事法院诉讼程序的一种例外，然而，审判很重要。去审判的案件对设定法律标准有着重要的作用。被告要求审判的权利阻止了检察官指控不能被证明的罪行。另外，大多数情况只有去审判的案件才能上诉。因为上诉决定对法律的解释非常重要，所以去审判的为数不多的案件巨大地影响提交给上诉法院处理的争议问题，从而也影响程序法律的解释。最后，当检察官和辩护律师就既有的法律衡量案件时，这些解释影响了案件的非正式诉讼程序。

提审和审判

提审是被告人正式答辩指控的诉讼程序。重罪案件的提审发生在逮捕后的数周内。如果被告人答辩无罪，审判日期就被确定。大多数案件，被告人放弃审判权利答辩有罪。甚至第一次提审时答辩无罪的被告人常常在审判前改为有罪答辩。

第2章 刑事法院总览：结构和诉讼程序

因为有罪答辩被告人放弃了审判的权利，所以法官必须确信被告人理解指控和答辩有罪的后果以及答辩是自愿的而并非胁迫的结果。法官可能询问除答辩协议之外是否作了其他的允诺，或是否有任何的威胁或压力导致被告人答辩有罪。法官只驳回他们所考虑的2%有罪答辩（U.S. Bureau of Justice Statistics [BJS] 1988, 83）。

所有刑事案件中，严重重罪最有可能去审判。例如，在曼格顿刑事法院，以谋杀指控被捕的被告人有30%去审判，但盗窃案件和偷窃机动车案件只有不足10%去审判（Boland et al. 1990, 22）。可能判处长期刑罚的被告人更可能决定去审判，而不答辩有罪。

尽管除了轻微的案件之外所有的刑事被告人都享有陪审团审判的权利，但许多审判是法官审判，即由法官担任事实认定者。在陪审团审判中，陪审员是事实认定者。不管是法官还是陪审员认定事实，事实认定者的任务都是决定证明被告人有罪的证据是否超出了合理怀疑。因为刑事宣告有罪的严重后果，所以法律规定了严格的证据标准。检察官的工作就是使事实认定者相信事实的唯一合理解释是被告人有罪。

如果起诉方不能完成证明责任，被告人则被宣告无罪。一个宣告无罪的被告人获得了自由，但一般不享有因为指控造成的自由丧失或时间和金钱的消耗而获得赔偿的权利。如果法官或陪审团认定被告人有罪，由法官判处被告人。

量刑

无论被告人是因为有罪答辩还是由于审判的有罪裁决被宣告有罪，量刑都是法院对被告人触犯法律决定适当后果的阶段。通常法官负责科处刑罚，有时，尤其是死刑案件，科处刑罚的权力与陪审团共同行使。界定被告人被宣告有罪罪行的制定法规定了所适用刑罚的幅度。这些幅度可能很宽，给予很大的自由裁量权，或可能十分狭隘，允许很少或不允许量刑有自由裁量权。通常，制定法至少明确最高罚金和监禁的最高期限。

许多被告人被处以缓刑。缓刑的判决意味着法官中止任何监禁刑罚并将被告人置于缓刑执行官的监护之下。此外，法官拥有很大的命令专门处理和严格监管的权力。例如，法官可能要求毒瘾被告人参加毒品治疗项目。类似地，现在许多州允许法官命令不将罪犯送到监狱或看守所，而在家里对他们进行电子监控。

上诉

刑事法院诉讼程序的最后一个阶段是上诉程序。有罪裁决后，被告人有机会上诉有罪判决。第一次上诉一般作为权利被赐予。被告人必须在法律规定的一定期限内提起上诉，但是一旦上诉成立，上诉法院必须对此加以考虑。如果上诉没有成功，被告人可以要求在终审法院进行上诉听审。这种上诉通常不被认为是权利，终审法院对决定听审与否享有自由裁量权。在不设有中级上诉法院的州，终审法院通常听审作为权利上诉的刑事上诉案件。向州终审法院上诉后，如果州程序触犯了美国宪法，被告人可以上诉至美国最高法院。

上诉必须指出审判法院的错误。一般来说，上诉法院不决定审判的结果是否正确，而是考虑在法院诉讼过程中的程序错误和对被告人权利的触犯行为。上诉法院的决定一般与法律问题有关，而与事实问题无关。如果上诉法院发现审判法院犯了程序错误，就决定这种错误是否可能影响案件的结果。如果认为这种错误为无害错误，即可能不会影响案件的结果，上诉法院就不推翻有罪判决。只有当法院认为触犯了被告人的基本权利或错误可能影响案件的结果时，才撤销原来的有罪判决。

上诉很少见且很少能推翻有罪判决。然而，尽管上诉数量很少，但是上诉程序却保证了审判法官理解和正确地适用法律。法官努力避免他们的案件被上诉推翻。上诉程序也是防止审判不公的重要工具。上诉程序着重程序而并非被告人的有罪，强调了抗辩式诉讼程序的中心思想。遵循公平的程序被认为是确保正确裁决的最好方法。如果程序上有错，上诉法院可能推翻有罪判决，进行重新审判以确保有罪裁决不是初审不规范程序的产物。最后，上诉法院的判决制定了引导初级法院适用实体法的新法律和建立了警察、检察官和审判法院必须遵循的程序。

第 2 章 刑事法院总览：结构和诉讼程序

诉讼案件的不同方法

尽管每个管辖区刑事法院诉讼程序的主要步骤基本相同，但是案件通过这些程序移送的方法却区别很大。研究者已指出一系列影响案件诉讼方法的因素。一些案件诉讼程序的研究已表明法庭工作团体（法官、检察官、辩护律师和其他法庭人员）的规范标准和当地的法律文化均影响案件的诉讼程序。其他研究则表明分配给法院的工作性质（案件类型）是构成法院诉讼程序最重要的因素。

法庭工作群体

与其他每天一起工作的任何人民团体一样，法庭工作群体发展了影响群体处理案件的标准。工作群体标准规定了典型案件和普通案件的特征（Sudnow）。只要工作群体的所有成员均认为这个案件是普通案件，案件就可以被很快地处理而用不着更多的讨论和争议。普通案件得到普通的处理。然而，在任何时候，其中的每一位成员都可以指出现在的案件不是一件普通的案件，而迫使其他成员采用更抗辩的方式处理案件（Eisenstein and Jacob 1977；Heumann，1977；Nardulli 1978）。

地方法律文化

除法庭工作团体的标准之外，地方法律文化也影响案件的处理方式。涉及刑事法院的法律专业人士——法官、检察官和辩护律师经常分享刑事法院运作方式的基本认识。一些社区的地方法律文化能容忍案件诉讼过程中的许多延误，允许所有参与者准备法院出庭需要或所想要的时间，而另外一些社区则不允许这种延误。这种地方标准影响案件诉讼的速度和案件在法院处理的方式特征。

工作性质

分配的工作性质也影响案件获得的注意力。例如，限制管辖权法院的案件更可能涉及轻微的罪行，简单的事实情况，且被告人没有律师辩护。只可能被处以轻微罚金的被告人经常急切地希望尽快地离开法院。案件的这些特点使初级法院为了尽快地处理案件而采用简易的诉讼程序(Henderson et al. 1984)。

法庭主要人员面临的工作群体标准、地方法律文化和工作性质的不同对于理解每个地方，甚至同一地理管辖区内的法院实践存在的巨大差异有着重大的作用。这些因素可能影响案件诉讼的速度，法庭工作人员对案件的注意力和案件审理结果公正的可能性。

总　结

这章只涉及刑事法院诉讼程序的一些主要特征，介绍了法院系统的结构（双轨制，限制管辖权法院，一般管辖权法院，专门法院和上诉法院）和诉讼案件的主要步骤（提起指控，保释，正式审查指控，答辩谈判，提审，审判，量刑和上诉）。从中可以得出两个重要的结论：第一，有关法院的结构和案件的诉讼程序，各管辖区差异很大。一些法院具有高度非中心化的结构，而另一些法院则极度统一。一些法院采用非常正式和抗辩的方式审理案件，而另一些法院则更在乎迅速地处理案件而无须许多形式。相似地，正式的程序规则和具体程序发生的顺序各管辖区也不同。工作团体标准和地方法律文化进一步影响了诉讼案件的方法。以后的章节将进一步探讨这些差异、它们的原因及结果。

非正式的法院外决定几乎在每个管辖区对案件的审理结果都起了很重要的作用。检察官初步指控的决定和以后的答辩谈判对大多数案件的审理结果也产生巨大的影响。了解刑事法院的诉讼程序必须了解法庭内发生的一切，也要理解法庭外所发生的一切。

第 2 章 刑事法院总览：结构和诉讼程序

参考书目

American Bar Association. 1973. *Standards Relating to Court Organization*. [n. p.]. Commission on standards of Judicial Administration.

Boland, Barbara, Catherine H. Conly, Paul Mahanna, Lynn Warner, and Ronald Sones. 1990. *The Prosecution of Felony Arrests*, 1987. Washington, D. C. . U. S. Department of Justice, Bureau of Justice Statistics.

Boland, Barbara, Paul Mahanna, and Ronald Sones. 1992. *The Prosecution of Felony Arrests*, 1988. Washington, D. C. . U. S. Department of Justice, Bureau of Justice Statistics.

Church, Thomas W. , Jr. 1985. "Examining Local Legal Culture. " *American Bar Foundation Research Journal* 1985. 449—518.

Eisenstein, James, and Herbert Jacob. 1977. *Felony Justice. An Organizational Analysis of Criminal Courts*. Boston. Little, Brown.

Henderson, Thomas A. , Cornelius M. Kerwin, Randall Guynes, Carl Baar. Neal Miller, Hildy Saizow, and Robert Grieser. 1984. *The Significance of Judicial Structure. The Effect of Court Unification on Trial Court Operations*. Washington, D. C. . National Institute of Justice.

Heumann, Milton. 1977. *Plea Bargaining*. Chicago. University of Chicago Press.

Hewitt, William E. , Geoff Gallas, and Barry Mahoney. 1990. *Courts That Succeed. Six Profiles of Successful Courts*. Williamsburg, Va. . National Center for State Courts.

Jacoby, Joan. 1977. *The Prosecutor's Charging Decision. A Policy*

Perspective. Washington, D. C. : U. S. Department of Justice.

Nardulli, Peter F. 1978. *The Courtroom Elite: An Organizational Perspective*. Cambridge, Mass. : Ballinger.

National Center for State Courts. 1988. *State Court Organization 1987*. Williamsburg, Va: National Center for State Courts.

National Institute of Justice. 1984. *The Significance of Judicial Structure: The Effect of Unification on Trial Court Operations*. Washington, D. C. : U. S. Department of Justice, National Institute of Justice.

Ostrom, Brian J., Karen Gillions Way, Natalie B. Davis, Steven E. Hairston, and Carol R. Flango. 1994. *State Court Caseload Statistics: Annual Report 1992*. Williamsburg, Va: National Center for State Courts.

Sudnow, David N. 1965. "Normal Crime: Sociological Features of the Penal Law in a Public Defender's Office." *Social Problems* 12: 209—215.

U. S Bureau of Justice Statistics. 1988. *Report to the Nation on Crine and Justice*, 2d ed. Washington, D. C. : U. S. Department of Justice.

Want's Federal-State Court Directory, 1995 Edition. 1994. Washington, D. C. : WANT Publishing.

第 3 章　抗辩制中被指控者的权利

大多数美国人熟悉抗辩制的场面。从电视和电影上我们都看见检察官和辩护律师，在一场运用智慧的战斗中针锋相对，以赢取案件。法官高高地居中坐着，只是随着检察官和律师具体的要求或反对作出反应。陪审团则静静地坐在一边。这种场景是如此的熟悉以至于有时很难理解司法程序的内在理论。尽管美国人很熟悉这种场景，但其他国家的人们可能会觉得抗辩程序是作出裁决的一条奇异的途径。比起了解整个案件事实，检察官和辩护律师双方都似乎更在乎赢取案件和如何攻击对方。这种聪明的较量是如何产生公正的？

抗辩制的价值最近几十年来被广泛争论。像美国最高法院的首席大法官威廉·瑞恩奎斯特这样著名的法学家都认为基本的抗辩实践应该加以改变，使得公正更肯定和更有效。一些评论家们已指出我们应该引进欧洲司法模式和司法实践。

理解抗辩式诉讼程序的争论要求清楚地理解抗辩式诉讼程序的理论，抗辩式诉讼程序在美国实际上是如何实行的以及非抗辩式诉讼程序又可能会是怎么样。本章介绍抗辩式诉讼程序的理论，第 4 章描写刑事法院的历史发展过程和英美抗辩式诉讼程序，第 5 章通过介绍几个国外的刑事审判制度，探讨非抗辩式诉讼程序。书中的其余部分描写和分析目前美国刑事法院实施的抗辩式诉讼程序。

两种公正

抗辩式诉讼程序的目的是公正。哲学家们已经提出了许多不同种类的公正或不同方面的公正，其中两个对理解抗辩式诉讼程序的理论尤其有关：实体公正和程序公正。

实体公正考虑案件审理结果的准确性和正确性。如果被告人确实有罪，那么有罪的裁决是公正的。如果被告人确实无辜，那么无罪的裁决就是公正的。从这个意义上说，实体公正主要考虑声称的真实性、裁决的准确性和刑罚的适当性。在法院诉讼过程中我们置于可靠性上的价值起源于我们对实体公正的考虑。

程序公正并不考虑案件的审理结果。相反，程序公正考虑达到结果所运用的程序的公平性。如果遵循了公平的程序，就达到了公正。如果没有实施公平的程序，诉讼就不是公正的。这与结果的实体公正无关。也就是说，一个真正有罪的人可能被宣告有罪（实体公正），但如果审判的程序不公平，那么这个人的有罪判决以程序公正而言是不公正的。

当我们确信结果的实体公正时，饶恕程序公正的失误则很有诱惑力。如果我们自信有罪的人被宣告有罪，我们则不大愿意对有疑问的程序提出反对。不幸的是，这也是流氓逻辑。私刑和私设庭审常常在人们确信被指控者该受惩罚的情形下发生。他们行为的实体正义似乎原谅了公平审判的缺乏。就程序公正而言，当然，流氓的行为是错误的，不管有罪的被指控者是如何的不言而喻。

尽管实体公正和程序公正是两个独立的概念，但它们互相联系。抗辩制理论认为公平的程序是保证最大数目的案件获得实体公正的最好途径。抗辩式诉讼程序通过给每个被指控者——不管他们的罪恶多大——一个公平的审判，寻求实体的公正。

但什么是"一个公平的审判呢"？应该有怎么样的规则？公平程序和被告人权利的描述是一个持续过程。普通法传统的性质正是考虑到法律和个人权利连续的演变发展。从美国法律历史的许多部分可以发现主张扩大被告人权利（正当程序模式）的人们与希望通过限制权利扩大（犯罪控制模式）而提高刑事司法制度效益的人们之间的纷争。

抗辩制的性质

抗辩式诉讼程序的逻辑贯穿整个美国法律制度。所有法院，不管是处理民事还是刑事案件，均正式地符合抗辩式司法的要求。甚至即使已经采用了不同的作出决定形式，比如少年法庭审判和制定行政法规，抗辩程序仍然起着重要作用。在某种程度上抗辩式程序的扩展可能是法律院校培训律师的结果。因为律师被训练成为辩护人，他们倾向于在每个相关类型的纠纷中担当这个角色。我们的个人主义和个人权利文化也促进了抗辩程序的发展，每个人均要求他"在法院的那天"能展示他这方面的故事。

司法的抗辩制主要有三个特点：

第一，纠纷各方控制证据的出示，并且每方均寻求胜利。这个特点起源于英国司法制度自诉的历史实践。在这种制度下，原告和被告双方均试图赢取案件。在英国发展的程序规则预设了一种利益各方寻求胜利而不是寻求公正的制度。这项传统后来演变成抗辩制。

在抗辩式刑事诉讼中，检察官和辩护律师代表抗辩双方，即州和被告人。因为检察官代表州，而且因为州考虑获得公正（反对单单赢取案件），所以现代的检察官不是简单地得到尽可能多的宣告有罪，而是被要求寻求公正。检察官掌握指控决定，要求只有证据支持指控时才能指控，检察官不能因为他认为某人是无辜的而不对他提起指控。

然而一旦指控成立，检察官就被期望作为抗辩一方要努力赢取案件。尽管法律要求检察官向被告方移交任何在审查案件过程中发现的为被告人开脱罪责的证据，但并不期望检察官搜寻证明被告人无罪的证据。双方都竭力向法院出示能证明事实的证据，都希望己方的证人和证据更可靠、更真实。抗辩双方都努力运用法律，尤其是证据规则，防止不利的或破坏性的信息材料被对方发现。

第二，抗辩式诉讼程序由不参加案件侦查或在审判中不出示证据的中立的和被动的事实认定者作出案件决定。事实认定者，即法官或陪审团，在出示证据或询问证人过程中均不起主导作用。

第三，一套详细的程序约束着抗辩双方。这些是限制竞争者行为，为公平和欺骗行为划分界限的规则。法官担任裁判员。如果一方违反了规定的程序，另一方可以反对这种行为，并由法官作出是否违反了具体规定的裁决。

竞争者、裁判员和胜利这些词汇构成了一个竞赛的场面。确实抗辩制也常常被比喻成一场运动会。这种比喻也帮助强调了抗辩式诉讼程序中规则的必要性。想象一场没有禁止抢球、越位或用棍打对方的规定的足球赛，这场比赛将很快以欺骗而告终。抗辩式诉讼程序中的规则也很必要。因为双方都想赢，如果不迫使他们遵守规则，他们都可能会使用不公平和欺骗的手段。程序规则创造了一个平等的竞争场所，并使双方都保持诚实。

抗辩制中的被告人权利

抗辩式诉讼程序如果没有规则，双方就可能无所顾忌地实施一些行为，这些行为将会破坏司法制度获得实体公正，即发现事实真相的能力。这些程序规则和对抗辩双方行为的限制有许多来源。一些由律师道德准则规定，另一些则源于规定刑事程序规则的制定法。规定被告人享有的最低限度权利的最高权力属于美国宪法。

宪法和刑事被告人的权利

由美国宪法前十条修正案组成的权利法案证明了这个国家的创建者对司法抗辩制度中公平程序的重视。在前十条修正案中，有四条直接与刑事诉讼程序有关（见表3—1）。随着1791年被确认，权利法案清楚

表 3—1 权利法案中的刑事诉讼程序

第四条

人民的人身、住宅、文件和财产安全享有反对无理搜查和扣押的权利，不得被侵犯，除非有可能性根据，以宣誓和代誓宣言保证，并具体说明搜查地点和扣押的人或物，不得发出搜查和扣押令。

第五条

没有人该对死刑案件或其他不显著的罪行负责，除非大陪审团提出或起诉，在战争或公共处于危险时的实际服务期间，产生于陆军或海军，或国民军部队的案件除外；任何人都不能因为同一罪行而生命或四肢受两次危险；也不能在任何刑事案件中被强迫成为反对本人的证人，没有法律正当程序，不能被剥夺生命、自由或财产；没有正当的赔偿，私人财产不能作为公共使用。

第六条

所有的刑事诉讼，被指控者享有由罪行发生的州和地区内的公正的陪审团迅速和公开的审判；地区由法律事先确定，并被告知指控的性质和原因；对质反对他的证人；获得支持他的证人的强制程序和辩护律师帮助的权利。

第八条

不能要求额外的保释金，不能科处额外的罚款，不能施行残酷和非寻常的惩罚。

第十四条

没有州能制定或实施删节美国公民特权或豁免权的法律；没有正当法律程序，任何州都不能剥夺任何人的生命、自由或财产；不能拒绝管辖范围内的任何人受法律平等的保护。

地体现了国家（联邦）政府必须认可的明确的自由。美国权利法案并没有从一开始就限制了州政府的行为或保证州刑事诉讼中被告人的权利。

这种情形在 1868 年第十四修正案中得以改变。第十四修正案正当程序条款规定：

> 没有正当法律程序，任何州都不能制定或实施剥夺任何人生命、自由或财产……的法律。

从此正当程序条款的意义逐步发展，导致了权利法案的许多部分被合并在第十四修正案"正当法律程序"的解释之中。

一些法学家们认为，权利法案是正当程序最低限度要求的一个简短陈述。根据这个全部合并的观点，第十四修正案正当程序条款应被解释为保证美国最高法院在宪法前十条修正案中规定的所有权利。这样，如果最高法院在联邦诉讼中实施一定的宪法规定的程序，那么各州也须按相同的标准。

全部合并的学说从来没有被最高法院的大部分法官接受。所以，第十四修正案正当程序条款的内容通过一个有选择的合并程序被确定下来。最高法院一件件案件地检查每项权利，有时发现权利或程序是如此基础的部分，以致各州为了遵守第十四修正案必须对权利有充分认识。每项决定都涉及正当程序和犯罪控制模式竞争的目的平衡。例如，最高法院已决定在抗辩式司法制度中律师辩护对一个公平的审判非常重要，第六修正案享有律师的权利已合并成为第十四修正案正当程序条款内容的一部分。尽管这样为贫穷的被告人提供免费的律师给各州增加了费用，但最高法院还是作出了这个规定。

另外最高法院已允许各州在追寻刑事案件的公平程序过程中也拥有自治的手段，认为正当程序并不要求与权利法案完全相同的规定。例如，最高法院规定第五修正案大陪审团起诉对各州并不适用。也就是说，即使第五修正案规定联邦体系中的大陪审团，但运用预审听证和其他指控机制已能达到正当程序的最低限度要求。这些决定为各州提供了追求工作更富有成效的灵活性。

权利法案和通过第十四修正案权利的合并确定了各州法院必须遵循的公正和公平的最低标准。各州可能做得更多，也就是说，为指控的被告人提供比美国宪法规定的更广泛的保护。确实，从 70 年代起，因为最高法院更保守的（犯罪控制本位）法官占大多数，所以各州法院常常以他们本州的州宪法，对被告人实行比美国宪法规定的更严厉的权利保护（Howard 1986，317）。

被告人的权利促使遵守法律

保护被告人权利的动机确实是自我保护的动机。警察彻底搜查房间是对隐私权极大的侵犯。法院强制实施第四修正案反对不合理搜查和扣押权利的意愿有助于确保警察在干涉人们生活之前必须有合理的搜查理由。被错误地指控和惩罚对每个人都是一场噩梦，没有人希望有此经历。所以，被告人被提供一定的权利以使刑事诉讼过程中错误或腐败的机会合理地最小化。

起草权利法案时，国家的创立者回忆起刑事法院如何被用作反对持不同政见者和政治反对派的一种武器。许多公民要求新的州和联邦宪法明确规定被告人在刑事审判中享有一定的权利。这些程序考虑的审判形式是抗辩式。被告人的权利被认为是反对国家强大权力的一种重要保护。因为国家拥有大量侦查和起诉的资源，并且由于国家控制着能直接干涉公民生活和通过指控、逮捕和监禁妨碍公民生活和谋生的警察部队，所以必须提供给公民一定的权利以防止政府专断或暴虐地使用权力。

被告人的权利平衡了因为犯罪受嫌疑或指控的单个公民的权利和国家的强大权力。在许多方面，当被政府指控时，被告人比国家享有一定的优势以补偿公民相对缺乏的权力。这种补偿的权利，其中之一是被告人在被证明有罪之前享有被认为无罪的权利，政府负有表明指控被告人有合理理由并最后证明被告人有罪的举证责任。与无罪推定和举证责任相关的是被告人反对自我归罪的权利，防止人们被迫承认有罪。如果没有反对自我归罪的权利，无罪推定将是一个空洞的承诺。被告人在审判过程也享有一定的权利，这些权利用来保护抗辩式程序本身，包括由陪审团审判的权利（确保事实认定者的公正）、对质和交叉询问证人的权利，最重要的是律师辩护的权利。这些权利中律师辩护的权利是抗辩式诉讼程序的基石。有专业的辩护人代理被告人案件是抗辩式诉讼程序的基础，也是保护被告人所有其他权利的工具。因为这个原因，美国最高法院在1932年宣告被告人享有律师的权利是我们抗辩式司法制度的"基本"权利（*Powell v. Alabama*）。

享有律师的权利

美国宪法第六修正案和州宪法条款保证了享有律师的权利。第六修正案规定："在所有的刑事诉讼中，被指控者享有……辩护律师帮助的权利。"许多宪法专家认为这是被告人最重要的权利，因为正是通过辩护律师，被告人所有的其他权利被确信受到了保护。因为抗辩制强烈地依靠案件当事人被确信遵循了合法的程序并提交任何和所有支持己方的证据，所以有一个经过培训的辩护律师是必要的。经过训练的律师能提供给被告人有关所有适用的权利以及在被告人具体情形下这些权利如何适用的信息资料。辩护律师也有为保护被告人的权利提出动议或采取其他措施的法律专长。通过保护被告人的权利，辩护律师确保实施了诉讼程序规则。所以，辩护律师对于抗辩制的正当运行有着重要作用。

享有律师的权利范围

尽管第六修正案和大多数州宪法均清楚地规定了享有律师的权利，但都没有明确"享有律师的权利"的含义。对"享有律师的权利"的解释，其中一个最重要的问题是关于穷困的被告人享有律师辩护的权利。具体地说，第六修正案保证的和通过第十四修正案适用于各州的享有律师辩护的权利，意味着被告人只在有能力支付聘用律师的费用时才享有聘请律师为其辩护的权利吗？或者，这意味着即使被告人不能支付聘用律师的费用也享有律师为其辩护的权利吗？如果贫穷的被告人不能支付聘用律师的费用也享有律师为其辩护的权利，那么这是不是所有刑事被告人均享有的权利？或者只对一些案件的被告人适用？现行法律，如美国最高法院的决定，对这些问题作了比较清楚的解释。

穷困者享有律师的权利

很多年来，律师们认为第六修正案享有律师的权利只是简单地指刑事案件的被告人可以聘请律师在法院为他们的利益辩护。然而，20世纪初，被告人开始反对这种理解。贫困被告人享有律师的权利第一次在死刑案件中被承认，因为宣告有罪和惩罚不可逆转的后果，保证死刑案件公平的审判就显得极其重要。19世纪和20世纪初，除了死刑案件之外，许多州都不愿承认贫困的被告人享有律师的权利。

1938年，美国最高法院认为第六修正案包括了联邦刑事审判中贫穷者享有律师的权利（*Johnson v. Zerbst*）。在州诉讼中，被拒绝享有审判律师的贫穷被告人然后求助于美国最高法院，要求作出所有的州为非死刑案件的贫困者提供辩护律师的规定。被告人上诉最高法院要求将第六修正案享有律师的权利合并为第十四正当程序条款意思的一部分。几十年来最高法院都拒绝将第十四修正案解释为要求各州为贫困的被告人提供辩护律师。1942年，最高法院再次明确州案件中长期存在的享有律师权利的解释问题，认为享有律师的权利应该根据每个具体的案件加以确定（*Betts v. Brady*）。根据最高法院的观点，正当程序只要求为具有特殊情形或非寻常法律问题的案件的贫穷被告人指定辩护律师，比如死刑案件。但是，最高法院认为面临监禁惩罚的普通被告人不享有这种权利。

重罪案件

但是1963年，最高法院废除了其允许各州决定在什么时候必须提供辩护律师的规定。在 *Gideon v. Wainwright* 一案中，最高法院认为享有律师的权利对公平的审判是基本的和必要的：

> 被指控犯罪者享有律师的权利在一些国家可能不被认为对公平的审判是基本的和必要的，但在我们国家却是基本的和必要的。从一开始，我们州和联邦的宪法和法律对确保每个被告人在法律面前平等的公正的法庭前接受公平审判的程序和实体保护就很重视。如果一个因犯罪被指控的贫困者不得不面对控告者而没有律师的帮助，那么这个崇高的理想就不能实现。(p. 344)

如最高法院平时所为，它限制了法院对案件事实的处理。吉登（Gideon）以重罪被指控。所以在这个决定之后，最高法院第六修正案贫穷者享有律师权利的解释适用于在州法院的重罪案件已经很清楚了。但轻罪被告人如果太穷支付不起聘用律师的费用,是否也享有州指定辩护律师的权利仍然不清楚。

非重罪案件

许多州简单地建立了对所有穷困的,包括被重罪或轻罪指控的被告人指定辩护律师和公设辩护人的体制,而一些州则限于对重罪案件或重罪犯以及严重的轻罪案件指定律师。因为第六修正案的规定明确指的是"所有的刑事诉讼",因此被告人主张最高法院在吉登一案中宣布的贫困者享有律师的权利适用于"所有的刑事诉讼",而不只是严重的案件。

最高法院在 *Argersinger v. Hamlin*(1972)一案中第一次提出这个问题。最高法院在这个案件中认为"没有人能因为任何罪行被监禁,不管是轻微罪行、轻罪还是重罪,除非有律师的代理"(p.37)。最高法院还强调了一个被告人被剥夺自由的真实遭遇。这个解释后来在 *Scott v. Illinois*(1979)一案中再次得到确认,最高法院再一次明确,触犯享有律师的权利不是监禁的威胁而是实际的监禁。如果一个以最高刑是监禁九个月的轻罪被指控的被告人,根据美国宪法被告人不享有律师的权利,除非确实被执行监禁。这样在被告人被宣判有罪的轻罪案件中,如果法官愿意放弃监禁处罚,法官就有拒绝为其指定律师的自由裁量权。尽管第六修正案享有律师的权利存有这些限制,许多州还是规定了较广泛的享有律师权利的条款,对轻微罪行的贫困被告人即使不被监禁也可获得指定律师。

自我辩护:为自己诉讼的权利

尽管最高法院认为由经过法律训练的律师代理是公平审判的基础,但第六修正案并"不强加给被告人一个律师"(*Adams v. United States ex rel. McCann* 1942, 279)。大多数情况下被告人享有为他们自己辩护的权利,这就是自我辩护。

在 *Faretta v. California*(1974)一案中,最高法院从第六修正案中发现了一项担任自己律师的默示权利:"被指控者直接享有辩护权;因为如果辩护失败,是他承担失败的后果"(pp. 818—819)。

第3章 抗辩制中被指控者的权利

自我辩护程序构成了对享有律师帮助权利的放弃。法官能接受被告人放弃任何的宪法权利，只要被告人作出这个决定是自愿地、明知地和理智地。被告人必须精神健全地理解这个决定的分量并且不受任何强迫，放弃律师辩护权利的决定才有效。重要的不是被告人是否能像辩护律师那样成功地辩护，而是被告人充分理解独自诉讼的冒险性以及这样做是否自愿。

反对自我归罪的权利

抗辩式诉讼程序另一项默示的权利是反对自我归罪的权利。第五修正案详细规定了这项权利："在任何刑事案件中没有人……能被强迫成为反对自己的证人。"

这项权利经常被引用作为抗辩式和讯问式司法制度的主要区别。如第五章详细所述，讯问式程序的早期发展阶段，证明犯罪的过程中被告人的口供作为重要要件被搜寻。使用刑讯和威逼，强迫被告人在法院承认犯罪和供认。

抗辩制产生于指控者（政府）必须在没有强迫被告人提供证据的前提下证明案件的推定。毕竟，被告人在诉讼中担任抗辩的角色。被告人没有义务与指控者合作，并且明显地享有拒绝证明的权利。关键问题是在被告人审判之前进行的讯问期间，这项权利的扩伸程度如何。

第五修正案为被告人在警察羁押讯问期间提供了保护，此间被告人所作的承认将在法庭被运用。最高法院规定在警察羁押阶段，任何人享有保持沉默的权利和拒绝警察讯问的权利。在任何讯问期间每个人也享有律师在场的权利，以保护反对自我归罪这项重要的权利。最高法院要求警察或其他官员如果触犯了这些权利，通过这种非法讯问获得的信息不能在审判时被使用。运用被告人的这种陈述等同于强迫被告人作证（*Miranda v. Arizona* 1966）。为了进一步保护这些权利，最高法院规定在讯问之前必须告知所有的犯罪嫌疑人有关这些权利——著名的米兰达（Miranda）警告。

正当程序的权利

第十四修正案的正当程序条款仿照了第五修正案中的相似条款。宪法第五修正案规定没有"正当法律程序"任何人都不能被剥夺生命、自由或财产。

正当法律程序的意思还不是很清楚,许多最高法院最著名的决定都争论过这个问题。一般来说,正当法律程序是指无论何时诉讼,比如刑事诉讼,威胁人的生命,可能造成监禁或其他严重的丧失自由,或可能没收人们的金钱或财产时,政府必须使用公平的程序和标准。正当程序是所有个人享有的公平的最低限度标准。但什么是公平的最低限度标准呢?法院又如何决定什么是公平的且又与正当程序相符呢?

最高法院享有指示联邦和州程序必须遵守的公平最低限度标准的最高权力。为了作出这个决定,最高法院考虑了本国的司法实践历史、普通法的传统和各州现行的实践。最高法院也考虑哪些程序对于维护抗辩司法制度是必需的。最后,正当程序被认为是一个不断演变发展的理想。为确保正当程序,今天所需的努力可能与昨天或明天所要求的都大不一样。

在 Mathews v. Eldridge(1976)一案中,最高法院概括了法院如何分析正当程序的要求。法院必须考虑和衡量以下这些因素:

1. 将受政府诉讼影响的个人利益的性质和重要性;

2. 运用现行的程序这些利益被错误剥夺的风险,以及补充或替代的程序保障可能产生的价值;

3. 补充或替代的程序要求将会产生的政府利益,包括涉及的职能,以及财政和行政负担。

这个规定是一把双刃的剑。在 Mathews 案前,法院只有在被告人处于遭受"严重的丧失"的危险时才认识到程序权利。Mathews 案的试验扩大了法院认为需要程序权利的场合范围。即使个人可能丧失的权利很轻微(例如,丧失一笔小数目的钱),但如果错误的机会很高或政府的花费(比如提供保护的费用)很低,Mathews 案也要求程序保护。但另一方面，Mathews 案的试验也遭到批评，因为它允许甚至是最重要的个人利益，比如生命和自由，都必须接受一系列消耗—受益分析。Mathews 案认为如果为个人，甚至为那些面对死亡或丧失自由的人们提供程序保护会干涉重要的政府利益，程序保护可不必提供。

在作出 Mathews 案的决定之前和在这之后，最高法院都认识到一定的基本权利是正当程序的一部分。这些权利包括有关举证责任和证据标准的保护。

证明责任

抗辩式诉讼程序的一个关键概念是政府有义务证明被告人的有罪但不能强迫这个人提供证据，这个概念被称为证明责任。在指控被告人的过程中，政府负责证明指控被告人的每件罪行，被告人不要求证明自己无罪。"正当程序要求没有人能丧失自由除非政府负出示证据和使事实认定者确信有罪的责任"（Speiser v. Randall 1958，526）。

证据标准

正当程序要求政府进行剥夺公民的生命、自由或财产的诉讼时必须表明合理的理由。剥夺越多的权利，就要求越多的证据表明拒绝这些权利的合理理由。这样做的目的是使出错的可能性达到最低限度，尤其是随着个人的赌注增加。逮捕一些人，这涉及自由的暂时丧失，要求只要有充分的证据表明可能性根据。民事纠纷法院是以优势证据标准决定案件结果，只要哪一方出示更可信的证据，这一方就获赢。如果强迫将一个人关押在精神病院里，则需要一个更严格的标准，清楚和令人信服的证据。最后，宣判一个人有罪的证据标准更严格：超出合理怀疑的证明。超出合理怀疑的证明没有准确的定义。一些法学家认为这是指每个陪审员必须95%或99%确信被告人有罪；另一种意见认为若没有其他对证据的解释是合理的，而起诉方已经完成了证明被告人有罪的举证责任。

超出合理怀疑的证明要求在有充分理由的刑事诉讼程序中起着重要的作用。在刑事诉讼中，被指控者非常重要的利益受到威胁，同时因为宣告有罪丧失自由的可能性和由于被宣告有罪受耻辱的肯定性。所以，一个重视每个公民好名声和自由的社会,当对一个人的有罪存有合理怀疑时,不能因为这个人犯罪而谴责他(In re Winship 1969,363—364)。

审判权利和第六修正案

第六修正案清楚和简明地规定了刑事被告人享有审判的权利。

> 所有的刑事诉讼,被指控者享有由发生罪行的州和地区内的公正的陪审团迅速和公开的审判;地区由法律事先确定,并被告知指控的性质和原因;对质反对他的证人;获得支持他的证人的强制程序和辩护律师帮助的权利。

享有律师的权利被广泛认为是保护被告人其他各项权利的重要工具,包括第六修正案规定的审判权利。这些权利包括迅速和公开审判的权利,审判前被告知指控的性质和原因的权利以及与证人对质的权利。

当第六修正案规定了这些权利时,最高法院解释了每项权利的完整范围和意思以及是否被第十四修正案合并。

享有迅速和公开审判的权利

享有迅速审判的权利防止被告人没有审判而被长期监禁,但是即使保释在外的被告人也享有迅速审判的权利。迅速审判的要求防止检察官提起指控然后延迟诉讼,造成被告人无限期地受嫌疑,不能或经过很久才得到在法院审判的那一天。尽管第六修正案保证了快速审判的权利,但是对刑事案件如何迅速地诉讼以实现这个要求没有明确地规定。最高法院指出触犯这项权利的延误程度随着指控类型和案件具体情况的不同而有所区别(Barker v. Wingo 1972)。例如,一件复杂的案子需要较长的时间准备,在指控与审判之间较多的延误是必要的。一般而言,各州制定法有更具体的条款规定,但是这些制定法规定的时效都被相对轻易地废弃。最高法院也规定迅速审判是公众的一项权利(Barker v. Wingo)。在一些情况下,迅速审判的公共利益其重要性超过被告人延误审判的愿望。

规定享有公开审判的权利最初是为了防止政府机构秘密审判。公众和被告人都享有这项权利。有时被告人为了避免公开审判可能造成的宣传而更喜欢非公开审判。尽管被告人希望这样，但公众享有参加审判和察看出示的证据的权利（Richmond Newspapers, Inc. v. Virginia 1980）。公众的这项权利，通过防止秘密的诉讼程序使公众相信法院制度的公平。比如，被指控犯罪的政府官员如果在秘密的审判中（非公开）被宣告无罪，其审判结果就会丧失合法性。

享有陪审团的权利

享有陪审团的权利被广泛认为是英美司法制度的奠基石。这是一项被告人享有的由人民而不是由政府代表决定他们有罪或无罪的权利。历史上，陪审团被用来保护没有名气的人免受政府的折磨和阻止实施不受欢迎的法律。

陪审团审判的权利有几个方面，包括在州审判的权利范围，陪审团的组成和陪审员的公正问题，都将在第十六章作详细探讨。

享有被告知指控性质和原因的权利

抗辩式诉讼程序中，如果被告人不被告知所指控的罪行以及引起指控的具体情况，就不可能提出适当的辩护。也就是说，被告人必须简明扼要地被告知他被指控做了什么以及在什么时候做的。

对质的权利

因为刑事诉讼程序抗辩的性质，被告人在法院享有的面对他的指控者的权利是无须证明即可明白的。有了这项权利，政府概括他人提出的指控是不能被接受的。尽管对质的权利似乎理所当然并且不存争议，但同样，被告人的权利与实体公正的公共利益相冲突。例如，检察官竭力保护受虐待的儿童在作证时免面对被告人的痛苦。最近，最高法院被要求决定儿童通过闭路电视作证是否触犯了被告人享有对质指控他的证人的权利（Maryland v. Craig, 1990）。

对质的权利也意味着被告人享有出席审判的权利。不像其他国家被告人可以缺席判决，在美国，除了非寻常的情况之外，被告人享有出席审判的权利。

强制程序的权利

抗辩式诉讼程序默示享有律师的权利和提起辩护的机会。但是，如果没有强制程序，这些权利就没有意义。强制程序是指被告方可以要求法院以传票传唤证人。传票是法院发出的要求一个人在特定时间出席法庭的指令。证人往往不愿意作帮助刑事被告人的证明。强制程序给了被告方确保所有知道案件有关情况的证人出席法庭并要求宣誓作证的工具。尽管被告方不能保证证人讲真话，但强制程序至少保证了证人必须出庭并针对起诉方和被告人的提问作出回答。

一罪二审

反对一罪二审的保护产生于第五修正案条款的规定：没有人能因同样的罪行使得"生命或四肢两次处于危险"。这并不意味着被告人因为同一罪行而不被审判两次。一般来说，第五修正案保护是指一旦被告人被宣告无罪，这个人不能因为同样的行为被同样的权力机构（联邦政府或州政府）重新起诉。如果被告人上诉并且有罪判决被上诉法院推翻，那么一罪不二审并不禁止政府重新审判被告人。如果审判产生悬而未决的陪审团或程序错误造成错审，也要进行重新审判。如果被告人以州指控被宣告无罪，一罪不二审并不禁止与相同行为有关的联邦指控在联邦法院（不同的权力机构）进行新的诉讼。所以，反对一罪二审的真正含义是确保任何同一权力机构作出的宣告无罪是最终的决定。

其他权利

第八修正案保护被告人免受科处过分保释金（见第11章）和保护宣告有罪的被告人免除被迫遭受残酷和非寻常的惩罚（见第十七章）。第四修正案保护美国公民的财产免受无理的搜查和没有可能性根据的逮捕。尽管第四修正案是作为对警察侦查的一项重要限制，但法院通过证据排除规则而施行第四修正案（*Mapp v. Ohio*，1961）。另外，被告人可以通过正当程序条款主张美国宪法未明确规定的其他权利。在州诉讼的被告人享有美国宪法对州审判要求之外的权利。这些权利由州宪法、制定法和法院决定规定。

不管任何一个州都赋予了特定的被告人特定的权利，但所有州都承认被告人享有一定的权利，并且这些权利是审理案件的抗辩式诉讼程序本质之所在。

行使被告人的权利

无论这些规则是如何规定，如果抗辩式诉讼程序要成功地获得实体公正和程序公正就必须实行这些规则。被告人的律师辩护可以保证所有这些权利受到保护。律师为保护被告人的权利和救济对这些权利的触犯，可以采取几项措施，包括动议和上诉。

动议

动议是一项向法官提出的要求指令采取与案件有关的具体行为的请求。动议常常与被告人的权利有关。动议要求法官签发支持具体权利的指令和弥补已经发生的对权利的侵犯。一项动议可能要求马上安排审判以保护被告人享有迅速审判的权利，或可能要求推迟审判以保护被告人享有准备辩护的权利；可能要求法官命令将案件移至另一个地区审判以保护被告人享有公正陪审团审判的权利；可能要求驳回指控，因为起诉书没有充分告知被告人被指控的性质和原因。如果严重侵犯被告人的权利使被告人享有的公平审判权利受到严重威胁，动议甚至可以要求这是错审，以停止正在进行的审判。每项动议都指出程序规则或被告人的权利，并阐述所要求的指令为什么对实施这些规则是必要的。

排除规则。在用来施行被告人权利的动议中，最受争论的是隐匿证据的动议。隐匿动议的目的是要求法官禁止起诉方运用触犯程序规则而获得的证据。最高法院已经规定了一系列审判法官应该隐匿证据的情形。现行有关搜查扣押和排除规则适用的第四修正案法律庞大且复杂。为了确认侵犯了被告人的权利和排除因此获得的证据，要求辩护律师理解和掌握这项法律。如果被告人遭受了非法搜查，而检察官希望运用非法搜查获得的证据指控被告人，被告方可以要求隐匿证据（*Mapp v. Ohio* 1961）。如果被告人被羁押讯问而没有告知保持沉默和享有律师的权利，若法官批准了隐匿动议，任何被告人在讯问期间所作的陈述都被排除在外（*Miranda v. Arizona*, 1966）。另外，根据"毒树之果"

原则,任何以非法搜查、逮捕或讯问获得的证据也被排除在外。例如,如果被告人没有可能性根据被逮捕并在警察羁押讯问期间供认犯罪,即使警察在实际讯问过程中按照正确的程序,非法逮捕产生的供认也被隐匿。供认是"毒树"——非法逮捕的"果实"。

反对排除规则的人们认为排除规则禁止起诉方使用相关和可靠的证据,这样扭曲了抗辩式诉讼程序。这些批评家们认为,排除法则减少了抗辩式诉讼程序获得实体公正的可能性。相反,由于技术地触犯程序规则,即使这些触犯并不构成破坏判决实体公正的威胁,有罪的被告人也获得释放。

支持隐匿非法获得的证据的观点基于威慑和程序公正。控制警察和检察官的违法行为,阻止警察和检察官非法搜查和非法讯问都很困难。当执法官员急切地要作出逮捕或确信犯罪嫌疑人有罪时,他们经常会扭曲和甚至违反规定。法院能防止非法搜查和讯问的一条途径是取消回报。如果警察知道任何以不正当搜查获得的证据以后在法院不被采纳,他们就缺乏非法搜查的动机。如果证据因为收集的方法不被使用,可能就会促使警察和检察官运用正当的程序。

此外,排除规则的提倡者们认为排除非法获得的证据是一个文明的社会为支持程序正义理想所付出的代价。司法制度本身不能因为允许运用非法获得的证据而被玷污——它使法官在警察或其他执法官员的非法行为事实之后成为从犯。

因为排除规则存有很大的争论,研究者们试图决定排除规则是否事实上削弱了警察打击犯罪的有效性和允许罪犯逍遥法外。研究表明执法官员的担心并不存在,隐匿违反米兰达要求获得的供认并没有对警察侦查或成功的起诉构成严重阻碍(Guy and Huckabee 1988)。

对排除规则持续的不满意已经引起许多诉讼。尤其是,检察官为了使会被排除的证据得以采纳而寻求排除规则的各种例外。最高法院已经确认了当警官"诚实地"执法时排除规则的例外。例如,排除规则不适用于警察以搜查证据进行搜查但后来搜查证被认为无效的情形(*Massachusetts v. Sheppard* 1984;*United States v. Leon* 1984)。

表 3—2 常常提出的动议

转换审判地点	为减少审判前新闻宣传的影响而改变审判地点。见第15章。
要求回避	由于一些先前与案件的关系要求法官或检察官回避。见第16章。
分开或合并	分开或合并将在一个审判中一起审理的被告人或指控。
延期	要求推迟法院诉讼程序。
隐匿证据	要求法官指令不被审判采纳的具体的证据材料。
展示	要求在审判前接触侦查材料、证据和法庭试验结果等等。见第12章。
精神检查	要求对被告人精神检查以获得与被告人资格能力或精神病状况有关的信息资料。见第14章。

上诉

保护被告人权利的另一项途径是上诉。如果被告方适时地对触犯程序规则争论的行为和法官对被告方的裁决提出反对,被告方以后可以提起主张法官错误的上诉。如果上诉法官认为违背了程序规则和审判法院的错误造成有罪判决或触犯了被告人其中的一项基本权利,上诉法院以法律错误撤销原判决。然后起诉方可以自由地对被告人重新提起刑事指控,又从头开始诉讼。

抗辩模式的优点

抗辩制的支持者认为运用抗辩式诉讼程序进行法院事务处理有几项优点。首先,抗辩模式提供了明确的劳动分工——律师、检察官、法官和陪审团在诉讼过程中对各自的任务有清楚的理解。律师、检察官的任务是出示最可能赢取案件的证据;法官的任务是监督程序的合法性和审判的公平性。事实认定者,即法官或陪审团的任务则是仔细听取出示的每个证据。

抗辩式诉讼程序的另一项优点是比其他非抗辩式诉讼程序能更广泛

地搜寻证据和发现事实。因为抗辩双方都竭力想赢取案件,他们都希望挖掘对他们案件最有利的事实。至少有两种对事实真相的阐述能在每个审判中被出示。例如,起诉方希望掩饰己方对事实或具体行为的表述中与犯罪构成不符合的部分。因为这些不符合破坏起诉方的案件,被告方会对此加以强调或出示其他破坏起诉方指控的证据(Fuller 1961,39)。

抗辩制的第三项优点是促进了司法制度的合法性。"抗辩理论认为如果当事人被直接涉入审理程序并觉得他被给予了介绍案件的公平机会,他可能接受审判结果而不管这结果是否对他有利"(Landsman 1984,44)。法官的超然和中立也被认为是抗辩式诉讼程序公平的表现。"这不是他倚向一边的地方。他不能作出判决直到所有的证据都被审查和所有的争论都被听审"(Fuller 1961,31)。正如伦·L·富勒教授所指出:"在一方当事人缺席的情况下,存有一种很强的在早期阶段就作出判决和依附于那个判决的……趋势"(1961,39),甚至不顾以后可能出现的相冲突的证据。

对抗辩制的批判

抗辩制也使司法系统付出不少。对抗辩制的两项主要批评是拖累和消耗时间,并且几乎不重视发现真实,或实体公正。

抗辩式程序耗费时间

与其他审判制度相比,抗辩式诉讼程序具有非同寻常的缓慢的可能。除此之外,抗辩双方还能运用程序规则有意地延缓诉讼。

一些批评家们已指出,抗辩式审判比讯问式审判要花费更多的时间(Landsman 1984)。因为陪审团由非专业人士组成,他们在评议时受过训练的法官不提供指导和帮助,所以每个审判参与者都煞费苦心要确保每位陪审员能按照出示的证据和争论的逻辑作出裁决。律师和法官熟悉法律概念,比如故意和因果关系,并且具有从不是很清楚的事实得出推论的经验。但陪审员对这些概念不熟悉并且必须逐一学习,这需要时间。

此外,因为证据是由案件双方而不是事实认定者出示,所以案件双方总是不能肯定什么时候他们已经出示了足以说服事实认定者的充分证据,因此他们就可能卷入证据的过分残杀。双方都不愿因疏忽而受困,每一个可想象的洞都必须堵住,以确保对方不能将此作为案件的薄弱点指出,任何薄弱点都会使整个案件看上去对事实认定者缺乏说服力。所以双方都花时间费尽心机地避免在审判过程中露丑。

程序规则也使诉讼速度减慢。首先,双方必须给予准备案件和在法庭出示证据的机会。因为抗辩式诉讼程序依靠口头出示证据,所有的证据都必须经过问和答的形式。双方不能简单地概括描述事实,每件事实都必须在法庭经过质问。

最后,程序规则提供了抗辩双方反对程序和对方诉讼主张的机会。这些反对花费了当事人争论法律和法官作出法律判决所需的额外时间。

而且,提出一些反对只是为了减慢诉讼。尽管辩护律师运用延误策略比较普遍,但检察官也有延误的理由。辩护律师常常延误案件以避免发生难免之事或削弱起诉方的案件。一个保释在外但是预测如果被宣告有罪将受监禁惩罚的被告人会尽力寻找每个理由以推迟审判。被告方还希望如果案件能推迟足够长的时间,起诉方的案件会被削弱,证人离开,记忆消退。同样,检察官也希望积蓄时间以发现证人或鼓励被告人答辩有罪。

程序规则是希望推迟案件的律师和检察官的避风港。因为诉讼程序依靠双方当事人出示证据,所以律师和检察官能以他们需要额外时间准备案件的理由要求推迟,并且他们可以提出要求额外时间听审和决定的动议。

发现事实真相不得力

辩式诉讼程序中,了解事实真相被认为是抗辩程序追求的副产品,双方均不必寻求事实真相。尽管现代的检察官有道德和法律的义务透露为被告人开脱罪责的证据，但检察官可能不知道关于被告人有罪的真正事实，检察官只知道他相信是真实的事实，甚至辩护律师也可能不知道所发生的真正事实。而且，即使被告人有罪，被告方也不希望事实真相被发现。但是，双方当事人控制将在法庭出示的证据，不要指望双方都能出示所有相关的事实。例如，检察官不要名声不好的自愿者担任起诉证人，甚至可能竭力阻止被告方提出对证人可信度产生怀疑的证据。

这种情形因一味追求胜利而加剧。律师和检察官是自我尊重和名誉体现在他们赢取案件的能力上的一群人。他们已经经历了激励他们运用所有可获得的合法途径赢取案件的社会化进程。如果相关和可靠的证据会破坏律师、检察官的案件，证据规则将可能被操纵以阻止这些证据在审判时不被采纳。尽管对律师、检察官可能阻止出示可靠证据的程度有法律和道德上的限制，尤其是对检察官的限制，但这些限制比较狭隘且不容易实行。

最后，证据规则限制了能在审判中被采纳的相关信息材料。"不管特定的信息材料多么有用和重要，如果它们违反了证据规则，就不被考虑"（Landsman 1984，39）。例如，违反米兰达要求获取的供认可能是有罪的可靠证据，但还是被排除。

美国人倾向于推定我们的制度有着世界上最严格的证据规则。第5章探讨各国证据规则的差异。尽管美国法院的证据规则在某些方面比一些国家的证据规则（比如，法国）更严格，但却比另外一些国家的证据规则（比如，沙特阿拉伯）更有伸缩性。

抗辩模式的局限

讨论抗辩模式的正反两方面经常忽视了一个要点：抗辩式程序在每天的法院实践中经常被废除或推翻。效益和确定性的压力削弱了双方当事人依赖抗辩式程序的愿望。因此谈判和交换常常简化正式的抗辩式程序。

第 3 章　抗辩制中被指控者的权利

管理压力和效益

批评家们认为我们的刑事法院不仅像体育竞赛，而且更像装配线。与抗辩司法不同，装配线司法依靠当事人的合作，破坏程序公正的目的而支持效益。第 2 章已指出一些法院易受装配线司法压力的影响。处理许多事实情况相对简单的轻微案件的法院尤其倾向于采用装配线方式处理案件，这种情况通常发生在初级刑事法院。案件工作量的压力和地方法律文化也经常被引为实行装配线司法的原因。

根据批评家们的观点，当法官、检察官和辩护律师工作过度，超负荷的案件工作量压力太大或不屑使用抗辩式程序时就产生了装配线司法。当辩护律师和检察官、法官一起假定所有的被告人都有罪时，抗辩式诉讼程序的保护则丧失其价值，尽快地量刑成为法庭工作团体所有成员的目的。批评家们认为法院系统，尤其是辩护律师为了管理效益而出卖被告人的利益。装配线的压力简单地限制了辩护律师自由行使被告人权利的程度。执业不久的辩护律师很快认识到制度并不鼓励提出保护被告人权利的动议（Heumann 1978）。结果被告人成为在最短的时间内宣判最多的被告人有罪的刑事司法机器的被动受害者。

其他观察家们对装配线司法的表现提出了较缓和的批评观点。与理想的抗辩司法相比，被告人有太多的理由更喜欢迅速的装配线司法。被指控轻微罪行的被告人特别可能寻求快速解决，这样他们能继续生活。此外，被告人和检察官希望避免抗辩式诉讼程序一些固有的风险。

通过谈判获得确定性

有经验的律师能分析获得的证据并比较准确地预测这个案件谁是赢家，谁是输家，并据此调整策略。即使这样，仍旧存在不确定性。反方的律师可能特别有经验或出示改变事实认定者审视证据方法的信息材料。只要案件的决定权还留在中立的事实认定者手中，案件的结果就存在不确定性。大多数案件的不确定性主要围绕着这些事，比如被告人是以最高级别的指控被宣告有罪还是以较轻的罪行被判决，法官可能判处被告人短期还是长期的刑罚。任何律师都能说出以为有把握赢的案件却输了的故事；同样地，律师也知道有些时候肯定要输的案件却出人意料地赢了。

这种不确定性很有压力，抗辩双方都通过谈判寻求减少这种不确定的方法。刑事诉讼中最明显的谈判方式是答辩谈判，或答辩交易。不去冒因严重的罪行被宣告有罪的风险，被告人常常喜欢答辩较轻微罪行有罪的确定性。不去冒危险的罪犯被宣告无罪的风险，检察官喜欢对减轻的指控宣告有罪的确定性。

谈判司法的后果

由于效益和不确定性的压力，谈判可能是抗辩式诉讼程序的附属物。有时装配线司法的压力非常大，以至于抗辩式程序的任何规定和特点都消失了。程序规则被忽视，法官积极地寻求迅速解决案件，被告人、被害人和公众的利益因为法庭工作团体的利益而折中。

被告人的观点

他似乎并不介意这样或那样。他只是完成任务。像你看见一个走在街上开罚款单的警察，就这样。他将单放在车上，他并不介意这车是谁的。〔公设辩护人〕说，就这样，你放弃这个，你说不，他说他是否能得到更好的结果。然后他提出另一个要约：你放弃这个。就是那样，你知道。就是检查你是否放弃一些责任和尝试。

他只是玩一场居中的游戏。就这样，你是公设辩护人；现在，你不介意我会发生什么，真的。你不知道我，我也不知道你；这是你的工作，仅此而已；所以你将去那儿并为我说一些话，使看起来你试图想帮助我，但事实上你却一点都不在乎。

资料来源：摘自 Jonathan D. Casper, ⓒ1972. *American Criminal Justice*: *The Defendant's Perspective*. Englewoo Cliffs, N. j.：Prentice-Hall, pp. 107—108. 重印经 Prentice Hall/A Division of Simon & Schuster 允许。

然而，谈判更常发生在抗辩式诉讼程序之中，并不完全地破坏抗辩式诉讼程序。谈判的条件由抗辩式诉讼程序的规则规定。"谈判结果"的是非曲直根据证据的证明力和审判被宣告有罪的可能性加以判断。辩护律师，当跟检察官谈判时，仍旧能进行辩护，寻求对被告人可能最好的结果。所以正式的诉讼程序发展和塑造了非正式诉讼程序的性质和范围。

衡量非抗辩式诉讼程序

因为抗辩式诉讼程序在理论和实践两方面都存有利弊，所以关键问题是这些利弊与其他审判制度的比较。为什么不建立一个由公正的侦查者侦查案件，寻求事实真相并作出决定而非由抗辩双方出示证据的制度呢？

其他制度可能更有效，更能宣告有罪者有罪，更能迅速地作出最终处理决定。第五章我们将分析其他一些不十分重视被告人权利的制度。将抗辩制与其他制度作比较，要带着这两个问题。第一，这些制度获得实体公正能力的比较？第二，这些制度获得程序公正的能力和整个司法制度合法性的比较？

如一些人所争论的那样，抗辩制很可能是理论上的一项巨大发明，但在实践中我们的制度不是抗辩制。所以，评价抗辩制我们必须同时考虑所意指的（理论上的法律）和事实存在的（实践中的法律）现象。抗辩制可能是一种在较简单年代运作的制度的有趣遗留。可能谈判和装配线司法的扩张指出了抗辩式诉讼程序不再能满足现代社会的要求。对刑事法院的历史回顾可能会帮助回答这个问题（见第四章）。

可能其他制度更能适合现代刑事法院的环境。许多批评家们已指出抗辩制采纳讯问制或其他解决纠纷制度的一些因素能获得发展。相反，抗辩制可能始终是我们获得一个公平的司法制度的最好希望。我们应该看到，甚至现代的讯问式程序已经在审判过程中吸收了大量的抗辩因素以防止迅速作出结论的错误可能。我们真的想抛弃几世纪的传统和经验，或努力改革解决一些刑事法院面临的经久未决的问题？

总　结

美国的法律制度是抗辩式司法制度。它的中心思想是（1）获得程序公正是保证最大数目的案件达到实体公正的最好方法；（2）纠纷双方掌握证据的出示；（3）中立的事实认定者（法官或陪审团）不参与案件的侦查和准备，负责判决案件；（4）由法官裁决的一套详细具体的程序规则制约着抗辩双方。抗辩式诉讼程序要达到实体公正，抗辩双方必须在竞技场上平等竞争。被告人享有一系列权利和程序保护，以均衡在抗辩竞争过程中州和被告人的力量悬殊。

审判的风险

本世纪 80 年代中期，联邦政府开始了为期 4 年的芝加哥期货市场调查，调查最后使 45 位贸易商和贸易商雇员于 1989 年 8 月被诉讼。将复杂的经济案件提交审判的困难性在审判的结果中得到清楚地体现：

审判看起来像是轻易的赢家，因为政府仔细地计划了案件。但是在开始辩论之后，审判因每个指控逐件贸易的探究而很快陷入困境……随着检察官自身被贸易搞得困惑不解，热望的审判似乎经常陷入困境。在平淡的最后辩述之后，热望的判决不会那么令人震惊［不是单单 240 点指控有罪的判决］……

尽管这热望的结果，余下的资料使人信服，陪审团能够理解指控并且甚至会接受数周来有关联邦调查局和贸易商与政府合作贸易令人震惊的证言……

> 然而，辩护律师在被认为会成为漫长和乏味的谈判解决中，认为政府只有稍许的审判意愿。他们认为政府会谈判解决大多数对贸易商的指控，并且只［审理］那些被认为肯定会赢的对最著名的被告人提起的指控，特别着重于对四名热望的经纪人诈骗行为的指控。
>
> 资料来源：摘自 David Greising and Laurie Morse，© 1991. Brokers, Bagman, and Moles: Fraud and Corruption in the Chicago Futures Markets. New York: John Wiley and Sons, pp. 284, 287. 重印经 John Wiley and Sons, Inc. 允许。

在美国，被告人权利的核心在权利法案中得到体现，通过第十四修正案正当程序条款的合并，从而对各州适用。各州批准的权利和程序可能超过美国宪法规定的最低限度标准。享有律师的权利被认为是基本权利，能使被告人知道和有效地行使其他权利。

所有当事人能富有成效行使他们权利的程度受到效益压力的阻碍。装配线司法是许多刑事法院现实所采用的方法，它抛弃抗辩程序和被告人的权利而追求迅速的有罪答辩。甚至在装配线压力并没有完全破坏抗辩制的法院里，谈判和合作也经常成为解决案件方法的特征。尽管谈判和有罪答辩经常是标准模式，但审判的抗辩程序仍不失为一种选择并且构塑当事人双方的谈判。律师、检察官在寻求谈判结果的过程中仍旧扮演抗辩的角色。

抗辩模式给了律师、检察官、法官和陪审团明确的任务。因为抗辩双方意在赢取案件，因此抗辩模式被认为比其他审判制度更能全面地发现事实。此外，抗辩式诉讼程序允许被告人以最能体现自身优势的方式出示证据，从而促进了法院诉讼的合法性。

尽管有这些优点，抗辩式诉讼程序也被指责，认为太慢、太注重程序而不注重实体公正。谈判司法可能是抗辩式诉讼程序为适应更迅速处理案件的一种方法。另外，一些改革家们认为，讯问式程序或替代的纠纷解决机制的一些要件可能会促进司法的效益和质量。

参考书目

Adams v. United States ex rel. McCann, 317U. S. 269, 63S. Ct. 236 (1942), mandate stayed 63S. Ct. 442 (1943).

Argersinger v. Hamlin, 407U. S. 25, 92S. Ct. 2006 (1972).

Barker v. Wingo, 407U. S. 514, 92S. Ct. 2182 (1972).

Betts v. Brady, 316U. S. 455, 62S. Ct. 1252 (1942).

Faretta v. California, 422U. S. 806, 95S. Ct. 2525 (1975).

Fuller, Lon L. 1961. "The Adversary System." In Harold Berman, ed., *Talks on American Law*. New York: Random House.

Gideon v. Wainwright, 372U. S. 335, 83S. Ct. 792 (1963).

Guy Karen L., and Robert G. Huckabee. 1988. "Going Free on a Technicality: Another Look at the Effect of the Miranda Decisions on the Criminal Justice Process." *Criminal Justice Research Bulletin* 4 (1): 1—3. Huntsville, Tex.: Criminal Justice Center, Sam Houston State University.

Heumann, Milton. 1978. *Plea Bargaining*. Chicago: University of Chicago Press.

Howard, A. E. Dick. 1986. "State Courts and Constitutional Rights in the Day of the Burger Court." In Walter F. Murphy and C. Herman Pritchet, eds., *Courts, Judges, and Politics*, 4th ed. New York: random House.

In re Winship, 397U. S. 358, 90S. Ct. 1068 (1970).

Johnson v. Zerbst, 304U. S. 458, 58 S. Ct. 1019 (1938).

Landsman, Stephan. 1983. *The Adversary System: A Description and Defense*. Washington, D. C.: American Enterprise Institute.

Mapp v. Ohio, 367U. S. 643, 81S. Ct. 1684 (1961).

Massachusetts v. Sheppard, 468U. S. 981 (1984).

Mathews v. Eldridge, 424U. S. 319, 96 S. Ct. 893 (1976).

Miranda v. Arizona, 384U. S. 436, 86 S. Ct. 1602 (1966).

Powell v. Alabama, 287U. S. 45, 53 S. Ct. 55 (1932).

Richmond Newspapers, Inc. v. Virginia, 448U. S. 555, 100S. Ct. 2814 (1980).

Scott v. Illinois, 440 U. S. 367, 99S. Ct. 1158 (1979).

Speiser v. Randall, 357U. S. 513, 78S. Ct 1332 (1958).

United States v. Leon, 486U. S. 897, 104 S. Ct. 3405 (1984).

第4章 法院和刑事诉讼程序的历史

第1章描述了一系列的纠纷解决机制，简单地介绍了刑事法院如何发展成为了解决特定纠纷的特殊场所的过程。了解刑事法院为什么会存在和它们为什么要发生变化，确实需要理解法院作为解决纠纷工具的演变发展过程。本章对刑事法院诉讼程序的发展作一回顾，主要着重于一些重要部分的发展变化，比如保释、预审听证、大陪审团诉讼程序、陪审团审判和被指控者的权利。

最初的刑事诉讼程序常常与今天刑事诉讼程序所表现的职能几乎没有什么联系。大陪审团最初是作为增加通过法院进行诉讼的罪犯数目的工具；只是后来大陪审团成为保护公民免受无理诉讼的机构。陪审团审判以前很不被信任，以至于被告人不得不被严刑拷打直到他们同意由陪审团决定他们有罪或无罪。今天人们普遍承认的权利，比如享有律师的权利和传唤辩护证人的权利，都是近代才发展起来的。

刑事法院的历史反映了现代刑事法院结构和程序的演变过程。这种演变不是不可避免的，也不是完全的。不能认为以前的人们好笑，他们曾经探索着要接近我们的司法理想。现代法院程序和实践只是不断演变发展进程中的最近一个阶段。我们的司法思想是这种演变的产物，并且

第 4 章　法院和刑事诉讼程序的历史

也要变化和发展。就像刑事法院在过去的几千年已经改变了许多回，我们能够相信法院将继续适应不断变化的思想观念和社会条件。

联邦政府和大多数州的法院系统直接继受英国的司法制度和实践。因为路易斯安那是法国的殖民地，所以路易斯安那的法院受法国的影响很大。本章主要介绍英国法院结构和程序的发展，因为英国法律制度对美国法律和法院的发展有着重要的作用。

文字记载之前的有关法律制度几乎不被人了解。最早记载记述的私法制度，在被记载之前可能已经统治了部落社会几千年。

没有法院的司法

尽管古罗马大约从公元 1 年到 450 年侵略和占领着英格兰，但罗马法从来没有坚固地在英格兰土地上立足。从公元 200 年到 450 年罗马统治英国的后期，罗马法律传统被分解并且对贫穷居民的习惯几乎没有留下什么痕迹（Lyon 1980；Baker 1990，2）。大约同时，居住在北欧西海岸地区的日耳曼部落开始穿越英吉利海峡移民；这些就是盎格鲁—撒克逊人。

新部落的司法按照欧洲日耳曼部落的原始法律习惯。在这时期以血亲发展的家族成员保护个人不受其他人的掠夺欺负。司法按照家族不和的传统，也被称作血亲复仇（Harding 1966，14）。家族不和是私法的一种形式，基于互惠这个概念。如果家族的一位成员被杀或受严重伤害，这个错误通过杀害实施者或此人家族中的一位成员而获得补偿。或者，受害者家族要求向其支付被杀赔偿金（直译，人的价格）补偿错误。被杀赔偿金的数额根据受伤害者或被杀者的级别而定（Lyon 1980）。

尽管家族不和和支付被杀赔偿金延续了五个世纪，但血亲复仇因为来自盎格鲁—撒克逊国王反对这种做法的压力而衰退。基督教堂长期揭露血亲复仇的弊端，认为复仇只是上帝的权利；家族不和并且造成社会许多不稳定因素,地位显赫的家族之间不和会引起战争。终于促使盎鲁格—撒克逊国王劝说各家族放弃复仇和支付被杀赔偿金(Simpson 1981,14),将纠纷提到法院解决,无论是国王还是地方统治贵族的法院。法院常常命令败诉一方支付给受害人或受害人家庭一笔赔偿金(称为 *bot*)和支付给国王或贵族一笔费用(称为 *wite*),作为解决纠纷的服务费用或对破坏国王和平的赔偿(Simpson 1981,7)。

渐渐地支付费用发展成法院费用和罚金。随后继承的国王发现这些费用提供了几乎没人反对的收入来源,并且为增加这些来源的收入造成法律的改变,结果政府(国王或其他统治贵族)成为了诉讼的一方(Sanborn 1986,115)。尽管家族不和在公元 1066 年诺曼底人征服英国时被合法承认,但国王则一直努力要控制它。例如,他们要求必须按照一定的程序家族不和才具有合法性。如果没有遵循这些程序,家族不和本身就被认为非法并且家族遭受严重罚款,这笔罚金也纳入国库(Lyon 1980,84)。

作为纠纷解决场所的中世纪法院

1066 年诺曼底人征服英国将封建制度带入英国。封建制度是基于互惠和军队力量的一种社会组织制度。封建(*feudal*)一词起源于拉丁词 *feodum*,是指骑士的仆人许诺在战争期间为君主服务所支付的土地费,基于拥有土地和根据为君主服务的诺言而进行财产分割产生的血缘关系有严密的等级制度。

在中世纪的封建社会,英国法院远不止仅是司法场所。当国王召集法院或当领主召集他的庄园法院时,许多事情即被公开。首先,开庭就是举行庆贺,通常是纪念宗教节日或一些重要的日子,比如皇家的生日、结婚或丧礼。当国王开庭时,所有的领主均聚集在一个指定的地方,所以,法院也是领主们凑在一起讨论大家共同关心的问题的一个机会。对国王来说,开庭是与领主们商量有关战争和政府事宜的一种方

第 4 章　法院和刑事诉讼程序的历史

式,他们讨论并颁布新的法律。最后,法院也提供了解决上次开庭以后发生的纠纷的时机,这些纠纷包括土地所有权纠纷,债务纠纷或偷窃或暴力指控。当时没有刑事与民事诉讼的区别。

审前程序:确保审判时出庭

　　法律鼓励人们将纠纷提到法院解决,但没有警察执行逮捕而且法院每年只开庭二或四次。相反,要求被害人"大声喊叫",叫唤周围村庄和乡村的居民们搜寻认为是嫌疑犯的人(Harding 1966, 172),然后被害人能向法院提出重罪告发(称为上诉)(Baker 1990, 574)。声名狼藉的罪犯或被指控严重罪行的人们将被关押,通常关押在贵族城堡的地牢里。对于稍微轻微的案件,法律要求另一个人同时保证指控者和被指控者出庭。最初,保证人是一名指控者家族成员,但是后来这些法律修改重新规定庄园的领主负责他的每位公民在法院出庭,这个称为 bohr 的制度是保证在法院出庭的有效方法。但是贵族们反对这个制度因为它要求贵族们支付对他们佃户的罚金(lyon 1980, 80)。结果贵族们开始强迫他们的佃户必须保证出庭并由他们自己家庭支付罚金,这个制度被称为征什一税。每个自由人(公民)都置于由十人组成的群体中,如果这十人中任何一人被指控犯罪或其他罪行,另外九个人必须保证他在法院到庭或由他们自己支付罚金(Harding 1966, 22)。如果犯罪嫌疑人逃跑,这什一税群体首先必须努力寻找他的下落,如果找不到,这个群体将负担所指控罪行的责任,并且不得不支付被杀赔偿金再加上不能保证嫌疑人到庭额外的罚款。这样,这个社会群体(什一税)结合起来负责每个成员的行为。征什一税的职能与现代警察和保释金的职能基本相似。他们对保证被指控者在法院实际到庭的预备程序负责。

　　11 世纪英国已经有了将罪犯提交审判的程序,并且在随后的五个世纪里几乎没有发生改变。被害人被要求马上大声喊叫,呼唤家族和周围社区成员帮助寻找犯罪嫌疑人,社区内的每一个居民都必须帮助。如果被害人能说出犯罪嫌疑人的名字,被指控者的什一税群体专门负责寻找这个犯罪嫌疑人。

公元 1066 年至 1215 年的审判程序

中世纪的法院程序是非正式的收集证据与极正式的作出裁决的结合体。作出裁决有两种方法，一种是依据他人证词宣誓，另一种是神明裁判法。不管哪种方法，第一步总是指控者或原告宣誓是在诚实的状况下提出指控的（Lyon 1980，100）。接着原告诉讼案件必须抵押财产或提供保证到庭或什一税的财产，然后原告有机会出示证明被告人有罪的证据。当证明有罪的证据很充分时（例如，罪犯在犯罪现场被抓获或被告人是通缉犯），案件则很快被解决而无须其他的司法程序。如果证据不是很清楚，依据他人证词宣誓则是认定被告人有罪最常用的方法。神明裁判主要适用于依据他人证词宣誓不能圆满解决的疑难案件。

依据他人证词宣誓审判：抗辩式程序的起源

依据他人证词宣誓审判是赖于誓言宣誓的一项复杂和高度法定的审判形式。宣誓像一场双方都努力提供充分的誓言以证明案件的竞赛。依据他人证词宣誓审判的竞争性可能影响抗辩程序的演变发展。

当有罪的证据不清楚或有疑问时，原告在法院必须用主张犯罪嫌疑人有罪的誓言支持宣称。然而，单单原告的誓言经常不够，一般原告需要宣誓被告人有罪的"宣誓帮助者"帮助。任何一个案件有两种因素决定着所需誓言的数目：被指控罪行的严重程度和以原告被杀赔偿金所定的原告级别。以盗窃罪为例，盗窃罪需要相当于 1 200 先令的誓言，如果一个被杀赔偿金为 1 200 先令的贵族进行宣誓，那么他就完成了宣誓责任而无须宣誓帮助者帮助。然而如果一个普通的公民——被杀赔偿金只值 200 先令——也指控某人犯同样的盗窃罪，原告必须宣誓并且找到另外五位公民以宣誓帮助者身份宣誓弥补不足的 1 000 先令被杀赔偿金部分，其间并没有支付钱币。一个人的被杀赔偿金被作为他本人的价值，所以也是他宣誓的价值（Lyon 1980）。

指控者的级别越高，就越容易使被指控者宣判有罪。一个普通的公民需要寻找几个家族成员或朋友，如果被告人辩护成功可能因为错误指控而遭罚款，但一个贵族能提起指控并且只需他本人的宣誓证明。相

第 4 章　法院和刑事诉讼程序的历史

反，如果是一个级别低微的人提起对贵族的指控，贵族则更容易保护他自己。妇女、奴隶和其他没有被杀赔偿金的人需要依靠其他人的宣誓支持或保护他们自己。法律面前人人平等的理论在当时不为人所知。

一旦原告和任何宣誓帮助者作了必要的宣誓，责任就转移到被告人身上，被告人以证明自己无罪的誓言反对那些誓言。按照盎格鲁—撒克逊法律，被告人的宣誓强度大于原告的宣誓强度，这样按被杀赔偿金计算的相同数量的誓言能足够证明被告人无罪。所以在价值1 200先令的盗窃案例中，被指控者和宣誓帮助者的宣誓加在一起值1 200先令就足以洗清被指控者的罪行（Lyon 1980，100）。按今天的说法是指控者负举证责任。

起诉或辩护的成功也取决于没有差错地完成宣誓的能力，差错包括宣誓时将手从《圣经》上移开；用错了手；宣誓后忽略亲吻《圣经》和没有准确地用词。这些错误被认为是神干涉的产物，它向所有参加和观摩法院诉讼的人揭示了事实的真相（Beckerman 1992，203—204）。

宣誓帮助者不是现代意义上的证人，他们并不提供被告人辩护的事实证据，相反地，如果被告人宣誓他是无辜的，他们只是宣誓被告人说的是真话。依据证词宣誓证明被告人无罪者最重要地是向法院宣誓他们充分相信被告人没有作虚伪宣誓。虚伪宣誓被认为是一项重大的罪行，将使一个人不朽的灵魂陷入危险。依据证词宣誓证明被告无罪者丝毫不愿遭受永远受惩罚的威胁（Beckerman 1992，203；Hyams 1981，92—93）。社区内众人所知的小偷或流氓不大可能找到宣誓帮助者，以免因虚假宣誓而遭受永远的惩罚和可能的罚款。所以，一些被指控者就不能找到宣誓帮助者。这种被告人可能选择不去争辩指控（答辩有罪），或通过神明裁判法审判努力证明自己无罪。

依据他人证词宣誓证明被告无罪作为审判方法持续存在是一个历史上争论的话题。1166年的克拉伦登诏令就包括了一条被认为是对依据他人证词宣誓证明被告无罪"默示禁止"的条款。然而，有足够的证据证明直到1440年在地方和基督教会法院仍坚持使用这种方法，一些刑事案件，包括谋杀案，也依据他人证词宣誓进行判决。

神明裁判法审判

神明裁判法被用于被告人不能保证必需数目的宣誓人的案件和不允许依据他人证词宣誓作为证明方法的特定案子（Hyams 1981，93）。例如，"有许多指控记录和被判处伪证罪的嫌疑人被认为不能宣誓"，即使他的朋友和亲戚愿意宣誓被告人无罪（Lyon 1980，101）。另外一些案子有罪的证据很充分，被告人首先被要求提供所需的宣誓数目，然后再由神明裁判法宣告无罪。所以当有罪的证据不确定而被告人又能保证必需的宣誓者，举证责任由指控者承担。但是，如果能充分地认定嫌疑人有罪，举证责任则主要在被指控者一方。

与依据他人证词宣誓审判一样，神明裁判认为上帝会干涉证明被指控者的有罪或无罪。神明裁判法很正式，由神父主持一定的程序，被告人在参加宗教的弥撒仪式之前必须向神父坦白。如果被告人有罪，在供认过程中隐藏罪行并且在弥撒时接受圣礼则犯了使灵魂死亡的罪恶。所以，一个有罪的罪犯有巨大的压力坦白供认（hyams 1981，98）。在弥撒之后，神父祈祷求神的指导，然后神明裁判法审判开始。

法院可以选择三种不同的神明裁判法：冷水审判、沸水审判和烙铁审判，有时又指用火审判（Johnson 1988，48；Lyon 1980，102）。用冷水审判，被告人先喝被祈祷过的水，然后被扔进也被祈祷过的溪流或池塘或其他有水的地方，神父祈祷水将拒绝一个有罪的人。如果被指控者沉到水底，就判决水已接受了他，他被洗刷掉全部罪名。如果被指控者漂在水上，就判决水拒绝或排斥有罪者，然后被指控者受到法律规定的任何处罚。

神明裁判法的第二种形式是沸水审判。在这种情况下将一块石头置于装着沸水的又大又深的敞口锅底部，神父祈祷，并要求被指控者手伸入水中将石头捞出。如果被指控者不能捞出石头，他马上被宣告有罪。如果被指控者能成功地将石头从沸水中捞出，受伤的手予以包扎，三天之后法官检查伤口。如果烫伤的伤口愈合正常，没有任何感染的迹象，被指控者被宣告无罪。如果伤口化脓溃烂，显示化脓和感染的迹象，被告人则被认定有罪，法官宣布刑罚。

第 4 章　法院和刑事诉讼程序的历史

用烙铁审判，被指控者被要求搬运一块滚烫的铁条走九英尺。严重的罪行通过增加铁条的重量而给予更严厉的审判。同样地，被告人烧伤的手被包扎，如果三天以后伤口愈合正常，被告人被宣判无罪；如果伤口出现感染，则被宣告有罪。死刑案件，比如谋杀罪，被告人可能要经过三重的神明裁判：先用冷水审判，然后再经过沸水审判，最后用火审判。

法院记录表明神明裁判大约宣告一半案件的被指控者有罪，宣告另一半被指控者无罪（Bartlett 1988，161）。尽管一些 12 世纪的评论家们怀疑神明裁判法的结果并且描述了神明裁判法错审的例子，但神明裁判法提供了一种在某种程度上被受制于神明裁判法的人们认为合法的解决纠纷方法（Hyams 1981，98）。因为这样，神明裁判法在无争议地解决案件过程中起到了很好的司法作用。

法官的角色在依据他人证词宣誓审判和神明裁判法审判中都受到相对限制，但对案件的处理结果仍很重要。法官的主要任务是宣布法律，这要求确信在具体的情况下遵循了正当的程序和运用了正当的审判方式。在神明裁判法审判中，法官负责宣布被告人是否通过了神明裁判。法官最后宣布刑罚，但在量刑的过程中没有自由裁量权，法官只是科处法律规定的任何刑罚。

决斗审判

决斗审判，有时又称为司法斗争，提供了另一种解决纠纷的方法。决斗审判没有广泛地被使用而且似乎它的使用随着纠纷双方的状况和指控的性质而改变。决斗审判由诺曼底人从法国引进并被认为是解决骑士间纠纷的方法，尽管偶尔也适用于农民们（Baker 1990；Beckerman 1992）。

决斗审判是发生在诉讼双方之间，但双方都可以挑选一位冠军为他们作战。因为决斗审判并不被神明裁判的宗教神秘主义所笼罩，所以神父的角色和宗教仪式就不如神明裁判法审判那么重要。因此，当 1215 年罗马教堂指责神明裁判法审判时，仍允许决斗审判继续使用。但是，由于法官对运用决斗审判设置了许多限制，到 1250 年陪审团审判取代了决斗审判。

司法和王室国库

在盎格鲁—撒克逊人第一次出现在英国海岸之后，纠纷的解决逐渐从血亲家族不和转到在法院审判和运用罚金或司法监管执行。罚金和没收受谴责人的财产意味着国王和其他贵族通过执行法律赚取钱财。

所有通过王室法院收集的费用都进入国王的国库或支付给在国王部队里且服役的贵族们。国王增加王室收入的欲望造成了许多被认为反对国王的罪行持续增长。英国国王也竭力使王室法院的司法能充分地吸引臣民们，以说服原告运用王室法院而不运用领主统治的地方法院，所以就产生了一系列的革新与发明以增加国王司法系统的收入并扩张国王的统治（Baker 1990，17）。

陪审团的发展

审讯的出现为大陪审团以至陪审团审判的发展奠定了基础。战争以后国王需要明确王室拥有哪块土地，他指示王室官员审讯，即询问被召集到法院的人们，被召集到法院的人必须保证全部告诉有关他知道的附近土地的所有权情况。渐渐地这项工具被用作解决国王的臣民们关于土地所有权的私人纠纷，最后成为将案件提起审判（大陪审团）和决定被指控者有罪（陪罪团审判）的主要工具。

大陪审团

大陪审团作为一个指控罪犯的机构，其发展可被追溯至1166年因为司法制度出现裂痕而颁布的克拉伦登诏令。当时的司法制度充满延误和造成指控者撤回案件的技术上的困难，而且依靠自诉，即由被害人个人负责将案件提交审判且承担诉讼的费用和所有风险。技术问题使指控者很难赢取案件，甚至使他们冒着因错误起诉而遭罚款的风险。如果被害人因法律技术问题不提起诉讼，则使有罪的人逍遥法外，社区居民得不到维护或保护，国王也不能收筹罚金。

国王亨利二世（1154—1189）寻求一种能更有效维护法律秩序的制度。克拉伦登诏令"明确地设立了大陪审团制度"（Lyon 1980，295）。诏令规定提审每个郡每 100 人中的（位于郡和镇之间的一种政治上的再划分）12 位男子和每个镇的 4 位男性到法院。这些男子在法院被要求宣誓后说出郡内人所共知的犯谋杀罪、盗窃罪或包庇罪的每个罪犯名字（Baker 1990，576）。然后警察逮捕这些被列名的人并将他们羁押候审（Harding 1966，40）。

这项指令大约每 6 个月执行一次，巡回区的巡回法官凑巧也是这样。由国王任命的巡回法官走遍整个王国听审对王室的申诉，其中包括许多与现在我们称为犯罪行为有关的诉讼。最初大陪审团的目的只是列出犯罪嫌疑人的名字，这样能将他们提到法官面前，单单嫌疑就足以逮捕他们。随着 1166 年至 1215 年这种做法不断的演变，大陪审员被允许决定认定嫌疑的基础是否可信（Shapiro 1991，47），到 1360 年治安法官能向大陪审团提交自诉（Harding 1966，76）。如果没有证明被指控者有罪的足够证据，被嫌疑人就被释放，只有那些确实被怀疑犯重罪的嫌疑人才被审判。这样大陪审团作为指控机构的职能就被建立，后来大陪审团发展成为一个当被指控者犯罪的证据不充分时保护公民免受诉讼的机构。

陪审团审判的演变

运用陪审团解决事实纠纷最初也产生于与土地和财产有关的纠纷。早期的中世纪记录表明有时一群男士被要求为买卖财产作证。结果在关于所有权的纠纷中，这些男士被要求根据他们个人具有的买卖知识解决纠纷（Harding 1966，27）。

刑事指控仍然通过依据他人证词宣誓或神明裁判法审判，直到 1180 年才出现了这种通常做法的例外，并且涉及运用陪审团解决一些种类的刑事指控。在指控者向法院提起指控的案件中（也就是，指控最初不是由大陪审团提出），被指控者可以通过答辩指控是出于憎恶和怨恨而对此提出反对。被指控者能购买要求陪审团决定指控不只是恶意，是否有一些其他原因的王室令状，但陪审团不能决定被指控者是否有罪的终极问题。所以，运用陪审团决定特定种类的问题是一项既有做法，差不多比运用陪审团决定被告人在刑事审判中有罪还是无罪早了一个世纪（Groot 1988，8）。

陪审团也被运用于大审判诏令规定的另外一些情形。1179年国王亨利二世颁布了大审判诏令，准许骑士拒绝用决斗审判解决土地纠纷，而通过购买王室令状将案件提交给陪审团审理。支付令状的钱又纳入王室国库。"如果他采取这种做法并购买了令状，然后挑选他社区的四名骑士选举十二名骑士组成陪审团，这十二名骑士被要求宣誓后说出哪一方诉讼者享有正在争议的土地权利"（Lyon 1980，293）。陪审团被期望根据他们自己对情况的了解解决纠纷。陪审团审判肯定很受欢迎，因为在这个诏令之后决斗审判大大衰减。到13世纪中叶，陪审团审判也是解决普通公民土地所有权纠纷的常用方法。这些纠纷用今天的术语则被称为民事诉讼。

尽管运用陪审团解决纠纷，但刑事案件神明裁判法审判一直持续存在直到教堂采取行动结束这种做法。教堂长期反对神明裁判法，因为神明裁判法需要上帝奇迹般的干涉并且要求这种奇迹是在引诱上帝（Bartlett 1988）。1215年，罗马天主教堂第四次大会议禁止神父参加神明裁判。没有神父参加弥撒和祈祷神的指点，神明裁判的结果就不被信任，所以对神明裁判的禁止造成了司法制度的一个空缺。神明裁判不被信任去决定有罪，但有什么取代认定有罪的方法能信赖呢？

在英国，教堂对神明裁判法审判的禁止很快造成运用神明裁判法的减少，除了在这种习惯已延续了几个世纪的偏僻地区之外。然而，对神明裁判法的禁止却使司法制度面临暂时危机。1215年之后的首次全国范围的法院开庭是1219年。如下的指示被送到法官手里："神明裁判法已全部废除，对此合适的司法反应还没有决定"（Groot 1988，10）。指示命令将那些被高度怀疑犯了严重罪行的被指控者暂时关押在监狱里，

第4章 法院和刑事诉讼程序的历史

而允许犯较轻微罪行的被指控者逃亡,也就是,逃离本国。另外一些轻度被怀疑犯轻微罪行的被指控者在良好行为保证下予以释放(Groot 1988,10)。透视13世纪的文化,似乎亵渎神圣单单根据人的判断差不多就可判决一个人死刑(Lyon 1980,450)。尽管陪审团可能释放一个被指控者(如新近发展的大陪审团或"憎恶和怨恨"诉讼中的陪审团),但审判陪审团的宣告有罪却是另外一回事。尽管记载表明王室法官早在1221年就根据极其强大和可靠的陪审团裁决宣判囚犯死刑,但大多数法官不愿强迫被告人接受陪审团的裁决,尤其是死刑裁决。因为由陪审团审判是一项如此新鲜的事物,法官们认为应该要求被大陪审团指控的人选择陪审团审判,而不是将陪审团审判强加于他们(Johnson 1988,63)。

因为法官们被指示将犯严重罪行的嫌疑犯关押在监狱里,于是法官们面临着没有审判就被送到监狱和将来没有审判希望的关押在地牢里日益增多的囚犯问题。他们通过给囚犯们一个选择以解决这个问题:继续没有审判无限期地被监禁或同意由陪审团审判(Groot 1988,19—20)。由于中世纪监禁在地牢里的巨大痛苦,一些被告人同意将他们自己,用当时的话说,"不管好坏接受乡村的裁决"(Groot 1988,18)。到13世纪末,陪审团审判不再是提供的一项选择,无限期痛苦的监禁被制度化作为强迫被告人接受陪审团审判的一种方法。1275年王室制定法规定,拒绝接受陪审团审判的被指控者将遭受强暴和残酷的惩罚,一种极其痛苦的监禁。拒绝陪审团审判的被告人"负着很重的链条,置于监狱最差地方的地板上;他们一天只给喝少量的水,第二天也只有一点面包"(Lyon 1980,450)。这种痛苦的监禁目的是说服被告人接受陪审团审判。

这项强制技巧除了是法律中另一种扭曲之外想必是成功的。宣判重罪的罪犯被国王没收了所有的土地和财产。然而,如果被告人在候审过程中由于这种"强暴和残酷的监禁"而死在狱中,他们不被宣告有罪并且财产也由被告人的继承人继承,而不归国王所有。所以,许多人宁愿忍受"强暴和残酷的监禁",而不愿他们的家庭在重罪宣告有罪执行后陷入贫穷（Baker 1990，581）。但是，这种监禁是如此可怕致使许多被告人不敢对此尝试而接受陪审团审判。

记载表明 13 世纪期间运用陪审团审判有所增加。然而，这个时期的陪审团审判与现在的陪审团审判不同，不正式地向大陪审团或审判陪审团出示证据，期望陪审员知道犯罪事实并提出被告人是否犯罪的观点（Lyon 1980，452）。被指控者的声誉和关于居住区事件的常识对陪审团的有罪决定非常重要。指控的大陪审团和审判陪审团（小陪审团）常常是相同的陪审员。一些人对起初曾指控被告人的同一群陪审员作出有罪决定的公平性提出疑问（Baker 1990，579）。大陪审员肯定对被告人存有偏见（Lyon 1980，451），陪审员不可能承认他们在指控被告人过程中犯了错误，尤其因为错误的指控会被处以严重的罚金。

开始出现一些改变来解决这个问题。一些案件的被告人通过支付特殊费用能得到另外的陪审员，他们不属于指控被告人的陪审团成员（Baker 1990，579）。最后这种做法得到发展，这样大陪审团被扩大，包括来自邻近社区的非审判陪审团的另外一些人。这种人员的改变允许审判陪审团作出与大陪审团不同的结论。13 世纪末，建立了一个具有 12 名成员的专门审判陪审团，这 12 名陪审员由大陪审团成员和从其他管辖区大陪审团挑选出一个或一个以上的陪审员共同组成。1352 年通过的一项制定法允许被告人撤换曾经是起诉被告人的大陪审团成员的预备陪审员（Green 1985，22）。这可被看作陪审员必须是公正的和被告人可以赦免不公正的陪审团和陪审员两项原则的雏形。

允许一些审判陪审员来自罪行发生地以外的管辖区的做法产生了新的审判陪审团运作问题。一般情况下，陪审员被期望知道他们需要知道的所有事实以决定被告人是否有罪。陪审员居住在附近地区，他们应该了解案件的有关情况和案件所涉及人的个性，但是不居住在附近的陪审员则不了解这些情况，所以这就使得陪审团在法院听取证人证言以了解案件事实成为必要。似乎最初陪审员在社区内到处询问一些可能了解案件情况的人，进行非正式的调查（Harding 1966，127）。15 世纪末，采用审判陪审团 250 年以后，陪审团不再是"主要由了解犯罪事实的人组成的一个机构,而是审查向其出示的刑事证据的一个机构"(Lyon 1980,637)。

审判陪审团一旦被建立起来,很快就成为一个富有权力的机构。"陪审团决定被告人命运的权力几乎是绝对的"(Green 1985,19)。很多情况陪审团能运用这种绝对的权力作出与证据相反的裁决。"不管裁决是出于同情、害怕还是完全的腐败,反正证明了审判陪审团对司法制度的统治"(Green 1985,26)。法官经常企图限制陪审团的权力,拒绝接受无罪裁决和威胁要监禁投票赞成宣告显然有罪的被告人无罪的陪审员(Sanborn 1986,120)。尽管法官施加压力,但陪审团继续独立地,甚至在许多案件中不可预测地行使权力。这种独立性是陪审团权力的来源和陪审团保障英国自由的令人珍惜的地位之关键。

大宪章和正当程序的概念

尽管起诉和审判的程序逐渐与现代的形式接近,但被告人不拥有今天被认为是审判程序基本的一些权利。正当程序和限制政府的概念起源于被称为大宪章的古老文件中,自产生大陪审团和审判陪审团的同一时期存在至今。大宪章(1215年)被传统地认为是英国公民基本权利的起源,建立了英国法律原则。尽管许多英国君主被诱使声称他们凌驾于法律之上,但大宪章限制了企图建立绝对权力的合法性。

国王约翰(1199—1216)是一个专制和贪权的统治者,在其统治期间,封建贵族起来反抗。大宪章是1215年封建贵族强加给约翰国王的一个反动文件,贵族们认为他们传统的权利被一个自私和专断的国王剥夺。贵族们强迫国王作出让步,重新肯定具有几世纪历史的法律和政治习惯。国王被迫同意如果他触犯了大宪章的条款,将被没收土地和财产(Harding 1966,55—56)。

大宪章是约翰国王对国王受制于法律的一项认可。也就是说,大宪章设立了英国是一个法律而不是国王统治的国家的基本原则。大宪章有关司法的大多数条款只是重新确认了已经存在和在一些案件中已不被使用的司法实践。1215年的大宪章没有为普通公民规定自由权利，尽管它确实重新确认了贵族、神父和牧师的权利与自由，甚至所规定的权利是非常封建的权利，这使得大宪章是一部保守的而不是革命的自由理想文件。

大宪章的即时效果受到很大限制（Lyon 1980，312—313，321），然而，大宪章记录的一定的政府原则却建立了限制王室权力的先例。大宪章的条款以及由此发展的保护条款最后在每一次国会会议上都逐渐得到国王的重新批准（Lyon 1980，323）。限制统治者的权利和统治者必须遵循合法的程序观念革命地影响了英国的法律和政治思想。16、17和18世纪在英国和美国的英国殖民地冲突期间，法治观念都具有相当的重要性。

内战和对陪审团审判的反对

从16世纪到18世纪，因为宗教冲突和王位继承的不确定，英国政府遭受了150年的动乱和反抗。16世纪中叶，国王亨利八世（1509—1547）为了娶一位他希望能为他生王子继承王位的新妻，与天主教堂闹翻。尽管最后生了一个王子，但关于亨利婚姻合法性的冲突酿成了政治冲突，尤其是在亨利儿子继承王位后不久便死亡之后。忠于天主教和支持亨利新的英国国教的人们之间的争斗造成长达一个多世纪的冲突和宗教偏执。这段时期法院被用作政治和宗教压迫的工具。

15、16和17世纪，普通法起诉的司法程序、大陪审团和陪审团审判几乎没有更改，但是陪审团的权力因为法官竭力搁置与法院愿望相反的裁决而受到挑战。另外，15世纪出现了一个独立的法院专门处理政治罪行，包括不信奉国教者。这个法院被称为星室法院，它对英美司法程序的发展具有非常重要的意义——不是因为它的创新获得成功，而是因为它非常受鄙视致使它重新确认了许多普通法传统提供的保护的必要性。18世纪认可的被告人权利很大部分是反对星室法院专断和残酷做法的产物。

星室法院

尽管到15世纪中叶陪审团审判在普通法法院已被牢固地建立，但这些法院控制政治犯罪和叛国罪的任务似乎不平等。星室法院的刑事管辖权仅限于轻罪，但却包括扰乱治安罪，非法集会、结伙阴谋罪，刑事诽谤罪和伪证罪。另外，如果法官认为陪审员违反了宣告有罪者有罪的誓言，法官能以伪证罪由星室法院审判陪审员（Baker 1990, 591），有时陪审员没有认识到法律的合法性并竭力减少他们对真正被告人的影响（Green 1985）。另一方面，陪审员又受到可能对他们报复的地位较高的被告人威胁（Harding 1966, 153）。"在这种情况下，陪审员审判只是一种嘲弄和不公正，因为没有陪审员敢作出有罪裁决"（Lyon 1980, 615）。

这些麻烦的案件归国王核心议会的司法部门——星室法院管辖。星室法院采用了当时欧洲大陆较常用的方法，有时秘密地审讯犯罪嫌疑人并采用拷打是常见的认定事实工具。星室法院的程序迅速且不正式（Lyon 1980, 616）。国王的律师以起诉书开始案件诉讼；没有大陪审团起诉书（Backer 1990, 578）。没有陪审团审判的权利，被指控者被迫指控其本人，并且广泛运用刑讯逼供（Walker 1985, 14）。没有证据提起指控，并且被指控者不被告知指控者的身份。这些程序普通法制度都没有规定。16世纪和17世纪初在英国动乱和内战的几十年里，星室法院被日益频繁地运用镇压叛国罪和宗教的异端邪说。

可笑的是，因为复杂疑难的案件被交到星室法院，被告人在星室法院不享有已发展成为普通法一部分的权利，但星室法院却为绝大多数的普通罪犯保留了普通法制度。英国不是改变整个司法结构以镇压暴乱和谋反，而是设立了专门处理那些问题的独立法院，这些法院所遵循的程序也不在普通法规定之列。星室法院的滥用权力也向当时的许多法学家们强调了普通法法院的司法程序对维护自由的重要性。星室法院的滥用权力造成了其在 1641 年被废止（Johnson 1988，83；Lyon 1980，616）。

星室法院衰落：陪审团的权力扩大

星室法院的废止产生了另外一种效用。1641 年以后更多的政治案件由普通法法院审理，并且被告人享有陪审团审判的权利。17 世纪 60 年代一系列对贵格会教徒——被英国政府压迫的一群不同的宗教信仰者的审判，造成了许多陪审员拒绝对在被指控的罪行中可能有罪的被告人宣告有罪的审判。陪审员的拒绝不是因为反对被告人的证据不充分，而是基于他们对法律的不满。法官与陪审团争夺权力。一些法官对陪审团的宣告无罪作出罚款，甚至监禁陪审员直至陪审员作出裁决有罪的反应（Green 1985，200）。然而陪审团决定事实问题的权力最后得到肯定。

权力争夺产生了一个强调法律问题和事实问题之间区别的结果。法官有权决定事实问题，但陪审员继续控制宣告有罪或无罪的决定，一旦法官已对他们进行了法律上的指导（Green 1985，254）。

刑事程序进入 18 世纪

英国犯罪数量的增加，尤其是较大城镇的财产犯罪对司法制度产生了新的压力。死刑罪行数量急剧上升，从 1660 年到 18 世纪末大约增加了两百件新的死刑罪行（Harding 1966，272）。这些压力与不断变化的意识形态相结合造成了英国司法实践的另一些改变。

到 18 世纪早期，普通法法院由大陪审团指控犯罪嫌疑人并保证大多数重罪罪行，即死刑罪行享有陪审团审判的权利。陪审团的任务从 16 世纪起已发生改变。与 13、14 和 15 世纪的陪审团不同，17 和 18 世纪的审判陪审团听审证人的证据并根据证据作出决定。然而，有关证明罪行的证据种类和宣告有罪所需的证据数量的法律仍然没有解决（Shapiro 1991）。

第4章 法院和刑事诉讼程序的历史

法官们努力了三个世纪终于找到了一条指示陪审团宣告被告人有罪所需证据数量的适当方法（Shapiro 1991，1）。尽管规定证据标准的法律在传教士法院得到发展，并且从 1215 年开始被法国和其他欧洲国家采纳，但英国拒绝在普通法法院中运用这些规则。英国公民对奇怪的非普通法法院，比如星室法院采用这种证据规则见得多了。由于它们与绝对的君主统治联结在一起，所以这些做法极不被信任（Shapiro 1991，121—123）。

尽管立法者极度关注英国的犯罪，但传统的自诉制度在 18 世纪仍然存在。自诉是一项个人提起诉讼并且承担所有的诉讼责任，包括提供证人和证明被告人有罪的司法制度。18 世纪 80% 的可诉罪行都是自诉（Hay 1983，167）。自诉花费很大，被害人必须支付票传证人和逮捕被指控者的费用，如果案件具结候审还必须支付另外费用，并且政府要求保证金保证被害人会起诉和证人会出庭作证。一旦案件被送到法院，还需要支付一系列其他的费用：获得起诉书的费用、付给官员证人宣誓的费用、付给法庭门卫、法警和将检察官从法庭带到大陪审团房间的执达官费用。如果被害人和证人居住在离审判法院较远的乡村或小镇，被害人还必须支付他们自己和证人的食宿费用（Beattie 1986）。

18 世纪早期，被害人通常诉讼案件却没有法律帮助。然而到 18 世纪后期，一些被害人开始聘用专业人士办理不同方面的手续。将罪犯捉拿归案后被害人支付帮助的报酬，偶尔被害人雇佣律师为出庭准备案件和在法院代理。另外，商人和其他有财产的人开始组成协会以"分摊追捕和起诉小偷的费用"（Beattie 1986，48；也见 Hay 1983，171）。

公民提起指控运用律师的增加是直到 1836 年英国才保证的被告人享有律师辩护的权利的中心因素（Baker 1990，583）。被告方辩护律师的出现在 1730 年以后的法院记录中有所记载，但被告人并不能保证律师会被允许参与审判。法官有完全的自由裁量权禁止辩护律师参加，且许多法官都能作出这样的决定。1741 年一位律师指出法官

> 决定在这种场合律师参与审判是否合适，他们中很少人（据我所观察）按照一种和相同的规则：一些法官允许律师询问和交叉询

问证人；另一些法官则允许辩护律师向法庭提问；但有一些法官则要求囚犯自己提问；这时的工作方法非常不稳定和不确切。(Beattie 1986，359)

然而到 18 世纪末被告律师辩护已十分普及。

治安法庭

18 世纪在英国起诉案件的第一步是向治安法官告发。从 13 世纪起英国国王任命王室治安法官在地方社区执法。英王设立治安法官署旨在削弱地方贵族指派的执行官的权力（Conley 1985，258—259）。

治安法官具有几项职能。第一项职能是调解比如侵犯和殴打纠纷造成的轻微罪行（Beattie 1986，268）。如果调解对具体案件不合适或调解失败，治安法官的第二项职能是简易地处理轻罪犯。这允许治安法官没有陪审团审判宣告有罪。1670 年以后，在简易审判中被治安法官宣判有罪的被告人一般有机会向郡法院上诉，以纠正任何错误（Baker 1990，581）。

预审听证的起源

治安法官不允许审判重罪，包括大多数的侵犯财产罪，但却负有初步认定事实的任务（Beattie 1986，270）。预审听证，与大陪审团和小陪审团一样起源于较早年代，经过几年的试验和演变就成为类似于现代形式的司法实践。

在大陪审团出现之前，个人能对嫌疑犯提起指控。自诉没有随着大陪审团的发展而消失，尽管由于憎恶和怨恨被反诉的可能会极大地阻碍自诉。15 世纪，法律提倡运用起诉书指控。16 至 17 世纪，星室法院采用起诉书指控，由国王的官员向法院提起指控，没有必要向大陪审团索要起诉书。起诉书指控和大陪审团相结合可能造成指控被认为不公平且与英国的普通法相对（Baker 1990，578）。但是，这种形式的指控后来被接受，尽管是作为刑事诉讼一个额外的步骤而不是取代大陪审团。

16 至 17 世纪期间，治安法官处理重罪案件的程序仍旧受控于 16 世纪中叶颁布的制定法规定，要求治安法官录取被害人和证人的证言，审查被指控者和记录被指控者。审查的目的是搜集证明被告人有罪的证据，然后被告人在法庭否认指控的事实和证据。治安法官不能作出有关被告人可能有罪或无罪的判决。确实，"治安法官不能驳回由一个受人尊敬的检察官（指控者）宣誓提起的指控"（Beattie 1986，275）。然而到 18 世纪末，这种预备审查发生改变，以至于治安法官可以驳回案件如果他认为指控没有理由（Shapiro 1991，178）。治安法官也负责被指控者的保释或命令将被指控者在审判前关押在看守所里，同时通过命令交保证金以保证检察官和证人庭审到庭。治安法官驳回证据不足指控的自由裁量权是美国在 19 世纪后期创设预审听证的前奏。

18 世纪的大陪审团和审判程序

18 世纪重罪法院每年只开两次或四次庭。法院开庭时，随着原告、证人和陪审员来镇参加开庭，整个镇到处开展各种活动，甚至举行庆祝。法院开庭是一件非常讲究宗教礼仪和仪式的事情，第一件主要事项是挑选组成大陪审团。大陪审团和审判陪审团成员均来自有地位和有财产的阶层。早在 1414 年颁布的制定法规定陪审员必须拥有最低数额的财产，一般是土地才有资格为陪审团服务（Hay 1988，310）。在大陪审团服务能提高一个人的社会地位，尽管社区最富有的人士常常竭力逃避陪审团服务，甚至因没有回复陪审团义务的传票而支付罚金（Beattie 1986，320）。结果限制陪审团服务资格的法律要求的陪审员经济地位比在法庭前的当事人经济地位要高，只有 21% 的自诉人和 2% 的被告人拥有符合陪审员资格的足够财产（Hay 1988，350—351）。

大陪审团听审了所有由治安法官具结移送到法院的案件之后，法官继续进行提审和答辩。有罪答辩在 18 世纪很少见而且在死刑案件中被极力反对，因为答辩有罪使法官没有机会收集可能在量刑时被用来宽大处理的信息材料（Beattie 1986，336）。如果被告人拒绝对指控作任何答辩并且陪审团认为拒绝是有意的，囚犯则将处以强暴和残酷的惩罚。这种做法一直到 1772 年才被正式废除。

18 世纪的英国，大多数被告人作无罪答辩，随即进行陪审团审判。举证责任在起诉一方（Shapiro 1991，178），但是陪审团对被告人的指控反应与对起诉方证人出示的证据至少同样重视（Baker 1990, 581; Beattie 1991, 223），因为庭审经常是被告人第一次听到指控，所以陪审团能观察到被告人对指控的自然反应。因为被告人经常没有机会传唤证人，所以被告人利用他们对起诉方证人的反应来传达无罪的能力非常重要。

另外，19世纪之前，辩护律师的参与也经常受限制。当时的法律评论家视辩护律师为了解事实真相的一种阻碍，因为律师妨碍法庭观察被告人解释行为和回答指控的诚实努力。法官是积极的参与者，负责保证被告人有为自己澄清的每个机会。法官提问并明确与指控罪行要件相关的要点（Beattie 1986, 343）。

一个陪审团一般听审法院开庭期间安排的全部案件。尽管被告人被允许撤免可能有偏见的陪审员，但实际上几乎没有被告人这样做；所以传唤12个以上的人为审判陪审团服务没有必要（Beattie 1986, 340, 395; King 1988, 277）。17世纪陪审团常常在评议裁决之前听审完所有案子，可能陪审团在休庭评议时已听审了几十个案子。但是，到18世纪早期，陪审团每听审完一个案子就作出裁决。大多数案子陪审团甚至不离开法庭评议而只是在法庭内凑在一起就作出裁决（King 1988, 294）。裁决必须全体陪审员一致同意，且在裁决未作出之前陪审团不被提供食物和水。当陪审团陷入僵局时，随着夜晚降临作出裁决的压力增加且每个陪审员都又饿又渴。有时，陪审团会求助于其他方法作出裁决，比如投硬币或采用大多数人的投票结果（King 1988, 293）。尽管这些做法是非法的且违背了陪审员的誓言，但当局无法对此控制。

如果陪审团决定宣告被告人无罪，法官会竭力劝说陪审员，使其相信他们出了差错并要求他们重新考虑，这很常见。如果陪审员坚持他们的无罪决定，法官也没有选择只能服从他们的决定，尽管偶尔法官会找到一些监禁被告人的另外借口（Beattie 1986, 408—409）。法官平等地受陪审团宣告有罪决定的约束即使他并不同意，但法官享有饶恕被告人被处以死刑的权力（Beattie 1986, 409）。

许多现代刑事诉讼程序的主要部分都可以在18世纪的刑事案件中

找到：被告人被驳回或被具结到大陪审团后的被告人预审听证；大陪审团是决定将被告人具结审判的证据是否充分的机构；有机会赦免可能有偏见的陪审员和陪审团无罪裁决的终极性。

许多这些相似的程序只是以萌芽状态存在。预审听证是连讯问都不如的一种听审，被告人反对自我归罪的权利没有受到一致地承认或保护，可能性根据和无罪推定的概念也很粗糙。尽管 18 世纪后期，法院已倾向于允许律师代理被告人，但律师的帮助还不被认为是一项权利，而且有一些案件律师事实上被禁止参与。陪审团已成为英国自由的标志，但是陪审员如何被挑选却反映了极度的阶级不平等。

尽管英国内战的政治压迫和星室法院的权力滥用促使了对被告人权利的保护，但 18 世纪的英国只是开始认识到这些权利。殖民地的独特环境和革命的美国使新大陆成为这些权利的孕育地。

美国殖民时期的司法实践

英国的司法实践巨大地影响北美殖民地的法院诉讼程序和司法实践。然而，来自其他国家，比如法国和荷兰殖民地开拓者的经验以及殖民生活独特的条件建立了一种接受甚至欢迎刑事诉讼程序改革的环境（Firedman 1973，39）。殖民地开拓者根据他们的具体情况修改法律制度和程序。例如，新英格兰殖民地开拓者，他们是宗教避难者，寻求改革法律以适应他们的宗教信仰（Rankin 1965）。正如 1813 年一位法官所指：

> 每个国家都有普通法。我们国家的普通法由部分英国的普通法和部分我们自己的惯例组成。当我们祖先从英国移民过来时，他们带来了英国原则因为它们方便他们将安置自己的环境……逐渐地，随着情况的需要，我们采纳了英国的惯例或采纳了其他更符合我们愿望的原则，直到最后在革命之前，我们已经形成了我们自己的一套制度（Steinberg 1989，6）。

随着 1607 年第一次在弗吉尼亚长期扎根，英国开始在新英格兰、马里兰、弗吉尼亚和卡罗来纳建立了殖民地。大多数情况下，通过委托个人或公司建立殖民地，国王以授予他们土地所有权和对殖民地的完全控制权，交换开发新大陆资源获取的大笔利润。

殖民地由茫茫一大片偏僻的地区组成。殖民地开拓者之间地位的显著悬殊造成了复杂的社会关系。北部殖民地（马萨诸塞，1664 年从荷兰分离出来的纽约州和宾夕法尼亚州）主要由宗教避难者开创，尽管这些地区的许多殖民地开拓者都是奔着能比旧世界里生活得更好的世俗目的而来。南部殖民地（弗吉尼亚、马里兰和卡罗来纳）由企图继续专断控制殖民地开拓者的英国绅士创建。许多殖民地开拓者都是订有契约的仆人，他们允诺为主人工作一定的年限而被允许乘船来到殖民地。另外一些殖民地开拓者是囚犯，他们被允许转送到新大陆作为逃避死刑判决的一条途径。最后，几乎殖民地一建立，非洲人就被强迫带到殖民者在南部殖民地的大烟草种植园与大农场里干活和在北部殖民地做家庭佣人。

为处理殖民地独特的情况，早期殖民统治者增强了法律的严厉性。与英国的法官不同，殖民地法官没有削减 17 世纪法律的严苛，也没有过于考虑保护被告人的权利（Billings 1981，579）。美国的殖民经历包括刑事司法实践中大量残忍的甚至反动运动的例子（Surrency 1967，254）。

在殖民统治的最早期，殖民地的政府官员充担刑事和民事案件法官（Surrency 1967，258）。随着人口增长和案件越来越多，正规法院被建立并且一定程度上遵循正规的程序。残酷的惩罚，包括断肢、鞭笞、上足枷或颈手枷在殖民统治早期很常见。此外，殖民地法官不像英国的法官那样饶恕被判死刑的罪犯（Chapin 1983，50—61）。殖民地司法的严苛可能起源于缺少"家庭稳定，制度化教堂或良好社会秩序"的社区对秩序的日益要求（Billings 1981，579）。法律和惩罚似乎是对混乱、无政府和残忍的唯一镇压。

随着殖民地居民越来越稳定，殖民地法院的实践也越来越接近现代英国法院的做法，尽管没有许多常常与英国司法联系在一起的正式仪式（Firedman 1973，42）。尽管抛弃了英国法律的一些复杂规定，但大体上殖民地法院还是采纳了英国的司法实践。

1750 年前殖民地法院诉讼程序

刑事案件由公民告发、法官提起诉讼或偶尔大陪审团起诉而开始。治安法官法院或地方法官法院设立在郡内审理轻罪或轻微罪行。这些法院与市民接近，诉讼方便且采用英国治安法院非正式的简易程序（Steinberg 1989，6—7）。这些法院也对重罪被告人进行预审听证，但无权听审涉及死刑的案件。严重罪行由每年只开庭一次或两次的殖民地中心法院审判。重罪被告人在等待法院下一次开庭期间被关押在看守所里。

尽管自诉习惯最初是由英国传到北美殖民地，但到革命时公诉已大部分取代了早期习惯，尤其是重罪案件（Shapiro 1991，180）。私人诉讼案件既昂贵又困难，尤其是对司法程序不熟悉和缺少律师的诉讼帮助。早在 18 世纪殖民地司法部长开始成为公诉人（Goldstein 1983，1286）。来自苏格兰、荷兰和法国的殖民地开拓者也引进了公诉制度（Jacoby 1980）。

英国大陪审团起诉的普通法实践和享有陪审团审判的权利被北美殖民地采纳，几乎没有什么更改。与当时的英国一样，殖民地被告人直到庭审才被告知指控他们的证据性质。一直到 18 世纪中叶被告人才享有律师为他们辩护的权利（Billings 1981）。

南部殖民地的"公正"：奴隶制度和法院

第一个奴隶 1619 年被带到弗吉尼亚。最初因为殖民地需要大量的劳动力，地主和商人主要依靠来自英格兰、苏格兰、爱尔兰和欧洲订有契约的仆人。南部大量地种植农作物，比如烟草和谷类，沼泽地种植园恶劣的工作条件以及不列颠王国及欧洲工资的上涨，都促使南部殖民地依靠奴隶的劳动力。尽管北部殖民地也使用奴隶劳动，但到 17 世纪末奴隶制度已成为南部社会的整个部分。

殖民地的奴隶制度对殖民地政府提出了挑战。尽管契约奴役在英国很常见，但奴隶制度已经很多个世纪没有施行，英国普通法已演变成解决自由公民间的纠纷。殖民地政府认为没有必要加强普通法对奴隶的保护。

每个殖民地都发展了各自一套规范奴隶交易和控制奴隶人口的法律。"目的很简单——使尽管为数不多的奴隶人口在绝对的控制之下"（Spindel 1989，20）。大多数惩罚奴隶罪行在奴隶主的裁量下发生在种植园内，这种惩罚非常专制和严厉：只要奴隶主认为合适，奴隶主可以打骂、鞭笞甚至在一定情形下阉割奴隶（Conley 1985，275）。只有严重的罪行或涉及种植园以外的人或财产的罪行才被提到法院解决。通常只审判轻罪的地方治安法院在 17 世纪开始审判奴隶的重罪案件（Billings 1981，577；Hindus 1976；Spindel 1989；Flanigan 1974），这些法院的举证责任不及普通法法院，通常没有陪审团或上诉法院裁决的机会。甚至在有陪审团的案子，"极其严重的罪行造成社区内到处弥漫的歇斯底里气氛使奴隶几乎不可能获得一个无偏见的陪审团"（Flanigan 1974，551）。惩罚迅速且公开，被惩罚的奴隶被用作教训其他考虑反抗或叛乱的奴隶们的样例。奴隶被执行惩罚后主人由法院对其损失的财产进行补偿。

研究这些法院的大多数学者一致认为，这些法院几乎没有给黑人奴隶提供公正。这些法院只是对白人社区希望的任何惩罚给予合法性解释。南部殖民地的奴隶制度使修改触犯殖民地开拓者为他们自己争取的公正和平等标准的普通法成为必要。甚至殖民地开拓者一边为他们自己争取更多的权利，一边拒绝奴隶享有同样的权利。这些做法在内战期间也没发生多少改变。解放是否为非洲裔美国人带来平等的司法是本书讨论的一个问题。

依靠普通法：个人权利

英国在迅速的社会变革和政治混乱期间建立了美国殖民地，殖民地开拓者仍然对星室法院记忆犹新。来新大陆的许多人都是为了逃避政治和宗教压迫,许多人因为信仰非英国国教教派而处于被刑事起诉的危险。他们在英国的经历使殖民地开拓者极其向往陪审团审判和保护他们其他自由的程序权利,比如宗教自由。

由于这些经历,增进自由、限制政府权力和提倡平等的启蒙运动哲学有了肥沃的土壤。政治哲学家,包括伊曼纽尔·肯特和约翰·洛克提出上天赋予所有人一定的权利和被统治者的拥护是享有统治权利的惟一真正基础(McDonald 1985)。尽管大多数启蒙哲学家们对刑事诉讼程序的批评集中在法国严厉的司法实践,但逃离英国压迫的殖民地开拓者事实上清楚专断政府的权力滥用,他们沿用普通法的传统做法,比如陪审团审判反对残暴专横。他们采纳的作为美国宪法一部分的诉讼程序,在一定程度上是同时对传统的普通法保护和后来受启蒙哲学影响的创新的重新确认。

美国殖民地时期的奴隶法

订有契约的仆人是北部、南部城镇和边远地区劳工系统的重要部分。但在烟草、粮食和殖民地,黑奴越来越代替了白人奴役。第一代黑人是仆人,不是奴隶;他们的地位与白佣或印第安俘虏没有什么区别。但是尼格鲁人是异教徒,一个不同的种族。对人数不断增长的黑人的地位逐渐产生特殊情感,美国方式的黑人—白人关系,固执、恐惧、性别歧视和经济压迫的特有混合能远溯至殖民时期。奴隶制度准确的法律意义起源不清楚,然而显然不断发展的习惯牵着立法者的手。在 17 世纪末之前,奴隶制度在北部和南部已有明确的法律地位,与尼格鲁人特别有关,成为可怕的、无休止的条件,从母亲遗传给她们的孩子们。奴隶的法律地位,如制定法所构塑,反映和确认了社会歧视和种族感。在弗吉尼亚,就这些有明确日期记录的发展而言,证据表明 17 世纪 60 年代到 80 年代是地位形式化的一个时期。1662 年,形成了若孩子的母亲是奴隶,不管其父亲地位如何,孩子就是奴隶的弗吉尼亚法律。最初,只有异教徒能合法地被列为奴隶;但是早至 1671 年的马里兰法律，洗礼不再能逃脱奴隶地位……

奴隶几乎没有法律权利。奴隶不能在法庭上作证反对白人。他们不能选举、拥有自己的财产或结婚。主人受法律约束以最低限度的公平对待奴隶，给他们提供饮食和衣服，不能以超过情况要求的严厉程度惩罚他们。这些权利偶尔在法院被施行。但是没有人相信这些法律限制对主人的行为方式会有很大影响……

奴隶主……有许多关于黑人的妄想——有关他们的智慧、力量和感觉能力。他们能相信和诉说奴隶作为一名奴隶是最好的，然而白人从来没有使他们自己十分确信奴隶对自己的命运感到幸福。相反，白人几乎患妄想狂症似地害怕奴隶反抗……奴隶法典持续地更加富有镇压性。例如在北卡罗来纳，根本宪法将奴隶主"对尼格鲁奴隶有绝对权力和威势"的习惯法典化。1715年制定法修改限制了奴隶买卖以及白人和黑人非法通姻……主人本身就是奴隶生活中大部分方面的法律、法官和陪审团；这附属于奴隶制度。但是在北卡罗来纳，至少早至1715年，有对不遵守法律的奴隶适用的专门法院。笞刑是最常见的惩罚形式，严重的罪行被处以死刑。但是奴隶被处以死刑减少了其主人的收入，因此用公共基金对主人进行补偿。严重罪行的另一项惩罚是宫刑，可幸的是这项惩罚在1764年被废除。但在1773年一位尼格鲁人因谋杀一白人男子被活活烧死……

18世纪殖民地有许多自由的尼格鲁人。他们中一些是被解放的奴隶，一些是早期自由黑人的后裔。随着奴隶法典种族主义要件的增加，自由奴隶的法律地位被破坏。对黑人群体可能谋反白人的巨大担心使自由的尼格鲁人付出了惨重的代价。自由的尼格鲁人受法律歧视并从这个殖民地被逼迫到另一个殖民地。

资料来源：Copyright © 1973，1985 by Lawrence M. Friedman. A History of American Law. New York；Simon & Schuster, pp. 73—76. 重印经 Simon and Schuster, Inc. 允许。

认识到反对无理搜查和扣押以及刑讯逼供的重要性，许多殖民地起草重新确认新大陆殖民者享有上述这些和其他权利的文件。例如，1648

第 4 章　法院和刑事诉讼程序的历史

年马萨诸塞湾殖民地首先起草了一份详细的立法称作《自由本体》，规定了犯罪行为的确切定义和被指控者享有的权利和特免权，其他殖民地也颁布了相似的立法（Johnson 1988，104），新英格兰殖民地将这些个人权利宣言以法典形式采用。在南部的殖民地，一般私人企业家享有王室的特免权，但特免权条款通常也包括殖民地开拓者享有其他英国公民同等权利的规定（Rutland 1955，22—23）。

这些权利宣言涵盖宗教自由、言论自由和一系列被指控者享有的权利，包括陪审团审判的权利、反对残酷和非同寻常的惩罚及被指控者享有辩护律师的限制性权利。然而，殖民地开拓者如何解释这些权利与这些权利后来是怎样被解释经常存在着巨大差异。比如1672年的《马萨诸塞自由本体》禁止对被指控者进行刑讯逼供，但是为获得有关同谋或共犯的信息，被指控者可能在宣告有罪后被拷打只要这种拷打不是"残忍和不人道的"（Firedman 1973，61）。

依靠经历

殖民者的普通法承袭和历史上被镇压的经历因为他们在殖民地的经历而进一步加强。到18世纪中叶，殖民地开拓者已经历了一系列触犯他们对英国公民权利理解的压迫手段。为控制走私和逃税，英国殖民地政府施行既有效羁押犯罪嫌疑人又违反正当法律程序理想的手段。英国人持普通搜查令到处搜查房间，寻找走私进入殖民地未上税的物品。附属海事法院被用来诉讼走私和逃税案件，并且在这些军事法庭殖民地开拓者不享有普通法保护的大陪审团起诉、陪审团审判和律师辩护的权利。英国人镇压叛乱的残酷司法经历重新唤起了殖民地开拓者对不受限制的政府权力和镇压不同政见者的潜在司法程序感到害怕。这些害怕更加强化了殖民开拓者个人权利的概念（Johnson 1988）。

殖民地开拓者将他们对大宪章保护的解释（经常是错误的）与启蒙哲学掺杂在一起，逐渐视一些权利为天赋的权利——所有人享有的权利和任何政府在任何情况下都无权干涉。随着独立运动的进展，《独立宣言》的签署已经很清楚，殖民地开始组织新的国家政府。社会契约的启蒙概念引导殖民地开拓者起草规定新政府结构和诉讼程序的宪法。此外，许多州制宪会议都认为规定反对政府权力的个人权利是建立任何政府必要的先决条件。

制定权利法案

甚至在《独立宣言》签署之前，1776年6月12日弗吉尼亚通过了《权利宣言》。宣言包括反对自我归罪的权利、被告知刑事指控的权利、迅速审判和陪审团审判的权利、反对过分保释金和残忍与非同寻常惩罚的权利，此外还包括新闻自由、宗教自由、主张平等和大多数人的统治（Rutland 1955，43—47）。

1776年7月4日《独立宣言》颁发以后，其他州按照弗吉尼亚的样例，以《弗吉尼亚权利宣言》为大致模版规定了本州公民的权利。但回顾每个州的规定，没有一个被认为是完全的权利法案。例如《弗吉尼亚的权利宣言》

> 忽略了言论、集会与请愿的自由；人身保护令状的权利；大陪审团诉讼的权利；律师帮助的权利；教堂与州分离；免受一罪二审和不溯及既往的法律。忽略的权利与规定的权利一样甚多和重要。十二个州，包括佛蒙特已经制定了宪法，所有各州宪法保证的惟一一项权利是在刑事案件中陪审团审判的权利……四个州忽视了禁止额外罚金、过分保释金，强制性自我归罪和一般搜查证……九个州没有规定大陪审团诉讼……十一个州则对一罪不二审保持沉默。(Levy 1988，305)

不知这些忽略是疏忽出错，还是因为对权利法案应该规定哪些权利存在严重的分歧。尽管英国殖民者习惯的普通法权利是一项重要的影响因素，但普通法正被天赋人权的理论所补充。这些天赋人权的具体内容不完全清楚。

革命之后，在战争期间将各州结成宽松联盟的美利坚合众国宪法（邦联条例）需要修改，一项新的联邦政府宪法被制定并分发到各州认可。讨论新宪法产生了一个问题，即权利法案是否应被包括在国家宪法

第 4 章 法院和刑事诉讼程序的历史

内。一些人认为权利法案没有必要包括在内，因为州宪法已经保证了这些权利；另一些人则认为权利法案对限制联邦政府侵犯公民权利是必要的。另外还有许多其他论点。对权利法案的争论也成为联邦制反对者和拥护者之间争斗的聚焦点，联邦制反对者竭力维护州的权利和权力，而拥护者则寻求一个强大的中央政府。不包括权利法案的宪法在 1787 年由制宪会议通过并发到各州确认。然而，大多数州表示若不保证附加上保护个人权利的修正案，就拒绝承认新宪法。

当新国家政府 1789 年召开第一次国会时，詹姆斯·麦迪逊提出制定联邦权利法案修正案的建议。他是根据州权利法案和州确认会议的建议提出这个设想的（Levy 1988，315），他的建议在新国会上几乎没有得到任何响应。然而，几番周折后，国会通过了十二条修正案并发到各州确认，其中十条被认可而成为权利法案。这些修正案有四条关于被指控犯罪者的权利（见第 3 章），然而这些权利只适用于联邦诉讼中的被告人。

麦迪逊未能寻求到一条对各州的良心自由、新闻自由和在刑事案件中陪审团审判的权利保护的修正案。麦迪逊认为州的权利法案"非常有缺陷"并认为他建议的修正案是"整张单上最具有价值的"（Levy 1988，316），它得到了议院必需的 2/3 多数拥护，但在参议院却未能通过。结果权利法案只涉及与联邦政府相关的公民权利，对州权力的限制由州权利法案作出规定。

法院在维护权利过程中的任务

联邦和州起草权利法案的人们非常清楚，将权利写在纸上并不能保证在实践中能维护这种权利。甚至在联邦权利法案颁布之前，就有州条款被触犯或忽视的现象。"宪法保护的权利在大众歇斯底里期间几乎没有什么意义；制宪会议的成员本该引用发生在有权利法案的州内严重侵犯公民自由的例子"（Levy 1988，304）。

尽管切实保护公民的权利"羊皮纸条款"存有明显的不足，但立宪者也意识到法院是这些权利的终极保护者。1789 年 3 月托马斯·杰弗逊写信给詹姆斯·麦迪逊："在支持权利宣言的争论中，您忽视了我认为非常重要的一个因素：对司法的合法限制。"杰弗逊期望法院去打击或废止那些触犯公民基本权利的政府行为，但他认为若有一份这些权利的书面宣言，法院就能完成得更好。法院的这项任务在1803年最高法院对 *Marbury v. Madison* 案的判决中得到确认。

立法者似乎也意识到制定广泛总原则的优点，这些总原则要求法院就具体案件的事实作出解释。遵守先例，即根据先例决定案件，是普通法的长期传统，一项立法者既熟悉又赞成的传统。所以立法者对残酷和非同寻常的惩罚不作具体规定，而留给法院对此作出解释。这种不具体的规定使联邦和州权利法案能灵活地适应那些立法者不能预测的不断发生改变的情形。上诉法院继续在他们的决定中重新解释美国公民的权利。如第3章所述，自从19世纪中叶通过了第十四修正案，联邦法院的任务已扩展到包括解释与州政府有关的公民权利。法院持续地对法律和宪法保护规定的适用进行审查的任务，是美国法院和法律的基本所在。

总　结

英国和早期美国法院和司法程序的发展历史主要反映了这么几个方面。

第一，人们在不同时期依据不同的纠纷解决机制，早期血亲复仇被认为是解决财产或个人安全纠纷的唯一合法途径。后来，随着国王宣布血亲复仇不合法，出现了依靠誓言和提交神明裁判的法院实践。这些解决纠纷的方法被认为是合法和可信的。神明裁判的废除造成了合法性的暂时危机；陪审团审判的取代并没有以决定有罪或无罪的合法途径被自动接受。

第二，最初以管理之计采纳的司法结构和程序，是否使审判更快、更有效或增加了国王从法院的收入，只是后来逐渐被认为是司法的重要部分，特别是大陪审团和审判陪审团更能体现这一点。确实，一度人们对陪审团审判非常不信任，以至于他们宁愿遭受强暴和残酷的惩罚。只是几百年以后，陪审团审判在大西洋两岸都被认为是一项基本权利。

第三，英国法创造了统治者和被统治者都必须遵守法律的原则。这种观念演变成正当程序权利和承认一些权利是基本的，任何情况下都不能侵犯，包括一些与羁押和审判被指控犯罪者有关的权利。

演变的权利和程序既不是难免的也不是完美的。英美刑事程序的历史体现了在法律和司法实践的发展过程中经济和政治因素的影响。尽管新美利坚合众国的创立者宣告了他们认为是"天赋权利"的权利，但权利法案包括的权利不具有特殊的魔力或终结性。确实，如本书其余部分明确所指的那样，我们对刑事被指控者的权利的认识将继续发生演变，而且这种演变，像过去一样，已受到而且将继续受到经济和政治因素的影响。

参考书目

Baker, J. H. 1990. *An Introduction to English Legal History*, 3d ed. Boston: Butterworths.

Bartlett, Robert. 1988. *Trial by Fire and Water: The Medieval Judicial Ordeal*. Oxford, England: Clarendon.

Beattie, J. M. 1991. "Scales of Justice: Defense Counsel in the English Criminal Trial in the Eighteenth and Nineteenth Centuries." *Law and History Review* 9 (Fall): 221—267.

——1986 *Crime and the Courts in England*, 1660—1800. Oxford, England: Clarendon.

Beckerman, John S. 1992. "Procedural Innovation and Institutional Change in Medieval English Manorial Courts." *Law and History Review* 10 (Fall): 197—252.

Billings, Warren M. 1981. "Pleading, Procedure, and Practice: The Meaning of Due Process of Law in Seventeenth Century Virginia." *Journal of Southern History* 40 (November): 573—584.

Chapin, Bradley. 1983. *Criminal Justice in Colonial America*, 1606—1660. Athens: University of Georgia Press.

Conley, John A. 1985. "Doing It by the Book: Justice of the Peace Manuals in English Law in Eighteenth-Century America." *Journal of Legal History* 6 (December): 257—298.

Flanigan, Daniel. 1974. "Criminal Procedure in Slave Trials in the Antebellum South." *Journal of Southern History* 40 (4): 537—564.

Friedman, Lawrence M. 1973. *A History of American Law*. New York: Simon & Schuster.

Goldstein, Herman. 1983. "History of Public Prosecution." In Sanford Kadish, ed. *Encyclopedia of Criminal Justice*. Vol. 3. New York: Free Press.

Green, Thomas Andrew. 1985. *Verdict According to Conscience: Perspectives on the English Criminal Jury Trial*, 1200—1800. Chicago: University of Chicago Press.

Groot, Roger D. 1988. "The Early-Thirteenth-Century Criminal Jury." In J. S. Cockburn and Thomas A. Green, eds. *Twelve Men Good and True: The Criminal Jury in England*, 1200—1800. Princeton, N. J.: Princeton University Press.

Harding, Alan. 1966. *A Social History of English Law*. London: Penguin.

Hay, Douglas. 1988. "The Class Composition of the Palladium of Liberty: Trial Jurors in the Eighteenth Century." In J. S. Cockburn and Thomas A. Green, eds. *Twelve Men Good and True: The Criminal Jury in England*, 1200—1800. Princeton, N. J.: Princeton University Press.

——1983. "Controlling the English Prosecutor." *Osgoode Hall Law Journal* 21 (2): 165—186.

Hindus, Michael. 1976. "Black Justice Under White Law: Criminal Prosecutions of Blacks in Antebellum South Carolina." *Journal of American History* 48 (December): 575—599.

Hyams, Paul R. 1981. "Trial by Ordeal: The Key to Proof in the Early Common Law." In Morris S. Arnold, Thomas A. Green, Sally A. Scully, and Stephen D. White, eds. *On the Law and Customs of England*. Chapel Hill: University of North Carolina Press.

Jacoby, Joan E. 1980. *The American Public Prosecutor: A Search for Identity*. Lexington, Mass: Lexington Books.

Johnson, Herbert A. 1988. *History of Criminal Justice*. Cincinnati: Anderson Publishing.

King, P. J. R. 1988. "Illiterate Plebians, Easily Misled: Jury Composition, Experience, and Behavior in Essex, 1735—1815." In. J. S., Cockburn and Thomas A. Green, eds. *Twelve Men Good and True: The Criminal Jury in England*, 1200 — 1800. Princeton, N. J.: Princeton University Press.

Levy, Leonard. 1988. *Constitutional Opinions: Aspects of the Bill of Rights*. New York: Oxford University Press.

Lyon, Bryce. 1980. *A Constitutional and Legal History of Medieval England*, 2d ed. New York: W. W. Norton.

Marbury v. Madison, 5 U. S. (1 Cranch) 137 (1803).

McDonald, Forrest. 1985. *Novus Ordo Seclorum: The Intellectual Origins of the Constitution*. Lawrence: University Press of Kansas.

Rankin, Hugh F. 1965. *Criminal Trial Proceedings in the General Court of Colonial Virginia*. Charlottesville: University Press of Virginia.

Rutland, Robert Allen. 1955. *The Birth of the Bill of Rights*, 1776—

1791. Chapel Hill: University of North Carolina Press.

Sanborn, Joseph B. 1986. "A Historical Sketch of Plea Bargaining." *Justice Quarterly* 3 (June): 111—137.

Shapiro, Barbara J. 1991. *"Beyond Reasonable Doubt" and "Probable Cause": Historical Perspectives on the Anglo-American Laws of Evidence.* Berkeley: University of California Press.

Simpson, A. W. B. 1981. "The Laws of Ethelbert." In Morris S. Arnold, Thomas A. Green, Sally A. Scully, and Stephen D. White, eds. *On the Law and Customs of England.* Chapel Hill: University of North Carolina Press.

Spindel, Donna J. 1989. *Crime and Society in North Carolina*, 1663—1776. Baton Rouge: Louisiana State University.

Steinberg, Allen. 1989. *The Transformation of Criminal Justice: Philadelphia*, 1800—1880. Chapel Hill: University of North Carolina.

Surrency, Edwin C. 1967. "The Courts in the American Colonies." *American Journal of Legal History* 11 (July): 253—276.

Thayer, J. B. 1891. "The Older Modes of Trial." *Harvard Law Review* 5: 45—70.

Walker, R. J. 1985. *The English Legal System*, 6th ed. London: Butterworths.

第5章 刑事法院诉讼程序的制度比较

许多美国人因非法毒品贸易和由于国际贩卖毒品法而在其他国家被指控犯罪。大多数时候，美国被告人总是震惊和困惑地认识到美国政府不能将他们引渡回国，而且其他国家并不遵循美国法院的程序。他们的经历包括未经审判被关押数年，刑讯逼供，没有律师帮助甚至没有辩护机会就被宣告有罪以及残忍和不人道的监禁条件。

尽管许多美国人都极力批评他们自己的司法制度因为对罪犯"太温柔"，但他们也常常被其他一些司法制度常见的严厉和缺乏程序权利而感到惊慌失措。

本章探讨三种非抗辩式司法制度：法国实行的民法法系制度，沙特阿拉伯实行的伊斯兰制度和中国使用的调解和审判制度。这三种制度体现了对司法和审判不同的哲学观念。

任何一个刑事司法制度都必须阐明一些基本问题：保证被指控者和证人审判到庭，刑事法院诉讼过程中被害人的角色，法院运用的证据种类，证明被指控者有罪的证据标准和保障无罪者免受诉讼和判决有罪。尽管这些都是所有刑事法院诉讼程序制度共同的问题，但阐述这些问题运用的方法每个国家却相距甚远。分析了解其他司法制度如何阐述这些问题可能会加强我们对我们自己国家的司法制度的理解。

首先声明,美国学者,尤其是在过去的 20 年里,已经广泛地研究了刑事司法制度的"真正实践",但这种对其他司法制度的研究并不多见——或根本不存在。所以,这种对其他必要的国家法院程序的探讨主要着眼于正式的诉讼程序和书本上的程序法,这可能与司法实践有明显差异。

司法制度的分类

在法律比较研究中,法学家们将法律和司法制度划分为不同的群体,或法系。雷内·戴维和约翰·布里尔利将当今世界法律制度划分为三个主要法系:罗马—日耳曼法系、普通法系和社会主义法系(1985,22)。现代许多比较法学者也都接受了他们的这种划分。

罗马—日耳曼法系包括从罗马民法演变过来的法律制度,有时也称为民法法系。大多数欧洲大陆国家的法律制度都属于罗马—日耳曼法系。与英国的普通法传统相反,大陆法很重视成文的制定法正文。具有罗马—日耳曼传统的国家非常强调法律的编纂,法院被认为没有权利"制定"法律。

普通法系的主要特征是具有由法官解决具体纠纷,所作的决定"制定"法律的传统(David and Brierly 1985,24)。普通法法官更可能寻找实用的解决方法,并根据案件事实和公正、公平的一般原则作出决定,然而罗马—日耳曼体系法院的法官则寻找成文的制定法以发现和将抽象规定适用到具体案件。英国、美国和加拿大,即普通法系的特点是组织与个人纠纷有关的法律和法院。纵观历史,普通法是按照对社会有利的方式解决私人纠纷的框架,以个案为基础发展起来的,相反罗马—日耳曼法系则更着重于成文法典的适用。

社会主义法系起源于 1917 年布尔什维克革命后的苏维埃。社会主义法系是民法法系的一种变异,并以强调立法者的革命力量表达大众愿望为特征（David and Brierly 1985，26）。马克思主义哲学的一个中心理论是实现完全的共产主义以后不再需要国家或法律，国家将消亡。法律被认为是推动社会朝着共产主义理想的一种暂时手段，刑事程序规则也附属于向共产主义理想前进这个目的。

因为苏联和东欧国家最初是罗马—日耳曼法系的一部分，所以它们的刑事法院一般按与罗马—日耳曼法系国家相同的方式组建。中国的法院系统留有苏维埃影响的印迹，并具有与社会主义法系相关的一些特点，尤其是宣扬正式程序的革命目的。随着自1989年起遍及社会主义国家的政府改换，罗马—日耳曼法系和社会主义法系之间的区别是否在将来会继续存在尚不清楚。

这三个法系已受到比较法学家们的极大关注。由于殖民地扩张和在非洲、亚洲和美洲强加欧洲和英国的法律制度，罗马—日耳曼法系和普通法系的影响远远超出了欧洲大陆和英国的境界。由于欧洲对世界许多地方的殖民控制，大陆法传统成为分布最广泛的法律制度。它影响了现代欧洲、中美洲和南美洲、亚洲和非洲的许多地方以及魁北克、加拿大和（更具体的范围）前法国的殖民地路易斯安那州。普通法传统由英国传到爱尔兰、美国、加拿大、澳大利亚、新西兰和亚洲与非洲的许多国家。

非西方法律传统

与西方法系相互竞争并且经常与之共同存在的主要法律传统是那些基于伊斯兰法、印度法、犹太法、中国、日本和朝鲜法以及非洲许多地区习惯法的法律传统（Merryman and Clark 1978，6）。这些法律传统中的许多方面与宗教信仰和习惯密切有关，并且经常对在大陆法和普通法国家发展的宗教法和世俗法不作明确区分。在许多国家，这些传统因西方法律价值观念的引进而被修改，而另外一些国家则作出具体的努力，以清除西方观念对法律的影响，遵循殖民地前的法律传统或制定一套新的法律原则。

美国刑事法院诉讼程序

抗辩式和讯问式司法制度

将法律制度按法系分类虽然对了解制度的历史非常有用,但却不大能分析刑事法院诉讼程序的差异之处,另一种划分是将刑事诉讼程序分为抗辩式和讯问式。这两种不同的诉讼程序产生于英美和欧洲不同的司法制度历史演变。罗马—日耳曼法律制度一般是指讯问式程序,然而由普通法传统演变而来的制度则运用抗辩式程序进行刑事审判。

讯问式程序的历史

1215年前的欧洲大陆,刑事诉讼程序与英国的刑事诉讼程序没多大区别。英国和欧洲大陆的指控都是由个人,通常是由犯罪被害人提起,这个特征使刑事诉讼程序主要是抗辩性质(Johnson 1988,59)。在英国和欧洲大陆,依据他人证词宣誓审判和神明裁判都是解决对被指控犯罪者有罪或无罪困惑的常用方法。

1215年,当在罗马召开的第四次大会禁止神父参与,有效地废止了神明裁判时,英国和欧洲大陆的法院都在谋求发展一种制度,权威地解决证据不清楚的纠纷。如第四章所述,这种危机使英国最后采用陪审团审判,陪审团审判与自诉传统相结合建立了逐渐被称为抗辩式的诉讼程序。然而陪审团审判始终没有被欧洲大陆广泛承认,并且到15世纪,欧洲的许多地方废弃了陪审团审判(Terrill 1987,134)。

然而甚至在1215年之前,讯问式程序的种子已经在欧洲大陆扎根。罗马天主教堂担心异端邪说(不正统的信仰)及神父和和尚不道德行为的扩散,尤其是在法国南部(Johnson 1988,59)。当一些控制措施失败以后,教皇格里高利九世(1227—1241)创立了一个铲除和毁灭异教徒的罗马教皇法院。因此开始讯问,圣多明尼克教派和圣芳济会的修道士们作为基督教会的法官被派遣到各个社区,进行说教并饶恕和怜悯在

第 5 章 刑事法院诉讼程序的制度比较

特定的谢恩祷告期间内供认错误的异教徒们。在谢恩祷告之后，法官通过讯问证人开始调查附近熟知的异教徒。有时，证人会承认信奉异端邪说，而另一些时候，证人会指控别人是异教徒。如果一个人被指控为异教徒，那他就会被极端怀疑而且受到严厉地审讯。"在这样的程序下，被指控者证明自己无罪几乎不可能。他不被允许阅读指控他的证言或知道指控者的名字。这种保密对保护证人免被反控诉是必要的，但却促发了错误的指控。被指控者既不被允许获得代表他利益的律师帮助，也不能提供支持他的证人"（Hoyt 1957，362）。

废除神明裁判造成的危机，铲除异端邪说的愿望和长期运用刑讯逼供的罗马传统改变了民法法系国家的刑事诉讼程序。只有一个人的供述就足以证明像异端邪说罪这样严重的罪行的观念形成，审讯者的任务是获取口供。供认能证明被指控者对指控表示接受，并再次使法院和公众确信事实已被发现（Johnson 1988，60）。

刑讯和欺骗是讯问制中获取证据的简单方法。获取口供常用的一种方法是将被指控者赤裸裸地绑在木马上，然后往他嘴里灌水（Johnson 1988，61）；另一种方法是用一根一端连着天花板，一端系住被指控者手腕的绳子将被指控者的双手反绑在背上，然后将他吊在半空中，随着反绑的手臂被猛拉而引起剧烈的疼痛。由于教堂宣称对暴力的憎恨，所以天主教皇禁止审讯者每次刑讯超过一个半小时（Hoyt 1957，363）。教会法规也禁止基于被迫的供认作出的有罪判决。所以，被指控者从一个半小时的刑拷中苏醒过来后，审讯者都竭力使他重复他在刑讯下所作的供认。如果被指控者重复，供认就可作为审判的证据。如果被指控者不确认在刑讯下作的供认，供认则被认为无效。当然，没有什么规定能够防止审讯者一而再、再而三地将被指控者置于整个诉讼过程中，直到供认被最后确认。

最初，刑讯运用只限于通过证言不可能获得证据的特殊案件，尤其是异端邪说案。然而，审问式程序的刑讯运用在普通刑事案件的审判中也逐渐越来越普遍。16 世纪，法国国王命令所有的法国法院使用讯问式程序。王室官员成为检察官，废除了传统的自诉制度。刑事诉讼程序

95 被分为两个阶段——讯问阶段和审判阶段。在讯问阶段,一名法官作为审查官,讯问被指控者,如果必要的话,加以刑讯拷打以获得事实真相。所有的证据都用书面记录。所有证据,包括被指控者的供述都将在公开审判时以证据呈现在另一名法官前,正式宣告被指控者的有罪(Mueller and Le Poole-Griffiths 1969,7)。

无辜者也常常被宣告有罪,因为他们不能忍受刑讯拷打和不能在审判中证明自己无罪,这种实践激发了启蒙哲学反映的革命思想。法国司法实践是法国革命的主要目标,革命的成功和与英国、美国的观念交流引起了讯问式诉讼程序的许多改变,围绕中心化搜集证据和讯问记录作为主要证据在庭审出示的程序组织被保留下来,被告人的角色发生改变。被告人的权利得到承认,被告人有机会在法院提供辩护和废除了早期讯问式程序的残暴特征。

当代讯问式程序

由于法官在审查被指控者和证人以及在欧洲刑事审判非常重要的庭审前调查过程中收集证据所扮演的中心角色,现代欧洲的刑事诉讼程序仍旧被认为是讯问式。然而,这种程序因为注重被指控者的权利和人性的基本标准而逐渐被缓和;刑讯拷打和强迫供认已废除。被告人现在享有律师的权利且可以对指控提出辩护,所以,抗辩式审判和讯问式审判之间的区别不如以前那么显著。

不像在抗辩制中那样理解推定无罪这个概念推定被告人无罪,被告人也不被推定为有罪。审查的治安法官有搜集所有证据的法律责任,不管是有罪的证据还是无罪的证据。检察官(或审查法官)和审判法官的任务是查明与指控有关的所有事实,非常强调对任何刑事案件进行完全彻底的调查,包括搜集可能免除被告人罪责的证据。

讯问式程序也很重视审判前侦查的书面记录。许多情况下侦查的书面记录被作为宣告有罪的基础,审判则按照司法侦查的书面记录进行,除非被告人要求提供机会审查证人。

第5章 刑事法院诉讼程序的制度比较

现代法国刑事诉讼程序

法国刑事侦查和审判制度是现代讯问式程序的典型例子。与英国和美国的审查和审判制度相反，法国的法官在调查案件、询问各个证人和被指控者以及审判过程中扮演中心角色。

诉讼程序由经过三年法律专门训练并通过资格考试的公务员统管。通过考试的这些人被分派担任检察官或法官，两者都是治安法官和同一司法组织的成员，但却履行不同的职责（Vouin 1970，483）。检察官，与美国的检察官大致相同，指导警察侦查、判断已发生罪行的可能性和决定是否命令进行司法审查。法官进行司法调查（涉及比较严重的罪行）和听审审判。

辩护律师必须持有大学法律学位并且通过几项资格考试，辩护律师私人执业而不是为政府工作。不能支付聘用律师费用的被告人可以申请法律援助，如果被允许，地方律师协会主席指定一个律师为被告人辩护。然而提供法律援助的律师只被支付直接的费用，如秘书或调查帮助的费用，他们因案子而耗费的时间得不到补偿，这种情况使得私人律师很不欢迎这种制度，结果造成他们缺乏为穷困者辩护的热情和积极性（Terrill 1987）。

法国的刑事罪行按严重程度被分为三种类别。越严重的罪行，在起诉罪行的过程中使用越精心的司法程序。被称为 *contraventions* 的轻微刑事罪行，由警察在一个法官面前起诉，这些罪行与美国的轻微罪相似（Terrill 1987，129；Goldstein and Marcus 1977，250）；*delits* 是可能被监禁两个月到五年的罪行；最严重的罪行，称为 *crimes*，可能被监禁五年或五年以上的罪行（Goldstein and Marcus 1977，250）。*delits* 和 *crimes* 在不同的法院审判，尽管在理论上诉讼 *delits* 和 *crimes* 的程序相似，但实践中 *delits* 的诉讼要简单得多。

除了这三种类别的罪行，法国法律还规定了现行罪和非现行罪。一项罪行可能因为许多情形而被界定为现行罪，最常见的是因为罪犯正实施犯罪行为时被抓获或警察抓获正在追捕的罪犯。对待现行罪，应该马上采取行动以拘捕被告人和保护有用的证据或证人。如果是现行罪，警察享有比其他案件更广泛的侦查权力。一些研究指出，将大多数罪行按现行罪处理，结果警察独立地开展大多数侦查工作，而没有在检察官或地方审查法官的监督下遵循更正式的侦查程序。

案件诉讼的开始

当向警察报告罪行时，警察就开始侦查。如果被认为是现行罪，警察可能保护犯罪现场、搜集证据和武器、羁押和会见证人（Terrill 1987，142），同时也要求警察向检察官报告。但许多案子，尤其是 *delits* 案件，通常是侦查结束之后警察才向检察官报告。在这种情况下警察的报告就成为审判的重要证据（Goldstein and Marcus 1977，255）。

检察官主要负责案件的侦查和所遵循的审判前程序。尽管大多数案件是由警察进行实际的侦查，但检察官担任监督的角色，并可能影响警察侦查的方向和努力程度。如果检察官并不打算提起指控，警察就不必花时间和精力侦查案件和收集证据。

一些案件罪行的调查可能由治安法官进行，这个程序称为司法调查。对于 *delits* 案件，检察官享有是否下令司法审查的自由裁量权，但不足10%的 *delits* 案子被司法审查（Frase 1990，575），所有的 *crimes* 都必须进行司法审查。如果要求司法审查，地方审查法官被指派进行彻底和公正的调查。由警察提供协助，地方审查法官会见证人，颁发搜查令和命令逮捕犯罪嫌疑人（Frase 1990，575）。显然地方审查法官享有巨大的调查权力和职责。

不管案件是由警察在检察官的遥控监管下进行侦查、检察官亲自进行侦查还是通过司法审查，调查官的职责都不能被简单地认为"制作反对被指控者的案子"，而是发现事实的真相。在这种非抗辩式程序中，法国法律并不要求一个中立的第三者颁发搜查和逮捕令。根据法国法律，调查的检察官或治安法官被认为是公正的，检察官不试图赢取案

第 5 章　刑事法院诉讼程序的制度比较

件，而只是发现事实真相。

检察官也决定是以 *crimes* 还是以 *delits* 对罪行提起诉讼，检察官对本该以 *crimes* 起诉的案件而以 *delits* 起诉的做法很常见（Goldstein and Marcus）。将罪行以 *delit* 处理废除了进行司法审查的必要性。被告人可能反对这项决定，并且要求以 *crime* 处理，以使案件获得司法审查，然而大多数情况下，被告人对指控减到较轻的类别感到高兴，并且不反对这项程序。检察官的自由裁量权同样也受到被害人或法院的限制，检察官减轻指控严重程序的决定并不是单方面的（Goldstein and Marcus 1977，252）。

讯问

法国的审判程序很大程度上依赖于警察、检察官和地方审查法官在侦查过程中进行审讯所作的书面记录。证人和被指控者的陈述通过正式会见而获得。证人经过宣誓被讯问，然后所有的陈述都被包括在 *dossier* 内，一份完整的作为审判主要证据的侦查案卷。

在讯问被指控者期间，地方审查法官必须告知被指控者提起指控的人、享有保持沉默的权利和律师辩护的权利（Terrill 1987，145）。有些时候，对被指控者和被害人的审讯在一个称为对质的程序中同时进行，对质允许双方当事人听审指控内容和对方的反应，被指控者和被害人的律师都可以经地方审查法官批准提问。所有这些均发生在治安法官的办公室内，而不是在公开的法庭。

从这个意义上说，司法调查与美国民事案件的证据保全相似，但有一个重要的区别，那就是法国的司法调查是非抗辩式的。地方审查法官负责决定讯问哪个证人和提什么样的问题，被指控者可以要求询问其他证人而且这种要求一般也都被准许，但地方审查法官仍旧完全控制诉讼程序。

只有小部分的案件进行完整的司法审查，大部分案件都比较简单和径直，证据清楚，被告人对罪行供认不讳，并且检察官认为将案件提交给地方审查法官进行司法审查没有必要。正如陪审团审判在美国比较少见，完整的司法审查在法国也比较少见，除了最重要的罪行之外。

审判程序

不像美国只有一小部分的被告人被审判，在法国所有的案件都开庭审判。然而，开庭审判并不一定意味着被告人对指控不服。大多数情况被告人在审判前就已经承认了罪行，并且在法庭上重复供认，法官面前有侦查记录，结果大多数情况下，法国法院的审判与美国法院的有罪答辩和量刑相似。尽管为了得到更怜悯的处罚被告人毫无疑问地被激励供认罪行，但法国制度并不存在答辩交易，因为没有有罪答辩。供认，这是用被告人自己的话主要地描述所发生的事，与对起诉方提起的指控答辩有罪不尽相同。供认是对仍旧必须适用法律的事实的一种陈述，相反，美国制度中的有罪答辩则是因为法律指控已适用于被告人而不作争辩的一种决定。

三位法官主持 *crimes* 案件的审判，然后挑选九个陪审员听审并与三位法官一起决定案件。挑选陪审员，包括检察官和辩护律师均有机会要求陪审员回避和将他们从陪审员名单中删掉（Terrill 1987, 149）。注意法国刑事审判中法官和陪审员名单列的是十二个人，正好与传统英美制度中的陪审团人数相等。

尽管司法审查秘密地进行，但审判一般是公开的（Terrill 1987, 149）。审判的主要证据是 *dossier*，即初步侦查的正式报告，但其他证人和证据可以由主审法官或辩护律师在审判时要求。被告人和辩护律师在审判前有机会翻看 *dossier* 和准备辩护。大多数情况，一旦案件被提到审判，被告方几乎不能再做些什么了，被告方通常的战略是强调被告人的品行和为被告人行为解释的减轻情节（Merryman and Clark 1978, 703）。

合议庭的主席，或主审法官负有保证所有与案件有关的潜在证据都被发现，这样才能确定事实真相的主要责任。其他法官和陪审员在主审法官的同意下可以提问，检察官可以直接向证人发问，但被指控者或辩护律师只有经主审法官同意才可以提问（Terrill 1987, 150）。所有类型的证据都可能在审判时被采纳,包括传闻证据和警察非法获得的证据。进行评议时,法官在决定是否宣告有罪过程中应该考虑证据的性质。所以法国的审判并不会因在英美审判中常常出现的律师反对而被打断(Merryman and Clark 1978,703)。

大约20%的刑事案件被害人在刑事诉讼同时提起附带民事诉讼,要求赔偿因为罪行而遭受的损失(Frase 1990,613)。被害人,称为民事主体,可以由律师代理,在刑事审判过程中,民事主体经主审法官同意也可以提问题。

在证据介绍完以后,检察官、民事主体、被指控者均有机会向法庭作最后陈述,然后法官和陪审员退庭评议。裁决以秘密投票产生,并不要求全体一致同意。十二名法官和陪审员中必须八个投票赞成才能作出有罪判决。在对有罪判决投票之后,法官与陪审员再次对刑罚进行投票,被科处的刑罚必须大多数人同意。民事主体提起的民事索赔由法官单独决定,无须陪审员帮助。

delits 案件的审判程序基本相似,但案件由三个法官组成的合议庭听审,没有陪审员参与。因为主要依据 *dossier* 证明指控,因此 *delits* 的审判通常十分简便。

总结:法国刑事法院诉讼程序

crimes 和 *delits* 的区分是一项影响案件以何种类型的刑事诉讼程序审理的重要决定。检察官对案件按 *crime* 或 *delit* 处理具有广泛的自由裁量权。大多数刑事案件以非正式诉讼解决,警察的报告和被指控者的供认作为审判时的主要证据。审判比较简短,大多数情况主要着重于与科处刑罚有关的问题上,而并非是争辩指控。

被告人享有对罪行进行完全辩护的权利,通常被告方通过建议检察官或地方审查法官可能忽视的调查渠道而寻求改变 *dossier*。被告人也可能寻求在法庭提供证人,作为反驳检察官指控的最后一着,然而大多数情况辩护律师的主要目的是获得量刑的宽恕。

沙特阿拉伯的刑事诉讼程序

尽管 19 世纪期间中东成为欧洲的殖民地,但中东许多国家仍保留或恢复了基于伊斯兰教义的刑事法律和刑事诉讼程序制度。尽管伊斯兰法律制度的真正含义一直存在争议,但伊斯兰法律,或 Shari'a 下政府的理想却强烈地扎根在中东许多人民中间。了解伊斯兰文化中的刑事法律和刑事诉讼程序性质,对今天的美国人越来越重要。伊斯兰教是一直从非洲的西北部到马来西亚岛和南太平洋菲律宾这块地区的主要宗教,23 个国家宣布伊斯兰教是他们的官方宗教。

伊斯兰教由先知穆罕默德在公元 622 年创立于麦地那(今天的沙特阿拉伯)(Coulson 1964,10)。最神圣的宗教著述都收在《可兰经》里,被认为是上帝的亲述。《可兰经》是一本包含为良好秩序的社会设计蓝图的诗书,其中部分蓝图由规定人们之间相互关系的具体规则组成。

穆罕默德建立和统治在麦地那的忠实信徒社区。社区的法律沿用了地方习惯,但同时又根据新教徒的要求作了一些改变。穆罕默德担任法官解决社区内发生的纠纷,先知的 Sunna,即穆罕默德的实践也是伊斯兰法律的第二大重要来源,仅次于《可兰经》(Coulson 1964,39)。穆罕默德的司法决定为其他法官决定《可兰经》中未明确规定适用规则的案件,提供了神灵般启迪的实际例子。

穆罕默德去世以后,社区的宗教领袖一职没有明确的继承者。伊斯兰教世袭的统治者,或穆罕默德世俗的继承者承担起司法职责(Coulson 1964,23;Pipes 1983,43)。《可兰经》和穆罕默德的司法实践常常都不能对一些法律问题作出明确解答,于是渐渐地出现了不同的法律学派,每派均确定不同的程序,解释伊斯兰法律和认定正确的伊斯兰规则。到 19 世纪末,已演变成了四个学派,赞成认定法律的核心原则。然而,随着《可兰经》适用于伊斯兰教徒们的生活和国家政府事务,伊斯兰教徒们对《可兰经》要求不同的理解，他们继续被分解。

伊斯兰的实体法

美国宪法规定的教会与政府分离对伊斯兰法律来说显然是外国的概念。伊斯兰社会并不将信仰宗教者与尘世者分开（Cottrell 1980，283），认为两者都是社会持续结构的一部分。伊斯兰教规定在 umma（信徒社区）内所有的法律和政策都必须服从神的旨意（Cottrell 1980，283），"西方法律几乎没有约束每天生活的规定，更喜欢只限制那些需要控制的事项，而伊斯兰法律明确设立了对日常生活的规定"（Knudten 1992，15）。

西方法律刑事和民事罪行的区分不是伊斯兰法律承认的一种概念（Knudten 1992，18）。相反，穆斯林学者将犯罪分成三种类别。

budud 是根据《可兰经》和穆罕默德实践中的明确指令被界定和处罚的罪行。《可兰经》只规定了一小撮罪行的刑罚。穆斯林学者同意 budud 包括通奸、盗窃、有组织的抢劫和诽谤罪，一些学者认为 budud 还包括另外三种罪行：叛乱、酒精中毒和叛教罪（Sanad 1991，50）。

qisas 是指对身体造成侵害的罪行，对之进行惩罚是被害人或被害人家庭的权利。qisas 包括谋杀、故意和过失杀人以及故意和过失对他人身体造成伤害。对于故意的 qisas 罪行，被害人或被害人的父系亲戚可以声称报复的权利，报复的程度与造成的伤害相等。根据先知穆罕默德，

> 我们作出如下规定：生命换生命，眼睛换眼睛，鼻子换鼻子，耳朵换耳朵，牙齿换牙齿，为创伤报复。（Sanad 1991，61）

这一规则对报复的执行进行了限制，以保证报复不能超过原来罪行的严重程度。对故意伤害进行的报复是科处严重的刑罚，与之相反，过失杀人和伤害只被科处与受伤害者地位相关的金钱处罚（Sanad 1991，61—62）。

ta'zir 是伊斯兰法律中最轻微的罪行，尽管统治者必须使 ta'zir 法与伊斯兰法律相一致，但这些罪行是基于穆斯林国家定罪和惩罚不适当

行为的权力而设定的（Sanad 1991），由立法机关规定并在行政法庭，而并非在伊斯兰法院审判（Newman 1982，568，note 21；"The legal System of Saudi Arabia" 1990，5.240.13）。

一系列刑罚，包括死刑、鞭笞、监禁和罚金用来对 *ta'zir* 进行惩罚（Sanad 1991，65）。19 世纪和 20 世纪的许多时候，伊斯兰政府运用仿照欧洲法律的 *ta'zir* 来填补伊斯兰法律的空缺和避免 *budud* 和 *qisas* 所要求的严厉惩罚。因为《可兰经》规定的法律比较笼统，所以有可能从欧洲法典借鉴更具体的各种罪行和对这些"新罪行"适用比较宽容的刑罚（Newman 1982）。

例如，按 *budud* 定的盗窃罪，小偷的双手要被砍断。通过设立更具体规定的盗窃罪（盗窃食物、盗窃机器等等）的 *ta'zir* 和适用较仁慈的刑罚，政府能避免 *budud* 的严厉刑罚。

伊斯兰的程序法

伊斯兰法律规定，由统治者建立司法制度和从社会法学家中挑选法官。在穆斯林统治受到威胁时除外，统治者都被要求遵守伊斯兰法律，建立伊斯兰法律制度的法治原则。

伊斯兰法几乎没有考虑程序的要求，因为法官被期望公正地作出判决（Newman 1982）。正因如此，最终决定的公正性要比获得任何一个具体结果所遵循的程序规则更受重视。可能因为规定的刑罚揭示了法律的严厉性，所以伊斯兰法律很注重无罪推定。先知穆罕默德说过："无论何时当你能宣告穆斯林人民有罪时，应避免宣告他们犯 *budud* 罪，当你能为他们找到一条道路时，然后释放他们。如果伊斯兰首领犯错误，支持无辜的错误比支持有罪的错误更好"（Sanad 1991，72）。

所以伊斯兰法律的证据规则和证据标准规定得非常严格，被告人不能因旁证被宣告有罪，但是被告人可以出示旁证证明无罪。当局对这项规则是否只适用于 *budud* 和 *qisas* 还是同时适用于 *ta'zir* 存在分歧（Sanad 1991，73）。由于存在反对旁证的规则，所以证人必须对犯罪有直接的了解，这通常意味着他们亲眼目睹犯罪。伊斯兰法律规定大多数案

第 5 章 刑事法院诉讼程序的制度比较

件至少有两名男性穆斯林人口头证明他们直接了解事实真相（Coulson 1964，125）。一些罪行还要求更多的证人，例如私通罪，四名证人必须亲自看到他们之间的交往才有符合证据规则的作证资格。"结果通奸罪要求四名证人作证。据报道在整个伊斯兰历史中，没有一桩通奸罪是由证人证言证明的，只有被指控者的供认是宣告有罪的根据"（Sanad 1991，100）。

被告人的供述可以代替证人证言宣判某人有罪（Mayer 1987，174）。伊斯兰法律禁止强迫被告人供述。被告人享有翻供的权利，使犯罪证据不被采纳，提供了免受强迫供述引诱的保障（Sanad 1991）。

伊斯兰法律规定被告人享有辩护的明示权利（Sanad 1991）。被告人的权利包括：

- 被告知指控罪名以及指控案件的证据的权利。
- 享有聘请律师的权利，被指控者和指控者均平等地享有这项权利。
- 享有出示证据和答辩的合理机会的权利。

尽管被告人享有律师辩护的正式权利，但聘请辩护律师却不被提倡，被告人被期望自我辩护（Moore 1987；Fairchild 1993）。错误指控因要受严厉惩罚而很少发生，例如，如果一个人指控另一个人不贞，但又不能提供必要的目击证人，提起指控的人就要受惩罚，根据《可兰经》的规定，这种情况此人要挨 80 下鞭打。

伊斯兰法律的不同解释

因为很多原因，伊斯兰各个主要国家对伊斯兰法律的解释和适用相差很大（Mayer 1987，132），一些区别自伊斯兰建立和穆罕默德去世后就产生并一直持续至今。伊斯兰不同的教派和法学派对伊斯兰法律的要求有着不同的解释，随着国外的影响和现代化的发展又出现了新的分歧。

最初，伊斯兰法律容忍了多样化的法律解释（Mayer 1987，154；Newman 1982，565），然而最近，尤其是 1967 年阿拉伯—以色列战争之后，中东掀起了一股要求伊斯兰法律"真正意义"复归的政治运动高潮。一些国家，尤其是伊朗、巴基斯坦、利比亚和苏丹已着手一场政治改变，意欲建立一个表达伊斯兰教真正含义的伊斯兰国家。尽管伊斯兰每个国家都已建立了一项声称是绝对权威表述伊斯兰法律要求的法律制度，但它们的表述互相之间差距很大，而且与沙特阿拉伯实施的古典伊斯兰法律也明显不同（Mayer 1987，153—154）。

所以，说只有一个伊斯兰法律是不可能也是不恰当的，甚至在研究了主要伊斯兰国家的法律制度和认识到伊斯兰教在这些国家的文化和政治重要性之后，也不可能对每个国家的刑事司法制度作出总括性的假定。同样，尽管有如上所述的伊斯兰法律原则，但每个伊斯兰国家可能在很多方面与这些总原则规定有所不同，但没有必要考虑其自身不足为一个伊斯兰国家。

沙特阿拉伯的刑事司法

沙特阿拉伯的法律制度被认为是伊斯兰国家中最传统的法律制度，它根据解决《可兰经》或先知实践不能直接解答的法律问题的其中一个早期法学派而发展起来（Cottrell 1980，304；Mayer 1987，134）。沙特阿拉伯被认为是当今运用正统伊斯兰法律的领导者（Sanad 1991）。沙特阿拉伯是伊斯兰教的中心所在地，伊斯兰教世界最神圣的地方，和所有伊斯兰教圣徒一生中至少一次朝圣的目的地。

尽管大多数穆斯林国家在最近150年里采用了欧洲的刑事法典并废除了伊斯兰刑法，但在阿拉伯半岛的大部分地区并没有发生这种情况（Coulson 1964，1540）。与其他中东国家不同，沙特阿拉伯的部分地区未曾遭受欧洲帝国的统治，因此沙特阿拉伯整个地区的法律基本上未受西方法律的影响（Mayer 1987，1340）。沙特阿拉伯的这些特征可能最重要的是因为无论在阿拉伯地区还是从整个世界来说，沙特阿拉伯国家比较富裕且具有政治上的权力。

沙特阿拉伯的刑事法院

沙特阿拉伯的四级伊斯兰法院体系分别处理轻微案件，严重案件和

第 5 章 刑事法院诉讼程序的制度比较

上诉案件。除伊斯兰法院之外，沙特阿拉伯还建立了一系列委员会和法庭，审判触犯行政法规，大多数属于商业行为的案件，但是这些非伊斯兰法庭处理的案件也包括一些在其他国家被认为是刑事犯罪的行为，比如贿赂和伪造（"The Legal System of Saudi Arabia" 1990，5.240.19）。

伊斯兰法院处理两类案件：公权案件，指涉及反对神的特权的罪行和私权案件，指涉及个人伤害的案件。这两类案件由相同的法院和法官审理，私权案件可能并入公权案件在一个法院听审，同时审理这两类案件也运用相同的法院程序，也就是说，没有美国的民事和刑事诉讼程序之分（Brand 1986，10）。

限制管辖权法院只听审轻微案件，这些法院的法官独自对案件作出决定，惩罚由法官自由裁量，因为伊斯兰法律对这些罪行没有规定刑罚。一般管辖权法院对刑事犯罪、侵权行为、人身和家庭法具有管辖权。一般管辖权法院由一位法官作出案件处理决定，除非案件涉及死刑、断肢或具有其他特殊特征，这些案件由三位法官组成的合议庭决定（"The Legal System of Saudi Arabia" 1990，5.240.15）。

上诉法院处理大多数从限制管辖权法院和一般管辖权法院上诉的案件。特殊的案件可能上诉到最高司法委员会，这是伊斯兰法院的主要监督机构。

刑事程序

各类型的罪行诉讼的提起也各不相同。因为 *budud* 是反对上天的罪行，因此每个穆斯林人都可以向被告人提起指控。涉及人身伤害的 qisas 和 ta'zir 由受伤害方提起诉讼（Sanad 1991，66）。警察负责提起公权案件的诉讼，侦查案件的警官也有责任在审判时作为起诉方代表政府出庭（Brand 1986，12）。

一旦指控成立，被告人必须被告知指控罪名并允许一段合理的时间准备辩护。伊斯兰法院的程序是非正式的，没有所有法院都必须遵循的统一程序法典。*qadi*（法官）负责向诉讼双方提问。尽管被告人可以有律师辩护，但由于伊斯兰法院简易和无需专门的技术知识，因此很少考虑由律师代理诉讼双方。确实沙特阿拉伯也几乎没有律师。

审判正式公开（"The Legal System of Saudi Arabia" 1990，5.240.18），但旁观者和新闻界一般不出席。审判通常在一间很小的办公室进行，如果"道德利益"需要审判则不公开。被告人享有出席审判的权利，但如果被告人在两次通知后还不能到庭，就视为这项权利被有效放弃，被告人被缺席判决（Moore 1987，66）。

法院必须对事实认定和法律推理作成记录。政府方承担证明被指控者犯了所指控罪行的举证责任，所以伊斯兰法律推定被告人在被证明有罪之前是无罪的（Brand 1986，12；Hagel 1983，136）。

如前面所述，伊斯兰法律要求一组证人（两个或四个，根据不同的罪行）的证言或被告人的供述作为证据，非穆斯林教徒不能提供反对穆斯林被告人的证据。一般而言，只有男士才被允许作证，但一些法学家允许两名妇女的证言代替一名男士证人的证言。所有证人必须具有良好的品格和正直的个性，他们的正义必须没有任何怀疑。证人不能作证反对他的近亲属或为可能与案件结果有任何利害关系的案件作证（Lippman, McConville, and Yerushalmi 1988，69）。如果政府方提供了所需的证人，被告人不能出示与之相对立的证据。

任何犯罪都不可能单单由旁证证明。"例如，一件杀人罪不能因为证人听到激烈的搏斗声，看见被指控者拿着布满血迹的刀从房间里冲出来，然后在房间里发现了被害人的尸体被证明"（Lippman, MoConville, and Yurashalmi 1988，70）。这种证据只能与50个被害人亲属的宣誓结合在一起才能认定有罪。

当政府方不能提供必需的证人时，可以要求被告人进行否认犯罪的宣誓。法律认为没有人会作虚假宣誓，因为虚假宣誓是一项可怕的罪恶，而且一旦被发现作伪证，将处以监禁或鞭笞。如果被告人拒绝宣誓，即使证据不足被告人也被定为有罪。法官作出裁决和宣布刑罚。如果被告人宣誓，则被定为无罪（Brand 1986，12）。

被处以死刑或断肢的案件自动上诉。比较严重的案件，败诉的一方在法院判决 15 天内可以上诉（Fairchild 1993，182）。被处以不超过 50 下鞭打或监禁 10 天的轻微案件不能上诉（Moore 1987，64）。成功的上诉之后，案件将移送回最初审理法院重审（Fairchild 1993，182）。

总结：沙特阿拉伯的刑事诉讼程序

沙特阿拉伯的法律制度基于先知穆罕默德的宗教教条。与其他国家相比，沙特阿拉伯的刑事诉讼程序自 9 世纪以来几乎没有发生改变。不像其他已经历法院和法律制度改革的伊斯兰国家，沙特阿拉伯制度一直遵循伊斯兰的法律传统。陪审员不参与决定案件，所有的案件均由职业法官作出判决。尽管审判是正式公开，但一般在小办公室进行且通常观察员不在场。证明被指控者有罪的举证责任在政府方。因为严格的防止运用旁证的证据规则，宣告有罪要求一定数量的证人作证或，案件更常用的被指控者供认。与我们自己的法院不同，我们的法院假定无论案件哪一方都可能有理由在法院撒谎，但沙特阿拉伯诉讼程序认为宣誓下人们肯定说真话，要么什么也不说，撒谎被认为是极大地触犯《可兰经》教条，所以法院程序简单且径直。

中国的刑事诉讼程序[*]

中国的刑事诉讼程序提供了另一种对比，中国是一块与我们的传统非常不同的土地。历史上中国的统治者竭力隔离中国人民免受外国的影响，结果中国的刑事法院未被殖民统治污染，具有纯粹的中国特色（Cheng 1988，191）。然而中国的刑事法院体系在 20 世纪 60 年代期间，通过苏维埃法律制度的竞争，吸收了社会主义法系和民法法系的一些特点。此外，20 世纪早期短暂的中国共和领导人所持的法律理想继续对

---

[*] 本书为 1996 年版本，正值我国颁布和实施新刑事诉讼法之际，因此难免与新刑诉法有所出入，从中我们可以了解国外学者是如何看待我国的刑事诉讼程序，也能发现我国刑事诉讼所取得的进步和发展。——译者注

中国法律哲学产生影响，所以，中国的法院诉讼程序为普通法的抗辩制提供了另一种有趣的比照。

早期的中国哲学不强调法律，支持非正式标准和劝说。孔子，公元前5世纪中国伟大的哲学家，奉行本性和睦，提倡所有人和睦相处。因为这个强调和睦的传统，中国法律传统强调妥协的价值，并在解决纠纷过程中视正式的法律制度不及说服和调解。中国的大部分历史，孔子的和睦和调解哲学占统治地位。1949年共产党革命胜利以后，这些传统的哲学原理被修改并与"马克思—列宁—毛泽东"思想保持一致。

中国在20世纪50年代受苏联的影响，中国人起草了仿照苏维埃模式的法典。然而，毛泽东认为"正确的意识形态思想的说服力"是社会和谐的关键。毛泽东提倡运用说服、调解和自我批评解决人们之间的纠纷，惩罚适用于革命敌人（Folsom and Minan 1989，9—140）。"文化大革命"期间（1966—1976），中国人摒弃成文法律，支持群众统治。"由群众审判"，由观看被指控者公开受谴责的群众决定有罪和刑罚是一件常见的事情（Cheng 1988，195）。

1976年"文化大革命"结束以后，许多前"革命敌人"在中国重新获得有权的职位。这些领导人仍旧认为私人纠纷的非正式调解比正式诉讼重要，因为调解强调个人的社会义务。然而，这些领导人从个人痛苦的经历中认识到法律作为对权力限制的重要性（Cheng 1988，192），所以，"文革"以后颁布了许多法律，包括1980年的刑事诉讼法和1982年的宪法，强调法治并且明确指出法律具有至高的权威（Folsom and Minan 1989，52）。

解决纠纷的两种方法

中国将罪行分为轻微刑事罪行和严重刑事罪行。轻微的案件通过调解解决而不采用法院的正式审判，但是法律并没有明确规定哪种罪行适合调解和哪种罪行适合正式诉讼，所以警察和地方调解官员作出这个决定时具有很大的自由裁量权（Folsom and Minan 1989，330）。

在中国，"劳动教养"这种行政制裁也可能没有按照刑事法院程序

第 5 章　刑事法院诉讼程序的制度比较

而对个人适用，被科处劳动教养的人可能被关押在劳改场所达四年之久（Cohen 1982，136）。

调解

调解实践演变于强调和睦和妥协的孔子传统。毛泽东也支持调解，因为调解符合他的社会公正和社会控制理论（Felkenes 1986，345）。调解的目的是不造成双方当事人之间的坏感觉，平息纠纷从而维护公共秩序，调解也通过强调社会利益高于个人利益的重要性而实现政府利益（Folsom and Minan 1989，97）。

许多调解都不按照国家规定的调解程序进行。祖父母、居委会领导和朋友调解家庭或社会团体内部的纠纷（Folsom and Minan 1989，87），国家出资的调解委员会建立在居民区内，工作组进行国家调解，以解决居民和劳动者的纠纷。"调解委员会的任务是听取双方的关心事项，调查事实，有礼貌，有耐心和运用'劝说的方法'"（Folsom and Minan 1989，88）。

中国有800 000多个调解委员会，每个委员会由3个至11个成员组成（Folsom and Minan 1989，88；Leng and Chiu 1985，68）。尽管党的积极分子更有可能被提名（lubman 1969，98），但调解员由群众投票选举产生，任期二年（Leng and Chiu 1985，68）。80 年代中期，司法部通报每年有6 250 000件案子经调解解决（Fclkcncs 1986，346），这些案件包括轻微刑事案件，包括偷窃和轻微殴打和大约90％的民事案件。1981年调解委员会处理了几乎是地方法院13 倍之多的民事和轻微刑事案件。尽管调解并不是指不能提起法律诉讼，但大多数案件则止于调解。然而，有些案件，一方当事人可能选择在法院解决，或调解委员会可能将比较严重的案件提交给法院或地方检察官（Folsom and Minan 1989，88）。

个人纠纷常常被调解员用国家政策问题加以解释。例如："虐待妻子的丈夫被法官赋予封建的特征，与儿媳口角的婆婆被告知是由于旧思想意识造成彼此不和，不能使婚姻生活符合工作安排的新婚夫妇被告知他们必须'为国家建设服务'"（Lubman 1969，99—100）。

—137

调解并不意味着调解过程肯定比刑事诉讼较少地侵犯或干扰个人自治和隐私。调解员并不只调解向他们提起的纠纷,他们也调停威胁社会和谐和社会价值的事件。调解委员会使非正式的社会控制制度化,可能减少了必须由刑事司法制度解决的案件数量,同时调解委员会有时也将政府代理人的角色扩伸到西方人认为是绝对私人的事件之中,不允许宽容处理直到调解委员会认为满意为止。

判决

刑事案件的判决通过公安局(警察),人民检察院(公诉人)以及人民法院共同努力完成。"公安局负责刑事案件的侦查、羁押和预审听证,人民检察院负责批准逮捕、开展检察工作(包括侦查)和提起公诉,人民法院负责审判案件,其他任何组织、团体或个人均不能行使这些权力"(Chin Kim 1985,Article 3,p.33)。公民有义务向公安局、检察院和法院举报触犯法律的嫌疑人。当公安局、检察院、法院其中一个机关获得了一个特定的人可能犯罪的证据时,就开始立案。一旦立案,对案件的正式侦查就开始(Folsom and Minan 1989,306;Chin Kim 1985)。另一些情况公安干警或,在有限的情形下公民可以扭送和拘留犯罪嫌疑人然后提交给公安局、检察院或人民法院(Folsom and Minan 1989,306),最长可以关押嫌疑人7天,然后在案件侦查过程中,检察官可以命令羁押更长一段时间。

一旦立案或羁押嫌疑人之后,公安局和检察院成员侦查支持原告方的证据,侦查包括讯问被指控者、询问证人、审查物证和如果必要的话,专家鉴定。可能在有搜查令的情况下搜集证据,但取得搜查令的程序和标准没有规定(Chin Kim 1985,Articles 79—83)。如果检察官认为原告方有"确实和充分"的证据支持,在人民法院的诉讼就开始(Folsom and Minan 1989,307)。几个不同的政府组织审查起诉或不起诉的决定(Folsom and Minan 1989,308),然而检察官能筛掉不值得刑事起诉的案件,法律也明确规定了一系列不起诉的理由,包括将行为不以犯罪行为论处的情形(Cheng 1988,202)。

在整个侦查和讯问被指控者期间,被指控者不被告知指控罪名。只有当检察官签发写明指控内容的起诉书时,被指控者才被通知,这可能已是开庭审判的前 7 天。而且,犯罪嫌疑人只有在被告知指控内容之后才享有律师辩护的权利(Folsom and Minan 1989,309)。一旦被告知指控内容后,辩护律师可以审查与案件有关的材料,包括翻阅摘录案卷、会见被告人和与羁押的被告人通信。

辩护律师

中国辩护律师的角色比美国或甚至比民法法系国家都更受限制。1986 年中国大约只有 7 000 名律师,而当时中国的人口大约有 10 亿(Felkenes 1986,346)。大多数律师从事刑事辩护工作,他们认为他们为政府和以政府的利益而不是为被告人的利益工作。中国的刑事辩护师视其任务为确保事实真相的发现,而并非质疑证据,从而能较容易地给被告人定罪。有意庇护有罪被告人免受诉讼的律师将被刑事处罚(Epp 1989,319)。律师的唯一任务是出示能证明被告人无罪和罪轻以及起诉方可能忽视的任何事实。

如果被告人向律师承认有罪,律师必须在审判时答辩被告人有罪。中国的律师和委托人之间没有律师—委托人特权。任何向辩护律师出示的关于被告人的信息或陈述都将移交给起诉方。

中国司法制度对供认予以补偿。被告人为了被认为值得宽恕处理而必须供认。辩护律师的任务通常也包括劝说被告人供认。中国的刑事被告人不享有保持沉默的权利,并且如果被告人保持沉默,法院可能从被告人的沉默中推断其有罪(Epp 1989,317—320)。供认后律师的主要任务是争取减轻刑罚。例如,辩护律师指出犯罪不是预谋的,被告人不是主犯,或者这是被告人第一次严重触犯法律(Lehman and Niemeyer 1989,4)。

审判和证据标准

人民法院的审判是公开的,由一名法官独任(只是轻微案件)或由一名法官和由人民选举产生任期两年的陪审员们一起审理,陪审员每年大约服务两个星期。专业法官和陪审员在审判时具有同等的权利和任务，双方都可以提问，决定采纳何种证据（Epp 1989，317）。

与许多欧洲国家一样，刑事诉讼可以附带民事诉讼，以决定民事方是否可以得到犯罪行为造成的损失赔偿。民事诉讼与刑事诉讼一起同时审理（Chin Kim 1985，Articles 53—54）。

审判由讯问被告人开始，首先由法官讯问，然后经审判长许可，检察官、被害人、民事诉讼原告方和辩护律师讯问；然后他们可以询问其他证人和审查物证或书证。所有各方都须经审判长同意才能发问，除非法官允许直接向证人提问。所有各方都可以要求新的证人到庭并出示检察官未发现的证据。最后，检察官、被害人接着被告人作终结陈述。

因为被告人经常在审前供认所犯的罪行，而且因为其他书面证据也经常在庭审前移交给法院，所以中国的审判不重视当庭作证。而且，审判是法院谴责被告人行为和被告人忏悔的一个机会。另外，法院不仅狭隘地着重于被告人的行为和动机，而且也可能审理对罪行负有责任的其他人。在一次对中国刑事审判访问期间，一位美国审判律师了解到法院严惩了一个因工厂安全措施松懈而使得被告人从厂里偷走东西的证人（Strachan 1986，68）。

中国证据法律标准要求法院"以事实为根据，以法律为准绳。"（Chin Kim 1985）。中国刑事诉讼法第36条规定，所有各方在开庭时有机会质问证人，之后证人证言才能被用作决定案件的基础。此外，尽管中国没有享有沉默权的规定，但不能单单依据被告人的供述宣告被告人有罪，而且强迫供述至少是正式的非法行为，"刑讯逼供和通过威胁、引诱、欺骗或其他非法途径收集证据严格受禁止"（Chin Kim 1985，Article 32）。然而，给予承认有罪的被告人明确的宽恕处理允诺和辩护律师指导被告人供认罪行的做法，使被告人供认的压力十分强大。不足为奇，97%被逮捕者被定为有罪（Epp 1989，315）。

被告人、检察官或附带民事诉讼的原告人、被告人或他们的法定代理人可以上诉第一级人民法院的判决。如果被告人上诉，上诉法院不可以科处比第一次判决更严厉的刑罚。然而，如果检察官上诉，上诉法院可以加重刑罚或将案件发回审判法院重审，使被告人处于双重危险（一罪二审）。中国人认为这是合适的，因为制度的目的是确认和宣判有罪的人，上诉的目的是"发现事实真相和纠正任何时候发现的错误"（Leng and Chin 1985，308）。

总结：中国的刑事法院诉讼程序

中国的刑事法院诉讼程序与美国的抗辩式程序显然不同。中国一些法学家们将美国的制度描写为"为了模糊事实真相而聘用了两个非常聪明的人"（Baker 1989，340），许多美国人也同意这个特征。相反，中国的法院制度首先强调调解和自我批评，如果调解和自我批评不成，法院和所有诉讼参与人的任务是发现事实真相。一般案件的诉讼程序，中国和美国似乎没有很大不同，毕竟两个制度中被告人都经常承认有罪且辩护律师都着重于尽可能地减轻刑罚。

总　结

法国、沙特阿拉伯、中国的刑事法院诉讼程序为美国的"公正"方式提供了一系列重要的参照和对比。与美国一样，这些制度都由不同的法院处理轻微刑事案件、严重刑事案件和上诉案件。然而与美国司法制度不同，其他制度均允许在刑事审判同一法院诉讼过程中听审个人对赔偿的索赔（民事诉讼），这个制度为被害人和被害人律师提供了听审的机会。

司法裁量的性质每个国家也不同。法国和沙特阿拉伯的审判法院法官不解释法律而只是简单适用既有的法律，因为其他法院制度没有美国那么多的证据规则，其他国家的法官能听审更广泛的信息材料，然后自由裁量决定哪些证据值得信任而哪些是不可信的。与美国一样，法国和中国均有陪审员作为事实认定者参与审判，但是与美国不同，这些陪审员有机会向证人提问和探究事实。

这三个国家的被告人均有律师代理的机会。法国肯定享有律师辩护的权利，但辩护律师的工作主要是保证侦查文件的完整。中国律师不多而且没有指定律师辩护的条款，法律限制律师参与的途径和参与的诉讼阶段。与美国不同，在中国如果被告人供认，律师必须通知法院，没有律师—委托人特免权。沙特阿拉伯的被告人正式地享有律师辩护的权利，但聘请律师受到很大阻碍。

最后，这三个国家呈现了对程序公正与实体公正重要性的不同侧重。例如，中国清楚地强调在第一审法院达到实体公正和解决导致触犯法律的"问题"。沙特阿拉伯则非常强调与证据有关的程序规则，这些规则本着惩罚一个无辜的人比让一个有罪的人逍遥法外更糟糕的观念。

每个制度均冒着宣告无辜者有罪和让有罪者逍遥法外的风险，但这些风险的来源各个国家不同。通过了解其他司法制度如何寻求达到实体公正，我们能更好地了解我们自己的司法制度。

参考书目

Baker, Beverly G. 1989. "Chinese Law in the Eighties: The Lawyer and the Criminal Process." In Ralph H. Folsom and John H. Minan, eds. *Law in the People's Republic of China*. Boston: Martinus Nijhoff.

Brand, Joseph L. 1986. "Aspects of Saudi Arabian Law and Practice." *Boston College International and Comparative Law Review* 9 (1): 1—29.

Cheng Yang. 1988. "Criminal Procedure in China: Some Comparisons with the English System." *International and Comparative Law Quarterly* 37: 190—207.

Cohen, Jerome Alan. 1982. "Chinese Criminal Code Symposium: Foreword—China's Criminal Codes." *The Journal of Criminal Law and Criminology* 73: 135—316.

第5章 刑事法院诉讼程序的制度比较

Cottrell, Alvin J., ed. 1980 *The Persian Gulf States: A General Survey*. Baltimore: Johns Hopkins University Press.

David, Rene, and John E. C. Brierly. 1985. *Major Legal Systems in the World Today*. London: Stevens.

Epp, Todd D. 1989. "The New Code of Criminal Procedure in the People's Republic of China: Protection, Problems, and Predictions." In Ralph H. Folsom and John H. Minan, eds. *Law in the People's Republic of China: Commentary, Readings and Materials*, Boston: Martinus Nijhoff.

Fairchild, Erika. 1993. *Comparative Criminal Justice Systems*. Belmont, Calif.: Wadsworth.

Felkenes, George T. 1986. "Criminal Justice in the People's Republic of China: A System of Contradictions." *Judicature* 69 (April-May): 345—352.

Folsom, Ralph H., and John H. Minan. 1989. *Law in the People's Republic of China*. Boston: Martinus Nijhoff.

Frase, Richard S. 1990. "Comparative Criminal Justice as a Guide to American Law Reform: How Do the French Do it, How Can We Find Out, and Why Should We Care?" *California Law Review* 78 (May): 542—683.

Goldstein, Abraham S., and Martin Marcus. 1977. "The Myth of Judicial Supervision in Three 'Inquisitorial' Systems: France, Italy, and Germany." *Yale Law Journal* 87: 240—283.

Hagel, Gali. 1983. "A Practitioner's Introduction to Saudi Arabian Law." *Vanderbilt Journal of Transnational Law* 16: 113—177.

Hoyt, Robert S. 1957. *Europe in the Middle Ages*. New York: Harcourt Brace.

Johnson, Herbert A. 1988. *History of Criminal Justice*. Cincinnati: Anderson.

Kim Chin, trans. 1985. *Criminal Procedure Code of the People's Republic of China of* 1980. The American Series of Foreign Penal Codes. Vol. 26. Littleton, Colo.: Fred B. Rothman.

Knudten, Richard D. 1992. "The Saudi Arabian and Postrevolutionary Iranian Legal Systems." *Wisconsin Sociologist* 29 (Winter): 15—22.

Lehman, Edward E., and John R. Niemeyer. 1989. "The Bailiff Wore Sneakers: A Criminal Trial in China." *C. J. International* 5 (March-April): 4, 6.

Leng Shao-Chuan, and Chiu Hungdah. 1985. *Criminal Justice in Post-Mao China*. Albany: State University of New York Press.

Lippman, Matthew, Sean McConville, and Mordechai Yerushalmi. 1988. *Islamic Criminal Law and Procedure*. Westport, Conn.: Greenwood.

Lubman, Stanley. 1969. "Form and Function in the Chinese Criminal Process." *Columbia Law Review* 69 (April): 535—575.

Mayer, Ann Elizabeth. 1987. "Law and Religion in the Muslim Middle East." *American Journal of Comparative Law* 35: 127—184.

Merryman, John Henry, and David S. Clark. 1978. *Comparative Law: Western European and Latin American Legal Systems*. New York: Bobbs-Merrill.

"The Legal System of Saudi Arabia." 1990. *Modern Legal Systems Cyclopedia*. Buffalo: William Hein.

Moore, Richter H., Jr. 1987. "Courts, Law, Justice, and Criminal Trials in Saudi Arabia". *International Journal of Comparative and Applied Criminal Justice* 11 (Spring): 61—67.

Mueller, Gerhard O. W., and Fre Le Poole-Griffiths. 1969. *Comparative Criminal Procedure*. New York: New York University Press.

Newman, Graeme. 1982. "Khomeini and Criminal Justice: Notes on Crime and Culture." *Journal of Criminal Law and Criminology* 73

(Summer): 561—581.

Pipes, Daniel. 1983. *In the Path of God: Islam and Political Power*. New York: Basic Books.

Sanad, Nagaty. 1991. *The Theory of Crime and Criminal Responsibility in Islamic Law: Shari'a*. Chicago: Office of International Criminal Justice, University of Illinois.

Strachan, Gordon. 1986. "Justice in Shanghai." *Trial* (January): 66—71.

Terrill, Richard J. 1987. *World Criminal Justice Systems: A Survey*. Cincinnati: Anderson.

Vouin, Robert. 1970. "The Role of the Prosecutor in French Criminal Trials." *American Journal of Comparative Law* 18: 483—497.

第 2 部分
法院的主要角色

第6章 法官

　　法官是抗辩制的领袖和法院的心声，社会正是通过法官体现法律的权威。因为法官在抗辩制中是公平和合法的保证者，法官的品行和能力影响制度所产生的司法质量，因此，选举法官采用的方法、被选举者的资格和品行以及他们所受的训练都是重要的因素。本章描写成为法官的人们的类型、如何选举法官和一旦成为法官后的社会化和培训，同时也介绍刑事法院法官的任务以及若法官辜负了社会期望和不能达到专业标准时适用的惩戒处分。

成为一名法官

　　法官是美国社会最负有声望的职业之一。尽管司法工资与法官私人执业的收入相比要低，但是作为法官的声望和威信却吸引着人们要成为一名法官，成为法官也是获得更高级的司法职位（联邦法院）和其他有权力的职位，比如司法部长或其他高层政治官员的踏脚石。

　　作为一个群体，担任法官的人们的类型不能代表美国社会。妇女和少数人种受限制，而有特权背景的男士则过分受重视。法官优秀的特征在高级法院、联邦管辖区的上诉法院甚至更明显。法官相对一致的背景对司法决定的影响程度仍不清楚（Goldman 1975；Goldman and Lamb 1986；Ulmer 1973；Wice 1985，97—98）。

大多数法官是律师，具有法学学位和一些执业律师的经验是成为一名法官最普遍的资格要求。各州均规定一般管辖权法院、中级上诉法院和终审法院担任法官职位的人都必须具有执业律师的资格，这个总规定的两项主要例外是限制管辖权法院和美国最高法院。许多州没有规定限制管辖权法院的法官必须受过培训或被准许执业（North Carolina v. Russell 1976；Silberman 1979，24），但这些职位通常由律师担任。另一极端是美国最高法院的大法官们，法律也没有要求必须具有法学学位，但迄今为止所有的最高法院大法官都具有法学学位。

司法：一个传统的地位制度

尽管司法对现代一些最受争论的社会变化负有责任——从学校的种族隔离到堕胎的合法化——但法官倾向于来自与保守和传统观念联系在一起的背景，法官主要是白种男性中上阶级成员。根据一项广泛的调查（Wice 1985；Ryan et al. 1980；Siberman 1979），典型的刑事法院法官是一位

> 男性，五十七八岁，白种人，中上阶层，在担任现今法官职位之前有着比较成功的执业律师经历，大约从事了8年。
>
> ***　　　***　　　***
>
> 大多数法官……有中上阶层的父母亲，一般是白领或技术熟练的劳工。只有很小一部分的法官，他们的父母亲其中一位是律师……白种法官的种族和宗教统计分析与他们各自城市的人口统计特点很相近。（Wice 1985，94—96）

威斯（1985，95）在他研究的市区审判法院里发现少数种族成员明显受限制，妇女和少数种族在80年代中期占州法院法官的12.6％和联

第 6 章 法官

邦法院的 17.4%（"Merit Selection" 1986，4）。

威斯同时报道，法官在担任法官之前一般有 15 年到 20 年执业律师的经历。许多法官——接近 1/3——具有检察官的经历（Wice 1985，96）。尽管威斯发现大约 1/3 的审判法院法官似乎偏袒起诉方，但这些法官未必以前曾经担任检察官。事实上，一些具有检察官经历的法官被认为更偏护被告方（Wice 1985，97）。这项研究结果表明较难将司法态度和行为归结于法官的背景特点。

州上诉法院的法官数量很少，大约占州法院所有法官人数的 7%。上诉法院法官一般比审判法院法官的年纪偏大一些，他们通常有着很丰富的执业律师经历并且经常具有审判法官的经历。尽管比起以前有更多的妇女和少数种族成员坐在州上诉法院的法官席上，但他们的数量仍旧非常有限，甚至与法律行业的妇女和非洲裔美国人的数量相比（Cook 1987，9；"Merit Selection" 1986）。

联邦法官是一个精英荟萃的群体，甚至联邦地区法院的法官就享有非常高的声誉，只有富有经验和受人尊敬的法官或律师才能担任。在过去的 25 年里，被任命的法官中有一半以上具有先前担任法官或检察官的经历。联邦地区的法官们在任职时大约 50 岁左右，大部分是白色种族的男性。最近被任命的一半以上法官在私立大学受过大学教育（Carp and Stidham 1990，201—203；见表 6—1）。

大约 15%的联邦法官担任美国上诉法院的法官（Curran 1985，16；Maguire and Pastore 1994，69），这些法官数量不多（1991 年 161 位，见 Maguire and Pastore 1994，69），是美国最具有影响力的法学家，仅次于美国最高法院的大法官，他们担任美国一些最令人羡慕和憧憬的法律职位。联邦上诉法官的形象与联邦地区法官基本相似，除了他们中有更多人具有先前的司法经历和更多来自法律院校（Carp and Stidham 1990，20—16）。妇女和有色人种的受限制在这个阶层甚至表现得更明显。

毋庸置疑，美国最高法院的大法官是这块土地上最令人崇敬的法官。大法官们作出的决定帮助塑造美国公民享有的自由和保护的质量和

表6—1 被总统任命担任美国地区法官的特征要点
（总统执政，1963—1992[a]）

资料来源：Sheldon Goldman, "Regan's Judicial Legacy: Completing the Puzzle and Summing up," *Judicature* 72 (April _ May 1989), pp. 320, 321, Table 1; and "Bush's Judicial Legacy: The Final Imprint," *Judicature* 76 (April _ May 1993), p. 287; in Kathleen Maguire and Ann L. Pastore, eds., ***Sourcebook of Criminal Justice Statistics 1993***, U. S. Department of Justice, Bureau of Justice Statistics (Washington, DC: U. S. Government Printing Office, 1994), p. 72. 允许重印。

	总统约翰逊任命 1963—1968 (122人)	总统尼克松任命 1969—1974 (179人)	总统福特任命 1974—1976 (52人)	总统卡特任命 1977—1980 (202人)	总统里根第一任任命 1981—1984 (129人)	总统里根第二任任命 1985—1988[b] (161人)	总统布什任命 1989—1992 (148人)
性别							
男性	98.4%	99.4%	98.1%	85.6%	90.7%	92.5%	80.4%
女性	1.6	0.6	1.9	14.4	9.3	7.4	19.6
种族							
白种	93.4	95.5	88.5	78.7	93.0	91.9	89.2
黑种	4.1	3.4	5.8	13.9	0.8	3.1	6.8
拉丁美洲裔	2.5	1.1	1.9	6.9	5.4	4.3	4.0
亚裔	0.0	0.0	3.9	0.5	0.8	0.6	0.0
教育，本科							
公立	38.5	41.3	48.1	57.4	34.1	36.6	44.6
私立（非名牌）	31.1	38.5	34.6	32.7	49.6	50.9	41.2
名牌	16.4	19.6	17.3	9.9	16.3	12.4	14.2
未列明	13.9	0.6	0.0	0.0	0.0	0.0	0.0
教育，法律学校							
公立	40.2	41.9	44.2	50.5	44.2	41.0	52.7
私立（非名牌）	36.9	36.9	38.5	32.2	47.3	44.1	33.1
名牌	21.3	21.2	17.3	17.3	8.5	14.9	14.2

表 6—1 续　被总统任命担任美国地区法官的特征要点
（总统执政，1963—1992[a]）

	总统约翰逊任命 1963—1968 (122人)	总统尼克松任命 1969—1974 (179人)	总统福特任命 1974—1976 (52人)	总统卡特任命 1977—1980 (202人)	总统里根第一任任命 1981—1984 (129人)	总统里根第二任任命 1985—1988[b] (161人)	总统布什任命 1989—1992 (148人)
提名或任命职业							
政治或政府司法	21.3	10.6	21.2	4.4	7.8	16.8	10.8
律师事务所，大	31.1	28.5	34.6	44.6	40.3	34.8	41.9
律师事务所，中	2.4	11.2	9.6	14.0	11.6	22.4	25.7
律师事务所，小	18.9	27.9	25.0	19.8	25.6	14.3	14.9
法学教授	23.0	19.0	9.6	13.9	10.8	9.9	4.7
其他	3.3	2.8	0.0	3.0	2.3	1.9	0.7
职业经历	0.0	0.0	0.0	0.5	1.6	0.0	1.4
司法	34.4	35.2	42.3	54.5	50.4	43.5	46.6
检察	45.9	41.9	50.0	38.6	43.4	44.7	39.2
其他	33.6	36.3	30.8	28.2	28.7	27.9	31.8
宗教							
基督教	58.2	73.2	73.1	60.4	58.9	60.9	64.2
天主教	31.1	18.4	17.3	27.7	34.1	27.3	28.4
犹太教	10.7	8.4	9.6	11.9	7.0	11.2	7.4
政党							
民主党	94.3	7.3	21.2	92.6	3.1	6.2	5.4
共和党	5.7	92.7	78.8	4.4	96.9	90.7	88.5
独立党派	0.0	0.0	0.0	2.9	0.0	3.1	6.1
美国律师协会评定							
极好/很合格	48.4	45.3	46.1	50.9	50.4	57.1	57.4

表 6—1 续　被总统任命担任美国地区法官的特征要点
（总统执政，1963—1992[a]）

	总统约翰逊任命 1963—1968 (122人)	总统尼克松任命 1969—1974 (179人)	总统福特任命 1974—1976 (52人)	总统卡特任命 1977—1980 (202人)	总统里根第一任任命 1981—1984 (129人)	总统里根第二任任命 1985—1988[b] (161人)	总统布什任命 1989—1992 (148人)
合格	49.2	54.8	53.8	47.5	49.6	42.9	42.6
不合格	2.5	0.0	0.0	1.5	0.0	0.0	0.0

注释：见表 6—2 注释。因为被任命者同时具有司法和检察经历，所以职业经历的各百分比总和大于 100。一些数据引用的资料已经过修改，因此与先前的 Sourcebook 原数据有所不同。
[a] 百分比不足 100 是因为以整数计算。
[b] 一名被任命者无宗教信仰。

性质。大多数大法官来自联邦司法或州高级法院；一些大法官具有联邦或州政府的行政经历，例如，首席法官厄尔·沃伦曾经是州检察总长，后来是加利福尼亚州州长；一些大法官曾经是联邦和州立法者，享有很高的声誉；只有一小部分来自法律学校。

1967 年之前没有非洲裔美国人被任命担任最高法院法官。1967 年，瑟古德·马歇尔，曾经在最高法院辩护 Brown v. Board of Education 案（1954 年学校种族隔离案），成为第一个非洲血统美国大法官。1981 年，桑德拉·戴·奥康纳成为第一位最高法院女法官。尽管最高法院仍旧主要由白色种族信仰基督教的男性组成，但最近几年性别和种族结构的急剧改变已很明显。90 年代中期最高法院宗教和种族也比以往更趋多样化，包括始于 1969 年的第一位犹太人法官以及第一位意大利后裔罗马天主教徒法官。

一些人指责在最近最高法院的提名中种族和性别作为一项提名因素的程度。显然，性别和种族因素总是影响大法官的选拔，过去只有白色种族盎格鲁—撒克逊基督教教徒才被考虑作为最高法院法官的提名，最近几年提名则更多地意识到了妇女、非洲裔美国人以及其他少数种族和

第 6 章　法官

宗教群体成员在最高法院受排挤的情况，将来毫无疑问我们会看到第一位亚洲裔美国人法官、第一位穆斯林法官、第一位拉丁美裔法官，等等，我们希望被提名者的种族特征不久将不是一项重要的因素。

> **表 6—2　被总统任命担任美国上诉法院法官的特征要点**
> （总统执政，1963—1992[a]）
>
> 资料来源：Sheldon Goldman, "Regan's Judicial Legacy: Completing the Puzzle and Summing up," *Judicature* 72 (April _ May 1989), pp. 323, 324, Table 3; and "Bush's Judicial Legacy: The Final Imprint," *Judicature* 76 (April _ May 1993), p. 293; in Kathleen Maguire and Ann L. Pastore, eds., 1994. *Sourcebook of Criminal Justice Statistics 1993*, U. S. Department of Justice, Bureau of Justice Statistics (Washington, DC: U. S. Government Printing office, 1994), p. 71. 允许重印。

	总统约翰逊任命 1963—1968[b] (40人)	总统尼克松任命 1969—1974 (45人)	总统福特任命 1974—1976 (12人)	总统卡特任命 1977—1980 (56人)	总统里根第一任任命 1981—1984 (31人)	总统里根第二任任命 1985—1988 (47人)	总统布什任命 1989—1992 (37人)
性别							
男性	97.5%	99.4%	98.1%	85.6%	90.7%	92.5%	80.4%
女性	2.5	0.6	1.9	14.4	9.3	7.4	19.6
种族							
白种	95.0	95.5	88.5	78.7	93.0	91.9	89.2
黑种	5.0	3.4	5.8	13.9	0.8	3.1	6.8
拉丁美洲裔	0.0	1.1	1.9	6.9	5.4	4.3	4.0
亚裔	0.0	0.0	3.9	0.5	0.8	0.6	0.0
教育，本科							
公立	32.5	41.3	48.1	57.4	34.1	36.6	44.6
私立（非名牌）	40.0	38.5	34.6	32.7	49.6	50.9	41.2
名牌	17.5	19.6	17.3	9.9	16.3	12.4	14.2
未列明	10.0	0.6	0.0	0.0	0.0	0.0	0.0
教育，法律学校							
公立	40.0	41.9	44.2	50.5	44.2	41.0	52.7

表 6—2 续　被总统任命担任美国上诉法院法官的特征要点
（总统执政，1963—1992[a]）

	总统约翰逊任命 1963—1968[b] (40人)	总统尼克松任命 1969—1974 (45人)	总统福特任命 1974—1976 (12人)	总统卡特任命 1977—1980 (56人)	总统里根第一任任命 1981—1984 (31人)	总统里根第二任任命 1985—1988 (47人)	总统布什任命 1989—1992 (37人)
私立（非名牌）	32.5	36.9	38.5	32.2	47.3	44.1	33.1
名牌	27.5	21.2	17.3	17.3	8.5	14.9	14.2
任命或提名时职业							
政治或政府	10.0	4.4	8.3	5.4	3.2	8.5	10.8
司法	57.5	53.3	75.0	46.4	61.3	51.1	59.5
律师事务所，大	5.0	4.4	8.3	10.8	9.6	14.9	16.2
律师事务所，中	17.5	22.2	8.3	16.1	9.6	10.6	10.8
律师事务所，小	7.5	6.7	0.0	5.4	0.0	2.1	0.0
法学教授	2.5	2.2	0.0	14.3	16.1	10.6	2.7
其他	0.0	6.7	0.0	1.8	0.0	2.1	0.0
职业经历							
司法	65.0	57.8	75.5	53.6	70.9	53.2	62.2
检察	47.5	46.7	25.0	32.1	19.3	34.0	29.7
其他	20.0	17.8	25.0	37.5	25.8	40.4	32.4
宗教							
基督教	60.0	75.6	58.3	60.7	67.7	46.8	59.4
天主教	25.0	15.6	33.3	23.2	22.6	36.2	24.3
犹太教	15.0	8.9	8.3	16.1	9.7	17.0	16.2
政党							
民主党	95.0	6.7	8.3	82.1	0.0	0.0	5.4
共和党	5.0	93.3	91.7	7.1	100.0	95.7	89.2

第6章 法官

表6—2 续 被总统任命担任美国上诉法院法官的特征要点
（总统执政，1963—1992[a]）

	总统约翰逊任命 1963—1968[b] (40人)	总统尼克松任命 1969—1974 (45人)	总统福特任命 1974—1976 (12人)	总统卡特任命 1977—1980 (56人)	总统里根第一任任命 1981—1984 (31人)	总统里根第二任任命 1985—1988 (47人)	总统布什任命 1989—1992 (37人)
独立党派	0.0	0.0	0.0	10.7	0.0	2.1	5.4
其他	0.0	0.0	0.0	0.0	0.0	2.1	0.0
美国律师协会评定							
极好/很合格	75.0	73.3	58.3	75.0	64.5	55.3	64.9
合格	20.0	26.7	33.3	25.0	35.5	44.7	35.1
不合格	2.5	0.0	8.3	0.0	0.0	0.0	0.0

注释：这些数据由许多资料编纂而成，主要运用的资料是被提名竞选美国参院司法委员会者填写的调查表，委员会举行的确认听证记录和个人会谈。此外，还翻阅了许多传记指南包括 *The American Bench*（Sacramento：R. B. Forster），*Who's who in American Politics*（New York：Bowker），*Martindale _ Hubbell Law Dictionary*（Summit，NJ：Martindale _ Hubbell，Inc.），*Who's Who*，*The Judicial Staff Directory*（1992年版）全国和地方版本和地方报纸。

律师事务所根据伙伴/同事的数量划分：25人以上为大律师事务所，5人至24人为中律师事务所，少于4人为小律师事务所。职业经历各百分比总和大于100是因为一些被任命者同时具有司法和检察经历。

美国律师协会（ABA）的评定结果在美国律师协会联邦司法常设委员会审查和考核后作出，只评定美国司法部长介绍和美国参议院要求的预备联邦司法被提名者。美国律师协会考核主要针对职业资格条件——能力、廉正和司法性情。评定的要件包括智力水平、判断能力、写作、分析能力、勤奋、法律知识和职业经历。布什执政之前，美国律师协会联邦司法常务委员会考核分四个等级：相当合格、很合格、合格和不合格。从布什执政开始，美国律师协会联邦司法常务委员会去掉"相当合格"这一等级，这样"很合格"就成为最高的考核等级。以前本该评定为"相当合格"和"很合格"的被提名者现在都被评为同一等级。六个执政时期的被任命者"相当合格"和"很合格"都被合并在一起，因此与 *Sourcebook* 的原版记载有所不同。

[a] 百分比不足100是因为以整数计算。　　[b] 一位被约翰逊任命者没有被要求进行美国律师协会评定。

工作的回报

因为法官都是一些基础良好且经常是事业卓越的人们，所以任何报酬丰厚享有声誉的职位他们都能胜任，他们之所以选择担任法官，显然工资不是主要因素。无论如何，司法工资与大多数法官若私人执业赚取的钱相比要低很多（见表 6—3），然而作为一名法官确实享有很高的声誉。

表 6—3 司法工资

资料来源：Kathleen Maguire and Ann L. Pastore, eds., 1994. *Sourcebook of Criminal Justice Statistics*——1993. Washington, D. C.：U. S. Government Printing Office, pp. 68, 81; National Center for State Courts, 1994. *Survey of Judicial Salaries*. Williamsburg, Va.：National Center for State Courts.

联邦法官（司法机关）	
司法官	$122 912
地区法院法官	$133 600
巡回区法院法官	$141 700
高级法院大法官	$164 100
首席法官	$171 500
州法院法官（工资幅度和全国平均水平）	
一般管辖权法院	
北达科他	$65 970
纽约	$104 000
全国平均	$83 048
中级上诉法院	
新墨西哥	$73 388
加利福尼亚	$119 314
全国平均	$91 491
最高级上诉法院	
蒙大拿	$64 452
加利福尼亚	$127 267
全国平均	$92 806

尽管声誉是成为法官的一个传统目的，但近年来法官们抱怨声誉是对低廉报酬和有时辛苦工作的可怜补偿。审判法院法官的不满意有许多文件记载，对工资的抱怨最常见，许多法官认为如果他们重返私人执业，年收入可以双倍增加；另一些抱怨则着重于公众对市区刑事法院的负面认识和工作伴随的令人不快的传媒注意。在工作量巨大的法院工作的法官抱怨管理沉闷和工作压力，一些法官对工作硬件条件和刑事法院缺乏安全感到不满意（Rosen 1987；Wice 1991，291—302）。随着法官

的反对加强，他们可能不大愿意接受用声誉代替工资，对于在初级法院工作的法官们更是如此，他们的声誉事实上可能比较虚幻。

得到工作：司法选拔程序

因为法律对成为一名法官所规定的资格是最基本的要求，所以选拔程序对于保证只有合格和热忱的人才能被挑选担任司法职位就非常重要。在美国，法官通过许多程序被挑选出来。一些法官被任命，一些通过选举，另一些则先经过专门的提名程序被任命，然后必须通过普选方能继续担任这个职位，所运用的挑选程序由所在的管辖区法律和司法职位决定。因为州和联邦制度的选拔程序明显不同，所以我们将分别予以阐述。

选拔州法院法官

各州挑选法官的方法各不相同，一些州内不同级别的法院挑选法官的方法亦不同（见表6—4），而且上诉法官的资格要求有时与审判法院法官的要求也不同，要求上诉法官有更多的法律经验，最低的年龄限度有时要偏大一些是很常见的规定。一旦获得上诉法官职位，他们的任期通常比审判法院法官的任期要长。

任命

在美国，获得司法职位最古老的方法是通过任命。按照英国的做法，最初的十三个殖民地在独立后宪法规定任命法官（Swindler 1976，31）。四个州，均位于新英格兰，由州长任命法官，其中两个州（新泽西和缅因）任命的法官任期7年，但罗德岛任命的审判法院法官终身任职，新罕布什尔则规定法官任职到70岁为止。

许多依赖选举或量才选拔的州均有规定如果在法官任期届满之前出现位置空缺则指定一名代替法官的条款。许多法官都是先通过这种临时任命，然后再通过普选或量才选拔才获得法官职位的。这种暂时任命不能与依靠任命程序的州挑选担任一整届法官的正规任命相混淆。

> **表 6—4 选拔一般管辖权法院法官的方法,初选**
>
> 资料来源:改编自 Kathleen Maguire and Ann L. Patore eds., 1994. *Sourcebook of Criminal Justice Statistics*——1993. Washington, D.C.: United States Government Printing Office, pp. 85—86。

无党派选举	提名委员会	党派选举	州长任命	立法机构选举
加利福尼亚	阿拉斯加	亚拉巴马	缅因	南卡罗来纳
佛罗里达	亚利桑那	阿肯色	新罕布什尔	弗吉尼亚
佐治亚	科罗拉多	伊利诺伊	新泽西	
爱达荷	康涅狄格	印第安纳	罗德岛	
肯塔基	特拉华	路易斯安那		
密歇根	哥伦比亚地区	密西西比		
明尼苏达	夏威夷	密苏里		
蒙大拿	艾奥瓦	纽约		
内华达	堪萨斯	北卡罗来纳		
北达科他	马里兰	宾夕法尼亚		
俄亥俄	马萨诸塞	田纳西		
俄克拉何马	内布拉斯加	得克萨斯		
俄勒冈	新墨西哥	西弗吉尼亚		
南达科他	犹他			
华盛顿	佛蒙特			
威斯康星	怀俄明			
16 个	16 个	13 个	4 个	2 个

选举

正规挑选法官,比起运用其他方法,有更多的州依靠选举。1824年佐治亚成为第一个采用选举制度挑选法官的州,密西西比 1832 年也采用了这种方法,纽约州在 1846 年废除了任命法官的制度,几年之后大多数州均采用了选举法官制度(Winters 1976,47—48)。现在 50 个州中,共有 29 个州采用普选挑选审判法院法官(Maguire and Pastore 1994,85—86),被选中的法官任期一般 4 年、6 年或 8 年,其中 6 年最普遍。只有 16 个州运用选举制度选举上诉法院法官(Maguire and Pastore 1994,84),22 个州选举州最高法院法官(Maguire and Pastore,1994,82)。

第6章 法官

选举分为党派或无党派选举。无党派选举是指竞选法官者无政党联盟，党派选举是指竞选者宣告他们与一特定的党，比如民主党、共和党、自由党、共产党或劳动党联盟。政党有时运用他们的钱、谋略和定期散布流言飞语，诋毁法官名誉。无党派选举是为避免党派政治而作为一项改革发展起来的，为了能完全与党派选举分开，一些州在每年的不同时间举行无党派选举。

无论是党派选举还是无党派选举，司法选举有时会使一方或双方竞选者受到众人的贬低，造成竞选者名誉受损，不被人尊敬。近年来被证明既有效又受人争议的"否定竞选"几乎不能提高法官在公众眼里的崇高形象。因为选举的一些丑陋现象被认为是对司法职位的贬损，所以一些州竭力避免选举的弊端（McFadden 1990）。

由公众选举他们的法官，甚至在选举的州内，事实上更是一种理想主义。比如在举行党派选举的州内，地方律协基本确定提名者，竞选者很少受到反对（Alfini 1981）。在举行法官普选的州，任命更可能比选举先产生法官，尽管不全都是这样（Dubois 1980，102—103，109）。当任期未满出现位置空缺时，州长任命法官填补空缺直至下一届正规选举，通常被任命的法官然后就被选举，所以许多司法生涯——在一些地方则是大多数司法生涯——实际上都是因为行政行为而开始，并非是普选。简而言之，就实际挑选法官而言，一些州的选举只是承担了一项较被动的任务。

量才录用方案

在严厉批评司法选举的同时，1913年建立了美国法官协会，以研制一项非政治性的司法选拔方案。1937年美国律师协会认可了一项提议方案，称为量才录用方案。1940年密苏里州第一个采用这项方案。如今这项方案广受欢迎，一半以上的州以一些形式运用这项方案至少选拔一些法官（Winters 1976，48—49），16个州运用量才录用方案的一些形式选拔审判法院一级的法官。提名委员会是量才录用方案最主要的特征，它在上诉一级法院甚至更普遍，被22个州使用。

尽管量才录用司法选举方案有多种形式，但在避免任命和选举的消极因素同时，结合了它们的积极因素。量才录用选拔保留了任命的积极方面且杜绝了政治遮护现象和诱惑，保留了选举的积极因素，也避免了竞选者之间的相互奚落。

典型的量才录用方案，是由提名委员会确定并向州长推荐富有资格的竞选者，提名委员会由受人尊敬的公共人物比如著名的立法者和律师组成。从这些被推荐的竞选者中，州长指定其中一位担任法官，任期一年。一年期满后，若没有受到反对，法官进行连任选举。法官并非面对反对者，而是根据其本人的记录，由选举团决定是否继续连任。如果继续连任，任期一般比较长，如10年或12年。若不能连任，则重复提名和任命程序，挑选另外一名法官，直到这位被任命者被投票复决。这种选拔方法避免了选举的政治色彩和竞选丑闻，同时也给了选举团在作出决定之前观察法官工作表现的机会。另外，这种选拔方法不仅使选举团参与，而且还涉及行使司法审查职能的两个政府部门：担任提名委员会成员的立法者，和州长从提名委员会提供的提名者名单中任命法官。

竞 选 指 南

一项竭力防止和控制法官职位竞选弊端的现代措施是竞选监控委员会，这些委员会颁布和实施公平竞选指南。委员会有时是地方律师协会的一个分支机构，有时是独立的市民委员会，后者被认为能更强有力地阻止竞选的无耻策略。竞选监控委员会也接受和调查对不公平竞选的投诉。其他提议的改革包括公开选举财政、自愿限制竞选开支、增加向选民提供信息资料和竞选者加强公开辩论的运用。以下是竞选指南的一个样本。

哥伦布司法选举委员会候选人协议（1988）

司法选举委员会司法竞选指南协议

作为将我的名字上报由哥伦布律师协会司法委员会考核和哥伦布律师协会成员的一个条件，无论是预选或普选，我同意，不管协会对我的竞选提出何种建议或采取何种行为，我均将按照以下规定进行竞选：

第6章 法官

1. 我同意熟悉所有与我的竞选相关的可适用的法律和法规，并将此作为保证其他与我竞选相关的人熟悉这些法律、法规并受它们指引的合理必要步骤。我同意进行竞选时遵守上述的法律、法规。

2. 我同意司法行为规范第7准则包含竞选材料类型的最低限度规定，竞选材料包括抽样秘密投票、收音机、电视、报纸或期刊上的广告、公开演讲、新闻签发或运用非现在的头衔。禁止编织和参考虚假陈述。我进而同意删掉误导真实陈述的资料。

3. 我同意我个人负责批准与我司法竞选有关的所有类型的竞选材料，这些竞选材料在或应该在我或我的委员会控制之下签发。我进而同意一俟委员会对触犯此协议，未受官方准许的任何和所有竞选材料作出通知，立即公开否认。

4. 我已经阅读了所附的材料，并让管理我竞选事宜的人员也阅读，我同意遵守其中的条款。

5. 我理解任何司法职位竞选者触犯这些规定都将受到公众指责和破坏司法官员受人尊敬的地位。

6. 我同意司法选举委员会在审查和试图废除不道德和/或非法的竞选材料过程中，可以采取公开评论，将事项提交给纪律顾问办公室、哥伦布律师协会或其他适当的机构。

7. 我同意在委员会要求时能找到我或我的成员。

所以，特此签名以证明对上述各项表示同意。

日期：

签名：

资料来源：Sara Mathias. 1990. *Electing Judges*：*A Handbook of Judicial Election Reforms*. Chicago；American Judicature Society，p. 92。

尽管这种方法避免了公开竞选，但程序仍旧非常具有政治性。提名委员会成为政治活动的中心，但却避开了公众耳目。一些人指责提名委员会受到州律师协会或立法机构中的执政党太严密的控制。对量才录用方案的研究表明，非政治性的司法选举关键在于提名委员会的组成，如果提名委员会由两个党派组成且力量均衡，经常补充新会员和审查程序法典化的话，那么就会很少产生具有政治动机的提名（Ashman 1974，227—230）。

选拔联邦法官

联邦司法级别最低的是司法官。200年来，联邦系统聘用与州初级法院法官职能相似的司法官员（Smith 1990，15）。司法官颁发搜查和逮捕令，处理初次到庭，提审，审理轻微罪行，听审和决定动议及其他预备事项（Director 1990，26）。司法官的职位要求有开业律师执照，并且至少有5年律师协会成员的经历。合众国司法官由地区法院的首席法官根据市民专门小组的合乎资格竞选者提名建议任命产生（Smith 1990，32）。司法官级别以上的联邦法官选拔就越来越公开和具有政治性。

一位老律师开玩笑说，成为一名联邦法官的最好途径是"有先见之明成为未来美国参议员在法律学校求学期间的寝室友；或，如果这不行，挑选一名未来的参议员作为你的第一位法律伙伴"（Goulden 1974，23）。这个古老的玩笑充分说明了参议员和政治力量对联邦法官提名的传统影响。美国地区和上诉法院一级的法官及最高法院的大法官由美国总统提名并经参议院认可，事实上提名—认可程序从地区法院一级到上诉法院和最高法院一级都显著不同，选拔程序的关键在于总统如何挑选被提名者以及参议员是否认可的决定基础。

地区法院提名

联邦地区法院的提名几乎很少受到公众的注意。总统正式提名地区法官，历史上总统尊重来自法官将要供职的州的参议员意愿，一种称为"参议院礼貌否决"的做法。总统与来自法官将要服务的管辖区并属于总统政党派别的参议员商讨定出被提名者，总统允许参议员对总统的决定进行非正式否决（Ball 1987，198）。如果参议员对总统的选择不满意，一般总统尊重参议员的意愿。一旦总统和参议员对提名达成一致，美国律师协会联邦司法常务委员会和参议院司法委员会就对此进行审查，全体参议院成员投票认可提名。

第6章 法官

最近几年"参议院礼貌否决"的做法已经发生改变。为响应总统吉米·卡特倡议的上诉法官提名改革，30位来自各个州的参议员们成立了一个委员会，以推荐他们州的地区法院出现位置空缺的被提名者名单。许多人认为这是对古老的"参议院礼貌否决"保护制度的一项改进。一个研究司法和法律问题的组织，20世纪基金的一个专门工作组已提议常规地运用双党派提名委员会，并在法官将供职的地区举行公开听证会（O'Brien 1988；Twentieth Century Fund Task Force 1988，7）。

上诉法院

自1891年，当国会设立了以后被称为巡回区上诉法院那时起，就有了从即将离职的法官原在的州内提名一名接替法官的习惯。"事实上，如果一位法官，从密西西比政界出来担任联邦法官，具有密西西比的法律经历、退休、死亡或辞职（或犯法被参议院宣判有罪），总统一般必须从密西西比州挑选一名法官接替其职位"（Ball 1987，200）。也是"参议员礼貌否决"占支配地位，总统征求来自被提名者州的参议员的意见和同意。

传统上，参议员对挑选联邦上诉法官具有重大的影响力。与过去的做法不同，卡特总统设立了美国巡回区法院提名委员会，赋予它根据能力、功勋而并非政治，审查和推荐被提名者的职责。卡特运用提名委员会任命了一批史无前例的妇女和少数种族成员担任联邦上诉法官，然而这项改革很短暂，罗纳德·里根执政后不久就废除了提名委员会。

无论总统使用何种方法挑选上诉法官的被提名者，参议院始终具有对司法提名提出"建议和赞成"的宪法任务。在总统提名竞选者之后，参议院司法委员会开始调查。从1948年开始，参议院司法委员会在考虑被提名者的资格问题同时也一直听取美国律师协会联邦司法常务委员会的建议。

美国律师协会联邦司法常务委员会由15名成员组成，由律师协会主席任命并代表全国的各个地区。在一群法学家和执业律师的帮助下，委员会审查被提名者资格条件，阅读被提名者的法律论著，通过会见与被提名者一起工作的人们调查被提名者的司法行为。对所有材料进行评判之后，委员会将被提名者评定为很合格、合格或不合格（American Bar Association 1991；maguire and Pastore 1994，71），这些等级被认为只限于考核被提名者的职业资格，并非是政治哲学或意识形态的评定。

参议院司法委员会也举行提名公开听证。公开听证和司法委员会投票之后，全体参议员投票通过提名，这些听证和投票通常不受媒体或公众注意。

美国最高法院

当美国最高法院法官空缺时，最明显的司法选拔程序就随之产生。总统顾问与司法部长和助理司法部长一起开始确定和考核可能的被提名者。在联邦调查局常规检查之后，总统确定一名被提名者并向公众公布，然后参议院司法委员会进行着重于被提名者个人行为、法律技能和廉正的大范围调查。与提名上诉法官一样，委员会与美国律师协会联邦司法常务委员会一起商讨。

参议院司法委员会调查结束之后，委员会举行公开听证会，由被提名者回答参议员的提问。最近几年这些听证会都被电视现场转播，其中一些受到公众的广泛注意。最终被认可的克拉伦斯·托马斯和未被认可的罗伯特·博克的认可听证会是两个立场明确和极受争议的听证会范例。托马斯听证会涉及有关托马斯本人对前雇员安尼塔·希尔的行为是否正当的证人证言，在托马斯听证会后，参议院司法委员会改变了程序，现在参议院司法委员会关于公众行为的听证部分，比如法律观点、决定和学术论文都公开进行，但是有关司法资格的个人行为事项则认为应秘密听证。参议院司法委员会听证结束之后，委员会向全体参议员推荐，然后由他们进行投票。如果大多数参议员投票认可总统的提名，最高法院的任命程序则继续进行。有史以来，参议院拒绝认可20%总统的最高法院提名。若被提名者处于中立的政治立场和总统的政党控制参议院时，提名比较可能被认可（Carp and Stidham 1990，224）。

最高法院大法官的选拔程序极其具有政治色彩。新近总统，最著名的罗纳德·里根公开宣布被提名者的政治立场是一个主要因素，很快支持其他政治立场的人们大呼"讨厌"并声称司法官员的选拔被贬为是一场石蕊试验,在这场试验中,比如一位合格人士因为支持或反对堕胎权、学校祈祷或其他宪法可能默示的受争论的政治事件而被选拔或被拒绝。在决定是否投票认可的过程中,参议员也考虑竞选者的意识形态。不足为奇,对这种程序结果不满意的人们认为,参议院在考虑被提名者的政治立场时没有正当地行使权力(Tribe 1985)。

总统倾向于将最高法院的提名视为总统特权,参议院应该确认除非被提名者明显不合格或不适合。不必奇怪,参议院则更宽泛地看待其任务:在任命之前参议院有广泛的权力同意提名,这种同意根据资格条件,同时也要根据政策的考虑(Ball 1987,183—185)。30年代起,联邦法院尤其是最高法院已经广泛和约定俗成地解释了权利法案和美国宪法。一旦最高法院被一些人指责为"制定法律"而不只是解释法律,那么最高法院成员的政治意识形态就受到更广泛的关注(Schwartz 1988,xi-xii)。只要法院作出政治上受争议的决定,被提名者的政治意识形态就可能成为论争的主题。

了解行业规则

任何被挑选担任法官的人们都面临着巨大的新挑战。与其他国家(比如法国,见第5章)法官加入专门学校进行几年的工作学习不同,美国的法官被任命或选举之后几乎不接受正规的培训,这种做法假定有经验的律师有充分的法庭经历承担法官一职。随着法官的工作越来越复杂,这项假定也越来越被认为不合理。最近几年人们普遍关心法官的培训问题。

即便如此,法官非正式地和在工作中受到了大部分的培训。一些法官通过花一天或一星期时间观摩其他法官的工作而得到启示(Carp and Stidham 1990,243;Wice 1981,163),另一些法官甚至受到更少的训练。对于大多数法官来说,从一个可能只对法律一个领域精通的律师转换成要求对所有法律领域均熟悉的一个超然决定者来说是很困难的。新任法官面临着法律问题不熟悉、行政事务困扰和个人事务不愉快，比如与社会隔离等诸多问题。

与更富有经验的法官非正式社会交往最有助于解决这些烦恼。更富经验的法官和其他法庭工作群体成员向新法官介绍工作的标准和惯例（Alpert 1981；Carp and Wheeler 1972；Wice 1981，154）。通过非正式的社会交往，法官了解了当地法律文化期望的诉讼进度，知道什么时候该延期诉讼或批准听审动议，也知道了什么时候案件最多而什么时候案件移送最慢，以前没有从事过刑事法律的法官了解到有关司法参与答辩交易的标准及保释和有罪答辩的"现行汇率"。

越来越多的法官接受正规教育。1974 年起一些州已要求法官参加专门的继续教育。80 年代末 22 个州和 13 个联邦地区法院要求所有的执业司法人员，包括法官继续受教育。一些组织对一定类型的法官，比如刑事审判法官、上诉法官、少年法院法官和联邦法官开设专门的课程和研习班（Winters 1976，58）。

法官的工作

一般来说，审判法官审理案件，上诉法官决定审判遵循的程序是否合法和正当。审判法院法官独自工作且很快地作出决定，上诉法官与其他法官同事组成上诉庭一起工作，且经常是花几个星期的时间审查审判法院法官几分钟内作出的决定。最后审判法院法官必须掌握承办的案件数，管理职责是审判法院生活的一部分，可以说在案件量特大的法院工作，是一件令人头疼的事。

在审判法院工作

审判法院法官最主要的任务是保证被告人得到公平的审判。保证公平审判的部分工作涉及决定审判前政府机构采取的行为是否公平和恰

第6章 法官

当。确保程序的公平一般要求法官对每一案件作出许多决定,许多决定必须现场作出,很少有时间考虑。此外,法官还具有管理责任,包括安排案件和保证案件量的流转。

审理任务

法官必须是一位很好的聆听者,法官审理案件花费的大部分时间都是听:聆听证人证言,聆听律师的辩论,聆听被告人和被害人请求宽恕和公正。为了讲究效率,法官也必须是一个决断的人。判决的作出是诉讼程序的核心,除了被告人是否有罪的中心决定之外,法官还作出与证据的可采性和遵循的正当程序相关的一连串决定,这些决定应该根据既有的宪法和制定法以及相关的判例法作出,因为判例法不断演变,所以法官必须掌握影响管辖区的各上诉决定,他们必须以最少的信息量迅速作出许多决定。容忍不确定性和根据有限的材料作出决定的能力可能是审判法院法官的一项财富。

法律决定,与其他的任何决定相似,受价值、信仰、观点和法官的个性影响,审判法院决定的速度和不确定的特点增加了决定受个人价值和信仰影响的可能性。决定对法官个人宣告有罪愿望的反映程度很大部分取决于所作的决定种类,如果法律规定很清楚,法官几乎不能自由裁量,那么个人的信仰就不起什么作用。但如果允许法官有很大的自由裁量权(比如决定保释金额或科处的刑期),那么法官的个人价值和信仰就十分具有影响力。

根据抗辩制的理论,法官应该超然地、中立地主持法庭,他们被期望根据一定场合的事实适用法律,不能让个人的观点或偏见影响决定。但法官是人,是一个作出的决定能广泛影响其他人生活的人。尽管法官应该是中立和超然的,但他们不能将人的感觉和偏见完全置于一边。一位著名的联邦上诉法官杰罗姆·弗兰克坦率地指出:

> 有任何法律经历的人都不会对法官的个性和利益严重地影响他判决案件,就有关决定的类型和实体方面产生争论。认为法官只是穿一件……长袍和任职宣誓,不再是一个人,被剥夺了所有爱好,成为一个无感情的思考机器,是一个危险的神话。　　(In re

J. P. Linaban 1943，652—653)

法官必须理解司法决定如何影响与此相关的人们的生活。一位仔细回顾司法决定作出过程的审判法官罗伯特·萨特总结出："审判的真正艺术……是法官运用他的头脑找到有效途径以补充他心脏的惊动"(Satter 1990，51)。

法官在法庭上负有应付陪审员的特殊责任。法官是法院的心声和政府权威的代表，他们对证人、陪审员和旁观者的指示极其重要，法官可能指示证人击中要点和催促陪审员继续评议尽管已处于明显的僵局。

最后，法官对所有旁听法庭审理的人来说是司法的标志。大多数法官职业礼貌地对待法庭里的所有人，对证人和其他成员不尊重或不屑一顾的法官可能使整个法院系统蒙上无礼的阴影。有时旁听者如果看见法官阅读报纸，在证人作证时睡觉或凶狠地斥责证人，他们会报道他们对此的震惊。

管理任务

法官监管程序的部分责任是确保案件以持续稳定的速度朝着解决的方向进展。一个经常引用的格言是：司法延误是否认司法，法官有很大的责任确保司法没有因管理不良而导致延误。随着今天法院面临的大量工作量积压，移送案件越来越成为一项重要的技巧，这不仅要求法官熟谙法律，并且需具有迅速作出决定的性格气质和领导素质。

法官为了移送案件而没有不必要地延误，必须熟悉法律。比如，如果法官不熟悉证据规则，为避免出错，在作出决定之前则需要时间分析研究。深谙法律的法官最能作出迅速、断然和正确的决定。

法官必须适应迅速地作出决定，仔细考虑并小心掂量的法官很快会成为繁忙的法院系统的绊脚石。许多市区法院，因大多数案件在此诉讼，初次到庭时的可能性根据决定必须在一分钟内作出，大约也要如此迅速地作出保释决定，主持审判的法官要在几秒钟内作出证据可采性的裁决。考虑法律的细小趣点是一种奢侈，只是因为审判法院法官的时间太少。

法官在许多方面是法庭的领导者，对案件的适时处理有着巨大影

第6章 法官

响。法官的声誉基于他们的表现。法官因稍微作了准备、有点能容忍延误、比较熟悉法律、工作较努力而闻名圈内外。按照这种标准，法官在法庭设立执业律师期盼和调整所有有关人员行为的标准。熟悉法律的法官很少受到严厉的反对和挑战，准备充分的法官提示法官席前的抗辩双方应该作充分准备。在预定时间出庭的法官期望其他人也能在指定的时间出席，不能容忍不必要延误的法官很少批准他们的要求。

法官行使领导职权的一种最重要方法是控制法庭日历或时间表。大多数管辖区法官完全掌握他们自己的法庭日历，这意味着法官掌握安排在什么时候审判和持续多长时间，其他听审该定在什么时候并允许有多长时间；意味着法官决定法院一天从什么时候开始，什么时候结束。通过确定法庭处理（或不）严重事件的格调或形式，法官影响案件的有效（或不）移送。例如，若一些法官如果设定了审判日期，不会再更改，抗辩双方就明确知道如果他们希望避免审判，必须在多长时间内达成审前和解协议；而如果是另一些法官审理案件，律师知道审判日期总是被推迟和经常准许延误，他们就没有必要开始着手处理事务。

作为法庭的管理者，法官有时作出与案件无关，但却为维持法庭秩序和尊严的决定。法官有权对行为妨碍审判或不尊重法庭的任何法庭内或案件涉及的人实施制裁。例如，如果一个陪审员不能按规定出庭，造成审判延误；同样，如果判决前报告没有及时完成，造成量刑听审延误；任何人公开藐视法庭，或企图停止或中断诉讼程序，法官都可以对此作出反应。所有这些情况法庭都有权采取旨在获得服从和与诉讼程序合作，阻止被告方和其他人在以后企图干涉诉讼的措施，这项措施被称为因藐视法庭被传讯。研究表明法官很少使用这项措施以维护法庭的秩序和尊严（Dorsen and Friedman 1973，6）。通常对持续的干扰进行口头警告就满意地解决了问题。

审判法院的首席法官。大多数市区管辖区的审判法院都设立首席法官担任总管，需要首席法官处理的管理事务各法院区别很大。首席法官具有相当程度监管审判法院法官的职权，是有关法院运行政策的最终决定者，有时他们是法院日常工作最主要的管理者，尽管这最后一项任务

132

通常由法院专业管理人员负责。作为管理者，首席法官负责作出人事决定。首席法官通常负责法官的工作安排，或决定今年哪位法官审理民事案件，谁负责审理刑事案件以及多长时间轮换一次。首席法官也负责分派法官到各法庭，他们一般也决定哪位法官是常备的替代法官以备若有法官不合格或被告人要求替换。若法官被指控渎职，有时首席法官必须先作出初步决定。

制止混乱和强令服从：藐视法庭

法官有两件武器维护法庭的规矩：民事藐视和刑事藐视。刑事藐视是一种犯罪行为，处以罚金或一定期限的监禁。一个站起来，打断诉讼程序，并用粗俗猥亵的言语朝法官大喊的被告人首先受到警告。但如果被告人再犯，法官就可能判决被告人刑事藐视罪并科处罚金或短期看守所关押以示惩罚。检察官在公开法庭大声惊叹，以讥讽的口吻讲话，无论法官是否曾经读过法律学校，都可能因为这不尊重的表现而对其罚款或将其关押在看守所一或两天。

民事藐视制裁涉及期限不确定的监禁。民事藐视监禁的目的不是惩罚而是迫使一些人遵守法院的秩序。最近，一位声称她女儿被其父亲性骚扰的妇女隐藏了女儿并拒绝向法院透露她在何处。法院将这位妇女关押以劝说其提供信息资料。

民事藐视监禁的无限期状况使公民深刻领会到要自由的唯一途径是服从法院的指令。一些管辖区对民事藐视的监禁期限已加以制定法上的限制，但即使在这些管辖区，监禁的允许期限仍很宽泛，比如两年。

首席法官是有关法院系统实际运作程序的最终决定者。例如，如果州最高法院或立法机构没有作出规定，那么首席法官就决定是由一个法官1年或5年内每天全天听审预审听证，还是由每个法官都听审分配给他们的案件的预审听证。首席法官作出法庭内使用照相机的政策规定。首席法官也决定召唤市民履行陪审义务时须遵循的确切程序：如果预备

陪审员必须汇报,是召回他们还是每天固定时间都得亲自出庭。显然,许多这种决定与资源有关。

首席法官必须决定如何安排运作预算经费和是否向立法机关申请额外补助。尽管法院管理员负责每天的运作预算,但审判法院的首席法官行使财务安排的最高权力,尤其是当必须作出棘手的决定时。法院管理员与首席法官工作密切,并且每天对首席法官制定的政策作些补充。当运作预算差不多用完,或法院需要增加法官或添置设备运作预算不够时,首席法官向有权划拨法院预算的政府机构提出申请,这是首席法官的一项重要职责。首席法官必须说明申请的正当理由,并且对法院运作的批评作出反应。

管理法院:审判法院的辅助人员

长期以来,法院要求专门的职员处理与案件有关的文字工作。随着法院工作量的增加,案件跟踪和相关文字工作的任务也随之增加,包括使法院诉讼程序更为有效的一些尝试。法院管理的两个主要角色是法院书记官和法院专业管理人员。

法院书记官

法院书记官被认为是现代法院管理员的传统先驱者。大多数州法院的书记官通过选举产生,联邦系统中的法院书记官则通过任命产生。书记官的主要职责是在审判和随后的不确定期间内保存法院的正式记录,这本身就是一项巨大的工作。法院书记官也负责制定有关案卷要求、调取案卷、提供文件复印件等的政策规定。一些政策决定对案件的处理几乎没有影响,但另一些则非常有影响。例如,律师需要即时调阅被告人以前的案卷材料,如果书记官制定了一项要求律师必须提前几天提出申请的规定,法官则不得不延迟听审直到律师能拿到案卷。

134

每个案件均有一大堆相关的文字工作。书面记录的手工整理、储存和保管仍旧是全国法院的标准。每次法院开庭必须记录和标上日期,提出的每项动议必须接收和保存,整套文字记录必须保管完好。记录诉讼程序、刑事案件的案卷保管、储存和抽调都需要大量的人员。一般各法庭分配一到两个法院书记官,不包括法院速记员。这些书记官制作和将每个案件从头至尾的诉讼文件归档。

法院系统案卷管理所面临的主要问题是错放案卷和调取案卷速度太慢。一般法院书记官只保管每个案件的一份案卷材料,案件纸张记录的保管既繁重又昂贵。每份案卷因为每次法院开庭可能被抽调和打开七到八次。因为每份案卷可能被拿出好几次和可能被检察官或其他法院官员翻看,所以有时文件被丢失或整份案卷错放。这种文字工作的失误不可避免地导致延误。一个案件可能被安排进行审判或其他的法院听审,但只是因为书记官不能正确放置案卷而被推迟。

手工记录很陈旧,现代数据储存和抽调技术极大地帮助了听审的记录、记录的保管、迅速地抽调信息资料和提供法院工作量的统计数据。律师可以运用调解器在办公室查阅法院案卷材料,有关法院管理,比如立案、已处理的案件、提出的上诉、未决案件等的统计数字很容易就被调出和呈报。然而大多数法院仍旧实行纸张案卷记录制度。官僚惰性、缺乏专业技术知识和对电子记录的技术不信任以及安装新装置的昂贵费用似乎都是引进新技术的主要障碍。甚至比较便宜的设备,比如影像或音像听审记录也只是在一些地区取代了法院速记员。

尽管法院书记官一般制定关于记录保存和调取的政策规定,但大多数管辖区首席法官有权撤销阻碍案件有效管理和诉讼的规定。许多管辖区首席法官和法院书记官均是通过选举负责法院管理的官员,然而大多数州,州最高法院赋予审判法院首席法官制定地方法院有效和公平的管理规则的权力。所以,如果法院书记官制定的政策证明对有效的案件诉讼起反作用,首席法官有权制定其他的案件诉讼规定予以取代。显然,法院书记官和首席法官之间良好沟通和协调合作以及权力和职责的清楚划分对有效的法院管理非常重要(Hoffman 1991)。

法院管理员

早在1909年,美国律师协会就认识到需要更好的法院管理,但是改变却很不容易(Lawson and Howard 1991)。随着法院的案件逐渐集中、复杂和数量增多,以及随着程序法和相配套文件越来越多且对案件

第6章 法官

的诉讼也越来越重要,对管理的协调和效益的要求也随之加强,这些变化迫使首席法官涉及管理事务。另外,减轻法官管理监视职能的需求也帮助推动了设立具有管理专业知识和长期编制的人员的运动,法院管理员应运而生。自70年代早期开始,这个职位就是联邦和州法院系统的标准。60年代中期全美国的法院管理员不超过30个,但如今已有2 000多个法院管理员在地方或州法院工作(Hudzik 1991,564)。联邦系统的审判法院和上诉法院均有法院管理员,联邦系统还有联邦最高法院集中管理办公室,保管整个联邦法院系统有关的数据材料。

这个职业的迅速发展适应了刑事司法制度逐渐强调许多职能专业化的需要,并且从联邦政府的"犯罪战争"年代和1968年的《联邦综合犯罪控制和安全街道法》开始一直持续发展。这项立法产生的一个影响是拨款建立了发展教育和培训项目的联邦基金,以促进刑事司法管理质量,今天的法院管理员是这一创始的结果。许多管辖区法院管理员都是经过行政和管理培训的律师,另一些人获得法学、法院管理、公共管理或相关领域的硕士学位,还有一些人持有法院管理证书。

法院管理员和法院书记官的职责因各管辖区而有所不同。一些管辖区,法院管理员取代了法院书记官;而另一些地方,州宪法则明确规定法院书记官的职责,在这些州内,法院管理员被聘用,在书记官的监管下完成一些书记官的宪法职责或帮助首席法官处理管理事务。

法院管理员一般负责管理案件的流通,这项职责包括监控案件流转和提出案件最佳流转方案。法院管理员运用管理技艺,比如系统分析和排列理论,鉴别案件诉讼过程中的疑难点。法院管理员负责协调法官、法庭人员、书记官、陪审员和辅助人员,使案件听审和判决所需的所有资源都能有效使用(Berkson,Hays,and Carbon 1977)。

案件流通管理涉及一个使法院安排更富有预见性和确定性的计划、反馈和管理过程(Solomon and Somerlot 1987)。法院管理员努力使任一时候安排的案件数量与可获得的资源材料相当,然而安排案件的难处在于"理论上可以审判的案件几乎总是比实际上可能审理的案件要多"(Mahoney et al. 1988,81)。此外,许多案件虽被安排,但在最后一分钟却变卦。就像鉴于存在最后一分钟取消的情形，航空公司总会超额预订座位以确保飞机满座一样，法院必然要安排额外的案件，因为一些案件会因为延误、变诉交易或最后一分钟驳回而造成案件"脱班"（Solomon and Somerlot 1987，26）。法院管理员的工作难题是知晓可能脱班的案件比例。如果法院工作人员猜测出错，脱班的案件比预期得要少，那么律师、被告人和证人将面临长时间的延迟，还可能发现他们的案件由于法官在结束工作之前不能审理而只得重新被安排。另一方面，如果法院管理员猜测出错，案件比预期脱班得要多，法庭人员和法官将闲着无事可做。

对法院管理员来说，不幸的是，成功的案件流通管理不仅仅是一套能奇迹般地将案件积压很多的法院转变成一个高效率法院的技艺而已。尽管具体的改革，比如法院统一化和个人日历制度，似乎为案件流通管理问题提供了简单的解决方法。但研究表明，这些方法对法院运行没有显著效用（Dahlin 1986；Henderson et al. 1984；Lushkin 1987）。法院管理员的成功依靠系统内其他人员的合作。法官必须减少他们以各种无关紧要理由准许延误的次数；检察官和辩护律师必须充分准备后来法院开庭，而不是期望获得延期（Mahoney 1987）；看守所必须配合保证被告人准时到庭；法院书记官必须保证准确无误地向各法庭提供所需的记录。

要达到这些结果，法院管理员必须有很强的激发人们合作的技巧。所以，法院管理员也是法院与其他许多同其合作和协调对法院良好运行非常重要的机构之间的连接纽带，这些职责有时包括社会关系和公共信息。

财务管理是法院管理员的另一项职责。法院必须向拨款给它们的州和地方政府要求并说明预算的正当理由。与首席法官一起，法院管理员帮助作出预算并说明预算的合理性。最后，在一些管辖区，法院管理员负有人事管理、空间和设备管理以及甚至陪审团的管理等主要责任。

法官、书记官和法院管理员一起积极工作的能力对刑事法院工作的进度和质量产生必然的影响（Berg 1977，201）。这种合作很难达得到。

第6章 法官

有时法官不愿放弃甚至对细微事项的控制，另一些法官则相反，不愿意抽出一点时间了解法院管理的问题和与书记官、管理者一起解决问题（Berg 1977，201）。法院这三位主要角色——法官、书记官和管理人员——的组织和个人的动力对法院的整体运作非常重要。

在上诉法院工作

上诉法官的工作与审判法官的工作有很大区别。尽管上诉法院对具体的案件作出判决，但它们是通过着重于审判法院作出判决所运用的程序的公平性而作出决定的。上诉法院的任务不是决定被告人是否有罪，而是决定有罪裁决是否源自保护被告人所有权利的公平审判。

被告人不在上诉法官面前到庭，而且上诉法官不聆听证人对事实的作证。上诉法院不开庭审判。取而代之的是，上诉法官审查法院的书面记录和其他相关文件，阅读律师提交的答辩状，对一些案件，上诉法官听审递交答辩状的律师的口头辩论。口头辩论只能由法院安排且严格限制时间，最多只有一个小时。口头辩论期间，大法官利用一段旨在探究抗辩双方复杂问题的时间，向反对方律师提出调查性和有时是争论性的问题。

上诉法官花大量的时间在阅读、思考、讨论和誊写上。他们必须仔细、全面地研究所考虑的问题，以保证与先前的决定相一致。上诉法院的判决是群体决定而并非是个人判断的产物。群体决定，称为法院的意见，经常是对复杂和棘手的法律问题自我教育和妥协处理的结果。妥协是作出群体内绝大多数人，或至少多数人同意的判决的关键要素，但作出判决的过程远不仅仅是妥协。因为上诉判决是书面的，法院成员不仅必须对判决结果表示同意，而且必须同意判决结果的理由。联邦上诉法官弗兰克·M·科芬根据他本人担任法官的经历指出："通过大多数人投票作出是或不是决定与对一个观点不一的案件逐步作出法院判决，这两者之间存有区别，所以三个或三个以上具有不同的敏感性、价值和背景的法官不仅能结合作出结论，而且在理论基础、论调、意见分歧和保留意见上也能结合在一起。"（1980，59）

意见的誊写是一个促进思考和争辩的过程。即使法官认为他们对意见表示同意，但首稿也可能会强调以前没意识到的不同观点，或法官可能在事后对案件另有看法。确实，意见的誊写可能说服誊写者转变立场。根据科芬的观点，

> 检查准确性和逻辑性最有效的方法是誊写一个人的考虑结果……不知为何，一个人脑子里思考或在会上谈论的决定，当用笔记下来并公布于众时，看上去就不一样了……誊写告诉我们在考虑过程中哪些出了错。(1980，57)

上诉法官比审判法院法官考虑的案件和问题要少得多，但他们得花更多的时间考虑每件事，工作的性质是学者型和思考型。作出正确的决定比审判法院的法官来得更重要，因为上诉法院的判决不仅影响当前的案件，而且也影响审判法院将来审理所有差不多案件的工作方式。科芬强调对问题进行周密考虑的重要性："判决质量通过长期的不能决定得以提高。"(1980，61) 与之相反，迅速地作出判决是审判法院法官的要求。简言之，阅读、研究、反复考虑和书写是上诉法官的主要工作，而这些对审判法官只是苦于没有时间。

尽管上诉法官能花更多的时间在每件案子上，但他们也确实面临着时间不够的问题。最近上诉法院案件量的增多要求上诉法官比过去更多地考虑案件的流转（见第18章）。一些上诉法院已将一些以前由大法官自己完成的任务转让给一些辅助人员，比如书记员来完成。

书记员

书记员是法律研究助手，书记员的传统职责是为上诉法官研究法律问题。随着上诉法院案件量越来越多，书记员也已开始承担其他一些职责，包括誊写判决书首稿和在法官阅卷之前挑出具有重要法律问题的案件。1992年，联邦法院雇用了1.7万多名书记员在各级联邦法院为1.4万名法官工作。

这项职位所伴有的声誉相差非常大。例如，一个具有影响力的联邦上诉法官书记员是一个声望很高、竞争相当激烈的职位；州上诉法官的书记员通常没有如此高的声誉。联邦上诉法官的书记员通常从全国著名

的法律院校尖子毕业生中挑选出来，这些职位被认为是培训未来的优秀法律教授和法官（Marvell 1977）。

保持廉正

法官被认为是公正、公平和礼节的集中体现。"抗辩制的公平和公正取决于那些坐在审判席上的人们的行为"（Lubet 1984，5）。法官有时犯小错误。一些法官不是很节制，一些法官傲慢或粗鲁地对待法庭前的人。一些懒惰，一些不懂法律。一些以前是位好法官，但已精力不支或老糊涂了，一些则从来不是位好法官。一些甚至已堕落，法官被判处谋杀罪，勒索罪，入商店扒窃罪和介绍卖淫罪（Ashman 1973）。这里提出的问题均同时围绕法官的专业能力和个人行为两个因素。

如果法官不尊重自己，法院的尊严就可能被损坏；如果法官堕落，司法的信任将被糟蹋。为维护法院的威严和尊敬，经常要用比其他人更高的标准要求法官。尽管社会可能容忍其他职业的粗鲁和不诚实，但法官却要因这种行为而受到处罚（Lubet 1984，5，37—41）。

许多行业都运用工资激发更好的行为，但是司法工资和额外福利都不是引导表现的直接方法，相反，它们是防止司法无能和渎职的重要部分。如果能吸引国内最好和最聪明的律师担任法官，那么不能胜任工作和低于标准的行为问题就会减少。也就是说，一盎司意在招募和挽留高质量律师的预防抵得上一磅的治疗。对司法表现也运用一些更直接的控制方法。州法院固定的任职期限和选举对法官具有一些控制力，公众不必重新选举无能力或粗暴的法官。但有时也适用一些更即时的惩戒处分，选民申请罢免选举，或立法机关提议检举告发。触犯刑法的法官被起诉，另外违反职业行为准则的法官则受到协会的处分。

司法行为法典

法官和所有律师都必须遵守道德准则。美国律师协会通过制定示范准则和规则影响每个州所采用的准则。第一套笼统规定的原则，称为《九条道德准则》（见表6—5），美国律师协会在1908年加以采纳。随后，更具体的行为标准，称为《道德约因》，增加了一些准则，对具体情形适用恰当的准则进行了引导。美国律师协会在对法律行业的道德前提和道德问题进行广泛的重新评价之后，于1983年采纳了一部新的法典，称为《职业行为标准规则》。标准规则具体和扩大了最初九条准则规定的原则。90年代早期，2/3以上的美国法院管辖区采用了标准规则（ABA 1993，viii）。

表6—5　美国律师协会职业责任示范法典中的九条职业道德准则

资料来源：American Bar Association 1986. *Model Code of Professional Responsibility and Code of Judicial Conduct*. Chicago：American Bar Association. 重印经美国律师协会允许。这些材料从Service Center，American Bar Association，750 Lake Shore Drive，Chicago，IL60611处获取。

准则1. 律师应该帮助维护法律行业的廉正和能力水平。
准则2. 律师应该帮助法律行业履行可获得法律顾问的责任。
准则3. 律师应该帮助防止未经批准的律师执业。
准则4. 律师应该保守委托人的机密和秘密。
准则5. 律师应该以委托人的利益独立行使职业判断。
准则6. 律师应该有能力地代理委托人。
准则7. 律师应该在法律范围内热心地代理委托人。
准则8. 律师应该帮助完善法律制度。
准则9. 律师甚至应该避免不适当的职业外表。

法官也受一套专门的原则约束。1990年，美国律师协会代表委员会采纳了一部经过修改和补充的法典，现称为《司法行为示范法典》（Dilweg et al. 1992）。1990年的示范法典很综合，而且详述了适应不同司法服务形式内容广泛的问题（Milford 1992，61）。表6—6列举了司法行为示范法典中的七条准则，很容易看出这些一般原则是如何规定法官的工作及对角色的要求。然而准则宽泛、不具体，每项准则的强制性标准为法官提供了额外的指引，表6—7是一些与准则3有关的强制性标准，"要求法官公正和勤勉地履行职责"。

表6—6　美国律师协会司法行为示范法典中的七条准则

资料来源：American Bar Association 1986. *Model Code of Professional Responsibility and Code of Judicial Conduct*. Chicago：American Bar Association. 重印经美国律师协会允许。这些材料从 Service Center, American Bar Association, 750 Lake Shore Drive, Chicago, IL60611 处获取。

准则1. 法官应该维护司法的廉正和独立。
准则2. 法官在所有活动中应该避免不适当的行为和不礼节的外表。
准则3. 法官应该公正和勤勉地履行职责。
准则4. 法官可以参加完善法律、法律制度和司法管理的活动。
准则5. 法官应该控制司法外行为，以使与司法职责发生冲突的可能达到最低限度。
准则6. 法官应该定期报告因准司法和司法外活动而获得的补偿。
准则7. 法官应该禁止与司法职务不相称的政治行为。

表6—7　摘选的关于司法行为法典准则3的强制性标准

资料来源：L. L. Milford. 1992. *The Development of the ABA Judicial Code*. Chicago：American Bar Association, Center for Professional Responsibility, pp.74—75. 重印经美国律师协会允许。这些材料从 Service Center, American Bar Association, 750 Lake Shore Drive, Chicago, IL60611 处获取。

B. 审判职责。
（1）法官应该听审和判决分配给法官的事项，除了不符合要求的案件之外。
（2）法官应该忠诚于法律和具有法律专业能力。法官不能因党派利益、公众叫嚣或害怕批评而动摇。
（3）法官应该要求法官面前的诉讼程序必须有秩序和有礼节。
（4）法官应该耐心地、敬畏地、礼貌地对待诉讼当事人、陪审员、律师和所交往的其他职业人士，并应该要求律师、工作人员、法院官员以及受法官指导和控制的其他人具有同样的行为举止。

评论：
公平和耐心地听审所有诉讼的责任与迅速处理法院事物的职责并不矛盾。法官在耐心和精密考虑的同时也能有效和有条不紊。

（5）法官应该没有偏见或歧视地履行司法职责。法官在履行司法职责过程中，不该用言语或行为表示偏见或歧视，包括不仅限于种族、性别、宗教、国籍、残疾、年龄、性观念或社会经济地位的偏见或歧视，也不能允许工作人员、法院官员或受法官指导和控制的其他人这样做。

评论：
法官必须禁止合理被认为性骚扰的言论、姿势或其他行为，且必须要求受法官指导和控制的其他人也具有同样标准的行为举止。

惩戒组织和司法行为委员会

尽管大多数法官工作认真、勤奋且遵守职业道德，但一些法官却表现非常不好，违反职业道德标准和有时触犯法律。法官触犯竞选法，性骚扰，徇私舞弊甚至受贿。如果法官的行为构成犯罪，与其他的任何犯罪一样，要被侦查和逮捕，然而进行这种侦查存在明显的困难。从概念上说，让警察和检察官处理对法官的刑事指控可能造成对司法独立的严重侵犯；从实践来说，警察和检察官不可能控诉法官，除非案件迫不得已。

所以，许多州建立了其他惩戒机构。大约 70 年前，美国法官协会选拔法官的量才录用方案总设计师，阿伯特·卡勒提出建立处罚胡作非为法官的机构和程序。他提议由一群享有权力和威信的法官适时组成一个组织，负责调查控诉和建议纪律惩戒。1947 年新泽西州第一个授权最高法院，以制定法规定的理由罢免审判法院法官。1960 年加利福尼亚州建立了由法官、执业律师和陪审员组成的渎职委员会，加利福尼亚的委员会有义务调查控诉并加以解决，除非不当行为的严重程度要求州最高法院举行听审，州最高法院有权批评或罢免法官。自 1960 年起，几乎各州和哥伦比亚特区都建立了相似的制度（Wheeler and Levin 1979，14—24）。

许多社区被与各种司法渎职行为有关的丑闻充斥。当司法渎职行为被报道或公布于众时，被授权惩戒法官的司法组织还没有实施《司法行为法典》的情况太常见了。

> 尽管间歇性的丑闻和长期的公众批评，但几乎没有证据表明法律行业在近几年已对渎职和无能现象推出更有效的规定。日益频繁地修改职业行为规则，要求法律学生不断地学习，并对行业申请者进行这方面的知识检测。（Abel 1989，156）

实际上具体罪行实施法典是另外一件事。司法界众所周知的松懈的自我管制肯定被认为是造成今天法律道德不受重视的一个因素。缺乏对法官适用的强制标准，可以预见，法官将会抱怨公众对司法制度的不尊重（Rosen 1987；Wice 1991）。

美国司法会议规定了联邦法官的行为政策。1973年它正式地将《美国律师协会司法行为法典》适用于全体联邦法官，但遵守司法会议的道德指令却是自愿（Wheeler and Levin 1979，24—25）。由"巡回区所有积极的上诉法院法官组成的"地区司法理事会被赋予对联邦法官的惩戒权（Wheeler and Levin 1979，33）。理事会在巡回区内有义务推进有效和迅速的法院事务管理，这项职责可被理解为包括避免"法官或其他与法院接触的人的行为对法院系统造成耻辱、名声败坏和使之丧失公众尊重和信任的其他因素"（Wheeler and Levin 1979，35），但是理事会无权罢免联邦法官。不自愿罢免联邦法官的惟一途径是通过美国参议院控告。尽管一场未决的控告经常促使法官辞职，但联邦法官只是偶尔因为他们的渎职行为而被控告。

总　结

法官是审判程序的监督者，同时确保个人和整个制度的公平。审判法院法官迅速和果断地分流案件工作量，衡量证据，适用法律，作出保释金和量刑决定。尽管审判法官的职责是中立和超然地作出判决，但他们也是价值、观点、信仰和经历会影响他们决定的人。

法官倾向于来自中层或中上阶层的背景家庭。妇女和少数种族成员一直以来，且继续在法官职位上受到限制。法官通过任命、选举或量才选拔而获得职位。尽管法官除符合法官资格的法学学位和法律经历之外几乎不接受正式培训，但他们通过非正式地社会交往以适应法官一职。

上诉法院法官缓慢和深思熟虑地工作，阅读、思考、研究和誊写。上诉法官依靠群体作出决定，制定不仅对法律决定而且对这些决定的理由也表示同意的协约。上诉法官的工作是很大一部分审判法院的司法参照。

法官与所有律师一样都应该遵守道德准则。《美国律师协会司法行为法典》专门规定了法官的道德问题。大多数州已建立了司法惩戒组织，强制推行司法道德行为，但这些组织很少处罚或罢免法官。

参考书目

Abel, Richard L. 1989. *American Lawyers*. New York: Oxford University Press.

Abraham, Henry J. 1992. *Justices and Presidents: A Political History of Appointments to the Supreme Court*. New York: Oxford University Press.

Alfini, James J. 1981. "Mississippi Judicial Selection: Election, Appointment, and Bar Anointment." In J. A. Cramer, ed. *Courts and Judges*. Beverly Hills, Calif.: Sage.

Alpert, Lenore. 1981. "Learning About Trial Judging: The Socialization of State Trial Judges." In J. A. Cramer, ed. *Courts and Judges*. Beverly Hills, Calif.: Sage.

American Bar Association. 1993. *Model Rules of Professional Conduct*. Chicago: American Bar Association.

——1991. *Standing Committee on the Federal Judiciary: What It Is and How It Works*. Chicago: American Bar Association.

Ashman, Allan. 1974. *The Key to Judicial Selection: The Nominating Process*. Chicago: American Judicature Society.

Ashman, Charles R. 1973. *The Finest Judges Money Can Buy*. Los Angeles: Nash.

Ball, Howard. 1987. *Courts and Politics: The Federal Judicial System*. Englewood Cliffs, N. J.: Prentice_Hall.

Berg, Jerome S. 1977. "Judicial Interest in Administration: The Critical Variable." In Larry C. Bergson, Steven W. Hays, and Susan

J. Carbon, eds. *Managing the State Courts*. St. Paul, Minn. : West.

Berkson, Larry C. , Steven W. Hays, and Susan J. Carbon, eds. 1977. *Managing the State Courts*. St. Paul, Minn. : West.

Carp, Robert A. , and Ronald Stidham. 1990. *Judicial Process in America*. Washington, D. C. : Congressional Quarterly Press.

Carp, Robert A. and Russell Wheeler. 1972. "Sink or Swim: The Socialization of a Federal District Judge. " *Journal of Public Law* 21 (2): 359—394.

Coffin, Frank M. 1980. *The Ways of a Judge: Reflections from the Federal Appellate Bench*. Boston: Houghton-Mifflin.

Cook, Beverly B. 1987. " Women as Judges. " In B. B. Cook, L. F. Goldstein, K. O'Connor, and S. M. Talarico, eds. *Women in the Judicial Process*. Washington, D. C. : American Political Science Association.

Curran, Barbara. 1985. *The Lawyer Statistical Report: A Statistical Profile of the United States Legal Profession in the* 1980s. Chicago: American Bar Foundation.

Dahlin, D. C. 1986. *Models of Court Management*. Millwood, N. Y. : Associated Faculty Press.

Dilweg, V. , and D. R. Fretz, T. Murphy, F. B. Rodgers, T. C. Wicker Jr. 1992. *Modern Judicial Ethics*. Reno, Nev. : National Judicial College.

Director of the Administrative Office of the Courts. 1990. *Report of the Proceedings of the Judicial Conference of the United States*. Washington, D. C. : U. S. Government Printing Office.

Dorsen, Norman and Leon Friedman. 1973. *Disorder in the Court*. New York: Pantheon.

Dubois, Philip L. 1980. *From Ballot to Bench: Judicial Elections and the Quest for Accountability*. Austin: University of Texas Press.

Goldman, Sheldon. 1975. "Voting Behavior on the Unites States Courts of Appeals Revisited." *American Political Science Review* 69 (June): 491—506.

Goldman, Sheldon, and Charles M. Lamb. 1986. *Judicial Conflict and Consensus: Behavioral Studies of American Appellate Courts*. Lexington: University Press of Kentucky.

Goulden, Joseph C. 1974. *The Benchwarmers: The Private World of the Powerful Federal Judges*. New York: Weybright and Talley.

Henderson, T. A., C. M. Kerwin, R. Guynes, C. Baar, N. Miller, H. Saisew, and R. Grieser. 1984. *The Significance of Judicial Structure: The Effect of Unification on Trial Court Operations*. Washington, D. C.: National Institute of Justice.

Henry, M. L. 1985. *The Success of Women and Minorities in Achieving Judicial Office: The Selection Process*. New York: Fund for Modern Courts.

In re *J. P.* Linahan, 138 F. 2d 650 (2nd Cir. 1943).

Hudzik, J. K. 1991. "Voices from a Decade Ago: The First National Symposium on Court Management." *Justice System Journal* 15 (2): 563—579.

Lawson, H. O. and D. E. Howard. 1991. "Development of the Profession of Court Management: A History with Comment." *Justice System Journal* 15 (2): 580—604.

Lubet, Steven. 1984. *Beyond Reproach: Ethical Restrictions on the Extrajudicial Activities of State and Federal Judges*. Chicago: American Judicature Society.

Lushkin, M. L. 1987. "Social Loafing on the Bench: The Case of Calendars and Caseloads." *Justice System Journal* 12 (2): 177—195.

Maguire, Kathleen, and Ann L. Pastore, eds. 1994. *Sourcebook of Criminal Justice Statistics* —1993. Washington, D. C.: USGPO.

Mahoney, B. 1987. "Attacking Problems of Delay in Urban Trial Courts." *State Court Journal* 11 (3): 4—10.

Mahoney, B., A. B. Arkman, P. Casey, V. E. Flango, G. Gallas, T. A. Henderson, J. A. Ito, D. C. Steelman, and S. Weller. 1988. *Changing Times in Trial Courts*. Williamsburg, Va.: National Center for State Courts.

Marvell, Thomas B. 1977. *Appellate Courts and Lawyers: Information Gathering in an Adversary System*. Westport, Conn.: Greenwood.

McFadden, Patrick M. 1990. *Electing justice: The Law and Ethics of Judicial Campaigns*. Chicago: American Judicature Society.

"Merit Selection Found to Help Women, Blacks Win Judgeships." 1986. *Criminal Justice Newsletter* 17 (January 2): 4.

Milford, Lisa L. 1992. *The Development of the ABA Judicial Code*. Chicago: American Bar Association, Center for Professional Responsibility.

North Carolina v. Russell, 427 U. S. 328 (1976), 96 S. Ct. 2709.

O'Brien, David M. 1988. *Background Paper for Twentieth Century Fund Task Force on Judicial Selection*. New York: Priority Press.

Rosen, Ellen. 1987. "The Nation's Judges: No Unanimous Opinion." *Court Review* 24 (4): 4—9.

Ryan, John Paul, Allan Ashman, Bruce D. Sales, & Sandra Shane-DuBow. 1980. *American Trial Judges: Their Work Styles and Performance*. New York: Free Press.

Satter, Robert. 1990. *Doing Justice: A Trial Judge at Work*. New York: Simon & Schuster.

Schwartz, H. 1988. *Packing the Courts: The Conservative Campaign to Rewrite the Constitution*. New York: Scribner.

Silberman, Linda J. 1979. *Non-attorney Justice in the United States:*

An Empirical Study. New York: New York University Institute of Judicial A dministration.

Smith, Christopher E. 1990. *United States Magistrates in the Federal Courts: Subordinate Judges.* New York: Praeger.

Solomon, M. , and D. K. Somerlot. 1987. *Caseflow Management in the Trial Court.* Chicago: American Bar Association.

Swindler, William F. 1976. "Seedtime of an American Judiciary. " In Glenn R. Winters and Edward J. Schoenbaum, eds. *American Courts and justice.* Chicago: American Judica-ture Society.

Tribe, Laurence H. 1985. *God Save This Honorable Court: How the Choice of Supreme Court Justices Shapes Our History.* New York: Random House.

Twentieth Century Fund Task Force on Judicial Selection. 1998. *Judicial Roulette.* New York: Priority Press.

Ulmer, S. Sidney. 1973. "Social Background as an Indicator of the Votes of Supreme Court Justices in Criminal Cases: 1947—1956 Terms. " *American Journal of Political Science* 17 (August) 622—630.

Wheeler, Russell R. , and A. Leo Levin. 1979. *Judicial Discipline and Removal in the United States.* Washington, D. C. : Federal Judicial Center.

Wice, Paul B. 1991. *Judges and Lawyers: The Human Side of Justice.* New York: Harper-Collins.

——1985. *Chaos in the Courthouse: The Inner Workings of the urban Criminal Courts.* New York: Praeger.

——1981. "Judicial Socialization: The Philadelphia Experience. " In J. A. Cramer, *Courts and Judges*, ed. Beverly Hills, Calif. : Sage.

Winters, Glenn R. 1976. "Two Centuries of Judicial Progress in America. " In Glenn R. Winters and Edward J. Schoenbaum, eds. *American Courts and Justice* Chicago: American Judicature Society.

第 7 章 检察官

现代检察官,有时被称为管辖区大执法官员,有义务代理管辖区内刑事诉讼案中的公民。广义上说,抗辩式诉讼程序中检察官的职能是决定起诉哪个案件,然后准备并将这些案件提交给法院审判。尽管检察官的任务可以颇简单地进行阐述,但检察官的角色却是既复杂又充满固有的压力。检察官的角色在审查案件和决定是否提起诉讼的过程中是作为准司法官员,同时在抗辩式诉讼程序中又是一名辩护人。尽管担当辩护人的角色,事实上隶属于政府的行政部门且被认为是执法官员,但作为人民的代表,检察官被期望公正和公平地行使他们的权力。理想的情况下,检察官不仅是寻求一长列的宣告有罪,而且必须寻求公正。

检察官(又被称为地区律师、县律师、州律师、联邦律师和起诉律师)在刑事案件的诉讼过程中扮演着重要的角色。现代检察官签发指控的权力被广泛地认为是"美国刑事法律中最广泛和最少受限制的权力"(Gershman 1993,513)。检察官审查案件和提起诉讼的作用一度不是很受重视,但随着美国的城市化和建立了常设警察力量,检察官事务所逐渐发展成为刑事司法系统中一股强有力的力量(Jacoby 1980,24)。

本章描述检察官的职位、如何选拔检察官、起诉律师的一般工作、

146 检察官如何熟悉工作以及起诉律师权力的限制。

检察官职务

美国有 2.5 万多名起诉律师，其中一半以上是专职受雇。这支检察官队伍由 2 300 名在州法院工作的首席检察官和大约 2 万名助理检察官组成（Dawson 1992）。联邦管辖区检察官人数要少得多，94 名合众国检察官（Want's）和大约 4 300 名合众国助理检察官（Justice Management 1992）。另外，许多城市检察官负责在初级法院诉讼轻微罪行，他们经常隶属于地方政府部门（见第 10 章）。

检察官事务所，无论是州还是联邦，规模都相差很大。检察官事务所的规模、组织以及标准的运作方式主要由管辖区内刑事案件的数量及复杂程度决定，案件的数量和性质又受管辖区内人数和人口类型的影响（Jacoby 1980，47—77）。在人数不多的管辖区，首席检察官每天只工作部分时间。事实上，全国一半以上的首席检察官都是半职官员（Dawson 1992，1）。另一极端，像洛杉矶、芝加哥、休斯敦等大城市和纽约市各县，每年均雇用数百名专职检察官诉讼市民和警察提起的刑事案件。市区检察官诉讼大部分的国家犯罪案件，因此，本书将特别着重于市区检察官的工作。

检察官精通刑事诉讼。一些管辖区检察官专门处理刑事案件，另一些管辖区检察官的责任也包括在非刑事案件中代表政府。例如，检察官事务所可能负责不按规定负担扶养费和确认生父的诉讼、消费者保护案件、引渡事件、精神错乱犯罪、环境保护案件和青少年犯罪（Dawson 1992，2），有时这些非刑事案件构成检察官工作的主要部门。另外一些管辖区，非刑事案件则是政府律师的责任，它们不归地方检察官属管。

美国的检察官与其他司法直接控制和监督检察官的西方民主国家的同行们相比，拥有更大的权力（Cole, Frankowski, and Jertz 1987；见第 5 章）。美国地方检察官的职能、义务和权力有着多种起源。一位学

第7章 检察官

者认为现代的检察官承袭了三个欧洲国家：英国的检察长、法国的公诉官和荷兰的检诉官，这三个国家检察官的权力在美国现代地方检察官的身上都能得到体现，美国的检察官尤其将英国检察长终止诉讼的权力、法国公诉官起诉的权力和荷兰检诉官的地方自治结合在一起（Jacoby 1980，3）。另有一些人则将现代检察官描写为检察长和治安法官的结合体（Nissman and Hagen 1982，4）。不管确切的特征如何，人们普遍认为美国现代的检察官是很有权力的官员。

各州地方检察官按规定和传统都非常自治。法官对检察官和其他律师都没有很大的控制权。与之相似，尽管地方检察官隶属于政府的行政部门，但是检察官不是市长或州长或其他任何政府行政官员的雇员。作为一名选举出来的官员，地方首席检察官直接对选民负责。

一般来说，州检察长，尽管被称为州大法律执行官员，但不是地方检察官的直接领导。州检察长通常有权独立提起指控，如果地方检察官拒绝控诉的话，但这种情况很少发生。在一些州，州检察长的权力更为广泛一些，当地方检察官想继续诉讼时允许州检察长终止诉讼。检察长干涉地方诉讼的权力常常被限于地方检察官要求帮助或州长指示检察长干涉等这些情形（National District Attorney Association 1977，24—26）。对地方检察官来说，检察长的主要作用是当地方检察官询问时提供法律帮助和建议。作为一名检察官，州检察长通常只处理有关规范性罪行或需要特殊侦查的案件，比如全国范围的贩毒集团或政府腐败。

联邦体系中，控诉由在每个司法地区供职的合众国检察官完成。供职于地方的检察官受国家首席检察官，即美国总检察长的领导。总检察长也是美国司法部部长，属内阁成员，所以，合众国检察官没有地方检察官那么自治。按照总统的指示，总检察长制定在全国范围内配置合众国检察官的政策和议程。合众国总检察长与合众国各检察官之间的关系比州检察长与地方上的地区检察官的关系要紧密，但是在地区供职的合众国检察官仍旧享有较大的独立于华盛顿特区中心权力的权力（Bell and Meador 1993，248）。例如，总检察长不必对合众国检察官作出的所有指控决定实行中心化监管，合众国检察官每天指控和审理案件的工作几乎不受直接的监督或干涉。

总检察长确实为合众国检察官设定了优先权,所以,联邦检察官控制犯罪和控诉的政策倾向于反映合众国检察官日常事务的议程。比如,在吉米·卡特总统执政期间,联邦检察官将他们的精力都集中在白领犯罪的侦查和控诉上,而在罗纳德·里根总统期间,他们则更注重毒品的侦查和控诉。由于检察官任命的方法和由于他们随时可能被总统罢免,所以政策上的这些巨大变化是可能的。

成为一名检察官

所有的检察官,无论是州还是联邦检察官,无论是首席检察官还是助理,都拥有法学学位并持有在他们工作的管辖区内执业的执照。要成为一名检察官没有其他别的要求。事实上,检察官们经常吸纳刚出法律院校的新手律师们。寻求诉讼人职业的律师们,因为检察官有很多审判实践的机会,所以他们视检察官事务所为最好的训练基地,结果检察官事务所经常出现大量的工作人员流动,因为他们在获得所寻求的经验以后,都跳槽从事法律领域中报酬更高更舒服的工作。

首席检察官多是一些有经验的律师,经常具有以前担任政治职务的经历。历史上,律师曾运用首席检察官职位获取公众声誉而获得更高的政治职务。例如,纽约市长鲁道夫·圭里阿尼身为市长之前,在担任纽约南部地区包括纽约市的合众国检察官期间获得了公众的注意。

相反,几个主要城市的首席检察官却追求检察官的职位,没有将这种经历作为通向其他一些公共职位的踏阶石,这种职业检察官在过去几十年里日益常见。这种倾向可能与犯罪的迅速增长以及由此造成的控诉人员的增加和检察官的声誉上扬有关。由职业检察官领导的检察官事务所,助理检察官一般流动较少。助理检察官任职时间相对较长意味着事务所能从工作过程中较全面发展起来的专业知识和技巧中获益。据一项对全国不同城市从事刑事工作的律师的研究表明(Wice 1978),检察官事务所越受人尊敬，就越可能吸引高素质的辩护律师，也就是说，检察官的能力很大程度地反映了那个地区刑事律师的总体水平。这项研究指出，职业检察官的趋势能对司法制度产生重要影响。

选拔

大多数州，检察官是选举出来的地方官员，直接对他们服务的社区负责。只有四个州的检察官不是由当地居民直接选举，在新泽西，由州长任命地方检察官；在阿拉斯加、康涅狄格和特拉华，刑事诉讼是州检察长的职责。选举产生的检察官任期从 2 年到 8 年不等，大多数管辖区（86％）规定任期为 4 年（Dawson 1992，2）如果在选举检察官的州内出现中期位置空缺，通常州长有权任命临时检察官，直至下一次正规选举产生新任检察官。

除了人口最稀疏的管辖区外，首席检察官都聘用助理，处理日常的事务所工作。助理检察官或由选举出来的检察官任命，或作为文职雇员被聘用。属于文职人员的助理检察官基于他们的书面考试和/或面谈被雇用，并且要经过一段试用期，令人满意的表现能使他们得到一个长期职位。因为这些助理检察官受文官制的保护，所以即使在首席检察官落选之后，他们中的大多数人还是能留下来。这产生了不管选举结果如何，能保证专门知识的持续和标准得到稳定的效果。

相反，在助理检察官由首席检察官任命的管辖区，任命可能是基于政治或私人的目的。在不通过文职考试录用程序挑选助理检察官的事务所，任人唯亲和偏袒是常见的抱怨。另外，一旦在职的首席检察官落选，事务所就将遭受严重的人员流动。随着新选举的检察官上任，出现了大批的新任命的助理检察官，事务所的特点和处理事情的非正式方法就可能被改变。这种事务所不及无论选举结果如何而留用大批工作人员的事务所一贯持久地适用工作标准。任命的助理检察官供职的事务所易受犯罪控制政策占主流的政治倾向影响，而且，因为工作取决于首席检察官的自由裁量权，所以助理检察官特别易被迫而涉入他们老板的竞选，尤其是通过经济赞助。

合众国检察官由总统任命并经参议院认可。与终身任职的联邦法官不同，合众国检察官取决于总统的自由裁量权。一般而言，当一位新总统就职时，所有的合众国检察官都递交辞呈，让新总统任命其他人，总统通常从自己的政党中挑选人士并任命。参议院礼貌否决在选拔合众国检察官过程中起主要作用（Bell and Meador 1993，249）。在一些州，提名是涉及此事的参议员独有的特权，这些议员们在提名过程中只听取顾问的建议。其他议员则指定市民委员会帮助提名顺利进行，委员会成员可能包括来自本州市区的地区检察官、法律院校的系主任、州律师协会主席和一两个市民。从竞选者中产生可能的被提名者，然后联邦调查局进行彻底的背景调查，这个程序经常要花费几个星期或数月。最后，总统宣布提名结果并要求参议院投票确认。因为所有合众国检察官的工作都必须符合总统的意愿，所以合众国检察官可能在任何时候被去职，即使他们没做错什么和干得很出色。

美国监管合众国检察官的总检察长也由总统任命并经议会同意，总检察长的选拔一般与其他主要的内阁成员任命一样，也受到广泛的传媒关注。合众国检察官监管合众国助理检察官，助理们不是政治意义上的被任命者。尽管这些助理们不是文职雇员，但当政党改变时，他们的工作却通常受到保护。

社会化

除了在一些很小的事务所任职，新聘用的助理检察官在承担新的工作之前通常要接受一些培训。在一些管辖区，培训即是在课堂上接受正规的指示，而在另一些事务所，培训是指"结构观摩"——新手们跟随富有经验的助理检察官一或两个星期，以培养工作是如何开展的一种感觉（Heumann 1978，93）。一位前曼哈顿地区检察官事务所的检察官，描述了其作为50名新被任命的地区助理检察官中的一员所接受的培训（Heilbroner 1990，1—22）。首先是5个星期的正规讲座和阅读课程，引导新手们熟悉刑事法典和事务所的工作，然后他被分配到早期案件衡审局（ECAB），审查轻微案件以决定提起何种指控。海尔布鲁纳写道：

第7章 检察官

职位政治学

前纽约昆士县助理检察官阿莉斯·范斯描述了首席检察官如何鼓励助理检察官们支持他的竞选:

在早些时候的事务所首席检察官会议上,布朗[首席检察官]环顾四周,向我们宣布:我们都知道他正准备参加9月的竞选。他想告诉我们,我们用不着为他操心。他不想我们为他做些什么。他有许多人为他的竞选工作。我们的工作就是做我们自己的工作,不要涉及政治。我只是希望他真的是这么想。

* * *

[一段时间过后]在布朗的一次周会上他作了通告。他说,他知道他曾说过我们大家都不要介入他的竞选,但是事务所这么多的首席检察官和行政人员"请求"他让他们参与,以致他不想剥夺我们的民事权利。他已要求他的法律顾问对这种情形进行研究。在接下来召开的会议上,布朗汇报研究结果。研究表明尽管一般禁止地区助理检察官进行政治活动,但我们被合法地准许为他的竞选工作——只要不是募集资金或利用工作时间。

* * *

我为布朗竞选所做的工作与我为桑徒斯[前首席检察官]竞选所做的一样多:什么也没做。

* * *

选举后的第三天,首席助理唤我到他的办公室。我被解雇了。

资料来源:摘自 Alice Vachss, 1993. *Sex Crimes*. New York: Random House, PP. 269—271. Copyright © 1993 by Alice Vachss. 重印经 Random House, Inc. 允许。

"在评估局的第一周内,我草拟了100多份告发书、会见了警察会见过的所有人员,并与6个被害人进行了交谈。"(1990,13)

即使只是接受了一段短暂的培训,检察官也被期望在被聘后不久,即在没有直接监管的情况下处理案件。一位学者观察后总结出:"开始工作的几周内,检察官……就被期望独立地处理案件。新手们仍旧可以向有经验的检察官征询意见,并被告知如果有困难可以向他们求助,但现在案件已是新来的检察官的案件。"(Heumann 1978,95)通过工作岗位上的训练和社会化,新来的检察官学会了事务所处理案件的标准。监督者、年老的助理检察官、法官、辩护律师和警官都促使了新手检察官们的社会化。通过他们有时暗示、有时明示,有时恳求但经常是主动提供帮助的非正式的社会化参与程序,新手检察官们懂得了人们的期望,也了解了自身的不足之处。

检察官的工作

案件无论在纽约市的一个首席检察官事务所,还是在怀俄明科迪的一个较小事务所里被起诉,控诉一个案件所要求的基本工作——侦查、决定指控、准备等等——是相同的,但是检察官事务所的案件量和资源却是有很大的不同。纽约的持械抢劫与科迪的持械抢劫要求检察官作同样的准备,但是可获得的支持检察官工作的资源却差距很大。检察官的经验和案件的要求也存在很大区别。比如,联邦检察官控诉的案件包括很大一部分的毒品案件和比地方检察官事务所常见的普通街道犯罪(抢劫、夜盗和殴打)更复杂的需要周密侦查和控诉资源的案件。这些不同点有助于解释检察官不同的工作方法和他们所取得的不同的成果。

因为检察官的工作反映了刑事案件的诉讼过程,随后几章将更具体地描述每项工作,本章只作概要介绍,着重于检察官在诉讼每一阶段的职能。

侦查犯罪

起诉取决于支持指控和宣告有罪的证据,很大程度上案件是证据的成功或失败。获得证据需要侦查,侦查的质量影响检察官获得有罪判决的机会。检察官以几种方式介入侦查。一些检察官完全依靠警察进行侦查，另一些案件检察官则指导警察进行特殊侦查或进行与警察无关的侦查。检察官侦查工作的多少取决于一系列因素：刑事犯罪行为的性质、嫌疑犯的身份、案件的复杂性、警察侦查员的能力与配合程度、检察官侦查人员的人数和他们的专门知识以及犯罪行为是如何引起执法人员关注的。例如，检察官常常介入有组织和白领犯罪的侦查。观点明确的案件，一旦警察确定了犯罪嫌疑人，检察官则指挥侦查。

太多的政治色彩

戴维·马斯顿在 1976 年 7 月被杰拉德·福特总统任命为宾夕法尼亚东部地区（位于费城）的合众国检察官。由于对宾夕法尼亚联邦检察官施加巨大的压力，他是 5 年内在宾夕法尼亚的第四位合众国检察官。马斯顿是一位 33 岁的律师，曾经连续三年担任参议员理查德·斯威科特的立法顾问。当检察官的位置出现空缺时，马斯顿表明了他的意愿，并在斯威科特的推荐下，获得了这份工作。

当马斯顿到达费城时，他面对着充满诈骗、贿赂、佣金和报复以及地方和州政府头面人物破坏司法的腐败的政治体系。鉴于地方的政治斗争，马斯顿，一位共和党人，迅速控诉地方民主党领导，并得到了宣告有罪的判决。此时，新的执政党进入白宫——总统吉米·卡特的民主党政府。鉴于卡特竞选前的雄心许诺（要求量才录用联邦法官和合众国检察官），鉴于马斯顿 4 年的任期还有 3 年，鉴于他毕竟工作干得很不错，马斯顿认为他不会被撤职。

曾经一段时间他的想法是对的。民主党国会领导人向卡特政府提出以民主党合众国检察官取代共和党检察官的要求最初被司法部长和他的助手们忽视。当马斯顿的工作人员开始调查两个来自宾夕法尼亚的民主党国会议员，乔舒亚·埃尔伯格和丹尼尔·弗洛德时，情况发生了巨大改变。费城的一家医院增建一排房屋，联邦基金提供部分的资助。合众国检察官事务所查出埃尔伯格的费城律师事务所承担该院的法律顾问工作并收取了 $50 万元的顾问费，其中部分钱由埃尔伯格接收。拉拢国会议员弗洛德的事务所因新的建设项目而获得了 $1.45

亿的联邦贷款（弗洛德是国会劳动、健康、教育和福利拨款小组委员会主席）。接着，弗洛德说服医院领导聘请马里兰巴尔的摩装备资本投资发展公司监管该新房的建造，费用达＄100万以上。马斯顿在1977年夏和初秋期间收集了这些材料，1977年11月，他的工作人员严肃地审查了提起刑事诉讼的可能性。

  1977年11月4日，合众国检察官事务所要求联邦调查局参与调查的第三天，国会议员埃尔伯格打电话给卡特总统，要求卡特解雇马斯顿。由于埃尔伯格在国会中的权力（国会移民小组委员会主席），卡特马上打电话给司法部长［格里芬］贝尔并指示他尽快撤销马斯顿的职务。

  11月中旬，司法部副部长米歇尔·埃根通知马斯顿，尽管"你工作干得很出色，但是我们不得不在明年春天撤换你。当执行上级的指令时，不得不这样做。"这时，马斯顿会见了他的直接领导——司法部长助理、司法部刑事庭的拉塞尔·贝克，并告知他的上司有关正在进行的医院调查和两位国会议员、医院、律师事务所和建筑公司之间可能存在刑事牵连。

  然而这都没有用，因为1978年1月20日，马斯顿被传唤到华盛顿特区，并被司法部长格里芬·贝尔亲自解雇。一个小时的讨论后，贝尔简单地说："你被撤职了，因为你是共和党人士，我们是民主党。"缅怀1973年10月"星期天晚上大屠杀"（当尼克松解除特别水门检察官阿奇博尔德·考克斯时）的共和党人士称之为"马斯顿屠杀"，这一事件触发了对卡特政府强烈地公开反对。白宫在随后一周内收到了1.2万多个电话和差不多2.5万封信。这些反应99％以上都谴责卡特政府解雇马斯顿，但都不起作用。马斯顿在1月与贝尔会面以后的几天内离职，国会议员乔纳森·埃尔伯格——一位忠诚的民主党律师经过选举接替了马斯顿的位置。

  资料来源：摘自 Howard Ball © 1987. *Courts and Politics*：*The Federal Judicial System*, 2d ed. Englewood Cliffs, N. J. : Prentice — Hall, pp. 97, 221—223, 重印经 Prentice—Hall, Englewood Cliffs, New Jersey 允许。

第7章 检察官

警察检察官互相依赖

检察官与警察的关系是一种微妙和重要的互相依赖关系。成功的控诉依靠警察出色的工作。大多数案件的刑事诉讼以警察侦查罪行和拘捕犯罪嫌疑人而开始。对于普通的街道罪行，比如夜盗、殴打、零售店扒窃、抢劫和破坏公共秩序罪，警察是刑事法院诉讼程序的守门员，案件不会诉至法院除非警官逮捕犯罪嫌疑人并将犯罪嫌疑人交付给检察官。警察也搜集大部分支持起诉的证据：他们发现武器、获取证人证言、返还赃物等等，所以，警察如何工作对检察官接收的案件类型以及每个案件附带的证据质量有着重要影响。检察官也对警察产生影响，检察官如何对待警察和检察官如何处理案件影响警察将来如何完成工作。当检察官拒绝签署指控，警察会推测什么地方出了错，他们可能假设出错的是检察官的"软心肠"或腐败。然而，警察常常承认他们逮捕所需的证据不及检察官获得有罪判决所需的证据标准高。如果警察希望他们的逮捕能获得有罪判决，那么他们就会竭力提供给检察官适当的证据。

检察官—警察的这种自然反馈以相互交换为特征：检察官依靠警察进行正当的逮捕和提供确切的证据，警察依靠检察官将他们的辛苦侦查转为有罪判决（Cole 1970）。由于这种互相依赖的关系，如期望不能被达到就产生了摩擦。如果警察作出的逮捕不值得控诉或侦查进行得不充分，检察官就可能恼怒；当检察官以警察不接受的理由拒绝指控时，警察则会感到不满。

每天与警察打交道，一些检察官开始视警察，而并非视公众为他们的当事人（Melilli 1992, 689）。一些检察官不愿批评警察的工作，哪怕只是暗示。这些检察官经常有很好的理由害怕警察会怨恨检察官作出不指控的决定，并担心以后他们不合作。检察官不愿弄僵与警察的关系可能导致检察官只为了使警察满意而指控不应指控的案件。不幸的是，警察放任草率的工作或过分地提起指控不能促进公正，也不能提高效率。

增加警察与检察官之间的交流能减少这些问题。通过密切和全面的交流，双方可能逐渐理解对方的决定和各自在刑事司法程序中不得不扮演又互不重合的角色。对一些特殊的任务，集体工作有助于舒缓当警察发现他们逮捕的人没被起诉而引起的关系紧张（Buchanan 1989）。

另外两个起诉角色有助于调整警察的表现和警察检察官之间的关系：检察官担任法律事项的培训者和顾问以及检察官控诉警察渎职行为的责任。检察官担任刑事程序和政策事宜的法律顾问和培训者，能增进警察检察官之间的关系。例如，当判例法发生改变而影响警察的程序时，检察官解释法律并描述其对警察行为的适用。当警察制作搜查令或逮捕令时，在大多数管辖区，检察官审查申请并确保在向法官提起令状之前提供合法充分的帮助，是一项常规的程序。有时警察在非寻常情形进行搜查之前就特定程序的合法性征询检察官的意见。检察官经常担任警察正式在职培训的指导者。制作令状、进行搜查和对待证据都是在警察在职培训期间检察官与警官讨论的话题。

尽管检察官尽了最大的努力以增进与警察的良好工作关系，但当检察官侦查警官犯下的罪行时，就不可避免地造成关系的紧张。无论何时公民在被捕期间遭到伤害，检察官都可能调查事件，决定伤害是否由于警察的过分暴力。每次警察枪击市民，检察官都必须调查事实以决定枪击是否正当。如果发现警察的行为没有正当理由，检察官就可能提起刑事指控。如果一名警察被怀疑偷窃没收的财物或扣押的毒品，检察官可能需要侦查以决定指控是否有根据。

警察渎职行为的侦查只构成检察官工作的很小一部分，但每一次的侦查都会产生与警察的摩擦。尽管许多警察理解检察官维护警察责任心的任务，但对警察渎职行为的侦查引发了警察署与检察官事务所之间深深的怨恨，这些怨恨阻碍了他们之间就常规案件的合作。

侦查的支持

首席检察官事务所经常雇用公民调查员，帮助特殊调查或进行后续调查以帮助检察官准备案件。检察官事务所，而并非是警察署，经常负责侦查白领和公司犯罪。另外，首席检察官事务所经常有专门的部门，处理诸如家庭暴力、性骚扰、有组织犯罪、纵火和非法帮派犯罪等一些

第7章 检察官

案件。这些案件的侦查需要特殊技巧，比如会计专业知识或被害人心理知识，并且需要大量的时间。有时检察官的侦查员们与来自几个法律执行机构组成专业工作组的官员们一起工作。比如，毒品工作组可能包括来自几个地方警察署的官员们以及来自联邦机构和地方检察官事务所的侦查员们。

作出指控决定

对被告人签发指控正式地使诉讼开始。检察官事务所是管辖区内唯一有权常规开始诉讼的机构。尽管自诉在加拿大和大不列颠国仍旧被允许，过去美国也实行自诉，但现在已不再允许。

决定是否指控是检察官最重要的工作。检察官不被要求对每个案件都提起指控，许多检察官事务所审查的1/3或更多的案件都不起诉（Jacoby 1982，39）。指控决定实际上不受控制和事实上不受审查的状况是几年来人们一直关心的事情（见 Davis 1971，188；Feeney, Dill and Wier 1983，196—199；Gershman 1993，513；Goldstein 1981；U. S. Department of Justice 1980，14；Weimer 1980，27）。

在决定是否签署指控的过程中，检察官受寻求公正的检察官道德准则约束（Lezak and Leonard 1985）。作出这种决定必须考虑几个因素，其中最主要的因素是案件的证据是否达到法律最低限度的可能性根据要求。如果可能性根据不存在，那么检察官除了不起诉外别无选择。甚至当证据足以支持签署的指控，其他一些因素也对检察官的决定产生重要影响。作为公民的代表，起诉律师须考虑罪行的严重性和公众对此的感想；作为注意合理运用资源的公众雇员，检察官也须考虑宣告有罪的可能性，宣告有罪要求证据超出合理怀疑；检察官同时也考虑获得能达到一些有效目的的案件处置的可能性，比如监禁或其他一些结果；最后，检察官还需考虑影响普遍认为的该受谴责的人道因素。

检察官为了管辖区人民的利益而不是作为被害人的私人律师作出指控决定。被害人的愿望可能在决定中占很大分量，但这只是检察官必须衡量的众多因素之一（Miller 1969）。这是公诉与自诉之间的主要区别。

如果美国的地方检察官基于被害人的告发拒绝签发控告，那么被害人就几乎不能追究他人的刑事责任。如果地方检察官拒绝签发指控，州总检察长有权签发指控，但是这项权力很少行使。在大陪审团审判的管辖区，大陪审团对检察官不侦查或不签发指控的决定提供一种制约。法官有权召集大陪审团，然后大陪审团有权侦查刑事案件和决定是否对被告人签发指控。谋杀案件，也可能以相似的方式进行验尸。验尸官和大陪审团不必遵循检察官的意愿。正因如此，他们制约检察官无根据的宽恕。在一些州，如果检察官拒绝提起指控，被害人可以上诉法院要求对这个决定进行审查。法院不能强制检察官签发指控，代之，如果裁定应该提起指控，法院则指定一名专门检察官监督这个案件，然而，这种不寻常的指控程序很少使用。除了一些非同寻常的情形，检察官不指控的决定意味着案件的刑事法院诉讼程序到此结束。

案件准备

证据是诉讼的基石，每件证据都受到警察和检察官的注意。检察官必须根据证据的每个线索编织成一张可信的网，这要求组织证据和提供可靠的参考材料。检察官这份工作的成果被称为工作产品。工作产品不是案件本身的一部分内容，不是证据，也不是事实，这是检察官使各证据按照解释能相互协调的一种思考和推理。若没有这项工作，许多被告人将永远不会被宣告有罪。

案件准备需要开展许多工作：组织证据并确信证据足以证明每个指控和指控罪行的每个要件；仔细检查证人证言，衡量并尽可能提高证言的可信度；预测对指控的辩护及准备为什么这些辩护不合理的理由。总之，检察官必须确保证据能提供一幅令人信服和完整的画面，以支持指控的有罪判决。

第7章 检察官

法院工作

检察官花在法院的时间甚至法院出庭的次数，各案件相差很大。一些案件，如果被告人答辩有罪并放弃其他的听审机会，法院开庭可能只限于初次到庭和提审。一些轻微罪行案件，被告人可能只去法院到庭一次。另一些案件，被告人可能行使举行其他听审比如预审听证和审判的权利。还有一些案件，增加了争论动议的法院开庭。这些听审可多可少，可长可短。

许多案件，要求法院开庭是一件常规的事情，所以检察官几乎不作准备。比如，初次到庭是这么一件常规的事，以至于基本无需进行周密的准备。轻罪的量刑听审几乎也同样不花检察官的时间。另一些法院开庭则要求做大量准备工作，并且也要在法院花许多时间。一个复杂的审判可能要花几个月时间准备和数星期时间开庭。一个重罪量刑听审可能要求检察官出示一份认为严厉刑罚是必要的书面答辩状。

法院工作吸引了许多律师到检察官事务所工作。许多市区检察官一年花在法院的时间要比其他律师一生花在法院的时间都多。但是，审理案件和与此相关的激烈的法庭争辩场面毕竟比较少见，另外，法院工作经常是听上去比实际情况更令人兴奋。检察官抱怨在法院等待所花的时间以及因为准许被告方延误而造成的一再推迟的烦恼。

谈判

大多数刑事案件通过有罪答辩而被解决。为促成有罪答辩，检察官忙于谈判或案件的和解。谈判方式各不相同。另外，一些首席检察官通过有关允许助理检察官能作的交易种类的内部政策控制谈判。无论各检察官谈判有何变异，但有一样是一致的：谈判刑事案件以期在审判前达成和解是检察官工作的常规部分。

谈判并不发生于诉讼的一个具体阶段，通常也不是检察官要完成的一个具体任务，谈判随着案件的进展和和解机会的出现而发展。例如，如果检察官为初步指控而审查案件时辩护律师在场，那么谈判就可能当时进行。一些案件在后来，提审之后，审判开始之后或甚至更迟，在陪审团评议时达成和解。

一位检察官的观点

我成为一名助理地区律师的初衷是复杂的。我本可以随着我们法律学校大部分的同班同学进入一家在曼哈顿既舒服报酬又高的公司执业。然而，当时我想要一些更令我感兴趣的东西———一些积极的，一些能使我进入"真正世界"的东西。地区律师事务所似乎符合这些要求。

而且，通过法律学校的学习，我知道我想成为一名真正的律师。我幻想法庭的戏剧场面，且在我自己看来，我能做一番伟大的事业。我踌躇满志和缺乏耐心。

资料来源：摘自 Steven J. Phillips, 1977. *No Heroes, No Villains: The Story of a Murder Trial*. New York: Vintage Books, p. 64. Copyright© 1977 by Steven J. Phillips. 重印经 Random House, Inc. 允许。

依检察官的观点，成功的谈判主要取决于搜集的证据、案件的准备以及案件在法院能被证明的可能性。自相矛盾的是，享有通过审判赢取案件美誉的检察官不一定进行谈判，这种声誉促使被告人达成有罪协议。而在另一方面，正是使检察官成为一名出色的审判律师的技巧给了检察官在答辩谈判中的一种影响。如果案件强有力，那么检察官在谈判中就处于有利位置。如果案件薄弱，那么就对被告方有利。与审判时一样，确凿的证据和充分的案件准备是在谈判中处于有利地位的关键所在。

大事务所的工作编制

美国的大多数刑事案件都在市区管辖区的州检察官事务所里起诉，所里配备大量的、可能数百名的助理检察官（Dawson 1992）。在这些事务所里，首席检察官负责管理事务所、制定起诉政策和监督全体助理检察官的工作。有许多雇员的大检察官事务所为了有效地处理案件，一般均组成专案部门，最常见的案件分工是轻罪与重罪案件的诉讼。重罪，即较严重的案件，通常要求更彻底地侦查、更细心地准备，它比轻罪更有可能去审判。因为这些区别，所以检察官们一般被分成重罪和轻罪两部分，通常较有经验的律师在重罪部门工作。

另一项大检察官事务所常见的分工涉及检察官的审查决定。在一些管辖区，最缺乏经验的检察官被分配去审查案件，而案件准备和法院工作则留给有经验的检察官完成。这项政策长期以来成为被批评的焦点（见 Alschuler 1968, 64; Weimer 1980, 34）。正确的审查决定能促进公正和效益。在资源缺乏的时代，审查的正确判断非常重要。富有经验的检察官善于评价案件事实，据此，一些检察官事务所由有经验的检察官行使审查职能（Melilli 1992, 687）。

一些大检察官事务所设有起诉特定类型案件，比如家庭暴力、性骚扰、有组织犯罪、白领犯罪、纵火罪、非法帮派犯罪和谋杀罪的专门部门。在案件量和人员允许的情况下，设立专门部门对工作有利，因为起诉特定类型的案件要求专门的侦查技巧和准备措施，或对被害人有特殊的敏感性。在专门部门工作的律师，通过重复处理相似的案件，有机会增长必需的技巧和专业知识。这种专门部门经常配有分派给帮助他们的侦查人员。

案件由每个组织部门分配给部门里的律师们。分配助理检察官的案件有两种方法：一是横式诉讼，有时又称为区域制度；二是竖式诉讼，有时又称为一对一制度。在竖式诉讼中，案件被分派给一个检察官，这个检察官从开始诉讼到案件最终处置，一直负责这个案件。竖式案件诉讼中重罪案件较为常见（Dawson 1992, 4），尤其在专门部门（见表7—1）。竖式的案件诉讼是一种较先进的方法，因为由一名检察官负责案件且对结果负责。如果犯罪嫌疑人被宣告无罪，负责处理案件的助理检察官不能因案件的错误而责怪其他人。

表7—1 1990年，按县的规模，重罪案件竖式分配的使用比例

资料来源：摘自 John M. Dawson, 1992. *Prosecutors in State Courts*, 1990. Washington, D.C.: Department of Justice, Bureau of Justice Statistics, p. 4。

按竖式方法分配的案件总数	所有各县	75个最大县	其他地方
没有	12%	4%	12%
一些	18	69	16
大多数或全部	70	27	72

另一种分配方法是横式诉讼，这在轻罪的诉讼中比较常见。进行横式诉讼，随着案件在法院系统内移送，案件也从一位检察官转给另一位检察官。例如，一位律师在初次到庭时处理案件，在预审听证时则由另一位律师代表当事人，提审时又出现了第三位律师。而且，第一位律师将在那天或可能那个星期内所有的初次到庭案件中都代表起诉方。与此相似，第二位律师将处理那天或那个星期所有起诉方的预审听证工作，等等。所以事务所的工作不是围绕具体的案件，而是按照判决程序的各个阶段而展开。这种工作安排可能使案件的诉讼更迅速且无需太多的检察官。横式起诉使人事安排简单化，检察官不必担心被要求同时在两个法院出庭。如果公设辩护人事务所也按横式制度运作的话，那么，等待所有诉讼参与人到庭的时间将大大减少。

尽管横式诉讼存有许多优点，但却缺乏效益。缺乏对案件持续一贯的注意以及不熟悉案情产生了一些问题。这种装配线类型的案件诉讼，没有人从头至尾负责案件的诉讼过程。因为没有检察官负责案件，所以各个人都缺乏工作或尽可能及时解决案件的主动性。一件未被解决的案件移交给下一诉讼阶段的检察官（Melilli 1992，688）。因为这些原因，横式的案件诉讼就辩护律师所花的时间而言是有效率的，但就案件管理和对案件的负责而言，则不及竖式诉讼（Jacoby 1982，44—48）。

支持起诉方

许多市区检察官已开展其他一些需要额外人员帮助他们处理日常工

作的项目，这些项目包括市民告发部门、精神健康审查项目和被害人—证人律师。

市民告发分理者

现代检察官事务所许多发明创造中的其中一项就是市民告发部门，这个部门被用以直接接收市民的告发。当警察对特定种类的罪行不理睬时，市民告发部门尤其有用。

家庭虐待是有时通过市民告发部门而开始诉讼的一个告发例子。有时当警察被叫到家庭殴打现场时，警察不能或不愿意逮捕。在警察到达之前罪犯可能已经逃走。为作出有效的轻微殴打罪逮捕，州法律要求警官证明犯罪罪行。待警察赶到现场，殴打已经结束且警察没有作出无令逮捕的法律根据。有时警察认为这些殴打的严重性不足以逮捕或继续追踪以得到逮捕令。

对每一种情形，市民告发程序都提供了解决方法。被害人可去市民告发部门，它通常位于检察官事务所内。告发部门将根据被害人对罪行的宣誓陈述制作告发书。检察官可能基于告发书签发刑事指控。

尽管市民告发部门并不给予犯罪被害人如自诉制度那么多的诉讼控制权，但他们确实也行使了警察正常的守门职能。即便如此，警察一般也不会反对这些部门的运作方式。事实上，警察常常告知家庭暴力的被害人去检察官事务所并在告发书上签名。然而，检察官不一定对每件告发都提出指控，他们仍要审查指控。

精神健康审查

精神障碍者占被捕者的绝大多数，且经常是因轻微罪行被逮捕（Hochstedler Steury 1991，1993；Teplin 1984，1990）。刑事控诉和关押在看守所里造成的压力将使精神不健全病人的状况受到严重的破坏（Gibbs 1987）。除非适当的侦查和对待，精神健康有问题的被告人将对小环境，比如过分拥挤的看守所的秩序和安全构成严重威胁。此外，精神不正常的被告人在处理法院诉讼的过程中处于不利地位。

最近几年，许多法院已扩展使用对刑事被告人的心理和精神病服务。一些管辖区已建立审查部门，将精神病人从刑事司法系统中解脱出来，并为在候审期间需要治疗的病人安排治疗，通常是药物治疗。看守所里受过培训的人员或检察官事务所的收纳部门可能观察或会见被告人，了解精神痛苦的征兆或精神病的治疗过程。被确认为精神障碍的被告人可能受到与其他精神正常的被告人不同的处遇。在初次到庭时，检察官可能要求被告人必须接受精神病治疗和药物治疗，以作为审前释放的一个条件。精神健康审查可能引发进行一项法院指令的精神检验，以决定被告人是否有能力接受审判。检察官可能运用审查结果，不追究被告人的刑事责任。例如，检察官说服被告人寻求自愿的精神病治疗而不予起诉。另一些案件，检察官则可能将非自愿的被告人交托给精神病院，不予刑事控诉。

精神健康审查部门可以作为法院自身的一个部门，检察官事务所的一个专门部门，或者作为一个法院、检察官和辩护律师赖以获取有关被告人精神健康信息资料的独立项目机构。检察官对精神健康的信息尤感兴趣，因为决定正确的指控以及刑事指控究竟是否恰当，精神因素占很大的比重。

被害人—证人律师

许多学者认为，被害人对法院的满意程度是公众如何看待法院合法性的最重要组成部分（O'Grady et al. 1992）。被害人和证人是每一个成功起诉中的重要人物，然而检察官经常忽视用被害人、证人合理期待的理智甚至礼貌来对待他们。刑事法院的批评家们不断地指出法院诉讼程序忽视和凌辱被害人和证人的事件。这些批评包括要求被害人和证人出好几次庭、在不适宜和不安全的情况下忍受长时间的等待以及重复作证。被害人和证人低劣的处遇引起了人道主义者的显著关心。此外，对待被害人和证人的方式能影响控诉的成功与否：当作证的艰难情形造成起诉方证人不能到庭的话，案件可能被驳回。

许多被害人和证人都很贫穷，他们靠微薄的收入得以度日，反复地上法院非常困难。简单的事情，像缺乏交通工具、工作时间不能请假、停车费和孩子照看问题，都可能造成与起诉方合作的困难，有时甚至是不可逾越的障碍。另外，一些较痛苦和暴力的罪行，被害人和证人重复陈述所发生的事情需要情感上的支持（Holmstrom and Burgess 1983）。

本世纪70年代末开始，联邦和州政府进行立法和制定一些政策，以减少被害人和证人在与罪行的起诉方合作过程中的负担。尽管旨在帮助犯罪被害人的大多数努力都着重于赔偿被害人因犯罪造成的物质和经济上的损害,但也有一些努力旨在减轻被害人和证人与起诉相关的不方便和艰难(见表7—2)。一些大检察官事务所也已经开展旨在促进检察官与刑事被害人、证人之间相互作用的被害人—证人帮助项目。

被害人—证人服务的目的是减轻刑事司法制度对那些起诉方需要他们作证的人的负担(见 Finn 1986；Finn and Lee 1988；Webster 1988)。被害人—证人支持服务广泛的目的在于使诉讼参与成为一场更能驾驭的考验。这些服务帮助被害人并借以促进他们在诉讼中的合作程度。一些被害人几乎无需什么帮助；一些人,服务可能只是意味着提醒他们到法院开庭；而另一些人,服务则意味着给他们一张公共汽车票,支付出租车费或开车将他们接过来。一些人的服务只是提供几小时的小孩照看；另一些人的服务则意味着与缺乏同情心或不合作的老板交涉。对遭受残暴罪行的被害人和证人来说,服务意味着当他们去法院时给他们提供建议和感情支持。灵活地满足被害人和证人的要求是一项关键的要素,但经常被市民与检察官事务所之间更正式的交往所忽略。

表7—2 帮助被害人和证人

资料来源：U.S. Bureau of Justice Statistics, 1983. *"Victim and Witness Assistance."* Bulletin. Washington, D.C.：U.S. Department of Justice；Case Continuance Advisory Board. 1986. *ABA Suggested Guidelines for Reducing Adverse Effects of Case Continuances and Delays on Crime Victims and Witnesses.* Washington, D.C.：American Bar Association.

返还被扣押的财产：

堪萨斯颁布了一项更迅速返还给被窃被害人重新找到其财产的立法。废除一直由警察保管被扣押的财产直到罪犯被宣告有罪的做法,这个项目通过将财产摄像以备以后在法院举证而及时地返还财产。

提高证人出庭费：

许多州的证人出庭费非常低,以至于不能真正补偿与法院作证有关的工资扣减和产生的其他费用(交通费、停车费、孩子看护费)。几个州已颁布了巨幅提高证人出庭费的立法。

表 7—2 续　帮助被害人和证人

老板对被害人和证人负有义务：
一些州已通过了保护被害人和证人免受因为他们在诉讼中的参与造成的误工而被解雇的立法。另一些提议要求老板补偿雇员因法院开庭所花的时间。

被害人通知和参与项目：
很多州已颁布了要求通知被害人有关案件的进展情况，比如答辩谈判和量刑时间的立法。一些州规定被害人可参与量刑，包括量刑时法庭上的陈述和被害人影响陈述。另一些州提供给被害人可对提议的答辩交易发表观点的机会。

非公开出庭的作证：
几个州已颁布了允许非公开出庭作证作为证据出示的立法。对特定的被害人和证人，尤其是儿童期受虐待或精神障碍或受严重伤害的被害人或证人，不要求出庭。

减轻延误和案件延期的影响：
美国律师协会对警察、检察官、辩护律师和法官制定了指南，以减少延期的次数以及使延误和延期对被害人的负面影响达到最小限度。

保持廉正，控制自由裁量权

职业责任标准法典与适用于其他律师一样，也适用于检察官（见第 6 章）。规定"律师应该在法律范围内热心代理委托人"的第七准则和告诫律师"应以委托人的利益独立行使职业判决"的第五准则特别适用于公诉人。由于检察官的委托人是公众，所以问题就成为什么是符合法律规定的热心代理。

个案中检察官对公众负有的责任要比只代理个别被害人复杂得多，且检察官的判决和行为有着远远超出代理被害人的含义：

尽管检察官在抗辩制规定的范围内运作，但检察官保护无辜和宣判有罪者，保护被指控者的权利和维护公众的权利的责任却是基本的。所以，检察官有时被描写成"司法部长"或准司法人员。

(American Bar Association 1993，5)

这段话应了美国最高法院常常引用的一番陈述：

> 合众国律师不是争议的普通一方当事人的代表，而是主权的代表，他负有行使职权的义务，但同时也必须公正地行使职权。所以，他在刑事诉讼中的利益不是赢取案件，而是保证司法的公正。正因为如此，从一种特定和确定的意义上说，他是法律的公务员。法律的双重目标是既不能让有罪者逃脱也不能让无辜者遭受惩罚。
> (*Berger v. United States*，88)

检察官必须假定没有充分合理证据支持的刑事被指控者无罪，且必须及时地向被告方披露所有可获得的倾向于"否定被指控者有罪、减轻罪行级别或减轻惩罚"的证据。而且，检察官不能只是因为认为证据会破坏己方案件或对被指控者有利而故意不收集证据（Freedman 1975，222）。最后，当指控没有可能性根据支持时，检察官不能对嫌疑人提出指控（Freedman 1975，212）。触犯这些规定将造成协会对违反者科处纪律惩戒。尽管这很少发生，但协会的惩戒包括取消律师执业资格。所以，美国律师协会职业责任法典对控诉行为进行引导，但对任何有意要触犯这些规定的检察官可能只具有微弱的威慑力量。

这些规定留有很大的行使自由裁量权的空间。刑事诉讼的正式阶段（预审听证、大陪审团和审判）被用以对检察官没有充分证据而提出指控的权力进行制约。检察官显示怜悯的裁量权较少受限制。检察长确实有权对地方检察官不愿意起诉的案件予以起诉，且法官可以召集大陪审团或指定一名专门检察官。然而，这些制约却很少被用来禁止检察官显示怜悯的自由裁量权的滥用。

与任意宽恕相反的是任意严厉处罚，尤其是，当相似情形的其他人得到宽恕处理时仍不显示怜悯。法官是这种起诉裁量权的主要制约者，但是除了检察官非常不公正，以致滥用他们的自由裁量权或触犯了法律之外，法官几乎不能阻止自由裁量中的差别。例如，假设当盗窃价值总额不超过＄25时，检察官例行不对零售扒窃初犯者提起诉讼。但是有一天，检察官心情不好，对偷窃价格为＄15激光唱盘的初犯者提起零售扒窃指控。只要存在可能的原因，只要不存在可采纳的歧视证据，法官就没有权力对这一决定提出异议。

因为对检察官行使自由裁量权的系统制约十分薄弱，所以检察官事务所内部的控制就尤其重要。大的检察官事务所，指控指南和谈判指南是确保在准许怜悯方面，控制自由裁量权和保持惩罚一致的一种方法。然而，规定有关指控或谈判答辩自由裁量权行使的内部指导方针，还不是检察官事务所的标准特征（见表7—3）。指南在首席检察官寻求改革检察实践的事务所里更常被发现。如果首席检察官满足于现状，那么指南就不会很多（Flemming 1990，40）。

表7—3 1990年，对答辩谈判的限制

资料来源：摘自 John M. Dawson, 1992. *Prosecutors in State Courts*, 1990. Washington, D. C.：U. S. Department of Justice, Bureau of Justice Statistics, p. 6.

有明示的标准控制答辩谈判的地区比例	县			雇有助理检察官的事务所	
	全部	75个最大县	其他地方	有	没有
	36%	72%	35%	44%	8%

最后，公众通过投票箱行使对首席检察官的控制权。在46个选举检察官的州内，不满意的公众有权在下一届普选中选举另外人。如果公众在两次选举的间隔期间感到不满意，选民可以强行举行罢免选举，也就是对在职检察官进行投票复决。当检察官有严重违反职责现象或检察官被任命而非通过选举产生时，立法机关可以弹劾。

总　结

检察官是在刑事诉讼中代表人民的刑事法律专家，对刑事诉讼的专业知识主要是通过实践而获得，法律院校的学习只为这份工作做了一些很基本的准备。检察官只受正式和非正式的事务所政策、标准和职业责任法典引导，以人民的名义进行侦查、起诉和谈判。美国的大多数犯罪都由助理检察官起诉，助理检察官供职于地方检察院，受一位选举产生的检察官，在很多地方称之为地区律师的领导。自治是检察官职务的一个主要特征。检察官在州刑事司法系统中可能是最独立和最有权的官员。在履行职务的过程中，他们的职能既是一名律师，又是一名"司法部长"。地方检察官与警察是一种互相依赖和微妙的关系，检察官依靠警察进行侦查和逮捕被告人。

合众国检察官通过任命产生：每个地区事务所的领导由总统任命并经参议院认可。联邦控诉倾向于反映检察官事务所的管理议程，且联邦法院的刑事案件量表明一段时期内打击一定类型的犯罪活动的集中程度。合众国总检察长制定对全国的合众国检察官都适用的议事日程和政策。

参考书目

Alschuler, Albert W. 1968. "The Prosecutor's Role in Plea Bargaining." *University of Chicago Law Review* 36: 50—112.

American Bar Association. 1993. *ABA Standards for Criminal Justice: Prosectution Function and Defense Function*. 3d ed. Washington, D. C.: Criminal Justice Section, American Bar Assocation.

Bell, Griffin B., and Daniel J. Meador. 1993. "Federal Judicial Selection: The CarterYears." In Henry J. Abraham, Griffin B. Bell, C. E. Grassley, E. W. Hickok, Jr., J. W. Kern III, S. J. Markham, and W. B. Reynolds, eds. *Judicial Selection: Merit, Ideology, and Politics*. Washington, D. C.: National Legal Center for the Public Interest.

Berger v. United States, 295 U. S. 78, 55 S. Ct. 629 (1935).

Buchanan, J. 1989. *Police-Prosecutor Teams: Innovations in Several Jurisdictions*. National Institute of Justice, Washington, D. C.: U. S. Department of Justice.

Cole, George F. 1970. "The Decision to Prosecute." *Law and Society Review*, 4: 331—342.

Cole, George F., Stanislaw J. Frankowski, and Marc G. Gertz. 1987. *Major Criminal Justice Systems: A Comparative Survey*. Newbury Park, Calif.: Sage.

Davis, Kenneth C. 1971. *Discretionary Justice: A Preliminary Inquiry*. Chicago: University of Chicago Press.

Dawson, John M. 1992. "Prosecutors in State Courts, 1990. "*Bureau of Justice Statistics Bulletin*. Washington, D. C.: U. S. Department of Justice.

Feeney, Floyd, Forrest Dill, and Adrienne Wier. 1983. *Arrests Without Conviction*. Washington, D. C.: U. S. Department of Justice, National Institute of Justice.

Finn, Peter. 1986. "Collaboration Between the Judiciary and Victim-Witness Assistance Programs." *Judicature* 69 (December-January): 192—198.

Finn, Perer, and B. Lee. 1988. *Establishing and Expanding Victim-Witness Assistance Programs*. Washington, D. C.: U. S. Department of Justice, National Institute of Justice.

Flemming, Roy B. 1990. "The Political Styles and Organizational Strategies of American Prosecutors: Examples from Nine Courthouse Communities." *Law and Policy* 12: 25—50.

Freedman, Monroe H. 1975. *Lawyers'Ethics in an Adversary System*. Indianapolis: Bobbs-Merrill.

Gershman, B. L. 1993. "A Moral Standard for the Prosecutor's Exercise of Charging Discretion." *Fordham Urban Law Journal* 20: 513—530.

Gibbs, John J. 1987, "Symptoms of Psychopathology Among Jail Prisoners: The Effects of Exposure to the Jail Environment." *Criminal Justice and Behavior* 14 (3): 288—310.

Goldstein, Abraham S. 1981. *The Passive Judiciary: Prosecutorial Discretion and the Guilty Plea*. Baton Rouge: Louisiana State University Press.

Heilbroner, David. 1990. *Rough Justice: Days and Nights of a Young D. A.* New York: Pantheon.

Heumann, Milton, 1978. *Plea Bargaining: The Experience of Prosecutors, Judges, and Defense Attorneys*. Chicago: University of Chicago Press.

Hochstedler Steury, Ellen. 1991. "Specifying 'Criminalization' of the Mentally Disordered Misdemeanant." *Journal of Criminal Law and Criminology* 82: 334—359.

——1993. "The Psychiatrically Impaired in the Criminal Defendant Population: Prevalence, Probabilities, and Rates." *Journal of Criminal Law and Criminology* 84: 352—376.

Holmstrom, Lynda, and Ann Burgess. 1983. *The Victim of Rape: Institutional Reactions*. New Brunswick, N. J.: Transaction.

Jacoby, Joan E. 1980. *The American Prosecutor: A Search for Identity*. Lexington, Mass. D. C. Heath.

——1982. *Basic Issues in Prosecution and Public Defender Performance*. Washington, D. C.: U. S. Department of Justice, National Institute of Justice.

Justice Management Division. 1992. *Employment Fact Book*. Washington, D. C.: U. S. Department of Justice.

Lezak, Sidney I., and Maureen Leonard. 1985. "The Prosecutor's Discretion: Out of the Closet, Not out of Control." In C. F. Pinkele and W. C. Louthan, eds. *Discretion, Justice, and Democracy: A Public Policy Perspective*. Ames: Iowa State University Press.

Melilli, Kenneth J. 1992. "Prosecutorial Discretion in an Adversary System." *Brigham Young University Law Review* 1992 (3): 669—704.

Miller, Frank W. 1969. *Prosecution: The Decision to Charge a Suspect with a Crime.* Boston: Little, Brown.

National District Attorneys Association. 1977. *National Prosecution Standards.* Chicago: National District Attorneys Association.

Nissman, David M., and Ed Hagen. 1982. *The Prosecution Function,* Lexington, Mass.: Lexington Books.

O'Grady, Kevin O., Jeff Waldon, Wayne Carlson, Scott Streed, and Cassandra Cannizzaro. 1992. "The Importance of Victim Statisfaction: A Commentary." *Justice System Journal* 15 (3): 759—764.

Teplin, Linda A. 1984. "Criminalizing Mental Disorder: The Comparative Arrest Rate of the Mentally Ill." *American Psychologist* 39: 794—803.

——1990. "The Prevalence of Severe Mental Disorder Among Male Urban Jail Detainees: Comparison with the Epidemiologic Catchment Area Program." *American Journal of Public Health* 80: 663—669.

U. S. Department of Justice. 1980. *Principles of Federal Prosecution.* Washington, D. C.: U. S. Government Printing Office.

Want's Federal-State Court Directory, 1993 Edition, 1992. Washington, D. C.: WANT Publishing.

Webster, B. 1988. "Victim Assistance Program Report Increased Workloads." *NIJ Reports.* Washington D. C.: National Institute of Justice.

Weimer, David L. 1980. *Improving Prosecution: The Inducement and Implementation of Innovations for Prosecution Management.* Westport, Conn.: Greenwood.

Wice, Paul B. 1978. *Criminal Lawyers: An Endangered Species.* Beverly Hills, Calif.: Sage.

第 8 章　抗辩制中辩护律师的角色

美国是西方文明史中第一个规定享有律师权利的国家。按照英国的普通法，被告人即使自己支付律师费用也不能得到律师的帮助。但到美国革命时，越来越多的被告人聘用受过法律培训的律师，且在一般的非政治案件中这项权利不可能被否定（见第 4 章）。权利法案的制定者认识到在抗辩制中专家帮助对成功辩护具有潜在的重要作用，所以他们保证所有的刑事被告人均享有获得律师帮助的权利。权利法案被采纳之后，保证律师的第六修正案被理解为允许被告人按他们的意愿聘用律师并禁止法院拒绝这项帮助。

随着刑事法院诉讼程序的演变发展，支配刑事诉讼程序的规则也越来越正式、严格、复杂和深奥。这些变化使大多数案件增加了对律师专家帮助的需求。就在 30 年前，1963 年，美国最高法院规定第六修正案保证应该被扩展适用于所有被指控重罪的被告人，不管他们有无能力支付律师费用（对被告人享有律师权利的详尽讨论见第 3 章）。今天最高法院规定不论支付律师费用的能力如何，只要被告人没有被提供律师帮助，他就不能因有罪判决而被监禁。最高法院作出这项规定的重要理论基础在于，律师是确保公平审判所必需的许多被告人其他权利的必要保护。

本章主要着重于抗辩制中辩护律师的角色、律师—委托人关系、辩护律师的任务、辩护服务如何组织以及对辩护律师行为表现的管理。

被告人的角色

辩护律师应该代表被告人、保护被告人的利益、为获得对被告人尽可能有益的处置而工作，包括获取宣告无罪、驳回所有或一些指控和得到最宽恕的处罚。

辩护律师为确保被告人的权利不受侵犯有着重要作用。大多数案件的逮捕和试图讯问犯罪嫌疑人都发生在律师介入之前。尽管犯罪嫌疑人在讯问之前被告知享有聘请律师的权利，但是当他们作出是否与警察对话的决定时，律师没有在场。结果辩护律师经常发现他们代理的是放弃了第五修正案权利并向警察作了自我归罪陈述的委托人。对这些案件，律师需要准确地判断在律师介入之前被告人的权利是否受到尊重。律师可能询问被告人有关被讯问的方式——被告人曾在任何时候提出过找律师吗？在被告人说他希望停止讯问之后警察还讯问他吗？警察有无施加过任何的威胁？这些材料对企图在审判时排除自我归罪的陈述非常重要。

因为重新构造审讯或排队检查期间所发生的事件是困难的，所以辩护律师更喜欢在发生这些事情时就到场，以确信被告人的权利在此期间未受侵犯或侦查程序正当而可靠。如果在讯问或排队检查时到场，辩护律师能确保被告人的权利受到尊重。另外，辩护律师能保证警察讯问或检查程序的任何瑕疵都记录在案，这样法院就不必审理有关警察所为和被告人所说或所做的事实争论，而能直接审查所提出的法律问题。

尽管辩护律师保护被告人权利的角色对诉讼程序的完善很重要，但辩护律师几乎很少花时间通过隐匿动议，对违反正当程序的事件提起诉讼（Heumann 1978，60）。警察通常知道他们权力的限度，检察官常常

第 8 章 抗辩制中辩护律师的角色

去掉警察犯了明显（不容争议的）错误的案件。如果辩护律师向检察官提出法律问题，无需提出排除证据的动议，指控就可能被驳回。

辩护律师向委托人提供一些信息材料和建议，这样委托人就能对案件关键方面作出有信息根据的决定。只有被告人能决定是否放弃陪审团审判，放弃第五修正案反对自我归罪的保护，或作出有罪答辩。辩护律师的任务是完全告知被告人放弃这些权利的现实后果并与被告人讨论其他方法。

向委托人提出建议

以下的摘录是 20 世纪 70 年代期间乔纳森·卡斯帕会见的被告人的观点，这些被告人由私人聘用的律师代理。卡斯帕也会见了公设辩护人服务的被告人，他认为他们对与律师交流的程度不甚满意。

他总是在法院开庭前后预约来见我并解释……如果在法院开庭之前，他解释将会发生什么事、他将说些什么以及他将如何表现他自己；如果在开庭前他没有机会来看我，他总是下来见我并说，嗯，你了解这个吗，你知道那个吗；如果我说不知道，他就向我解释，就这样。

仔细回想一下你与律师的相处过程，你觉得他一般从你这儿获得指示还是告诉你该怎么做？

我认为两者都有。他从来不指令我做什么，但我认为他有点运用他的知识和经验来引导我。告诉我他认为我错误的地方或帮助我筹划进行诉讼。

你能给我举一个什么地方你可能错误而他引导你的例子吗？

他建议我答辩有罪。他告诉我他为什么觉得我该这样做的理由，但又告诉我去做我认为对的事。我真的认为他在极力帮助我。因为他告诉我他不认为我能赢得这个案件，因此他说他将尽可能做到减轻刑罚。他说为了帮助我他在权力范围内可以做任何事。他给我的印象是他也正是那样做的。如果我有另外的法律事宜——未必是刑事的，我的意思是，如果我想提起民事或其他诉讼——我想我以后还会再找他。

* * *

> 他大致告诉我该怎么做因为我不大懂法律,真的去指示律师——但是不,我不会这样。他不确切地告诉我该怎么做,只是指点。他告诉我这个能发生,那个能发生;因此该怎么做由我自己决定。如果不知道会发生什么我该怎么做,像你能说的那样,"因为你卖麻醉药,你将被处以5至6个月的监禁。"我说,"好,为什么我被处以5至6个月,因为我知道其他案件他们没这么长时间?"他向我解释法律是怎样规定的,上级法院会怎么做。因此他没有告诉我该怎么做,他解释什么会发生什么不会发生,我自己作出判断。
>
> * * *
>
> 他提出建议,而我作最后决定。他去作讲话,而我告诉他怎样去做——我想要做的。
>
> 资料来源:摘自 Jonathan D. Casper. ⓒ 1972. *American Criminal Justice*: *The Defendant's Perspective*. Englewood Cliffs, N.j.: Prentice — Hall, pp. 116—117. 重印经 Pretice—Hall/A Division of Simon & Schuster 允许。

律师必须慎重,以保证现实的建议不会成为不适当的压力。例如,如果律师认为判决有罪是不可避免的,但被告人对赢取指控却固执和不现实地抱乐观态度,辩护律师不能强迫或威胁被告人答辩有罪。律师只是因为被告人坚决要行使法律权利而威胁他妥协处理案件,这是不道德的。辩护律师不能道德地迫使被告人作出聪明或明智的选择,律师只限于道德地通知和建议。如果被告人拒绝接受律师的建议,律师仍旧必须尽可能提供这种情形下最好的辩护。

一旦委托人在案件中作出了关键的选择,辩护律师就要以律师的观点,采取与委托人的选择相当的战略决定。比如,如果被告人决定要求陪审团审判,那么律师就决定传唤哪位证人,在直接询问和交叉询问时提什么问题和介绍什么物证。如果需要专家证人,律师就来选择专家,当然选择必须反映委托人的意愿。实质上律师通知和向被告人提出建议,被告人决定该怎么做,律师决定如何最好地完成委托人的选择。

第 8 章 抗辩制中辩护律师的角色

律师—委托人特权

辩护律师认为他们从起诉方泄露的信息中能比直接从被告人处获得更多了解案件的信息材料。遇到麻烦的人们经常撒谎希望能保护自己,被告人尤其会对他们的律师说谎,特别是在辩护关系的开始(Heumann 1978,59)。许多被告人就是不信任他们的律师,这是一个同时影响公设和私人律师的问题(Casper 1972;Wice 1978)。

律师—委托人特权

保守秘密不都是容易的。如果委托人向律师披露了成为痛苦的秘密事实以后,律师—委托人特权将成为律师的道德负担。有时辩护律师以违背律师个人的同情感为由而维护对被告人的道德责任。考虑这个例子:

一个被指控犯有一项罪行的被告人,向他的律师供认犯了另外两个罪行:杀了两名年轻妇女。执法机构还没将被告人与失踪的妇女案联系在一起;执法机构对失踪的妇女已死亡没有确定的概念。妇女的家里人继续寻找妇女并悬赏提供信息者,不知道她们是死是活。被告人告诉律师尸体放在哪里,且律师拍了被害人的尸体照片。一段时间以后,一位被害人的家属询问律师是否有关于失踪妇女的任何信息。律师说没有。(Freedman 1975)

这个案子在司法人员、陪审员和群众中引起巨大争论。但是,主要的法律观点是辩护律师在保守委托人秘密的过程中其行为是正当的。如果被告人不能自由地向律师透露任何事或每一件事,律师职能会受到严重破坏或可能被消灭,除非保证透露的事情将被严格保密。被告人不能被处于不得不决定哪项事实与律师分享会是"安全"的位置,被告人不应该为他们自己的律师会揭发伤害他们的信息资料而担心。

许多案件被告人是既气愤又害怕，辩护律师通常又是陌生人，所以被告人错误地推测律师只对委托人是无罪的案件才会努力工作，结果被告人向自己的律师提供了一个与给警察的一模一样的故事。这些叙述可能删掉了许多重要事实，被告人认为删掉事实或隐瞒事实真相是获取律师同情和投入的一种办法。

不幸的是，对律师不完全诚实的委托人只会使他们的律师处于极大的不利。一项成功的辩护，辩护律师需要尽可能地了解所发生的事件，这包括被告人所知道的每个细节。如果被告人不透露每个细节情况，即使是它使被告人处于不利，辩护律师也不能设计一场有效的辩护。因为被告人不懂法，他们不知道他们认为不利的信息对案件其实却有帮助。比如，被告人坚决坚持他不在犯罪现场（尽管目击证人证明他在现场），却没觉察到在现场的事实可能支持比如进行自我防卫、限制资格能力或没有犯罪故意的辩护。另一些案件，律师可能根据被告人对事件的描述已确立了辩护，但后来出现的相互矛盾的证据使他感到惊讶，这使得整桩事情变得更糟糕。可能被告人向律师撒了谎，改变了主要事实或甚至声称无罪。但诚实的律师允许被告人站在证人席上作证，而检察官设陷阱引诱说谎的被告人，现在被告人比以前的处境更不妙：即使最初的指控没有被宣告有罪，但现在因为作伪证而被刑事处罚。

如果卷入法律麻烦，法律有专门的条款鼓励被告人告诉律师所有发生的事，这项专门条款称为律师—委托人特权。这项特权的基本含义是委托人能告诉律师有关过去刑事行为的任何事和每件事，因为律师必须道德地保守所有秘密。律师—委托人特权的目的是促进被告人和律师自由地和不受检查地进行交流。美国司法制度中律师和委托人之间自由交流的价值观与其他国家的价值观不同，回忆前面叙述的中国情形，在中国如果被告人供认有罪，律师必须告知法院。

但是，即使是在美国，律师—委托人特权也不是绝对的。例如，律师为了防止发生新的犯罪可以向警察泄露委托人的交谈内容（Ferguson and Stokke 1978，59）。律师—委托人特权只适用于过去发生的刑事行为，对关于计划或打算的将来刑事行为的交流不适用，因为破坏犯罪证据本身就是一项犯罪行为（司法妨碍），律师也可以披露委托人透露的有意破坏或隐匿证据的交流内容。

辩护律师的工作

在实际刑事案件操作中，辩护方的角色范围因每个案件而相差很大，因为无罪推定使起诉方负证明有罪的举证责任，辩护方无需证明任何事项，所以一些案件辩护律师可能不用出庭做很多工作就完成了他的任务。但是，大多数委托人期望他们的律师能积极和进取地要求宣告无罪。尽管每个案件要求的工作量非常不同，但几项基本工作却是相同的。

辩护律师的许多任务反映了检察官的工作。这章着重叙述与律师相关的一些任务的特殊性质，这些任务包括确信指控是合理的、努力获得对被告人有利的保释条件、调查事实、探查谈判解决方案的参数和为被告人准备量刑。辩护律师一直保护与每项任务有关的被告人权利和向被告人建议有关他必须作出的案件重要决定。

获得正确的指控

为了使被告人在以后的判决或谈判中处于有利位置，辩护方喜欢改变初步指控。指控决定着案件将如何被诉讼（在初级法院还是在一般管辖权法院）和被告人可能面临的刑罚幅度，指控也决定以后所有的谈判结果。辩护律师为改变指控可能指出证据的薄弱点、法律问题或可使罪行减轻的情节。

但是，在大多数管辖区，辩护律师没有改变初步指控的常规机会。指控在诉讼程序中签发的很早，以至于被告人和辩护律师均没有机会事先与检察官碰面。一些管辖区检察官根据警察的报告签发指控，甚至不会见被告人；在这些管辖区，辩护律师只能希望以后在答辩谈判程序中减轻指控。

获得合理的释放条件

大多数重罪案件和许多轻罪案件，被告人能被逮捕和关押在看守所中几个星期或甚至几个月，除非他被准许审前释放。很显然，不关押在看守所里，获得自由是被告人渴望的事，因为许多理由表明（在第11章讨论）审前释放对辩护方有利。辩护律师的一项任务是获取被告人能达到审前释放的条件。

如果可能，辩护律师在初次到庭时即可代理被告人并且以出具保证书或交纳少量保释金要求释放，但许多被告人在初次到庭时没有律师代理。就享有律师的权利而言，最高法院没有认为初次到庭是审理的"重要阶段"。尽管律师极有可能说服法院科处比较宽松的释放条件，且释放候审也可能是影响案件结果的一个因素。但是，初次到庭所发生的事情对获得委托人的最终释放并不重要，因为在这之后可以提出改变释放条件的动议。

辩护律师对减轻保释和其他释放条件的辩论，着重于被告人的可信赖和为什么法院不必考虑被告人会逃跑，以及就被告人的经济条件指出法院科处的保释金的不合理。辩护律师还指出被告人记录、工作和家庭责任以及其他个人因素中的积极一面。辩护律师的目的是反击起诉方将被告人视作无计谋生、不值得信赖或是危险人物的主张。

调查和准备辩护

调查是辩护工作的重要组成部分，因为辩护调查可能会发现产生合理怀疑和防止宣判被告人有罪的信息材料。调查是辩护工作花费时间和经费的一个方面。辩护律师与检察官可运用的侦查技巧基本相似，几乎所有案件主要和通常最重要的侦查方法是会见证人，也可能要求科学试验或犯罪现场或物证勘验检查。

辩护调查的主要功能是发现证人——不管起诉方是否已会见了他们——掌握一些信息可能使事实认定者产生合理怀疑的人。法律规定检察官必须与辩护律师一起享用任何警察侦查获得的为被告人开脱罪责的信息材料，另外大多数州辩护方可以获得任何将被传唤作证反对被告人的证人陈述。

并非单单依靠这些证人向警察或检察官所作的陈述，辩护律师还经常想亲自会见证人。证人的回答也经常取决于如何提问，辩护律师需要了解证人知道什么犯罪情况，也同样需要了解证人不知道什么情况。通过会见列明的证人，辩护律师可能发现案件的薄弱点或矛盾之处。而且辩护律师也会见检察官不打算用的证人，这些证人可能对案件事实有不同的看法或强调对作出案件裁决有重要影响的矛盾和疑点。

减少保释金的动议

对理查森的指控是刑法规定的最严重的刑事指控。警官犯谋杀罪是一个死刑案件，如果被宣告所有指控有罪，理查森面临的将是电椅惩罚。伯顿·B·罗伯特（检察官）和他的同事作好争论的充分准备——并争论——他们的案件强有力，且宣告有罪的可能性很大，所以起诉方要求远远超过理查森想象的数额极大的保释金。面对着人民的要求，（威廉）昆斯特勒（辩护律师）并没有言词匮乏，他强调理查森在林肯医院的工作记录，轻描淡写过去的刑事记录，讥诮吸大麻的有罪判决，并指出他的委托人帮助支持五个小孩。

然后，昆斯特勒变得愤怒，转向对案件的个人看法。他主张……帕特罗曼·斯克根"被两名纽约市警察枪击致死"，理查森本人也被这些执行逮捕的官员枪击……昆斯特勒所关心的只是理查森从没有拥有过枪，也没有朝谁开过枪。他对理查森的描述是成功的。

面对着这些不一致的声称和坦率的主张，刑事法院法官路易斯·A·西奥非塞特判处理查森 $50 000 保释金。一星期以后，7月18日，这些争论被重复，保释金减掉 $10 000，剩下 $40 000。

到8月2日，理查森已被大陪审团起诉并且案件被移送到州最高法院（纽约重罪审判法院）。昆斯特勒又一次在这里表现了他的愤怒和雄辩。他的话产生作用，因为保释金又一次被减，这次减到 $25 000。

> 这种情况持续了五个月。然后，在 1973 年 1 月，昆斯特勒再次努力。他成功地又减掉了 $10 000，保释金被定为 $15 000，以后没有再减少。
>
>   * * *
>
> 理查森在 1973 年 2 月 13 日被保释获得自由。
>
> 资料来源：摘自 Steven j. Phinlips, 1978. *No Heroes*, *No Villains*. New York: Vintage, pp. 52—53, 61. Copyright © 1977 by Steven J. Philips. 重印经 Random House, Inc. 允许。

  大多数州，被告人享有知道起诉方在案件中欲用来指控他们的科学试验或物证检查结果的权利，辩护律师可能通过展示动议获知试验结果。只要试验结果不存在争议，展示机会意味着被告方不必承担试验费用，而只需复印起诉方的信息资料即可。有的辩护方可能要求额外的试验，或咨询其他专家获得对试验结果的解释。

谈判解决

  与法官和检察官一样，新手辩护律师也向富有经验的律师学习工作。法官、有经验的检察官和有经验的辩护律师在新手律师社会化过程中都起着重要的作用。这个社会化过程取代了由着重于宪法正当程序、动议、审判程序和上诉判例法的法律学校培养的错误预期，法律学校不为辩护律师真正处理刑事法院事务作准备。辩护律师很快认识到他们有两种工作的方法：合作或争斗。争斗，包括提出动议和坚持审判，导致争吵和缺少检察官和法官的合作与开明。信息很清楚："我们必须处理案件，我们可以合作或不合作地处理。如果你不合作，后果自负。如果你是合理的和合作的，那么我们也会合理和合作。"刑事法院系统主要的工作形式是合作和谈判，而并非与对方争斗。几乎所有对答辩交易文件的研究都表明，对辩护律师的主要压力是进行谈判而不是争斗（见 Heumann 1978；Maynard 1984；Rossett and Cressey 1976；Skolnick

1967；Sudnow 1965）。

在社会化过程中，新手辩护律师了解到许多被告人并不反对谈判解决。新手们逐渐了解到大多数被告人都有很好的理由避免审判，对指控的罪行大多数被告人都有罪和如果被告人接受审判，检察官能够证明对他们的指控。被告人不是问律师"你能使我免受刑罚吗？"而可能问"你能使我有好交易吗？"新手们也了解到只涉及正当程序的可争论问题，大多数案件并不存在。根据一项刑事法院答辩交易的研究，统计数值发生改变，但是有经验的辩护律师同意差不多 90% 的被告人事实上有罪，大多数案件没有任何法律上可争论的问题。这些案件，如一位辩护律师所说，是"生来就是死的"（Heuman 1978，60）。简而言之，新手辩护律师认识到许多案件通过审判被告人什么都得不到且要失去很多。在这种情况下，辩护律师学习成为一名谈判者，且最后成为谈判程序的捍卫者。

尽管谈判是规范做法，但危险的是辩护律师对交易（不是打斗）如此习惯且对委托人的有罪如此冷嘲热讽，以致即使争斗和审判合适，他们也避而不谈（Alschuler 1975）。在应该争斗而辩护律师却想谈判的为数不多的障碍中，其中一项是拒绝答辩有罪的被告人。被告人拒绝接受律师"极力推荐的"答辩交易，审判将充满冒险。谁希望与一位如此明显不愿意审判案件的律师一起去审判呢？

准备量刑

辩护律师的一项重要职能是掌握被告人在法庭上的形象。关于量刑，辩护律师竭力帮助被告人创造一种遵守法律的形象。如果一切可能，辩护律师希望能向法庭表明被告人有地方居住、有赚钱的途径和已经承认责任。辩护律师努力说服法官被告人以后不会再惹麻烦。

辩护律师也为被告人准备会见，这属于判决前调查的一部分。辩护律师可能告诫被告人应自愿提供哪些信息、强调哪些事实、避免哪些话题和如何留下好印象。判决前报告包括调查者的结论和印象，被告人留下尽可能好的印象非常重要。

但是，一些很实质的限制束缚了辩护律师通过这些努力影响刑罚的能力。关押在看守所里的被告人无法表现他的责任心和改造努力，而严重的罪行，惩罚因素可能减轻法官对这些因素的考虑程度。

辩护服务组织

全国只有一小部分律师经常从事刑事辩护。一项对芝加哥律师进行的研究估测，大约 5％ 的律师从事刑事辩护（Heinz and Laumann 1982）。传统上，刑事辩护律师在同行中不享有很高的声誉。声誉似乎与服务的委托人社会地位有关：为大公司、银行和富人服务的律师传统地比刑事辩护律师享有更高的声誉。芝加哥研究证实了这个印象。三十个专业按声誉排列，刑事辩护排在第二十三位，接近末尾（Heinz and Laumann 1982）。

任何有法律执业资格的人都可以从事刑事辩护，辩护律师以不同的途径为被告人服务。能支付律师费用的被告人聘用自己的律师。而通过指定律师、政府资助的公设辩护人服务和签约辩护服务为贫困被告人提供辩护服务。一些管辖区更多地依靠一类贫困辩护服务（见表 8—1），但许多管辖区指定律师、公设辩护人和签约辩护人同时存在，共同分担，为所有诉至刑事法院的案件提供服务。

私人雇用的律师

在私人执业的辩护律师中，很少有报酬很高且享有地方或甚至全国名声的刑事辩护律师。私人雇用的律师由被告人支付费用，当然也能被被告人解雇。通过接收刑事案件赚钱的律师们组成了一个不能简单加以描述的复杂群体，这个群体中的顶尖人物是一些享誉全国的刑事辩护律师。为 O.J. 辛普森辩护的"梦队"的约翰尼·科查伦、F. 李·贝利和艾伦·德希维兹是刑事辩护的精英代表，因为他们能提出巨额的费用要求，能拒绝一些只会使他们感到辛苦乏味的案件。他们常常通过代理被

第8章 抗辩制中辩护律师的角色

指控杀死妻子的医生、被指控贪污公司财产的公司副总裁和司法部追诉的财产雄厚的有组织犯罪头目而吸引媒介的注意。尽管这些刑事辩护律师在公众中享有很高的知名度，但在较大的刑事辩护场面他们实质上并不重要。富有传奇色彩的律师经常要求很高的费用，一般的刑事被告人支付不起。

私人从事刑事辩护的律师一般更是默默无闻的。事实上，他们可能是司法领域中最没有声誉的人。他们经常是以政府律师、检察官或公设辩护人开始他们的职业。一旦他们获得经验，他们自己开业或加入专门处理刑事案件的小律师事务所。

因为私人执业的辩护律师经常代理没有很多钱的委托人，生活得很艰难，因此刑事辩护律师经常靠做其他的法律工作来支付账单。另一些人则通过接受为贫困被告人的法院指定委派以增加收入。

使委托人及时支付法律费用是私人辩护律师的又一挑战。如果信守诺言，这些律师就很富裕。为给委托人支付账单施加压力，一些律师在费用付清之前拒绝为案件工作。已安排的法院出庭也不妨碍这项策略。许多地方的法院工作人员对神秘的"格林先生"很熟悉，辩护律师以不能安排"格林先生"为由要求延误。"格林先生"是表示被告人没有付费和辩护律师为案件继续工作之前等待付款的暗语。一些地方的检察官和法官常常容忍以这些理由提出的延误请求。

一些私人律师通过维持大量的案源而能生活得很好。事实上，一些律师只接受可能进入有罪答辩阶段的案件，这些律师绰号叫"迅速答辩者"（Alschuler 1975）。他们靠进入有罪答辩收取合理费用的做法，具有品德上的问题，且对委托人来说也靠不住。

尽管被告人认为私人律师比公设辩护人或指定的律师更能回答他们关心的事情，但是没有证据表明私人执业辩护律师作为一个整体比政府支付费用的刑事辩护律师更有能力、更热心或更成功（Sterling 1983；Hanson et al. 1992）。然而，选择律师的自由和支付律师费用的能力明显影响律师—委托人的关系。如一位专家所指，律师和委托人之间的业务性质为解释律师行为提供了来龙去脉。一定程度上因为被告人（或他的家庭）支付律师费用，这种关系的整个格调都发生改变。例如，一名街道律师对具体行为的坚持（比如答辩有罪、送医院观察）会被委托人加以不同地解释。公设辩护人同样的"建议"可能被解释为下达命令，告诉委托人该怎么做而不是与他们商量。而对于街道律师而言，极力主张的建议只是律师"应尽"的责任和他应该有的专业知识的运用。

表 8—1　各州大部分县运用的穷困辩护类型

资料来源：U. S. Bureau of Justice Statistics, 1988. *Report to the Nation on Crime and Justice*, 2d ed. Washington, D. C.：U. S. Department of Justice, p. 75。

各州大部分县运用什么类型的穷困辩护交付制度？

穷困辩护的主要制度
- 公设辩护人
- 被指定的律师
- 签约

资料来源：Robert L. Spangenberg et al. of Abt Associates, Inc. BJS *National criminal defense systems study*, October 1986, updated by the Spangenberg Group, March 1987。

第8章 抗辩制中辩护律师的角色

(Jonathan D. Casper *American Criminal Justice* © 1972，117—118. 重印经 Prentice-Hall/A Division of Simon & Schuster 允许。)

穷困辩护服务

贫困的被告人是指那些支付不起雇用一名为他们辩护的律师费用的被告人，许多刑事法院的被告人不能支付雇用律师为他们辩护的费用。一项研究（Wice 1978）预测，3/4 的刑事被告人属于贫困被告人。1988 年美国司法部通报，全国贫困辩护调查发现，根据各州不同的政策指标，40% 的重罪被告人被划为贫困被告人（Bureau of Justice Statistics 1988，75）。中西部一个州的另一项研究发现，4/5 的轻罪被告人为贫困被告人（Hochstedler Steury 1991，343）。不管确切的比例是多少，但没有人会争论全国刑事被告人中绝大部分是贫困被告人的观点，所以穷困辩护服务对于维护许多管辖区的判决程序和辩护质量非常重要。为贫困被告人提供辩护律师最常见的形式是法院指定律师制度、公设辩护人制度和签约辩护制度。每一项制度都有长处和不足之处。一些管辖区单单或主要运用这项或那项制度，而另一些管辖区则将这些制度结合使用。另外，不难发现一些公共利益法律群体，比如地方法律援助协会，它们为穷困辩护提供一项或更多标准结构的补充支持。

法院指定的律师

为贫困被告人提供辩护的最古老形式是由法院指定律师的制度。法律行业集体负责为需要律师服务但又支付不起费用的委托人提供免费的律师。这项集体职业责任不只限于刑事辩护，但刑事辩护是最能体现免费工作的形式之一。长期以来美国法院习惯以律师职业责任的一部分为贫穷被告人指定辩护律师。如今只有一些州继续主要依赖免费指定，更常见的是法院指定的律师能因他们的贫穷辩护服务而获得一些经济补偿。

尽管任何已被协会承认的律师都有被指定的资格，但法院通常从表明愿意服务的律师名单中指定。指定律师与私人雇用律师一样，资格要求相差都很大。一些法院要求法院指定律师提供经历证据和参加法院举办的培训，但是其他法院甚至连简历都不要求（Hanson et al. 1992）。

法院指定律师的服务补偿，各管辖区区别也很大。一些管辖区对法院指定律师的服务一点也不进行补偿，这种情况自然产生了有关这些律师为他们委托人服务是否尽力的严重问题。一些地方被指定的律师能按小时计算受到补偿，尽管按小时补偿经常不能超过一个上限，且一些管辖区规定的限度不现实地相当低。一些地方则支付案件统一费用，轻罪案件比重罪案件的费用低。还有一些地方不仅根据案件的严重程度，而且根据案件是否去审判计算费用。对法院指定律师的补偿常常被批评，认为不足以激励律师热心地进行代理活动。

法院指定律师制度，只有当它的管理和资源良好时才能发挥积极效用。只要指定富有经验的律师并给予合理的补偿，这项制度就能很好运作。如果不管理，穷困辩护指定将可能成为无能力或缺乏足够工作经验

刑事辅导课程

诺克斯维勒的律师们被强压为轻罪辩护

诺克斯维勒市长维克多·阿什、田纳西州大学法学院教授格雷福特·格雷和家用汽车富豪詹姆斯·克莱顿有什么共同之处吗？

三人都是居住在田纳西州诺克斯县的非执业律师，并且三位都被指令在法院为贫困委托人免费代理。

也没有一个人是因为特殊注意而被遴选出来的。市长、教授和家庭汽车制造商都恰好在1 200名持执照的诺克斯维勒律师名单中，这些律师被要求为穷人的利益提供公共服务。

这份开始于1992年1月7日的草案因为公设辩护人事务所案件日益增多和州穷困辩护基金严重短缺而被规定实施。

去年11月，诺克斯县公设辩护人马克·斯蒂芬向法院要求停止60天，不对他事务所安排新的指定，并说每位律师的案件工作量已经超过600件，是国家承认标准的2倍到3倍。

此后不久州宣布贫困辩护基金，这项基金用来支付为与公设辩护人事务所发生冲突案件指定私人律师的费用，将在1月底用完。

第8章 抗辩制中辩护律师的角色

作为权宜之计，在处理轻罪和重罪预备出庭的总开庭法院，法官决定将责任分散到县内每位身体力行的律师身上。

他们的决定只承认三种例外：退休、身体不好或死亡的律师，并警告其余的律师没有任何借口能被批准。

符合资格的律师名单包括像阿什，他已经8年多没从事过民事法律事务且从来没有处理过刑事案件；格雷，执教比如上诉主张和法律研究这些课程，但从来没想象过他自己会是一位诉讼者；和克莱顿，拥有法律学位但经营一家国内最大的家用汽车公司这些人。

前白宫参谋长霍华德·贝克和教育部长拉马尔·亚历山大也在名单上，尽管律师协会官员说他们两位因为家不在诺克斯县可能被免除服务。

指令开始很不受欢迎，尽管一些人，像市长，前往服务并毫无抱怨地忍受着不愉快。在新委托人打的电话中发现这项指令的阿什，迅速进行刑事非法侵入指控答辩交易谈判，他的委托人被判处在看守所关押30天。

鲍勃·麦克奇，四位签署指令的法官之一，说最初的反应都不大好，但现在大部分律师已了解情况变得如此严峻，并与法官配合"完成工作"。

道德窘境

然而，指令在一定程度上产生了许多窘境。通常不做刑事辩护工作或不经常在法院出庭的律师们说，指令使他们在为贫困者服务的道德义务和不能接收他们认为不能胜任的案件的职业责任之间造成冲突。

"我不能明白法院如何说明将律师置于那种境地的正当理由，"格雷说，他被指定代理一位因为没有支付孩子赡养费而被指控的男子，"基本上，我没有诉讼者的能力，而且在这个案件法院开庭之前没有足够的时间使我能具备这种能力。"

其他人说他们憎恨被命令做工作，尽管他们的反对基于原则而不是钱。"我对此不高兴，"离婚案件的律师道格·托彭伯格说，"这似乎是政府唯一能介入并告诉一些人他必须没有补偿地工作的职业领域。"

至此最严厉的反应来自于小律师事务所和单干的执业律师，超额工作量的压力压在他们的肩上。不像在大事务所执业，他们不能给一群年轻的助手分配案件或在外雇用律师辩护。

233

> 还不知道谁要极力摆脱公共服务,但有几个律师对指令感觉非常强烈以致选择放弃执照,布鲁斯·安德森说,他是诺克斯律师协会的领导。他说至少400名律师已明确决定临时报名参加地方律师协会仓促安排的三个刑法免费辅导课程。
>
> 但另一方面是以前一些靠指定公设辩护人事务所不能处理的穷困案件为生的私人执业律师,他们说从来没有经济报偿的工作突然变得毫无益处。
>
> "在法院里一小时＄30和法院外一小时＄20,是全国最低的比率,真是糟透了,"帕特里克·利昂纳德说,他仍旧每周在不可能得到报酬的法院指定案件上花30小时至40小时。
>
> "毫无目的地这样做是不可能的。"
>
> 资料来源:摘自 Mark Hansen,1992. "Criminal Grash Course: Knoxville's Lawyers Pressed into Service for Misdemeanor Defense." *ABA Journal* 78 (April):14. 重印经 the *ABA Journal* 允许。

和责任心的律师招揽委托人和增加收入的另一种方法。如果没有补偿,将导致不尽力的代理和低标准的服务。根据最近的报道,一些缺乏经验的律师作为紧急情况的权宜之计,被没有补偿地被指定,以支撑失败的穷困辩护服务制度。

公设辩护人

大多数市区管辖区依靠公设辩护人事务所为贫困被告人提供大部分辩护。公设辩护人事务所在20世纪初期开始出现于一些贫困被告人刑事案件量很大的大中心城市。在美国最高法院作出必须为被指控犯重罪或被处以监禁的所有贫困被告人以公费形式提供律师的规定后,公设辩护人事务所的数量开始增多。1990年,有14 000多名专职律师在各公设辩护人事务所供职(McGuire,Pastore,and Flanagan 1993,24)。

公设辩护人事务所一般按州或县的范围建立。这些公共机构中的律师是公务员,不是通过选举也不是被任命而是根据他们各项身份证明、学历、经历的证件和明示的允诺被雇用。公设辩护人是专门从事刑事辩护的律师和专职领取工资的政府雇员。

公设辩护人事务所在组织上独立于检察院。不幸的是，一些地方的公设辩护人事务所与检察官事务所在同一幢楼，有时在同一层楼。办公室的互相邻近以及两个部门的人员都是由政府支付工资的事实使得一些被告人怀疑公设辩护人的独立性。一些被告人认为公设辩护人只是寻求作出有罪判决的同一个政府的另一部分。

新雇用的公设辩护人，与新雇用的检察官一样可能受到短期的培训，但都是通过工作而学到大部分知识。新雇用者通常在雇用后不久就开始接触大量的最轻微罪行。尽管公设辩护人没有或只是短暂地受过培训，但因为大量的案件他们学得很快。尽管只有一小部分案件去审判，但因为案件量很大使他们能有许多的审判实践，这方面远远多于大多数其他律师。他们迅速变得对刑事法院制度和地方处理事务方式很有经验和富有见地。

因为公设辩护人事务所处理这么多的案件，所以这些事务所的律师都很精通业务。事务所一般分重罪和轻罪部门，新手律师被分配到轻罪部。上诉案件由另外一个独立的部门处理，因为它们要求的工作种类不同。因为轻罪案件要求投入的精力通常比重罪案件要少，所以轻罪部门的辩护人通常要承担更重的案件工作量——双倍或双倍以上。

预期的工作量差别很大，而且肯定反映管辖区内主要的政治观点。要求公设辩护人一年承办600件重罪案的管辖区，政府对辩护服务质量的要求不及只要求承办200件重罪案的管辖区。公设辩护人事务所提供的辩护服务质量低劣在许多管辖区表现得很明显，这些管辖区节省费用的规定使案件工作量至少成倍的增长。批评家们指责这些手段不仅是小事聪明、大事糊涂而且潜在地侵犯宪法权利（McWilliams 1993）。

签约辩护服务

签约辩护是指负责提供穷困辩护服务的政府部门与地方组织签订合同提供服务。一些时候，地方法律援助协会或地方律师协会是签约机构。另外，政府可能与大律师事务所、几个单干的开业律师或同时与它们签订合同。合同可能规定事务所将以固定的费用，或以小时工资计算全年费用来代理所有的贫困被告人。有时合同的条款包括两个概念：以固定的费用代理前面100个贫困被告人，在这之后按预先定的每小时费用计算支付案件费用。不同的合同条款当然影响辩护服务尽力提供服务的程度。

签约辩护安排是提供贫困辩护服务的最近一种新发明。一方面它们被认为是对州或县公设辩护人制度的另一种私人选择，另一方面它们可能被认为是法院指定辩护服务的另一种更集中和更规范的服务。小城市将签约辩护制度作为提供穷困服务的主要手段而加以充分运用。签约辩护在不需要专职公设辩护人事务所的管辖区内确保了一群有经验的律师及时和可靠地代理贫困被告人。例如，在加利福尼亚州蒙特瑞县，县政府与6名有经验的刑事辩护律师组成的事务所签订合同，他们受理由于利益冲突公设辩护人不代理的案件（Hanson et al. 1992, 24）。另外，也可以依靠合同辩护处理常规公设辩护制度工作量过剩的案件。

贫困被告人支付费用

在许多州免费的律师到最后可能不是免费的。美国最高法院已同意扣除或收回被宣判有罪被告人的贫困辩护服务费用。收回只限于那些被宣判有罪且没有经济困难能偿还州费用的被告人。偿还通常被作为缓刑的一个条件，一般被宣判缓刑的被告人被课以每周或每月上缴一小笔钱以帮助偿还辩护服务费用。

尽管美国最高法院同意这种偿还计划，但其遭到众多议论。主要问题是这项计划是否使行使第六修正案享有律师的权利"变冷"。被告人很穷，不可能了解律师提供帮助的好处。如果被告人被告知"我们为你指定一名律师，但是你以后得支付费用"，被告人就可能拒绝接受指定的律师。

辩护服务的比较

有确凿的证据表明对辩护律师的不满意并不少见。雇用自己律师的被告人和贫困辩护律师代理的被告人倾向于找律师的麻烦。典型的抱怨是律师在委托人身上没花足够的时间、律师没有足够努力工作以使顾客能得到好的交易、律师不相信委托人或律师与反方律师太友好（Casper 1978；Wice 1978）。

辩护服务组织上的差异表明，律师具有不同的动机、不同的机会和不同等级的辩护服务。这些不同使得一些研究家探究私人律师、指定律师和公设辩护人提供的辩护服务，是否在质量上存在制度上的差异。暂且不论衡量"质量"的方法问题（Worden），研究表明，各组织间的质量差异不显著或不存在差异（Cohen, Semple, and Grew 1983；Hanson et al. 1992；Nagel 1973；Sterling 1983）。

这些研究和常识告诉我们，贯穿组织结构的一些因素可能会更有力地解释与质量有关的结果，资源和经历似乎比组织结构更重要。资源决定律师能花在一件案子上的时间数量。不论是私人雇用的律师、公设辩护人、签约辩护人，还是法院指定的律师，时间就是金钱。每个律师都可能以不同的理由认为，可利用的时间不能满足要求提供服务的案件量。对公设辩护人来说，缺少时间是由于公设辩护人事务所主管要求的工作量规模造成的；私人律师因受理了超出他们充分代理限度的案件，产生了相似的时间压力；指定律师则发现刑事案件占据了很多他们同时受理的其他案件的处理时间。如果资源不充分，任何提供辩护服务的制度都不能提供高质量的服务。

影响辩护服务质量的第二个因素是经验以及对地方法庭工作人员和工作标准的熟悉程度。一个有经验的律师了解法庭的工作标准，并且能对委托人有力地运用这种知识。一年代理三名被告人的律师与一年代理300名被告人的律师相比，肯定比较生疏和缺乏经验。但经验和熟悉程度未必与任何特定结构的辩护服务有关。

总之，辩护的质量差别很大，而且主要依赖于辩护律师的能力和责任心以及可利用的资源。没有一个提供辩护服务的结构显得更高明。从管理的观点来看，一些结构在一些管辖区更能行得通，而在另一个管辖区内，各种结构结合使用将能防止因一个结构垄断而伴随的滥用。

支持被告人和辩护律师

辩护律师，若没有自己所在的事务所或公共机构和其他具有相关任务的组织内的其他人的大力帮助，就开展不了工作。辩护律师和被告人运用调查服务、社会服务、审前释放服务和分流项目进行答辩。

调查员

尽管检察官能依赖警察做许多案件准备所需的常规的调查工作，但辩护律师需要独立的调查员。公设辩护人事务所一般配有少量的调查者，私人聘用的律师可能雇用私人侦探。这些调查员的工作是发现和证实与案件有关的事实，与任何调查员从事的工作一样。辩护调查员以被告人的利益找出证人并会见他们。但是保释或保证在外的自由的被告人有时也帮助审前调查，被关押在看守所里的被告人不能帮助调查。许多场合被告人在审判前或寻找其他证据之前接触证人是不合适的。

被告人服务

引导教育刑事被告人的人们很快意识到，被告人在他们的生活中经常有比刑事判决指控更多的麻烦。被告人经常没有工作、没有受过高等学校教育和专门的培训，甚至没有家；被告人可能具有阻碍正当行使社会职能的情感、精神、身体或家庭问题；被告人经常来自一个对未来不抱希望的环境。

被告人服务通常由与公设辩护人事务所独立的公立或私立机构提供，但是精明的辩护律师能有力地运用这项服务。被告人服务人员努力改善困扰被告人的一些问题。他们决定被告人是否有资格参加一些权利项目，比如社会福利或伤残保障；他们安排住房；他们帮助报名参加教育或培训项目；如果被告人被释放候审，他们可能帮助被告人找工作。

第 8 章 抗辩制中辩护律师的角色

很简单,他们将贫穷的被告人与能提供被告人具体需要的社会服务项目联系在一起。

被告人服务由政府资助,前提是除非被告人的其他问题被解决,否则一些卷入刑事司法制度的被告人将会重新犯罪。被告人服务在被判决有罪之前为被告人提供复归服务。辩护律师运用被告人服务,帮助被告人向法院表明他们值得被宽恕惩罚。在逮捕和审判期间一直没被雇用或达到可被雇用的最低要求,没有遵照社会期望作出明显努力的被告人,在量刑时得不到同情。通过运用被告人服务和其他社会服务,辩护律师重塑了被告人的形象,使他能有第二次机会。

辅助辩护项目

一些公设辩护人事务所已建立了在审判和量刑前提供一系列服务的辅助项目。辅助服务考虑为被告人获得免予监禁的处置,然而辩护律师主要着重于辩护的法律方面,包括答辩谈判和审判准备。辅助辩护通过寻求检察官和法官能接受的非宣判有罪和监禁处罚的方法提供帮助。

辅助辩护可能寻求分流项目,涉及中止指控,让被告人参加一些特殊的活动或项目。分流项目通常由检察院或一个非赢利性组织进行管理,并且经常是因特殊的目的而设立,比如处理入商店扒窃初犯者或酒后驾车者或对吸毒者进行治疗。通过运用辅助辩护项目,辩护律师竭力说服检察官被告人适合这个项目。辅助辩护为了表明被告人需要服务而不是惩罚,可能调查被告人的家庭和社会关系。

如果分流项目不可能,辅助辩护可能着重于准备一项依赖于社区资源而不是监禁的量刑计划。辩护律师又一次提出,目的是使检察官和/或法官信服被告人被置于社区治疗中心或以社区为基地的其他项目是安全和适当的,而免予被处以监禁。尽管辩护律师经常凭自身力量努力地争论提出上述要求,但运用专业人员与社区项目进行必要的接触和安排会更加有效。

保持廉正

刑事辩护律师同样受到约束其他所有律师的道德准则的约束。最初的九条准则,准则七和准则四与刑事辩护律师的职能有最直接的联系。准则七告诫"律师应该在法律范围内热心地代理委托人"。准则四规定"律师应该保守委托人的秘密和机密"。两条准则均对律师对他的委托人能做什么,不能做什么作了限制。

热心地代理委托人是指辩护律师有道德上的义务为那些,甚至辩护律师知道有罪的被告人精力旺盛地进行辩护,律师不能只为那些他们认为无罪的委托人进行有力的辩护,律师的工作是热心地为每位委托人辩护。

一个相似的例子可能会使这点得到更好的理解。医生的工作是挽救生命。如果一名被判决有罪的凶手在监狱里遭受一把残忍的刀伤害而有生命危险,外科医生不会停止抢救而从道德的观点去考虑这人是否值得抢救。同样道理,辩护律师热心地为委托人辩护,因为这是律师的工作。律师的职业责任不是取决于证据的力量、被告方的软弱或罪行的可恨程度。就像医生不会停止抢救而去询问在手术台上的人是否"值得"抢救一样,辩护律师不问被告人是否"值得"充分的、胜任的辩护,被告人享有充分的、胜任的辩护的权利。辩护律师的任务不是判决被告人,那是法官和陪审团的任务。

但是热心辩护的要求是有限度的,律师的热心必须限于"法律的范围之内"。这至少意味着辩护律师必须遵守程序法,包括制定法和宪法规定的程序法。法律的范围也限制与事实和谎言有关的律师行为。

抗辩制中的辩护律师不要求揭露事实或准确地反映事实真相。事实上,许多案件中提供热心辩护的责任要求辩护律师对事实抱怀疑态度。如果说这是努力引导陪审团或法官作出对事实错误的结论,那是辩护律师的职责;如果这是指律师知道起诉方的证人在告诉事实的真相而使他

第 8 章 抗辩制中辩护律师的角色

看上去像在撒谎，那也是辩护律师工作的一部分。辩护律师有责任解释证据，使被告人处于尽可能有利的处境，但是热心的代理必须一点都不能撒谎。作为法院官员，律师禁止撒谎或唆使他人作伪证，即明知地允许他人在宣誓后撒谎。

准则四维护律师—委托人关系，但这种责任也是有限制的。辩护律师有义务保守委托人的秘密。例如，如果委托人告诉律师赃物藏在哪里，律师不能在未经委托人同意的情况下道德地向警察或检察官（或其他任何人）泄露事实，这样做等于承认委托人犯罪。但同时辩护律师不能积极地帮助委托人隐藏证据。如果律师为委托人隐藏赃物，律师将成为一名从犯。

除法律职业的道德责任之外是宪法的规定。宪法第六修正案保证享有"律师帮助"的权利，最高法院将此解释为若是真正的帮助，必须是有效的代理。有效的帮助这个概念还没有明确的定义。认为律师帮助无效的被告人可以提起要求律师赔偿的民事渎职行为诉讼，或以律师帮助无效为由要求撤销有罪判决。

表明无效帮助的传统标准要求必须表明"诉讼是一场骗局并且是对司法的蔑视"（*Diggs v. Welch* 1945，669）。从 70 年代起，许多法院采用新的表述以界定律师的无能力，但是运作标准似乎没有发生什么改变（见 Goldblatt 1983）。更现代的表述倾向于引导合理的或标准的或习惯的行为表现。尽管在表述上发生了改变，但是这种尝试仍被广泛地认为只是规定了绝对的有辩护能力的最低限度标准。这些新的界定没有要求辩护必须是彻底的或优秀的，或甚至是美国律师协会道德法典所要求的热心的。新的界定只要求辩护不能明显低于标准。法院已拒绝第二次估测辩护律师。为委托人辩护有几种合理的方法，法院不希望决定哪一种策略较好而本该采用。

而且，尽管一些法官努力改变法律，但是证明律师无效帮助的证明责任在于提起上诉的被告方，且被告人推翻律师有效帮助的推定很困难：

> **穷困辩护代理危机**
>
> 即将由理查德·克雷恩出版的美国律师协会刑事司法部门报告——《穷困辩护危机》指出,在一些州享有律师有效帮助的宪法权利正面临危险。
>
> 被刑事指控的穷人可能发现他或她没有律师帮助而被关押在看守所里达 3 个月到 6 个月……
>
> 去年 6 月,联邦政府没钱支付刑事司法条例规定的指定律师费用,短缺 $40 000 000。
>
> 在新奥尔良,一位在 1991 年前 7 个月代理了 418 位委托人的公设辩护人因超额度的工作量而被法院裁决没有提供有效的服务……
>
> 在亚特兰大,法律日报将贫困辩护代理描写成"屠宰场司法",1990 年每个公设辩护人平均年重罪案件工作量为 530 件。
>
> 资料来源:J. Michael McWilliams. 1993. "The Erosion of Indigent Rights." *ABA Journal* 79(March):8. 重印经 the *ABA Journal* 允许。

一名被宣告有罪声称律师无效帮助的被告人必须指出被断定为并非是律师合理职业判断结果的行为或忽略……同时,法院应该在承认律师被强烈地推定已经作了充分的帮助和行使合理职业判断后作出所有的重要决定。(*Strickland v. Washington* 1984,690)

一些管辖区,繁重的工作量使一些辩护律师自己提出制度以妨碍他们提供有效的帮助。如果这种状况继续存在,法院可能会被迫更仔细地审视律师无效帮助这个问题。

总 结

辩护律师的角色是作为被告人的顾问和个人代表,实际上这通常涉及寻求宣告无罪或获得可能最宽恕的惩罚。辩护律师在诉讼过程中保护被告人的权利和为被告人提供关于重要决定的建议。律师和刑事被告人之间的交流受律师—委托人特权的保护,这项特权对于促进律师和委托人的相互信任是必要的,但是许多委托人不愿意完全向律师坦白。

辩护律师努力改变对被告人的指控和要求最宽恕的审前释放条件;辩护律师调查案件事实,寻找可能对委托人有利的证据和法律薄弱点。因为去审判经常对委托人不是最有利,所以辩护律师参加与检察官的谈判。

从事刑事辩护的律师常常只占所有律师的很小一部分。刑事辩护工作不能吸引那些向具有影响力的人们提出建议,对一种赚钱工作感兴趣的律师。私人刑事辩护律师是那些被有足够钱支付法律费用的被告人雇用的律师,他们只构成所有刑事律师的一小部分。贫困的被告人可能被法院指定律师、公设辩护人或签约辩护人代理。没有证据表明哪一类型的律师更有效,换言之,刑事辩护质量中最重要的因素是资源和经验。

律师们依据美国律师协会职业责任法典对职业负责。如果律师的行为远低于可接受的标准,被告人可能成功地获得有罪判决的撤销。

参考书目

Alschuler, Albert W. 1975. "The Defense Attorney's Role in Plea Bargaining." *Yale Law Journal* 84: 1179—1314.

Casper, Jonathan. 1978. *Criminal Court: The Defendant's Perspective*. Washington, D. C.: U. S. Government Printing Office.

——1972. *American Criminal Justice: The Defendant's Perspective*. Englewood Cliffs, N. J.: Prentice—Hall.

Cohen, Larry J., Patricia P. Semple, and Robert E. Crew, Jr. 1983. "Assigned Counsel Versus Public Defender Systems in Virginia." In William F. McDonald, ed. *The Defense Counsel*. Beverly Hills, Calif.: Sage.

Diggs v. Welch, 148F. 2d 667, cert. denied 325 U. S. 889, 65 S. Ct 1576, (D. C. Cir. 1945).

Ferguson, Robert W., and Allen H. Stokke. 1978. *Legal Aspects of Evidence*. New York: Harcourt Brace & Company.

Freedman, Monroe. 1975. *Lawyer's Ethics in an Adversary System*. Indianapolis: Bobbs—Merrill.

Goldblatt, Steven H. 1983. "Ineffective Assistance of Counsel: Attempts to Establish Minimum Standards." In W. F. McDonald, ed. *The Defense Counsel*. Beverly Hills, Calif.: Sage.

Hanson, Roger A., Brian J. Ostrom, William E. Hewitt, and Christopher Lomvardias. 1992. *Indigent Defenders Get the Job Done and Done Well*. Williamsburg, Va.: National Center for State Courts.

Heinz, John P., and Edward O. Laumann. 1982. *Chicago Lawyers*. New York: Russell Sage and American Bar Foundation.

Heumann, Milton. 1978. *Plea Bargaining: The Experiences of Prosecutors, Judges, and Defense Attorneys*. Chicago: University of Chicago Press.

Hochstedler Steury, Ellen. 1991. "Specifying 'Criminalization' of the Mentally Disordered Misdemeanant." *Journal of Criminal Law and Criminology* 82: 334—359.

Maguire, Kathleen, Ann L. Pastore, and Timothy J. Flanagan. 1993. *Sourcebook of Criminal Justice Statistics*, 1992. Washington, D. C.: U. S. Government Printing Office.

Maynard, Douglas W. 1984. *Inside plea Bargaining: The Language of Negotiation*. New York: Plenum.

McWilliams, J. Michael. 1993. "The Erosion of Indigent Rights: Excessive Caseloads Resulting in Ineffective Counsel for Poor." *American Bar Association Journal* 79 (March): 8.

Nagel, Stuart S. 1973. "Effects of Alternative Types of Counsel on Criminal Procedure Treatment." *Indiana Law Journal* 48: 404—426.

Phillips, Steven. 1978. *No Heroes, No Villains*. New York: Vintage.

Rossett, Arthur, and Donald R. Cressey. 1976. *Justice by Consent*. Philadelphia: Lippincott. Skolnick, Jerome. 1967. *Justice Without Trial: Law Enforcement in a Democratic Society*. New York: Wiley.

Sterling, Joyce S. 1983. "Retained Counsel Versus the Public Defender: The Impact of Type of Counsel on Charge Bargaining." In W. F. McDonald, ed. *The Defense Counsel*. Beverly Hills, Calif.: Sage.

Strickland v. Washington, 466 U. S. 668, 104 S. Ct. 2052 (1984).

Sudnow, David N. 1965. "Normal Crimes: Sociological Features of the Penal Code in a Public Defender Office." *Social Problems* 12: 209—215.

U. S. Bureau of Justice Statistics. 1988. *Report to the Nation on Crime and Justice*, 2d ed. Washington, D. C.: U. S. Department of Justice.

Wice, Paul B. 1978. *Criminal Lawyers: An Endangered Species*. Beverly Hills, Calif: Sage.

Worden, Alissa P. 1991. "Privatizing Due Process: Issues in the Comparison of Assigned Counsel, Public Defender, and Contracted Indigent Defense Systems." *Justice System Journal* 14—15: 390—418.

第 3 部分
诉讼案件

第 9 章 检察官的初步指控决定

大多数刑事案件都是由警察向检察官提起的,所以,警察被认为是通向刑事法院的守门员。也就是说,如果警察不将犯罪嫌疑人向法院提起,那么犯罪嫌疑人就不可能被起诉。当警察逮捕一些人时,他们的报告书是将被逮捕者提交给检察官的正式文件。若没有逮捕报告书,控告证人——警官或市民——可能书面或口头地向检察官提供有关罪行和嫌疑人的信息材料。

历史上,自从 19 世纪中叶大多数大城市建立了常设的警察署以后,警察就负责初步指控决定,当时几乎每个逮捕案都被提起指控。一般而言,法官在检察官审查证据之前审查案件。如果案件非常薄弱或不宜起诉,法官在初步出庭时就驳回案件。这种情形在一些管辖区一直持续到 60 年代末期,但在另一些管辖区,20 年代早期的起诉审查就取代了这种做法(McIntyre 1968; McDonald 1979)。

如今大多数市区检察官事务所行使大量的对初步指控决定的控制权,检察官审查逮捕报告书和其他可获得的信息资料。在一些管辖区,检察官在此时简短地会见被害人或其他证人,然后检察官决定是否签署刑事指控工具,即刑事告发书,这要由告发证人签名并证实告发书中的材料都是真实的。

刑事告发书用简明的文字描写告发证人所知的事实和事件，这些构成对犯罪嫌疑人指控的证据。刑事告发书的详细程度各管辖区不同。在一些法院，刑事告发书极其简短，只写明被指控者的名字、确切的罪名以及罪行发生的时间和地点。而在另一些法院，一份典型的刑事告发书包括两段或三段描述性的信息资料，对刑事事件进行概述、列明证人名字并记载证人所作的总结性陈述。不管是短的还是长的刑事告发书，它都不呈现刑事事件的所有细节。刑事告发书的最后一句话经常这样写道："本告发书并没有彻底地罗列原告所了解的所有案件事实。"

刑事告发书一经签名，案件就被移交给法院书记官并得到一个案件号码数。此时在法院系统中这是一个"活"的案件。刑事告发书将案件诉至下一阶段，即法院前初次到庭。轻微案件中告发书可能是唯一的正式指控工具；重罪案件，以后签发的正式指控文件（检察官起诉书或大陪审团起诉书）则具结案件审判。

大多数案件，检察官在逮捕后不久就签署刑事告发书。时效制定法规定了罪行的发生与刑事指控的提起之间最长的间隔时间。如果没有在时效制定法规定的期限内提起指控，那么州就丧失了指控这个罪行的权力。

大多数州的时效制定法都规定，轻罪指控必须在犯罪实施之日起三年内提出，重罪指控必须在七年之内提出。因为谋杀罪行非常严重，所以对此没有时效限制。无论何时只要可能性根据存在，不管罪行是在什么时候发生的，都可以提起谋杀指控。时效制定法的规定很宽容，只有少数案件才对执法机构构成侦查和指控的压力。但是，偶尔检察官也得抓紧时间提出指控。比如，抓获一连续强奸犯要花好几年时间，但一旦逮捕了嫌疑犯，精液样品可能使他与许多年之前发生的妨害风化罪联系在一起。如果其中的一些罪行恰好在规定的时效内，那么检察官就不得不在追诉时效内提起指控。

一旦嫌疑人被羁押，警察和检察官就必须尽可能迅速地完成侦查工作和签发指控。必须在逮捕后不久，最多几天，通常不要这么长时间就给予被逮捕者初次到庭的机会。尽管能以逮捕指控送被告人去初次到庭，但许多案件，检察官在给被告人羁押释放的机会之前，宁愿先完成侦查工作和作出指控决定。一旦被告人被保释释放，他们可能隐藏证据，与同盟者讨论合理借口或申辩不在犯罪现场，或威胁潜在证人。所以，检察官努力在初次到庭之前收集必要的证据和签发指控。

是否签发指控（以及签发何种指控）可能是刑事司法制度中最大的自由裁量权的行使。检察官真的不被期望对每个案件都进行起诉，以达到法律的完美程度。相反，检察官必须决定所有案件中，哪个案件能被起诉，哪个案件应该被起诉。初步指控决定能被看作是三个相关或互相重叠的因素的聚合：证据强度、司法利益和可获得的资源。大体上来说，这些是要求检察官作出主观裁决的决定。本章探讨检察官如何运用他们的指控自由裁量权以及他们所考虑的一些因素。

指控和它的替代

最简单地说，指控决定是一项起诉或不起诉犯罪嫌疑人的决定。事实上，要比这更复杂。检察官可以决定延缓起诉，拖延指控的判处。而且，除了最明了的案件之外，检察官必须决定提起哪个以及多少个指控。

一般而言，一个管辖区内检察官审查的案件中有25%至50%不被起诉，这种情况已经延续了几十年（见 Boland et al. 1982；Boland, Mahanna, and Sones 1992；Graham and Letwin 1971；Hochstedler 1987；McDonald 1979；Neubauer 1974）。不提起指控的决定因一系列来自拉丁词组 nolle prosequi（意为不起诉）的称谓而为人所知。这个词组被缩写成 nolle pros，nol pros 和 no process。所有这些词干的意思均是指检察官拒绝起诉的决定。一些观察家们认为，检察官显示怜悯的自由裁量权是司法制度中最未受限制的自由裁量权，检察官行使这个自由裁量权作出是否指控的决定。法官没有签发指控的权力，所以若检察官拒绝指控，那么这一决定几乎就不能被审查（Becker 1988）。

延缓起诉和分流项目

有时，检察官不是决定完全不起诉，而是作出一个中立的决定——延缓起诉。延缓起诉，指控的提起被无限期推迟，以给立功被告人（经常是初犯者）一个第二次机会。延缓起诉常常与分流项目结合起来运用。分流项目努力解决造成一个人刑事犯罪的一些问题。以被告人同意参加一些积极的活动为交换（比如自愿毒品治疗、安置于常住治疗中心内、报名参加工作培训项目或获得高中同等学力和被雇用），检察官同意延缓起诉。分流使被告人免受刑事起诉的耻辱并要求被告人参加归复治疗。一些分流项目是非正式的，而另一些则是正式的并有明示的参与者衡量标准。

若是非正式的分流，检察官根据每个案件情况作出规定，犯罪嫌疑人不被定期地监管是否遵守规定。只有在犯罪嫌疑人再次被逮捕时，检察官才知道嫌疑人没有遵守规定。"分流"经常被其他项目取代，检察官最不正式的做法是如果罪犯在一定期限内，比如6个月或12个月没有因其他任何罪行被逮捕的话，检察官同意不对本罪行提起指控。

另一些检察官则参与更正式的分流项目。这些项目，专门人员必须进行评估以决定被告人是否适于分流。一旦加入分流项目，被告人被要求参加专门的归复活动，并被监管是否遵守规定。检察官或法院定期被告知有关被告人参与项目及取得的进步情况。如果被告人在分流项目中表现不好，检察官就恢复刑事起诉。因为正式的分流项目需要增加监管人员，所以正式化的分流项目不及非正式分流项目常见。

选择指控的级别和数量

检察官也决定签发哪个以及多少个指控。大多数管辖区的刑事法典，即界定犯罪的制定法涉及的范围十分广泛。所以，任一个行为可能有不止一部制定法可以适用。也就是说，一件相当简单的事实可能支持

第9章 检察官的初步指控决定

几个不同的刑事指控。试考虑下面的一个例子：

  一个用面具蒙着脸的人走进一家烈酒商店，从夹克衣口袋里拿出一支枪，对着收银员，扣住扳机，索要收银柜里的所有钱。当收银员把钱交给他后，小偷告诉她卧倒在地板上，然后慢慢数一百下后再移动。被害人答应。罪犯出门后，拿着＄2 000现金沿着街道走开了。

  这个事实情况并不非常复杂。大多数公众认为这只是一桩持械抢劫。对一名检察官来说，罪行的可能性则远不仅是持枪抢劫。除持枪抢劫之外，被告人还能以抢劫和盗窃较少包括的罪行和其他几个罪行被指控。

  较少包括的罪行是指比较轻微的罪行，这些罪行涉及被指控的最严重罪行的某些但并非所有的事实要件。如果持械抢劫被界定为用武力或涉及武器运用的威胁夺取另一个人财产，抢劫被界定为用武力或威胁夺取另一个人财产，那么抢劫是持械抢劫较少包括的罪行。尽管大多数州，被告人不能被判决主要罪行和较少包括的罪行同时有罪，但是被告人能被判决两项罪行中的其中一项有罪。较少包括的罪行为审判时的法官或陪审团以及答辩谈判中的律师们提供了一系列可能性。如果陪审团不信服主要罪行的全部要件，它可能认定有充分的证据宣告较少包括的罪行有罪，如果较轻的罪行并不要求麻烦的要件证明的话。较少包括的罪行也提供了一系列双方对答辩交易结果都感到满意的可能性。

  除较少包括的罪行之外，另一些指控也可以针对上述非较少包括罪行的抢劫案提出。根据具体管辖区的法律，对这个持械抢劫案能指控的其他罪行包括在实施犯罪行为时隐瞒身份、携带有意隐藏的武器、盲目使用危险的武器和通过不顾生命的行为危害安全。这些罪行不是较少包括的罪行，因为它们包括非持械抢劫罪包括的另一些要件（见表9—1）。被告人可能同时被指控和被宣判所有罪行有罪。而且，有重罪前科的被告人可能因惯常犯罪或触犯了禁止被宣告有罪的重罪犯拥有枪支的重罪枪支法律而被附加指控。

如本例所示，一个简单的刑事行为可能支持几个指控。检察官必须决定签发一个指控，多个指控，较严重的指控，比较宽恕的指控还是签发事实支持的所有指控。在选择哪个指控和多少个指控合适的过程中，检察官受证据支持的范围限制。然而，在证据支持的范围内，检察官按司法规定自由地显示严厉或宽恕。如果该被宽恕，检察官可能选择比事实支持的更轻和刑罚更宽恕的指控。如果检察官认为该受惩罚，那么就可能寻求比较严厉的指控，比如根据惯犯制定法提起指控。

表 9—1　较少包括的罪行和附加罪行

刑事法典中的所有罪行

主要罪行
例子：夜盗罪
要件：
1. 非法进入一建筑物
2. 具有犯罪的故意

较少包括的罪行
例子：非法侵入
要件：
1. 非法进入另一个人的房屋

附加的罪行
例子：盗窃罪
要件：
1. 非法拿走另一个人的财产
2. 具有偷窃的故意

这幅图表呈现了一起可能被指控的主要罪行、较少包括的罪行和附加罪行之间的关系。检察官从刑法典中的所有罪行中挑选出对嫌疑人提起的指控。考虑这个例子：根据逮捕报告书，警察认为嫌疑人具有偷窃电器设备的故意而进入被害人的家，偷窃了被害人的音响装置。

第9章 检察官的初步指控决定

指控签发中的主要因素

指控决定要求检察官根据司法利益和可获得的资源衡量证据。检察官（1）衡量证据和决定哪项指控是法律规定允许的，（2）决定希望达到怎样的结果，（3）根据检察官有限的资源，考虑什么结果是可以接受的。检察官沿着决定阶梯一步步地作出决定。

在第一梯级，检察官衡量证据。证据足以通过正式的可能性根据审查吗？为通过法院诉讼的第一阶段，检察官至少必须拥有向法官或大陪审团表明可能性根据的指控被告人的充分证据，所以检察官对案件的初步评估可能就着重于这个狭隘的问题。这个评估也涉及对起诉是否能成功的预测。如果证据非常薄弱，取得起诉的成功令人怀疑，那么起诉则可能是浪费宝贵的资源。

一旦检察官已经决定了合乎法律规定的合适和可行的指控，那么检察官就必须决定这种情形是否能获得有罪判决和惩罚。尽管可能存在充分的支持刑事指控的证据，但在许多情况下，若没有更多的证据或并非是强制性情形，检察官可能不希望指控。检察官对罪行严重程度的估测是一项主观判断，受地方政治环境的影响。对政治敏感案件（比如指控警官或社会知名人士）或要求较高的案件（比如有组织犯罪或公司犯罪）作出指控决定的过程中，检察官可能希望拥有超过可能性根据要求的证据。

起诉优先也影响指控决定。这些优先随着不断改变的社区观点而时常变动。例如，本世纪70年代之前，检察官广泛认为家庭暴力具有轻度优先权。犯罪情节——家庭成员处于一种不断发展的关系——使检察官确认家庭暴力不是那种该被刑事诉讼和该受惩罚的罪行，所以，除非罪行特别恶劣或有其他一些非寻常的情节，大多数这种案件都不被指控，即使达到可能性根据的要求。

针对妇女群体不断地施加压力和对夫妻间殴打严重性的认识不断发

生改变，许多社区的检察官改变了他们评测这些案件的方式。相似的改变也发生在白领和公司犯罪、毒品罪行、约会强奸、酒后驾车和儿童虐待罪之间。曾有一段时间，检察官认为这些罪行中许多都不必起诉，他们认为起诉不能维护司法的利益。随着社区观点的改变，起诉实践也随着改变。

检察官事务所和法院的案件工作量以及可获得的资源也影响指控决定。在一个资源无限的世界里，将会有更多的案件被指控。由于时间和资源的切实限制，检察官将案件作互相对比，作出是否值得指控的选择。一些案件可能被非正式地界定为破烂物，而很快被决定无须刑事指控；而且被定为破烂物的案件种类也随着不断改变的社会和政治倾向而改变。然而大多数情况下，资源的有限只能影响指控的级别，并不会造成全然不起诉。轻度优先的案件被指控，但是检察官可能只指控轻罪罪状或进行答辩交易，以最低的资源花费获得有罪判决。

一些检察官在作出指控决定的过程中主要着重于保护稀有资源，这种起诉决定的作出方式被称为系统效益模式（Jacoby 1977）。指控实践符合系统效益模式的检察官们非常清楚，诉讼任何案件必然消耗掉能被用来起诉其他更值得诉讼的案件的资源。尽管全体检察官均受资源问题的影响，但如果起诉决定的作出是按照系统效益模式，那么有效地运用有限的时间和金钱就成为指控决定的关键因素。

最后，评估指控适当性的检察官们考虑他们是否确信犯罪嫌疑人有罪。检察官个人的不确定能使他们不对嫌疑人提起指控，即使他们有充分的指控证据（Gershman 1993, 524; Melilli 1992, 685; Schneider 1993, Stanko 1981—1982, 229）。检察官寻求公正的职责要求他们做这样的考虑。例如，如果检察官相信嫌疑人的解释，即使没有证据佐证嫌疑人的陈述，检察官也可能决定放弃起诉。检察官不是依靠无情和机械的证据评估，而是必须使他们自己确信被告人有罪。

如果检察官认为有充分的证据指控（和判决有罪）、案件值得起诉和被告人事实上有罪，那么案件就该被起诉。

第 9 章 检察官的初步指控决定

达到可能性根据的要求

按照法律的最低限度规定,刑事指控要求支持证据必须达到被称为可能性根据的证明标准。制定法、判例法和检察官的道德准则均要求在起诉开始时必须建立可能性根据。所有各州,法院、大陪审团或两者均审查证据以决定是否达到可能性根据标准。要求可能性根据是因为刑事指控被广泛认为是一件严肃的事情,可能对被告人的生命和生活产生负面的影响。为确保没有好的理由个人不被起诉,法律规定州一方在诉讼程序早期提供达到可能性根据标准的证据。考虑此时可获得的所有证据后,如果一位明理的人有合理的理由(可能性根据)认为犯罪嫌疑人有罪,那么可能性根据就存在。可能性根据不是一个确定的标准,不同的法院对此作不同的解释。可能性根据被描写成比单单的有罪怀疑要多一些,但多多少少不清楚。

因为可能性根据标准不确切,所以要求达到标准的证据数量似乎各地也不同,甚至一个管辖区内各诉讼阶段都不同。然而,在诉讼各个阶段,一位有经验的检察官对说服法官或大陪审团相信可能性根据存在所必需的证据数量均比较清楚。检察官据此作出他们的指控决定。如果检察官十分肯定案件会由于缺乏可能性根据而被驳回,那么检察官可能当场就拒绝起诉,或继续侦查,以期获得充分的证据。

积累证据

证据是刑事案件的关键,没有证据就没有起诉。证据的基本种类有两种:实物证据和文书证据。实物证据包括直接证据,即直接地证明纠纷事实,和旁证,这要求事实审理者根据出示的证据作出推断或推理。主要基于旁证的案件较难被证实,因为如果从旁证中能得出不止一项的合理推断,在证据不足的情况下被告人被假定为无罪(Ferguson and Stokke 1978, 23—24)。直接证据和旁证可能以证人证言、物证或文书证据的形式存在。言词证据以言词形式存在,它是一些人的陈述。物证包括物体(武器、子弹、衣服、赃物)、血迹、指纹、声纹、纤维和其他从犯罪现场、嫌疑人或证人处搜集来的证据。文书证据是一些比如事务记录、纳税报告或公司备忘录的书面证据以及包括比如录音和录像等"书面证据"。警官和其他刑事侦查员常规发现和收集刑事案件的言词证据、物证和文书证据。检察官常常通过会见嫌疑人和主要证人收集言词证据。

当案件移交给检察官时，已经存在一些指控犯罪嫌疑人的证据。大多数案件，证据由逮捕警官或被分派到法院替代逮捕官员的联络员以口头或书面的形式向检察官出示。这种口头或书面的陈述提供了刑事起诉的基础。许多案件，警察在此时掌握了足以判决嫌疑人有罪的证据。在检察官审查证据之前，警察经常已收集所有的物证且分门别类，并记录了所有所需的言词证据。在这种情况下，补充侦查或收集证据就没有必要或只有稍许的必要。

一些案件，在签发指控之前，检察官需要或要求进行补充侦查。检察官可能只是建议警察需要进行哪些补充侦查或将侦查工作交给隶属于检察人员的侦查员，另一些案件检察官则可能举行指控协商会以了解案件的更多情况。最后，一些特殊的情况，检察官可能运用调查的大陪审团以发现证据支持指控。

侦查的资源

检察官根据警察提交的信息资料不签发指控，而可能决定在签发指控前需要补充收集一些证据。检察官通常必须依靠警察进行进一步的侦查。

警察侦查员和检察官之间的关系是一种微妙的关系，它包含怨恨和冲突的根源。警察和检察官以不同的优先权在不同的组织工作。但是，警察和检察官互相依靠以控制社区内的犯罪。警察需要检察官将逮捕转为有罪判决，检察官也需要警察提交案件和收集判决有罪所需的证据。警察侦查员和检察官相互尊重和合作的关系为更成功地起诉设置了舞台，达到这样一种关系是一种挑战。

警察和检察官之间地位的差异，是误解警察和检察官履行相互补充但又不同的职能的缘由所在。警察逮捕需要的证据数量比有罪判决所需

第9章 检察官的初步指控决定

的证据数量要少；另外，与考虑是否会获得有罪判决相比，警察更关心即刻危机和为维护秩序作出逮捕的必要。然而，一旦作出逮捕，警察通常希望得到有罪判决。

有时警官怨恨检察官要求补充侦查。警官可能将检察官的要求理解为检察官对他们的第二次猜疑，和甚至是对他们可信度的怀疑。如果检察官对补充侦查的目的和需要缺乏耐心和没有清楚地跟警察交流，警官的怨恨可能加深。

大多数检察官事务所雇用属于本所编制的侦查人员，但这些侦查员不是马上就能胜任常规的侦查工作。这些侦查员并非重复警察的职能，通常被安排进行警察通常不侦查的特殊项目。例如，检察官的侦查员被安排进行有组织或白领犯罪的侦查，或侦查警察或政府的腐败行为。

指控协商会

一些管辖区，检察官通过召开指控协商会寻求犯罪的有关补充信息资料（Melilli 1992，689）。指控协商会是由犯罪嫌疑人和主要证人，包括警察参加的一个非正式会议。指控协商会的主要目的是通过不同角度的审视证据，来衡量证据的证明力。检察官会见所有参加会议的人员，每位与会者均有机会从他或她的角度出发解释事实。检察官在听审了每位与会者对事实的表述之后，就比单单依靠警察的看法而更能全面地衡量证据的证明力和起诉的适当性。

直接证据和旁证

直接证据：

被告人在烈酒商店抢劫现场的几个街区之外被抓获。他们的随身财产是各种面值的现钞和已背书给烈酒商店经理的支票。这些在他们财产中发现的支票被作为被告人抢劫了烈酒商店的直接证据。

旁证：

听到大声的尖叫，家具的敲砸声和呼救声，宾馆旅客朝被害人的房间跑去。他们没再听到什么。突然，从街那边跑过来挤在楼梯口的人们朝着被害人的房间大喊,"她跳楼了"或"她坠下来了"。踢开房门,他们看见被告人站在开着的窗户附近。在审判时,有关证人就他们所听到的声音作的陈述和行人关于被害人坠楼所见的情况均作了介绍。检察官寻求通过这个"纯粹"的旁证,证明被告人与被害人争论和打斗,最后将她推下窗户造成身亡的事实。

资料来源:摘自 Robert W. Ferguson and Allan H. Stokke. Copyright ⓒ 1978. *Legal Aspects of Evidence*. New York:Harcourt Brace and Company,1978,pp. 22 and 23. 重印经出版人同意。

检察官没有权力要求犯罪嫌疑人或任何一位主要证人必须参加指控协商会或与检察官对话。在指控协商会期间,与被审讯时一样,犯罪嫌疑人受第五修正案和米兰达规则的保护。在指控协商会一开始,犯罪嫌疑人就被告知享有保持沉默的权利和律师在场的权利。但即使有这样的规定,大多数犯罪嫌疑人、被害人和证人还是都愿意甚至急切地要与检察官交谈。

从被告人的角度来看,指控协商会提供了一个有助于塑造检察官对罪行情节的认识,从而有机会影响检察官签发指控的机会。犯罪嫌疑人对犯罪情节的解释可能披露具有说服力的减轻情节,或为犯罪嫌疑人的行为提供一个有效借口或正当理由。

调查的大陪审团

对一些非同寻常的案件,发现收集证据的标准方法可能不足够。在这种情况下,检察官则寻求另一个机制:调查的大陪审团。有时证人拒绝与警察或其他调查员谈论有关他们所知道的案件事实。一个不合作的证人可能竭力要保护一些人免受诉讼,或可能害怕若与政府合作会遭到报复。碰到这种情况,若传唤他们在大陪审团前作证,一个不情愿的证人将被迫回答问题。如果大陪审团传唤证人,他们必须出庭和回答问题,否则将面临因蔑视法庭而被关押。证人可能仍会躲避和不合作,假装不记得或撒谎,但是关押和伪证罪指控的威胁比起只是警察或检察官要求他们作证,更能使不情愿的证人合作。调查的大陪审团最常被用来

第 9 章 检察官的初步指控决定

调查结伙阴谋罪和仍在进行的刑事犯罪行为,比如有组织犯罪或警察贪污罪。调查的大陪审团不仅具有指控机关的职能,还具有调查职能,除此之外它均与指控的大陪审团相似,这方面情况将在第 12 章作更详细的讨论。

衡量证据

决定阶梯的第一梯级是决定是否有充分的指控证据。一些检察官事务所的做法是签发法定的可能性根据支持的全部指控,这种做法被称为是指控的法定充分模式(Jacoby 1997;Mellon, Jacoby, and Brewer 1981)。

尽管签发指控有法定的充分理由,但可能性根据不足以支持有罪判决。如果案件去审判,证据必须达到超出合理怀疑的证明标准。一些检察官事务所按照高于审判时有罪判决所要求的证明标准来审查案件,这个模式称为审判充分模式(Jacoby 1977;Mellon et al. 1981)。在这个模式下,检察官努力筛选,只对那些可能被宣判有罪的案件提起指控。如果从一开始没有宣告有罪的充分证据,且不会再发现证据的情况已很清楚的话,那么就不会签发指控,即使证据达到了较低的可能性根据标准。按照这个模式,检察官可能更注重审判时证据的可采性。检察官也可能评测案件"陪审团上诉"的可能性,例如,陪审员是否有可能发现可信的主要证人。要是案件的被害人和主要起诉证人都是被宣告有罪的贩毒者,陪审员上诉的可能性就不大,检察官鉴于这个评估可能改变他们的指控决定。

与指控的审判充分模式相比,法定充分模式可能使更多的嫌疑人被指控,且每个嫌疑人受到更多的指控。然而,由于证据不足,在以后的诉讼过程中则有更多的指控被驳回。此外,由于在法定充分模式下对被告人签发更多的指控,所以有更多的指控最终在答辩谈判中被解决。有关"现行汇率"的地方标准受管辖区内检察官的指控实践影响。按照法定充分模式的指控是一种薄弱案件延缓审查的起诉类型,而审判充分模式下的指控则是在诉讼早期就删掉了薄弱案件。

不管检察官的指控决定是按照什么样的价值观和喜好（检察官的实践是否遵循法定充分、审判充分或系统效益模式），检察官都必须就证据的证明力和可靠性进行衡量和评价。大多数案件证据在指控签发时是最有力的。从那时起时间逐渐削减证据的证明力：情感改变、痛苦和愤怒逐渐淡忘、证据丢失、证人失去兴趣和不能出庭、记忆模糊。如果证据在指控时就薄弱或不足，那么在这之后就不可能获得更有力或更全面的证据。

为将物证与犯罪行为联系在一起，经常要求对物证进行科学试验。各种科学试验在准确性、可靠性和用途上均有区别。一些证据的试验较可靠，一些试验结果较确定，一些证据的试验比另一些证据更能提供一些信息资料。例如，在一些谋杀案中，验尸官能得出确切的死因，而另一些案件，验尸官只能提供死亡的可能原因。在配对指纹的过程中，一些配对是正确的，而一些则不正确。有时武器的弹道试验能提供将子弹与特定的枪联系在一起的确切证据；而另一些案件，如果在上弹时子弹严重变形，那么弹道试验的结果就不确切或根本没有价值。

除了物证的试验在准确性和用途上存有变异之外，大多数刑事案件的物证并不能全面地体现案情。事实上，大多数刑事案件依靠言词证据。衡量言词证据取决于它的可信度。在证人和嫌疑人每天的列队陈述中，检察官几乎听到每个案件都会出现的相互冲突的表述和解释。有人撒谎吗？谁是从谎言中获益最大的人？证人犯了一个诚实的错误吗？证人能推断嫌疑人的动机是不正确的吗？因为事情发生得如此之快，以至于证人对发生了什么以及什么时候发生感到困惑？（Gershman 1993）检察官并非拥有衡量可信性的魔术般方法，可信性的衡量难免依赖于人的判断，受人的偏见影响和受人的本能引导。然而，检察官确实在分析证人的陈述以及在识别证据的薄弱点和不一致性的过程中获得了一些技巧。

在许多考虑因素中，检察官可能考虑证人证言的合理性。一个古怪离奇的故事与一个较有可能的故事相比，更难使人相信。证人似乎不合逻辑或与常识相反的陈述可能被认为不可信。如果证人提供的解释与证

第9章 检察官的初步指控决定

人有关的其他事情不相一致,那么证人的可信度就大打折扣。相反,如果证人一直作这种陈述且在几次重复中都保持内在一致,那么证人提供的故事就较可信。证人的声誉,如果了解的话,也是考虑的一个因素。

在衡量言词证据过程中,检察官也考虑不诚实的明显动机。对正受争议的事件作虚假陈述而获得一些东西——不管是钱、权力还是自由——的证人不是一个可信的证人。相反,没有得到什么东西,或甚至不管个人损失而作证的证人则是可信的证人。对同案犯的指控,如果只是以答辩交易作交换而提起指控,那么就不如一些人不求回报而提出的指控有力。在1994年奥林匹克运动会之前,当杰夫·吉罗力(现在的斯通)使托尼亚·哈丁牵连到对南希·克利根的指控案中时,他的陈述本身就不是很可信,因为他以提供指控哈丁的证据作交换而获得宽恕的刑罚。

佐证增加了可信度。佐证是意在确认言词证据准确性的补充证据。佐证可能来源于物证或其他证人的证言。例如,在一桩谋杀案中,如果在犯罪现场发现一把刀或其他看见刀的证人也作证,证人关于死者有一把刀的证言就得到佐证。

最后,检察官预测在诉讼过程中证人被证实是可靠证人的可能性。案件常常在罪行发生后的几个月内被审判。那时,证人和被害人有时失去了与起诉方合作的兴趣。有时,尤其是轻微罪行,审前会见检察官和出庭作证成为一种负担,证人都想竭力避免。对涉及家庭成员或朋友的案件,检察官逐渐能预料证人会退却或变得不合作。在罪行发生后不久,起诉似乎是失去控制运转的情形的最后希望。但在罪行发生与暂定的审判日期之间的数月内,情况可能发生巨大的改变。伤口,无论是身体和感情的伤口都得到愈合;犯罪造成的冲突也似乎被解决;忠诚和宽恕的文化和家庭压力变得比检察官对证人要与宣告罪犯有罪合作的劝说更强有力。如果证人证言对诉讼很重要,那么一桩有力的案件就可能出乎意料地被削弱。因为任何一位有经验的检察官都会碰到因证人与罪犯的关系而变得不合作的案子,所以检察官从一开始就有意努力地诉讼这种案件。

本世纪 70 年代至 80 年代期间，受殴打的妇女群体指责检察官在决定是否指控家庭暴力案件时，作出无情和墨守成规的证据评估。如果检察官推测受殴打的妇女将变得不合作，那么当这些妇女寻求对她们的虐待者提起指控时，检察官会不热情。针对这些指控，一些检察官事务所实施支持指控的政策。与警察署的支持逮捕政策相似，支持指控意味着只要存在可能性根据，检察官就要指控。诸如检察官对证人以后是否会合作的预测等一些因素则不被考虑（Schmidt and Hochstedler Steury 1989）。

司法的利益

一旦检察官对事实有了比较清楚的认识，并认为证据足以证明刑事指控是正当的，那么检察官就必须考虑提出的指控在这种情形下是否适当。在决定被告人是否该被起诉和该提出何种指控的过程中，检察官受寻求公正的法律责任引导（American Bar Association 1970，43）。寻求公正比简单地宣告有罪者有罪更重要。即使有罪的证据很有力，但合法的理由可能证明不起诉是正当的。检察官拥有指控或不指控的自由裁量权。

指控决定能永远地改变那些指控涉及的人的生活。由于这样，指控很少机械地将法律适用于事实。检察官能并确实将人道因素考虑在内。曼哈顿前助理地区律师戴维·海伯劳纳，描述了他刚加入地区律师事务所时所接受的指示。在一次认识会议和对事务所全体新律师的讲话中，一位年长的检察官谈到当使用自由裁量权时所考虑的各种因素：

> "现在，就从一开始，我想提醒你们，你们已被雇用作出公平的评判，行使自由裁量权——不只是赢取案件和寻求最高刑罚。例如，一位女士为供养她的家人因偷窃超市里的肉而被抓，如何处理？……当然在这些情况下应该显示怜悯。你可以答辩交易这个案件……很多结果将取决于她的刑事责任和她在法院的态度。但是，你们将不得不学会作出这些判决，判决将决定一个人是否进监狱。"（1990，18）

第9章　检察官的初步指控决定

人道因素在起诉意欲达到的目的中也被考虑。起诉的一个主要目的是获得有罪判决并借此获得科处惩罚的权威，所以，惩罚、威慑、使能力丧失和归复的目的融入起诉的每个决定中，因为它们与每个罪行、罪犯、被害人和公众的具体方面有关。例如，罪行的严重性和罪犯的动机是惩罚考虑的主要因素。长期或严重的刑事记录可能使检察官认为需要严厉的惩罚，威慑和使犯罪嫌疑人丧失能力。如果罪犯承认责任并真诚地表示忏悔，那么检察官可能作出被告人适于归复的结论，不对其起诉而可能适用分流。对受到广泛媒体报道的严重犯罪，即使罪犯对社区并不构成危险并且不可能再犯罪，但检察官也可能会考虑普遍威慑的价值，向公众表明这种行为不被容许且会受到惩罚。如果是危险的罪犯，使能力丧失则可能是一项主要因素。这些目的在不同的案件中具有不同的分量。

显然，罪行的严重性在考虑司法利益时是一项主要因素，所有其他减轻和加重情节都被认为与罪行的严重性有关。对比较轻微的罪行，如果是初犯，检察官经常拒绝签发指控。这些案件，如果刑事起诉，经常是弊大于利：罪犯的行为将作为刑事犯罪被记录下来，这可能会影响就业并使境况更糟。但对比较严重的罪行，若没有犯罪记录也可能产生不了重要的作用。例如，没有记录的谋杀嫌疑人不可能在指控时得

美国律师协会刑事司法标准：起诉职能

标准3—3.9　指控决定中的自由裁量权

（a）当检察官知道指控没有可能性根据支持时，检察官不该提起，或叫人提起指控，或准许刑事指控的结果继续不确定。在没有可采纳的充分证据支持有罪判决时，检察官不该提起，叫人提起指控或准许刑事诉讼的结果继续不确定。

（b）检察官不被强迫提出证据可能支持的所有指控。在一些情形和具有合理的符合公共利益的理由时，检察官可以拒绝起诉，尽管可能有充分的支持有罪的证据存在。检察官在行使他或她的自由裁量权过程中可能适当考虑的因素：

（i）检察官对被指控者的事实有罪存有合理怀疑；

（ii）罪行造成的伤害程度；

（iii）审定的惩罚与具体的罪行或罪犯不相当；

（iv）原告可能的不正当动机；

（v）被害人拒绝作证；

（vi）被指控者在逮捕或其他人的宣告有罪中的合作表现；

（vii）由另一管辖区起诉的有效性和可能性。

（c）检察官不受他或她的领导强迫起诉他或她对被指控者的有罪有合理怀疑的案件。

（d）在作出起诉的决定过程中，检察官不该考虑可能会涉及的个人或政治利益或不利，或产生增加他或她宣告有罪记录的愿望。

（e）处理对社区构成严重威胁的案件，检察官不该被管辖区内陪审团倾向于宣告这种正被讨论的特定类型的刑事行为无罪的事实所左右而不敢起诉。

（f）检察官不该提起或寻求比审判时证据能合理支持或能公平反映罪行严重性的必要指控数量更大或程度更严重的指控。

（g）检察官不该将驳回指控、撤回起诉或相似的决定取决于被指控者放弃寻求民事赔偿的权利，除非被指控者明知地、理智地、自由地和自愿地同意放弃，并且这种放弃征得法院的同意。

资料来源：American Bar Association. 1993. *ABA Standards for Criminal Justice：Prosecution Function and Defense Function*，3d ed. Washington, D.C.：Criminal Justice Section, American Bar Association, pp. 70—72. 重印经 the American Bar Association 允许。资料的复印件从 Service Center, American Bar Association, 750 Lake Shore Drive, Chicago, IL 60611 处获得。

到宽恕。

检察官在决定这种情形下什么是正当的过程中还考虑其他一系列因素：罪犯受被害人挑衅，被告人表示悔罪，罪犯年轻或年老，是因为误解而犯罪，罪犯能配合另一项侦查，罪犯是由于经济困难而犯罪，罪犯在感情和心理受到打击的状态下犯罪，罪犯提供赔偿，或罪犯是屈服于罪行涉及的其他人施加的压力。遇到这些情形，其中的任何一个因素（和许多其他因素）都可能是应该获得怜悯的减轻因素。

达到司法利益是一个允许考虑一系列因素的灵活目的，然而，这个概念有它的限制。司法的利益不应包括对检察官不方便、个人对罪行或罪犯的反感或其他源于个人偏见的感觉等诸如此类的事项。职业责任法典明确禁止检察官基于不正当的动机签发指控。对以前的政敌签发了指控但同样行为却不造成其他人被指控，或因为犯罪嫌疑人控告警察残忍而被指控，这都是不正当的并超出了检察官自由裁量的合法范围。如果检察官的指控决定是基于这些因素的，那么检察官就是滥用职位的自由裁量权。

对指控的研究：固定模式和起诉的自由裁量权

一系列研究探究了检察官在作出正确指控决定的过程中如何衡量各种因素，研究表明决定主要根据罪行的严重性和案件的证据力量，被告人的犯罪记录对决定影响较少（Adams and Cutshall 1987；Jacoby, Mellon, Ratledge, and Turner 1982；Miller 1969；Vera Institute of Justice 1981）。这似乎与公正的基本概念相符和一致。

站在检察官的位置上

这里提供的两篇小品文说明了检察官在决定要做的"正确"事情时必须考虑的因素。两个案件的罪行都是轻微殴打罪。如果你是审查这些案件的检察官，你会以同样的方式指控这些案件吗？

案例 A

检察官面前有一份由逮捕警察签名的轻微殴打刑事告发书，逮捕警察出席指控协商会。嫌疑人也出席，没有辩护律师。嫌疑人的妻子也出席了指控协商会，看上去很焦虑。原告方声称，警官是在接到酒吧服务员报告两个老主顾发生争斗且一个人已受伤的911电话后赶到现场的。原告方进一步叙述，酒吧服务员告知警官，被害人开粗鲁的玩笑，罪犯很恼怒并告诉他住口。然后被害人侮辱地评论罪犯的母亲，于是被告人用力地打中被害人的鼻子。被害人似乎没有被打断鼻骨，但鼻血流得很厉害且说觉得头昏。他被救护车送到附近医院的急诊室接受急救治疗。

检察官问嫌疑人他是否需要律师并告知他享有米兰达权利。嫌疑人表示有叙述的意愿，检察官遂要他解释事情的经过。嫌疑人，似乎十分平静、尴尬和后悔，说因为被解雇和不知道如何供养妻子和三个孩子，他心情很糟。他与妻子在对钱争讨了一番以后沿着街走到角落的酒吧想清静一下。他与遭他打的人面熟并知道他的姓，他是每星期要在角落酒吧花很多个晚上的邻居。嫌疑人说自己只是失去了控制。

嫌疑人的妻子插话。她告诉检察官这是她丈夫第一次被捕，这不像他，他不是一个打手，也不是一个习惯性酗酒者。他担忧她和他们的三个孩子而使他在那一刻失去了控制。她说她不知道他们如何支付得起被害人救护车和急诊治疗费用，但是如果那样能使事情的结果有所不同的话，他们会想办法。

这位邻居没有出席指控协商会。没有其他有关受伤的信息材料。警察证实这个33岁，有三个孩子的已婚嫌疑人，就他们所知没有犯罪记录。

案例 B

检察官审查逮捕警官签名的轻罪殴打告发书。告发是基于警官在犯罪现场会见被害人所了解的情况而提起的。根据原告方的表述，嫌疑人在晚上9点去他前妻的工作地方，发现她一个人在员工休息室休息，他威胁她，她的男友不能接触他的孩子，否则就揍她。他粗暴地推她以增强威胁感，最后一推使被害人失去了平衡，被害人摔到，头撞在桌角上，然后倒在地板上。被害人担心自己的安全，开始大声呼救。在那时管理人员冲进来并立即叫警察。当警察赶到时，被害人头上的伤口流着血并说有点头昏，或至少有点"晕"。她头上有一大块肿包并说头痛。她为警察确定了袭击者并给了他的地址。那天晚上晚些时候，当嫌疑人返回家时，在他家的餐厅里警察逮捕了他。

第9章 检察官的初步指控决定

检察官告知嫌疑人有关他的米兰达权利。嫌疑人愿意在没有律师在场的情况下叙述事情经过。询问后，嫌疑人承认就在碰到被害人前，两小时内他喝了"五或六"瓶啤酒。检察官指出，电脑记录显示因为嫌疑人在法院对他不扶养孩子的指控举行听审时没有出庭，而有一份未清的逮捕令。嫌疑人解释，他知道他应该出庭，但他没有工作，没有钱。在失业后，他靠着救济金度过了过去的 18 个月。记录也表明嫌疑人违反了不接触指令（法院签发的远离某人或某地的指令），且在此之前已有两项对嫌疑人的殴打指控，但后来由于一开始表示合作，过后又拒绝作证的被害人而被驳回。被害人没有出席指控协商会，尽管已通知她开会的时间和地点。

站在检察官的位置上，并审查在签发案件指控之前该提的问题：
1. 轻罪殴打被界定为"任何人具有造成另一个人身体伤害的故意，并没有征得这个人受如此伤害的同意，实施行为造成这个人身体伤害"。指控这两个殴打被告人，有可能性根据吗？如果案件去审判，案件有可能超出合理怀疑地被证明吗？
2. 这两个案件，什么指控你能达到最大的司法利益？作为一名检察官，你作决定还是留给陪审团在审判时作出这个决定？你的决定可能会受到其他等待起诉的案件数量和特征怎样的影响？
3. 作为检察官，你对嫌疑人的有罪存有个人怀疑吗？
4. 该同样处理这两个案件吗？有哪些选择？如何行使你的自由裁量权？案件的哪些事实会影响你的决定？

然而，经过进一步调查，研究也发现，检察官衡量有关被告人、被害人和证人个人品格的证据力量，这可能使起诉决定的作出带有不正当偏见。尤其是，研究结果表明，在对法定因素（严重性和以前的记录）作了考虑之后，种族、性别和年龄将是很有力的影响因素（Adams and Cutshall 1987；Albonetti 1986，1987，1992；Radelet and Pierce 1985；Spohn, Gruhl, and Welch 1987），被害人—罪犯关系似乎也影响决定（Vera Institute of Justice 1981, 19）。

这些因素像扭曲的透镜，影响检察官对证人和犯罪嫌疑人可信度的衡量。而且，即使检察官知道这是扭曲的因素，但检察官同样也清楚法官和陪审团在审判中裁决可信性时也受相似的固定模式影响。实验证实，公众基于种族、民族遗产和性别确认的表面特征，运用固定模式，将刑事行为归诸于他们（Fishman，Rattner，and Weimann 1987）。所以即使检察官相信证人的故事，但如果检察官认为法官或陪审团不会相信证人，那么检察官仍旧拒绝起诉（Miller 1969，173，186；Stanko 1981—1982，229）。根据一项研究，

> 社会阶层、性别、种族和生活方式是法律适用过程中经常考虑的因素……但是，在指控程序中，这种属性的暗示运用（当然，从不会明示）不是——或至少不只是——一种完全的起诉偏见，它更经常表现为检察官有意使有罪判决的可能最大化和有效运用组织资源的实用主义。当只有证据确凿的案件被交付审判时，有罪判决达到最大的可能……一个被害人不仅在检察官的眼里必须是可信的，而且在法官和陪审团看来也必须可信。所以指控决定的关键在于对被害人可信性的感性裁定。（Stanko 1981—1982，226，237）

总之，被害人和证人可信度的评估——案件证据力量衡量的一部分——与罪行主要当事人的个人属性和社会阶层有关。

指控期待谈判

指控明显地影响答辩交易。对被告人的指控数量越大，其中一些指控就越有可能以与起诉方的合作——不管是答辩有罪还是提供有关其他罪行和罪犯的信息资料——作交换，被谈判解决。对一般的刑事嫌疑人来说，合作的主要方式是愿意答辩有罪。

一些管辖区，检察官巧妙地操纵指控决定以建立宽恕的表象。检察官知道被告人期望通过答辩有罪而换得一些怜悯。预测到这一点，检察官加上一些以后将以有罪答辩作交换的指控，使检察官本该首先提出的

指控不受影响。一桩持械抢劫案，检察官可以指控持械抢劫罪、较少包括的罪行和一个或一个以上附加的罪行，比如携带故意隐藏的武器和鲁莽地使用危险武器。甚至在指控时，检察官也可能期望谈判解决附加的罪行，而只着重于获得持械抢劫指控的有罪判决。

这种实践有许多种称谓，包括"夸张指控"、"签发抛弃的指控"和"床单布"（Lindquist 1988，171）。在研究检察官答辩交易实践的过程中，米尔顿·休曼撰文如下：

> 我检查了一个高级法院公设辩护人事务所里 88 名被告人的案卷，发现只有 12 个被告人以一个法院的一个罪行被指控，其他 76 名被告人共有各种级别的 288 个指控。这种夸张的指控……为州律师提供了很多年的谈判"自娱"。（1978，1942）

以下报道描述了联邦管辖区的夸张指控情况：

> 现在两种常见的指控实践为被告人提供了答辩交易的有力动机。检察官在一份起诉书中，正式地同时对指控点的数量和罪行的严重性进行过分指控。联邦检察官指控大量的指控点，在一份起诉书中甚至高达 100 个，这很常见。（Glanzer and Taskier 1987，7）

另一个为答辩交易提供余地的方法是过分指控。过分指控是指控比在其他情形下能寻求的更严重罪行。当检察官过分指控时，支持更严重指控的证据常常就很薄弱或不存在。例如，谋杀未遂指控可能在一起情节加重的殴打案中被提起，即使杀人故意的证据不足或不存在。

夸张指控和过分指控在一些管辖区很常见，但不是所有的管辖区都推行这种做法。过分指控在正式审查程序（大陪审团或预审听证）严格，真正审查证据的管辖区内较少发生。然而，一些管辖区，正式审查程序薄弱，只不过是检察官指控决定的橡皮图章。在这些管辖区，过分指控就有很大的可能性。按照法定充分模式指控的管辖区，较有可能夸张指控和过分指控。此外，在检察官拥有独一无二的自由裁量权，根据宣告有罪而增减指控的管辖区内，夸张指控和过分指控则较常见，这种情形使起诉的杠杆作用达到最大限度并允许检察官调整指控。在这些管辖区,检察官将交易碎片构筑成他们的指控决定。而在另一些管辖区,夸张指控和过分指控就不是一种常见的实践。在按照审判充分模式运作的管辖区,以及在没有征得法院同意的情况下指控不能被修改或减少的管辖区内,这种做法不大可能被推广。在这些夸张指控和过分指控不盛行的管辖区内,答辩交易的形式更类似于"你可以接受或不理睬我的要约,如果你不接受,我能——并将——在法庭上证明指控"。

控制指控的自由裁量权

显然,裁决是检察官工作的一大部分——尤其在指控过程中。裁决结果在各检察官之间必然会有所不同。这个检察官可能视这个情节为被告人有罪的减轻情节,而另一位检察官则可能视这个情节与案件无关。为正确引导这种自由裁量权,许多大检察官事务所已制定作出指控决定的指南(见第7章)。在一些检察官事务所,这种指南以书面政策的形式存在,而在另一些检察官事务所,这种指南则是非正式的,临时制定并口头传达。由全国地区律师协会推荐,现在有越来越多的检察官事务所采用书面指南,努力减少这种差别(Lezak and Leonard 1985,48)。这些方法加强了对一个事务所内各检察官指控决定的中心化管理的控制程度。

如果指南以书面形式存在,那么指控指南可能是一些内容较广泛的综合政策,也可能是相对较详细明确的政策。比如,一部宽泛的指南,可能要求检察官说明不起诉的理由;另一部内容广泛的指南,也可能只是禁止签发抛弃的指控。而在另一极端,具体的指控指南可能禁止检察官将持械抢劫以简单的抢劫罪指控,或将持械夜盗作为简单的夜盗指控。这种指南相对容易监督。在大检察官事务所,监督者可能监管指控决定,以确保各检察官遵守指南的规定。

这种引导指控自由裁量权的趋势,一定程度上是由于广泛和激烈的批评答辩交易实践所致。控制交易中巨大可变性的一种方法,是控制所有造成谈判的指控中的巨大可变性。如果指控公平、与事实相当并能被证明,如果被告人认为指控是合理的,那么检察官就能处在一个有力的位置进行谈判,坚定和准确地坚持有罪答辩而不让步。

一项研究将三个严格管理控制指控和答辩交易的管辖区与三个允许各检察官在指控和答辩交易中具有很大灵活性的管辖区作了比较(LaFree 1985)。研究发现,不受指南约束和管理监督的检察官最初倾向于对被告人提起更多和更严重的指控,他们在答辩交易中也可以较大地减少指控数量。在严格管理控制下运作的管辖区,从诸如严重性和证据等案件特征就能较准确地预测量刑结果(LaFree 1985,307—308)。在管理控制较松懈的管辖区作出的决定更显现个人的喜好,并与案件特征,比如严重性和证据的证明力不紧密相联。基于这些结果,研究总结出"努力加强中心化的管理控制……是一项重要和有正当理由的改革"(LaFree 1985,308)。

这种无论是宽泛还是具体,无论是正式和书面还是非正式和非书面的指控指南,都是为了减少差别,减少相同案件的不平等对待。但是,甚至正式的书面指南也不能完全消除指控决定中的差别。当指南适用于具体案件时,指控决定一定程度上是基于个人对公正和公平的解释。然而,指控指南对减少差别,而没有使指控成为纯粹机械地套用法律具有重要作用。

总　结

检察官的工作是决定证据是否足以支持成功的起诉和起诉是否能达到司法的正当利益。作出这个决定,检察官必须运用经验告知的判断。起诉自由裁量权的行使在塑造刑事司法诉讼程序的结果过程中具有很大作用。

充分支持的证据是对一个人签发指控的先决条件。检察官常常主要依赖警察的侦查发现证据,但检察官也经常通过会见证人或举行指控协商会来收集证据。非同寻常的案件，证据被检察官事务所内专门的侦查员发现或通过大陪审团调查收集。

根据指控时呈现的事实，检察官决定证据是否足以支持任何的刑事指控，并就司法利益和有限的资源，决定刑事指控是否适当。检察官考虑证据的证明力，包括控告证人的可信度、罪行的严重程度、罪犯的品行和刑事记录、被害人的希望和公共利益，并根据惩罚、威慑、使能力丧失和归复的正当目的衡量证据。在道德约束的范围内，检察官可以自由地运用宽恕和不起诉的自由裁量权。有时检察官涉入一种称为过分指控的实践，按这种做法，检察官签发证据不能真正支持的指控。检察官涉入这种受道德谴责的实践的程度，每个管辖区似乎各不相同。

研究表明，罪行的严重程度和证据的证明力是影响指控决定的最重要因素。检察官对证据证明力的评估有时受罪犯、被害人和证人的特征影响，这造成指控程序带有偏见。研究进一步指出，指控指南能有效地减少管辖区内指控决定的差别。

如果在诉讼程序早期签发了初步指控，那么案件就移送至法院诉讼程序的第一个正式阶段：初次到庭。对轻罪被告人来说，初次到庭通常是被告人唯一的一次法院出庭。同时就轻罪和重罪被告人来说，初次到庭经常发生在初级法院（限制管辖权法院）。下一章将讨论初级法院和轻罪案件的诉讼程序。第11章讨论有关重罪案件的初次到庭，将对保释作重点介绍。

参考书目

Adams, Kenneth, and Charles R. Cutshall. 1987. "Refusing to Prosecute Minor Offenses: The Relative Influence of Legal and Extra—legal Factors." *Justice Quarterly* 4: 595—609.

Albonetti, Celesta A. 1992. "Charge Reduction: An Analysis of Prosecutorial Discretion in Burglary and Robbery Cases." *Journal of*

第9章 检察官的初步指控决定

Quantitative Criminology 8: 317—333.

——1987. "Prosecutorial Discretion: The Effects of Uncertainty." *Law and Society Review* 21: 291—313.

——1986. "Criminality, Prosecutorial Screening, and Uncertainty: Toward a Theory of Discretionary Decision Making in Felony Case Processing." *Criminology* 24: 623—644.

American Bar Association. 1970. *Project on Standards for Criminal Justice*. Chicago: American Bar Association.

Becker, Samuel. 1988. "Judicial Scrutiny of Prosecutorial Discretion in the Decision Not to File a Complaint." *Marquette Law Review* 71: 749—768.

Boland, Barbara, Elizabeth Brady, H. Tyson, and J. Bassler. 1982. *The Prosecution of Felony Arrests*, 1979. Washington, D. C. : Institute for Law and Social Research.

Boland, Barbara, Paul Mahanna, and Ronald Sones. 1992. *The Prosecution of Felony Arrests*, 1988. Washington, D. C. : U. S. Department of Justice, Bureau of Justice Statistics.

Davis, Kenneth C. 1971. *Discretionary Justice: A Preliminary Inquiry*. Chicago: University of Illinois Press.

Ferguson, Robert W. , and Allan H. Stokke. 1978. *Legal Aspects of Evidence*. New York: Harcourt Brace Jovanovich.

Fishman, Gordon, Arye Rattner, and Gabriel Weimann. 1987. "The Effect of Ethnicity on Crime Attribution." *Criminology* 25: 507—524.

Gershman, Bennett L. 1993. "A Moral Standard for the Prosecutor's Exercise of the Charging Discretion." *Fordham Urban Law Journal* 20: 513—530.

Glanzer, Seymour, and Paul R. Taskier. 1987. "The Fine Art of Plea Bargaining." *Criminal Justice* 2 (Summer): 6—7, 40—44.

Graham, Kenneth, and Leon Letwin. 1971. "The Preliminary Hearing in Los Angeles: Some Field Findings and Legal Policy Observations." *University of California Los Angeles Law Review* 18: 635—757.

Heibroner, David. 1990. *Rough Justice: Days and Nights of a Young D. A.* New York: Pantheon.

Hochstedler, Ellen. 1987. "Twice—Cursed? The Mentally Disordered Defendant." *Criminal Justice and Behavior* 14: 251—267.

Heumann, Milton. 1978. *Plea Bargaining: The Experience of Prosecutors, Judges, and Defense Attorneys*. Chicago: University of Chicago Press.

Jacoby, Joan. 1977. *The Prosecutor's Charging Decision: A Policy Perspective*. Washington, D. C. : U. S. Department of Justice, Law Enforcement Assistance Administration.

Jacoby, Joan, Leonard R. Mellon, Edward C. Ratledge, and S. H. Turner. 1982. *Prosecutorial Decision — Making: A National Study*. Washington, D. C. : Department of Justice, National Institute of Justice.

LaFree, Gary D. 1985. "Adversarial and Nonadversarial Justice: A Comparison of Guilty Pleas and Trials." *Criminology* 23 (May): 289—312.

Lezak, Sidney I. , and Maureen Leonard. 1985. "The Prosecutor's Discretion: Out of the Closet, Not out of Control." In Carl F. Pinkele and William C. Louthan, eds. *Discretion, Justice and Democracy: A Public Policy Perspective*. Ames: Iowa State University Press.

Lindquist, J. H. 1988. *Misdemeanor Crime: Trivial Criminal Pursuit*. Newbury Park, Calif. : Sage.

McDonald, William F. 1979. "The Prosecutor's Domain." In W. F. McDonald, ed. *The Prosecutor*. Beverly Hills, Calif. : Sage.

McIntyre, Donald. 1968. "A Study of Judicial Dominance of the Charging Decision." *Journal of Criminal Law, Criminology, and Po-*

lice Science 59: 463—490.

Melilli, Kenneth J. 1992. "Prosecutorial Discretion in an Adversary System." *Brigham Young University Law Review* 1992 (3): 669—704.

Mellon, Leonard R., Joan E. Jacoby, and Marion A. Brewer. 1981. "The Prosecutor Constrained by His Environment: A New Look at Discretionary Justice in the United States." *Journal of Criminal Law and Criminology* 72: 52—81.

Miller, Frank W. 1969. *Prosecution: The Decision to Charge a Suspect with a Crime*. Boston: Little, Brown.

Neubauer, David W. 1974. "After the Arrest: The Charging Decision in Prairie City." *Law and Society Review* 8: 495—517.

Redelet, Michael L., and Glenn L. Pierce. 1985. "Race and Prosecutorial Discretion in Homicide Cases." *Law and Society Review* 19: 587—621.

Schmidt, Janell, and Ellen Hochstedler Steury. 1989. "Prosecutorial Discretion in Filing Charges in Domestic Violence Cases." *Criminology* 27 (August): 487—510.

Schneider, Thomas P. 1993. Interview with author. Milwaukee, Wisconsin, 23 March 1993. Spohn, Cassia, John Gruhl, and Susan Welch. 1987. "The Impact of the Ethnicity and Gender of Defendants on the Decision to Reject or Dismiss Felony Charges." *Criminology* 25: 175—191.

Stanko, Elizabeth Anne. 1981—1982. "The Impact of Victim Assessment on Prosecutors' Screening Decisions: The Case of the New York County District Attorney's Office." *Law and Society Review* 16: 225—239.

Vera Institute of Justice. 1981. *Felony Arrests: Their Prosecution and Disposition in New York City's Courts*. White Plains, N. Y.: Longman.

第 10 章 在初级法院诉讼较轻微的罪行

罪行较轻微的罪犯与重罪犯在法院的历程经常相差很大。诉讼较轻微的罪行,重罪刑事诉讼程序的各个明显阶段(本书其余部分将作全面介绍)被压缩得非常简短。许多涉及轻罪的案件,初次到庭接着马上是提审和量刑听审。在提审期间被告人作最终答辩,在量刑听审期间法官就宣布刑罚。研究报告证明,案件平均大约两分钟内就被处理完(Dash 1951,251;President's Commission 1967,313)。"装配线"司法的称谓适当地反映了非重罪案件诉讼的迅速与常规。

较轻微的案件一般在限制管辖权法院审理。一些地方,初级法院只审理违反市政法规的非刑事行为,所有的刑事案件均在一般管辖权法院听审;与此相比,另一些地方的初级法院则拥有广泛的管辖权,可以审理非刑事违法行为和轻罪,并进行重罪案件的预备诉讼,甚至有些初级法院被授权后能接受重罪案件的有罪答辩。

初级法院审理的刑事案件是一般管辖权法院的两倍(Ostrom 1994,6,8;见表 10—1),即便如此,初级法院是最不被人研究的法院,因此,本章所引用的一些研究资料已经有些不合时宜。然而,50 年代至 60 年代研究家的观察报告与 70 年代至 80 年代研究家的研究结果没有

第 10 章 在初级法院诉讼较轻微的罪行

很大差别。尽管不懈而又努力地进行改革，但案件在初级刑事法院诉讼的装配线本质却没有发生很大的变化。

表 10—1　限制和一般管辖权法院的案件量
资料来源：Brian. J. Ostrom 1994. *State Court Caseload Statistics*：*Annual Report 1992*. Williamsburg, Va.：National Center for State Courts, pp. 6, 8。

	限制管辖权	一般管辖权
刑事	9 237 705	4 007 838
青少年	579 888	1 150 833
违反交通/地方法规	51 031 260	8 071 601
家庭关系	1 112 873	3 326 059
民事	9 044 000	6 224 442

本章介绍初级法院的职能和运作，尤其是有关"移送案件"的标准。初级法院的装配线诉讼程序使它们经常成为批评家们的目标。本章评判初级法院在司法制度中的历史角色、最近的改革变化和未来的前景。

过去的遗产：治安法院

我国早期的地方法官一般由治安法官，简称 JPs 担任。在通讯与交通极为缓慢和昂贵的日子里，这些地方治安法官是偏远社区和乡村地区的法律和秩序的支柱。公民为获得保护和得到公正依赖地方治安法官的做法，远远早于依靠现已成为刑事司法制度普遍特征的警察署和检察官事务所。治安法院为通常被选举出来的属于地方官员的治安法官提供了一个便利条件，治安法官给镇巡警或乡村警察签发搜查令或逮捕令。一旦犯罪嫌疑人被拘押，则由治安法官负责案件的处理。

治安法官是为普通民众服务和被普通民众体现的司法化身。按传统，并不要求治安法官获得法律学位或接受正规的法律培训。他们应该是具有选举他们的人们所信任的良好判断力和成熟的地方公民，他们以一种基于他们的司法概念常识和社区意见的非正式方式处理案件。

治安法官在整个19世纪和20世纪初一直是法院结构的重要组成部分。1928年各州授权地方社区聘用地方法官。但是到20世纪中叶,改良主义者的压力以及改变的环境,两者相结合宣布了地方治安法官时代到此结束。许多州废除或严格限制地方法官的权力,到1964年为止,已有8个州废除了这种官职,至少有3个州正准备废除治安法官,其他各州均限制了他们的权利(Vanlandingham 1974,40)。到1987年只有13个州仍保持这种称为下级法院或治安法院的法院(National Center for State Courts[NCSC]1988)。

与造成这些变化相关的主要因素是治安法官有关的权力滥用。治安法院的非正式导致了滥用。治安法官专横和武断,这与以法律为根据的司法制度相违背。明显缺乏对成文法律的尊重是因为治安法官未受过充分的实体法和程序法培训(Vanlandingham 1974,42),外行人良好的判断力足以替代程序或证据规则的认识不再被广泛接受。

治安法官的削减无疑因其声名狼藉的费用制度而加速——根据治安法官完成的工作量支付报酬。乡村的治安法官几乎没有定额工资,代之他们按照服务费用或逐个案件获取报酬。在一些地方,如果被告人被宣判有罪,地方治安法官的费用由被告人支付,如果被告人被宣告无罪,则由镇支付。这种费用制度产生了审理而不驳回案件的动机,从而造成轻微的利益冲突(Vanlandingham 1974,44)。而且,作为地方政治的精英分子,治安法官可能会有保护地方财政免于承担无奈费用的压力。太多的宣告无罪对社区是一笔昂贵的支出。

但是在一些州,费用制度内在的利益冲突更大且更令人反感。一些州规定只有被告人被认为有罪时治安法官才能得到服务费用。对宣判有罪费用按照被告人计算,且直接支付给服务的治安法官;如果宣告无罪,治安法官花在案件上的时间得不到任何补偿。

1927年,美国最高法院在 *Tumey v. Ohio* 一案中规定在轻罪案件中,如果法官的费用取决于被告人的宣告有罪,那么法官就将被剥夺处理案件的资格。*Tumey*案没有认定所有服务支付费用协议都是违宪的,如果法官只是按照审理的案件数量收取费用,不管裁决是有罪还是无罪,最高法院认为这种安排不违宪。合宪和违宪两种形式的费用制度在接着的几十年都一直存在(Vanlandingham 1974,44—45)。

随着治安法院与变化的 20 世纪法律价值观越来越不协调,最初需要地方外行法官的情形也随之发生改变。通讯和交通的发展减少了每个村庄和小村落对地方法院的需求;随着电话和机动车的发明,囚犯能很快被转运到县城,在法官面前出庭。

这些变化结合在一起造成了治安法院的衰弱,治安法院对大多数居住在美国的人民来说是一个主要的司法机构。继续运作治安法院的州主要是人口稀少的州且大部分位于西部(亚利桑那、加利福尼亚、密西西比、蒙大拿、内华达、俄勒冈、得克萨斯、犹他和怀俄明州),只有三个东部的州——特拉华、宾夕法尼亚和纽约州——仍旧使用治安法院。在广阔的乡村地区,这个国家早期对治安法官的需求使这个职位继续和永存下来。用一位蒙大拿州法官的话说:"在偏僻的蒙大拿,甚至一些县有一位律师就很幸运,这使得非律师的治安法官成为迅速司法的主要供给者"(Brownlee 1975,373)。

在市区初级法院也被批评和改革,初级法院法官的资格和培训尤其受关心。随着法律程序和被告人的权利越来越受关注,非律师法官提供的粗糙和便利的司法越来越不能被接受。例如,以前允许非律师在初级法院供职的地方,现在要求法官必须接受实体法和程序法的指导(Brownlee 1975;同时见 Ashman and Chapin 1976;Green, Russell, and Schmidhauser 1975;NCSC 1988;and Pyan and Guterman 1977)。另外,大部分管辖区废除了费用制度,这使对传统初级法院官员的另一项反对得以消除(Brownlee 1975;and Green, Russell, and Schmidhauser 1976)。

现代限制管辖权法院

尽管治安法院削减，但限制管辖权法院却蓬勃发展起来。在市区，限制管辖权法院处理大量的轻微罪行和非刑事违法行为。在案件量没有这么大的郊区，这项工作被一般管辖权法院或限制管辖权的县法院吸收。

作为法院革新运动的结果，一些州逐渐限制初级法院的管辖权，这样的规定使只有最轻微的罪行才在初级法院听审。但是，这些努力不断因减少对一般管辖权法院的需求和地方利用法院增加收入的兴趣而被打断。

减轻重罪法院负担

当一般管辖权法院变得拥挤不堪和工作量过大时，政策制定者经常拽住初级法院担当救济机构。通过移交更多的常规工作给初级法院，重罪法院能更深入细致地处理严重或复杂的案件。初级法院被故意地，分派给较"轻微"的案件和更常规的各种任务。

初级法院也通过非刑事化程序减轻一般管辖权法院的负担。

非刑事化程序可能采取以下两种形式中的一种。非刑事化的一种形式是规定对以前是但现在不是犯罪的行为享有专属的民事管辖权。在这种情况下，为了使法律禁止的行为合法化，对这种行为禁止的刑事制定法就被废除，在行为发生地，州可能颁布非刑事违法法规，或当地社区可能制定与以前被界定为犯罪的行为相关的非刑事法规。违反交通规章罪、扰乱社会治安行为和公共场合酗酒都是在许多地方被合法化的行为例子。尽管管辖区因为种种原因对这些行为非刑事化，但结果都是使一般管辖权法院免予诉讼这些案件，代之初级法院成为审理这些罪行的专门场所。

非刑事化的第二种形式只是提供刑事诉讼的另一项选择，非刑事化是实践而并非是法律事项。这种情况下，法律禁止的行为仍然是犯罪行为，但立法者对这种行为颁布一项非刑事禁令，比如市政法规，这使得对法律禁止行为具有共同的刑事和民事管辖权。例如，乱丢废物或扰乱社会治安行为可能被刑事制定法和法规同时禁止；与此相似，超速或无证驾驶也可能同时是犯罪行为和违反交通规则行为。在对同一行为具有共同刑事和民事管辖权的地方，警察和检察官在决定以民事违法行为还是以刑事犯罪行为逮捕的过程中，享有的自由裁量权很大。

非刑事化的第二种形式常常被用来调节限制管辖权法院和一般管辖权法院之间的案件负担。行为怎样被指控，为控制法院的刑事案件工作量和诉讼刑事案件相关的费用提供了一种手段。一位刑事被告人必须配备受过法律培训的法官、辩护律师和同等人组成的陪审团。如果罪行被非刑事化，刑事被告人的许多正当程序权利就不适用，而且为遵守这些权利的费用也可避免。随着刑事法院工作量的增加，将最轻微的罪行按非刑事案件处理也随之增加，从而减轻了系统的负担压力。

赚钱的老式方法

就像英国的早期国王认为法院是收入的源泉一样，许多市政府也认为是为了他们自身的经济利益而运行地方法院。大多数州一般管辖权法院收集的罚款纳入州财政，但地方资助法院收缴的罚款则归地方财政。甚至如果州部分或全部资助地方法院，州可能与地方政府分割一些收入。通过收缴违反交通和停车规则行为的罚款以及将轻微刑事案件按轻罪在初级法院处理，市政府确实能从法院系统赚到钱。

诉讼不严重的罪行确实是一件赚钱的事情。轻微罪行能迅速诉讼完毕，且罚款被广泛认为是一项适当的制裁；利害关系非常小，所以与律师一起为案件争斗和附加的法院出庭相比，被告人经常更喜欢承认有罪和支付罚款；尤其非刑事案件的诉讼费用比较低（因为管辖区不必为贫困的被告人提供免费律师），因此许多这些案子的起诉并不复杂，经常安排警察担任检察官以进一步减少诉讼费用。只要收缴的罚金和法院费用超过运转法院的费用，有限管辖权的法院就能增加地方财政收入，并可能得到发展。

> ### 违反交通规章罪行
>
> 违反交通规章罪行构成了进入法院诉讼程序的大部分轻微罪行。大多数这些案件（大约87%）都按非刑事违法行为或轻罪通过初级法院诉讼。
>
> 1992年限制管辖权法院立案的所有刑事和民事案件中71%是违反交通规章案件（Ostrom 1994, 8）。除对违反机动规章行为的罚款提出争议的案件之外，这些法院诉讼的案件涉及无照驾驶和执照被中止或撤销期间驾驶。一些管辖区，违反交通规章罪行淹没了轻罪法院。
>
> 违反交通规章案件能为地方社区创造大量收入，但只有在诉讼这些案件的费用维持比较低的情况下才能实现。当这些违反交通规章罪行以轻罪被诉讼，费用增加，尤其是在为这些案件提供贫困辩护律师和陪审团审判的管辖区。
>
> 诉讼违反交通规章案件的费用受许多因素影响。州法律规定违反交通规章罪行是专属民事、专属刑事或民事刑事共同管辖。地方法规可能规定共同管辖，即使州只有刑事条款。最后，对无照驾驶的案件，尤其是再犯，警察和检察官可能作出民事罚款不足以威慑的结论。

但是，只有维持较低的审理费用，地方法院才能增加收入。法院就像工厂，常规化和标准化是维持低费用率的工具。与个别化的司法理想相反，初级法院的诉讼，比任何其他法院的诉讼都更能体现装配线司法。

移送案件：每个人的事务

特意地，初级法院能且必须比重罪法院更快地诉讼更多的案件。初级法院能更迅速地处理案件，因为总的来说这些案件比较简单和较常规。另外，初级法院必须更快地处理案件，因为这么多案件必须被听审。为了有效地利用费用，初级法院必须迅速处理案件。

每天早上一长队刚被逮捕的罪犯就等在与法庭相连的裁决室里。法庭工作群体必须在一天工作结束之前处理完所有等着的案件，所以，法庭工作人员有着一个共同目的：移送案件。在完成他们个人职位的任务同时，他们一起讨论达到共同目的的策略。法官必须保持较高的法院清结率，公设辩护人力求为被告人获得最好的处置，检察官努力维持较高的宣判有罪率，书记官必须完成文字工作（Lipetz 1984，48）。为达到这些目的，法庭参与者达成对案件"价值"的一致认识，这些标准反过来促进有罪答辩作为移送案件的主要工具（Knab and Linberg 1977）。

有效移送案件的前提是要能迅速地估量案件，确立案件"价值"（Feeley 1979，159；Mileski 1971，73）。尽管重罪案件也需要衡量，但轻罪案件的衡量则更迅速且以后不可能被审查（Nardulli, Eisenstein, and Flemming 1988；Sudnow 1965）。"案件打印"涉及了解哪个案件值得争论、哪些因素（减轻和加重情节）会使结果有所不同和知晓各种罪行的现行汇率。例如，检察官可能将案件评估为基本的首次入商店扒窃罪，根据这个分类，检察官提供一个标准答辩，例如，以＄50罚款交换有罪答辩。检察官和被告方之间个别化的谈判被限于初级法院中较严重或较非同寻常的案件。

每个法庭主要参与人——警察、检察官、法官、被告人和辩护律师——以保持案件移送的方式合作而受益。尽管被告方经常被视为因延误而受益，但甚至被告人和辩护律师都非常希望尽快诉讼。尽管延误有时能为被告方提供策略上的优势，但对初级法院的大多数被告人来说，延误代价太大。延误意味着额外的法院出庭，且时间就是金钱。额外的法院出庭可能意味着被告人要支付私人辩护律师额外的费用。对公设辩护人来说，时间是一件珍贵的商品，没有很好的理由不要花费。延误也可能意味被告人被关押在看守所里候审。

检察官以基本相同的方式但处于不同的职位来运作。时间、精力和办公资源根据案件的价值分配，宽恕成了更快移送案件的通货。除非案件值得争斗，宽恕才是说服被告人迅速答辩有罪的手段。

　　法官鼓励被告人接受标准答辩，也用其他方法移送案件。他们限制分配给案件在法院的时间，可能缩短被告人的解释时间或对超过法官认为适当的时间的被告人进行消极制裁。法官在合理范围之内有权允许或拒绝诉讼延期和休庭。如果法官希望了结案件，他就拒绝诉讼延期，设定审判日期，并迫使被告方去审判或谈判解决。用这些方法，法官控制着案件的安排并确保案件在合理期限内被处理。

装配线司法

　　马尔科姆·菲利教授对在初级法院典型的仓促又马虎的初次到庭，经常是被告人在法院仅有的一次出庭进行了精彩的描述：

　　书记官嘟囔出一个名字和一长串数字（标明刑事法典相关章节的数目），接着另一个人（辩护律师）跳出来。同时另一个人（检察官）一边开始胡乱翻阅一叠刚刚由书记官塞入他手中的文件一边紧盯着法官，并向法官宣布他要做的有关案件的事项——他是否会延迟一个星期、撤回指控或促使被指控者答辩有罪。

　　大约就在被告人从走廊朝前移并穿过法庭，到他到达在检察官和他的辩护律师之间的法官席前这段时间，这些预备事项全部被完成。

　　他正好及时到达，听见了案件的解决方案。如果是延误，检察官或辩护律师指示他在一个星期之后的同一时间再次出庭；如果指控被撤回，他们指着门并告诉他可以自由地出去；如果是答辩有罪，他作答辩，书记官在检察官插嘴向法官提出量刑建议，通常是＄10或＄25罚金或缓刑后接着宣读指控。如果是缓刑处刑，法官告诉被告人不要再卷入麻烦；如果是罚款，检察官指出一名法庭监守官，他将指导他［被告人］如何支付罚金；如果被告人有任何问题，他们不可能回答，因为检察官和辩护律师已经将注意力转到了下一个案件上。

资料来源：Malcolm Feeley. ⓒ 1979. *The Process is the Punishment*：*Handling Cases in Lower Court*. New York：Russell Sage Foundation. p. 156.

第 10 章　在初级法院诉讼较轻微的罪行

案件的价值是任何既有制度中随着时间演变的一种价值。比率随着不断变化的倾向和观点上升（或下降），很像超市内的价格。菲利描述了非法持有大麻罪的现行汇率如何随着 70 年代早期因这个罪行被逮捕的大学生人数增加而发生改变：

> 过去几年里，大麻和海洛因为被法院和社区"熟悉"，对毒品，尤其是大麻使用的容忍也增加。结果表明法院对这些案件的处理越来越宽恕，这种类型的案件的"价值"或"现行汇率"实质上已下降。
>
> 这种下降因为不断改变的社会传统习俗而被加速，但它从威胁审判的辩护律师偶尔的行为中获得了在法院的动力……其他……大学生辩护律师迫切地为他们当事人要求获得"更好的"交易，他们辩护的当事人将面临永远丧失机会，如果他们拥有大麻被宣告有罪。但是，一旦作出了这种例外，然后其他被告人的律师也都开始要求获得同样待遇，最后对这一类型的案件就确定了新的更低的价格。（Malcolm Feeley，*The Process is the Punishment*，ⓒ1979，188—189，Ressell sage Foundation）

就这样宽恕成为一种常规，是诉讼的一部分，不必在每个案件中进行专门谈判。这种标准宽恕使案件以最低限度的交换信息和花费最少的时间得以移送。在一些法院，这种显然的宽恕主要适用于已查明真相的被告人。在这些法院中，一位辩护律师就是一笔宝贵财产（Feeley 1979）。在其他法院，无人代理的被告人也可获得这种标准宽恕。例如，一项研究（Lipetz 1984）报告，因为就在 18 天之前被驳回的一项指控，一名州新手助理检察官（ASA）认为被告人不是初犯，此时法院人员之间进行一场交换。州助理检察官建议以有罪答辩交换在看守所里关押两天，这是这个法院对重犯的常规处罚。法院警官、法院联络警察、法官和州助理检察官涉入以下的交换：

法院警官：对第一次有罪判决进行监督审查！

法官：这是我们正在做的工作。

州助理检察官：但是她在18天前被逮捕。

法官：不能宣告有罪。我们监督审查。

州助理检察官：好。(Lipetz 1984，76)

辩护律师，如果这个案件有一名辩护律师，甚至没有参加这场会话。法庭的操作标准由法官和警官实施掌握。

初级法院的辩护律师

初级法院稀少的文献记录不能清楚地表明，被代理的被告人一般是否比未代理的被告人处境更好，或运用辩护律师是否值得。显然，冒险和花费与运用或不运用辩护律师都联系在一起。如果只有律师代理的被告人获得现行汇率，那么律师代理就明显有利。另一方面，如果法院意在尽可能快地移送案件，且如果律师的运用干涉了迅速诉讼，那么被告人则可能因行使享有律师的权利而被惩罚。也就是说，被告人可能因为浪费法院时间被判处比现行汇率更重的惩罚。

辩护律师也可能劝说委托人放弃长时间的法院诉讼，辩护律师按法院标准确立案件价值并通过现实的途径移送案件。不采纳律师建议和提议追寻不现实策略的被告人经常发现他们自己被该为他们的怜悯和自由辩护的律师"说服"而答辩有罪（参见，例如，Alschuler 1975；Casper 1972；feeley 1979；Sudnow 1965）。

文献表明，辩护律师的代理加强了答辩谈判的着重点和增加了花在谈判上的时间（Alfini and Passuth 1981，108—109；Ryan 1980—1981，87）。但是，对谈判注意的增加却未必能使有罪答辩的比例上升，代之，辩护律师可能在初次到庭之后就成功地获得指控被驳回的裁定（Alfini and Passuth 1981，108—109）。无论如何，1972年最高法院在 *Argersinger* 一案中，规定任何被处以看守所关押刑罚的轻罪案件必须有指定律师，在此以后对初级法院的研究显示了初级法院中辩护律师的常规运用。菲利的研究（1979）表明辩护律师很常见，且另一项研究（Ryan 1980—1981，107）也报告样案中几乎所有被告人（92%）都由律师代理。但是，*Argersinger* 案的决定可能对律师的运用只产生极微小的影响，因为在第二项研究（Ryan 1980—1981）中大部分被告人是由私人聘用的律师代理。

诉讼较轻微罪行的正式阶段

初级法院诉讼程序以及移送案件标准的非正式性在每个阶段都很明显，而且，初级法院大多数案件的刑事诉讼阶段只是一次法院出庭的不同方面，只有在特别的初级法院案件中，这些阶段才会很清楚。

初次到庭

大多数初级法院的案件由警察移交给法院。许多轻罪犯在初次到庭时没有受羁押，并按警官填发的代替逮捕的传票出庭。如果被告人不能出庭，法院就签发法院拘票。下一次警察碰到这个人，他们就以最初指控逮捕这个人。

逮捕之后，被逮捕的被告人就被转送到地方管房或适当的安置场所接受诉讼。轻微的罪行，被告人可能被允许在警察署交纳保释金，保释标准安排被用来决定逮捕指控所要求的保释金额。在警察署交纳保释金的被告人被释放，同时被指令下次法院开庭时，通常是第二天早上必须出庭。一些被告人可能决定由法院没收保释金，没收的保释金作为被指控罪行的罚金，一些管辖区默许这种做法。其他管辖区，根据罪行的严重程度，法院对任何没有出庭的被告人都会发出法院拘票。保释金被没收，且被告人可能又被逮捕。

不能在警署被保释的被捕者可能被关在看守所里一个晚上，等候第二天早上的初次到庭。在法院，许多被告人愿意、甚至急切地答辩有罪并承担责任——尤其当责任是一笔小数目的罚金或服一段时间的徒刑。所以，大多数轻罪案件在初次到庭时设置保释金并不常见。法院被授权能接受有罪答辩和现场科刑，无需额外的诉讼程序。

如果被告人在初次到庭时选择不答辩有罪，法院必须决定审前释放的条件。如果被告人已按传票出庭，法院通常具结释放被告人。确实，大多数案件被耽搁的被告人都被具结释放。但是，认为他们将被关押在看守所里的被告人都有放弃审判权利的强烈愿望。设定的审判日期经常是几星期或几个月之后，审前羁押的可能性促使被告人迅速地答辩有罪。塞缪尔·戴思报道了一位检察官对一名被告人的讲话："不要犯傻——如果你反对我们，你将在看守所里为你的审判等待6个月。现在如果你答辩，你将得到6个月的刑期处罚，并在这段时间结束之后成为一个自由人。"（1951，253—254）

初步指控

对被告人的指控在初次到庭时被宣读。有时这项职能由检察官行使，有时由书记官或法官，有时则由作为警察检察官的警察联络员行使（Bing and Rosenfeld 1974；President's Commission 1967，313）。这是一项匆促的事务，一件紧接一件急切地移送案件，有时速度非常之快，以至于混乱中宣读指控，而站在法庭前的被告人却是错的：

> 经常……一件新的案件……被传唤的是以前提交给法院的案件被告人。在警察对案件的有关事实作证以后，错置的被告人被提问他须为他本人辩护什么。他否认了对他既奇怪又陌生的故事。他因为对法院撒谎而受到法官强烈指责。当警官发现他（被告人）不是他所逮捕的那个人时，而那被告人可能正遭受检察官的威胁。（Dash 1951，250）①

权利的告知

告知被告人有关他们的权利也同样匆匆忙忙。在第一次法院出庭时，被告人应该被告知他们的权利。法院内部观察家长期指责法院对这项重要任务的不重视（Dash 1951，251）。莫里恩·迈尔斯基根据她本人的观察作了如下描述：

---

① 尽管戴思是在40多年前写下这些，但他的描述似乎也反映了最近研究描述的初级法院的特征。我们在这里运用戴思的描述来说明实际的法院人员在初级法院的谈话和行为方式。

第 10 章　在初级法院诉讼较轻微的罪行

> 1/4（26%）的初级法院案件，法官一点也不告知被告人宪法规定他享有的权利……而且，一半（52%）的案件被告人被集体预先告知……只有22%的案件，当被告人独自站在法官席前，法官告知他享有的权利。所以，那些被告知的被告人，大多数是被集体告知……轻微的轻罪案件，在当时有35%的被告人法官并没有告知。(1971，68—69)

Argersinger（1972）案以后，对初级法院的研究发现，对告知被告人权利的不在意比以前要改善许多。需要重点指出的是，这里描述的两个法院，辩护律师都很少出席。现在这两项研究都比较陈旧。明显忽视告知被告人权利的报道在最近的案件研究中没有出现：

> 但是，他们对委托人的案件敷衍地给予注意，他们〔辩护律师〕在法院的出席改变了被指控者和起诉方之间的关系，在一定程度上似乎使他们更平等。如果设立的公设辩护人没有创造一个根据法律行业理想标准运作的法院，即使有了公设辩护人，也肯定不能消除以前在法院很常见的较严重的专断和偏爱主义。（Malcolm Feeley，*The Process is the Punishment*，ⓒ1979，60，Russell Sage Foundation）

然而，在审理比较轻微罪行的法院，正当程序权利不仅很少受到保护而且更可能被法院人员随便对待或完全忽视。当涉及的利害关系不大时，被告人与法院人员一样，都可能不关心形式和被告知他们的权利（Feeley 1979，186—187；Mileski 1971，79）。许多案件的被告人与法院一样，急切地要了结案件和回去工作。

开始答辩

听到了正式的指控和被告知他们的权利之后，被告人就被要求开始答辩。进行无罪答辩意味着必须安排审判和作出有关审前释放条件的裁定；进行有罪答辩意味着案件的最终处置可能只是几秒钟后的事。几项观察研究的报告表明，被告人经常在此时被说服进行有罪答辩。菲利作了这样的描述：

在……第一次到庭时他［检察官］会向法院宣布指控和"期望"被告人答辩有罪。这在检察官向被指控者提出的标准问题中得到暗示："你想获得你自己的律师，提出公设辩护人申请或今天处理你的案件？"暗示很清楚：如果被告人想得到一名律师，这对他会很复杂；但是，如果他答辩有罪，整件事将在几分钟内结束。检察官清楚地表达他倾向的意见并由其他人——被告人或他的律师——决定建议另一条诉讼路径。（Malcolm Feeley，The Process is the Punishment，ⓒ 1979，178，Russell Sage Foundation）

关于检察官、法官甚至辩护律师在初次到庭时施加答辩有罪压力的报道很常见（Ryan 1980—1981，87；Dash 1951，253）。相反，一些法官常规地建议无人代理的被告人在法院开始有罪答辩之前与公设辩护人商量。

如果轻罪被告人表明愿在诉讼早期答辩有罪，案件一般在单单一次的法院出庭中就被解决。菲利（1979，157）报道大多数他观察的案件都在一次或两次的法院出庭中被处理。同样，另一位研究家（Ryan 1980—1981，107）发现他的样案中，60％是在第一次到庭时被处理，另外30％是在第二次到庭时被处理。一项全国范围的管辖区调查，研究家们发现大城市法院和辩护律师介入的案件不大可能在初次到庭时被解决（Alfini and Passuth 1981，110—111）。

审前

与重罪案件不同，轻罪案件通常不接受指控的正式审查（预审听证或大陪审团）。但是，在一些管辖区，如果轻罪犯在初次到庭时没被处理，就会自动地安排召开一个检察官和辩护律师之间的非正式审前协商会，经常简称审前。审前的主要目的是进行答辩谈判，尽管也同时开展其他一些事务。经常当附近的法官有时间时就举行审前协商会，这样如果一旦达成协议，有罪答辩就可以开始并且案件能马上被处理，这是轻罪案件一项较新的发展，主要是为了律师的方便和提高工作效率。

第 10 章 在初级法院诉讼较轻微的罪行

审判

被指控轻罪的被告人至少享有法官前审判的权利。许多,但不是所有的被告人都享有陪审团前审判的权利。但是,陪审团审判在这些法院很少见,实际上,一些初级法院根本不举行陪审团审判。在这些管辖区,如果被告人享有陪审团审判的权利并要求进行,案件就会自然地被移送至提供陪审团审判的另一个法院和另一位法官,通常是一般管辖权法院。

只有小部分的轻罪被告人行使他们的审判权利。在康涅狄格纽黑文法院的1 640个案件中,没有一件被审判(Feeley 1979,9,127)。另一项研究(Ryan 1980—1981,87—88)报道,审判在俄亥俄哥伦布法院也很少见,研究的案件中只有2.7%被审判。另外,规定必须指定律师的条款似乎也不能增加轻罪案件的审判数字(Alfini and Passuth 1981,114)。根据康涅狄格的研究(Malcolm Feeley, *The Process is the Punishment*, ⓒ 1979,186—187,Russell Sage Foundation),"去审判花费的时间、精力和费用都很大。一位私人律师出庭审判一天可能要价 $200,然而罚金很少超过 $50……对极大部分的被告人来说……审判肯定不是一项行得通的选择"。

事实上,有时被告人去审判肯定明显不利。不管确实还是感觉,"审判刑罚"——对去审判的被告人科处更严厉的制裁——在决定要求或放弃审判的过程中是一项主要因素。如果被告人没有意识到这一点,法院人员可能向他们指出,如戴思的报道:"你最好答辩轻微盗窃有罪,否则我们确信你会被送进监狱关押 10 年。基于记录,没有人会相信你的故事,我们将使你在审判时被认定抢劫有罪,这很确定。"(1951,254)

俄亥俄的研究(Ryan 1980—1981,104)得出审判刑罚确实存在于哥伦布法院和律师也深知这一点的结论。哥伦布的法庭常常无奈地认识到"使用法庭要征收租金"。

在那些很少进行审判的管辖区,审判一般非常简短,只持续几分钟或最多 1 小时（President's Commission 1967，313），当然也有例外——如果案件非常复杂，那么轻罪审判可能持续几天。更典型的是底特律法官特别法院的审判描述：

> 一些被告人去审判，但他们中很大一部分这样做没有律师的帮助。这些案件，法官没有努力向被告人解释诉讼程序或告诉他们享有交叉询问起诉方证人或享有保持沉默的权利。警察作证之后，法官似乎对证据的充分性不作任何评价而是马上转向被告人并问道："你必须要为你自己说些什么？"在审判时律师出庭的法院，程序要正式一些。但是，大部分询问工作由法官本人进行。（President's Commission 1967，313）

量刑

法院经常对轻罪案件将被处刑的罪犯情况知道得很少。大多数案件轻罪犯已经答辩有罪，最多与检察官、辩护律师或法官花费几分钟时间。而且，轻罪被告人通常不是判决前调查的对象。因为对被告人情况了解得这么少，所以法院对被告人的惩罚是针对犯罪行为，而并非针对犯罪人。

被告人通常答辩有罪，除非将被科处与现行汇率相近的刑罚，且法官很少失望。可预测性是维护初级法院快速、装配线诉讼程序的重要因素。如果被告人能基于比较可靠的刑罚预测开始有罪答辩，法院就更有可能获得有罪答辩。不可预测性会激励被告人争斗指控。另外，处理具体的、个别化的信息材料的法院又有很多这样一些具体的、个别化的资料，考虑这种信息资料要花很多时间。标准惩罚不提倡个别化地诉讼案件。

很大比例的轻罪罪行被处以罚金而不是监禁。三项研究（Mileski 1971，78；Feeley1979，138；Ryan 1980—1981，94）报道罚金是他们调查的法院中最常见的一种制裁，其他研究也发现罚金是主要的制裁方法（Ragona and Ryan 1983）。缓刑的运用似乎每个法院差别很大（比较 Bing and Rosenfeld 1974，279；Feeley 1979，138；Glaser and Gor-

第 10 章　在初级法院诉讼较轻微的罪行

don 1990；and Ryan 1980—1981，99）。罚金数额通常很低，法官认为如果标准罚金比较高的话，大量的被告人将无能力支付。如果给 $500 罚金或看守所关押 7 天的"选择"，贫穷被告人可能只好选择关押在看守所里。另外，因为标准罚金设置得这么低，所以对那些并不穷困的被告人产生的威慑力也很小。

认识到初级法院传统罚金运作存在的这些问题，一些法院已经试验每日罚金，罚金的数额按被告人收入和其他改造刑罚，比如社区服务（见第 17 章对这些处罚类型的更详细讨论）进行调节。这些新方法在寻求对所有被告人，无论经济状况如何，产生富有意义的威慑力同时，也减少了罚金对低收入被告人造成的截然不同的影响。这些较新近的处罚类型缓冲了初级法院量刑的常规做法，使刑罚适合罪犯的个人情况。

上诉

被宣判有罪的轻罪犯可能上诉对他们的有罪判决。如第二章所介绍，上诉是基于审判法院的记录，对审判法院进行的诉讼的正当性的一种审核。基于记录的上诉，只有在诉讼程序被记录的前提下才有可能发生。传统上，初级法院被告人的审判并不记录，罪行的严重性不能说明支付法庭速记员记录诉讼程序的费用是一种合理支出。对不记录诉讼程序的法院判决提起上诉，将被重新审判。

"*de novo*"的拉丁字面意思是重新。与基于记录的上诉不同，重新审判是对事实的重审，它的进行就像初审从来没有发生过。重审近乎于忘却过去，重新开始。重审与初审的区别是，重新的审判发生在记录法院，通常管辖权高于初审法院（一般管辖权）。因为重新审判的诉讼程序都被记录，所以如果被告人再次被认定有罪，被告人可能根据记录向有管辖权的上诉法院上诉。

随着灵敏和便宜的记录设备的发明，许多管辖区利用电子手段记录轻罪审判诉讼程序，所以，在比较轻微的罪行审判诉讼程序被记录的管辖区，轻罪有罪判决像重罪有罪判决一样，直接向上诉法院提起刑事上诉（见第 18 章）。

改革的后果：20世纪90年代的初级法院

如案例研究表明，初级法院被认为远不能被效仿。1967年执法和司法管理总统委员会将初级法院作为它认为是这个国家司法管理最令人不安的问题被遴选出来（1967，128）。差不多一个世纪以来，一个又一个的调查委员会指责初级法院的低效率、不公正、腐败和无能。不止一个国家委员会建议这些初级法院作为非寻常存在物应该废除，然而初级法院却依然存续（Alfini and Doan 1977）。

初级法院的弊端经常被归咎于不充足的经济资源：法院设施结构低劣和年久失修；领取工资的市区管辖区法官不能吸引有能力的律师；因为人员问题保存的记录很少且杂乱无章。人们认为，愿意在这种环境工作的人员素质又使这些问题加剧，表现在不重视正确的程序和缺乏对公正要求的考虑。为解决这些问题，总统委员会建议废除初级法院，建立由州而不是由地方和税务提供资金的统一的法院体系（President's Commission 1967，35—36）。70年代两项主要改革方案改变了初级法院的面貌。首先，70年代末，至少有半数州决定重组法院体系（Alfini and Doan 1981，见第2章），重组反过来又影响了初级法院的人员组成和管辖权；第二项改革乃最高法院通过其 *Argersinger*（1972）案的判决下令进行。*Argersinger* 案的影响是使辩护律师进入初级法院，以前初级法院律师很罕见。

州法院重组采取许多种形式，并产生了各种效果。法院重组使初级法院的运作产生了必然的改变。一些管辖区完全废除了初级法院，另一些州重新规定管辖范围，这样法官从兼职改为专职。与之相配套，费用制度（是指法官的报酬根据他们科处的罚金额支付）也被工资制度取代。同时引进记录保存技术，使初级法院判决的上诉性质发生改变。

一些管辖区改变它们的法律，要求法官必须拥有法律学位。但是，1988年的考核表明，限制管辖权法院只有一半多一点（57%）的法官确实持有法律学位（NCSC 1988，10）。1976年最高法院批准运用未经专门法律训练的非专业法官主持轻微事件，拒绝将宪法规定的享有审判的权利解释为享有由受过法律培训的法官主持审判的权利（*North Carolina v. Russell*）。

辩护律师运用的增加也改变了初级法院的运作方式。仅因为他们的出庭就增加了运作的透明度，并减少了不公平程序不被人注意和不被改变的可能。他们的介入造成一些改变：更少的有罪答辩、更少的初次到庭有罪答辩和答辩谈判的增多（Alfini and Passuth 1981）。

改革影响了初级法院的运作方式，并且在一些管辖区这些改变非常明显和显著。尽管有了这些改进，但初级法院仍没有处于政治上较优先的地位。这些改变没有为初级法院带来有形利益，得到更多的资源。拥挤不堪、不舒适和乱七八糟似乎它们本该如此，初级法院的优先权比不上为受虐待和忽视的儿童提供医疗保健、雇用更多的警察和提供更好的服务。但是，重罪法院因每天处理性质严重的罪行而获得了公众的注意，初级法院的工作相对不被人重视。进入初级法院的人们可能对在那儿发现的条件感到惊愕，但他们的接触很短暂，很快就忘掉了。由于这些原因，初级法院将可能继续是刑事法院体系中可怜的继儿。

初级法院之外：调解

另一项能影响初级法院的改革是替代的纠纷解决方式。一些改革家提议，许多现在去刑事法院，尤其是去初级法院的案件可以通过正式审理的替代机制加以解决。替代的纠纷解决方式作为解决使法院不堪重负的纠纷的一种方法而被设立下来。

替代的纠纷解决方式的主张者认为教堂、家庭和社区已丧失许多它们作为纠纷解决机构的权力。按这项理论，是民事和刑事法院填补了这种日益增长的空缺（Sander 1982，27；Merry 1982，172）。并非依赖较不正式的纠纷解决机制，而更依赖审理的做法已造成法院的工作量过大。但是，这个问题不是通过建立更多的法院就能被轻易地解决，因为法律诉讼程序太复杂和稳定，不能有效地解决普通人之间的日常冲突。

结果矛盾激化，直至在一些案件中，冲突无法控制，有时发展成暴力的对抗（Tomasic and Feeley 1982）。所以，许多替代的纠纷解决方式的主张者视犯罪的增长为现代社会缺乏有效纠纷解决机构的表现。

历史和哲理

第一个正式的替代的纠纷解决方式项目是在60年代末和70年代期间发展起来的。1975年这种替代的项目全美国运作不足12种，到1985年美国律师协会纠纷解决项目目录中罗列了在全国范围内有182种（McGillis 1986，7）。这些项目许多是旨在处理尤其不服法院判决的案件，促使法院更有效率；另一目的是使司法制度更接近市民，例如，替代的纠纷解决项目常常设在与居民区相邻的商业区，而并非在市中心法庭。另外，许多项目通过在夜间和周末进行，强调项目的可接近性。最后，一些改革家希望替代的纠纷解决方式增进案件解决的质量和稳定性，减低当事人之间冲突的整体水平（McGills 1986，20—21）。

一些项目着重于如果不及时解决可能会扩大成为更严重纠纷的非刑事纠纷，另一些项目则着重于已经造成一方当事人被犯罪指控的纠纷。2/3的纠纷解决项目由法院或检察官事务所资助（National Institute of Justice 1986，2），参与是自愿的，但附有一项强制条件：如果被指控者不参与纠纷解决程序，就开始起诉。

还有一些纠纷解决项目依靠其他社区机构的介绍和纠纷当事人的自我介绍（McGillis1986，20，24），这些项目通常由非赢利性的社区机构资助。尽管纠纷不要求法院的即时注意，但防止冲突的升级可能节约了法院的资源："如果纠纷被允许加剧，今天亲朋好友间的轻微殴打可能酿起下个月或明年的严重殴打或谋杀。"（McGillis 1986，25）

所有这些项目最常运用的纠纷解决技术是调解。中立的第三方与双方当事人讨论问题，努力找到共同理由和双方都满意的解决方案。尽管调解人经常询问案件的事实，但过去发生的事情不及达成解决方案以及使双方当事人着重于将来如何相处来得重要。调解的目的是使双方当事人在更加平等的基础上开始一种新的关系，获得崭新的开始。

第 10 章　在初级法院诉讼较轻微的罪行

评价替代的纠纷解决方式

一些观察家们认为，因为初步的评价结果错综不一，所以对替代的纠纷解决方式不宜乐观。尽管纠纷当事人对通过替代项目获得的公平和冲突的最终解决较满意，但替代项目中，由于许多当事人不到场和不能达成一致，许多纠纷不能被解决（McGillis 1986；Matthews 1988）。一方或双方当事人常常在调解时不出庭；另外，调解方案能否不被推翻并不清楚。尽管纠纷者对程序感到满意，但项目的评价结果并不能表明他们将来不会再发生冲突（McGillis 1986；Merry 1982）。

研究确实表明，替代的纠纷解决方式能较好地解决一些类型的纠纷，但却不能解决全部纠纷。根据一项研究（Merry 1982），着重于具体问题的纠纷，比如支付损害赔偿金或返还财产，与由于关系产生的冲突和着重于诸如侮辱、竞争、虐待和其他感情问题的纠纷相比，更能通过调解被解决。具有讽刺意味的是，替代的纠纷解决方式最初是因为法院似乎设施太差不能解决由于关系产生的纠纷而被提议建立的。

另一些人指责替代的纠纷解决方式扩张了社会的正式控制网，将否则会被驳回的简单案件改由通过替代方式解决。换句话说，以前不被管束的人现在正被激励、施压或甚至强迫运用替代的纠纷解决方式（Abel 1982；Matthews 1988，8）。就绝大部分作为法院附属物运作的项目而言，这种批评尤其中肯。在调解项目独立于法院的社区，这些项目与正式的社会控制无关，加强了非正式的社会控制。

许多学校系统，尤其是位于市区的学校正建立解决学生纠纷的调解项目。替代的纠纷解决方式在耗资巨大的民事诉讼领域也很受欢迎。为使替代的纠纷解决方式成为初级法院审理的主要替代，当事人必须相信替代的纠纷解决方式比去法院更好。鉴于初级法院的所有缺陷，证明替代的纠纷解决方式更受欢迎可能比较容易。但是，判决是许多初级法院能达到的一种迅速的解决方法。比起装配线审理，替代的纠纷解决方式可能要求各当事人投入更多的精力。

总　结

　　市区初级法院的根源能在乡村治安法官的身上找到，尽管20世纪中叶对他们有许多诋毁，但这些司法官在美国很长的一段历史时期中非常重要，并且表达了一种重要的理想：人民司法基于对社区传统习俗的常识理解。20世纪治安法官作出的专断和非专业决定产生了很坏的影响。

　　在市区，限制管辖权法院成为法院诉讼程序的入口。除了审理非刑事案件和许多轻罪案件之外，初级法院还签发搜查令、举行初次到庭和设定重罪案件的保释金。这些法院在20世纪中叶是批评的靶标。尽管最近几年得到许多改进，但初级法院仍旧是粗糙和装配线司法的典型。系统内的主要人员知道各种罪行的现行汇率，偏离标准的个别化做法不被提倡。初级法院的运作形式是非正式的，另外，如果是重罪案件得花几个月和有无数次法院出庭的刑事法院诉讼程序阶段在审理轻微罪行时被浓缩，许多案件在第一次法院出庭阶段就被解决。

　　被告人的权利在初级法院也受到较多的限制，结果初级法院比一般管辖权法院有更多的被告人没有律师代理。尽管一些管辖区对所有刑事案件的贫困被告人都提供律师，但另一些管辖区按照 *Argersinger* (1972)案的要求，只有当被告人确实要进看守所时才为贫困被告人提供免费律师。审判不常见（甚至比重罪案件更不常见）。且陪审团审判的权力只限于比较严重的轻罪犯，通常初级法院没有权力进行陪审团审判，因此这些案件都被移交给一般管辖权法院。初级法院宣告有罪之后，最常见的刑罚是罚款。一些法院已引进的每日罚金将罚金与被告人的支付能力保持一致。短期的看守所关押刑罚也很常见，经常只是自逮捕后在看守所里服刑一段时间。因为许多初级法院不是记录法院，所以初级法院有罪判决的上诉经常被重新审判，即在记录法院重审。

　　因为这些法院处理轻微的罪行，所以它们不具有优先地位。更多的

第 10 章　在初级法院诉讼较轻微的罪行

注意和关心被投注于诉讼重罪的一般管辖区法院。自 70 年代起，针对初级法院的改革已经造成这些法院运作的一些积极改变。受过更好培训的人员、更广泛的获得律师和经济支持的增加已废除了一些三四十年前最不科学的做法。一些管辖区正在实验替代的纠纷解决方式，比如调解，以减轻初级法院的负担和提供解决引起各类轻微罪行的纠纷类型的更有效方法，这些项目的实际效用不是非常清楚。

参考书目

Abel, Richard. 1982. *The Politics of Informal Justice.* New York: Academic Press.

Alfini, James J., and Patricia M. Passuth. 1981. "Case Processing in State Misdemeanor Courts: The Effect of Defense Attorney Presence." *Justice System Journal* 6: 100—116.

Alfini, James J., and Rachel N. Doan. 1977. "A New Perspective on Misdemeanor Justice." *Judicature* 60 (April): 425—434.

Alschuler, Albert W. 1975. "The Defense Attorney's Role in Plea Bargaining." *Yale Law Journal* 84: 1179—1314.

Argersinger V. Hamlin, 407 U. S. 25, 92 S. Ct. 2006 (1972).

Ashman, Allan, and Pat Chapin. 1976. "Is the Bell Tolling for Nonlawyer Judges?" *Justice System Journal* 59 (9): 416—421.

Bing, Stephen R., and Stephen S. Rosenfeld. 1974. "The Quality of Justice in the Lower Criminal Courts of Metropolitan Boston." In John A. Robertson, ed. *Rough Justice: Perspectives on Lower Criminal Courts.* Boston: Little Brown.

Brownlee, E. Gardner. 1975. "The Revival of the Justice of the Peace in Montana." *Judicature* 58 (8): 372—379.

Casper, Jonathan D. 1972. *American Criminal Justice: The*

Defendant's Perspective. Englewood Cliffs, N. J. : Prentice—Hall.

Dash, Samuel. 1951. "Cracks in the Foundation of Criminal Justice." *Illinois Law Review* 46: 385—406. Northwestern University School of Law.

Feeley, Malcolm. 1979. *The Process is the Punishment: Handling Cases in a Lower Court*. New York: Russell Sage Foundation.

Glaser, Daniel, and Margaret A. Gordon. 1990. "Profitable Penalties for Lower Level Courts." *Judicature* 73 (5): 248—252.

Green, Justin, Ross Russell, and John Schmidhauser. 1975. "Iowa's Magistrate System: The Aftermath of Reform." *Judicature* 58 (8): 380—389.

Knab, Karen Markle, and Brent Lindberg. 1977. "Misdemeanor Justice: Is Due Process the Problem?" *Judicature* 60 (9): 416—424.

Lipetz, Marcia J. 1984. *Routine, Justice: Processing Cases in Women's Court*. New Brunswick, N. J. : Transaction Books.

Matthews, Roger. 1988. *Informal Justice*? Beverly Hills: Sage.

Merry, Sally Engle. 1982. "Defining 'Success' in the Neighborhood Justice Movement." In Roman Tomasic and Malcolm Feeley, eds. *Neighborhood Justice: Assessment of an Emerging Idea*. New York: Longman.

Mileski, Maureen. 1971. "Courtroom Encounters: An Observation Study of a Lower Criminal Court." *Law and Society Review* 5: 473—533.

Nardulli, Peter F., James Eisenstein, and Roy B. Flemming. 1988. *The Tenor of Justice*. Urbana, Ill. : University of Chicago Press.

National Center for State Courts (NCSC). 1988. *State Court Organization 1987*. *Williamsburg*, Va. : National Center for State Courts.

National Institute of Justice. 1986. "Toward the Multi—Door Courthouse——Dispute Resolution Intake and Referral." *NIJ Reports*

(July) . Washington, D. C. : U. S. Department of Justice, National Institute of Justice.

North v. Russell, 427 U. S. 328, 96 S. Ct. 2709 (1976).

Ostrom, Brian J. 1994. *State Court Caseload Statistics: Annual Report 1992*. Williamsburg, Va. : National Center for State Courts.

President's Commission on Law Enforcement and the Administration of Justice. 1967. *Task Force Report: The Courts*. Washington, D. C. : U. S. Government Printing Office.

Ragona, Anthony J. , and John P. Ryan. 1983. "Misdemeanor Courts and the Choice of Sanctions: A Comparative View. " *Justice System Journal* 8 (2): 199—221.

Tomasic, Roman, and Malcolm Feeley, eds. 1982. *Neighborhood Justice: Assessment of an Emerging Idea*. New York: Longman.

Ryan, John P. 1980—1981. "Adjudication and Sentencing in a Misdemeanor Court: The Outcome is the Punishment. " *Law and Society Review* 15 (1): 79—108.

Ryan, John Paul, and James H. Guterman. 1977. "Lawyers Versus Nonlawyer Town Justices. " *Judicature* 60: 272—280.

Sander, Frank E. A. 1982. "Varieties of Dispute Processing. " In Roman Tomasic and Malcolm Feeley, eds. *Neighborhood Justice: Assessment of an Emerging Idea*. New York: Longman.

Sudnow, David N. 1965. "Normal Crimes: Sociological Features of the Penal Code in a Public Defender's Office. " *Social Problems* 12: 209—215.

Tumey v. Ohio, 273 U. S. 510, 47 S. Ct. 437 (1927).

Vanlandingham, Kenneth E. 1974. "The Decline of the Justice of the Peace. " In John A. Robertson, ed. *Rough Justice: Perspectives on Lower Criminal Courts*. Boston: Little Brown.

第 *11* 章 初次到庭：设定保释金和其他释放条件

被告人逮捕后的第一次法院出庭称作初次到庭。大多数州要求被逮捕者在逮捕后很短时间内就被带到法官或其他指定的法院官员，比如司法官或法院特派员面前，有些州用制定法规定时间期限。譬如，明尼苏达州规定被逮捕者在 36 小时之内（不包括逮捕当日、星期日和法定节假日），必须被带到法官面前。其他一些州则通过判例法规定时限。一般来说，这些规定都要求在逮捕后一或两天内进行初次到庭。初次到庭一般在限制管辖权法院举行。

被告人从紧邻法院的羁押场所候审间被带到法庭。法官审查逮捕报告，有时还会向检察官或辩护律师提问，然后法官在记录中写道："我认为存在可能性根据。"法官此后可能会向检察官或审前服务机构询问是否有释放建议。在简短地审查了被告人记录和保释金评估表后，法官决定被告人是否和在什么条件下被取保候审。一般的案件，整个过程持续可能不超过几分钟。

本章将详细地介绍重罪案件在刑事法院的诉讼过程。被指控重罪的被告人一般被宣称参与严重的犯罪行为，往往有严重的刑事记录，并享有美国宪法和各州法律规定的实质性权利。本章讨论初次到庭的职能和

第 11 章 初次到庭：设定保释金和其他释放条件

审前释放的选择类型，包括对保释保证金的专门分析。对审前释放的关心已引起保释改革的两次运动——一次是 20 世纪 60 年代至 70 年代期间希望增加较轻微罪犯的审前释放机会，另一次是 20 世纪 80 年代期间允许法院拘押危险罪犯的运动。目前的审前释放决定反映了这些改革运动的结果。

初次到庭的职能

初次到庭在刑事法院诉讼程序中起着许多作用。初次到庭要求在逮捕后不久即进行，意在防止警方不立案而无限期地拘押一些人；逮捕后第一次法院出庭的目的是正式告知被告人被指控的罪名；另外，因为大多数的逮捕是在没有逮捕令的情况下进行的，所以初次到庭为法官提供了审查支持指控的证据的机会，以确保存在可能性根据；因为穷困被告人享有律师权利的扩延，因此许多法院也把初次到庭当作决定被告人是否享有为其指定律师这一资格的一次机会；最后，初次到庭的法官负责决定在案件诉讼期间被告人是否和在什么条件下被释放。

告知指控

在初次到庭时，法官正式告知被告人确切的指控罪名。另外，一些州还规定法官必须告知被告人他们享有的权利，特别是审判的权利和保持沉默的权利。尽管在初次到庭之前被告人可能知道有关指控的一些信息内容，但他们可能不清楚州一方提起的确切指控：轻罪抑或是重罪指控以及被提起的指控数目。告发书告知被告人明确的指控罪名。对于轻罪案件，告发书也许只是一份指控文件，而对重罪案件，告发书列的指控罪名可能在检察官草拟检察官起诉书和大陪审团起诉书时被修改。

可能性根据裁定

在一些管辖区，受案的法院常规地在初次到庭时对所有案件作出可能性根据的裁定，而在另外一些管辖区，只有在逮捕是在没有逮捕令的情况下进行时——这是常有的一件事情——才在初次到庭时作出可能性根据裁定。在 Gerstein v. Pugh（1975，113）一案中，最高法院认为宪法第四修正案要求只要有可能，由中立和超然的法官作出可能性根据的裁定。虽然要求在逮捕之前持有逮捕令的规定能提供"最大限度的保护"，但最高法院承认，这种规定将会"不可忍受地妨碍合法地执行法律"。

但是，一旦被捕后嫌疑人要求中立的可能性根据裁定的权利并没有消失。为平衡执法与第四修正案权利相抗争的目的，最高法院认为"第四修正案要求将可能性根据的司法裁定作为逮捕后对自由扩大限制的先决条件"（Gerstein v. Pugh 1975，114）。

最高法院进一步认为，可能性根据裁定无须举行抗辩听证会。法官根据警察提供的书面资料作出决定的非正式程序，就足以裁定认为嫌疑人犯了所指控的罪行是否具有可能性根据。最高法院对程序设定的唯一限制是司法官员必须在逮捕之前或逮捕后即作出裁定（Gerstein v. Pugh 1975，120）。随后在 Riverside County v. Mclaughlin（1991）一案中，最高法院说明这个裁定一般应在无逮捕令逮捕后 48 小时内进行。这个可能性根据裁定不要与预审听证的可能性根据裁定相混淆。初次到庭时可能性根据裁定一般基于警察报告和所附的文件作出，与证人必须在法院作证以建立可能性根据的预审听证不同。

贫困和早期指定律师

初次到庭时辩护律师的可获得性每个地方差异很大。一些辩护服务机构有律师早期代理的政策，来自公设辩护人事务所或法律援助协会的律师在初次到庭时随时为任何需要法律服务的被告人代理。由于审前拘押以及审前被拘押的被告人有更大被宣告有罪和受到更严厉处罚的可能性，都可能造成被告人的自由丧失，因此初次到庭时的辩护律师尽量说服法院科处允许释放被告人的条件。早期代理也减少了今后在法院诉讼过程中减少保释金动议的提起次数。

公设辩护人是否提供早期代理，初次到庭经常被当作作出穷困裁定和如果有必要就指定律师的机会。如何裁定被告人的经济收入各管辖区不同。

第 11 章 初次到庭：设定保释金和其他释放条件

在一些管辖区，被告人无能力支付律师费用的主张足以使法官指定一名律师，另一些管辖区则要收集和评估有关被告人经济状况的信息资料，以裁定他们获得公设辩护人或法律援助协会服务的资格（见表 11—1）。

表 11—1 穷困裁定

资料来源：Wisconsin, Office of State Public Defender。

密尔沃基县　　　　　　州公设辩护人事务所——审判部门
　　　　　　　　　　　　（4/10/95 修改）

如果你想获得一名指定律师，我必须询问你关于你的收入、财产、债务和消费完全而准确的信息。你必须保证你所给的信息都是真实的。这种经济信息不受律师/委托人特免权保护。它可能在以后提交给法院和被公众得知。如果你虚假陈述你的经济状况且因为虚假部分而获得一名指定律师，那么检察官可以向你提起重罪指控。你理解吗？有什么问题吗？

申请人姓名_____　申请人地址_____
收入和财产贫困证明书　　　　　　出生日期_____
社会福利号码_____

1. 所有收入。请对收入来源画圈：工资、贫民救济金、残疾人补助、社会福利、失业补助、退伍费、退休金、儿童补助、其他。
（重罪每月达到 x6，精神病犯罪 x2，所有其他案件 x4。）
　□a. 申请人和配偶的唯一收入是残疾人补助或贫民救济
　□以医疗援助卡或其他证明资料证明　　　　　　自动适格
　b. 申请人　　　　　　　　　　　　　　　　　　证明
　c. 配偶
（全职最低限度工资的工作最低能允许拿回家的报酬：＄134/星期或＄536/月。）
如果申请人和配偶都没有全职工作（或都没有失业补助）：
　d. 你如何生活？_____
　e. 最后一位老板的姓名？_____　最后上班日期？_____

2. 申请人和配偶的流动财产。　　　　　　　　　　证明
　a. 现金
　b. 储蓄/支票账款　银行名称？_____
　c. 生命保险现金价值/退休账款
　d. 股票和债券/信托基金
　e. 申请人/配偶债款
　f. 申请人/配偶对本罪付的保释金
　g. 其他——详列：_____

3. 申请人和配偶以净值的 1/4 价值估价的非流动财产。
（只包括价值至少＄500 的财产。）
　　　　　　　　　　　　　　　　价值－欠款＝净值　　1/4 的净值
　a. 房子或其他房产
　b. 汽车
　c. 其他机动车（卡车、滑雪车、船，等等）
　d. 贵重的家庭用品/收藏品
　e. 其他——详列：_____

表 11—1 续　穷困裁定

全部收入和财产
主要费用（如果声称超过 $200/400/600 取决于案件类型，所有费用都必须证明。）
只用每月的支付总额，如果没有每月支付安排计划，作个计划，不要超过 $100/月。
每月的费用，重罪用 6，精神病犯罪用 2，其他案件用 4。

	每月总额	证明
孩子扶养		
未付的罚金和没收款		
赔偿和法院判决债务		
孩子看护（只与工作有关）		
健康保险		
高风险机动车保险		
收入税		
医疗/牙医/社会服务费		
未付的民事裁决		
租金/抵押欠款		
学生贷款		
公共费用欠款——不包括电话费或有线电视费——		
主要费用总额		

收入和财产总额（第一页）
主要费用总额（第一页）
生活费用（1987 年 9 月 1 日有效）

家庭规模	重罪	其他	精神病犯罪	家庭规模	重罪	其他	精神病犯罪
1	$1 488	$992	$496	6	$4 596	$3 064	$1 532
2	2 640	1 760	880	7	4 947	3 316	1 658
3	3 102	2 068	1 034	8	5 274	3 516	1 758
4	3 702	2 468	1 234	9	5 520	3 680	1 840
5	4 248	2 832	1 416	10	5 658	3 772	1 886

扶养者姓名和年龄

盲人、年龄 65 岁以上或残废的人适用这些特殊的生活费用
(1/1/95 有效)

	每月	重罪	其他	精神病犯罪
单身	$542	$3 252	$2 168	$1 084
单身和残废	638	3 828	2 552	1 276
残废夫妻	819	4 914	3 276	1 638
残废夫妻	1 164	6 984	4 656	2 328

费用总额
能支付给律师的费用（收入总额/财产减去费用总额）
穷困裁定
1. 本案聘用律师费

一级故意谋杀	$6 600	精神病犯罪	$565
其他级别 A/B 重罪	$3 400	父权	$800
任何其他重罪	$1 900	青少年	$500
交通轻罪	$400	假释/缓刑撤销	$600
其他轻罪	$500	特殊诉讼	$400

第 11 章　初次到庭：设定保释金和其他释放条件

表 11—1 续　穷困裁定

2. 申请人是：（只限于一项）
——穷困（支付律师费用的总额不足 $100）
——部分穷困（支付律师费用的总额超过 $100，但少于或等于 1 项的款额）
——不穷困（支付律师费用的总额超过 1 项的款额）

我没有以低于公平的市场价值出售或处理任何财产以使自己有获得公设辩护人代理的资格。
我保证这份经济陈述就竭尽我的知识和信仰而言是真实的。
　　申请人签名_____　　签名日期_____　　□表1通过电话填写
　　穷困评审者签名_____　　签名日期_____
　　第一位援助或被指定者签名_____　签名日期_____
你必须及时通知你的指定律师有关你的经济状况的任何重要改变。如果为你指定律师，威斯康星州可能向你追偿律师费用。如果你被判处缓刑，法院也会指令你支付律师费用。如果你是未成年人，法院可能要求你父母亲支付律师费用。第一位援助或被指定者将对表 1 要求的各项审查、批准和签名。

　　　　　　部分穷困（部分穷困线被检查后填写）
可支付律师费用款
可支付律师费用总额　　　　　　　　　　　　　　　　　－100.00

	费用	第一期付款		费用	第一期付款
一级故意杀人	$1 320	$150	民事罪行	$113	$50
A 或 B 级重罪	$680	$100	父权	$160	$50
其他重罪	$380	$50	青少年	$100	$25
交通轻罪	$80	$25	撤销	$100	$25
其他轻罪	$100	$25	特殊	$80	$25

欠款总额：　　　　　　　　　　　　　　　_____
第一期付款总额：　　　　　　　　　　　_____
我同意支付代理费总额 $_____。我也知道法官可能会命令支付律师费。如果这样，部分穷困欠款会据此减少。
　　　　　　　　　　　　　　　　　　　　申请人签名_____

决定审前释放

初次到庭的另一项职能是决定被告人是否会被释放等候法院的进一步审理，以及如果可以被释放，在什么条件下获释。政府必须保证被告人在审判时到庭，所以政府对被告人设置了种种限制以迫使被告人在随后的法院诉讼中出庭。一段时间法官几乎不能选择，常规地指令被告人为获得释放提交现金保释金或提供保证人。现在，大多数管辖区在保护政府确保被指控者在审判时到庭的利益同时，提供一系列拟以最大限度扩展释放机会的选择类型。

美国刑事法院诉讼程序

审前释放的类型

法官在决定是否和在什么条件下在审判前释放被告人时有几种选择（见表11—2）。法官能有哪些选择以及法官使用它们的程度，各管辖区相差甚远。法官的选择影响被告人获得取保候审的可能性和对被释放的被告人设置的限制条件。

初次到庭的一项选择是无论如何不得释放。许多州允许法官拒绝释放被指控犯死刑罪的罪犯，或一些州规定对可能被判无期徒刑的被告人不能释放。这些法律的一个基础理论是刑罚如此严重，没有一笔钱能合理地保证被告人返回参加审判对诉讼表示合作。被告人也许宁愿被没收所有的钱，以躲避这么严重的刑罚。在本章末尾讨论了近来联邦和州法律的一些改变，如果法官认为被告人被释放在社区内可能重新犯罪，也允许不准释放。但是，大多数案件，被告人都至少被给予一些获得取保候审的机会。

非金钱释放条件

自美国成立以来，金钱就被用来保证被告人的审判出庭。然而最近几十年，法院已试验各种非金钱条件释放，以减少审前被关押在看守所里的被告人人数和减轻金钱在决定哪个被告人该被关押在看守所里的作用。

传票取代逮捕

一些州运用传票作为避免逮捕和相关羁押的一种手段。在这些管辖区，警察可能签署传票或传唤令，要求某人在具体日期到庭。如同收到交通罚单一样，收到传票的人必须在那一天到庭。传票经常被用来代替对市政法规违法行为和较轻轻罪的逮捕。传票的使用使决定被告人是否能在审前被释放没有必要，并节约了看守所的空间（Feene 1982）。

具结释放

如果被告人已被逮捕，最宽松的条件是具结释放，或 ROR。具结释放只要被告人同意回来参加全部法院开庭，就允许释放被羁押的被告人等候法院的进一步诉讼。一些州将具结释放限于轻罪和较不严重的重

第 11 章 初次到庭：设定保释金和其他释放条件

罪，而另一些州则留由法官自由裁量，以决定具结释放是否适当，甚至包括严重的重罪。在作出这个决定的过程中，法官努力预测被告人是否能被信任返回法院。一些法院依靠审前服务机构的服务，为法官收集被告人的相关资料，比如他们的就业情况、家庭和社会关系以及其他信息，并向法官提出有关对被告人适用具结释放适当性的建议。

表 11—2 释放类型

传票	被逮捕者按执法人员签发的书面令状被释放等候第一次法院出庭，甚至不被短期拘留以等待法院出庭，减轻了看守所的拥挤状况。
具结释放	法院释放许诺随传随到的被告人。
附条件释放	法院以被告人遵守法院可能科处的种种条件，比如定期进行毒品测试、坚持工作和参加咨询释放被告人。
无押金保证	也称为签名保证，被告人不用向法院交付金钱，但如果不出庭就必须向法院交付全部保释金。
现金保释	被告人用现金向法院支付全额保释金。若被告人全部出庭，现金退还。如果被告人没有出庭，现金则被没收（被法院占有）。
百分之十替代	也称为定金保证。被告人交纳给法院一定比例的全额保释金（通常是 10%）。如果被告人不出庭就必须支付全额保释金。案件审结后返还定金，但法院经常扣除 1% 的管理费用。
保证人保证	也称为保释担保。第三方，通常是保释保证人，向法院签署全额保释金的本票并向被告人收取服务费（通常是全额保释金的 10%）。如果被告人不出庭，保释保证人就必须向法院支付全额保释金。通常保证人除了要求被告人付费外还要提供附属担保物。

具结释放的一种变异是签名保证，或无押金保证。签名保证允许被告人不交钱，但同意如果不到庭参加审判就得向法院支付一笔钱而释放被告人。对被告人来说，这种类型与具结释放差不多，只要能即传即到被告人被释放无须交钱。如果被告人不到庭，法院就可能向被告人收取允诺的那笔钱。由于不到庭的大多数被告人最终都返回法院，然后法院就收取被告人的欠款。

附条件释放

一些情况法官也许愿意以具结方式释放被告人，但却要求被告人遵守一些附加的条件。譬如,法官会要求有毒瘾的被告人进行戒毒治疗,并定期提交尿检报告以确保其不再吸毒。释放候审取决于被告人对这些条件的接受;另外如果被告人不遵守这些条件,审前释放很可能被取消。附加这些特殊条件是因为法官认为根治被告人严重的吸毒问题将使被告人较不可能会潜逃,或不到庭。一些州为减少被告人在释放候审期间犯新罪的可能性,也允许法官附加这些条件。最常见的非金钱条件是:

- 要求审前服务机构进行监管,与缓刑监管相似。
- 将被告人置于另一个人或一个机构的监视之下;例如,法院可能要求被告人与一个负责任的家庭成员居住在一起或住进居民治疗机构候审。
- 限制被告人旅行和社会活动。
- 禁止持有武器和酒品。
- 要求进行定期毒品测试。
- 要求参加工作或报名参加某一教育项目学习。
- 要求参加戒毒或戒酒治疗或参与其他咨询或治疗项目。
- 要求在晚上或周末被"软禁"或羁押在看守所里。(Goldkamp 1985,13)

法官必须决定这些条件哪些是必需的和这些条件是否能确保被告人审判到庭或防止审前犯罪。

非经济条件的释放,如上述的这些条件是新近的一种发展。附加这些条件是否增加了被告人获得审前释放的能力还不是很清楚。

虽然附条件被释放的被告人避免了审前拘押,但这些附加条件,许多确实严重剥夺了被告人的自由(尿检、接受治疗、软禁于居所)。如果被告人本该被具结释放或没有逃跑或犯罪的严重风险而只是名义上的现金保释,这可能不公平。一些批评家们已质疑这种条件是否违背无罪推定和要求被告人在审前参加归复项目的规定。使用非金钱条件的另一个缺点是与审前监管、毒品测试和其他特殊项目相关的费用。许多管辖区情愿支付这些额外服务费用,因为看守所拥挤的状况使审前拘押日益不可行。一项研究(Austin,krisberg,and Lisky 1985)发现,如果审前监管能减少看守所的犯人数量和看守所有关的运营开支,或如果能使

第 11 章　初次到庭：设定保释金和其他释放条件

管辖区避免增加看守所设施而产生的费用，审前监管能降低费用。但是，审前监管和服务开支常常必须被打入已经非常紧张的刑事司法预算之中，至少是短期预算，因此这些项目仍然很小，不能被广泛适用。

金钱释放条件

尽管非金钱保释条件有了很大发展，但许多被告人仍然被要求交纳现金或提供保证金以获得释放。金钱保释主要有三种类型。

现金保释

在这种金钱保释最简单的类型当中，法官确定保释金数额，被告人用现金支付这笔钱即可获释。如果被告人审判到庭，保释金就如数退还给被告人，就像将钱存在储钱罐中一样。

一些州允许法院制定保释金明细表，对刑法典中每个罪行的保释金额作出明确的规定（Lynch and Patterson 1991，39）。当一个人被逮捕时，警察通过比照保释金明细表决定适当的保释金额。如果被告人有能力立即支付保释金，他就不必等法官设定保释金而被释放。保释金明细表有助于使被告人花在看守所里的时间最少化，由此减少了看守所的罪犯人数。

审前毒品测试

对毒品使用和犯罪之间的关系研究一致认为，使用毒品的人比不使用毒品的人更可能涉入刑事行为。鉴于这个一致的研究结果，一项由此可以作出推断的政策是测试被逮捕者的毒品使用，运用这个信息作出审前释放决定，然后为防止被审前释放使用毒品的被逮捕者在审前期间使用毒品（和犯罪），定期对他们进行毒品测试。这项政策在20 世纪 80 年代末和 90 年代初受到联邦政府的鼓励。由布什总统 1989年宣布的全国毒品控制战略要求获联邦资助的各个州必须采用毒品测试项目和运用毒品测试结果，作出有关保释和审前释放条件以及量刑、早期释放、缓刑和假释的决定。到 1990 年，全国已运作 72 种这类项目，通常是在审前阶段。

这些项目的价值是研究的主题，产生了一些令人惊讶的结果。这个研究考查了两个问题：(1) 被逮捕者的尿液检测能提高预测被释放被告人的审前违法行为（以因新罪行被逮捕或不能审判出庭界定）的准确性吗？(2) 这些审前被释放的被告人定期的毒品监控能减少审前违法行为吗？

尽管因使用毒品而测试被告人的逻辑和然后基于这个信息作出决定似乎都无懈可击，但这些努力的结果却非常薄弱。尿液检验不是完全准确，一些在逮捕前不久使用毒品的人检验不出来，而其他没有用毒品的人检验却不准确地显示毒品阳性。另外，在几个研究中，尿检结果不能改进重新逮捕的预测和不到庭率。因为审前违法行为的预测与没有毒品测试信息的预测结果几乎或完全相同，所以进行审前毒品测试可能枉费。

毒品监控的结果也令人失望。只有两个做定期毒品测试的管辖区对审前违法行为产生了很大的影响。尽管定期接受毒品测试的被告人中有 1/3 在审前期间戒掉了毒品，但是否就是毒品测试造成这个结果不是很清楚。这些被告人可能是无论怎样都在这段时间内戒掉了毒品。

1992 年进行的对审前毒品测试项目的评价结果将很快公布。如果这最近的研究结果与以前的评价研究结果一样，审前毒品测试和监控就将可能成为过去的政策，而不可能是将来的一种潮流。

资料来源：重印自 Christy A. Visher. 1992. *Pretrial Drug Testing*. Washington, D. C.：U. S. Department of justice, National Institute of Justice, Office of Justice Programs, p. 5。

百分之十替代

一些案件，法官可能允许被告人仅交付一定比例，通常是 10% 的保释金额就被释放。这种类型被称为定金保证，或百分之十替代，是保释担保的一种替代。一些管辖区由法官决定要求用现金支付的保释金额百分比。根据法官的自由裁量，也可能要求被告人除交纳现金定金之外还必须提供相当于保释金总额的附属抵押物。

与现金保释一样，如果被告人按时法院出庭，交付的保证金就退还。一些法院在退还定金保证金而不是现金保释金时会扣除一小笔手续

第 11 章 初次到庭：设定保释金和其他释放条件

费。如果被告人潜逃，法院就没收被告人交付的一定比例定金，并可能没收其他财产以充足保释金全部数额。

保证人保证

保释担保，也称为保证人保证，是本世纪 60 年代以前最常见的一种保释类型。虽然保释改革运动使保释保证人的作用在全国范围内许多法院系统都大大削弱，但保释保证人仍然在大多数管辖区存在（Toborg 1983，141）。在保释担保中法官设定现金保释额，被告人或被告人家属然后可能寻求私人商业性质的专业保释保证人帮助。保释保证人提供保证人保证金，同时收取服务费用。被告人、保释保证人和法院三方订立协议。被告人向保释保证人支付费用，通常是保释金总额的10％。有时保释保证人收费更高，比如，保释金总额的 20％或 30％；保释保证人也可能要求被告人家属或朋友联合在保证书上签名或提供附属抵押物。反过来，如果被告人在以后法院开庭时不出庭，保释保证人同意交付法院全额保释金。在这些条件下法院释放被告人。如果被告人不出庭，保释保证人可能捉拿被告人将其带回法院，并扣押作为附属抵押物的任何财产。

不管被告人是否合作按时到庭受审，支付给保释保证人的钱都作为保释保证人的费用并归保释保证人所有。与现金保释或百分之十替代类型不同，以保证人保证获释的被告人不能因按时到庭而退回钱。

保释担保：一个争议不断的问题

保释担保的历史和功能对于了解 1960 年以来的保释改革非常重要。保释担保业务产生于 19 世纪期间，到 20 世纪 20 年代，专业保释保证人是美国主要城市法院中的常规特征。一些管辖区，如威斯康星和肯塔基，已废除了保释担保；另一些管辖区，随着法院以具结释放和其他的释放类型释放了越来越多的被告人，保释保证人也逐渐缩减（Toborg 1983）。然而，尽管几十年的批评和进行改革以及开展其他非保证人保证项目，但保释担保仍存在于许多管辖区。

由于这些私人事务与法院的关系具有特殊的性质，所以保释担保被密切关注。另外，最近的研究表明，60年代的改革改变了保释保证人的业务环境，造成一些被告人比以前更难获得审前释放。保释改革这一始料未及的后果在一些保释保证人仍很活跃的管辖区显得非常重要。

保释保证人的目的非常简单：获取利润。然而，保证人在追求他们自己的经济目标同时，履行了许多对法院系统有利的职能。这些职能的价值，可能与影响法院政策制定者的金钱力量结合在一起，造成了尽管改革了30年，但保释担保依然存续的结果。

保释保证人的职能

对保释担保的研究表明，保释保证人完成由被告人和其他法院人员，包括法官、检察官和监狱管理人员评价的服务工作。保释保证人有助于维护对保释被告人的社会控制。保释保证人与被告人的法院出庭具有经济上的利益关系，就像汽车保险公司与投保的驾驶员良好的驾驶习惯存有利害关系一样。保释保证人通过向被告人强调按时到法院出庭的重要性，以努力减少他们自己的风险；另外，通过要求被告人家属共同签署保释协议和提供附属抵押物，保释保证人使被告人家属在本质上介入保释，以确保被告人能按时法院出庭（Toborg 1983，142）；有时保释保证人还与被告人联系以提醒他们的法院出庭日期。这些做法都增加了被告人按时到庭审判的可能性，有利于法院的工作。

被告人及其家属也可能将保释保证人视作为向他们提供额外帮助的人，因为保释保证人熟悉法院的日常工作。他们指导人们参与法院诉讼，解释各项程序和保释类型，甚至提供答辩交易的建议（Gambitta and Hitchings 1983）。

如果被告人没有到庭，保释保证人可能会努力寻找被告人，这节省警方的时间和资源。被告人往往易被找到，尤其因为大多数不到庭的被告人是忘了出庭或者有不能到庭的合法理由和不是试图要躲藏。甚至有意不到庭的大多数被告人也容易被找到，并经劝说后到庭。只有极个别

第 11 章 初次到庭：设定保释金和其他释放条件

的被告人确实蓄意潜逃，离开了所在城市和努力不再被发现。

保释保证人会尽力追寻潜逃和离开管辖区的被告人，特别是如果保释金额很大且法院又要求必须支付。一些州允许保释保证人悬赏雇用逃犯追捕者，搜寻潜逃的被告人。执法机关可能依赖保释保证人向法院提供这项服务，因为保释保证人和他们的逃犯追捕者往往比警察有更大的逮捕权力。保释保证人捉拿被告人的权力来自保证合同。所以，如果保释保证人找到潜逃的被告人就可以将其羁押，无须令状和不必担心逃犯的引渡（Toborg 1983，143）。

最后，保释保证人使法院官员不必承担因作出释放被告人决定应负的责任。法官设定高额保释金以满足公众严厉处置罪犯的要求，即便这样，被告人也能通过保释保证人的服务获得释放。而且如果一个危险的被告人在保释期间潜逃或犯严重罪行，法官能逃脱全部责任，他能抬出高额保释金和推掉释放被告人的责任。

法院和法院官员依靠保释保证人安排被告人释放，从中得到的好处加固了保释保证人在法院诉讼程序中的位置。另外，由于保证人常在法院出现，其他法院官员渐渐了解并信任他们。保释保证人和法院之间的政治、社会和职能联系，有助于解释尽管时时改革但保释担保依然存在的现象。

对担保制度的批判

20 世纪早期，几项刑事司法管理的研究指责保释保证人的运作方法。调查揭示保释保证人涉及腐败行为，比如向法官、狱管人员和其他法院人员行贿、给回扣和送礼物。作为交换，法院人员将被告人和其家属介绍给送好处的保释保证人。法官，经常是收到好处的法官在被告人潜逃后常常不没收保证金，允许保释保证人筹集费用，尽管他们极少支付未按时返回法院出庭的被告人保证金。这样做，担保的利润非常高。

尽管时时努力规范保释保证人的行为和禁止滥用权力，但保证人担保制度依然继续，改变甚少。20 世纪二三十年代描述的同一滥用现象被调查者在 60 年代又被引用，八九十年代期间的调查者认为情形几无改变。法院书记官和狱卒们继续收受钱财与酒和食品等礼物,以给保释保证人介绍业务和向他们提供有关被告人的信息材料作为交换。保释保证人是法官、检察官、法院书记官和地方警察选举最大的捐助者。作为交换,法官和检察官减少没收金额或驳回指控,以使保释保证人免尽被没收保证金的义务(Gambitta and Hitchings 1983;Klaidman 1990)。

保释担保的批评家一直呼吁取消以私人利益为本位做买卖的保证人担保。保释保证人的利润目标促长了在有关保释担保业务中经常发现的给回扣和其他形式的腐败行为。批评家们还指出,保证人担保歧视穷人。任何只是依赖被告人能支付的金钱数额来决定被告人是否该在审前被释放的释放制度,都使穷困的被告人处于不利地位。而且,有钱足以支付现金保释无须保释保证人服务的被告人在审判完结后能取回全额保释金,但必须运用保释保证人服务而获释的被告人却向保释保证人支付了一笔不可退还的费用(Feeley 1983,43)。

保释改革运动

对保释担保的关注与地方看守所拥挤的状况结合在一起,触发了20世纪60年代的保释改革运动。一些地方,保释改革仅意味着制约保释担保中最严重的滥用行为;而在另一些地方,改革者的目标是改变在审前释放被告人的方法,此目标意在向法官提供一些信息资料,以鼓励他们释放低风险的被告人而无须他们交钱。改革家们声称保释经常是专断的决定,法官经常没有被告人的资料或被告人支付保释金能力的信息资料,是在全然不知的情况下作出决定。法官被认为为了惩罚被告人(让他们尝尝坐监狱的滋味)或拘押认为危险的被告人而设定了很高的保释金(Goldkamp 1985,3)。改革家们尤其关心大量经常因为轻微的指控,只是因为他们不能支付甚至很少量的现金保释或保释担保费用而在审前被羁押的穷困被告人(Goldkamp 1984,2)。

保释改革运动的起源可追溯至纽约市一家私立基金所在本世纪20

第 11 章 初次到庭：设定保释金和其他释放条件

年代初进行的一项试验。当时，一位慈善家发动一位精力充沛的社会工作者建立了维拉研究所，开始一项名为曼哈顿保释工程的试验，目的是为那些因无力支付保释金而会被关在看守所里的被告人获得释放。

志愿者们会见被逮捕者以获取有关工作、社会关系、住所等信息资料，验明这些材料，如果这人风险似乎不大就建议具结释放。一年的运作之后维拉研究所进行评核，并得出试验是成功的结论（Feeley 1983，45）。具结释放的被告人比保证金保释的被告人更能被信赖按时到庭受审（Feeley 1983，46）。

同时美国总检察长罗伯特·肯尼迪指示合众国检察官建议以具结释放释放能准时到庭的被告人。1966 年通过的《联邦保释改革法》成为州保释改革的范本（Feeley 1983，46）。该法通过规定被告人该被具结释放，除非法官认为这样释放不能保证被告人按时到庭受审，而使具结释放成为了一项制度（Goldkamp 1985，14）。到 1969 年，已有 89 个法院模仿曼哈顿保释工程建立了地方审前保释工程。

一般来说，这些工程作为与地方法院签约提供服务的独立机构被建立。与曼哈顿保释工程的志愿人员一样，机构工作人员在逮捕后不久就会见被逮捕者以获取有关他们的背景、经济状况和社会关系等信息资料。然后，保释工作者通过与被捕者家属、雇主、房东和其他人通电话证实这些信息。一些机构也提供跟踪服务，比如寄发信件以提醒出庭日期或要求被保释的被告人定期向保释机构汇报（Feeley 1983）。

评价保释改革

与大多数刑事司法改革一样，保释改革在一些州获得巨大成功的同时，在另外一些州却几乎不能影响长期存在的实践做法。在一些管辖区，保释改革终止了保释担保制度，减少了审前羁押并建立了旨在确保被告人按时到庭受审的一系列审前服务。而在另一些州，保释保证人依然存在，经常按已被批评了几十年声名狼藉的同样方式进行运作。

保释改革的益处

保释改革为刑事司法制度带来了许多积极的变化。在保释改革运动之前，被告人会因无力支付保释保证人的服务费用而被羁押。维拉研究所证明大量的被告人能被释放回社区而不增高不到庭率，而且，在没有按时到法院出庭的被告人中只有少数是蓄意潜逃（Feeley 1983，48）。具结释放成功的证据已造成其在全国范围内被更多地使用，结果被告人口袋里的钱对决定是否在审前释放被告人不及以前重要，这种经济歧视的减少显然是保释改革运动的积极结果。

审前释放机构也促进了保释过程的发展。跟踪服务，比如定期与被告人联络和打电话提醒出庭日期，减少了不到庭率（Feeley 1983，71；Austin et al. 1985）。也就是说，审前与被告人频繁的接触增加了这些被告人审判到庭的可能性。更重要的是，审前释放机构在运用具结释放的过程中成功地减少了专断做法和种族歧视，因为审前保释机构的建议基于标准规则，法官明显歧视非白种被告人的可能性减小。几项研究发现，审前释放机构减少了作出保释决定过程中的不公正和专断（Feeley 1983）。

对保释改革的批判

但是保释改革不是绝对的成功，它没有彻底消除与保释担保相关的滥用现象。事实上，在保释担保继续存在的管辖区，其他保释类型的可适用已使一些被告人更难被释放，即使他们审前释放的风险相对不大。一位研究家（Toborg 1983）研究了四个城市中的保证人担保制度，这些城市已进行了一些改革，比如具结释放和更严格的规定没收不到庭的保证金。自改革后，通过非保证人担保不能获释的被告人可能发现比改革前更难获得释放。研究发现，因为保释保证人拒绝为保释金额比较低的被告人担保，所以他们常被羁押，但保证人却为保释金额高的被告人提供服务。由于法院已按具结释放或其他非金钱条件释放了最低风险的被告人，所以保释保证人现在面临一群风险参差不齐的被告人。尽管法官可能科处比较低的保释金，比如＄500，但保释保证人可能因为被告人没有被具结释放而将这一决定视为表明具有潜逃的可能。另外，保释保证人从这些有点风险的担保中收取的费用不能使这笔业务有利可图，因为＄500担保的毛利只有＄50，许多保释保证人不愿为这么小的利润而冒被没收保释金的风险（Toborg 1983，154）。这项研究结果表明，改革没有消除许多管辖区的保释保证人，但改变了他们的经营环境，这在一定程度上造成被告人被拘押，尽管他们潜逃的风险比较低和保释金额不高。因为改革降低了担保业务的整体利润，因此保释保证人不大愿意承担在较有利润的经营气候中他们所承担的风险，结果是相对低风险的被告人具有相对高的拘押率。所以，羁押率——以及维持这些关押在看守所里的被告人的相关费用——实际上都增加了。

对保释改革运动的另一些批评主要针对不必要的官僚机构。马尔科姆·菲利教授尤其对审前释放机构在增加审前释放和减少不到庭率方面的作用极表怀疑。通过保释改革评价的研究，菲利教授发现，不设审前释放机构的州与设审前释放机构的州在实施具结释放方面一样地成功。另外，一些审前释放机构因害怕被告人不到庭率上升而造成不好的影响，在具结释放的推荐中比较保守（Feeley 1983）。

尽管有许多证据表明，审前释放机构在增加审前释放或减少不到庭率方面的作用存在争议，但审前释放机构已成为保释改革的标志。菲利教授作出总结，认为法官和检察官运用审前释放机构推卸作出释放决定的责任，就像他们以前运用保释保证人推卸责任和批评一样。另外，按菲利教授的说法，审前释放机构的工作被包装了一层科学的专家评定。机构建立了复杂精细的预测评分体系评估被告人会按时到庭审判的可能性，但是，这些预测的可靠性没有进行过充分检验。菲利教授认为，具结释放的有效运作无须大量的工作人员和精细的预测工作。

尽管保释改革运动显然没有取得彻底的成功，但大多数专家同意它减少了金钱在审前释放决定中的作用，增加了被告人在审前释放的机会和减少了审前决定的专断现象。总之，改革的结果是保释程序更加公平和合理。

保释决定的作出

审前释放条件的决定常规地被称为保释决定。这一决定通常由初级法院法官作出，虽然在一些管辖区，特殊的法院官员，比如法院特派员也可能被授权作出保释决定。许多其他人员——特别是警察和检察官——影响保释决定的作出。

例如，警察能运用逮捕指控和逮捕报告中的其他信息影响保释决定。因轻罪殴打而不是重罪殴打被逮捕的决定将提供更多以具结释放或较低保释金额获释的机会。另外，一些有轻罪保释明细表的管辖区允许警察按照标准的明细表在被告人付现金后立即释放（Walker 1993，58，66）。最后，逮捕报告包括警察在初次到庭时提供的信息——比如在逮捕时被告人的合作程度——也会影响法官的决定。

检察官对保释决定具有实质性的影响。检察官一般根据警察和其他人员提供的资料提出保释建议。在设有审前释放机构的管辖区，保释评价员的建议也是检察官和法官的重要信息材料。通过寻求这些人员对适当保释决定的一致意见，法官能减轻一些作出保释决定的责任（Walker，1993）。

被告辩护人，如果出席的话，可能对检察官或审前释放机构的建议作出反应。一般辩护律师会要求更低的保释金，指出被告人的情节减轻因素或个人特点，以表明被告人能被信赖科处最低限度的自由限制。

法官正式地决定释放条件，但显然受其他人员提供的信息资料和有关各类罪犯适当释放条件的地方标准影响。一项早期保释研究发现，在研究的案例中只有12％法官、检察官和辩护律师对保释决定持不同意见（Suffet 1966）。

保释决定能被理解成多步骤的决定过程（Nagel 1983）。首先，法官考虑被告人适用具结释放或其他非金钱释放条件是否合适；如果不合适，法官决定一个适当的保释金额；最后，如果管辖区允许定金保证，比如百分之十替代，法官就必须决定是否对被告人适用这种保释类型。

许多州通过制定法明确规定了法官在作出保释决定过程中应考虑的一系列因素。表11—3罗列了蒙大拿州法官在设定保释金过程中应考虑的因素。虽然这些制定法告诉了法官须考虑的因素，但并没有向法官指明如何衡量比较这些因素。譬如，对于家庭关系，法官该如何衡量被告

第 11 章 初次到庭：设定保释金和其他释放条件

人的刑事记录？在作出保释决定过程中，哪个因素该被认为较重要？

表 11—3 制定法规定的保释决定考虑因素

许多州都通过制定法明确规定法官作出保释决定过程中应考虑的因素。虽然这些制定法试图引导司法裁量，但却没能向法官指明各种因素附属的比重。这里所列的蒙大拿制定法是立法机构努力引导保释决定中司法裁量的典型例子。

注释的 46—9—301 蒙大拿法典

决定保释金额。在所有认为保释金是必要的案件中，保释金数额必须合理并且数额应：
(1) 足以保证被告人在刑事诉讼过程中的到庭；
(2) 足以保证遵守设定的保释条件；
(3) 足以保护任何人不受身体伤害；
(4) 不强迫；
(5) 与指控罪行的性质相称；
(6) 考虑被指控者的经济能力；
(7) 考虑被告人的以往记录；
(8) 考虑被告人在社区的居住时间和与社区的关系；
(9) 考虑被告人的家庭关系和纽带；
(10) 考虑被告人的工作状况；和
(11) 足以包括 46—18—236 条款规定收取的费用。

对作出保释决定的研究表明，事实上法官最重视现行的指控和被告人的记录 (Goldkamp and Gottfredson 1985)。取自十三个联邦地区的数据显示，现行指控的严重性和被告人的记录对法官的审前释放决定产生重要的影响 (U. S. Bureau of Justice Statistics [BJS] 1985)。法官之所以重视这些因素，是因为他们将指控和以前的记录作为如果被告人被释放犯严重新罪行可能性的指示物。这表明法官对罪犯危险性的估测与对被告人审判到庭可能性的考虑相比，前者更能影响保释决定的作出。许多保释研究得出如下的结论："公共安全因素操纵保释决定，'危险性'按待决指控的严重性和被告人的刑事记录作出界定。" (Walker

1993，60)

由于法官只受到些微的指引，所以各法官的保释决定不尽相同（Goldkamp and Gottfredson 1985；Nagel 1983)。有关具结释放的决定各法官比较一致，但对适当的现金保释金额和不经常用的保释类型，比如以定金保证释放被告人，法官的决定就相差很大（Goldkamp 1984，11；Nagel 1983；Sviridoff 1986)。

种族和性别歧视

一个特别关心的问题是被告人的种族和性别是否影响法官的决定。被告人的种族可能以两条不同的途径影响保释。第一，与白种被告人相比，由于对非白种人的品格和生活方式的固有成见，非白种被告人被宽恕或假定无罪的可能性较少；第二，由于白种人和非白种人的经济悬殊，非白种被告人不大能被保释，即使法官的决定并不存在种族偏见。种族影响保释结果的程度甚至很轻微，其影响力可能在以后的刑事司法决定中表现得更明显。审前被拘押比审前获释的被告人更可能被宣告有罪和获得监禁处罚。

刑事司法决定的作出是否受被告人种族的影响成为许多研究的主题。20世纪30和60年代期间进行的早期研究发现，在刑事司法决定包括保释决定的作出过程中存在着清楚和一贯的种族偏见证据，非白种被告人比白种被告人更可能被审前拘押。但是60年代末和70年代进行的研究却与早期的研究结果相反，这些研究没有发现种族直接影响保释和其他刑事司法决定，相反它们认为，法律因素，比如现行指控和被告人的以往纪录，是解释刑事司法体系更严厉处置少数种族成员的原因。

种族影响研究的第三次浪潮对最初在六七十年代期间收集的信息数据进行了再次分析。通过采用更加精细复杂的统计分析方法，这一次的研究发现，种族影响刑事司法结果，但主要是间接地影响。研究人员特别指出，对非白种被告人处置的细微差别主要聚集在几个刑事司法决定中。所以只对刑事程序某个阶段的种族偏见研究可能发现种族的影响非常轻微，但是，每个决定中细小的偏见加起来就造成非白种人与白种人

第 11 章　初次到庭：设定保释金和其他释放条件

之间处置结果的重大差别。在诉讼早期，比如逮捕和保释阶段的偏见可能使被告人在以后的决定中处于不利（Zatz 1987；Lynch and Patterson 1991）。

　　种族偏见影响刑事司法决定的程度和性质很难衡量，研究结果也反映了这一困难性。这个困惑的一部分原因是由于种族偏见的定义。狭义上，种族偏见是指刑事司法决定者的直接歧视；广义上，种族偏见包括先前社会歧视对刑事司法决定者适当考虑的因素产生的间接影响；介于两者之间是具有长期和弥漫的歧视和偏见文化历史的决定者作出的评估中存在的无意识和微妙的差异。例如，如果在法官前有两个被告人接受保释听审，这两个被告人所有的法律相关因素——指控的罪名、以前记录、教育背景、工作经历和生活状况等等——实质上都相同。如果法官对非白种被告人设定了很高的现金保释，但却容许白种被告人以具结释放，那么法官就是直接歧视非白种被告人。但这种情况很少见，现实情况往往更复杂。假设非白种被告人失业而白种被告人却有工作，然后如果法官设定了不同的释放条件，这是种族歧视吗？法官在作出审前释放决定时考虑工作现状是完全恰当的，但非白种人比白种人失业率高，至少一部分是由于以前和继续存在的种族歧视。由于美国长期和弥漫的种族偏见和歧视历史，许多非白种人在许多方面都处于社会和经济的不利地位。因此当刑事司法决定者考虑社会和经济因素时，社会种族偏见便间接地影响决定结果，即使刑事司法决定者在作出决定的过程中小心谨慎地避免产生偏见。

　　位于这两个极端——决定者显然存在种族偏见或肯定没有种族偏见——之间的是刑事司法决定者例行公事作出的直觉判断。固有的成见会改变作出的决定，即使是最有良知和心怀善意的人。法官对被告人的危险程度和合作意愿、再犯罪行的严重性和保护潜在受害人的必要进行非常主观的衡量，作出保释决定。这些直觉判断是通过受社会固定模式影响的个人过滤后作出的。虽然丈量社会固定模式对这种决定的影响根本不可能，但如果因此而认为它们没有影响则未免过于天真。

　　另一个问题是有关性别与保释，特别是，为什么在保释决定中女性比男性能得到更宽恕的处置。与种族的影响一样，困扰研究者的问题是是否性别本身或其他与性别普遍相关的特征使被告人受到更宽恕的处置。早期对该问题的研究假定，对女性的敬重和家长作风导致了在保释决定中对女性的宽恕（Moulds 1980）。根据这个观点，法官保护妇女免受铁窗之苦的愿望会使他们经常更对妇女设定低额保释金或以具结释放释放她们。后来理论家争论，虽然这种做法确实存在于少数妇女的身上，但一小部分脱离传统性别角色和犯了与女性不相称的罪行，比如持械抢劫和夜盗的妇女，实际上比男性受到了更严厉的处罚（Visher 1983）。

凯思琳·戴利的研究（1987）表明，上述两种假设都没能正确说明作出有关妇女保释决定的本质问题。戴利认为，妇女在保释决定中得到宽恕处置是因为法官竭力保护家庭生活和被告人的孩子。负责照管孩子的被告人（无论是男性还是女性）都更可能得到宽恕的保释决定，但做母亲的被告人则可能获得更大的宽恕。根据戴利的观点，母亲被认为对孩子的照护负有更多的责任并在孩子的成长过程中扮演着更重要的角色。由于性别的角色，有孩子的妇女比有孩子的男士更能被宽容，因为"（1）劳动的性别分工界定女性，不是男性，为主要的抚育者；（2）法院在维护家庭生活过程中赋予抚育者比养家者更大的重要性"（Daly 1987，282）。与这种推理保持一致，被认为不称职母亲的被告人不能享有这种宽恕并同其他被告人一样被处置（Daily 1987）。

审前释放结果

近年来联邦政府已收集了全美最大的 75 个县关于重罪被告人审前释放的数据资料（BJS 1991，1992，1994）。这些信息数据显示 2/3 的被告人在案件最终审结之前获得释放（见图 11—4）。另外 1/3 没有获释的被告人中，大多数被设定保释金额但没能获释，这些被告人可能无

第 11 章 初次到庭：设定保释金和其他释放条件

力筹集足够的钱以达到释放的金钱条件；或可能被置于"监所"里，因为触犯缓刑或假释规定或在另一个管辖区被通缉。这些县所有重罪被告人中有 6% 没有获得保释而被拘押。

> **图 11—4 1992 年 75 个最大县中审前释放的重罪被告人**
> 资料来源：摘自 U. S. Bureau of Justice Statistics. 1994. *Pretrial Release of Felony Defendants*，1992. Washington, D. C.：U. S. Department of Justice, p. 3.

> 羁押但设定了保证金 30%
> 6%
> 金钱条件释放 25%
> 非金钱条件释放 39%
>
> 注释：美国司法部定期调查 75 个最大县以收集有关刑事案件诉讼的信息资料。这个图表显示了重罪被告人的审前处置。所有重罪被告人中，64% 在审前以金钱或非金钱条件释放，36% 在审前不能获得释放，大多数审前被羁押的被告人不能被释放，也就是说，他们得不到保证人的服务或筹集不到足够的钱以支付定金或现款保释金。

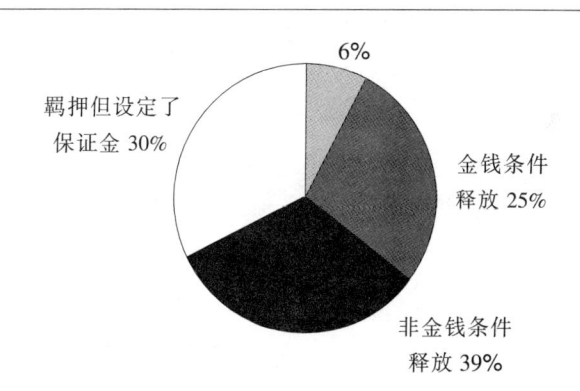

一般来说，如果被告人没有按具结方式或其他非金钱条件被释放，那么保释金额越低，被告人就越可能获释。在所有获释的被告人中，52% 在逮捕当天或次日就被释放（BJS 1994, 7），57% 的重罪被告人在逮捕后一周内获释，91% 在被捕后一个月之内被释放。

过去 30 年的改革改变了保释的结果。大体上，具结释放和其他非金钱释放条件的可适用提高了被告人审前获释的能力。但是，对一部分被告人而言，改革（或部分改革）事实上可能使他们更难在审前获得释放（Toborg 1983）。

不到庭

由于保释金的主要目的是确保被告人的审判到庭,所以不到庭的被告人人数是决定审前释放质量的重要晴雨表。所有的主要研究都发现较低的不到庭率,也就是被告人被释放后,只有一小部分人不能按时到庭受审。莱兹研究所(1981)发现87%的被告人能按时到庭。在一项费城的审前释放研究中,12%的被告人不能到庭(Goldkamp 1984,11)。在美国司法统计署对全美75个最大县的研究中,3/4审前获释的被告人能按法院要求准时到庭(见表11—5)。根据司法统计署的资料,大约只有8%的被告人在未按时到庭一年后仍在潜逃(BJS 1994,10)。

表11—5 1992年,75个最大的县在案件审结之前被释放的重罪被告人,释放类型与不到庭率

资料来源:摘自 Bureau of Justice Statistics. 1994. *Pretrial Release of Felony Defendants*, 1992. Washington, D.C.: U.S. Department of Justice, p.10。

释放类型	不到庭率		
		最初不到庭但后来	
	总率	返回法院	一直潜逃
保证人保证	15%	12%	3%
定金保证	21	15	6
现金保释	22	14	8
具结释放/传票	26	18	9
签名保证	42	23	19
所有类型的释放	25	17	8

注释:以前对不到庭的研究发现释放类型与不到庭率之间几乎没有或没有什么关系。这里显示的不同结果表明,非金钱释放条件可能造成被告人较有可能不到庭。如果罪行较不严重的被告人以具结、传票或签名保证被释放,那么就将可能较难保证被告人审判到庭。

第11章 初次到庭：设定保释金和其他释放条件

审前释放对案件结果的影响

对大约1/3在审前不能获释的被告人而言，在看守所里呆着显然不是件好事情。被告人与家庭隔离，失去收入，甚至会因入狱而丧失工作。因为被告人本来就穷得无力支付保释金，因而审前拘押对他们造成的经济影响可能是灾难性的。虽然这些被告人许多并未有全职工作，但他们毕竟能为家庭提供一些收入（Miller 1986）。地方看守所经常人满为患，管理人员短缺，设施简陋，帮助被押者打发时间的活动甚少。

被拘押的被告人除了遭受这些明显的审前羁押痛苦外，还在随后的各个诉讼阶段受到更严厉的处置（见图11—6）。早在本世纪60年代中期，研究人员就发现审前被拘押的被告人更可能被宣告有罪和处以严厉的刑罚，近期的研究也得出相同的结论（Walters 1982；Hagan and Bumiller 1983；Kruttschnitt and Green 1984）。一项研究（Wheeler and Wheeler 1982）核查了14项关于审前释放的研究，并得出有关审前释放影响案件处理的混合结果。虽然这14项研究中，只有5项发现被拘押的被告人更可能被宣告有罪，但有8项研究发现审前没有被释放的被告人肯定更可能被判处监禁。最近一项采用抽样调查的研究（Austin et al. 1985）发现，审前没被候审释放与那些以具结释放或监管而被审前释放的被告人相比，较不可能获得指控的撤回，而更有可能被宣告有罪和被判入狱。

审前拘押与宣告有罪和量刑之间的连锁关系并不令人惊奇。被告人在法庭之外历受许多不便。看守所里被告人更难有时间与辩护律师交流，不能得到帮助准备辩护，这种隔离状态增加了他们的焦虑感。被羁押的被告人想知道案件的进展情况，但却觉得要确信自己律师的努力是否受到妨碍。审前被羁押的被告人感到有更大的压力接受答辩交易。事实上，被拘押的被告人为了获得缓刑释放或转到监狱而可能急切地答辩有罪（Gasper 1972，66）。由于穷困被告人更可能被拘押，且由于拘押造成的可能受到更严厉处置的不利因素，所以穷困被告人更可能遭受与保释制度相关的不利影响。

美国刑事法院诉讼程序

> **图 11—6　审前释放对案件结果的影响**
> 资料来源：摘自 U. S. Bureau of Justice Statistics. 1994. *Pretrial Release of Felon Defendants*, 1992. Washington, D. C.：U. S. Department of Justice, p. 14。

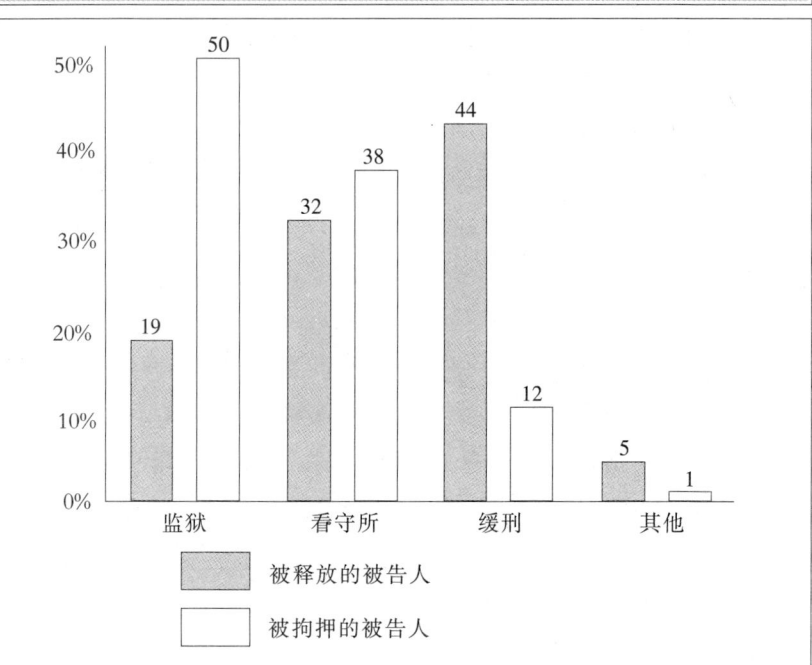

（柱状图数据：监狱：被释放的被告人 19，被拘押的被告人 50；看守所：32，38；缓刑：44，12；其他：5，1）

被释放的被告人

被拘押的被告人

注释：这个图表显示了审前释放和案件结果（被告人是否被判处监禁）之间的关系。审前被拘押的被告人更可能被宣告有罪和被判处入监狱或看守所，而不是被判缓刑或另外的社区制裁。这个关系可能由指控的严重性和被告人的记录这些因素加以解释。然而对这些因素的研究，表明审前拘押影响宣告有罪的可能性和影响对被告人的判决结果。

因审前犯罪再次被捕

审前释放政策近几年已转向关心待审期间被告人犯新罪的可能性。在费城的研究中，16％审前被释放的被告人在保释后 120 天内因新罪而再次被逮捕（Goldkamp 1984）。随着释放期间延长，审前再犯罪的可能性也增加（BJS 1985）。1982 年关于现行保释的审查研究发现，3％至 20％被释放的被告人审前被再次逮捕，其中 5％至 8％因严重罪行而被再次逮捕（Hanscn 1987）。迄今最近的美国司法统计署从 75 个最大县搜集的数据表明，14％的被告人在审前释放期间被再次逮捕，而有严

第 11 章 初次到庭：设定保释金和其他释放条件

重犯罪前科的被告人比记录较轻的被告人更可能被再次逮捕（BJS 1994，11）。例如，与没有前科的被告人在审前释放期间 9% 被重新逮捕的比率相比，10 年以上徒刑记录的被告人中有 38% 被再次逮捕。本世纪 80 年代期间，对审前犯罪的关注促使立法者制定了允许审前预防性拘押的法律，这一受争论的趋势导致了保释改革新时代的到来。

20 世纪 80 年代的保释改革：保护公众

20 世纪 60 年代和 70 年代的保释改革运动主要是为了消除与保释担保相关的权力滥用和减少审前被拘押的被告人数。这项运动的成功与对犯罪日益增加的害怕相结合，导致了第二个时代的保释改革。这一次改革着重保护公众免受被告人在审前释放期间所犯的新罪的危害（Goldkamp 1985，1），颁布了授权法官在审前拒绝释放危险被告人的州和联邦法律。预防羁押是基于这样的假设："少数但是能够辨别出来的特别危险的被告人"，只有通过审前羁押的方法，才能阻止他们侵犯公共利益（Goldkamp 1985，1）。

预防羁押产生了许多法律和实际问题，对宪法规定的不同理解以及研究证据的不同解释使审前预防羁押成为一个颇受争议的问题。

预防拘押的正当理由

在考虑审前释放时拘留可能犯罪，尤其是犯危险罪行的被告人的愿望并不是新近才产生的。法官总是担忧被保释在外的被告人在保释期间再犯一些可怕罪行而产生的政治影响。法官能释放成千上万个不犯严重罪行的被告人，只有"错误"会成为新闻热点，释放一个随后犯严重罪行的被告人就能制造可能威胁法官整个事业的丑闻。

一些被告人具有明显的危险性，以至于法官被强烈驱使不能在审前释放他们，罗斯福·丹尼尔斯案说明了这一点，并成为审前预防羁押有力的证明。丹尼尔斯在 1985 年被指控窝藏、贩卖毒品罪，他的记录使任何人都明白如果他被保释可能会再犯罪。美国地区法院在审查司法官作出拒绝审前释放的决定时，记述了丹尼尔斯的犯罪记录：

> 1970年他被宣告殴打和非法使用武器罪，1971年被宣告持械抢劫罪。由于这些罪行他服了5年徒刑。1976年他被宣判加重情节的绑架罪——用枪顶着劫持两个人并将他们塞入汽车尾部的贮物箱内……这件事发生在他被释后不久。1976年他又被宣告另一谋杀罪，在一场＄60的纠纷中用大头棒打死一个人……可能加重情节的绑架罪和谋杀罪当时不被认为是严重的罪行，因而丹尼尔斯在1982年再次获得自由。面对非法使用武器的指控，他又被送回监狱，到1984年他又出来。在1984年9月因毒品指控被捕时他戴着手枪皮套，将6支手枪的其中一支扔出窗外以掩护兜售毒品，这造成他的假释在1984年11月被撤销。但即使这样也不是最后一次，他再一次出狱，1985年4月15日又被逮捕，并被指控窝藏、贩卖毒品罪。(United States v. Daniels 1985，382—383)。

如果没有预防拘押法律，法官面对像丹尼尔斯这样的被告人有两项选择：允许以保释金、具结方式或其他条件释放被告人，冒潜在的威胁社区的风险；或设定很高的保释金，使被告人绝不可能筹集足够的钱获得释放。后一种实践被称为秘密预防拘押，因为对被告人是危险的评判隐藏在保释决定之中，并且不被法院明示说明。保释金设定的高得不可能支付，是因为防止犯新罪的隐藏理由而不是预防逃跑的规定理由。秘密预防羁押的合法性成为几十年来争论的焦点。

在1951年 Stack v. Boylc 一案的判决中，最高法院似乎认为设置高额保释金的唯一合乎宪法的正当理由是确保被指控者在审判时到庭。所以，对潜在危险的被告人设定高额保释金的实践被广泛理解为非法触犯被告人的第八修正案权利。

然而，历史的证据表明法官常常违反这项原则。检察官会要求并且法官会对在释放期间几乎不可能逃跑但似乎可能犯新罪的被告人科处高额保释金。按照保释担保制度，其中高额保释金十分常见，法官能对推定危险的被告人设定高额保释金而无须提供正当理由。但是，20世纪

第 11 章　初次到庭：设定保释金和其他释放条件

60 年代的改革之后，被告人被认为应该被释放除非有逃跑的危险。随着许多被告人以具结或其他类型被释放，以高额保释金拒绝释放的方法变得越来越明显地难以被证明是正当的。

到 20 世纪 80 年代初许多有影响力的人物，包括首席法官沃伦·伯格、参议员爱德华·肯尼迪和总统罗纳德·里根，要求进行无须防止被告人逃跑的借口而允许法官合法地拒绝保释和预防地拘留被告人的改革 (Wheeler and Wheeler 1982, 229)。到 80 年代中期，大多数州和联邦管辖区修改了它们的保释制定法或宪法，以允许或甚至要求法官在作审前释放决定时考虑以后的危险性 (Goldkamp 1985)。

总览预防拘押法律

1985 年一项对既有法律的回顾显示了大部分管辖区制定了各种类型的预防羁押措施 (Goldkamp 1985)，35 个州和哥伦比亚特区颁布了在作出审前释放决定过程中允许考虑潜在危险的保释或预防羁押制定法，当然，这些法律并不完全相同。

一些州排除特定罪犯的审前释放权利，传统上，被指控犯死刑罪行的被告人不允许被保释。与 *Stack v. Boyle* (1951) 案相一致，拘押被指控犯死刑罪行的被告人是正当的，因为无论多少钱都不能确保生命处于危险的被告人会在法院到庭接受审判。最近几年，一些州已扩大了可能被拒绝保释的被告人范围，包括所有如果被宣告有罪可能被判处终身监禁或被指控犯特定严重暴力罪行，比如持械抢劫的被告人；另外一些州，法官被允许在决定是否以具结或无押金保证释放被告人时考虑被告人的危险性；还有一些州只是将危险性归到法官在决定审前释放条件时需考虑的一系列因素之中。

法院在决定危险性的过程中必须遵循的程序差异很大，只有少数管辖区为被告人提供了完全的正当程序保障，包括以抗辩的证据听审确立被告人的危险性。相反，大多数州不提供专门的危险问题听证会，并不要求对造成拘押的决定进行审查。在许多州扩展法官在作出审前释放决定时考虑将来危险性的权力同时，相对较少的几个州扩大了程序保障，以使这些重要决定的错误降到最低程度。

对预防拘押的批评

除了程序公平问题之外，预防拘押的批评家们认为这种法律既无效也没有必要。一位批评家指出（Eason 1988，1065）："如果审判法官不能预测危险的行为，那么审前拘押就不可能与减少审前犯罪的目的合理有关。"危险性的精神病学和统计学预测极不可靠（Ewing 1985），只有20％被预测危险的被告人如果被释放会确实犯暴力罪行，几乎没有理由相信法官的危险性预测会比这更准确。所以许多不危险的被告人被拘押，而被释放的许多被告人中，只有少数再犯罪。

预测危险性

关于预防拘押我们遇到了第一次但不是最后一次的预测问题。只有我们成功地鉴别和拘押危险的再犯并且只是这些罪犯时，这项政策才发挥作用。错误有两种表现形式：第一种是我们拘押了没有必要拘押的被告人。我们将他们定为危险人物，实际上如果他们保释在外他们不会犯暴力罪行，这些人被称为"错误的积极分子"。第二种是有人逃脱了我们的网。我们没有确定他们为潜在的危险人物，事实上当他们保释在外时确实犯了更暴力的罪行。这些人是"错误的落后分子"。这两种情形社会代价都很大……

两项预防拘押的研究不约而同地发现，只有5％有潜在拘押必要（也就是，犯了暴力罪行）的刑事被告人当保释在外时因暴力罪行而再次被逮捕。国家标准局的研究发现，根据华盛顿特区法律应该被拘押的被告人中，15％至25％的被告人会被再次逮捕，但这些再次被逮捕者中只有5％是因为再犯暴力罪行。波士顿一项类似的研究也发现，14.5％潜在危险的被告人会被再次逮捕，但只有5.2％是因为另一暴力罪行。如果可能的话，在最初一群人中识别出一小部分危险的人物比较困难。记住，最初群体所有成员均按犯了暴力的罪行确定资格。一个显然的解决方案是撒一张很宽的网并罩住其实安全的人们。波士顿的研究得出为了控制所有事实上危险的人们，我们不得不在拘押一

第11章 初次到庭：设定保释金和其他释放条件

个危险人物的同时拘押十九个不危险人物的结论。也就是说，我们每准确拘押一个危险人物将有十九个错误的积极分子。这个错误的费用则翻了三番。我们不仅触犯了这些没有必要被拘押的人的权利，而且看守所的经历将促使他们中许多人产生敌对社会的态度和行为。最后，关押这么多人的费用也非常惊人。

事实是我们不能简单地得知谁危险和谁不危险。人类的行为太不能被预测，并且过去的行为也未必是最好的指示。许多人认为他们能找出危险的再犯。"职业罪犯"的概念在许多方面很能误导人。我们称为"积习成癖"的被告人在精力迸发时犯罪。他们一段时期非常活跃地犯罪，然后是一段静止时期，他们不像白领人员每周准时地去办公室。总之，预测一个被宣告有罪的罪犯在接着的几星期或数月内会做些什么是不可能的。哥伦比亚特区总开庭法院法官查尔斯·哈勒克，他是一位预防拘押的倡议者，就认为他能作出准确的预测。华盛顿特区保释机构冒昧地将哈勒克法官的工作记录与同一法院的另一位法官记录相比。在对比的案例中共有200名被告人，亚历山大法官释放了他们当中的80%，哈勒克法官只释放了49%。两位法官的再次逮捕率几乎相等：哈勒克法官释放的被告人中有8%和亚历山大法官释放的被告人中有9%被再次逮捕。也就是说，虽然哈勒克法官拘押的被告人是亚历山大法官拘押人数的2.5倍，但就发现真正的危险人物而言，他失败了……

预防拘押不是一项合理的刑事司法政策。大多数检察官和法官的确会避免使用法律和通过隐蔽的方法努力达到同样结果。如果法律被执行，将以两条耗资途径的其中之一而告失败：拘押人太多，费用很大；或拘押的人太少，不能有效地减少犯罪。

资料来源：摘自Samuel Walker. 1989. *Sense and Nonsense About Crime*：A policy Guide, 2d e. Pacific Grove, Calif.：Brooks/Cole, pp. 68—69。

批评家们主张其他一些减少审前犯罪的策略。因为审前犯罪的风险增加与释放时间的长短有关（National Institute of Justice 1985），所以安排高度危险的被告人较早接受审判与将这些被告人关押在看守所里，几乎一样能有效地预防犯罪。另外,对被保释的被告人进行审前监管,可能会提供预防未受监管的高度危险的被告人可能再犯罪行所需的社会控制(Himsell 1986)。

尽管最高法院作出相反的判决(Salerno v. Uniled Stales 1987, Bell v. Wolfish 1979),但一些法学家仍旧一直争论审前预防拘押触犯了宪法。预防拘押制定法的合宪性取决于一系列问题,包括美国宪法是否保证享有保释的权利以及审前预防羁押是否构成"审判前的惩罚"。如果享有保释的宪法权利,那么审前预防拘押制定法则是违宪的;如果审前预防拘押构成审判前的惩罚,批评家们认为,那么它触犯了享有公平审判的权利和无罪推定。

享有保释的宪法权利吗?

一些历史学家们认为,第八修正案和早期美国历史授予非死刑案件所有无逃跑危险的被告人有保释的权利,审前预防羁押的反对者也经常持这种观点;另一些历史学家认为美国法律历史并没有赋予保释的宪法权利,这些学者认为,第八修正案保释条款的含义仅指它的规定而已:过额保释金不能被要求。当法官决定设置保释金时,保释金不能过分,但是法官有拒绝提供审前释放机会的自由裁量权。最后,法院明确表达了一个折中的观点,认为第八修正案保释条款赋予一项有限的保释权利,排除那些"如果被释放有逃跑的严重危险或对社区构成严重危害"的被告人(Verrilli 1982,334)。"无保释权利"和"有限保释权利"的解释均至少在一些情形考虑适用审前预防羁押。根据历史记载,非结论性的解决方案是有可能行得通的(Verrilli 1982)。

审判前惩罚

因为关于制定第八修正案的国会意图历史记载得不清楚,所以反对预防拘押的另外一些主张就基于正当程序理由。预防拘押反对派认为审前预防拘押真的是审判之前的惩罚,触犯了享有审判的权利和无罪推定原则。享有保释的权利由无罪推定原则默示的观点主要权威理由存在于 Stack v. Boyle(1951)案,大多数人的观点认为如果保释金额设定的

第 11 章 初次到庭：设定保释金和其他释放条件

比确保被指控者审判到庭必需的数额要高，那么无罪推定将"失去意义"。这种观点认为，被告人在审判前与被宣告无罪后都是一样的无罪。如果说在宣告无罪后只是因为危险性而关押一个人是违宪地触犯自由，那么因为无罪推定的原则，在审前只是因为危险性而关押一个人同样也没有正当理由。许多评论家将 Stack 案的判决理解成为保护无罪推定要承认享有保释的宪法权利。如果一个人在审判宣告有罪之前被推定为无罪，那么在审判前关押一个人的理由是什么，难道是为了保证审判到庭而作的一种例外？

预防拘押和最高法院

到 20 世纪 80 年代早期为止，最高法院就只有一次曾被要求对这些问题作出肯定判决。最高法院对审前预防拘押的态度在 Schall v. Martin（1984）案中首次有所表示，同意对未成年罪犯采取审前预防拘押。最高法院在 Salerno v. United States（1987）一案中支持 1984 年联邦保释改革法预防拘押条款的判决，澄清了长期以来关于审前预防拘押制定法合法性的法律争论。

最高法院认为，保护社区免受危险人士的侵害是法律规定的政府规范目的，所以保释改革法的拘押目的是规范而不是惩罚。所以，按照保释改革法条款拘押被告人不是在审前惩罚被告人，因为法律的目的不是惩罚。尽管最高法院承认通过确保被告人审判到庭而保护审判程序是保释的主要目的，但最高法院认为第八修正案并不禁止政府通过审前释放规定而追求其他一些目的。最高法院也作出决定，指出 Stack v. Boyle 案设定保释金的唯一合宪目的是为了确保到庭的主张仅是最高法院对这个案件的认定。总之，最高法院在 Salerno 案中认定根据保释改革法采取的审前预防拘押是符合宪法规定的，因为它与保护社区的政府意愿合理有关（Eason 1988，1055）。

对 Salerno 案的评论

大多数严厉批评的观点反映在对 Salerno（1987）案不同的看法和随后的法律评论上，如一位批评家指出："准许保释改革法，最高法院抛弃了常识、歪曲了先例原则和忽视了社会学数据对决定公平和有效地使用审前拘押的重要作用。"（Eason 1988，1060）审前拘押反对派视Salerno案判决为巨大的错误，认为破坏了正当程序的传统概念。

反对派认为审前拘押唯一的合宪目的是保护审判程序，这意味着要设定足够高的保释金确保会受潜逃诱惑的被告人到庭，拒绝在审前释放被指控犯死刑罪行的被告人和甚至预防性地拘押那些威胁证人或陪审员破坏审判程序的被告人。反对者认为，为了保护社区免受这些被指控犯"还没有证实的罪行"的被告人将来可能犯的罪行的危害，因这一唯一目的而关押被告人是违宪的。

Salerno案之后：预防拘押的未来

尽管Salerno案的决定为审前预防拘押建立了合宪的基础，但并不是最近几年所有各州采纳的条款都是合宪的。一些审前预防拘押法律批评人士勉强承认宪法可能允许在作出审前释放决定的过程中考虑危险性，但认为不能接受现行的条款（Eason 1988；Ewing 1985；Goldkamp 1984）。这些批评家们认为，法律之所以违宪是因为它们缺乏足够的正当程序保护。具体地说，颁布的大多数州法律只是模糊地界定危险性，允许没有作出明确的危险认定可以拘押被告人，并且没有提供充分的程序保障以保护被告人免被错误地认定为具有危险性；而且，即使审前拘押制定法在表面上是合宪的，但适用到具体案件也可能违宪。所以，在Salerno案以后仍然存在许多法律问题。过分宽泛的州和联邦条款可能在将来会受到反对，因为它们造成一些人受拘押，这些人并没有对社区构成危险或构成的危险不足以说明剥夺自由是正当行为。鉴于对危险性的预测存在巨大的困难，所以这种反对最终可能会取得成功。

新的指示

20世纪60年代的保释改革主要为了减少审前拘押和减轻决定在审前释放过程中金钱所起的作用，80年代的保释改革主要考虑为法官树

第 11 章 初次到庭：设定保释金和其他释放条件

立拒绝释放在候审期间具有再犯严重罪行危险性的被告人新的权威。

如今对保释的关注似乎着重于在设定保释金和其他释放条件时司法决定的不一致。尽管大多数州规定了法官在设定保释金时应考虑的一系列因素，但它们几乎都没有引导法官如何衡量这些因素。在保释决定中法官变异很大（Rhynhart 1985；Nagcl 1983；Goldkamp 1984）。

保释决定的差别可能是下个年代政策制定的目标，所以，下一轮保释改革可能涉及制定保释指南。仿效 70 年代期间制定的假释和量刑指南，保释指南被拟以通过给法官提供有关其他法官在过去如何决定相类似案件的反馈信息来引导司法裁量，目的是通过使司法决定更趋一致和减少专断而促进司法决定的作出。

保释指南 80 年代在费城被采用。利用研究，告知法官有关与保释决定相关的因素，法官们制定了一套"棒球场"范围的指南，然后期望在大多数案件中都能被遵守。审前服务机构填写每个被告人的工作表格，搜集有关被告人现行指控和与不到庭或在审前犯新罪风险相关的其他一些因素的信息资料。根据这些信息，法官决定指南是否建议具结释放或现金保释，如果是现金保释，则决定现金数额。

大约 3/4 时间，法官遵照指南的规定。指南要求的现金保释额低于法官独自作出的数额要求，被拘押的被告人数和审前拘押期限不变，被告人不到庭和重新逮捕率也没有发生改变（Goldkanp 1984），但保释指南确实使保释决定的作出更趋一致。所以，保释指南是减少保释程序不公正的希望所在。

但是，有关保释指南的一些警示已纷纷出现。研究家们（Lynch and Patterson 1991）研究了保释指南对佛罗里达一个县造成的影响。佛罗里达的指南远不如费城制定的指南详细具体。研究家们认为单单指南并不能完全消除保释决定中的种族歧视，他们发现种族偏见有时是法官的决定偏离指南要求的一个因素。尽管与白种人相比，法官不会对非白种人要求支付超过指南规定的保释金额，但他们也不大可能对他们科处低于指南要求的保释金额。

保释指南的运用似乎是保释改革一项充满希望的策略，然而，保释指南要求仔细地构建和有效地监管。极度宽泛的指南可能只是改革的象征，没有实质性结果。

总　结

初次到庭发生在逮捕后的几天内，提供了告知被告人指控罪名，作出如 Gerstein v. Pugh（1975）案和各州法律要求的可能性根据决定以及决定被告人是否能和在什么条件下被审前释放的机会。自20世纪60年代的保释改革运动以后，法官有更广泛的一系列可供他们选择的审前释放类型。具结释放、签名保证、非金钱条件、审前监管和10%定金替代被建立，以减少在决定被告人是否被审前释放的过程中金钱和保释保证人所起的作用。

所有这些条件的目的首先是保证被告人审判时到庭，其次，在少数案件中，防止被告人在候审期间犯新的罪行。按不出庭和重新逮捕率进行衡量，审前释放决定总的来说是成功的。2/3以上的被告人在审前被释放。在这些被释放的被告人中，75%按法院要求返回出庭，不足20%因新罪行而被再次逮捕。审前被拘押的被告人更有可能遭受被宣告有罪和判处严重的刑罚。

对犯罪的广泛关注造成在作出审前释放决定过程中努力考虑被告人的将来危险性。最高法院 Salerno v. United States（1987）案的判决打开了继续运用审前预防拘押的大门。下一轮改革可能着重于保释决定作出过程中的差别和采用如费城规定的那些指南。

参考书目

Austin, James, Barry Krisberg, and Paul Litsky. 1985. "The Effectiveness of Supervised Pretrial Release." *Crime and Delinquency* 31

第 11 章 初次到庭：设定保释金和其他释放条件

(October): 519—537.

Bell v. Wolfish, 441 U. S. 520, 99 S. Ct. 1861 (1979).

Casper, Jonathan. 1972. *American Criminal Justice: The Defendant's Perspective*. Englewood Cliffs, N. J.: Prentice—Hall.

Daly, Kathleen. 1987. "Structure and Practice of Familial-Based Justice in a Criminal Court." *Law and Society Review* 21 (2): 265—290.

Eason, Michael J. 1988. "Eighth Amendment-Pretrial Detention: What Will Become of the Innocent?" *Journal of Criminal Law and Criminology* 78 (4): 1048—1979.

Ewing, Charles Patrick. 1985. "*Schall v. Martin*: Preventive Detention and Dangerousness Through the Looking Glass." *Buffalo Law Review* 34: 173—226.

Feeley, Malcolm. 1983. *Court Reform on Trial*. New York: Basic Books.

Feeney, Floyd. 1982. *Police and Pretrial Release*. Lexington, Mass: Lexington Books.

Gambitta, Richard A., and Barry P. Hitchings. 1983. "Bail Bond Forfeiture Enforcement—The Mechanism and the Mirage." *American Journal of Criminal Law* 11 (November): 233—292.

Gerstein v. Pugh, 420 U. S. 103, 95 S. Ct. 854 (1975).

Goldkamp, John S. 1985. "Danger and Detention: A Second Generation of Bail Reform." *Journal of Criminal Law and Criminology* 76 (1): 1—74.

——1984. *The Development and Implementation of Bail Guidelines: Highlights and Issues*. Washington, D. C.: U. S. Department of Justice, National Institute of Justice.

Goldkamp, John S., and Michael R. Gottfredson. 1985. *Policy Guidelines for Bail: An Experiment in Court Reform*. Philadelphia: Temple University Press.

Hagan, John, and Kristin Bumiller. 1983. "Making Sense of Sentencing: A Review and Critique of Sentencing Research." In Alfred Blumstein, Jacqueline Cohen, Susan E. Martin, and Michael H. Tonry, eds. *Research on Sentencing: The search for Reform*. Washington, D.C.: National Academy Press.

Hansen, Keith Eric. 1987. "When Worlds Collide: The Constitutional Politics of *United States v. Salerno*." *American Journal of Criminal Law* 14 (spring): 155—225.

Himsell, Scott D. 1986. "Preventive Detention: A Constitutional but Ineffective Means of Fighting Pretrial Crime." *Journal of Criminal Law and Criminology* 77 (Summer): 439—476.

Klaidman, Daniel. 1990. "Hustling for Bail Bonds." *Legal Times* 13 (December 10): 1, 20.

Kruttschnitt, Candace, and Donald E. Green. 1984. "The Sex-Sanctioning Issue: Is It History?" *American Sociological Review* 49 (August): 541—551.

Lazar Institute. 1981. *Pretrial Release-A National Evaluation of Practices and Outcomes: Summary and Policy Analysis*. Rockville, Md.: National Institute of Justice, National Criminal Justice Reference Service.

Lynch, Michael J., and E. Britt Patterson. 1991. Race and Criminal Justice. New York: Harrow and Heston.

Miller, Eleanor. 1986. *Street Woman*. Philadelphia: Temple University Press.

Moulds, Elizabeth. 1980. "Chivalry and Paternalism: Disparities of Treatment in the Criminal Justice System." In Susan K. Datesman and Frank R. Scarpitti, eds. *Women, Crime, and Justice*. New York: Oxford University Press.

Nagel, Ilene. 1983. "The Legal/Extra-Legal Controversy: Judicial Decisions in Pretrial Release." *Law and Society Review* 17 (3): 481—515.

National Institute of Justice. 1985. *Pretrial Release and Misconduct: Federal Offenses and Offenders*. Rockville, Md. : National Institute of Justice, National Criminal Justice Reference Service.

Rhynhart, F. 1985. "Judicial Discretion in Pretrial Release." In Carl F. Pinkele and William C. Louthan, eds. *Discretion, Justice, and Democracy*. Ames: Iowa State University Press.

Riverside County v. McLaughlin, 500 U. S. 44, 111 S. Ct. 1661 49 (1991).

Salerno v. United States, 481 U. S. 739, 107 S. Ct. 2095 (1987).

Schall v. Martin, 467 U. S. 253, 104 S. Ct. 2403 (1984).

Stack v. Boyle, 342 U. S. 1, 72 S. Ct. 1 (1951).

Suffet, Frederic. 1966. "Bail Setting: A Study of Courtroom Interaction." *Crime and Delinquency* 12: 318—331.

Sviridoff, Michele. 1986. "Bail Bonds and Cash Alternatives: The Influence of Discounts'on Bail-Marking in New York City." *Justice System Journal* 11 (2): 131—226.

Toborg, Mary A. 1983. "Bail Bondsmen and Criminal Courts." *Justice System Journal* 8 (2): 141—226.

U. S. Bureau of Justice Statistics. 1994. *Pretrial Release of Felony Defendants*, 1992. *Washington, D. C. : U. S. Department of Justice*.

——1992. *Pretrial Release of Felony Defendants*, 1990. Washington, D. C. : U. S. Department of Justice.

——1991. *Pretrial Release of Felony Defendants*, 1988. Washington, D. C. : U. S. Department of Justice.

——1985. *Pretrial Release and Misconduct: Federal Offenses and Offenders*. Washington, D. C. : U. S. Department of Justice.

United States v. Daniels, 772 F. 2d 382 (7th Cir. 1985).

Verrilli, Donald B., Jr. 1982. "The Eighth Amendment and the Right to Bail: Historical Perspectives." *Columbia Law Review* 82: 328—362.

Visher, Christy A. 1992. *Pretrial Drug Testing*. Washington, D. C. : U. S. Department of Justice, National Institute of Justice, Office of Justice Programs.

——1983. "Gender, Police Arrest Decisions, and Notions of Chivalry." *Criminology* 21: 5—28.

Walker, Samuel. 1993. *Taming the System*. New York: Oxford University Press.

Walters, Michael J. 1982. Sequential Decision-Making in the Criminal Court: The Influence of Prior Court Outcomes on Sanctioning and Their Relationship to Discrimination. Doctoral dissertation, University of Cincinnati.

Wheeler, Gerald R., and Carol L. Wheeler. 1982. "Bail Reform in the 1980s: A Response to the Critics." *Criminal Law Bulletin* 18 (May-June): 228—240.

Zatz, Marjorie. 1987. "The Changing Forms of Racial/Ethnic Bias in Sentencing." *Journal of Research in Crime and Delinquency* 24 (1): 69—92.

第 12 章　审前程序

被告人一旦在法院作了初次到庭以后，刑事案件将经过一系列最终解决案件的正式和非正式程序，这期间的正式程序包括通过大陪审团或预审听证进行可能性根据的审查、听审审前动议和正式展示。律师开始准备案件，包括就审判时的可采性和超出合理怀疑证明指控的充分性衡量证据。不管案件最终通过有罪答辩还是审判解决，这项准备都是必要的。由于地方实践和案件具体情形的不同，这些审前程序并不按一定的顺序进展。一般逮捕后差不多马上就开始证据展示和披露。初次到庭后的几天或几星期内，案件移至大陪审团或预审听证。在这些早期阶段的整个过程中，律师都一直评估证据。审前动议可能或早或迟提出，它们的结果影响律师对审判成功可能性的估计和对答辩交易的兴趣。

衡量证据

一旦检察官签发了初步指控，双方律师都将注意力转到在法庭证明指控的疑点上。第一步是收集所有与案件有关的信息材料（警察报告、证人陈述、被告人陈述、物证、法庭试验结果等等），通过察看犯罪现场可能获得对罪行的额外了解。律师一旦调查了有关的信息材料，他们就能以证据的可采性和证明（或反对）指控的充分性来衡量这些材料。

对刑事辩护律师实际调查事实的程度几乎没有进行过研究，对审前调查力度的假设相差很大，尤其是将如罪行的严重性和律师的工作量压力等这些因素都考虑在内。关于一般做法的材料很难获得，能获得的信息只是来源于对一个管辖区（亚利桑那，菲尼克斯）进行的一系列研究（Lieberman 1981，Steiner 1981），可能不能反映其他的管辖区，但是菲尼克斯的结果对事实调查产生的有关问题给了一些提示。研究者会见了173位刑事辩护律师，并要求他们描述最近四个案件的案件准备情况。

研究者发现辩护律师对答辩交易案件的调查不及对审判解决的案件调查得全面（Lieberman 1981）。这表明律师直到确信案件将去审判才进行全面的调查，结果辩护律师没有完全了解证据的潜在力量和薄弱点就涉入答辩交易。有趣的是，菲尼克斯研究中的律师们同意调查在答辩交易中确实很重要，但在实践中他们并不遵照他们自己的观点。研究同样表明，会见了涉及暴力犯罪的案件被害人的律师，比不会见被害人的律师更能为他们的当事人得到更好的答辩交易结果（Lieberman 1981）。

另一项同年进行的研究分析了被告方在审判前能获得的信息材料。这项研究表明50%以上的辩护律师成为记录在案的律师之后要3天以后才去会见他们的委托人，但差不多所有案件（96.3%）的辩护律师至少在审判前30天会见被告人，研究没有报告在涉入答辩交易之后是否有相似比例的辩护律师会见被告人。这项研究中一半多一点的律师走访了犯罪现场，但不到1/3的律师会见了所有指控证人（Steiner 1981）。

对犯罪事实进行了完全调查的律师显然能更好地为被告人辩护。菲尼克斯研究总结出律师似乎充分地准备以避免被认定为律师提供无效帮助，也就是说，菲尼克斯的律师准备得非常充分，他们的准备不是"虚假、胡闹或嘲弄"。当然，这说得不过分。大部分案件并没有进行全面的事实调查，许多律师主要根据从被告人和起诉方获得的材料进行答辩交易或审判。

第 12 章 审前程序

辩护律师无论得到什么与案件有关的材料，他们必须以证据的价值衡量这些材料。粗略地说，证据由事实构成，但不是所有的事实都是证据，只有那些庭审可采纳的事实才是证据。检察官和辩护律师都分析他们获得的信息材料，以决定哪些证据在法庭将会被采纳，并评估它们的证明力。

可采性由证据规则规定，此规则规定可能在法院按证据被考虑的材料种类。证据规则中一些产生于英国普通法长期的司法实践，一些基于法院对宪法的解释，而另一些则源于专门的制定法条文。例如，许多州制定了除少数情形之外禁止采纳妨害风化罪被害人以前性行为的证据的制定法。指控正式筛查时适用的证据规则经常比审判时适用的证据规则更放松或宽容。事实就是这样，检察官的初步指控可能基于审判时不被采纳的信息材料。

一个复杂的证据规则体系已逐渐发展起来，对证据可能在什么时候和出于什么目的被考虑规定了指导方针。证据规则旨在保证在法院被采纳的证据只是相关的、值得信任的、可靠的和不破坏程序公平的证据。促进公平和可靠是审判最关心的事，这也是为什么审判的证据规则倾向于比法院诉讼的其他阶段，比如审前审查、审前动议听审和量刑的证据规则更严格的理由。

律师（指检察官和辩护律师）根据这些规则衡量证据，"真正"的案件事实只是在审判时按照证据规则能递交的事实。测谎器的测验结果可能使检察官确信被告人真的有罪，但如果证据规则规定测谎器的结果不具有可采性，这个材料在法院就没有用处，代之检察官必须发现审判可采的证据来说服法官或陪审团。另外，律师必须考虑会被采纳的证据的证明力。一些证据非常可信和相关，但有一些证据虽然具有法律的可采性，可是对证明宣告有罪的事实却没有多大帮助。

律师进行证据辩护以塑造审判时将被采纳的证据（Goldberg 1982，361）。证据辩护涉及运用证据规则以使审判时排除不利的证据和采纳有利的证据。获取这些裁定的主要方法是通过审前动议，这一点将在本章的最后作介绍，这些动议的裁决能产生输或赢的不同结果。其他一些情形可采性的裁决必须要等到审判。不管是在审前还是在审判期间作出裁决，证据辩护的目的都是塑造将被记录在案的证据。

可采性的总原则

决定证据是否具有可采性的首要问题是相关性。相关性由有关正被讨论的证据的实质性和证明性加以认定。如果证据与必须证明的事实有关就是实质的；如果能证明，至少能一部分证实宣称的真实性，证据就具有证明性。如果证据被用来证明案件的主要部分，并且如果出示的证据能使这个事实成立，证据就可能是相关的（Waltz 1975，50—51）。

如上所述，如果与必须证明的事实有关，证据就是实质的，但实质性并不单单取决于罪行的要件。随着案件进展，为了辩护或起诉被告人而证明其他一些事实可能是必要的。考虑这样一个例子，一名医生被指控欺诈地提出公共医疗补助请求——要求政府支付实际上医生并没有提供的医疗服务费，医生主要被指控在申请单上弄虚作假。可能有几位愿意对医生常常在有关高尔夫球成绩、出席社会活动、对妻子忠心等一些情形撒谎作证的证人，但这些证言不能被采纳用来证明欺诈的指控，即使欺诈涉及撒谎。撒谎的习惯与证明公共医疗补助欺诈必须成立的要件没有直接关系——不是实质的。

但是，如果医生在审判期间站在证人席上作证并否认欺诈，起诉方可以运用他是一名撒谎者的声誉来破坏医生作为证人的可信度。一般来说，这意味着被告人的品行作为罪行的证据被认为不具有实质性，但证人的品行对证人的可信度是实质的。

证明性与可靠性的问题相关。证据如果能证实宣称的真实性，就具有证明性。不可靠的证据不能证实一项主张的真实性，很不可靠的证据可能因为不具有充分的证明性而被完全排除。一些种类的科学证据，比如测谎器结果，因为不可靠而可能被排除，所以它们不能提供证明的证据。证人证言由于缺少证明性也可能被排除。旁证比证人直接观察犯罪行为的直接证据不具有证明性。审判时，由法官决定具体证据是否具有能被采纳的充分证明性。在审前准备期间，双方律师都衡量证据能被法官采纳的可能性。

科学证据的可采性

运用科学证据，比如指纹分析、弹道学分析、声纹、笔迹分析、测谎器结果分析和 DNA 鉴定，可靠性是一项重要的考虑因素。因为证明性被认为是程度问题，所以法官必须决定证据是否具有促进事实认定程序可靠性的充分证明性。因为一些类型的科学证据，比如指纹，工艺已被广泛接受，每件开庭的案件不都须裁定。但是，无论什么时候运用新类型的科学分析，审判法官都必须决定是否以证据采纳这种新的试验结果。

例如，DNA 鉴定技术近几年已发展，DNA 鉴定涉及分析样品，通常是血或精液，以决定从被告人身上提取的样品遗传物质是否与从犯罪现场获取的 DNA 相符。DNA 技术仍旧受争论，一些法院一直对 DNA 鉴定的可靠性表示怀疑。可靠性和对此证明性的裁定部分取决于实验室进行试验运用的技术，部分也取决于正被进行的试验目的。尤其是，DNA 鉴定的可靠性被起诉方用来证明被告有罪时比被告方用来证明被告人的无罪更受怀疑。

DNA 分析涉及分析血、头发或精液样品，了解具体遗传样式在人群中的概率，这种分析认定具体 DNA 样式的罕见度。如果样式相当罕见，且如果从犯罪现场获取的样品与后来从被指控者身上获取的样品相符，那就表明犯罪现场获取的 DNA 也就是被指控者的 DNA。

例如，DNA 分析可能表明每一亿人中只有一人是两个样品中发现的 DNA 样式。如果罪行发生在一个有 700 万居民，每年 2 000 万参观者的城市，DNA 证据就只具有部分的证明性（能证明被告人是在犯罪现场留下血迹的被告人），另外地方的另一位可能具有相同的 DNA 样式，这个人是实施了犯罪并在犯罪现场留下 DNA 样品的人。尽管 DNA 是重要的旁证，但它不能直接证明被告人在犯罪现场留下血、精液或组织样品。但是，如果 DNA 不符合，声称被告人无罪的有关证据就具有很高的证明性。除非起诉方能证明试验进行的不正当和试验结果因此而无效，不符是被告人不是在犯罪现场发现的 DNA 样品来源的直接证据。

DNA 证据的证明性好比关于识别逃离汽车的证人证言的证明性。比如说逃走的汽车是一辆蓝色轿车，牌照号码开始字母是 H 的证人证言。如果有 5 000 辆车与上述描述相符，看见汽车的证人证言说被告人车牌号码是 HJ-4235 的蓝色轿车就是看见逃离现场的汽车，其证言只具有部分证明力，另外还有 4 999 辆汽车与证人对看见的汽车描述相符合。如果被告人的汽车是一辆蓝色轿车，车牌号是 SB-1899，那么证人证言在证明被告人汽车不是犯罪涉及的汽车就具有很高的证明性。

事实上，许多身份识别证据——任何对被告人即是宣称的罪犯不肯定的识别——都会产生与 DNA 分析证明性有关的相同问题。例如，如果证人作证侵犯者留有胡子或走路跛脚，被告人可能也有这个特征，但肯定不只是一个人拥有这项特征。但是，DNA 证据被认为比这种证人证言具有强得多的证明性。

如果证人证言被采纳，即使只有部分的证明性，为什么 DNA 证据会被排除？因为 DNA 证据具有潜在偏见的问题。法院担心陪审团会给 DNA 证据不应当的分量，因为它是"科学的"，即使 DNA 证据对作出肯定的身份识别并不完全可靠。陪审员可能不了解用来识别的 DNA 样式不是最好的标记，这种科学的韵味可能使陪审员忽视在证明谁可能在现场留下 DNA 样品过程中技术的限制性。

值得嘲讽的是，DNA 分析也显示了目击证人识别的不可靠性。几位因犯在特意证明他们不是侵犯者的 DNA 试验后获释，但这些囚犯的宣告有罪最初是基于被害人的肯定识别。

传闻

传闻是一种被认为非常不可靠的证据类型，因此整套证据规则都与传闻有关。传闻是第二手的证人证言。苏珊·卡利莎告诉简·迪克森她被一个穿蓝色凹凸面西装的男子抢劫。如果后来卡利莎拒绝作证，起诉方不能以迪克森的第二手证言代替卡利莎所看到的事情，因为她对犯罪的了解和攻击者的描述都只是传闻，在审判时不能被采纳，迪克森只能作证她的亲眼所见。

但是传闻有许多例外。一项常见的例外是激动的表述。假设卡利莎跑出房间，抓住刚下汽车的迪克森并大叫："我被抢劫了！"在这种情况下，迪克森将被允许对卡利莎跟她说的话作证，因为这是激动的表述。激动的表述被认为比认真思考后作的陈述具有更强的证明性。

传闻规则的另一项例外是濒死者的陈述。例如，假设彼得·威尔逊临死前在医院里告诉护士他杀了他妻子。警察在这之前逮捕了一个在威尔逊报告他妻子死后不久正在居住区闲走的地方闹事者。检察官的理论是闹事者闯进威尔逊的家夜盗，被丽塔·威尔逊当场抓住，闹事者用壁炉火钳击打她的头部。如果单单彼得·威尔逊临死的供述不足以使检察官撤销对那个人的指控，那么被告方则传唤护士就威尔逊的临死供述作证。因为威尔逊已死，护士的传闻证言是可获得的唯一证言。因为威尔逊不可能在临死前撒谎，所以法律允许在法庭采纳这种陈述。

另一项传闻法则的例外涉及被告人的自发承认。如果海伦·斯尼德告诉她朋友奥托·科布她打了她孩子，后来斯尼德因虐待儿童罪受审。科布关于斯尼德承认虐待儿童的证言是可采的。再之，尽管有关虐待的证言是第二手的证据，但法律许可。斯尼德向科布作的供述可能是真实的，因为人们很少会承认他们并没有犯的罪行。

排除证据以保护其他权利

由于证据不是相关的、实质的或可靠的而被排除构成了大部分证据法律的内容。证据规则的其他部分较少关注真实性和可靠性，更多的是考虑维护整个刑事司法程序的公平和可靠。

一个例子是，非常令人愤怒或歧视被告人的证据不能被采纳，即使是实质和证明的证据。事实上，有时最具证明性的证据因为具有明显的潜在歧视而被排除。例如，谋杀的被害人照片因为歧视和激人愤怒通常被排除。法院担心死者令人震惊的照片激起陪审团的同情，以至于不能给被告人公平的审判，而且死者照片只能提供医院检查者或侦查官员的证言不能提供的很少量的信息。示意证据也常常被排除。例如，为说明被告人没有时间开枪射完子弹，被告方可能希望在法庭显示表明再装弹于被宣称是谋杀武器的枪需要多长时间。尽管在法院题材的电视故事片中这种显现很常见，但在真实审判中经常不被允许，因为示意显现可能使陪审团在一定程度上产生超出证据证明价值范围的印象（Goldberg 1982）。因为相似的理由，证据的运用会扰乱法院诉讼程序的规律，比如参观犯罪现场，所以也经常被裁定不予采纳。

侵犯被告人的权利而获得的证据在审判时也不被采纳。最高法院已规定比如以非法搜查或讯问获得的证据必须排除。再者，尽管这种证据可能是实质和证明的，但为了保护其他价值，在本案是维护警察和司法程序的公正，法律将其排除在外。当社会旨在要保护一种普遍的关系，为保护这种关系一些证据也可能被排除。比如，丈夫和妻子、律师和委托人、医生和病人之间的交流都是特权交谈的例子，尽管这种特权能通过对方的同意而被放弃（Ferguson and Stokke 1978，52—55）。

衡量证据的证明力

可采纳的证据未必足以达到证据标准。除衡量证据的可采性之外，律师为了预测宣告有罪或无罪的可能性必须衡量证据的证明力。在决定是否签发指控和签发何种指控的过程中，检察官衡量证人的可信度以及支持指控的物证和科学证据的证明力（见第九章）。最初，检察官主要考虑在正式审查程序中证据是否能建立可能性根据。但是，甚至在诉讼早期，检察官就预测在审判时关于证据标准的证据证明力：超出合理怀疑的证明。随着案件的进展，双方律师都一直衡量证据的证明力，尤其是科学证据的可靠性和证人提供的证言的可信性。这些衡量对塑造案件的答辩谈判和整个策略都很重要。

证据的正式审前审查：大陪审团和预审听证

逮捕和初次到庭之后，许多案件接受证据的正式审查。除非放弃，所有重罪案件都要通过大陪审团或预审听证，有时两者联合进行正式审查。轻罪案件可能被大陪审团或预审听证审查，但经常在初次到庭之后不受任何审查。

正式审前审查的目的是检查证据以决定起诉是正当的。名义上，审前审查要求的证据标准与大陪审团和预审听证审查要求的证据标准相同：可能性根据。可能性根据由于不同的解释和适用而成为一项模糊的标准。由于支配大陪审团和预审听证的程序不同，所以可能性根据无疑在这两种形式的审查中有着不同的含义和适用。另外，各管辖区关于审查采取的严格程度也不尽相同。

证据标准：可能性根据

可能性根据在不同的管辖区以不同的方式被定义。审前审查阶段可能性根据标准的实践意义各管辖区不同，甚至在同一管辖区各法院之间也不同（Kamisar, LaFave, and lsrael 1986, 952）。在一些管辖区这个标准被解释为就是强烈怀疑，另外一些管辖区，如果无须说明或没有矛盾，可能性根据就是具有保证被告人宣判有罪的证据。法官有时用其他术语，比如 50% 以上支持被告人有罪的证据平衡来解释证据标准。最简单地定义，可能性根据得到确立，如果"无论何时由具有合理警觉的人进行审查，根据一个人所接受的培训和具有的经历，证据能使这个人得出事实可能存在的结论"（Subin, Mirsky, and Wcinstcin 1993, 11）。

尽管逮捕的标准也是可能性根据，但大陪审团或预审听证适用的可能性根据标准被广泛认为是一个更高的证据标准。两者之间有两点重要差异：第一，逮捕的可能性根据只考虑逮捕官在逮捕那一刻作出逮捕是否正当的问题。也就是，有充分的证据表明暂时剥夺一个人的自由是正当的吗？相反，大陪审团和预审听证审查是前瞻性的，衡量辩明让被告人接受大量和长期的刑事诉讼责任是正当的证据。第二，大陪审团或预审听证的治安法官审查证据的时间，是逮捕的几天，有时是几星期之后。这段时间检察官已经接触和会见了证人，专家已经检查了物证，并且一些证人的陈述可能已经得到物证科学实验的证实。因为这些不同的情形，审前审查阶段可能性根据的标准高一点是可以理解的。

尽管大陪审团和预审听证都运用可能性根据标准，但两者的程序产生于不同的历史环境,并且为达到同样的结果,程序显著不同。由于存在这些差异,一直萦绕着所谓的改革家们的一个问题是这个程序是否比另一个程序更好。

大陪审团

现代的大陪审团从12世纪英国的大陪审团演变而来(见第4章大陪审团发展的讨论)。早期大陪审团主要作为界定可能有罪的市民的工具,这种侦查职能反映了大陪审团的最初使用是为了揭露犯罪。经过了几个世纪,大陪审团获得第二项职能,即作为保护公民免受政府不公平刑事指控的盾牌。这种双重职能使大陪审团获得了剑盾合一的美誉。

到殖民地从英格兰分离出来时,美国和不列颠两地的大陪审团都已成为政府一个十分独立的机构。大陪审团偶尔裁决政府控诉的市民无罪。由于大陪审团的独立和权力,它成为政府和公民之间的盾或缓冲器。在个人和政府之间站着呈现23名良好和普通市民公平裁决的大陪审团:

> 历来,这个组织[大陪审团]被认为是无辜反对草率、预谋和暴虐的压迫的重要防卫;它对确定在我们社会中指控者和被指控者的立场,后者不管是个人、少数民族或其他群体,有着非常重要的职能,决定指控是否有理由或是否被胁迫力量或预谋和个人的恶意所支配。(Wood v. Georgia,1962,390)

当起草联邦和州早期宪法时,大陪审团被认为是免受政府压迫的重要保护。美国宪法第五修正案禁止诉讼恶劣的罪行,今天称之为重罪,除非大陪审团签署起诉书。第五修正案的这部分规定从来没强加给州,被认为只适用于联邦管辖区。几个州,指的是大陪审团审判的州,采用了重罪由大陪审团起诉的本州宪法的规定(见表12—1)。如今,主要位于东半部的16个州(见表12—1)和联邦管辖区要求所有重罪起诉须经大陪审团同意,其中一些州也要求大陪审团起诉轻罪。另有3个州只要求死刑案件的起诉要经大陪审团同意(Popko 1987,674—675)。其他各州均有大陪审团条款,但只在需要特殊的调查时才使用大陪审团，不要求大陪审团常规介入诉讼。

表12—1 要求大陪审团起诉的州

资料来源：Sigmund G. Popko. 1987. "Arizona's County Grand Jury: The Empty Promise of Independence." *Arizona Law Review* 29：667—688。

州	死刑案件（只有）	重罪	轻罪
亚拉巴马		X	
阿拉斯加		X	
特拉华		X	
佛罗里达	X		
肯塔基		X	
路易斯安那	X		
缅因		X	
马萨诸塞		X	
密西西比		X	
新罕布什尔		X	
新泽西		X	X
纽约		X	
北卡罗来纳		X	
俄亥俄		X	
罗德岛	X	X	
南卡罗来纳		X	X
田纳西		X	X
得克萨斯		X	
西弗吉尼亚		X	X

大陪审团的结构和程序

大陪审团在刑事审判的抗辩制中有点自相矛盾。与刑事诉讼程序的其他大多数正式程序不同，大陪审团不是抗辩的程序。大陪审团的非抗辩程序从它最早的历史根源中最能被理解。传统上，大陪审团被用来界别罪犯，没有被告人能在大陪审团程序之前被正式确定。一个人成为被告人是大陪审团决定的结果，在大陪审团程序之前不考虑证据。因为在大陪审团程序期间没有被列名的被告人，所以没有人是州的抗辩方。这种传统几乎没有经过改变地被保留了下来。

传统上，大陪审团由社区内23位有名望的人组成。如今大陪审团的规模发生改变是因为管辖区旨在通过减少陪审团的人数而降低费用。

市区管辖区大陪审团按照正规的方式召集，允许没有延误地将案件移送至大陪审团。大陪审员被要求服务一段固定的时间，期限一般是3个月，但大陪审团必须完成的工作量各管辖区相差很大。大陪审团越忙，大陪审员必须服务的期限就越短。一些管辖区大陪审团每天聚集在一起审查支持重罪指控的证据，另一些案件数量较少的管辖区，大陪审团则每月只召集一次或两次。

大陪审员秘密进行工作，考虑以检察官为代表的政府方提交给它的证据。大陪审团可以自由地传唤它管辖区内的任何人担任证人。召集大陪审团的法院可以迫使证人作证或出示书面文件或其他东西。在大陪审团面前必须宣誓作证。传闻和其他一般在法院不被采纳的证据也不被大陪审团考虑（*Costello v. United States* 1956）。大陪审团面前的证人享有拒绝回答可能自我归罪的问题的权利，但排除规则不适用。也就是说，任何非在大陪审团前触犯第五修正案保护获得的陈述都可能被提交给大陪审员，并作为起诉的基础（*United States v. Calandra* 1974）。

出现在大陪审团面前提供证言的人都是证人。尽管一些证人可能被怀疑犯罪，但他们只是证人。因为没有被告人，所以被指控者的权利在大陪审团场合并不适用。大陪审团证人，即使他们是调查的目标，也不享有交叉询问和对质其他证人的权利、出席大陪审团程序的权利和提供陈述或他方证人的权利。另外，放弃大陪审团听审在许多管辖区是不可能的。传统上，不允许大陪审团证人在大陪审团听审时有辩护律师。最高法院已规定大陪审团前的证人不享有律师帮助的宪法权利，即使证人是调查的目标（*United States v. Mandujano* 1976）。但是，最近几年，几个州已改变了它们的法律，允许大陪审团证人有律师相伴，作出这个规定的一致意见是律师在场并不干涉大陪审团的工作能力（Bayless 1981，571）。

一旦收集或听取了充分的证据，大陪审团就投票决定证据是否足以证明起诉是正当的。如果大多数大陪审员认为证据充分，他们则签署大陪审团起诉书，也称为真实诉状。大陪审团的这个决定使被告人具结审判，并委以检察官继续诉讼。如果大陪审团没有签署真实诉状，案件也未必结束。大多数管辖区检察官可自由地通过再次努力获取重组的大陪审团的起诉书。

大陪审团的职能：调查和指控

大陪审团作为调查机构的最初职能已削弱，但在一些特殊种类的案件中一直发挥着重要作用。但是，如今大多数大陪审团被召集履行审前审查职能，被告人已确认，调查工作也结束了，检察官向大陪审员出示证据。这两项职能在这里将分别进行讨论，因为作为指控的大陪审团被召集的大陪审团一般不涉及罪行调查。调查的大陪审团既调查又对在调查过程中认定的任何罪犯签署起诉书。

调查的大陪审团

美国宪法被采用时，常规案件诉讼过程中大陪审团的调查职能比如今所起的作用更重要。当时由经过训练的侦探组成的市政警察署不存在，代之大陪审团收集证据以决定罪行是否发生和谁该被指控与之相关。

如今大陪审团的调查职能并不常常行使。常规的案件大陪审团不需要进行调查，因为执法人员在大陪审团考虑证据前已作了调查。但是，一些类型的犯罪行为，调查的大陪审团对获取信息材料作用很大。

尽管大陪审团很少因为调查目的而被运用，但当其他侦查犯罪的工具不合适时它也是一种很有效的工具。大陪审团一般调查复杂的有组织犯罪、政府犯罪、政府机构贪污和其他运用警察通常运用的方法很难侦查的犯罪。在一些州，法律限定大陪审团只能调查影响整个社区的案件，比如政府贪污（Schimizzi 1980）。签发正式指控之后在调查中遇到困难的检察官不能运用大陪审团。

因为大陪审团独立于政府各个部门，所以它不用考虑上级领导或选民的压力或报复而能进行自由地调查，如果陪审员反对甚至要求召集调查的大陪审团的检察官也不能控制他们，这种独立性能使陪审团按检察官不能预测的方向进行调查。这些大陪审团，又称为出逃的大陪审团，极其少见但却标志着调查的大陪审团独立的重要性。

但是大多数案件，大陪审团与检察官合作和在检察官的指引下进行工作。一些管辖区的法律规定检察官享有出席大陪审团程序、指名大陪审团必须传唤的证人和担任大陪审团法律顾问的权利。召集调查的大陪审团时，检察官常常寻求大陪审团相关的特殊权力，而不是陪审员的建议或干预。

这些与大陪审团权力相关的特殊权力迫使证人作证和提供物证与书面证据的程序，称为强制程序，这是法院的权力，法院将其赋予大陪审团。如果一个人拒绝服从大陪审团的传票，法官可以认定这个人藐视大陪审团而将其拘押（见第6章对藐视的讨论）。类似情况下，如果一个人虽然到庭但拒绝回答或出示陪审团所要求的文件，也可能以藐视罪被拘押。警察和检察官没有这种权力，任何人当被警察或检察官讯问时可以拒绝回答问题。但大陪审团面前的证人就不能拒绝合作，除非证人能提出法律保护的特免权，否则证人必须回答，其中一项特免权是第五修正案反对自我归罪的权利。

第五修正案保证没有人"该被强迫……成为反对自己的证人"。根据第五修正案甚至大陪审团也不能强迫一些人提供自我归罪的信息材料，但第五修正案只适用于信息材料被用来起诉证人时。证人可能不愿作证反对朋友或家人，但这种情况第五修正案不能为证人提供保护，为其他人的犯罪作证不是自我归罪。

如果大陪审团证人援引第五修正案保护并拒绝回答问题，大陪审团可能会决定为被告人提供免予起诉。免除是政府许诺获准免除后提供的任何自我归罪的证据在对获得免除的证人的诉讼中都不被法院采纳。只要信息材料不被用来起诉证人，那么第五修正案提供的保护就已得到体现，法律规定证人必须对大陪审团的问题作出反应。如今免除最常见的形式是应用和派生应用免除，这种免除形式保证回答提供的信息材料和回答产生（或派生）的任何附加证据都不能用来起诉证人。例如，如果证人的证言使大陪审团传唤另一名证人，而这位证人又作证获得免除的证人有罪，附加的证据也不能被法院采纳，因为它是免除准许后被发现的。被准许免除的证人仍旧可能因证人作证的罪行被起诉和审判，但支持起诉和宣告有罪的证据的收集必须与证人提供的信息材料完全独立。

第 12 章 审前程序

一旦获准免除，拒绝作证的证人可能因藐视大陪审团被提审，有时证人宁愿因藐视坐牢也不愿回答问题。记者有时因拒绝泄露他们的资料来源以藐视罪被关押。涉入有组织犯罪的个人经常因藐视罪被关押，他们更害怕受到报复。

当调查的大陪审团完成了调查，就可能签发刑事指控。所以，调查的大陪审团同时调查和进行可能性根据正式审查。

指控的大陪审团：审查职能的效益

如今差不多所有大陪审团审查的案件都涉及已被逮捕、被羁押、以刑事告发的罪犯被指控和在法官面前作了初次到庭的人。大陪审团审查有时先于逮捕，但在案件移交大陪审团之前犯罪嫌疑人的身份已被检察官确定。所以，实际上，大多数移交给大陪审团的案件被告人都已经存在。这种案件大陪审团不行使它的调查权，它的职能就是指控。指控的大陪审团和调查的大陪审团的区分不是法定的划分，而只是对大陪审团工作类型的描述。

检察官将常规案件移交给大陪审团审查，目的是出示充分的证据使大陪审员确信可能性根据存在，并以尽快和尽可能少的麻烦达到这个目的。有时检察官是大陪审团面前唯一出庭的"证人"。因为许多管辖区传闻证据在大陪审团前是可采的，所以，检察官只就警察侦查员和其他证人报告给他的有关材料作证。检察官站在大陪审团前并宣读可能由案件其他记录补充的刑事告发书。这是达到案件移交给大陪审团要求的一条快捷和低廉的路径，节省了时间并减少了警官或证人出庭的麻烦。前曼哈顿检察官戴维·海尔布劳纳报道地区助理检察官曾接受这样的指导："如果你的案件是一件普通案件，要尽快解决。此外，证人的记忆随着时间常常会发生改变，记录上一个人陈述的内容越少，以后就越不可能因细微的前后不一致而被弹劾……所以尽量要在 15 分钟内结束。"(1990，199) 海尔布劳纳描述了一个典型的大陪审团对抢劫案的听审，因为是二级抢劫指控，他传唤了两名证人并按照抢劫制定法指示大陪审团。大陪审员没有问任何问题，只经过了 30 秒大陪审团就评议和签署了真实诉状。整个过程不满 15 分钟（Heibroner 1990，207—208）。

这个迅速和似乎马虎的证据审查已使一些批评家认为，大陪审团的程序只是为检察官签盖图章。检察官掌握大陪审团听审的证据，而且只评议了几秒钟，似乎大陪审团不能提供任何真正独立的证据审查。因为大陪审团经常不能实现独立的审查职能，所以被指责浪费纳税者的钱（Blank 1993；Cantwell 1989；Wachtler 1990）。

大陪审团改革

由于存在这些批评，大陪审团是近几十年来许多州的改革目标。一些改革旨在提高程序的效率，节省费用，另有一些改革则旨在确保大陪审团不仅仅是为检察官签盖图章。

为减少与大陪审团相关的费用，一些管辖区现在已允许被告人放弃大陪审团听审（Kamisar et al.1986，976）。被告人之所以愿意放弃是因为大陪审团审查经常使他们一无所获，这减少了大陪审团的案件工作量和处理案件必须的大陪审团开庭次数。另一项改革是减少大陪审团的规模，16个人和12个人组成的大陪审团不再是不寻常，并且规模更小的大陪审团也被提议（Sullivan and Nackman 1984，1068）。

许多律师、法官和法学家们支持促进大陪审团独立和加强严格审查职能的改革。美国律师协会已经认同将造成大陪审团程序巨大改变的改革建议。一些州至少已采纳了一些改革方案，包括：

1. 赋予大陪审团听审的对象享有作证的权利；
2. 禁止使用宪法规定庭审时不被采纳的证据；
3. 严格限制传闻证据的使用；
4. 允许中立的治安法官审查大陪审团的记录，以审查程序的正确性；
5. 要求检察官出示在那时已知的所有为被告人开脱罪责的证据。

（Aranclla 1980，1981；New Jersey Law Journal 1986）

一些管辖区允许在大陪审团面前由律师代理被告人和其他证人。

这些建议性的改变，尽管很少但却很彻底。例如，尽管建议性改革并没有绝对排除传闻证据，但检察官却负有出示所有可获得的证据的责任，这使大陪审团的责任更大且改变了大陪审团评议的性质。如果大陪审团直接从被害人或甚至逮捕官员处而不是从检察官处获得证据概要，那么证人的可信性就成为大陪审团考虑的一个额外因素。显然，这些改革提供给大陪审员一个衡量证据的更好机会。

一些州要求检察官必须告知大陪审员能为被告人开脱罪责的证据，但美国最高法院认为这种告知不是正当程序的要求。United States v. Williams（1992）一案中，绝大多数的法官认为联邦案件的检察官没有义务告知大陪审团能为被告人开脱罪责的证据，这个决定是基于大陪审团决定提起刑事指控的基础是否充分，而不是基于决定有罪或无罪的理论基础而作出的。最高法院解释，如果检察官被要求必须出示为被告人开脱罪责的证据，那么大陪审团的任务将从裁决可能性根据而转到裁决有罪（United states v. Williams 1992, 1744）。鉴于威廉姆斯一案，美国各州是否会继续推进披露为被告人开脱罪责的证据还不甚清楚。肯定的是，如果管辖区旨在让大陪审团审查出不该指控的案件，那么披露为被告人开脱罪责的证据将是一项明智的政策。

担任陪审员

我是一名大陪审员，当说"可能"和"买、逮捕"的警察和地区助理检察官太不敢对纠缠他们自己的条款作出解释并问"当你……有时间吗"时，被要求与其他22名品行良好的公民一起坐在一间不透气的房间里的硬板凳上。

证人作证期间全是我们的事。起诉贩毒者是我们的工作，我们起诉过。有一打，我想。

频繁地进出后他们走了，这些穿戴时髦的诉讼律师（除非是女性，穿着朴素的裙子和外衫）和徽章挂在颈边、裤子紧绷的官员。

他们没有法律行业的辛苦和危险。他们是骑士，卷曲的头发绕着领子或生长在琼斯公爵摩天楼内，上唇有胡须卷饰。他们大多工作不暴露身份……

他们的言语！他们的语言与他们的发型、脸上的皱纹和衣柜一样丰富多彩。

他们从他们称呼"兰鞋博士"、"苏德夹克博士"和"女性心声博士"的人中搜索出像"公共敌人"、"谋杀"、"额外权力"、"头脑炸弹"、"着魔"和"迈阿密虎钳"等"受控制的物品",这些都是海洛因的商标名称。

备用物是"鬼",一次交易一套"方案"。当他们要做买卖时,他们就说"谁在上班?"

我们坐在硬板凳上,我们23位品行良好的公民,自动地定期举起我们的手。

起诉,起诉,起诉。"被宣称贩卖可卡因",确实是贩卖可卡因;"被宣称贩卖海洛因",确实是海洛因;警察实验室也这样说。5美金可卡因,10美金海洛因,这儿是玻璃瓶,那儿是玻璃瓶。到处是玻璃瓶……

这是当你坐在一间不透气房间里的硬板凳上一天天听审一些人在收银台结账时购物包里有两磅可卡因、办公室人员在午餐时拿出两瓶"红帽"以及"迈阿密虎钳"源于镇最北边的12岁孩童所发生的一切。

起诉,起诉,起诉。

"真是浪费时间,"在走廊来回走时一位陪审员说……

资料来源:摘自 Mary Cantwell. ©1989, Daily Journal Corp. "Sitting Among the Judges and Not the Judged, Purely by Chance." *Los Angeles Daily Journal*, May 10, p. 6.

预审听证

审判前另一个正式审查证据的程序是预审听证。预审听证在美国居主要地位,目的是"防止草率、预谋、浪费和暴虐的起诉,为使被指控者免受公开的犯罪指控,为被告人和公众节省公诉的开支,而审查起诉是否基于充分的理由"(*Thies v. State* 1922, 103)。简而言之,预审听证的目的与大陪审团的目的相同。鉴于预审听证的结构,它在刑事法院诉讼程序中还具有其他一些非正式职能。

第 12 章 审前程序

预审听证是一个重要阶段

在 *Coleman v. Alabama*（1970）案的判决中最高法院解释预审听证为什么在刑事被告人的诉讼中是一个重要阶段。根据最高法院说法，重要的审判权利在预审听证阶段处于危险境地。为保护这些权利被告人需要有律师的帮助：

预审听证时律师明白地指引对保护贫困的被指控者反对错误或不正当的诉讼非常重要。第一，律师对证人有技巧地审查可能暴露州一方案件致命的薄弱点，而可能使司法官拒绝对被指控者具结审判。第二，无论如何，一个有经验的律师讯问证人能形成一个重要的弹劾工具，留在审判交叉询问州证人时运用，或采集审判不出庭的证人对被指控者有利的证人证言。第三，经过训练的律师能更有效地揭露州反对其当事人的案件和可能为这个案件的审判作适当的辩护准备。第四，预审听证时律师对比如早期精神检查或保释金等这些事进行有效地辩论也具有很大的影响力。

（*Coleman v. Alabama*，339 U.S. 1，8，1970）

尽管大陪审团久远的历史渊源，但到 19 世纪中叶，美国盛行的观点是常规应用大陪审团太麻烦，也太缺乏效益。1859 年密歇根是第一个规定由非大陪审团起诉的管辖区，允许在预审听证时审查指控。其他管辖区随即响应密歇根的变革，如今盛行的做法是运用预审听证而不是大陪审团。运用检察官起诉书作为主要指控工具的管辖区称为检察官起诉书型司法管辖区。

检察官起诉书是指检察官制作的随案一起移送法院起诉的正式指控文件。制作检察官起诉书基于刑事告发书，即告发证人的宣誓陈述。检察官起诉书列明被宣称的罪行、犯罪嫌疑人和可能的刑罚，它引证刑事告发书作为支持文件。检察官在预审听证或预备审查时将检察官起诉书提交给法院。就指控的目的而言，检察官起诉书与大陪审团签署的起诉书相同，两者都是刑事案件的正式指控文件。

预审听证作为等同于大陪审团的审查工具的合宪性在 *Hurtado v. California*（1884）一案中被最高法院考虑和加以认可，并在随后的几个案件中再得到肯定。在 Hurtado 案中，最高法院推论诉讼程序的公平性，而并非是程序的确切类型与歧视问题有关。最高法院认为，如果证据由法官审查，被告人所受到的公平对待不亚于证据由一群陪审员审查。尽管两种听审都是为了相同的目的，并被认为法律上具有同等地位，但它们的工作方式却存有显著区别。如今许多观察家认为，预审听证比大陪审团更能保护被告人（Kamisar et al. 1986）。

支配预审听证的程序规则

与大陪审团完全不同，预审听证是一项抗辩式程序，在唯一的决定者——法官（或司法官）前公开进行。检察官向法官出示考虑的证据，此时检察官不必出示所有指控被告人的证据，但必须充分揭示以使法官信服可能性根据存在。被告方可能交叉询问和出示己方的证据。所有证人证言都经过宣誓作出，并逐字逐句完全照字面形式被记录下来。这样如果以后需要，可以提供听审的记录。在听审完所有出示的证据以后，如果法官确信可能性根据存在，法官就具结被告人审判。如果证据不充分，法官就以缺少可能性根据而驳回案件。

因为这是抗辩听审，所以被告人在预审听证时享有一些重要的权利。被告人享有出席聆听控诉和支持证据的权利，而且，享有律师辩护的权利。美国最高法院认为预审听证是诉讼的一个重要阶段，所以最高法院认为，正当程序要求被告人在预审听证时享有律师的权利和贫困的被告人享有免费律师的权利（*Coleman v. Alabama* 1970）。预审听证是一个重要的阶段，因为预审听证发生的一切能影响审判时被告人享有的权利。

实践中的变异

许多管辖区允许在预审听证时运用审判时不被采纳的证据。大多数情况下，预审听证在对反对和寻求隐匿证据作出裁决的法院前进行。与此相似，一些管辖区，预审听证时不能探究起诉证人的可信性。例如，被告方可能不能探究说谎的动机。所以，尽管被告方有权交叉询问和对证据提出异议，但为避免听审的深入，这些权利受到限制，以使审判不会成为迷你审判。

但是一些州要求较严格的预审听证证据规则。例如，一些管辖区对传闻证据坚持适用与审判相同的规则，这意味着目击证人必须出庭，不允许检察官只是重复目击证人报告给警察的内容。与此相似，法医也必须出庭以提供关于死亡时间和原因的专家证词，不允许检察官叙述法医的认定或结论。预审听证禁止采纳传闻证据的管辖区，听审一般至少涉及执行逮捕的警察、被害人和主要证人参加。

甚至在这种情形下预审听证也通常是一项简短、一边倒的事件。被告方经常选择不反驳、不介绍证据和不提供证人。被告方甚至常常不交叉询问证人。

在允许传闻证据的州内，预审听证甚至更趋于不抗辩和不耗费时间。这些管辖区通常只有逮捕官员和/或侦查官员作证。他们陈述重要证人告诉他们的事情，经常要翻阅记录以唤起记忆和明了具体情节。尽管辩护律师可以交叉询问他们，但许多律师并不这样做。

由于各州的预审听证实践存有一些差异，所以可能性根据审查的严格程度可能也相差很大。一般来说，程序越简易，法官拒绝检察官提起的指控的理由就可能越少。

尽管预审听证是为履行与大陪审团关于审查指控的同样职能，但预审听证所遵循的不同程序给起诉方和被告方增加了一些额外利益和责任。因为被告人有权出席预审听证，所以被告方就能了解检察官案件的概要。在正式展示程序放宽限制之前，这是被告方的一项重要受益。对被告和起诉双方来说，预审听证是审判的一次彩排，给律师们提供了一个机会观看他们的证人如何在证人席上尽作证义务和在交叉询问时如何展现。无论证据是薄弱还是有力，都可能平等地向抗辩双方显示，且双方都有机会准备利用或反击案件的薄弱和有力之处。

预审听证可能造成的最重要的非有意的影响是它留给被告人的印象。在预审听证之前，许多被告人怀有检察官不能证明指控的希望，但是预审听证经常显示争辩指控不会有用。在法院观察到起诉方指控他们的案件的强度之后,被告人有时会对探究答辩协议的可能性更感兴趣。

许多州允许被告人有机会放弃预审听证。研究表明很大一部分被告人放弃了这项权利。一些管辖区 1/4 至 1/3 享有预审听证权利的被告人放弃了预审听证权利(Millcr,1969),另一些管辖区被指控重罪的被告人则有半数之多放弃了这项权利(Kamisar et al. 1986,940)。被告人放弃预审听证最常见的原因是为表示合作。如果被告人打算作有罪答辩,或已经与检察官谈判答辩协议,预审听证就没有什么作用。移送审判的案件,在已经扩大了正式展示机会的州内,预审听证作为展示的工具也没多少作用,被告方经常在预审听证前就已经知道了起诉方证据的证明力和性质。事实清楚的案件,预审听证可能只会增加媒体的注意力,产生对被告人的歧视。所以为避免任何不利的宣传,被告方可能放弃预审听证。

可能性根据和审前审查

对两种程序的批评经常着重于案件的消耗率,即没有发现可能性根据和被驳回的案件比例。低消耗率引起对审查程序缺陷和无效的关注。不幸的是,消耗率不是一个衡量不同管辖区正式审前审查程序质量的有用标准。首先,在检察官起诉书型司法管辖区消耗率相差很大,从一些管辖区的 80% 到另一些管辖区的 10%(Greenwood et al. 1976;McIntyre 1968;Neubauer 1974)。因为差异非常大,所以很难对预审听证审前审查的有效性作出概括,更不用说与大陪审团审查作比较。

另外,审前审查消耗率是一项低劣的衡量审查职能有效性的标准,因为消耗率只能说明一半情况。起诉的指控实践至少与正式审前审查的严格程度一样影响消耗率,而不管是大陪审团还是预备审查。消耗率在检察官审判充分模式下指控的管辖区比在法定充分模式下指控的管辖区可能更低(见第 9 章)。在案件按照警察的指控诉至大陪审团或预审听证而检察官没有初步审查机会的管辖区,消耗率可能高于检察官首先非正式审查案件的管辖区。正式审查指控适用的标准无疑影响检察官的非正式审查决定。随着检察官逐渐了解需要多少证据能达到合理证据的标准，他们相应地调整了他们的初步指控决定并在案件移送法院之前驳回薄弱的案件。在预审听证和大陪审团审查过程中被驳回的案件也影响检察官的初步指控决定。所以，消耗率不能独立表明可能性根据标准的严厉程度。

可能性根据标准是否相对严格或宽松也影响消耗率的高低。当地的实践和传统影响可能性根据标准的严厉性，且证据规则影响表明可能性根据需要的证据数量。在大陪审团或预审听证期间，采纳传闻证据管辖区的消耗率可能低于排除传闻证据的管辖区。当警官或检察官提供传闻证言时，法官或陪审团不可能询问证人的可信性；当其他证人作证时，关于可信度的裁决在衡量证据证明力和是否达到可能性根据标准的过程中起着更重要的作用。

消耗率，着重于案件而不是指控，当允许案件以其他的、证据能支持的指控继续诉讼时不能揭示正式审前审查淘汰不适当指控的程度，这在检察官根据指控收集证据的管辖区是一项重要的职能。

检察官起诉书型司法管辖区内的消耗率也取决于法官驳回案件的意愿，这反过来又受再次提起指控的裁决影响。再次提起指控是指如果预审听证的结果不能具结审判被告人，检察官第二次提起指控的决定。一些管辖区，如果法官在预审听证阶段不能发现可能性根据，检察官就被严格限制再次提起指控；另一些管辖区检察官则被允许再次提起指控，再次移送案件预审听证。如果指控能容易地被再次提起，那么法官就更可能坚持更严格的可能性根据标准；在很难再次提起控诉的管辖区，法官则倾向于允许检察官在表明可能性根据时有更多的回旋余地。这些规则对案件的消耗率产生了可预见的影响。

尽管存在着很大变异，但有一些普遍结论能平等地适用于大陪审团和预审听证这两种程序。一般来说，越正式、复杂和规则越多的程序，可能性根据审查就可能越严格；越正式和规则越多的程序，就越可能是漫长和乏味的程序。反过来，越宽松的程序，不受技术规则和要求约束，审查就不会有那么严格。

如果各州采纳美国律师协会认可的大陪审团改革，那么大陪审团程序就将会比现在更接近预审听证程序。尽管两种程序的结构可能继续有所不同,但实践规则——尤其是有关可以移送的证据种类——将会互相重合。

展 示

展示是一方当事人从对方当事人获得一定种类的信息资料的正式程序。刑事案件的展示规则传统地只由被告人提供有限的展示。普通法规定刑事案件没有展示权利,检察官被允许保留指控被告人的证据和将在审判时出示的证据的大量秘密。可能解释这项实践的理论基础是为了防止被告人编造解脱罪责的证据解释,毕竟被告人只需提出合理怀疑。如果被告人对起诉方的证据能编造出似乎合理和无罪的解释,陪审团就可能宣告无罪。被告方越早知道所有的证据,就越有机会编造这种似乎合理的解释。反过来,如果这些证据不预先披露,被告方就不能充分地准备辩护。

最近几十年关于证据披露的规则对被告方越来越有利。美国最高法院和州最高法院规定检察官的一些披露被认为是正当程序的要求。在 *Brady v. Maryland* (1963) 一案中,最高法院认定正当程序要求检察官必须披露为被告人开脱罪责的证据。另外,起诉方如果知道州证人犯了伪证罪,起诉方必须通知被告方 (*Alcorta v. Texas* 1963)。

许多州甚至规定了更自由的披露规则。许多审前展示是互惠的,即双方互换信息。比如,为获得检察官的提议证人名单,被告方必须提供给对方被告方欲传唤的所有证人名单。一些证据必须一经请求即披露,而另外一些证据则只有向法院提出动议才能被披露。例如,在威斯康星,被告方只需问询就能获得被告人有关犯罪的书面或记录陈述,然而,为获取物证检查或科学试验,被告方必须向法院提出动议。法院必须安排这种证据的出示,但可确定证据能被采纳的条件。

双方律师的工作成果一般不被披露。工作成果是指律师或律师代理人，比如为被告方工作的警察或私人调查员制作的反映律师培训、分析或策略的资料。工作成果包括律师的证据概要、按出庭顺序排列的证人名单或其他在审查和组织审判证据过程中制作的记录和资料。工作成果不是证据，所以无须服从展示规则。

检察官在披露证据过程中与辩护律师的合作程度各不相同，一些检察官信奉"公开案卷"的政策，他们允许被告方审阅整份案卷，包括工作成果；另一些检察官只透露法律规定的最低限度的信息材料。如果检察官拒绝披露被告方声称有权阅读的信息材料，被告方可能通过提出动议要求检察官出示他们所寻求的信息材料。

披露使双方处于更平等的地位，另外披露也可能增加有罪答辩的可能性。完整地披露使检察官不能虚张声势，不管证据有没有记录在案；证据的揭示使被告方能更好地判断与审判有关的冒险性。

审前动议

如第3章所指，审前动议是要求法院指令适用一种程序规则或证据规则保护被告人权利的一条途径。尽管动议是保护被告人权利的一项重要工具，但起诉方也可以提出动议以获得法官对程序或证据的裁定。一般来说，动议可以在任何时候提出，在审判前和甚至在审判期间。但是大多数案件，一些动议是在审判前提出，以解决证据可采性或审判程序有关的问题。

审前动议通常书面提出，尽管在法院诉讼期间也可以口头提出。通常，提出动议的律师起草一份辩护状，说明申请的理由并引用相关的判例法和适用的法律对案件作简短的法律分析，对方律师也有机会通过辩护状对此作出反应。一些案件，法官可能决定通过阅读辩护状作出裁定，无须听审口头辩论。而另外一些案子，尤其是裁决对案件很重要且法律问题不清楚的动议时，法官指令口头辩论。提出动议一方的当事人承担使法官确信法律和公平需要所请求的规则的举证责任。

一些动议也要求事实认定听审。例如，一项隐匿非法获得的证据的动议要求事实认定听审，以决定获取证据的具体情形。涉及反对兴奋表述例外的传闻证据动议可能要求举行听审，以确定作出表述时的具体情形。

有关证据可采性的审前动议结果能对宣告有罪或无罪的可能性产生很大的不同。一件强有力的案件能被削弱，有时是严重地被削弱。所以，停顿了的答辩谈判可能在审前动议解决了证据问题之后又继续进行。

总　结

刑事案件的律师必须就审判时证据的可采性和在证明指控过程中证据的可靠性和可信性，持续地衡量案件的证据。在初次到庭和审判之间（或有罪答辩）的数周和数月内，重罪案件通过大陪审团或预审听证进行证据的正式审查。大陪审团是非抗辩秘密的诉讼程序，一群陪审员审查支持指控的证据。一般来说，大陪审团有两项职能：调查和审查。调查的大陪审团进行听审以发现证据，如果是未发现的罪行，则对特定的个人提起指控。指控的大陪审团不调查犯罪，代之他们审查检察官出示的证据。尽管大陪审团是一个强大有力的组织，但大多数情况下它受检察官的引导，不独立行使权力。

另一个审查指控的程序是预审听证，这是在法官面前进行的抗辩听审，法官是唯一的决定者。大陪审团和预审听证的证据标准都是可能性根据，尽管可能性根据的准确含义每个地方各有差异，取决于当地的传统、证据规则和程序。许多预审听证管辖区的抗辩程序和近似于审判的证据规则表明，在这些管辖区内可能性根据标准高于大多数大陪审团管辖区的标准。消耗率在两个审前审查程序中都偏低，但是，消耗率是低劣的正式审查程序有效性的指示标志。

审前审查期间律师可能提出动议和涉入证据展示程序。检察官被要求向被告方披露一定种类的证据。披露在最近几十年被扩大范围。更广泛地披露使被告方在衡量案件去审判的冒险性时,减少了他们的不确定性。

一旦被告人被具结审判和大多数预审听证程序和证据问题都已通过审前动议被考虑,接下来的就是审理阶段。传统上,这意味着准备和去审判,如今这更可能是指准备和进入谈判。

参考书目

Alcorta v. Texas,355 U. S. 28,78 S. Ct. 103(1957).

Arenella,Peter. 1981. "Reforming the State Grand Jury System: A Model Grand Jury Act." *Rutgers Law Journal* 13: 1—57.

——1980. "Reforming the Federal Grand Jury and the State Preliminary Hearing to Prevent Conviction Without Adjudication." *Michigan Law Review* 78: 463—585.

Bayless,H. Jeffrey. 1981. "Grand Jury Reform: The Colorado Experience." *American Bar Association Journal* 67: 568—572.

Blank,Blanche D. 1993. *The Not So Grand Jury: The Story of the Federal Grand Jury System*. Lanham,Md.: University Press of America.

Brady v. Maryland,373 U. S. 83,83 S. Ct. 1194(1963).

Cantwell,Mary. 1989. "Sitting Among the Judges,Not the Judged,Purely by Chance." *Los Angeles Daily Journal*,May 10,p. 6.

Coleman v. Alabama,399 U. S. 1,90 S. Ct. 1999(1970).

Costello v. United States,350 U. S. 359,76 S. Ct. 406(1956).

Ferguson,Robert W., and Allan H. Stokke. 1978. *Legal Aspects of Evidence*. New York: Harcourt Brace Jovanovich.

Goldberg,Steven H. 1982. *The First Trial: Where Do I Sit? What Do

I Say? St. Paul, Minn.: West.

Greenwood, Peter, Sorrel Wildhorn, Eugene Poggio, Michael J. Strumwasser, and Peter DeLeon. 1976. *Prosecution of Adult Felony Defendants in Los Angeles County: A Policy Perspective.* Lexington, Mass.: D. C. Heath.

Heilbroner, David. 1990. *Rough Justice: Days and Nights of a Young D. A.* New York: Pantheon.

Hurtado v. California, 110 U. S. 516, 4 S. Ct. 111 (1884).

Kamisar, Yale, Wayne R. LaFave, and Jerold H. Israel. 1986. *Modern Criminal Procedure.* St. Paul, Minn.: West.

Lieberman, Marty. 1981. "Investigation of Facts in Preparation for Plea Bargaining." *Arizona State Law Journal* 1981 (2): 557—583.

McIntyre, Donald. 1968. "A Study of Judicial Dominance of the Charging Decision." *Journal of Criminal Law, Criminology, and Police Science* 59: 463—490.

Miller, Frank. 1969. *Prosecution: The Decision to Charge a Suspect with a Crime.* Boston: Little Brown.

Neubauer, David W. 1974. *Criminal Justice in Middle America.* Morristown, N. J.: General Learning Press.

New Jersey Law Journal. 1986. "ABA Calls for Reform of Grand Jury System." *New Jersey Law Journal* 117 (January 9): 28.

Popko, Sigmund G. 1987. "Arizona's County Grand Jury: The Empty Promise of Independence." *Arizona Law Review* 29: 667—688.

Schimizzi, Richard W. 1980. "Investigative Grand Juries: A Comparison of Pennsylvania's Judicially and Legislatively Created Bodies." *Duquesne Law Review* 18: 933—955.

Steiner, Margaret L. 1981. "Adequacy of Fact Investigation in Criminal Defense Lawyer's Trial Preparation." *Arizona State Law Journal* 1981 (2): 523—556.

Subin, Harry I., Chester L. Mirsky, and Ian. S. Weinstein. 1993. *The Criminal Process: Prosecution and Defense Functions*. St. Paul, Minn. West.

Sullivan, Thomas P., and Richard D. Nachman. 1984. "If It Ain't Broke, Don't Fix It: Why the Grand Jury's Accusatory Function Should Not Change." *Journal of Criminal Law and Criminology* 75: 1047—1069.

Thies v. State, 178 Wis. 98, 189 N. W. 539 (1922).

United States v. Calandra, 414 U. S. 338, 94 S. Ct. 613 (1974).

United States v. Mandujano, 425 U. S. 564, 96 S. Ct. 1768 (1976).

United States v. Williams, 504 U. S. 36, 112 S. Ct. 1735 (1992).

Wachtler, S. 1990. "Grand Juries Are Wasteful and Pointless." *Los Angeles Daily Journal*, January 23. p. 6.

Waltz, Jon R. 1975. *Criminal Evidence*. Chicago: Nelson-Hall.

Wood v. Georgia, 370 U. S. 375 82 S. Ct. 1364 (1962).

第 13 章　交易时间：答辩谈判

　　绝大多数检察官指控的案件都通过有罪答辩解决。90%以上的刑事案件被告人答辩有罪，但各管辖区之间存在一些差异（Flanagan and Maguire 1990，500，510）。历史的研究资料表明，有罪答辩在我们的体系中居主要地位已经至少有一个世纪。也许不能说大多数有罪答辩都是默示或明示答辩协议的产物，但这样的情况并不少。

　　谈判是民事诉讼中一项由来已久的技巧。法官鼓励民事诉讼的双方当事人通过谈判达成一致意见，谈判也被认为是民事诉讼当事人一项适当的做法。可是，谈判（或答辩交易）在刑事诉讼中却备受争论，法院只是近来才承认刑事案件的答辩交易是一项合法做法，而一些评论家对此则断然反对。

　　关于答辩交易的争论源于一些对它的已成老套的想象，这些想象与真正的答辩交易实践并不相符。这些陈规老套经常反映了答辩交易实际运作过程中最糟糕的方面。本章的目的之一是说明答辩谈判如何发生众多变异以及交易的性质。同时，本章又将探究一些基本的引起争论的观点，这些观点对刑事诉讼中各种形式的答辩谈判的适当性进行了探讨。

第 13 章 交易时间：答辩谈判

答辩交易的历史发展

无论如何，答辩交易在今天已是一项广为普及的实践。一些专家认为，司法体系如此依赖答辩交易，以至于如果所有的案件都不得不去审判的话，司法将归于终止。通常人们认为，答辩交易的产生源于不断增长的案件工作量压力。

如果对一些矛盾的证据不加考虑的话，上述解释似乎合理。可是如今答辩交易无论在案件工作量大或小的管辖区都很盛行（Heuammn 1975；Feeley 1979，244—277），这使得一些学者不由得怀疑答辩交易最初是因为案件工作量压力而发展起来的通常臆说。他们认为，案件一开始是如何被提起进入法院诉讼程序以及在法院内如何诉讼的做法已发生改变，与这些变化相关的另外一些因素似乎至少与案件工作量压力一样，对答辩交易的发展起重要作用。

尽管州和被指控的罪犯之间的谈判可追溯至几世纪之前，但就我们所知答辩交易产生于 19 世纪（Sambom 1986）。法院的历史记载表明在南北战争之前有几个谈判答辩的例子，战争之后就变得越来越常见（Alschulcr 1979，221—223）。加利福尼亚一个县的证据表明，从 19 世纪末开始，明示和默示的答辩协议使用率均稳固增长（Friedman 1979）。其他一些研究已证实，在 20 世纪上半叶谈判的有罪答辩迅猛地取代了审判（Moley 1928）。

司法体制在过去两百年里发生的巨大改变足以说明现代社会对答辩协议的依赖。到英国殖民统治北美时，陪审团审判作为英国公民一项重要的权利而被牢固建立，但是，18 世纪的陪审团审判与现代的审判显著不同（见第 4 章）。18 世纪伦敦的市区法院每天进行 12 个至 20 个重罪审判，英国的郊区法院也差不多如此运作。陪审团审判进行得非常迅速（Langbein 1979，262），并且被告人没有律师代理。大多数案件由外行人（原告证人或警官）担当检察官并将案件提交给陪审团，陪审员不接受质询。外行的检察官和无代理的被告人不能提出动议和运用一些延误战术，证据法律也未发展。简而言之，在18世纪美国独立战争期间，英国典型的审判涉及一位运用常识出示证据以说服陪审团和法官的外行人，当时的陪审员不受审查，法官具有评论证据和影响陪审团的广泛权力。抗辩方是一个未受过法律培训的被告人（Langbcin 1979，263—265）。证据包括物证、肉眼所见以及证人和指控者不经宣誓的证言，技术和科学实验结果还不是一类专门的证据，专家证言并不常见。在这种情形下，陪审员审判是一条处理案件的有效途径。

另外，只要被害人自诉存在，被害人和罪犯就可能在提起任何指控之前在法院诉讼程序之外进行谈判。只有在罪犯拒绝提供令人满意的赔偿或被害人坚持刑事惩罚时，案件才去法院。由于起诉一个刑事案件的困难和费用，被害人在寻求陪审团起诉之前可能都经过了深思熟虑。所以，一旦被害人决定通过陪审团起诉和审判，几乎不会再改变决定。

当美国采纳以审判为中心的抗辩式司法制度时，当时国家的政治、社会和人口统计特征与今天也有很大的差别。1776年美国仍旧是一个以农村耕地为主的社会。常设的警察署、职业检察官事务所、受过法律培训的司法人员、公设辩护人、监狱和缓刑都不被人知晓。所有这些因素都发生了改变，并接着改变了刑事案件诉讼的速度和平衡。

19世纪期间一个重大的改变是市政警察署的建立。由于工业化城市人口迅猛增长——纽约的人口在1790年到1800年几乎增长两倍——和市政府建立了常设警察署，这些新职业人员的使命是控制"危险阶级"——移民和获得自由的奴隶——对社会秩序构成的现实和想象的威胁。职业侦查的出现，从此改变了刑事法院诉讼程序。

以前在大陪审团起诉之后由兼职巡警逮捕犯罪嫌疑人，现在警察在侦查和调查犯罪以及对犯罪嫌疑人提起法院诉讼的过程中扮演了更为积极的角色；以前由法院对被起诉的犯罪嫌疑人数目具有一些控制权，现

第 13 章 交易时间：答辩谈判

在职业警察将数量更多的犯罪嫌疑人提交法院诉讼。被害人放弃了对案件的控制权，换来警察和政府检察官的专业帮助。

另一个重要的改变是监禁取代了身体惩罚。与后者不同，它基本不需要转送资源，但监狱的空间非常有限而且昂贵。随着以监禁作为惩罚方式，法院在科处刑罚时必须考虑资源的有限。法院需要缓和警察提起的日益增多的案件和有限的监狱空间之间的矛盾，这时候答辩交易出现了（Haller 1979）。简而言之，答辩交易似乎确实是作为解决资源短缺问题而发展起来的。这支持了答辩交易因案件工作量压力而产生的观点。

另外一些改变也支持了答辩交易的发展。随着律师逐渐参与诉讼，尤其是在市区，法院和检察官就更可能受到法律培训。早期进行法院诉讼的经济压力意味着一旦获得陪审团起诉，被害人/检察官不可能撤回指控。职业检察官在追诉案件过程中没有情感或经济上的利害关系。他们变得具有官僚作风，既希望获得案件的具体结果，又要节省资源。被害人的作用在刑事诉讼中被大大减弱。

几十年来答辩交易一直被广泛运用，但几乎都偷偷摸摸。交易不被记录在法院文件中或得到上诉决定或刑事法院法定诉讼条约的认可。但是，第二次世界大战以后，答辩交易最终成为学者讨论和考察的主题（见 Newman 1966），初级上诉法院渐渐面对答辩谈判的现实。当 1970 年美国最高法院承认明示答辩谈判中辩护律师的重要性后，答辩交易终于获得了合法性的地位（*Brady v. United States* 1970）。次年，在 *Santobello v. New York*（1971）案中，美国最高法院批准了答辩交易的做法，将它称之为"非常令人想望的"和"司法的重要组成部分"。

如今答辩交易被 85% 至 90% 的刑事案件采用（见表 13—1），而且大多数答辩，可能所有的答辩都是明示谈判或是对有罪答辩会带来的宽恕的默示理解的结果。

表 13—1 有罪答辩
资料来源：重印自 Barbara Boland, Paul Mahanna, and Ronald Soncs, 1992. *The Prosocution of Felony Arrests*, 1988. Washington, D. C.: U. S. Department of Justice, Bureau of Justice Statistics, p. 6。

有罪答辩的统计数字能以各种不同的方式不同的结果反映出来。通过有罪答辩解决的案件比例取决于如何计算案件。如果按全部宣告有罪的案件计算，有罪答辩率要高于按所有被起诉或所有逮捕案件计算得出的有罪答辩率，因为许多案件被检察官拒绝或驳回和在审判时作了有罪答辩或被宣告有罪。另外，有罪答辩的统计数字不等同于明示答辩交易的数目。许多被告人希望通过坦白承认摆脱诉讼和以有罪答辩获得宽恕而答辩有罪。

以下的表格说明了所有重罪逮捕案件产生有罪答辩结果的比例。宣告有罪案件通过答辩有罪解决的比例是多少？

所有被提交诉讼的重罪逮捕案件的处理

重罪逮捕案件各种结局的比例

管辖区	逮捕案件数	转向或介绍	拒绝或驳回			有罪答辩	审判	审判导致宣告有罪	宣告无罪
			拒绝	驳回	总数				
布鲁克林	35 816		3%	38%	41%	56%	2%	60%	40%
洛杉矶	89 302		36	10	46	54	...	...	...
曼哈顿	38 601	—	2	42	44	54	3	70	30
迈阿密	41 181	5%	30	6	36	56	2	63	37
明尼阿波利斯	3 943	7	31	11	42	46	3	79	21
波特兰	10 281	6	28	15	43	42	10	87	13
昆士	19 122		1	32	33	63	3	77	23
罗德岛	7 039		0	39	39	58	3	57	43
利弗塞德	11 751		25	17	42	56	1	80	20
圣迭戈	30 234	10	21	10	31	57	2	82	18
西雅图	9 368	4	20	11	31	57	8	85	15
华盛顿特区	15 283	2	18	26	44	49	6	70	30
各管辖区平均		6%	18%	21%	39%	52%	3%	74%	26%

注释：转向或介绍没有列出的管辖区，被转向或介绍的案件包括在拒绝和驳回内。
... 数据取不到。
— 数据不足以计算。
a 审判宣告有罪包括有罪答辩，宣告无罪包括驳回。
b 在迈阿密，转向或介绍包括审前转向，赔偿案件，转到其他管辖区和各种各样的处理。
c 明尼阿波利斯的拒绝包括一些提交给检察官轻罪诉讼的逮捕案件。

第13章 交易时间：答辩谈判

定义和基本的变异

所有答辩协议都有一条共同的线索：被告人进行有罪答辩，和因为答辩有罪官方决定者宽恕被告人。这种宽恕有时被称为对被告人答辩有罪意愿的对等补偿。对等补偿是指"以这个交换那个"，一件换取另一件；或者，提供一样东西作为对放弃的另一样东西的补偿。政府提供一些宽恕交换被告人放弃审判的权利，这种宽恕首先是对被告人放弃审判的一种引诱，或是对被告人放弃审判和承认刑事责任的回报或补偿。

除这个基本定义之外，答辩协议和答辩谈判（或交易）在如何进行谈判和协议本身包括的让步方面变异很大。第一，答辩协议可能是起诉方和被告方之间个别化和明示谈判的最后结果，而一些案件可能根本就没谈判，让步条件是通过基于过去实践或地方标准的默示协议达成的。被告方从过去的实践中得知答辩有罪的被告人能获得较宽恕的刑罚，根据这项知识，即使检察官没有明示的许诺，被告人也会被说服答辩有罪。第二，尽管根据定义答辩协议涉及以宽恕交换有罪答辩，但检察官可能向被告人寻求额外的让步，比如作证反对共同被告人或以另外方式配合继续进行的侦查工作。另一项变异关系到授予让步的官员：检察官或法官。检察官可能通过更少的指控、较轻微的指控、向法官提出具体的刑罚建议或答应不作有关刑罚建议的形式给予让步，一些案件被告人甚至以从轻处置共同被告人为交换同意答辩有罪。如果是法官授予让步，宽恕尽管也可能涉及复合指控的驳回或宣告无罪，但通常与刑罚有关。

被告人有时由律师代理谈判，有时直接与检察官或法官进行谈判。明示谈判可能发生在诉讼早期，先于检察官提起指控，也可能在诉讼后期，甚至在审判开始和陪审团已经开始评议之后。答辩讨论可能作为常规为每个案件安排的预测谈判答辩结果的提审前或审前会议的一部分进行（Nimmer and Kranthaus 1977），或者也可能在近乎偶然的，比如在法庭前厅遇到的一次机会中进行。

轻微和严重的罪行都可通过答辩协议解决,从违反交通规章罪到死刑谋杀案件,被告人和检察官都进行答辩谈判。一些案件答辩协议涉及政府方或被告方其他一些允诺的较复杂的交易结果。比如,检察官可能同意终止重罪指控以交换被告人对轻微罪行答辩有罪和作证反对共谋者。检察官或法官对授予宽恕或大方或吝惜的态度取决于指控的严重程度、案件证据的力量和一连串其他因素。一些案件被告人显然有罪却被检察官终止指控,而另一些案件被告人可能声称无辜却答辩有罪。

谈判类型

答辩交易变幻出了一幅检察官和辩护律师之间的交易画面,与买汽车的讨价还价差不多。检察官提出一个价格,被告方回答,"投入武器指控的驳回,你就做成了交易!"尽管这种模式的答辩交易确实发生在一些案件,但1988年的研究表明这种个别化的谈判不是典型。答辩谈判的研究显示,"让步和明示交易有一席之地,但它们被限于一小部分涉及较长刑期、证据不足或具有其他一些类型问题的案件"(Nardulli, Eisenstein, and Flemming 1988,206)。严重案件,比如那些涉及暴力或致命重罪和具有非寻常特征的案件,可能涉及个别化谈判和明示交易。

更为常见的做法是没有明示讨论,常规地向愿意答辩有罪的被告人授予标准化宽恕。标准化宽恕通常给予几乎没有交易实力和采取合理或甚至懊悔态度的被告人。许多时候这些案件很容易在法院被检察官证明,并且被告人也知道这个情况。因此,为避免审判的麻烦,检察官提供一个标准减刑。标准化怜悯反映了常规案件的"利率"。采取不合理态度的——以检察官观点来看——被告人,比如现场抓获否认有罪或没有任何证据声称警察粗暴,不被给予标准化宽恕。这种运作方式倾向被描述为因普通犯罪而产生的(Sudnow 1965)意见统一模式(Nardulli et al. 1988,207—211)。

个别化的谈判
PEOPLE V. HENRY

一位 27 岁的被告人菲利普·亨利被指控犯有一级妨害风化罪——运用武器强迫他人与其发生性交,最高刑可判 20 年监禁。5 年前他被判处二级妨害风化罪,主要罪行与这次相同但没有使用武器,可被判处 10 年监禁。他被处以 3 年监禁,但服刑 2 年以后被假释。

目前这个案件,由一位以精力充沛和有效辩护著称的有名的公设辩护人担任代理。亨利作无罪答辩并要求陪审团审判。检察官案件基本上全依赖被害人证言。尽管被害人汇报她受到小刀的袭击,但警察在逮捕亨利时没有发现武器。而且,在袭击后检查被害人的医务人员也没有受过收集妨害风化罪物证的足够培训,所以医院提供的唯一审判可采纳的证据是工作人员关于被害人阴部磨损和淤伤的证词。起诉方主要赖于被害人的肯定识别。被害人自信她的识别并且她的陈述也是连贯一致和富有逻辑。检察官相信陪审团会认定她是可信的。

9 个月过去了。24 岁的被害人在受袭击当时是一名新婚者,但袭击的心理创伤造成了婚姻的失败。她现在合法地与丈夫分居,与父母亲住在一起并定期接受精神治疗。在罪行发生后一个月,大约是她要在预审听证作证的这段时间,她既做恶梦又呕吐。随着审判日期的临近,她又做恶梦,尽管安排的审判还有两个月时间。为了女儿,她父亲与检察官商量,请求他做笔交易并饶恕她女儿免受审判作证的痛苦。

检察官思量了一下情形。处理案件的法官倾向于不宽恕性罪犯,尤其是再犯。法官应该知道最初的指控和案件的事实情况。而且,鉴于被告人的记录,被告方要求宽恕的任何争论都将非常微弱。对二级妨害风化罪的有罪答辩将允许法官最高判处被告人 10 年监禁。即使陪审团审判宣告一级妨害风化罪成立以后,被告人也可能不会被判处 15 年以上的徒刑。因此,将指控减为最高刑 10 年监禁的罪行没有失去什么。

检察官衡量了证据。因为唯一关于使用武器的证据是被害人证言,所以获得一级指控有罪比较危险。并且陪审团宣告被告人所有指控无罪总是有可能，这不能被接受。如果陪审团放过他，这个重犯可能又会强奸。

检察官认为让被告人答辩二级妨害风化罪有罪更能被接受。鉴于法官一贯的量刑做法，检察官决定通过允诺不作有关量刑建议而使要约更诱人。法官知道该怎么做，附加的让步可能足以使被告方欣然同意要约。幸运的话被告人会判处长期徒刑，接近10年。似乎通过减轻指控和不作量刑建议真的没有丧失什么，而且会得到许多：肯定的宣告有罪和免除被害人苦难的审判经历。公设辩护人可能不这样做，妄想审判的宣告无罪，但这值得一试，如果被害人确实想避免审判。

检察官与被害人一起讨论案件的强处和薄弱点并概括了提出要约的理由：作为返还有罪答辩，州将指控减至二级妨害风化罪，并同意不反对辩护律师的量刑建议。被害人同意，检察官打电话给公设辩护人提出要约。

会议没有必要。这两位专业人士互相很了解并能通过电话处理事务。检察官提出一个拿走或留下的交易：二级妨害风化有罪和没有量刑建议。检察官说他不会讨价还价或接受反要约，公设辩护人说要与她的委托人商量。

现在公设辩护人衡量同意与反对这两个方面。她以前见过这种交易。获益不大但比没有好，毕竟这是获益。就现实情况而言，审判时完全宣告无罪不是很有希望。被害人是可信的且可能唤起陪审团的同情，尽管案件缺乏证据。州肯定对指控需要武器证据的被害人可靠性非常自信，尽管从来没有发现过武器。另一方面，如果被害人开始精神失常……怎么办，怎么办？不接受这交易很冒险。检察官精通性罪行的起诉并且与陪审团关系好。如果被告人答辩无罪，法官不会同情他；而如果被告人在审判后被宣告有罪，更不会得到同情。被害人的证言肯定遏制检察官本来有的宽恕冲动。而且，如果他们去审判，最高刑期是20年，而不是10年。她能从检察官那里再得到什么？任何人都能预测有罪答辩后8年或10年的刑期，尤其是从这位法官以前的做法进行推测。要求检察官建议5年的刑期不会有结果。另外，当检察官说不讨价还价时很严肃。即使检察官同意建议5年或甚至7年的刑期，法官也不会同意。

第 13 章 交易时间：答辩谈判

> 公设辩护人认为她的委托人不会对要约感到高兴，但她视交易为获得最宽恕刑罚的最确信的途径。检察官没有确定的案件，尤其是具有武器要件的案件，但这个案件宣告无罪也是不现实的希望。她决定建议她的委托人对所有因素进行考虑，这是一个好要约且比去审判划算。它将最高刑从 20 年减到 10 年，且不会花法官半天时间看被害人的苦闷和痛苦。辩护律师向看守所走去，建议她的委托人作有罪答辩。

决定者对刑事法院诉讼程序中典型案件的合适惩罚产生了统一的意见，普通犯罪是指那些大致符合典型零售店偷窃、普通夜盗或标准家庭暴力等案件轮廓的罪行。检察官、辩护律师和法官在谈论普通犯罪时的意思是指罪行的主要特征，关于被害人—罪犯的关系、使用的武力强度、动机、罪行发生的场合和其他一些因素，与同类型的其他大多数罪行特征颇为接近。例如，典型或普通的家庭殴打是夫妻或男女朋友在家里发生的，这是普通犯罪。如果殴打发生在一家高档餐馆内或第二次约会的两个人之间，就不能被认为是普通的家庭殴打。如果涉及偷窃比如小件电器、珠宝和现金等家庭物品的入室夜盗，则被认为是普通犯罪。通常，将卡车开到门口，搬走家里所有物件和故意破坏内部设施，则不是普通的夜盗。

普通犯罪的另一个特征是愿意答辩有罪（Sudnow 1965）。检察官、辩护律师和法官都期待"大部分被告人应该作有罪答辩和［应该］获得有罪答辩的回报"（Heumann 1978，158）。如果被告人似乎勉强或不愿意答辩有罪，法院主要人员不会轻易地将犯罪按普通犯罪对待，即使罪行的特征全部符合普通犯罪的要求。

普通罪行有一个比率。宽恕的比率可能是指控减轻的标准。比如，如果被告人答辩有罪，一级夜盗罪可常规被减为偷窃财产罪；或者，检察官可能提供一个标准的量刑建议。例如，在一级私藏毒品案件中，如果被告人答辩有罪，州通常会建议缓刑。不管形式如何，宽恕的标准反映了当被告人承认责任时法院主要人员——检察官、辩护律师和法官——对具体普通犯罪达成了适当惩罚的统一意见（Nardulli et al. 1988，207—211)。

准备答辩有罪的被告人，通过请求，经常甚至无需请求就能获得宽恕。律师基本不需花费时间考虑案件事实，甚至也很少讨论答辩协议。当体系如此牢固地确立标准化宽恕，具体案件通常不需要讨论。律师代理和无律师代理的被告人通常都获得相同的比率（Feeley 1979，189—191）。

愿意答辩普通犯罪罪行有罪的被告人获得的宽恕被称为默示答辩交易。默示答辩交易是指检察官和被告方不对以有罪答辩作交换的让步作专门讨论，代之在这些被告人愿意答辩有罪的案件中让步作为常规事项被给予。一些案件答辩有罪的意愿可能产生于被告人全部供认的愿望，另一些案件被告人答辩有罪的意愿则可能源于辩护律师有罪答辩能获得宽恕的建议，尽管辩护律师没有与检察官进行专门讨论，辩护律师只是从经验中得知有罪答辩都能获得这样的回报。

默示交易可能主要存在很少对案件给予个别化注意的法院。因为被告方更愿意对轻微罪行答辩有罪，因此默示交易在初级法院和轻罪诉讼中尤其常见。尽管重罪案件（普通夜盗、普通殴打等）也会发生默示交易，但因为筹码（潜在刑罚）的加重，被告人可能会向检察官寻求更明示的宽恕允诺。

标准化的宽恕
STATE V. ROJAK

20 岁的被逮捕者，休·罗杰克感到非常羞耻和担忧。她拒绝了检察官联系律师或公设辩护人的邀请。她不想争斗，没有理由争斗。她只想尽可能平静和迅速地离开。只要有办法处理完毕而不被他父母亲知道就好了。

她在一家冰激凌店做暑期工。几个星期以来她一直盼望得到隔壁百货商店里的那件 $69 的毛衣，她已经有一阵子想这件事了。毛衣要花她半个多星期的薪水，她工作干得很努力，她该得到一些特殊的东西。她"查看"了商店并认为她能拿走这件毛衣。在暑期最后一个上

第 13 章　交易时间：答辩谈判

班日她这样做了。她朝四周打量，看见营业员正忙着与另一个顾客做生意，就将毛衣塞进包里。一走出店门，一个穿便衣的保安就走过来，她知道她被逮住了。她没有否认她偷了毛衣。她告诉保安她是多么的尴尬，她以前从没有做过这种事，她说她付钱。保安告诉她商店的政策是一律起诉所有入店扒窃者。她将不得不去见州律师。

现在面对着检察官，她反复在想各种问题和可能性。在检察官留她在这房间之前，他问她是否愿意回答几个问题，她点头表示同意。现在她在想，检察官已经告诉她可以与律师交谈，她想她是否真的需要一名律师。

她看见与检察官谈话的保安人员。显然，检察官已经知道所发生的一切。这有多严重？她在想，她会进看守所吗？她甚至不知道入店扒窃是轻罪还是重罪以及两者有什么区别。她没有前科，可能检察官会给她一个破例和改过自新的机会。

她愿意赔偿，她已经退回了毛衣。这是她第一个罪行，这不像她，她从来没有卷入这样的麻烦。

检察官打断了她的思路。他走进房间，看上去坚定而严肃。他告诉她被宣称犯了零售偷窃罪，最高刑可达在看守所里被关押 9 个月或罚款 $500。他告诉她如果毛衣价值低于 $50，她就会被指控更轻微的罪行，最高刑也没有这么高。

他停顿了好一会儿然后问她是否愿意承认罪行责任，她说承认。那好，这样检察官就会将较重的零售偷窃指控减为较轻的指控，$50 以下的零售偷窃，通常只被处以一小笔罚金。他估计她会被处以 $150 至 $200 的罚金，当然，他告诫她，他不能保证法官会这么做，但他愿意提出 $100 的量刑建议。

多险哪，她想。它会使她受伤害，但它能不让她父母亲知道就被处理掉。检察官似乎准备结束会见，在引她去法院之前，他评述了他的宽恕理由。他之所以乐意这样做是因为罪行轻微，她第一次犯罪并且愿意承认责任。如果她不承认责任，他知道，他会以更严重的指控追究她的罪行。

各方和他们的职责

法官、检察官、辩护律师和被告人在建立和维护一个主要基于答辩协议——无论是默示还是明示答辩——的制度中均扮演着重要的角色。尽管彼此存有一些差异,但如果没有他们之间相互顺从或积极支持,答辩协议制度就会灭亡。

答辩交易的司法参与

法官是中立、超然和公正司法的标志。法官有无比重大的责任保护公共利益,包括确保执法的公平。更具体地说,法官有责任审查事实,决定有罪答辩是否有事实基础和审查被告人,以确定答辩的作出是明知、理智和自愿的。法官在参与答辩谈判时是否能履行这些责任存有一些争论。

法官在公平交换的答辩谈判中积极参与的程度在各管辖区差距很大。大部分被告人在谈判有罪协议过程中的主要目的是减轻刑罚,那么从被告人的角度来看持王牌的人是法官,因为只有法官享有决定惩罚的权力。如果被告人能直接与法官谈判或使法官同意以明确的刑罚交换有罪答辩,被告人就增加了对刑罚的确定性。

但是,许多州禁止法官积极地涉入答辩谈判。例如,如果实际司法并非中立,为维护司法中立的表面形象,联邦规则不允许法官"参加"答辩讨论。法官若没有保持超然而介入有罪答辩的过程,抗辩双方的权力均势就失衡。如果案件诉至审判,失败的答辩谈判的第一手具体资料可能会破坏担任事实认定者的法官的公正。如果出席了"赐予被告人有罪"的一场谈判,法官如何能公正?最重要的可能是司法介入导致司法报复。当法官参与答辩交易时,不管是否明示,被告人可能会认为如果他们拒绝答辩法官会敌视他们,当法官极力地促成协议时更是如此。被告人可能害怕法官会科处审判刑罚以惩罚不合作的被告人,审判刑罚是被告人不答辩有罪而去审判获得的严厉性加重的刑罚。结果是，积极劝诱被告人答辩有罪的法官对决定进行答辩是否自愿或动机是否被迫丧失了客观的看法。

尽管这些争论都支持禁止法官参加谈判程序，但一些专家却支持司法的介入。自相矛盾的是，一些叫得最响的答辩交易反对者论争，如果答辩交易将被允许继续存在，法官应该被允许参与（Alschuler 1976；Odiaga 1989）。这些评论家认为允许法官公开地参与会更诚实和使被告人对结果更确定。如果司法不介入，被告人可能知道他们会获得审判刑罚，但他们不确信这是多严重的刑罚。司法介入会提供给被告人一些作出更知情的放弃审判权利选择所需要的信息资料，也就是说，如果确实要科处审判刑罚，法官最好明示。

一些管辖区同意法官积极地参与谈判。例如，伊利诺伊不允许法官提起答辩谈判，但在被告方要求召开答辩谈判会议之后法官可以参加答辩讨论（Alschuler 1976，1087—1091）。北卡罗来纳也允许法官参加答辩谈判（Anderson 1989，43）。但是，除法律禁止之外，一些法官就是比另一些人更希望加入实际谈判。三项公开出版的研究调查了司法参与答辩讨论的水平和类型，反映了一些法官愿意参与谈判，而另一些法官则很勉强，即使法律允许他们介入。

艾伯特·阿尔素勒（1976）在60年代对10个主要市区管辖区的法官们进行了研究。他提供了司法参与答辩谈判的许多例子，并报道了直接参与只在一个城市不为常见，大多数城市"至少有一个或两个法官经常在审判前提供明确的刑罚许诺"（Alschuler 1976，1090—1091），互相抗辩的律师和法官经常聚在法官室里以努力达成一些答辩协议。阿尔素勒的所见使他作出了大多数他研究的法官通过在提审之前作一些提示来影响答辩谈判的判断：

> 许多法官会告诉律师他们考虑具体刑罚的"现在倾向"或"意愿"，但不许诺科处……而另一些法官则显然认为，尽管向答辩有罪的被告人许诺具体的刑罚是不适当的，但他们会在一个明确的范围之内或不会超过一个具体的数目来适当地许诺刑罚。（1976，

1093）

对法官的调查研究表明，司法介入答辩谈判有点保守。约翰·保罗·赖恩和詹姆斯·阿尔非尼（1979）进行的一项调查全面询问了各地法官有关他们参与答辩谈判的情况（见表13—2）。赖恩和阿尔非尼根据四个参与层次将法官反应进行分类：

- 积极参与促成答辩协议
- 出席谈判但只是审查协议
- 参加答辩讨论但不作任何评论
- 不出席谈判，只是在开庭时根据协议表示接受或拒绝答辩

根据法官的自我陈报，被调查的法官中有2/3以上（69%）认为他们是被动地参与，即第四类别的司法介入；1/5报告他们是非直接地介入答辩协议，通过审查抗辩双方达成的协议和在开庭宣布答辩之前向他们建议协议的可接受性；只有一小部分法官（7%）报告他们是积极地参与公平交换的答辩谈判（Ryan and Alfini 1979，486）。

表13—2 答辩交易中的司法介入

司法参与的级别	赖恩和阿尔非尼的研究*	安德森的研究*
积极参与答辩谈判	7%	>50% 至少在一些时候
出席谈判	—	46%
审查和评述答辩协议	20%	—
不出席谈判；只在开庭时接受或拒绝答辩	69%	42%

*注释：J. P. Ryan and J. Alfini. 1979. "Trial Judges' Participation in Plea Barging: An Empirical Perspective." *Law and Society Review* 13：479—507。

A. f. Anderson. 1989. "Judicial Participation in the Plea Negotiation Process: Some Frequencies and Disposing Factors." *Hamline Journal of Public law and Policy* 10：13—57。

另一项对法官的调查审查了北卡罗来纳法官的行为，北卡罗来纳法律允许法官参与答辩谈判（Anderson 1989）。此项调查中一半以上的法官说他们至少在一些时候参与答辩讨论（Anderson 1989，45），差不多

半数法官（46%）说他们的习惯是参与答辩讨论和审查协议，人数稍少一些的法官（42%）说他们不参加答辩讨论，只是在开庭时接受或拒绝答辩（Anderson 1989，97）。

这两项较近的司法参与研究表明，法官一般在答辩谈判中采取被动的姿态，即使法律允许他们积极地参与（Ryan and Alfini 1979；Anderson 1989）。但是，法官可能不愿意就调查问题汇报积极地参与谈判。阿尔素勒答辩谈判的观察研究（1976）表明，至少一些法官确实积极地参与大多数案件，并且许多法官积极地参与一些案件，即使法律不允许这样做。

交易长期存续中的司法角色

不论法官的参与是积极还是被动，如果以宽恕交换有罪答辩处理案件的做法继续存在，法官的参与就非常重要，至少支持默示答辩制度的系统压力非常大。新手法官很快掌握规则——答辩有罪的被告人企盼宽恕和检察官也期望这些被告人得到宽恕："答辩交易通常作为既成事实出现在法官面前。有经验的检察官和辩护律师已经达成协议，余下的事就是要法官批准许可。新手法官接受'抗辩双方'努力作出的决定的诱惑很大"（Heumann 1978，134）。当新手法官对不得不作出的决定感到困惑或别扭时，他们经常向资深法官，甚至向检察官征询建议（Heumann 1978，135），这样新手法官就建立起了与法院已经确立的标准相一致的处理方式。尽管在一定案件中法官喜欢较严厉或宽恕刑罚的个人印迹可能很明显，但综合来看，法官的量刑与其他大多数法官的量刑基本相似。

甚至不参与直接交易的法官也对答辩交易产生巨大的影响。法官提供给检察官和辩护律师有助于订立协议条款的反馈信息，例如，一位常规拒绝检察官的一级毒品罪犯缓刑建议的法官事实上改变了案件的交易程序。最终辩护律师和检察官都知道建议不可能被接受。据此，辩护律师不能接受这种让步（因为其结果不是让步），并且检察官为了得到有罪答辩而被迫提供其他类型的让步。

检察官

因为大多数法官对答辩交易都采取消极姿态，所以在明示答辩谈判中检察官经常是州的唯一代表。检察官可能谈判指控的严重性和数量，这称为指控交易。另外，检察官能表示愿意提出具体的量刑建议或根本不提建议。这项实践，虽然要取决于法官的被动合作，但称为刑罚交易。

检察官能不必依靠法官批准协议的合作而进行指控交易，指控决定只取决于检察官本人。认为检察官在指控决定中太宽恕的法官，除了努力说服检察官重新考虑之外几乎不能再做些什么。

判例法阐述了检察官合法控制指控决定，不管那决定是否是答辩协议一部分内容的主要原则。United States v. Ammidown（1973）案提出的一个问题是法官是否可以拒绝接受对轻微指控的有罪答辩，因为法官认为较重的指控更合适。上诉法院承认法官有义务保护公共利益，但作出除非公共利益被侵犯，指控决定只属于检察官自由裁量权限的结论。上诉法院认为"问题不是如果法官担任起诉律师他会怎么做，而是法官是否能够说起诉律师的行为偏离了合法的起诉原则得认定它是起诉裁量权的滥用"（622）。

在设立强制量刑条款的管辖区，检察官的指控决定与量刑决定没什么两样。这些案件，检察官愿意终止将被判处强制刑罚的指控是一个巨大让步，且避开了强制刑罚的最初目的。一般来说，管辖区量刑法律规定的法官量刑裁量权越少，检察官对被告人实际获得的刑罚控制权就越大。这意味着检察官终止一定指控的允诺，能给予被告人就实际会被科处的刑罚一个比较确定的结果。

在允许法官对科处刑罚有广泛裁量权的管辖区，检察官能同意提出具体刑罚建议或不作任何建议。与指控交易相比，刑罚建议的交易呈现了检察官的微弱地位。以被告人的观点刑罚建议很冒险，所以不那么令人想望。它们保证的只是检察官的建议，不是实际刑罚。检察官的刑罚建议对法官没有约束力，量刑是法官专有的权力，且选择的范围广

第13章 交易时间：答辩谈判

泛——从缓刑到监禁许多年。尽管法官在诉讼中通常合作，但法官可以在任何时候任何案件中拒绝检察官的建议。

因为这些原因，指望刑罚建议比较冒险。如果被告方了解法官的量刑历史，冒险就能够估计并接受比较安全的建议。如果法官总是判处一级毒品罪犯服刑，检察官建议缓刑的要约就没多大价值，当然检察官的目的可能只是提供让步的外表，希望（可能甚至知道）法官不会同意，这种要约被称为空洞允诺。无律师代理的被告人和无经验的辩护律师可能被这种要约误导，当检察官知道刑罚建议没多大价值时，他们以为能以有罪答辩换回一些有价值的让步。空洞允诺完全合法，但一些学者指责它们不道德，因为被告人以有罪答辩作交换没有获得任何东西，以换得空洞允诺为特征的体系是虚假广告的道德等价物，在答辩交易的体系中被告人需要重视"买者小心"的格言。

起诉裁量权的限制

检察官在答辩协议谈判过程中不具有所有的裁量自由，法官的责任是检查答辩的自愿性和保持谈判在合理范围内的事实基础。然而，实际上更重要的是对检察官自由裁量的实践、法律和道德的限制。

一项重要的实践限制是辩护律师的参与。富有经验知识渊博的律师处于一个衡量案件强弱和向当事人建议有关检察官作出的明显让步的真正价值的位置。一个有经验的律师不可能被空洞允诺欺骗或受到不能被证明的指控的威胁。

第二项限制是被告人的展示权利和广泛的起诉实践披露。当检察官向被告方披露了州的证据，被告方能现实地评估案件的力量。披露增加了审判宣告有罪可能性的确定性。这种证据的互相了解有效地限制了检察官以没有证据支持的指控相威胁，被告方能知道检察官在虚张声势吓唬人。若没有披露，检察官会恫吓被告人答辩更严重的指控有罪。

道德标准也限制检察官。美国律师协会《关于答辩的标准》(1968)强调了"相似情形的被告人应该赋予平等答辩协议的机会"。在重视这条规定的地方，使答辩协议中的不公正减至最小的努力得以建立了保持谈判在可预见范围内的标准或比率。一些关注要约平等的检察官事务所已颁布内部书面政策引导谈判。

尽管答辩交易的法律限制很少，但法律确实限制了一些较显然的可能的起诉滥用。法律规定检察官只能作出是他们权力一部分能够履行的允诺。例如，检察官许诺被告人能获得早期假释（一项由假释委员会作出的决定，检察官没有控制权），那么交易超出检察官的权力范围。也就是说，检察官不能作出他们履行不了的许诺或作出"性质与检察官工作没有正当关系的允诺"（Shelton v. United States 1957，115）。这样做是出售布鲁克林桥的道德等价物，也就是说，检察官不能"售卖"首先不属于检察官的让步。

检察官也必须维持他们所做的许诺，在 Santobello v. New York (1997) 案中，最高法院支持了这个简单但重要的原则。一旦被告人答辩有罪，检察官必须按照诺言终止未结束的指控或作出刑罚建议。另外，整个检察官事务所要受诺言约束。例如，如果一位检察官同意提出缓刑建议，而当案件送法院量刑时另一位同事被分派处理这个案子，这位同事可能不顾诺言而建议监禁刑罚或根本不作建议。根据最高法院在 Santobello 案中的决定，如果检察官不遵守诺言，法院可以强制执行诺言（例如，驳回余下的指控）或允许被告人撤回有罪答辩。

玩棒球

尽管 Ammidown（1973）案、Shelton（1957）案和 Santobello（1971）案都对答辩交易设立了宪法性的限制，但这些限制不能阻止检察官进行对己方有利的交易，甚至威胁拒绝有罪答辩的被告人要对他进行严厉惩罚。在 Bordenkircher v. Hayes（1978）案中，被告人告发检察官实施报复因为他行使了审判权利。此案被告人以伪造罪被指控，检察官同意如果被告人答辩有罪他会提出监禁 5 年的刑罚建议，同时也警告被告人：如果他要求庭审，检察官将根据惯犯制定法提出额外的起诉，这将会造成终身监禁不得假释的强制刑罚。被告人没有答辩有罪，检察官按惯犯提起指控。

被告人认为本案中检察官的行为构成对他行使权利的报复，一种称为报复起诉的做法。在一件比这更早的案件中（Blackledge v. Perry

1974），最高法院认为如果被告人的宣告有罪在上诉时被推翻，当检察官在重新审理这个案件时对被告人签发更严重的指控是不合法的。除非发现新的证据，任何成功上诉之后的指控加重都被认为源于检察官的报复。在 Bordenkircher v. Hayes 案中，被告人认为防止报复起诉的逻辑也应该阻止检察官不能因报复答辩无罪而提出更严重的指控。这两个案件被告人都是因行使宪法权利而遭惩罚。

美国最高法院挑不出 Bordenkircher 案中检察官的行为错误。大多数人认为，Bordenkircher 和 Blackledge 两案中检察官行为的主要区别是：第一，在 Bordenkircher 案中检察官在被告人选择行使他的宪法权利之前宣布了他的目的。所以，最高法院认为被告人作出了一项完全知情的选择。第二，最高法院认为答辩交易的公平交换，检察官已承认——并合宪地接受——对诱导答辩有罪感兴趣，与州报复对有罪判决提起上诉的被告人存有区别。

持不同意见的法官认为这些区别没有根据，他们指出只是在行使报复之前宣布目的，如 Bordenkircher 案，并不能减轻报复。而且，他们指出，认为在一开始为避免宣告有罪而行使的权利与既成事实之后为攻击有罪判决而行使的权利存在区别是不合理的。

辩护律师和被告人的角色

一些被告人进行法院诉讼没有律师的帮助，且在大多数州检察官可以与无代理的被告人达成答辩协议，无代理的被告人自行承担全部的责任进行答辩谈判。除了涉及默示交易的简单案件之外，大多数被告人对法律和地方惯例都了解甚少，以致不能评估检察官的要约价值。被告人对他们自己案件的法律和证据强弱不能作出评价。另外，如果普通的让步或比率包括终止指控和缓刑建议，被告人可能对检察官终止指控的要约印象很深。所以，尽管答辩的决定由被告人作出，但在作出这个决定过程中律师的建议起着举足轻重的作用。

辩护律师有道德上的义务提供给被告人一些建议，帮助他们衡量对答辩有罪或无罪有利及不利因素。根据职业责任法典，辩护律师被规定必须"向他的委托人建议各种法律选择的可能结果……他可以强调由于主张法律允许的权利而导致的严重后果的可能性"（1969，Ethical Consideration 7—9）。简而言之，被告律师负有向他的委托人提供知情的、现实的和策略的建议的责任。然后，根据一定情况，辩护律师可以道德地向有罪的委托人建议答辩无罪或甚至建议无辜的委托人答辩有罪。建议取决于律师鉴于起诉方案件对委托人最大利益的衡量。被告律师建议的价值产生于律师准确预测案件结果的能力，这种能力同时基于律师的法律知识以及与法官和检察官打交道的法律实践的经验。

被告人向迫使他们答辩有罪的辩护律师陈述犯罪经过（Casper 1972）。尽管被告人无疑会感到有压力，但他们对自己律师的不信任反映了"杀死报信者"的愿望。根据辩护律师的义务规定，如果律师准确的判断结果是抗辩指控只会造成对委托人更严厉的惩罚，那么建议委托人答辩有罪就是一件合乎道德的事项。简单地告知被告人"你不会赢"可能像是施压，但如果这是律师诚实的准确判断，那以这就是律师的道德义务。

具有讽刺意味的是，做符合道德的事宜只是有助于延续交易司法和审判刑罚制度。辩护律师主要是鉴于被告人如果去审判将受到更严厉惩罚的司法制度的真实性帮助被告人获得最好的交易。以被告人的角度来看辩护律师是压力的缘由，但事实上这种压力是制度所固有的。

律师说他们的委托人经常首先提出交易的可能性。被告人经常对他们在交易中能得到的让步比通过法院争斗能获得的让步更感兴趣。所以，被告人也是使答辩交易继续存在的一个因素。

交易制度中的公正和道德

关于交易进行的适当性存在一些道德问题。答辩交易引发了一些争论，这些争议基于对答辩交易道德性质的不同认定。反对答辩交易基于的一些理由中主要有：

第13章 交易时间：答辩谈判

- 答辩交易使无罪的被告人为避免严厉的惩罚而答辩有罪。
- 答辩交易允许有罪的被告人逃脱对他们罪行的完全惩罚，因为为了促成有罪答辩，一些指控被终止、刑罚被减轻。
- 答辩交易设立了审判惩罚；立场坚定和行使审判权利的被告人被惩罚，对被错判有罪的无辜的被告人造成了特别麻烦的结果。(Scott and Stuntz 1992)

为反驳这些批评，答辩交易的捍卫者提出了三项反对主张：

- 真正有罪的被告人虽然答辩了但不能真的获得刑罚的减轻；他们得到与如果他们不进行交易本该获得的同样的惩罚。没有让步也没有审判刑罚。
- 站在公众的角度半个面包比没有面包强。也就是，得到一些指控的有罪判决比冒险一些具有严重罪行的人被宣判无罪要好。
- 让步和审判刑罚没有什么不适当的。答辩有罪理应得到一些回报。

这些观点反映了答辩交易争论的焦点。

空洞允诺和应得的回报

答辩交易的反对者抱怨，答辩交易给答辩有罪的有罪被告人一些宽恕，允许他们逃脱罪行的全部责任和惩罚。答辩交易的拥护者反驳，有罪答辩者事实上得到如果他们没达成答辩协议本该获得的相同的惩罚——答辩交易获得了如果案件去审判本该获得的同样结果，但没有花费审判的时间和费用。例如，在一个案件中，检察官和辩护律师都运用他们的经验判断案件的事实真相，事实上他们可能都同意。双方均得出由于缺少充分的证据，陪审团十有八九会宣告较轻微的指控有罪和宣告较严重的指控无罪的结论。他们进行只是反映本该获得的结果的交易。

答辩交易的反对者推理，如果答辩有罪的被告人获得与如果他们去审判该获得的同样的惩罚，那么他们被空洞允诺所害。答辩交易的保卫者声称没有空洞允诺。辩护律师向被告人建议各种结果的可能性，被告人知道他们没有获得宽恕，但只是可能得到如果他们去审判同样的结果。然而被告人确实获得一些对他们有价值的东西：案件结果的确定性和迅速解决。根据答辩交易拥护者的观点，因为有这些真正的获益，故被告人不是空洞允诺的受害者。

交易半个面包

另一个支持答辩交易的论点是，答辩交易允许检察官在一些完全宣告无罪风险很大的疑难案件中获得半个面包——一些指控的宣告有罪。半个面包的主张基于事实有罪和法律有罪之间的区别。由于证据或法律问题，法律有罪有时不可能被证实，即使事实有罪并没有疑问。物证可能丢失，证人可能丧失兴趣，程序错误可能造成关键的证据不被采纳。每一细节检察官都确信被告人的事实有罪，但在法庭上要证实所需的证据却没有。半个面包主张承认程序公正允许州只惩罚法律有罪的人，而实体公正却要求惩罚事实有罪的人。在检察官有的证据与能在法院提供的证据两者之间存有区别。

支持答辩谈判实践的人们认为，答辩交易经常是宣告有罪唯一行得通的途径，而希望禁止答辩交易的人正是没有意识到这项重要职能。例如，如果一个案件中一些证据可能由于搜查令的缺陷而不被采纳，但检察官可能通过答辩交易获得有罪判决，即使案件去审判也可能被驳回（Curridan 1992，18）。看见有罪（和潜在危险）的被告人逍遥法外是对棘手案件进行交易的强大的动力。问题在于这真的是谈判答辩实践有效的正当理由吗？宣告如果被指控者行使合法的权利不能被证实的罪行有罪（通过有罪答辩）正当吗？追究没有达到审判标准的薄弱或摇摆的案件合适吗？什么能辨明法律惩罚——事实有罪或法律有罪是正当的？我们对知道被告人确实有罪而追求半个面包的检察官满意吗？

回报有罪答辩

又一支持答辩交易的论点是答辩有罪理应得到回报。放弃审判权利，被告人节约了州的时间，麻烦的资源，这值得州考虑。另外，答辩有罪是对量刑期间考虑的刑事责任的一种承认。

第13章 交易时间：答辩谈判

节省时间和花费的回报

美国律师协会《关于答辩的标准》（1968）暗示回报有罪答辩是正当的。标准认为，有罪答辩"当有好的不要公开审判的理由时使公开审判没有必要"并避免了"其他案件处理的延误"。答辩交易反对者质疑这种对促进效益的回报该维持何种程度。对采用其他方法促进制度效益的被告人给予回报公平吗？我们能将宽恕作为放弃其他权利而节省了时间和金钱的一种回报被给予吗？比如，我们认为对放弃辩护权的人给予让步是正当的吗？对提供宽恕交换节约州的金钱的限制不甚明了，因为这种宽恕与任何应得回报的概念完全无关，所以，提供宽恕交换基于节省时间和金钱的有罪答辩也同样未被规定。

而且，答辩交易的反对者认为对放弃权利的被告人给予回报与对不答辩有罪的被告人科处审判刑罚是同一码事。如果答辩有罪的被告人受的处罚比其他被告人要轻，相比而言行使审判权利的被告人会受到更严厉的处罚。

根据这个观点，审判刑罚之所以能存在就是因为州对放弃审判权利的被告人给予让步（或回报）。州答辩交易的参与对行使宪法权利规定了刑罚或施加了压力。答辩交易反对者认为这与正当程序的宪法标准不符。

法院已经再三地禁止阻止被告人行使宪法权利的政府行为、政策和制定法。例如，最高法院规定被告人成功上诉宣告有罪之后，检察官在重审时不能对被告人提出更严重的指控（*Blackledge* 1974）。这个规定的理论基础是上诉之后报复的起诉不利于被告人行使上诉权利。同样，最高法院认为规定只能在陪审团审判之后才能科处死刑的制定法阻碍了享有陪审团权利的行使，所以不符合宪法规定（*United States v. Jackson* 1968）。答辩交易妨碍了这些相同权利的行使，但法院还没有认定这是非法的。答辩交易反对者认为回报宪法权利放弃者永远不公平，不管这回报是由于答辩交易还是其他实践。但是，法院认为只在涉及答辩交易情形下对宪法权利放弃者进行回报才可以被接受。

被告人自由地作出选择，但州作出其中一个明显不吸引人的选择——宪法权利的行使——正当吗？尽管这些宪法问题是答辩交易实践中固有的，但美国最高法院已经避免对这些问题进行讨论。根据一些法学家的看法，最高法院关于答辩交易曲解的推理将答辩交易留在"宪法规定的空洞里"（Becker 1988，760）。对答辩交易合乎宪法的反对已经被最高法院以被告人自由作出抉择的理由被驳回，最高法院已认定一些被告人不管是否作有罪答辩因"自由抉择"而被科处实体惩罚的不相关性。

承认责任的回报

另一个表明回报有罪答辩是正当的理由是被告人对罪行责任的承认。这个正当理由努力将宽恕与应得回报（也就是罪犯理该得到的回报）连在一起。许多学者和司法人员认为对责任的承认应该得到宽恕，这项提议在美国律师协会不同对待答辩有罪者的正当理由和联邦量刑指南中得到认可。指南允许如果被告人真诚地承认责任，对有罪答辩进行"量刑打折"，这个折扣能减掉相对较轻罪行67%的刑期和严重罪行14%的刑期（Sands and Coates 1991）。

答辩交易反对者承认回报至少与应得回报的概念相符。但是，随着答辩交易的运行，回报范围似乎起伏很大，与忏悔的程度和真诚无关且主要取决于证据的力量和其他与被告人承认责任的真诚无关的一些因素。另外，为什么只对放弃审判的被告人提供承认有罪的回报不甚清楚。为什么在审判时被宣告有罪和在量刑期间承认责任的被告人不能获得同样的回报？他们承认责任的真诚有什么不同吗？唯一的区别是答辩有罪者省掉了州证明有罪的时间和麻烦。如果这是唯一的区别，那么对答辩有罪的回报真的是节省资源而不是承认责任的回报。

另一项反对将有罪承认以应得宽恕对待的论点是这种情形对被错误指控的被告人造成了一种进退两难的窘境（Kipnis 1976；Scott and Stuntz 1992）。答辩交易制度假设所有的被告人有罪——不这样可能表明审判惩罚正当吗？但是我们知道并不是所有的被告人都有罪，即使在检察官仔细和负责地审查之后。错误发生，审判程序被拟以使这些错误达到最小，但即使这样审判程序还是造成了不为人知的错误的有罪判决。被错误宣告有罪的被告人比错误承认有罪的被告人受到更严厉的惩罚。

答辩交易很难从司法和道德的角度来捍卫。支持答辩交易的主张主要依据它的便利和效益。这些正当理由的道德局限不是没有说明以及其他权利是否能，或应该为了效益而被折中也不清楚（Harvard Law Review Note 1970）。因为答辩交易与司法的理想相冲突，所以许多人倡导废除或巨大变革答辩交易。这里存在太多的争论（Smith 1986）。答辩交易的支持者认为改革会失败，答辩交易将继续，即使被驱以暗地里进行。而如果改革成功，答辩交易事实上被废除，法院系统也会随着诉讼慢慢停止而瘫痪。

成功改革的可能性

几个管辖区都努力废除所有案件或特殊类型罪行的答辩交易。阿拉斯加州检察长在1975年禁止全州对所有罪行进行答辩交易，并且这条禁令到今天仍然有效（White Carns and Kruse 1992）。1977年密歇根禁止对火器案件进行答辩交易，且对这些罪行科处强制量刑（Heumann and Loftin1979）。得克萨斯的埃尔帕索在1975年底禁止答辩交易（Weninger 1987）。在艾奥瓦的布莱克霍克县，检察官于1974年禁止所有的答辩交易（Iowa Law Review Note 1975）。相似的政策在马里考帕县（菲尼克斯）、亚利桑那和加利福尼亚南部地区的联邦管辖区都已经制定。1991年得克萨斯泰勒的法官禁止所有案件的答辩交易（Curriden 1992）。这些改革有效吗？它们有效地限制或废除了答辩交易吗？对审判的要求充斥整个司法系统吗？

废除答辩交易

对努力废除答辩交易的结果进行了一些研究，一致发现这种禁止造成普通处理案件方式的一些改变。研究得出了一个较具有代表性的结果，认为答辩交易的禁止只是将交易转移到诉讼程序的其他环节，这种现象有时被比喻作水的替换（Miethe 1987）。通常检察官和法官在诉讼的许多阶段都享有提供宽恕的自由裁量权。当决定者的自由裁量被限于一个阶段时，自由裁量就转到其他阶段。当检察官被阻止以宽恕交换有罪答辩时，法官宣告有罪和量刑（和警察逮捕）的决定就成为案件最终处置最有力的决定。如果法官以显然回报有罪答辩的方式行使他们的量刑裁量权，那么答辩交易——至少默示交易——就继续，尽管检察官控制着答辩交易。

早期的废除努力似乎都产生了这样的结果。例如，阿拉斯加的研究者最初发现尽管废除了明示交易，但在禁止的表面，默示交易仍然存在（Rubenstein and White 1979，373—374）。那些在马里考帕县（菲尼克斯）、亚利桑那（Berger 1976）、加利福尼亚南部地区（Parnas and Atkins 1978）和艾奥瓦的布莱克霍克县（Iowa Law Review Note 1975）评价废除结果的人们也总结出相似的结论。这些结论已使许多观察家们得出默示答辩交易不可能在我们的刑事案件诉讼程序制度中被废除的结论（见 Schulhofer 1984，1046）。

然而，较近的研究表明默示交易不可能是不可废除的。早期废除答辩交易的努力针对检察官的行为而司法的量刑裁量未受限制，这种变革承认了审判惩罚继续存在并允许默示交易制度盛行。如果司法的量刑实践能被转到废除审判刑罚，那么甚至默示交易也会消除。阿拉斯加的实验再次证明了这一点。在 1975 年对起诉交易禁止了两年以后，阿拉斯加进行对量刑实践的控制。一项对这些政策联合效果的评价表明默示交易不再是标准，量刑数据显示在阿拉斯加答辩有罪的被告人不能比去审判的被告人得到更宽恕的刑罚（White Carns and Kruse 1992，54）。

真正罪行量刑

自 20 世纪 80 年代以来，又付出了一些努力以减少交易的发生。这些努力被生动地描述为拟以减少交易动机的后门政策。真正罪行量刑是控制联邦量刑指南所体现的司法和起诉自由裁量权的一种方法，要求科处的刑罚必须基于真正的罪行，而无视检察官所指控的罪行。例如，一位持械抢劫者可能同意答辩有罪以交换减轻的抢劫指控,然而在量刑时法官必须根据记录的事实处罚被告人。尽管最高刑期可能被减少,但与较严重罪行相关的加重情节(比如武器的使用)则在量刑决定中被明示地考虑。按照这项计划,被告人答辩有罪的动机被大大减弱。

联邦量刑指南没有禁止答辩交易,相反,真正罪行量刑是按照交易会发生和需要被限制的设想拟订的。真正罪行量刑减少了答辩有罪的回报。指南确实允许少量的刑期折减,稍微减轻承认罪行责任的被告人的刑罚,但这个折减比通过答辩交易获得的刑罚减轻要小很多(Hochstedler Steury 1989)。对联邦量刑指南效果的早期分析表明,大多数案件有罪答辩的回报被限于指南允许折减的范围之内,这是联邦体系中答辩交易实践的一项主要改变(Schulhofer and Nagel 1989,285)。

严格的案件审查

检察官严格的审查也能巨大地影响答辩交易的数量。如果检察官对薄弱案件不签发指控,那些案件就不会进入诉讼,检察官也不会受得到半个面包交易的引诱。最近对阿拉斯加禁止规定而对应的起诉审查实践的研究强调了这一点。对阿拉斯加交易实践进行的第二次评价发现,检察官针对禁止规定作了重要的调整:在禁止之前检察官筛查出8%的案件作为不值得起诉的案件,禁令之后这个比例上升至30%(White Carns and Kruse 1992,42)。这很清楚地表明:在阿拉斯加薄弱的案件不再能在允许检察官为获得半个面包而交易的体系中生存。当然逻辑的推断是在一些管辖区薄弱的案件被答辩交易,而在另外一些管辖区它们根本不被起诉。废除答辩交易的一个现实结果是全部放弃对相对薄弱案件的起诉。

要求陪审团审判

答辩交易支持者经常预言,没有答辩交易法院系统会慢慢停止。也就是说,如果对答辩交易的禁止确实成功的话,法院系统会被寻求审判的被告人压垮。美国最高法院前首席大法官沃伦·伯格在作评论时反映出了这个观点:"如果每一个刑事指控都接受完整规模的审判,州和联

邦政府将需要多倍地发展法官人数和法院设施。"（Santobello 1971，260）

这项预测基于一个未被证实的假设：如果州不提供有罪答辩的动力，被告人不会答辩有罪。尽管证据远不确定，但研究为废除而付出的努力表明这项预测没有被证实。研究者和司法人员都同意：如果答辩交易被废除，陪审团审判的要求有时会增加有时不会。无论如何这种增加不会很大，不会压垮系统或威胁管辖区的经济偿债能力。例如，在阿拉斯加施行禁令的头三年，要求陪审团审判从7%增高到10%，然后跌回到7%（White Carns and Kruse 1992，52）。根据废除的实验判断，当交易被禁止时，审判要求会小幅度增加的预测是合理的，但担心系统会慢慢停止似乎没有根据。

支持这个观点的另外一些证据来自其他管辖区去审判的案件比例的比较。几十年来确有一些管辖区经历了非常低的有罪答辩率，这些管辖区对答辩交易的必要性提出了非常明显的问题。

调查了几个管辖区之后，研究家们认为，答辩有罪率低的管辖区内的审判并非是首席大法官伯格脑海中的那种繁琐的审判。许多记录的审判案件非常迅速和非正式，研究者称它们为缓答辩（Levin 1977；Mather 1973；Eisenstein and Jacobs 1977；Heumann and Loftin 1979）。缓答辩涉及在法官认定被告人有罪之后简短地、较不正式地和非争辩地出示对被告人不利的证据。

几个研究家认为，我们逐渐将繁琐审判与现代抗辩程序联系在一起，但与缓答辩法院相比，后者的特征更接近于答辩交易程序。缓答辩审判中被告方的目的不是强劲的争辩有罪，而是介绍表明宽恕被告人是正当的一些因素。但是，另一位研究者对缓答辩这种特征是否正确提出了疑问。斯蒂芬·舒尔豪福和他的助理研究员们在费城的重罪和轻罪法院观察了数百起被认为是缓答辩的法官审判（Schulhofer 1984；1985）。他总结出，尽管不详细或时间较短，但许多法官审判处理事实或法律的争论问题采取的是抗辩式程序。

各种研究皆表明，缓答辩在实质方面与答辩协议不同程度地存有变异。一位研究者将一个管辖区的缓答辩描写成有时包括"与有罪答辩中指控和刑罚同样种类的交易",有时是"准抗辩程序"(Mather 1973,195)。另一些研究家描述了在其他一些管辖区相似的变异(Heumann and Loftin 1979,417—420)。

不管如何变异,缓答辩显然是没有签字和封缄,从来没有在公开法庭经过详细司法审查的检察官和被告人之间的交易。它们不是大规模的以宽恕明示交换所有的审判权利、第五修正案反对自我归罪的保护和任何上诉的权利。总之,所有可获得的证据都表明,美国的几个主要市区管辖区——具有严重罪行和大量案件的管辖区——没有成为像其他管辖区那样依靠答辩交易。这些管辖区仍旧主要依靠审判程序处理案件,尽管这些审判有一部分只进行15分钟或30分钟(Levin 1977,80)。可能缓答辩最令人感兴趣的方面是它们与18世纪英国盛行的迅速简易审判相似。如果这种类型的审判作为废除交易的一种方法而普及的话,会是一项积极的改革吗?有批评家认为这些迅速的审判是另一种形式的装配线司法,对他们将如何回答?

总之,答辩交易,默示的或明示的,并不是必然的。若没有答辩交易,系统会进行调整以处理大量被提起的案件。检察官可能进行更严格的案件审查。去审判的案件可能通过缩略的程序被处理。这些结果产生的政策问题是这些调整是否比答辩交易更好。

总 结

答辩交易似乎是许多管辖区处理案件的主要方式。要作为一项制度发展,它需要三方,即检察官、被告方(辩护律师和被告人)和法官默示或明示的支持。答辩交易是未经筹划的为适应影响法院处理案件能力的巨大的法律、结构和社会变化而作的调整。随着法院逐渐减慢审判的速度,更多的案件拥入体系。然而有趣的是,对审判数量相对较大的管辖区的研究表明,如今这些审判看起来更像过去时代的快速审判。

尽管答辩交易被法院和大多数司法人员接受，以及被广泛地使用和制度化，但答辩交易的实践却反映出了可能与我们司法制度前提相冲突的麻烦的道德问题。所以，几个管辖区已努力废除或改革答辩交易。这些努力出现了混杂的结果，但却提供了相信改革能产生积极和真实结果的理由。而且，一些研究表明，答辩交易能被废除且不会对体系造成巨大的阻碍。许多被告人被激励答辩甚至没有让步的有罪，尽管他们不可能这样做如果他们有等待的耐心且可获得让步。随着更全面地理解交易者的活动和更广泛地开展旨在控制决定自由裁量权的改革并且减少对答辩的鼓励，答辩交易能被大量地减少和转换。

参考书目

Alschuler, Albert W. 1979. "Plea Bargaining and Its History." *Law and Society Review* 13: 211—245.

——1976. "The Trial Judge's Role in Plea Bargaining: Part I." *Columbia Law Review* 76: 1059—1153.

American Bar Association. Commission on Minimum Standards for Criminal Justice. 1968. *Standards Relating to Pleas*. Chicago: American Bar Association.

American Bar Association. Special Committee on Evaluation of Ethical Standards. 1969. *Code of Professional Responsibility*, *Final Draft July* 1, 1969. Chicago: American Bar Association.

Anderson, Allen F. 1989. "Judicial Participation in the Plea Negotiation Process: Some Frequencies and Disposing Factors." *Hamline Journal of Public Law and Policy* 10: 39—57.

Becker, Loftus E., Jr. 1988. "Plea Bargaining and the Supreme Court." *Loyola of Los Angeles Law Review* 21: 757—841.

Berger, Moise. 1976. "The Case Against Plea Bargaining." *American*

Bar Association Journal 62: 621—624.

Blackledge v. Perry, 417 U. S. 21, 94 S. Ct. 2098 (1974).

Bordenkircher v. Hayes, 434 U. S. 357, 98 S. Ct. 663 (1978).

Brady v. United States, 397 U. S, 742, 90 S. Ct. 1463 (1970).

Casper, Jonathan. 1972. *American Criminal Justice: The Defendant's Perspective.* Englewood Cliffs, N. J.: Prentice-Hall.

Curriden, Mark. 1992, "Banning, Bargaining: Tyter, Texas, Judges, Order a stop to plea Agreements." *American Bar Association Journal* 78: 18.

Eisenstein, James. and James Jacobs. 1977. *Felony Justice: An Organizational Analysis of Criminal Courts.* Boston: Little, Brown.

Feeley, Malcolm M. 1979. *The Process Is the Punishment: Handing Cases in a Lower Criminal Court.* New York: Russell Sage.

Flanagan, Timothy J., and Kathleen Maguire, eds. 1990. *Sourcebook of Criminal Justice Statistics*—1989. Washington, D. C.: U. S. Government Printing Office.

Friedman, Lawrence M. 1979, "Plea Bargaining in Historical Perspective." *Law and Society Review* 13: 247—259.

Haller, Mark H. 1979. "Plea Bargaining: The Nineteenth Century Context." *Law and Society Review* 13: 273—279.

Harvard Law Review Note. 1970. "The Unconstitutionality of Plea Bargaining." *Harvard Law Review* 83: 1387—1411.

Heumann. Milton. 1978. *Plea Bargaining: The Experiences of Prosecutors, Judges, and Defense Attorneys.* Chicago: University of Chicago Press.

——1975. "A Note on Plea Bargaining and Case Pressure." *Law and Society Review* 9: 515—528.

Heumann, Milton, and C. Loftin. 1979. "Mandatory Sentencing and the Abolition of Plea Bargaining: The Michigan Felony Firearm Statute." *Law and Society Review* 13: 393—430.

Hochstedler Steury, Ellen. 1989. "Prosecutorial and Judicial Discretion." In D. J. Champion, ed. *The U. S. Sentencing Guidelines: Implications for Criminal Justice.* New York: Praeger.

Iowa Law Review Note. 1975. "The Elimination of Plea Bargaining in Black Hawk County: A Case Study." *Iowa Law Review* 60: 1053—1071.

Langbein, John H. 1979. "Understanding the Short History of Plea Bargaining." *Law and Society Review* 13: 261—272.

Levin, Martin A. 1977. *Urban Politics and the Criminal Courts.* Chicago: University of Chicago Press.

Kipnis, Kenneth. 1976. "Criminal Justice and the Negotiated Plea." *Ethics* 86: 93—106.

Mather, Lynn M. 1973. "Some Determinants of the Method of Case Disposition: Decision Making by Public Defenders in Los Angeles." *Law and Society Review* 8: 187—216.

Miethe, Terrance D. 1987. "Charging and Plea Bargaining Practices Under Determinate Sentencing: An Investigation of the Hydraulic Displacement of Discretion." *Journal of Criminal Law and Criminology* 78: 155—176.

Moley, Raymond. 1928. "The Vanishing Jury." *Southern California Law Review* 2: 97—127.

Nardulli, Peter F., James Eisenstein, and Roy B. Flemming. 1988. *The Tenor of Justice: Criminal Courts and the Guilty Plea Process.* Urbana: University of Illinois Press.

Newman, Donald J. 1966. *Conviction: The Determination of Guilt or Innocence Without Trial.* Boston: Little, Brown.

Nimmer, Raymond T., and Patricia A. Krauthaus. 1977. "Plea Bargaining: Reform in Two Cities." *Justice System Journal* 3: 6—21.

Odiaga, Ursula. 1989. "The Ethics of Judicial Discretion in Plea Bargaining." *Georgetown Journal of Legal Ethics* 2: 695—723.

Parnas, Raymond I., and Riley J. Atkins. 1978. "Abolishing Plea Bargaining: A Proposal." *Criminal Law Bulletin* 14: 101—122.

Rubenstein, Michael L., and Teresa white. 1979. "Alaska's Ban on Plea Baryaining." *Law and Society Review.* 13: 367 — 383. Ryan, John Paul, and James A'lfini. 1979. "Trial Judges' Participation in Plea Bargaining: An Empirical Perspective." *Law and Society Review* 13: 479—507.

Sanborn, Joseph B. 1986. "A Historical Sketch of Plea Bargaining." *Justice Quarterly* 3: 111—38.

Sands. Jon M., and Cynthia A. Coates. 1991. "The Mikado's Object: The Tension Between Relevant Conduct and Acceptance of Responsibility in the Federal Sentencing Guidelines." *Arizona State Law Journal* 23: 61—108.

Santobello v. New York, 404 U. S. 257, 92 S. Ct. 495 (1971).

——1985. "No Job Too Small: Justice Without Bargaining in the Lower Criminal Courts." *American Bar Foundation Research Journal* 1985 (3): 519—598.

Schulhofer, Stephen J. 1992. "Plea Bargaining as Disaster." *Yale Law Journal* 101: 1979—2009.

——1984. "Is Plea Bargaining Inevitable?" *Harvard Law Review* 97: 1037—1107.

Schulhofer, Stephen J., and Ilene H. Nagel. 1989. "Negotiated Pleas Under the Federal Sentencing Guidelines: The First Fifteen Months." *American Criminal Law Review* 1989: 231—288.

Scott, Robert E., and William J. Stuntz. 1992. "Plea Bargaining as Contract." *Yale Law Journal* 101: 1909—1968.

Shelton v. United States, 242 F. 2d 101 (5th Cir. 1957).

Smith, Douglas. 1986. "The Plea Bargaining Controversy." *Journal of Criminal Law and Criminology* 77: 949—957.

Sudnow, David N. 1965. "Normal Crimes: Sociological Features of the Penal Code in a Public Defender's Office." *Social Problems* 12: 209—215.

United States v. Ammidown, 497 F. 2d 615 (D. C. Cir. 1973). United States v. Jackson, 390 U. S. 570. 88 S. Ct. 1209 (1968).

Weninger, Robert A. 1987. "The Abolition of Plea Bargaining. A Case Study of El Paso County, Texas." *University of California, Los Angeles Law Review* 35: 265—313.

White Carns, Teresa, and James Kruse. 1992. "A Reevaluation of Alaska's Ban on Plea Bargaining." *Alaska Law Review* 8: 27—69.

第 *14* 章　提审：答辩指控

提审是要求被告人答辩指控的法院正式出庭。提审通常是指初次到庭，这个用法可能是因为许多轻罪案件在逮捕后的初次到庭时通过有罪答辩解决，结果许多轻罪案件初次到庭也就是提审。但是就重罪案件而言，被告人一般不被允许在初级法院进行有罪答辩，所以，重罪提审一般在初次到庭后的几个星期或甚至几个月内发生在一般管辖权法院（LaFave and Israel 1985，801）。

在被告人答辩无罪的少数案件中，提审的主要目的是获取无罪答辩并安排案件的审判。如果被告人在提审中答辩有罪，法院必须决定有罪答辩是否自愿并且在这种情形下答辩是否适当。

提审程序

重罪案件的提审是一个独立的法院程序，其间被告人出庭和被要求对指控作出答辩。如果被告人还没有律师代理，被告人将被告知享有律师帮助的权利。如果是贫困被告人，则提供辩护律师。

提审程序的第一步是阅读正式的指控文书，即陪审团起诉书或检察官起诉书。被告人经常为了加快诉讼程序和避免聆听公开诵读指控造成的品格降低而放弃阅读。如果指控文书肯定存在欠缺，比如省略被指控罪行的主要要件，那么辩护律师可能在此时对指控文书提出异议。

接着，法官询问被告人："你作何答辩？"被告人有四项主要选择：答辩无罪或有罪，或无争论（有时称为不愿争论），或拒绝答辩，即什么都不说。

放弃审判权利的答辩

大多数案件被告人只是答辩有罪，这相当于供认罪行和放弃陪审团审判及其他所有的审判权利。另外，有罪答辩是被告人放弃第五修正案反对自我归罪权利的有罪承认。但是，被告人可以不承认有罪，通过答辩无争论或作阿尔弗德答辩而放弃审判权利。在无争论答辩和阿尔弗德答辩中，被告人放弃了审判的权利但没有放弃第五修正案反对自我归罪的权利，也没有承认犯了被指控的罪行。

无争论答辩

无争论答辩是指被告人选择在审判时不争论指控但也不承认犯罪。在无争论答辩中，被告人既不承认也不否认宣称的真实性，其代价只是被告人放弃在审判时由州证明有罪的权利。无争论答辩的主要目的是避免形成被告人的供认，在对引起刑事指控情形进行的民事审判中被用来反对被告人。

在许多情形下，被告人同时面对法院的刑事和民事诉讼。例如，如果一个人被指控用大锤毁坏某人的汽车，州可能指控这人刑事破坏财产，并且汽车所有人可能提起民事诉讼要求对损坏进行金钱赔偿。恶意殴打的受害人可能在政府提起刑事殴打指控同时，向被告人提起民事侵权诉讼。管理机构可能向有毒废物排放者提起刑事指控，并向被告人提起民事或行政诉讼要求清除有毒物质。每件案子，如果被告人答辩刑事指控有罪，有罪答辩则是一种承认，在待决民事诉讼中能作为反对被告人的证据而被提交，这可能是被告人所不希望发生的。同时，被告人可能希望避免刑事案件的审判。例如，被告人可能通过放弃审判，旨在从检察官或法官处获得宽恕。

法官必须决定是否接受或拒绝无争论答辩。在一些案件中，检察官建议法院拒绝答辩，检察官可能与被告人就这个问题进行交易。如果法官拒绝接受无争论答辩，惟一的选择就是答辩有罪、承认有罪或答辩无罪去审判。

阿尔弗德答辩

与无争论答辩相似，阿尔弗德答辩被用来放弃审判权利但不承认有罪。这种答辩被告人放弃审判权利，但继续维护他们的无辜。当反对被告人的证据比较有力，使审判较冒险，尤其是鉴于起诉方以有罪答辩作交换提供的让步时而进行阿尔弗德答辩。阿尔弗德答辩以 *North Carolina v. Alford*（1970）案的被告人名字命名，在这个案子中，美国最高法院核准了这个答辩。阿尔弗德以一级谋杀指控被起诉，按照北卡罗来纳法律要被判死刑。阿尔弗德给他的辩护律师一张会支持他无罪主张的证人名单，然而当他的律师询问这些证人时，他们却作出证明阿尔弗德有罪的陈述。因为阿尔弗德无罪主张没有佐证，所以他的律师建议阿尔弗德接受检察官的答辩交易邀请并答辩二级谋杀指控有罪，最高刑是30年监禁。

提审时阿尔弗德对减轻的指控答辩有罪，然而在回答法官问题时，阿尔弗德陈述他没有谋杀，但是因为面对着如果去审判会判死刑的威胁而答辩有罪。法官继续询问他有关决定自愿性的问题，并得出阿尔弗德知道答辩有罪后果的结论并接受了阿尔弗德的答辩。

上诉时在考虑这个案件的事实过程中，最高法院指出，在无争论答辩的案件中，即使被告没有承认有罪但放弃了审判权利。最高法院认为有罪的明确承认不是接受有罪答辩的宪法要求，并作出结论："因为州证明的答辩存在强有力的事实基础,尽管阿尔弗德声称自己无罪,但他明确表述进行答辩的愿望,所以我们认为审判法官在接受答辩过程中没有犯违反宪法规定的错误。"(North Carolina v. Alford 1970,38)自这个决定之后,阿尔弗德答辩被用来指点想答辩有罪但同时维护他们确实无辜的被告人。

尽管最高法院对此表示赞同,阿尔弗德答辩却一直存有争论。一些辩护律师不允许他们的当事人答辩有罪,如果他们继续声称他们无罪。法官也可能勉强允许被告人在这种情形下答辩有罪。一项对阿尔弗德答辩运用的研究发现,尽管在被研究的案件中,只有2%作阿尔弗德答辩,但半数法官说他们不接受阿尔弗德答辩(McDonald 1987,212—213)。这种勉强可能部分基于对答辩的事实基础力量的不确定。所有事实均表明有罪且几乎没有宣告无罪可能的案件与证据较不确定的案件相比,法官可能更乐意接受对前类案件的阿尔弗德答辩。联邦和一些州法律告诫法官不要接受阿尔弗德答辩,除非有答辩的事实基础(Miller et al. 1986,948)。

答辩有罪的后果

简单的有罪答辩、无争论答辩和阿尔弗德答辩的刑事后果都一样,如果法官接受答辩,被告人就放弃了审判的权利。但如果是简单的有罪答辩(与无争论或阿尔弗德答辩不同),被告人同时也放弃了第五修正案反对自我归罪的保护和其他许多宪法权利:陪审团审判、对质指控者和由州超出合理怀疑地证明有罪的权利(Boykin v. Alabama,1969)。大多数案件,有罪答辩也放弃了反对州案件缺陷的权利,比如非法搜查或违反米兰达要求获取的供述(Miller et al. 1986,906)。在被告人答辩有罪的案件中,上诉的权利被严格限制(LaFave and Israel 1985,806)。

因为这些重要权利都被有罪答辩所放弃,所以被告人在提审时享有律师帮助的权利。另外,法官被要求询问被告人以确保放弃者是明知的、理智的和自愿的,这意味着法官必须保证被告人了解指控的性质和

第 14 章　提审：答辩指控

答辩有罪的后果以及没有被强迫作有罪答辩。另外，许多州和联邦法院要求法官通过调查被告人答辩有罪的指控的事实基础以决定答辩的准确性。但是，法官如何完成这些任务以及他们完成得怎么样互相变异很大。"最小心地措词，规定的调查被一连串不明白的急促得像烟草拍卖人诵读一样完成——如在一些法院所见"（McDonald 1987，205）。决定被告人的自愿、明知和了解以及确信指控的事实基础可以通过多种方法完成，但如果检查不是一种形式的话，这些任务需要法官付出一些努力。

自愿

通过询问被告人，法官应该决定被告人是否因威胁或允诺而被强迫答辩有罪。法官被要求确定有罪答辩是不是被告人从各项可供选项中作出的自由抉择。当检察官在答辩交易前后施加威胁或作出允诺，判断答辩的自愿性就可能较困难。最高法院的几个案件都强调了法官在决定自愿性时所面临的困境。

在阿尔弗德案判决中，最高法院指出"面对一边是一级谋杀罪（死刑罪行）审判，另一边是二级谋杀罪答辩有罪的选择，阿尔弗德非常合理地选择后者并借以将最高刑限制为 30 年"（1970，37）。最高法院认为即使阿尔弗德坚持他的无罪，但作出这种选择没有固有的答辩有罪强迫压力。最高法院也认定有罪答辩是自愿的，即使被告人为避免检察官威胁的额外指控而进行答辩。在 Bordenkircher v. Hayes（1978）一案中，被告人争论检察官威胁以惯犯指控海斯，除非他答辩伪造指控有罪。海斯争辩额外惩罚的威胁强迫他答辩有罪，最高法院认为这不是强迫：

> 当被告人面临更严重惩罚的危险时，显然会"对被告人审判权利的主张有消极影响。由于容许和鼓励答辩谈判的合法制度，强加这些困难选择是不可避免"——和能被允许的。它是指，通过容许和鼓励答辩谈判，这个法院已必要地接受了检察官在交易桌上的意向是说服被告人放弃答辩无罪权利的简单事实，认为这是合乎宪法规定的合法行为……我们认为，这个案件中，检察官公开向被告人

表明在放弃审判或面对他被起诉的指控之间作出不令人愉悦的选择的行为，没有触犯第十四修正案的正当程序条款。(364)

从这些案件中可以得出一个总结论：当检察官逼迫被告人答辩有罪时，如果这种逼迫不涉及检察官或其他法院官员的不正当行为，最高法院认为没有强迫。缺乏直接的强迫证据，被告人进行答辩，任何属于制定法结构一部分的有罪答辩诱因都被认为是普通公平交易的一部分。只要被告人能合理地衡量答辩有罪的正反两方面，且检察官没有任何违法行为，审判权利的放弃者就没有被强迫。这些最高法院的案例表明，最高法院认为，只要被告人是从可供选项中自由作出的选择，有罪答辩都是自愿的——不管被告人的选择如何令人不喜欢。甚至通过对判决有罪的被告人科处更严重的惩罚，而鼓励有罪答辩的制定法结构也没有被解释为宪法意义上的强迫（Brady v. United States 1970）。

了解指控

在接受有罪答辩之前，法官必须保证被告人了解正在答辩有罪的指控的性质。因为答辩有罪必须是明知的和理智的，所以被告人必须了解如果不答辩有罪起诉方需要证明的那些事实（LaFave and Israel 1985，805）。大多数案件，法官只是依靠辩护律师向被告人建议有关他正在答辩的指控的性质。

知道后果

通过向被告人提供答辩有罪的后果，法官确信被告人了解有罪答辩的含义。法官必须向被告人说明按有罪答辩宣告有罪以后可能科处的刑罚，大多数案件只要求法官告知被告人制定法规定的最高刑罚。在联邦诉讼和大多数州诉讼中，法官也被要求告知被告人任何有关指控的限制最低刑罚要求。一些法院也要求法院向答辩一个以上指控有罪的被告人建议法院可能判处被告人连续而不是合并或同时服刑。有些情况，如果有罪答辩使被告人因为重犯或惯犯而被判处加重或"加强"的刑罚，法官也必须告知被告人。最后，法官也被要求必须告知被告人有关在答辩有罪时被放弃的权利（LaFave and Israel 1985，805—807）。

事实基础

在大多数管辖区，法官也被要求调查答辩的准确性，确保被告人正在答辩的指控有案件的事实支持。法官可以通过阅读案卷，尤其是刑事告发书，询问被告人和检察官完成这项任务的情况（LaFave and Israel 1985，808）。一些案件法官可能要仔细考虑，直到判决前调查结束，因为这可以使许多重要的指控事实得以发现（Remington et al. 1969，572）。

要求法官发现指控的一些事实基础具有几个目的。第一，它可能防止宣告无辜者有罪；第二，它将有关指控的信息资料记录在案，保留这些资料以备如果被告人以后寻求反对有罪判决进行诉讼之用；最后，有关罪行情节的资料对法官的量刑很有帮助。

答辩协议的披露

因为许多有罪答辩是答辩交易的结果，所以法官也可能被制定法要求询问交易的条款并将交易记录在案，任何向被告人作出的允诺都被记录。答辩交易条款的披露制作了一份清楚的事实记录，以防被告人在以后对有罪判决不服。尤其是，披露使有罪判决与被告人以后宣称检察官曾向他们作过具体允诺而后来不守信的主张截然分开。

如果检察官同意向法官提出具体的刑罚建议，法官必须告知被告人，法官没有义务必须按照检察官的建议去做并且可能科处更严厉的刑罚。如果法官认为检察官的建议太宽恕，法官有时告知被告人关于他的这个决定。知道法官不会按照检察官的建议去做，然后被告人可以自由地作答辩无罪改变或继续答辩无罪。

理想对抗现实

尽管法官应该积极地监督有罪答辩，但有一些证据对他们的监督质量提出了质疑。研究家威廉·F·麦克唐纳（1987）研究了6个管辖区的重罪和轻罪提审，发现实践中存有巨大变异（见表14—1）。按照麦克唐纳的观点，法官的角色依然是"不固定和不确定的"。

麦克唐纳发现在提审程序持续时间的长短与法官参与提审的总体质量之间存在普遍的关系。提审平均持续时间不超过8分钟，重罪提审持续时间在10分钟之内（McDonald 1987，206）。在不足2/3的案件中法官询问被告人是否了解指控,只有半数多一点的案件,法官在记录中注明辩护律师向被告人解释了指控。不足半数的案件法官告知被告人指控的最高刑,只有4%的案件法官告知被告人答辩有罪过程中放弃的其他权利。55%的案子法官询问被告人答辩有罪是否受到威胁、强迫或被施压,法官有时小心地措词以使被告人理解检察官提供的答辩引诱不能被理解为压力,71%的案件法官将答辩协议记录在案(McDonald 1987,207—209)。

麦克唐纳的研究中,三个州要求法官调查指控的事实基础。51%的案件法官只是询问被告人是否犯了罪,大约半数案件检察官汇报了重要的指控证据(McDonald 1987,211)。

麦克唐纳通过会见被告人,发现一些被告人并不了解法官和律师在提审期间所说的一部分或全部内容,被告人汇报他们的律师曾向他们建议如何回答法官的问题。而且麦克唐纳注意到,一些法院向被告人建议他们的权利时运用的标准化形式,甚至使被告人更不可能真正了解指控或答辩有罪的后果。

基于上述观察到的现象,麦克唐纳总结出,尽管被告人可能比以前被更多的告知有关情况。

> 但最低限度额外询问被告人的答辩接受形式的运用,旨在最大限度减少被告人认为已经发生了什么和州说发生了什么之间差异的可能性,以及运用其他拟以达到上诉法院强制要求的方法轻易地使如今的答辩接受近似于一种新型的"虔诚欺骗"。(1987,214)

不接受有罪答辩

大多数案件接受有罪答辩的程序比较简短、马虎和不繁琐,然而,对被告人有罪答辩的自愿性、有关被指控罪行的被告人事实有罪、或被告人对答辩有罪后果的了解却产生了许多疑问。一项研究表明:

> 被告人可能心烦意乱,他可能受保护其他人或隐瞒更严重行为的愿望驱使,他可能认为即使他没有罪,接受较轻的惩罚比冒可能被宣判主要罪行有罪的风险要好;或者他可能误解他被指控罪行的

要件，根据法律规定他的行为不构成犯罪，但他却认为构成犯罪或他本可以作有效的辩护而答辩有罪。(Remington et al. 1969，570)

> **表 14—1 由管辖区确立"明知的"和"理智的"有罪答辩（1977 年 6 月—8 月）**
>
> 资料来源：William F. McDonald. 1987. "Judicial Supervision of the Guilty Plea Process：A Study of Six Jurisdictions." *Judicature* 70 (December-January)：208. 经 Williams F. Mc Donald 允许。

指控的方法/类型	埃尔帕索（106 人）	新奥尔良（120 人）	西雅图（138 人）	图森（110 人）	特拉华（131 人）	诺福克（106 人）	总数*（711 人）**
权利放弃者							
放弃了一项以上的权利？是	68.2%	95.8%	46.0%	98.2%	87.8%	67.9%	76.8%
三项以上的权利？是	15.1	55.0	29.7	85.5	64.1	16.0	44.7
五项以上的权利？是	0.0	24.2	8.0	0.0	51.1	0.0	15.0
放弃了哪些具体权利？							
陪审团审判	67.9	94.2	46.7	97.3	67.2	56.6	70.0
保持沉默	12.3	0.0	7.2	0.9	0.0	0.0	37.9
对质证人	15.1	50.0	33.3	80.9	64.2	8.6	44.4
上诉	0.0	81.8	37.0	0.0	78.6	60.9	43.0
律师（免费）	10.4	0.8	1.4	40.0	68.0	11.3	22.4
谁复述放弃的权利？							
法官	22.9	94.1	30.4	98.2	8.5	66.0	51.9
辩护律师	0.0	0.0	12.3	0.9	73.6	0.0	16.0
没人	30.5	5.9	53.6	0.9	14.7	32.1	23.6
其他人	46.6	0.0	3.6	0.0	3.1	1.9	8.6
谁问被告人是否他知道他放弃的权利？							
法官	19.0	96.7	56.6	91.8	24.8	65.1	58.8
辩护律师	0.0	0.0	0.0	0.9	45.7	0.0	8.5
没人	47.6	3.3	42.0	7.3	25.6	33.0	26.6
其他人	33.3	0.0	1.4	0.0	3.9	0.9	6.1
记下辩护律师向被告人解释了他的权利吗？							

指控的方法/类型	埃尔帕索 （106人）	新奥尔良 （120人）	西雅图 （138人）	图森 （110人）	特拉华 （131人）	诺福克 （106人）	总数* （711人）**
表14—1 续　由管辖区确立"明知的"和"理智的"有罪答辩（1977年6月—8月）							
是	8.6	95.0	56.9	18.2	91.5	54.9	56.3
解释指控							
谁解释指控？							
没有人							·
重罪指控	4.3	59.1	40.0	15.9	3.8	18.7	26.1
轻罪指控	2.4	75.5	68.4	63.4	1.9	45.2	36.6
所有案件	2.9	66.4	47.8	33.6	3.1	26.4	30.6
谁问被告人是否了解指控？							
没有人	56.2	19.3	51.1	34.5	46.2	36.8	40.9
记下律师向被告人作了指控解释吗？							
是	10.5	19.3	51.1	34.5	46.2	36.8	40.9
解释后果							
被告人被告知可能的最高刑吗？							
是	35.8	75.8	56.6	80.0	6.1	39.1	48.5

*由于四舍五入百分比总值不足100。
**由于一些没有回复，所以各管辖区调查规模稍有区别。

对答辩的适当性存有任何这种怀疑的法官都可能拒绝有罪答辩。在麦克唐纳的研究中，法官拒绝了2%案件提供的有罪答辩（McDonald 1987，213）。

拒绝有罪答辩是一个可能使法官处于进退两难窘境的重要决定。法官拒绝有罪答辩，事实上强迫被告人进行他经常有好的理由已经选择避免的审判。对审判法官拒绝接受有罪答辩的情形，上诉法院的观点不同，这些决定竭力平衡公平处置被指控者、检察官指控决定的权力，法官量刑决定的权力和保护公众，努力确保公正的利益。

撤回有罪答辩

一旦法官接受有罪答辩，被告人除了法官同意和在有限的情形下才能撤回有罪答辩，一般来说，被告人必须出示一些他该被允许撤回有罪答辩的合理理由。一旦法官已科处了刑罚，有罪答辩只有在表明如果不允许撤回会导致"巨大的不公正"或将上诉有罪判决时才能被撤回（LaFave and Israel 1985，811）。

过去一段时间，如果被告人答辩有罪就几乎不可能上诉。如今一些管辖区，如果被告人声称遵循了不正当的程序，则被允许对基于有罪答辩的有罪判决可以提起直接上诉。这种起诉一般与答辩交易中的允诺和威胁或律师的无效帮助有关。最高法院讨论在什么情形下有可能反对通过有罪答辩获得的有罪判决的案例，既矛盾又令人困惑。一般来说，最高法院似乎认定，如果被告人被剥夺了宪法规定的或其他一些权利，且由于这种权利的剥夺使被告人被说服答辩有罪，那么可以对有罪判决提出异议，尽管通过有罪答辩承认了有罪。

无罪答辩

如果被告人答辩无罪，通常就设定审判日期。如果被告人拒绝答辩，对指控不作任何评说，那么法院就按无罪答辩处理并像被告人答辩无罪那样进行诉讼。

肯定性辩护的告知

一般情况，证明责任在起诉方，被告方不必进行积极辩护，被告人享有无罪推定和不必证明罪行的权利。但是，在特定的情形下，被告人在肯定性辩护中提供无罪的证据可能对被告人的策略有利。精神错乱、不在犯罪现场、正当杀人和限制行为能力都被认为是肯定性辩护（见第 15 章）。在肯定性辩护中，被告人接受了提供被告人没有犯罪或不应承担刑事责任的证据的责任。在大多数管辖区，打算提起肯定性辩护的被告人必须预先通知这个意向。一般来说，这个通知应在提审或更早些时候作出，并且要允许起诉方一段时间准备反驳被告方主张的案件。

与答辩有关的特殊问题：无行为能力和精神错乱

被告人的精神能力如今在提审时逐渐具有特别的重要性。严重精神障碍或患精神疾病的被告人不能了解法院的诉讼程序和不具有法律所要求的放弃审判权利的精神能力。另外，提审是一个被告人可能"以精神错乱理由而答辩无罪"（精神病辩护）的诉讼程序，这些无行为能力和精神错乱问题常常被误解。

最近几十年对被告人的精神健康问题逐渐引起关注。在20世纪70年代期间不将精神病患者送交专门机构治疗以后，市区许多中心地方挤满了大量以前被认定为精神病患者的人。因为许多州和地方不能为这些人提供适当的社区和门诊治疗，且因为民事犯罪法律的更改，所以警察逮捕了许多他们有时的古怪行为被视为讨厌或引发害怕或担忧的精神病人，结果患精神疾病的被告人在全国各地的法院更为普遍。尽管单单精神疾病不能说明一个人无行为能力或精神错乱，但有关精神疾病的问题却日益频繁地被提起。一些研究表明，刑事法院的无行为能力和精神错乱程序越来越被用来将精神病患者送交专门机构治疗。

答辩或接受审判的行为能力

因为有罪答辩使被告人放弃许多重要权利，且因为有罪答辩都是合乎宪法规定的有效的，所有的权利放弃者都必须是明知的、理智的和自愿的，所以法官在接受似乎迷惑的被告人的有罪答辩时必须尤加注意。精神障碍或患严重精神疾病的被告人不能理解他们正在放弃什么或这样做的后果，这种案件，被告人没有答辩有罪或接受审判的行为能力。

因为关注放弃审判权利的有效性，所以在一些州，答辩有罪的行为能力标准甚至比接受审判的行为能力标准更高。但是，大多数州，适用答辩有罪和答辩无罪的被告人以及预测能否接受审判只有一个行为能力标准（LaFave and Israel 1985，802）。

无能力接受审判的定义

评估接受审判能力的最初标准是由美国最高法院 *Dusky v. United States*（1960）案的决定宣布的。在这个案例中，最高法院认为，被告人接受审判的能力取决于被告人是否当时"有足够的合理程度的理性理解和与其律师协商的现实能力——以及对指控他的程序是否有理性和事实的理解的能力"（402）。这个标准有两个拱形的组成成分：理性交流的能力和对被刑事指控、被起诉和被惩罚意味着什么的理解能力，两者均与被告人目前的精神状况有关，也就是指在法院诉讼时被告人的精神状况。被告人犯罪时的精神状况与行为能力无关。

许多状况都能造成被告人无能力接受审判。被告人可能精神障碍，不能理解在法院诉讼和被指控犯刑事罪行的含义；或者被告人可能患幻觉或精神妄想症；衰老或脑受伤造成的记忆丧失可能使被告人不可能在准备辩护过程中提供帮助；被告人身体非常单薄或虚弱，以致不能进行交流。

一些被告人只是在一段短时间内没有行为能力——适当治疗后可能重新获得能力，一些案件成功的精神治疗或恢复身体未必可能或做不到，其他一些被告人则可能间歇地具有法律行为能力，因为行为能力是考虑被告人目前的精神状况，所以被告人这个星期具有行为能力，下个星期无行为能力，而第三个星期又有行为能力，这完全可能。

申请无行为能力检查

被告人潜在的无行为能力经常在审理程序早期就受到与被告人接触的两位律师，即被告律师或检察官的注意，双方都可能将这一点向法院提起并要求对被告人进行检查。一些案件无行为能力的主张可能是逃避诉讼的策略，而另一些案件是检察官知道被告人的精神局限，提出检查被告人行为能力的动议，即使这样做会推迟指控的诉讼程序。最后，即使抗辩双方都不提起，法官可能命令进行无行为能力检查。美国最高法院规定的法官确保公平审判的职责，使无论何时对被告人的精神状况存有怀疑时检查被告人的行为能力成为必要（*Pale v. Robinson* 1966）。

当被告人的行为能力受到辩护律师、检察官或法官的怀疑时，法院必须命令被告人接受精神状况检查。检查的地点和时间各管辖区和各个案件变异很大，一些地方被告人通常在医生办公室里被检查几个小时，而另一些地方被告人则一般被收住在精神病院观察数天或数星期。不管哪种方式，检查的目的都是为了让专家——精神病学家和心理学家——对被告人的精神状况形成一个观点。

在检查和观察之后，检查医生出一份报告，这是将在法院归档的对行为能力问题的专家意见。接着是举行听证会，其间出示一些证据，以了解被告人与律师交流和参与辩护的能力，或与被告人了解审判时法院诉讼程序的能力有关。大多数情况，尽管被告人可能具有行为能力，但被告方对认定被告人无行为能力不作争辩；有时被告人更想去审判，就可能对被告人无行为能力的专家意见提出异议；另一些案件，被告方可能寻求无行为能力认定而不顾起诉方的反对。精神病学专家可能作证并发表有关他们对被告人行为能力的观点，但最终的决定由法官或者在一些州由陪审团作出。

无行为能力

以下的例子是一位检察官对被告人极力运用无行为能力程序以延误审判和赢得时间的看法。显然，该检察官视被告人的无行为能力主张为巧妙的操纵策略。

桑塔纳［一名如果被宣告有罪将面临长期刑罚的强奸被告人］极力声称他太疯狂不能去审判，他的精神状况对他本人的辩护不会有帮助。即使他成功地使法院信服，也不会使他免除刑罚，但至少会使他得到一些时间——并可能为他赢得许多时间。他的律师要求法院指令精神检查。……精神病学家们互相意见不一……昆士［县法院］……认定桑塔纳能接受审判……

> 审判临近，桑塔纳黔驴技穷。他吞下刮胡刀片，这是一项标准的为逃避看守所关押的花招：将刀锋磨钝，在刀片表面涂以凡士林，咽下，然后用 X 光透视。这发挥了作用。
>
> ……昆士命令举行重新听审和面对面对话。按照昆士法官的观点，桑塔纳对要花这么多年在监狱里非常伤心，以至于他太沮丧而不能帮助他的辩护。桑塔纳获得了他想要的——他不适合审判的认定。
>
> 法官的认定是无行为能力通常定义的滥用。昆士县检察官认为"没有法官会基于沮丧而认定一些人不适合审判"。但是，被告人得到了他显然想要的——诉讼的延误。三年半后，他被认定精神状况适合诉讼，他被宣告所有指控有罪。
>
> 资料来源：Alice Vachss. *Sex Crimes*. © 1993 by Alice Vachss. New York：Random House，p. 157. 重印经 Random House，Inc. 允许。

认定无行为能力的后果

如果被告人被认定为有行为能力，法院诉讼就像从来没有被行为能力动议和程序打断那样继续进行。如果被告人被认定为无行为能力，法院就必须作出一个被告人重新获得行为能力的可能性的额外决定。如果精神病学专家向法院出示被告人治疗后可能会重新获得行为能力的信息资料，法院就可能命令被告人接受治疗，经常是在专门机构进行治疗。如果被告人的状况得到改善，法院审查被告人的状况并决定被告人是否具有行为能力。如果被告人被认定为有行为能力，像从来没有被被告人的无行为能力打断那样又进行审判。

如果被告人最终没有恢复行为能力，或如果无论何时被告人再具有接受审判的行为能力都显然不可能，那么对被告人的指控就必须驳回（*Jackson v. Indiana* 1975）。州允许被告人恢复行为能力的时间各管辖区和各案件都相差很大。美国最高法院已拒绝对关押无行为能力被告人接受治疗的可允许期限设定"专断的时间限制"，大多数州根据"合理的"时间期限标准进行运作。

一些州和联邦管辖区对关押这些被告人采用了绝对的时间限制，6个月、12个月或18个月的期限比较普遍。一些州关押无行为能力被告人的期限不允许超过若被告人被宣告指控有罪可能科处的最高刑期。也就是说，如果一位被告人被指控犯扰乱社会治安罪，最高刑期为关押30天，那么一位被指控犯扰乱社会治安罪的无行为能力被告人只能被收住入院治疗30天，不能再延长。

行为能力和公平

无行为能力程序和关押的目的可以用较简单的句子作出总结：对不能理解正在进行什么或不能与律师进行有效的交流，以帮助她或他本人的辩护的被告人进行诉讼是不公平的，所以如果被告人处于这样一种不利的精神或身体状况就不再审判。因为州意在将被指控者提交审判，所以州可能努力增进无行为能力被告人的状况使他们重新具有行为能力，即使这样做需要在精神病医院关押和治疗被告人。有些时候，如果被告人不能重获接受审判的行为能力，那么州就必须停止努力并放弃起诉。

精神错乱和限制行为能力辩护

如果被告人通过限制行为能力或精神错乱辩护，将损伤的精神能力作为罪行的辩护而提起，那么被告人的精神状况也成为一个问题。尽管接受审判的行为能力问题着重于被告人目前的能力，但是限制行为能力和精神错乱辩护均考虑被告人犯罪时的精神状态，而不管被告人现在的精神状况。另外，无行为能力考虑被告人理解诉讼程序和参与辩护的能力，然而限制行为能力和精神错乱均考虑被告人的刑事责任和该受谴责性。

限制行为能力辩护

如果被告人被指控犯需要一些具体精神状况证据（比如故意，预谋的恶意或其他精神要件）的罪行，那么被告人就可能不会被认定这个罪行有罪。如果"这是精神疾病或缺陷的结果，［被告人］缺乏作为被指控罪行的一个要件所要求的精神状况"（Dix and Sharlot 1987，624），这被称为限制行为能力辩护。这些人可能被认为就较轻微罪行或不要求具体精神状态的罪行而言该受谴责，但就任何要求精神状态的罪行而言，可能表明为限制行为能力。例如，因为一级谋杀罪要求预谋恶意的精神状态，所以没有预谋恶意的人能被宣判一些不需要预谋恶意的较轻微的谋杀罪。如果没有较轻微的罪行，被告人可能因为限制行为能力而被完全宣告无罪。与精神错乱认定不同，因限制行为能力而被宣告无罪后不需被关押在精神病专门机构或接受精神病治疗。

精神错乱辩护

精神错乱辩护是最近几年争论和改革的目标，许多争论涉及如何适当地定义精神错乱。在划分疯与坏的界限过程中产生了界定精神错乱的问题。丽塔·西蒙和戴维·艾伦森写道："法律必须分清不愿和不能使行为符合法律要求的人们"（1988，174）。精神错乱辩护旨在免除对那些精神状况非常糟糕，以致不能对其行为负责任的人们的惩罚和使他们免受宣告有罪的耻辱。免除那些不该被谴责的人们的刑事责任，进一步强化了刑事法律所规定的责任总概念。

精神错乱定义最终与自由意志问题有关，刑法以人们必须对他们的行为负责任为先决条件，因为他们拥有自由意志。如果被告人在犯罪时由于精神疾病或缺陷缺乏自由意志，那么被告人就被认为没有责任。显然，精神错乱辩护对我们的正义感和应受谴责概念具有象征性的重要意义。同时，必须仔细地给精神病下定义，因为这样才能使真正该受谴责的被告人不能巧妙地操纵辩护方法和侥幸逃脱惩罚。

法院自罗马时期就开始考虑被指控者的精神行为能力，一些使严重精神障碍者免除刑事责任的机制在英国普通法中已存续了几世纪。在诺曼底人征服英格兰之前，英国国教力言允许疯子杀手的亲戚支付被杀赔偿金而免被判处死刑（Walker 1985，26—27）。早在中世纪时期就有法院宣告精神病人显然无罪的案例（Walker 1985，27），到 18 世纪精神病人因在犯罪时不能自主地行为而被常规地宣告无罪。根据一位法律史学家的记述，"在 19 世纪初之前，因精神错乱答辩而被宣告无罪的人被合法地赋予释放的权利，刑法对他们没有直接的权力。如果法院认为给他们自由太危险的话，在对危险的精神病人监禁之前，必须举行一个独立的民事犯罪听证会"（Moran 1985，32）。在 17、18 世纪期间，宣告精神病人无罪很常见。另一位历史学家指出："例如，在 1688 年的一个案例中，陪审团认为'在巴尔的伊丽莎白·沃特曼，一名心绪纷乱、思想不健全的囚犯，确实单独用剃刀杀死了她女儿玛丽·沃特曼，与几年以后被起诉杀了其父亲的男子一样被宣告无罪'，陪审团认定她是'一位精神病人和精神不健全'"（Bcattic 1986，84）。历史记录提供了大量证据，证明精神错乱辩护不是一项现代的发明，但是直到 19 世纪中叶，在关于丹尼尔·麦纳顿的诉讼中才权威地建立精神错乱的定义。

限制行为能力辩护

被告方传唤神经学家……

神经学家是著名的能诊断神经疾病的专家。他已经会诊了罗伯特·罗德布什［被告人］，并通过会见他的家人证实了他的认定。被告人有一段病史，从出生难产到儿童时期的癫痫症，对突发的暴力有着与生俱来的嗜好，神经学家作出了"间歇性失控症"的诊断。医生承认正被审判的谋杀未遂罪不是一件孤立的事件——有一段长期和加剧的家庭暴力历程。由于脑子功能失调，罗德布什在不能控制他的愤怒时"突发"，一些人称之为"四肢的愤怒"，大众传媒正在写有关这方面的文章。

根据医生的观点，罗德布什没有犯罪"故意"，他的间歇性失控意味着他有不可拒绝的犯罪冲动——不能自我控制的间歇性愤怒……

医生所说的听起来富有逻辑，但它的后果却是毁灭性的。罗德布什没有答辩"精神病理由的无罪"——他对殴打罪和谋杀未遂的"犯罪意图"要件提出异议。如果他使陪审团信服，他就能获得自由。谋杀罪固有的辩护使陪审团作出无罪裁决，这可能使他以后再犯……

星期一上午，我交叉询问了神经学家几个小时，然后我提出了具有分量的问题。如果罗德布什患间歇性失控症，为什么唯一的暴力受害人是他的妻子？为什么他从来没有在工作时或驾车时突然发作，而只是当他在家处于安全状态下（对他来说，不是指被害人）而突然发作？

陪审团宣告有罪。罗德布什在被假释前服了6年至18年徒刑的10年刑期。自审判后他从没有"间歇性失控"发作。

资料来源：摘自 Alice Vachss. © 1993 by Alice Vachss. *Sex Crime*. New York：Random House，pp. 80—81. 重印经 Random House，Inc. 允许。

精神错乱规则的发展

丹尼尔·麦纳顿因杀死罗伯特·皮尔爵士的秘书爱德华·德拉蒙德而被指控，德拉蒙德是在一次明显企图暗杀皮尔的过程中被杀死，皮尔后来成为英格兰首相。在审判时麦纳顿的律师争辩麦纳顿患幻觉症，真诚地认为人们想杀他，并因此而跟踪他。当陪审团宣告麦纳顿无罪时，公众的公开反对引起上议院（与美国最高法院的职能相等）思考精神错乱的定义（Dix and Sharlot 1987，616）。上议院当时考虑的问题与如今律师、法官和立法者在界定精神错乱时困惑他们的问题相同：

> 应该告知所有案件的陪审员，每个人都被推定为神智正常和具有对其罪行负责的充分理智，除非能合乎他们满意地证明情况并非如此；为建立以精神错乱为理由的辩护，必须清楚地证明，在实施这种行为时，被指控方因患精神疾病而缺乏理智，不知道他实施的行为的性质和意义，或者即使知道但也不了解他正在进行的行为是错误的。

* * *

例如，在幻觉的驱使下，他猜想另一个人正企图杀死他，于是他杀了那个人，如他所想，行使正当防卫，他被免除惩罚。如果他的幻觉是死者对他的品格和运气造成严重的伤害，为了报复这种猜想的伤害，他杀了他，他将受到惩罚。（引自 Dix and Sharlot 1987，616，617. 重印经 *Basic Criminal Law：Cases and Materials*，3rd. ed. by Dix and Sharlot. Copyright© 1987 by West Publishing Co. All rights reserved.）

麦纳顿规则，经常又被称为"对/错规则"，迅速被美国法院和立法机构作为权威和健全的精神错乱定义而采纳。麦纳顿规则的主要优点是它清晰地阐述了陪审团以精神错乱为由宣告被告人无罪所需的一些认定。

不能控制冲动检验

实施麦纳顿规则的经验表明，尽管患精神疾病，但却存在一些被告人知道行为是错误的但却控制不住的情形。这种情形促使宣布了一个新的精神错乱规则，包括首先在 *Parsons v. State*（1886）案中得到阐明的所谓的不能控制冲动检验。这个检验加上以前的麦纳顿检验形成了"两股"精神错乱检验：一股着重于被告人区别对错的能力，或是了解对错之间区别的能力；另一股着重于被告人控制他或她行为的能力，或行为的自律性。两股精神错乱检验结合在一起产生了新的刑事该受谴责性的定义：行为要被认定该受刑事惩罚，必须同时是明知的和自愿的。

德赫姆规则

然而第三个精神错乱定义是在 1954 年联邦法院审理 *Durham v. United States* 案后被粗略地加以考虑。在这个案例中，上诉法院采纳了早些时候一个新罕布什尔案件宣布的精神错乱定义。新规则规定，如果罪行是精神疾病或精神缺陷的产物，允许以精神错乱理由宣告被告人无罪。新规则迅速被标以"产物规则"的称号，并成为比对/错规则和不能控制冲动检验都广泛的一个规则。德赫姆规则的焦点是精神疾病和刑事罪行之间的因果联系。例如，根据麦纳顿规则，因幻觉认为他人毁坏了他的名誉和运气而将这人杀死的被告人（上议院以麦纳顿观点提供的例子）不能被宣告无罪。相反，按照德赫姆规则，如果陪审团确信刑事行为系精神疾病所致，即使被告可能明知报复杀死这人是错误的和本该控制他的冲动，这个被告人也可能被宣告无罪。如果报复愿望的起因是精神疾病，那么按照德赫姆规则，陪审团就能合法地宣告被告人无罪。

示范刑法典的界定

哥伦比亚特区美国巡回审判区法院 1954 年采用了德赫姆规则，这引起了新一轮公众和学者对精神错乱概念的兴趣。重新对这个问题的关注引起了美国法学会（ALI）在制定示范刑法典时对这个问题进行非常深入的研究。1962 年的《示范刑法典》明确阐述了精神错乱的定义：

> 一个人如果是因为在行为时患精神疾病或缺陷而缺乏鉴别其行为的犯罪性（错误性）或使行为遵循法律要求的实质能力而实施这种行为时，则不负刑事责任。(Model Penal Code 1985，61)

这个定义实质上是重申对/错和不能控制冲动这两个规则的合并内容。大约有半数州运用美国法学会的精神错乱规则，其他各州大多数仍使用麦纳顿规则或结合使用麦纳顿和不能控制冲动规则（ABA Criminal Justice Mental Health Standards 1989，333）。

精神错乱定义的最近改革

1981 年约翰·欣克利企图暗杀罗纳德·里根，然后统领美国。随后进行的精神错乱审判和欣克利的无罪宣告引起了公众的强烈反对，人们重新对精神错乱辩护的含义和运作进行了审查，并建立了国家精神错乱辩护委员会，以研究精神错乱宣告无罪中的法律和道德窘境问题。在报告中，委员会得出结论：

> 经过调查、公开听审和补充分析，委员会发现许多改变精神错乱辩护的叫嚣都是基于由于欣克利裁决而产生的荒诞说法和错误失败。这些说法认为精神错乱辩护是一个滥用的答辩，被用来轻易地宣告无罪和使被告人逃避惩罚，并产生主要的刑事司法制度问题。这些荒诞的说法认为所有的精神错乱被告人都是危险罪犯，他们胡乱地实施暴力行为，并只接受很短的一段时间治疗，之后又重新犯罪。

*　　　*　　　*

委员会一致认为这些说法没有事实基础。(National Commission 1983, 1)

然而,1984年国会采纳了一项精神错乱规则——第一部联邦精神错乱制定法——吸收了对/错检验,否决了不能控制冲动检验。

在实施构成犯罪的行为时,由于严重的精神疾病或精神缺陷,被告人不能鉴别其行为的性质和意义或违法性,按照任何联邦制定法,这都是诉讼的肯定性辩护,否则精神疾病或缺陷就不构成辩护的理由。(18 U.S.C. §17 (a))

与联邦相似,几个州修改了它们的精神错乱条款,废除了不能控制冲动的辩护构成。由欣克利案引发的对精神错乱的争论也使几个州——爱达荷、蒙大拿和犹他州——废除了精神错乱辩护,只留下限制行为能力辩护,以针对须考虑被告人犯罪时精神状态的案件(Simon and Aaronson 1988)。

最后,一些州制定了"有罪但是精神病"的条款。尽管这些州中有一些也废除了传统的精神错乱辩护,但在大多数案件中,当被告人提起精神错乱辩护时,"有罪但是精神病"作为一项替代的裁决而被运用。在法律有该条款规定的一些州,如果事实认定者(法官或陪审团)超出合理怀疑地认定被告人有罪,被告人在犯罪时患精神疾病,和在犯罪时被告人不是法律上的精神病患者,被告人可能被认定有罪但是精神病(Dix and Sharlot 1987, 627)。这种被告人被判处监禁,但如果必要的话,可能被转到其他地方接受精神治疗。在一些州"有罪但是精神病"的裁决要求州提供精神治疗,作为刑罚的一部分。

有罪但是精神病的提法也受到了批评。一些人认为这是提供给陪审员的一个简便方法,尽管有大量的精神疾病证据,但仍不愿意宣告被指控犯严重罪行的被告人无罪(Finkel 1988, 45)。具有讽刺意味的是,研究表明在规定有罪但是精神病条款的州内,宣告精神病患者无罪的比例并没有减少(Steadman 1985, 68)。最后,尽管"有罪但是精神病"裁决的目的显然是确保精神障碍的被告人在监狱服刑期间受到治疗,但在被认定有罪但是精神病的被告人中,有75%被监禁时并没有获得治疗（Simon and Aaronson 1988，192）。

精神错乱辩护：程序

当被告人以精神错乱为理由答辩无罪时，起诉方和法院都享有寻求精神状况问题专家意见的权利。每位专家向法院出具一份书面报告，载明基于对被告人的检查得出的专家结论。这些精神病检查可在门诊或住院进行，可能达几小时、几天或几个星期。

裁决精神错乱的程序各管辖区差别很大。典型的精神错乱辩护要求被告方提供充分的证据，以优势证据表明被告人在犯罪时患精神病。但是，程序的要求也有很大的差异。各州被告人都享有陪审团审判的权利，由陪审团裁决精神错乱问题，除非被告人放弃陪审团审判的权利而选择由法官审判。不管是陪审团审判还是法官审判，专家证言都很重要，但是专家并不是最终的决定者，精神错乱裁决最后由非医学人士——法官或陪审团作出。

成功精神错乱答辩的结果

大多数提起精神错乱辩护的被告人都被宣告有罪，甚至那些少数以精神错乱理由被宣告无罪的被告人也很少能以自由人的身份走出法庭。几乎所有因精神错乱宣告无罪的案件，被告人都被送往精神治疗机构。

一些州允许自动地关押因精神错乱而被宣告无罪者，这些州的法律推定犯罪时患精神病的被告人在审判后仍患精神病并具有潜在的危险，这项程序在1983年得到美国最高法院的批准（*Jones v. United States*）。大部分州要求法院将宣告无罪的被告人送往精神病治疗机构之前，必须对被告人患精神疾病和具有危险性进行独立和专门的裁定。为数众多的州则运用与民事托管患精神疾病和危险的精神病患者同样的标准，关押因精神错乱理由而被宣告无罪的被告人（Robinson 1984，306）。

如果被送往专门机构接受治疗，宣告无罪的精神病患者享有定期检查以决定他们的状况是否仍需继续关押的权利。如果被告人被认定不再是精神病患者和危险人物，各州都规定必须将他们释放。一些州规定关押宣告无罪的精神病患者，期限不能长于如果被告人被认定有罪将适用的最高刑期（Hochstedler Steury and Rotter 1991）。

透视精神错乱辩护

精神错乱的概念在英美法律传统中被承认已有几个世纪，然而，以免除不该受谴责者的责任和宣告该受谴责者有罪的运作术语界定这个概念却具有困难和争论。被广泛宣传报道的精神错乱案件不时地引起新一轮的重新界定和改革。目前的趋向是为那些患精神疾病的被告人建立另一套因精神错乱而被宣告无罪的机制，而不是因为患精神疾病就无论如何都不该受谴责。

这些改革似乎以相信大量被告人运用精神错乱辩护，通过答辩精神错乱而成功地逃避惩罚作为前提。公众观点的民意调查表明，一般公众认为精神错乱辩护被运用，以及被成功地运用，比实际是精神错乱要常见的多（见 Dix and Sharlot，1987，615）。平均而言，精神错乱辩护被不足1%的重罪起诉提起，尽管这个数字在一些管辖区高达5%，而在另一些管辖区不到0.5%，大约1/4的精神错乱答辩取得成功（Callahan et al. 1991）。最后，大量因精神错乱理由被宣告无罪的被告人被关押在精神病治疗机构达很长一段时间，经常超过罪行的最高刑期。

总　结

提审是在重罪法院要求被告人答辩指控的诉讼程序，一般简短且不繁琐。大多数案件被告人答辩有罪，对这些案件法官必须保证有罪答辩是自愿的、明知的和理智的，并且被告人答辩的指控有事实支持。为保证答辩是明知的和理智的，法官必须确信被告人有能力进行有罪答辩，也就是，被告人了解诉讼程序的性质和答辩后果。法官接受有罪答辩之后，案件就进入法院诉讼程序的量刑阶段。

小部分案件（10%的案件）被告人答辩无罪并被安排审判，只有被告人具有接受审判的能力时才能进行审判。如果被告人的行为能力存有疑问，诉讼程序就被延误，被告人接受精神状况检查，并在法官或陪审团前举行听证会以决定被告人是否具有诉讼的责任能力。如果被告人无行为能力，且不可能再获得接受审判的行为能力，那么被告人就不能因为罪行而被审判。不足1％的案件被告人以精神错乱理由答辩无罪，并接受有关犯罪时的精神状况检查。精神错乱是指犯罪时被告人的精神状况。大多数州已采纳了美国法学会将麦纳顿对/错检验和不能控制冲动检验结合在一起的精神错乱概念。精神错乱由法官或陪审团在审判时裁决，所以只有有行为能力的被告人才能以精神错乱辩护接受审判，大多数精神错乱答辩都不能获得成功。

参考书目

ABA *Criminal Justice Mental Health Standards*. 1989. Washington, D. C.：American Bar Association.

Beattie, J. M. 1986. *Crime and the Courts in England, 1660—1800*. Oxford, England：Clarendon Press.

Bordenkircher v. Hayes, 434 U. S. 357, 98 S. Ct. 663 (1978).

Boykin v. Alabama, 395 U. S. 238, 89 S. Ct. 1709 (1969).

Brady v. United States, 397 U. S. 742, 90 S. Ct. 1463 (1970).

Callahan, Lisa A., Henry J. Steadman, Marge A. McGreevy, and Pamela Clark Robbins. 1991. "The Volume and Characteristics of Insanity Defense Pleas：An Eight-State Study." Working Paper. Delmar, N. Y.：Research Policy Associates, Inc.

Dix, George E., and M. Michael Sharlot. 1987. *Basic Criminal Law：Cases and Materials*, 3d ed. St. Paul, Minn.：West.

Durbam v. United States, 214 F. 2d 874 (D. C. Cir. 1954).

Dusky v. United States, 362 U. S. 402, 80 S. Ct. 788 (1960).

Finkel, Norman J. 1988. *Insanity of Trial*. New York: Plenum.

Hochstedler Steury, Ellen, and Francis J. Rotter. 1991. "Raising the Insanity Defense: A Comparison of Rates in Jurisdictions With Differing Insanity Commitment Release Laws." *Criminal Justice Policy Review* 5 (4): 307—321.

Jackson v. Indiana, 406 U. S. 715, 92 S. Ct. 1845 (1972).

Johnson, Herbert A. 1988. *History of Criminal Justice*. Cincinnati: Anderson.

Jones v. United States, 463 U. S. 354, 103 S. Ct. 3043 (1983).

LaFave, Wayne R., and Jerold H. Israel. 1985. *Criminal Procedure*. St. Paul, Minn.: West.

McDonald, William F. 1987. "Judicial Supervision of the Guilty Plea Process: A Study of Six Jurisdictions." *Judicature* 70 (December-January): 203—215.

Miller, Frank W., Robert O. Dawson, George E. Dix, and Raymond I. Parnas. 1986. *Prosecution and Adjudication*, 3d ed. Minecla, N. Y.: Foundation Press.

Model Penal Code. 1985. Official draft and explanatory notes. Complete text as adopted May 24, 1962. Philadelphia: American Law Institute.

Moran, Richard. 1985. "The Modern Foundation for the Insanity Defense: The Cases of James Hadfield (1800) and Daniel McNaughtan (1843)." *Annals of the American Academy of Political and Social Science* 477 (January): 31—42.

National Commission on the Insanity Defense. 1983. *Report of the National Commission on the Insanity Defense*. Arlington, Va.: National Mental Health Association.

North Carolina v. Alford, 400 U. S. 25, 91 S. Ct. 160 (1970).

Parsons v. State, 81 Alabama 577, 2 So. 854 (1886).

Pate v. Robinson, 383 U. S. 375, 86 S. Ct. 836 (1966).

Remington, Frank J., Donald J. Newman, Edward L. Kimball, Marygold Melli, and Herman Goldstein. 1969. *Criminal Justice Administration: Materials and Cases.* Indianapolis: Bobbs-Merrill.

Robinson, Paul H. 1984. *Criminal Law Defenses.* St. Paul, Minn.: West.

Simon, Rita J., and David E. Aaronson. 1988. *The Insanity Defense: A Critical Assessment of Law and Policy in the Post-Hinckley Era.* New York: Praeger.

Steadman, Henry J. 1985. "Empirical Research on the Insanity Defense." *Annals of the American Academy of Political and Social Science* 477 (January): 58—71.

Walker, Nigel. 1985. "the Insanity Defense Before 1800." *Annals of The American Academy of Political and Social Science* 477 (January): 25—30.

第 15 章 准备审判

每一百个重罪逮捕案，其中不足五个是通过审判解决的（Boland, Mahanna and Sones 1992, 3）。如我们所见，许多以重罪逮捕的被告人检察官不指控或在审判前将案件驳回，剩下的案件绝大部分通过有罪答辩被解决。显然，审判是重罪法院大多数案件的一种例外，而不是期望的结果。

尽管审判较少见，但一些案件比另一些案件更有可能被审判。谋杀和妨害风化罪指控是比其他类型的指控更可能去审判的指控，但是即使这些罪行，大多数被告人还是答辩有罪而不去审判（见表15—1）。最可能去审判的是事实或法律不清楚的案件。

因为审判的可能性一直到起诉方被驳回指控或被告人答辩有罪时都存在，所以被告人一进入刑事法院诉讼程序就得开始准备审判。如第12章所述，律师会见可能的证人和审查物证，以了解他们知道的造成被告人逮捕的所有情况。初步调查和准备对案件的谈判结果都很重要，同样也严重地影响在审判时赢取案件。然而，一旦谈判解决表现出不可能，律师必须将他们的注意力转到审判辩护上。本章介绍检察官和辩护律师在准备审判过程中必须考虑的几个主要问题。

> **表 15—1　罪行类型被审判的可能性**
>
> 资料来源：摘自 Barbara Boland, Paul Mahanna, and Ronald Soncs. 1992 The Prosecution of Felony Arrests, 1988. Washington, D. C.；U. S. Department of Justice, Bureau of Justice Statistics，pp. 30—34。

所有管辖区，越严重的案件越有可能去审判，但是去审判的案件比例每个管辖区却区别很大。比如，在圣路易斯通过审判解决的谋杀案件是私藏毒品案的 23 倍，但是在洛杉矶，可能去审判的谋杀案件则只是毒品案件的 4 倍。在圣迭戈，只有 7% 的妨害风化案件通过审判解决。曼哈顿和华盛顿特区没有通过审判解决的私藏毒品案件，但是在波特兰，22% 的私藏毒品案件则是在审判时被解决。

警察工作、检察官筛查案件和答辩交易的不同能解释这些变异吗？其他什么因素可能解释管辖区之间的这些差别？

管辖区	通过审判解决的被起诉案件的百分比					
	暴力罪行			财产罪行		
	谋杀	妨害风化	抢劫	夜盗	盗窃	私藏毒品
丹佛	38%	22%	6%	2%	2%	9%
洛杉矶	26	25	10	6	6	3
曼哈顿	26	19	11	7	8	0
新奥尔良	50	22	27	11	7	8
俄勒冈，波特兰	44	27	22	13	14	22
圣路易斯	46	23	17	7	3	2
圣迭戈	26	7	9	4	2	1
西雅图	45	33	17	9	6	8
华盛顿特区	53	36	24	11	4	0

除了最简单的案子，所有案件的律师都面对着一大堆证据：成堆的纸和文件、证人陈述、警察报告、被告人陈述、法庭实验室报告、物证、照片等等。这些证据中，一些证据与案件无关或没有必要，一些证据与其他证据不符，一些证据比较有帮助，而另外一些证据则可能破坏案件或甚至是定罪的证据。

律师在准备审判过程中的任务是过滤这些成堆的信息资料获得必要的信息，并编织一个事实认定者能同时理解和相信的故事。律师围绕着解释律师的委托人（州或者被告人）为什么该赢的主题来构造故事

(Goldberg 1982，62)。检察官构造说明被告人有罪的故事，反之，被告方构造另外的一个故事——被告人没有罪或至少不是那么有罪的故事。例如，在一桩谋杀案中，检察官的主题可能是"妻子报复杀死了欺骗她的丈夫"。而同一个案件的被告方主题则可能是"被丈夫殴打的妇女在数年虐待和不忠心的压力下突然暴发，绝望地杀死了丈夫，企图躲避他的残忍"。然后每位律师组织可获得的证据，按这个主题考虑辩护方案（Bennett and Feldman 1981，41）。每方在开场陈述中出示他们的故事，并通过询问每位证人加以强调。

如果陪审团是事实的认定者，律师也必须准备陪审员的挑选。常规案件，陪审员挑选准备只是审判准备的一小部分。然而就另外一些案件而言，这项任务就很繁重，要花费很多时间和资源。

对于案件的准备，时间是一项重要因素。花在准备上的时间长短取决于许多因素，包括案件涉及的律师脾性、可利用的时间和案件严重程度。一些案件，律师可能没有准备审判的机会。急剧膨胀的案件工作量可能意味着只有最严重的案子才能在审判前得到较细致的审查。有些案件，律师可能只是在审判的前几天或几小时，或甚至几分钟接收到案件（Marcus 1989，3）。对于这些案件，检察官或辩护律师可能只有阅读警察报告书和案卷中其他文件的时间，并匆忙勾勒出在审判期间需要确立的观点。

以下的介绍假设律师有时间并有意要仔细地准备审判。实际的准备工作经常受到更多的限制。

预测辩护方

尽管起诉方和被告方审判准备的许多工作相似，但在审判时不同的角色意味着他们之间存有一些差异。检察官必须特别仔细地分析在审判时运用的证据和方案，这样检察官才能在法庭上出示可信和具有说服力的证据，证明罪行的每个构成要件。

尽管检察官构造了成为州案件的一个故事，但他们也必须预测被告方可能编织的以说服陪审团宣告无罪的故事。检察官必须以被告方的观点看待证据。证人对被告人的识别不确定或有矛盾吗？如果有，起诉方预测被告方会提出错误身份辩护。强奸的受害人认识被告人吗？如果认识，起诉方预测被告方会争论被害人同意发生性行为。

检察官也搜寻其他可能的辩护策略线索。例如，被告人向警察作的供述，尤其是开脱罪责的陈述，可能暗示辩护的方向；辩护律师在预审听证时提的问题可能提示他们的策略。例如，如果被告方在预审听证时着重目击证人识别被告人的确定性，检察官就能猜测这可能是审判时被告方的中心辩题。被告方在保释和答辩交易过程中要求减低保释金额的陈述也提示被告方认识到检察官案件的薄弱处。被传媒报道的案件，辩护律师向记者作的陈述可能反映辩护主题。这些线索都给了检察官计划如何削弱被告方故事和增强起诉方案件的机会。

辩护计划

与检察官一样，辩护律师按照必须证明的案件要件分析案件的强点和弱处。证据的薄弱部分可能使事实认定者宣告被告人无罪或至少宣告起诉状中一些比较严重的指控无罪。

决定辩护策略

决定辩护策略通常不是一件识别起诉方案件的薄弱点和希望一旦薄弱点被击中，证据就会像空中楼阁般倒下来这样简单的事。相反被告方常常有几项可能的策略，难的是在这些策略中作出选择，尤其是当提出一项辩护使另一项辩护运用的可能性丧失和两项辩护相对的成功可能都不清楚时。

例如，如果被害人对被告人的身份不确定，错误身份主题可能可行。如果被害人的身份被 DNA 鉴定佐证，那么这项策略就变得较有风险。但 DNA 证据还很新鲜，一些法官会拒绝承认，陪审员也可能认为结果值得怀疑。同样的案子，被告方也能提出似乎合理的自我防卫故事。但是，如果被告方主张自我防卫，显然不能再主张身份错误。主张自我防卫，就如一句谚语所说的一样："人不犯我，我不犯人；人若犯我，我必犯人。"由于从几个选择中挑选一项辩护策略具有风险，所以被告方通常对可能的辩护和每项辩护的风险和优点作简单概括，有时根据法官如何裁定审前动议选择辩护策略。例如，如果法官准许反对承认DNA 证据的辩护动议，那么被告方就选择错误身份的策略。如果法官拒绝了这项动议，错误身份辩护就变得更有风险，辩护律师可能决定选择自我防卫策略。

一般来说，在审判时辩护策略主要有两种类型。一项策略是破坏起诉方案件的可信度，这涉及瓦解证人和其他证据的可信性以及对事实作不同的解释或"旋转"。例如，如果警察主张被告人靠近一个便衣警察想买毒品，辩护策略可能是说服陪审团警察误解了被告人的行为；另一项一般策略是提出肯定性辩护，辩护律师极力证明被告人没有犯罪，其行为是正当的或应该免除刑事责任。例如，在购买便衣警察的毒品案中，被告方可能极力证明设圈套诱人犯罪的肯定性辩护。

逐渐破坏起诉方案件

担任洛杉矶县 17 年地区副检察长的迈克尔·D·马库斯，对辩护律师破坏起诉方案件可信性使用的战术作了总结。辩护策略常常着重于罪行的一个要件，且努力表明检察官不能证明那个要件（Marcus 1989）。如果被告方能对任何要件的检察官证据提出怀疑，法官或陪审团就不能对那个指控宣告有罪。被指控持械抢劫的被告人可能主张，他与被害人争斗但他没有抢劫被害人的意图。但是，在争斗之后，他觉得自己受伤害并且自己行为是正当的，于是他偷了被害人的夹克衫。这里的辩护是被告人没有犯抢劫罪，因为他的斗殴没有偷夹克衫的意图。相反被告人只犯盗窃罪，罪行要轻微得多。如果被告方能对争斗开始之前被告人偷窃意图成功地提出疑问，被告人就能赢得宣告无罪。为了使陪审团相信这个故事的合理性，被告方必须出示被告人以及被害人存在长期关系和被害人是暴徒和小偷的证据。被告方通过出示证据证明是相识者之间发生打斗，然后夹克衫被偷的故事之后，希望借此对抢劫罪指控的主要要件提出合理怀疑。

另一种破坏起诉方案件的方法是攻击起诉证人的可信性（Marcus 1989）。作为展示程序的一部分，辩护律师可能知晓所有起诉方证人的刑事历史。如果证人有刑事记录，尤其是最近的宣告有罪或指控待审，那么被告方就处于破坏证人可信性的有利位置。通过强调证人以前涉及刑事案件，被告方将州证人描绘成卷入恶毒的交易，是一个不值得信任的人。起诉方的案件被被告方破坏，到了一种对被害人的无辜和可信性产生怀疑的程度。

有前科的证人

前曼哈顿检察官戴维·赫伯劳纳描述了一件被害人和关键证人有毒品交易记录和这个记录如何破坏了对被告人指控的案子。奎塔纳[被告人]被指控偷窃基思的夹克衫。

穆奇[一位关键证人]那天早上作证，但是因为两个被宣告有罪的贩卖毒品犯指控另一个被宣告有罪的贩卖毒品犯抢劫以及故事情节的不一致，案件成了一桩闹剧。奎塔纳[被告人]也站在证人席上作证并向戴维森[法官]陈述了他本人对案件的看法。他声称基思[被害人]在傍晚早些时候卖给他质量不好的毒品。当他返回来向基思抱怨"产品质量"时他已经付了钱，因此他们做成了这笔买卖。"把你的夹克衫给我作抵押，"奎塔纳说，"我将拿着它一直到你使我得到我的钱。"

因为基思和穆奇都有刑事前科，奎塔纳说的故事似乎至少是合理的。在这种情形下，法官没有理由认为基思和穆奇比被告人更可信。在被告人和"被害人"之间，奎塔纳的故事肯定是对所发生事情的合理描述。法官宣判奎塔纳无罪。

资料来源：摘自 David Heilbroner. 1990. *Rough Justice: Days and Nights of a Young D. A.* New York：Pantheon，p. 271.

如果证人正面临指控，被告方通过提出证人以提供反对被告人的证据而获得宽恕，从而使人们对证人的证言产生怀疑。证人的可信性被双倍地破坏。首先，被告方主张证人是"人所周知的罪犯"，不值得信任；被告方然后争论，证人之所以站在证人席上是为能得到回报，他所作的证都是检察官要他说的。

甚至警官的可信性也能被破坏。有时由于警官在法庭上的态度，他们比可信的证人作用都小。了解警官表现傲慢或懒散的辩护律师，可能计划在法庭上利用这个性格特征作为辩护的资本。其他案件，被告方则极力将警察的行为渲染成不可靠或不合法。例如，被告方可能会努力陈明便衣警察鼓励被告人犯罪；被告方可能争论警察"企图抓获"被告人而不管被告人是否犯了罪。在交叉询问警察证人时，被告方极力使警官承认警察拼命地不惜一切要侦破一个被广泛报道的罪行，而且是在新闻界和地方政要的压力下逮捕了一些人，可能是任何人。如果被告人供认了罪行，被告方可能努力表明讯问是强迫的以及供认不可信。

如果起诉证人表现出值得信任和不能轻易地被中伤，可能涉及提出证人犯了一个诚实的错误来破坏州的案件。律师可能强调，证人对一名被声称犯罪的陌生人作出肯定识别的困难性。被告方会强调证人观察被告人时的条件，光线差、视力不好、压力和只有很短的观察时间——所有的因素都会被辩护律师仔细审查。

肯定性辩护

除了通过强调证据的不一致性和其他问题来破坏州案件之外，被告方可能提起肯定性辩护。肯定性辩护常常基于被告人具有正当理由或免除责任的主张。正当理由是指即使被告人实施的行为通常构成犯罪，但在这种情形下行使这种行为是正当的而且不应承担刑事责任。例子包括自我防卫、胁迫和紧急避险。相反，责任免除是指尽管被告人已经触犯了法律，但犯罪时的情形使他免除全部或部分刑事责任。基于免除概念的一个辩护例子是精神错乱辩护（见第14章）。最近几年刑事被告人提出的一些新的辩护，包括受殴打配偶综合症和创伤后的精神紧张紊乱，都

第15章 准备审判

是基于刑事行为的责任免除概念。另一项肯定性辩护是证明被告人不可能犯罪，因为被告人那时在另外其他地方，这是不在犯罪现场的辩护。

辩护策略：专横的讯问

这部分内容摘自一本有关中心公园慢跑者强奸罪审判的书。辩护律师米基·约瑟夫通过展现委托人的供认是讯问警官不公平施压的结果，竭力破坏州的案件。

当他在7月27日星期五开始为这个案件辩护时，米基·约瑟夫的任务是回答由委托人录像提出的一个重要问题。为什么安特伦·麦克瑞［被告人］会承认他没犯的罪行呢？

麦克瑞的父母都是农民，但是整个讯问过程他们都知道。他们会让侦探强迫他儿子错误地自我归罪吗？约瑟夫的回答是他们会，如果警察允诺如果他同意自我归罪和作证反对其他嫌疑人就放他出去。现在约瑟夫不得不使陪审员相信已发生了这笔交易，尽管他们已听到侦探希尔德伯伦特和戈扎勒兹对此的否认。

约瑟夫的交叉询问对侦探的可信性造成极大的破坏，强调了他们讯问中的重要矛盾。

* * *

约瑟夫充分准备了他的证人。［博比］麦克瑞［被告人的父亲］的回答与他的猜想一致，没有迟疑地作出回答。他说了一个按照侦探希尔德伯伦特和戈扎勒兹给的作证结构的故事。讯问有三个部分，中间被他和侦探在走廊里的讨论打断。在开始第三部分讯问前，他妻子被要求离开房间，然后确实只有安特伦将关于女慢跑者的罪归于其本人。

除了这个框架之外，麦克瑞和警察对所有的严重点都意见不同。父亲作证，孩子说他目睹公园里的"一些绅士"殴打但他没有参加。他坚持对女人一无所知。孩子大喊大叫直到他和他母亲都流泪。他妻子被告知离开房间，这并非为了减轻安特伦的污辱而是因为她极力保护她的儿子免遭强迫。

约瑟夫问麦克瑞当侦探戈扎勒兹要琳达·麦克瑞出去时他是否表示反对。"我没有说的权利，"他实事求是地回答，"我在他们的地盘。"

* * *

麦克瑞说，最后他命令他儿子将水库的殴打和强奸归罪于他本人，因为侦探说服他安特伦不是一个反对其他人的可信证人，除非他承认自己有些牵连。

博比·麦克瑞描述了他与安特伦的私人谈话。"我说'我知道你在告诉我真相。你告诉这些人他们想要听的，你会回家'"。

"你儿子说了些什么？"约瑟夫问。

"'我不在那里。我不想撒谎，'"麦克瑞回答。

"接着发生了什么？"

"我又乱又气，朝房间扔了一把椅子，因为我正试图使我儿子撒谎，"他回答道。（侦探说过当麦克瑞和他儿子单独在少年审讯房时他们听到很响的嘈杂声，像家具在搬动。）

麦克瑞说，讯问继续时，侦探重复讯问他儿子关于强奸的事情。警察大喊："停止胡说！停止胡说！"伸出手臂越过桌子用手指指着安特伦的脸。

尽管父亲催促孩子继续声称他对女人一无所知，但现在警察在场他合作。"我仍然坚持，"麦克瑞说，"如果'你不告诉他们想要听的，你会去监狱．'"

最后，麦克瑞说，他的儿子，含着泪水，屈服于他本人和警察的联合压力。"他说，'好……忘掉它．'"

[然后麦克瑞解释为什么他和琳达·麦克瑞同意将儿子的供认制成录像，尽管现在他们在法院声称他们相信儿子是无辜的。]"因为我已经告诉警察会合作并作证，"麦克瑞说。

在录像以后，麦克瑞补充道，他惊奇地发现他儿子并没有获得自由。

约瑟夫问麦克瑞在这之后他向侦探说了些什么。

"我说，'混蛋？你说我们能回家……我们已经在这里呆很长时间了．'"

"他怎么说？"律师问。

"坐在那里当我是疯子一样地看着我．"

第 15 章 准备审判

> 安特伦被宣告所有指控有罪：强奸、殴打和抢劫罪。
>
> 资料来源：摘自 Timothy Sullivan. 1992. *Unequal Verdicts*: *The Central Park Jogger Trials*. New York：Simon & Schuster, pp. 181—184. Copyright © 1992 by Timothy Sullivan. 重印经 Simon & Schuster，Inc. 允许。

与其他辩护策略不同，肯定性辩护要求被告方出示证据支持他主张的所发生的事情。一般而言，州法律要求被告人负举证责任以成功地提出肯定性辩护。证据标准可能是优势证据，清楚和令人信服的证据或超出合理怀疑的证明，取决于州法律的规定。优势证据是三项标准中最低的标准，清楚和令人信服的证据标准次之。不管是何种证据标准，被告方必须能使肯定性辩护成立，起诉方仍旧必须超出合理怀疑地证明罪行的每个要件。即使起诉方完成了举证责任，如果被告方能证明肯定性辩护的要件，被告人还是被宣告无罪。所以，提出肯定性辩护以后，检察官除了证明被指控罪行的要件以外，还必须计划破坏被告方的案件。

正当理由的辩护

制定法和普通法的解释不同，但所有州都规定在自我防卫中使用暴力是正当的——运用暴力防止自身或其他人遭受严重的身体伤害。一般而言，被告方必须证明被告人合理地认为他或她处于即将发生的严重侵害身体的危险之中，并且被告人在这种情形下使用的暴力强度是合理的。他人防卫涉及使用暴力保护其他人。在准备采用这些理由辩护的过程中，辩护律师必须考虑支持自我防卫主张的证据是否存在。例如，被告人遭受伤害，或被害人动武了吗？当被害人威胁地向被告人靠近时，被害人口头威胁了吗？能作证的证人会作证他们认为被告人受到威胁了吗？被告人是一个可信和有说服力的证人吗？

肯定性辩护

大多数肯定性辩护与被告人行为具有正当理由或免除责任有关。正当理由是指否则是犯罪的行为，但在这种情形下是正当的，被告人被宣告无罪。免除是指被告人可能被免除刑事责任，经常是由于被告人缺少构成犯罪故意和被告人因为这种行为该受谴责的必要的精神能力。

苏·泰特斯教授归纳了传统的肯定性辩护和一些案件试用的新的辩护主张。

无知或错误

一般地不懂法律不能作为免除刑事责任的口实，但是少数案件不懂法律可能是有效的辩护。特别是，如果州没有合理地通知法律规定，触犯这个规定可被判处免除刑事责任。对事实的错误认识也可能免除一个人的刑事责任。比如，如果一个人从公共衣架上取走人家的上衣，误认为是他自己的，该错误可以免除这个人偷窃的刑事责任。

精神错乱

如果被告人在犯罪时精神受障碍，以至于他或她不能因为他或她的行为而受谴责，被告人能完全被免除刑事责任。与此相关的辩护是限制行为能力辩护。这两项辩护都在第14章结尾的专门部分中作详细讨论。

自我防卫（正当杀人）

一个人为了保护他或她自身免受死亡或严重身体伤害的危急威胁而运用武力是正当的。如果被告人能证明被害人就在被告人行为之前制造这种危急威胁，被告人被认定无罪。

胁迫或紧急避险

与自我防卫的正当理由相似，一个人犯罪，包括使用武力是正当的，如果这种行为对避免死亡或严重伤害的危急威胁是必要的行为。紧急避险辩护可能被为了叫警察到出事现场而闯入人家家里的被告人提出。如果被告人因武力威胁被强迫犯罪，被告人可主张是在胁迫下犯的罪。

受殴打配偶综合症

在一些案件中，妇女们已经成功地争辩她们应该被免除殴打或杀人的刑事责任，因为她们遭受了一段被后来她们殴打的人暴力伤害的经历。关于是否准许全然提出这种辩护，法院有两种截然不同的观点。

精神紧张辩护

创伤后精神紧张紊乱是许多被害人在最初的创伤造成精神紧张之后一段时间，经常是几年严重的创伤经历产生的心理痛苦。一些被指控犯许多罪行的越南战争退伍军人已提起这项辩护。身体被严重虐待但犯暴力罪行的被告人也努力提出精神紧张辩护。受殴打的妇女辩护经常也涉及一些精神紧张辩护的要件。

执行法律

警官和一些案件的公民运用武力或实施其他常规上属于犯罪的行为被认为是正当的，如果这些是执行法律必要的行为。殴打罗德尼·金被指控的四位洛杉矶警官的辩护涉及执行法律辩护。

设圈套诱人犯罪

提出设圈套诱人犯罪辩护的被告人必须证明政府人员诱使被告人犯罪和被告人否则不会犯罪。设圈套诱人犯罪辩护通常在隐蔽的官员企图与被告人进行刑事交易（比如妓女或毒品买卖）的案件中被提起。

不在犯罪现场

不在犯罪现场的辩护主张被告人不是犯罪的罪犯，因为在罪行发生时被告人在其他地方。为了取得辩护成功，被告方必须证明罪行的发生时间、地点和通过证明被告人在其他地方而证明被告人在罪行发生时不可能在犯罪地点。与大多数其他的肯定性辩护不同，不在犯罪现场不是行为具有正当理由或免除责任的辩护。不在犯罪现场的辩护主张被告人根本不在场。

资料来源：Sue Titus Reid. 1992. *Criminal Law*, 2d ed. New York: Macmillan.

例如，在遭殴打的妇女杀死她丈夫的案件中，辩护律师必须考虑事实认定者如何评估当妇女用厨刀刺她丈夫时如果他将背转过来的这种情形。这个案件的起诉方可能竭力证明被告人有意要杀死她丈夫以逃脱不幸福的婚姻。反过来，被告方会努力证明被告人认为她丈夫正准备再次打她，她的正当防卫反击是逃避残忍和可能致命的殴打的唯一办法。为证明案件，辩护律师需要出示有关被告人在犯罪时的精神状况证据，包括她遭受的其他殴打证据以及有关受殴打配偶综合症的专家证言。

紧急避险辩护涉及如果被告人不干预，自然界暴力会伤害或杀死一些人的情形。例如，如果一位无家可归的人被发现睡在仓库后以非法侵入逮捕，被告方可能主张被告人被冻死的危险制造了非法侵入的紧急必要性，所以侵入是正当的。

主张胁迫，被告方必须证明有人运用或威胁使用不合法的武力迫使被告人犯罪。辩护律师的委托人若是一位与年长的同伙正在夜盗时被抓获的16岁少年，被告方可能主张年长的共犯事实上威胁伤害年轻的被告人除非他同意参与夜盗。被告方的成功与否取决于辩护律师说服事实认定者的能力。如果辩护律师能使事实认定者信服年纪较轻的孩子是因为害怕拒绝合作将遭受严重伤害而犯罪，被告方就获得成功。

不在犯罪现场的辩护

在不在犯罪现场的辩护中，辩护律师努力证明被告人在罪行发生时不在犯罪现场而在其他地方。被告方必须提供作证证人，他们能作证在罪行发生时被告人的具体所在。当被告人犯罪的有关证据是旁证、被害人对被告人的身份不确切或被告方能指出被害人对被告人的犯罪作了虚假陈述时，不在犯罪现场的辩护就常常被提起。许多州规定，如果被告方计划在审判时提出不在犯罪现场的辩护，则必须先通知起诉方（Miller et al. 1986，776）。这项规定使起诉方有机会调查支持被告人不在犯罪现场的证人的可信性以及寻找可能反驳被告方证人故事的其他证人。例如，如果被告方证人声称在罪行发生时他和被告人一起在看电影，检察官可能会见电影院的工作人员。另外，检察官可能会见在罪行发生时看见被告方证人独自一个人或与其他人在一起的人。

第 15 章　准备审判

准备证人：审查证据和预先演习审判

审判的许多证据是证人证言，通过证人作证出示。双方律师都将需要传唤的证人列成名单并决定被传唤作证的顺序，然后准备每位证人的传票并通过法院安排在审判前送达。

在案件的初步准备期间（见第 12 章），证人通过提供有关造成被告人逮捕和指控的所发生事情的信息材料使律师有所准备。到律师开始准备审判时，他们至少已会见重要的证人一次，有的可能更多。随着准备工作特别地针对审判而展开，律师—证人之间相互影响的重点也发生改变，现在律师开始使证人对审判能有准备。

律师们努力与证人保持联系，以确信他们仍旧合作并满足证人任何与案件有关的要求或想法。检察官此时可能从被害人—证人服务人员处获得帮助。审判前，律师与每位证人碰面——有时单个，有时集体——再次检查证人所知道的和能作证的事项。律师与证人不充分的庭审准备意味着证人席上尴尬的惊讶。

再检查证人证言

律师首先必须清楚地了解证人知道和不知道以及会说和不会说什么。律师常常提供给证人以前所作陈述的复印件，比如证人向警察作的陈述、早先时候与律师会见的笔录和预审听证时的证人陈述。提供这些陈述能唤起证人的记忆和使证人有机会对一些可能与记忆不相符的陈述作出反应（Goldberg 1982）。律师也可能指出案件的含糊或与其他证据不符之处，要求证人解释。

预演审判出庭

除了检查证人提供的信息资料之外，律师们还为证人的法院出庭作准备。律师指导证人如何成为一个"在审判舞台上可信的表演者"

(Goldberg 1982，104)，经常演习直接询问的部分或全部内容；另外，律师还扮演对方的律师使证人对交叉询问能有所准备。这种准备的主要目的是减轻证人对作证，尤其是交叉询问的紧张感。有时律师会将演习录像，这样证人能看见他们自己的表现（Goldberg 1982，122)。律师可能会提供有关证人作证的指示和一般的反馈信息。比如，如果在一次特别引人注意和劝诱性的会见中证人作了陈述，律师建议如果在审判时问那个问题，证人就以完全相同的方式回答（Marcus 1989，72)。如果在模拟交叉询问期间证人生气和争辩，律师就告诫证人发怒不会给陪审员留下好印象。

律师可能向证人建议关于审判时适当的着装和举止。证人被建议不要在法院过道里与陌生人讨论案件和在法庭内外表现得严肃与缄默，因为陪审员冷不防会察看或聆听。

辩护律师也必须使被告人做好审判的准备。即使被告人不打算作证，被告律师也必须警告被告人，当其他证人作证时不能有任何面部的表情反应或发出噪音。一些被告人认为他们应该运用面部表情或呻吟表示起诉方证人正在说谎。大多数辩护律师认为，陪审员厌烦这种对注意力的分散，尤其是被告人不愿作证时（Goldberg 1982，134)。一般而言，辩护律师建议委托人在证人撒谎时将评论写在纸上通知律师或提出交叉询问的问题。

准备物证和示意证据

律师也必须检查审判时运用的物证和会见解释物证、心理学证据或其他证据需要的所有专家证人（见图15—2），检察官尤其要必须保证所有证明罪行所需的物证都能获得并已做好审判准备，如果证据丢失或随着时间被削弱或破坏，最好及时而不是在审判的当天早晨才被发现。物证，比如武器、衣服、文件、赌具或其他物品，帮助检察官证明罪行。示意证据，比如照片、图解、地图、表格、甚至计算机模拟和罪行的法律补充规定,帮助律师在法庭上出示证据。为向陪审团出示证据可能需要摄像专家放大照片和文件,需要书画家画出犯罪现场的地图或抛射物试验的结果图表,甚至要求艺术家画出描写犯罪情节的一系列图

表 15—2　专家证言的主题

资料来源:Michael D. Marcus. Copyright © 1989. *Trial Preparation for Prosecutors*. New York:Wiley, pp. 148—149. 重印经 John Wiley & Sons, Inc. 允许。

帮会价值和在公共场所涂写内容的分析
财经数据的解释和分析
齿纹鉴定
工具纹鉴定
涂片和玻璃碎片分析
死亡原因
骨头的年龄和性别
火器操作方法
破坏性设备的功能
笔迹分析和鉴定
手印鉴定
被害人或被告人的身体条件
血液分析
精液分析
头发分析
血酒精含量呼吸结果的分析
雷达操作描述
地磁仪操作描述
麻醉剂和危险毒品数量和质量分析
私藏毒品的目的
一定的欺诈计划比如费用预先运作、诱售和空骗的描述
语言学分析
赌博器具的分析和解释
色情调查建立社区标准
精神疾病或缺陷、限制行为能力、精神错乱和接受审判能力的分析
受虐待儿童的创伤分析
虐待儿童适应综合症描述
强奸创伤综合症描述
创伤后精神紧张紊乱的描述
文件日期
估量财产合理和公平的市场价值
事故重新构建

片。这些证据被双方律师运用,以使法官和陪审团更能理解犯罪行为。

示意证据的适当性是审判时一个有争论的问题。反方律师可能提出图表或照片误导人或存在歧视。当运用示意证据时,律师可能需要与反方律师约定或提出要求法官在审判前裁定示意证据可采纳的动议。

放弃或不放弃:陪审团审判和审判策略

陪审团审判的权利被普遍认为是被告人的基本权利之一和英美司法制度的奠基石,另外,陪审团审判为被告方提供了许多策略优势。陪审团审判,被告方只需要使一个或一个以上的陪审员产生合理怀疑,陪审团也增加了提起成功上诉的可能性。尽管法官被期望能无视审判过程中作的歧视评论,但在陪审团面前作的这种陈述则可能是上诉推翻有罪判决的理由。

陪审团审判不总是对被告方有利,在被告方对陪审团审理案件不感兴趣时就产生了这种情形。被告人可以放弃享有陪审团的权利,但受到州享有陪审团权利的制约(*Singer v. United States* 1965)。辩护律师告知被告人有关与法官审判相比,陪审团审判所具有的风险,但必须由被告人作出是否放弃陪审团审判的决定。

被告方努力衡量陪审团与法官相比,将如何审理案件。当案件的问题非常能激起人的感情,而且陪审员的情感反应可能使陪审团歧视被告人时,被告方极可能选择在法官前审判案件。因为法官日复一日,接连不断地听审案件,他们更习惯于听到非常残暴和羞于启齿的故事,而且被期望能更冷静客观地评定证据(Bailey and Rothblatt 1985,167)。例如,如果一桩涉及在被害人死前可能遭受巨大痛苦的非常残暴和野蛮手段的杀人案,陪审员可能会很气愤并希望找到罪犯,在这种情形下被告方不得不考虑陪审团惩罚的希望会遮掩他们衡量证据的能力。

如果案件涉及的法律和事实问题非常有技术性或复杂时,被告方也可能放弃陪审团审判（Bailey and Rothblatt 1985，167）。对于较一般的案件，一些辩护律师可能建议他们的委托人放弃陪审团审判，因为他们认为法官在量刑时会更宽恕，"由于被告人省去了陪审团审判的麻烦和花费"（Bailey and Rothblatt 1985，168）。

如果被告方放弃陪审团审判，一些管辖区给起诉方主张州享有陪审团审判权利的机会，也就是，检察官能要求陪审团审判（Bailey and Rothblatt 1985，169）。一些州甚至更进一步规定，如果双方都放弃陪审团审判，允许法院要求陪审团审判。这项规定的理论基础是州应该保证公平审判，而且陪审团审判被认为是解决事实争论最公平的程序。最高法院规定宪法没有赋予被告人在法官面前审判的权利（*Singer v. United States* 1965）。

当检察官面临在陪审团和法官审判之间作出选择时，所考虑的因素与被告方决定放弃陪审团审判时衡量的因素相似。当事实复杂或令人厌倦，如欺诈诉讼，检察官可能认为法官会是一个更好的事实裁断者。另一方面，陪审员也被认为比法官更可能宣告一个案件有罪，比如儿童伤害案件（Marcus 1989，366）。

示意证据

出示的证据都很大，大约 4×6 英尺那么大，且是花式的，黑的底色，白色、绿色、黄色和粉红色的字体。它们被分成像绘图纸那么大的方块，有许多纵线和横条。给人留下深刻印象且花费很大。图表在不断发展的诉讼支持领域中是一门艺术：顾问设计的证据帮助审判律师逼使陪审员更形象地了解案件。他们很害怕辩护律师。

图表显示了血样、头发样、精液样和扣押的嫌疑人衣服或在强奸现场发现的衣服的化验结果。例如，在最左行，列着慢跑者的阴部有污迹。沿着往下紧挨着涂色的盒子，陪审员能看见提取样品的时间，何时和何地做的化验和由谁化验。在最右边，标着"结论"的一栏，几乎没有什么吸引人的物品掩盖。打算描述大都会医院污物化验结果的证人，例如，移去掩盖物和擦掉字体，显示"精液阳性"。

检察官运用图表帮助陪审团和他们自己。对这么多物品作了这么多化验——一些化验结果互相矛盾——以至于他们担心陪审员会对证据感到疑惑。例如，从哈里斯［慢跑者］直肠获取的含有污物的滑液在大都会医院化验精液阴性。但滑液在警察实验室再次化验时，结果是精液阳性。检察官期望被告方会攻击他们科学试验的可信性，也希望图表会增强他们对结果的解释。

当州确实进行了几百次化验时，检察官还留有几件物证。关于三位被告人［伊丽莎白］利德勒［检察官］最好能证明［安特伦］麦克瑞的内裤上有精液和他的衣服上有可能来自公园的泥浆以及在雷蒙德·桑塔纳的汗衫和内裤上有精液。但是，这些图表无疑会使陪审员产生检察官实质上有一大堆物证的错误印象。

在法官会议上，约瑟夫和博比·伯恩斯［辩护律师］述说了看见图表的陪审员可能的惊慌……辩护律师承认图表可能是检察官在辩论总结时运用的适当工具，但是他们却强烈争论图表作为证据出示，就其本身而言没有正当理由……

约瑟夫告诉法官证据会误导陪审团。"最起码它不是证据。它是摘要。它确实表明'精液阳性'但不能表明这是谁的精液……该图表只是企图拿证人正在说的话，然后将这些话归结为一个字，然后允许人们在陪审团面前展示那个字……那是不正当和歧视的行为，"约瑟夫总结道。

［法官托马斯］加利根决定不允许图表"在这次"作为证据使用，保留以后能被运用的可能。利德勒没有再准许图表能作为证据采纳。被告方赢了重要的一仗。

资料来源：摘自 Timothy Sullivan. 1992. *Unequal Verdicts*：*The Central Park Jogger Trials*. New York：Simon & Schuster, pp. 128—129. Copyright © 1992 Timothy Sullivan. 重印经 Simon & Schuster, Inc. 允许。

准备陪审团挑选

常规的案件，准备陪审团挑选涉及提前计划在说明真相期间将要询

第 15 章 准备审判

问的问题种类的一个简单程序，说明真相是一个陪审团挑选过程中询问陪审员的程序。较严重或非常规案件，准备陪审员挑选可能十分紧张。说明真相之前，律师先从各渠道收集预备陪审员的有关资料，运用这些资料指引说明真相，寻找与一些陪审员可能相关的问题。律师运用这些资料和预备陪审员在说明真相期间的反应决定是否接受陪审员或努力撤免陪审员。

运用有关陪审员的信息资料

准备陪审团挑选的第一项任务是考虑对辩护律师在审判时讲述的故事不会表示同情的人们类型。重要的案件律师，可能与精于根据有限的材料评估陪审员性情和态度的心理学家商量。这些顾问可能向律师建议在说明真相期间提的问题种类和可能反映陪审员性情的非语言提示（比如姿势和目光交流）。一些案件中，可能以巨额雇用专家在举行审判的居民区进行有代表性的样例调查，调查的目的是确认更可能对起诉方或被告方同情的人们类型。还有一些案件，律师举行模拟审判以观察评议时的模拟陪审员和衡量陪审团在作出"裁决"过程中出现的一些重要问题（Gobert and Jordan 1990，82—133）。模拟审判给了律师彩排审判的机会，会见模拟陪审员揭露了一定类型的陪审员是否可能坚持己见。这个信息被用来挑选审判时的实际陪审员。

一旦律师已经决定了不喜欢什么样的性格特征，他们就开始研究能获得的有关预备陪审员的资料，以判断他们是怎么样的一个人。管辖区保存的现今陪审团人员库个人材料包括这些人曾经担任陪审员审判的案件、那些案件的裁决和其他的一些资料。一些管辖区要求陪审员填写一张个人情况表，至少包括每位预备陪审员的名字和地址，有时还有一些其他信息，比如年龄、婚姻状况、教育程度、职业和陪审团服务（Goldberg 1982，168）。从地址上，律师能推断预备陪审员的社会经济状况。律师能运用名字和地址从提供居民职业信息的城市姓名住址录中翻查到陪审员的职业。律师运用所有这些信息对陪审员的同情和歧视作一粗略预测。

大多数管辖区也保存裁决样式档案，这些档案记载着在其他案件中支持具体裁决的陪审员名字。律师据此能发现预备陪审员是否以前投票宣告刑事被告人无罪或有罪和有关陪审员曾经服务过的案件的其他信息资料。一些辩护律师认为，在一个案件中已经投票宣告有罪的陪审员更可能在其他案件中投票宣告有罪。一些检察官事务所保存着由起诉律师整理的有关他们与具体陪审员的经历材料。这些信息系统提供了检察官有关在以前案件中为什么要撤免陪审员、被告方是否撤免陪审员和可能的理由、陪审员在以前案件中是否被合理理由撤免和会见审判后的陪审员可能得到的其他信息等一些资料（Marcus 1989，381）。

依靠固定模式

大多数案件律师既没有时间也没有预算做其他任何事，只是精心地准备陪审团挑选。另外，因为检察官和辩护律师通常只有有限的询问预备陪审员关于他们态度和价值观的机会，所以律师努力依靠固定的惯例模式猜测陪审员的性情。他们运用固定惯例模式预测可能是富有同情心的、歧视的或独立的陪审员的人物类型。例如，许多律师认为政治上保守的陪审员更可能宣告有罪和一定的职业群体更可能持保守的政治价值观。根据预备陪审员的职业，律师可推断陪审员是否会受其他因素的影响。

尽管广泛地依靠固定模式，但对陪审员裁决偏好的研究已发现几乎没有可靠的概论。个人特征，比如宗教、种族背景、政治联盟和职业，事实上都不能准确地预测在陪审团休息室里陪审员是否极力主张宣告有罪还是富有同情心。研究确实一致地指出，女性陪审员更可能宣告强奸案有罪和支持死刑的陪审员更可能宣告所有类型的案件有罪（Ellsworth 1993，45）。

发现富有同情心的陪审员：威廉·肯尼迪·史密斯的辩护律师透露他的策略

如威廉·肯尼迪·史密斯辩护队的每位成员告诉你的一样，挑选陪审员程序可能是任何审判中最重要的因素。

第 15 章 准备审判

他们应该知道，辩护队花了四个星期帮助挑选只评议了 77 分钟就宣告去年［1991］12 月 12 日史密斯强奸案无罪的佛罗里达陪审团。

为史密斯辩护的迈阿密律师罗伊·布莱克说，选择一个有同情心的陪审团对赢取案件"绝对重要"。但是，为史密斯审判找到正确的陪审员比看上去要难得多，正如他和一队顾问在达拉斯美国律师协会半年会议陪审员挑选项目期间证明的一样。为说明他们挑选陪审员的方法，一对夫妻顾问凯茜·贝内特和罗伯特·海斯豪恩分发了用来挑选史密斯审判陪审团的调查表复印件。如观众很快将了解到的一样，一些看上去最没有希望的预选人后来成为最受支持的陪审团候选人。

举一位说他正和与史密斯指控者的女儿一样年纪的孩子去天主教堂的 44 岁已婚男子为例。在他的调查表上，这人也表明他的一位家庭成员是执法人员，他的女儿曾是一桩罪行的受害人。

根据他对调查问题的回答，大多数观众认为被告方该迅速拒绝这个人担任史密斯审判的陪审员。但是，顾问们却指出了这个人如何在说明真相期间使他们相信而成为了替补陪审员。

在提问过程中，他们说这个人敏感、热情和小心。他说话温和且以非审判的方式直接看着史密斯。并且他说他敬慕他自己的父亲，因为他"工作努力并且从来没有放弃"家庭。

布莱克也根据他顾问的建议改变了对另一个陪审员的看法。这个人是越南战争退伍军人，后来担任首席陪审员。

"我想他的背景会对我们产生真正破坏，但结果他是辩护方最好的陪审员和我们最强有力的支持者之一，"布莱克说。

清除障碍

布莱克说被告方在确定史密斯案件陪审员的过程中不得不克服两大障碍。一个是案件的审前宣传程度，另一个是公众对肯尼迪家族强烈和有时否认的观点。

为暴露预备陪审员的任何偏见，布莱克说他详细地询问陪审员名单上的每位成员，提能揭露他们最深想法和感觉无固定答案的问题。他也没有记笔记，这使他能全神贯注地聆听预备陪审员正在说些什么。

"如果你对他们开诚布公且表明你也是一个常人,他们会开始喜欢你,那你就赢了一半,"他说,"如果你以自我为中心,且傲慢和自大,他们会砍你一刀。"

资料来源:重印自 Mark Hansen. 1992. "Finding Sympathetic Jurors: William Kennedy Smith Defense Lawyer Reveals His Tactics." *ABA Journal* 78(April): 29. 重印经 the *ABA Journal* 允许。

处理审前的新闻宣传

任何陪审团审判的一个关键问题是有关审判前对被告人、被害人和案件证据的宣传强度和宣传内容。审前宣传一直是一个问题,早在19世纪,有关待决的刑事案件的谣言和闲话在一个小城镇散播,就与现代新闻报道一样可能存有偏见和歧视。针对审判前宣传的一个传统救济方法是审判地点的改变,也就是,改变审判地点以便让没有受审判前宣传影响的陪审员参与审判。一些州只是从不同的管辖区挑选出陪审员并将他们带到最初法院管辖地而不用改变审判地点。如果审前宣传只发生在当地的新闻传媒,这种措施能有效地保证陪审员的公正。

陪审员挑选

在被害人特殊局〔SVB〕的地区助理检察官已深深了解我希望的性犯罪审判陪审员的基本轮廓:40岁至50岁说阅读《纽约时报》但实际上阅读《每日新闻》的男士。我希望是对妨害风化罪有点老于世故但仍旧对丑陋的罪行有强烈反应的人。我希望是现实的陪审员,把裁决的理由置于每天市区暴力的基础上——不是曾经考虑晚上睡在地铁里的人。理想地,我希望陪审员的工作要求与公众有互相影响,他们的认识观点每天会得到检验——汽车驾驶员而不是家庭主妇。我希望是以前曾在陪审团服务过的陪审员。我最希望躲避的是合

> 作者——会将对强奸犯的容忍带入陪审团休息室并在裁决中对此加以表述的任何人。
>
> 资料来源：摘自 Alice Vachss. © 1993 by Alice Vachss. Sex Crimes. New York：Random House，p.198. 重印经 Random House，Inc. 允许。

然而，一些案子审前宣传的范围非常广泛，将审判转移到另一地点举行不会产生什么区别。例如，逮捕和侦查纽约世界贸易中心炸弹事件中被指控的被告人被全国传媒广泛报道，所以奥马哈的预备陪审员与任何一位纽约人一样，都可能受到偏见的新闻报道影响。而且，被广为宣传的案件起诉方和被告方为了在审判时占优势都努力改变审前宣传的内容。这种做法在关于 O.J. 辛普森审判展开的公共关系闪电攻势中表现得最淋漓尽致。

但是，只是听到有关案件和具体一些宣传的情况并不一定使陪审员丧失资格。如果陪审员还没有对被告人的有罪或无辜形成固定观点，密切接触案件新闻报道的陪审员仍旧是充分公正的（Bailey and Rothblatt 1985，205—206）。律师的问题是准备说明他们的真相，以鉴别对案件的可能结果已经形成观点的陪审员。在获得大量媒体注意和公众兴趣的案子中，律师希望发现预备陪审员是否听到其他人讨论案件、参与案件的讨论和陪审员是否已经对被告人的有罪或无辜发表了任何观点。律师可能计划询问陪审员有关他们运用的具体新闻资料，尤其如果小型电视或报纸已经对案件进行了富于感情色彩和偏见的报道。律师极可能会询问陪审员，以了解他们对案件的所知所闻是否给他们留下了这样一种印象：这是一起一目了然的案件（Ginger 1969，21）。

总 结

理想的是，律师一接收案件就开始准备审判。每位律师需要从零散的证据和证言中编织一个将在审判时讲述的故事。每位律师必须知道案件双方的强处和薄弱点。

被告方不被要求在审判时证明任何事情，而只是通过破坏州的案件选择反对指控的辩护。但是，一些情形被告方可能希望提起肯定性辩护，比如自我防卫、精神错乱或不在犯罪现场。被告方提起肯定性辩护时承担证明一定事实的举证责任。

非常富有感情色彩和复杂的案件被告方可能认为陪审团审判比案件由法官审判更冒险。如果准备进行陪审团审判，律师需要准备陪审员挑选，决定哪些类型的人们更可能同情他们的故事和哪些种类的问题可能帮助他们决定一个特定的陪审员是否可能富有同情心。另外，如果被告人要求陪审团审判和案件审判前被广泛宣传，一方或双方律师都可能要求改变审判地点，以获得不大可能受偏见的新闻报道影响的陪审员。

如果律师没有时间和资源的限制，审判准备将是非常花费时间和详细具体的。律师准备得如何充分取决于涉及的赌注（一般是指控的严重程度）和他们可利用的资源。常规的案件检察官和公设辩护人不可能有时间或金钱仔细地思考准备，而是基于经验作出迅速决定。即使这样，如果希望在法庭上获得成功，律师也需要做一些准备工作。下一章将更详细地讨论当案件最后审判时发生的事情经过。

参考书目

Bailey, F. Lee, and Henry B. Rothblatt. 1985. *Successful Techniques for Criminal Trials*, 2d ed. Rochester, N.Y.: Lawyers Co-Operative Publishing.

Bennett, W. Lance, and Martha S. Feldman. 1981. *Reconstructing Reality in the Courtroom: Justice and Judgment in American Culture*. New Brunswick, N.J.: Rutgers University Press.

Boland, Barbara, Paul Mahanna, and Ronald Sones. 1992. *The Prose-

cution of Felony Arrests, 1988. Washington, D. C. : U. S. Department of Justice, Bureau of Justice Statistics.

Doppelt, Jack. 1993. "No Longer News: The Trial of the Century That Wasn't." *ABA Journal* (January): 56—59.

Ellsworth, Phoebe C. 1993. "Some Steps Between Attitudes and Verdicts." In Reid Hastie, ed. *Inside the Juror: The Psychology of Juror Decision Making*. New York: University of Cambridge Press.

Ginger, Ann Fagan. 1969. *Minimizing Racism in Jury Trials*. Berkeley, Calif. : National Lawyers'Guild.

Gobert, James J. , and Walter E. Jordan. 1990. *Jury Selection: The Law, Art, and Science of Seleciing a Jury*, 2d ed. Colorado Springs, Colo. : Shepard's-McGraw Hill.

Goldberg, Steven H. 1982. *The First Trial: Where Do I Sit? What Do I Say?* St. Paul, Minn. : West.

Marcus, Michael D. 1989. *Trial Preparation for Prosecutors*. New York: Wiley.

Miller, Frank W. , Robert O. Dawson, George E. Dix, and Raymond I. Parnas. 1986. *Prosecution and Adjudication*. Mineola, N. Y. : Foundation Press.

Singer v. United States, 380 U. S. 24, 85 S. Ct. 783 (1965) .

第 *16* 章 审判的戏剧性场面

几乎没有公开事件能像刑事审判那样集中地体现美国宪法的理想。如果说宪法象征着保护反对政府权力的个人自由,那么刑事审判是这种理想的生动表达。而且,审判囊括了一个神秘事件的所有戏剧情节。谁在撒谎?我们相信谁?看上去谦和的被告人真的那么凶残吗?审判的戏剧性和神秘几个世纪来都受到公众的关注——人们总是被审判所吸引。

吸引部分产生于占抗辩制程序很大比重的制胜绝招。陪审团的挑选涉及一场赌博:哪一个陪审员更富有同情心?询问证人有点像舌战,双方律师努力摆设舞台,甚至达到将他的证人穿上合适戏装并灌输适当态度的程度,戏剧性在裁决中达到高潮。难怪我们会被吸引——审判集聚了运动比赛、神秘事件和道德态度所有的紧张和刺激。

自从电视诞生以来,法庭故事一直是受欢迎的电视系列剧题材。最近几年,随着逐渐允许在法庭进行电视新闻摄像,甚至运用整个有线网络放映刑事审判,法庭的戏剧性场面步入家庭并被我们深深地了解(Marcotte 1990a, 19)。经过数年的刑事审判电视播放——从《佩里·梅森》到《平等的司法》、《法律和秩序》和《L.A.法律》——我们现在能观看到有时将我们紧紧吸引在电视机前的真实的审判。

与许多法庭故事片不同，真实审判很少以有罪供认结束，相反公众逐渐认识到围绕审判和裁决的模糊与不确定。裁决不是"事实真相"的表述，而只是在易犯错误的制度中运转的易犯错误的人们所作出的判决，裁决没有必要了结与结果准确性有关的不确定性。等待裁决时，旁观者可能感觉作出另外一种裁决是多么的容易。

尽管任何审判制度都不可能获得完全的真实，但质询我们的法院程序是否为作出这些公认困难的判决提供了最可靠的方法却是值得的。再之，使刑事审判具有可视性，维护审判程序的合法性也是一项重要的因素。不幸的是，普通观察者经常不能理解表面上神秘的刑事法院程序背后的理由。

这章旨在解开对审判程序的一些迷惑，从讨论审判时被告人的权利开始，接着按顺序描述审判的主要阶段和审判期间出现的一些问题。

审判权利

审判时被告人享有的权利包括享有陪审团审判的权利、公正法官的权利和对质指控者的权利。

享有陪审团审判的权利

美国司法统计局（BJS）发现"大多数的重罪审判案件在陪审团前审判"（1988，84）。陪审团审判的权利是英美刑事诉讼程序的显著特征。如第 5 章所指，其他司法制度包括由非法律专业代表人在刑事审判中担任事实认定者，但是，对英国和美国人来说，陪审团是废除残暴的自由理想的象征。

陪审团在美国远不止是司法的象征。从大的角度来讲，它是民主本身的象征。审判与他们同等的人的普通男女象征着我们政府分享民主形式的理想。相反，法官审判有点命令主义，除非是被告人自己的选择（Hyman and Tarrant 1975，40）。

陪审团审判由第六修正案保证，另外，每个州都有陪审团审判的宪法性条款。尽管如此广泛地承认享有陪审团的权利，但对"享有陪审团的权利"意味着什么的解释在实践中却区别很大。美国最高法院对第十四修正案正当程序条款的要求设置了最低限度标准。如今最高法院接受相当多的各州在州案件中对享有陪审团权利的含义解释存在的多样性和试验。与享有陪审团权利相关的一些关键问题包括：

1. 所有刑事被告人，不管被指控何种罪行，都享有陪审团审判的权利吗？
2. 作出裁决必须有多少个陪审员同意？
3. 谁能担任陪审员？
4. 如何鉴定公正的陪审员和如何挑选陪审员？

享有陪审团审判的权利范围

第六修正案似乎非常明确地规定了刑事案件享有陪审团审判的权利范围。它规定：

> 所有的刑事起诉，被指控者应当享有迅速和公开的审判，由罪行发生的州和地区内公正的陪审团……

修正案的措词并没有区分重罪和轻罪或严重和轻微的罪行。而且，最高法院已规定陪审团审判的权利是"基本的"权利，必须在联邦和州审判中得到承认（*Duncan v. Louisiana* 1968）。

尽管对联邦案件已适用第六修正案的字面解释，但最高法院允许各州在决定正当程序是否要求所有的刑事案件享有陪审团审判的权利过程中享有更大的自由。最高法院认为宪法，尤其是正当程序条款，没有规定州案件享有陪审团审判轻微罪行的权利（*Duncan v. Louisiana*；*Baldwin v. New York* 1970；*Blanton v. City of Las Vegas* 1989）。最高法院认为这种轻微罪行，最高监禁刑期 6 个月或更短，"迅速和廉价的非陪审团审判"的益处超过轻微罪行被拒绝享有陪审团审判权利对被告人造成的不利（*Baldwin*）。

陪审团的规模和一致同意

传统上，美国的审判陪审团，也称为小陪审团〔以法语中的小

第 16 章 审判的戏剧性场面

(petit) 区分于大 (grand) 陪审团], 由 12 名陪审员组成。另外的人可能被挑选担任候补陪审员以备一个或更多的最初陪审员因生病或其他原因而不能在审判期间服务。然而,为努力减少陪审团的费用和减轻对公众造成的不方便,一些州已运用规模更小的陪审团。康涅狄格、佛罗里达、路易斯安那和俄勒冈允许许多重罪由 6 人组成的陪审团裁决, 18 个州规定由不足 12 人组成的陪审团裁决轻罪案件 (BJS 1988, 86)。尽管最高法院已同意少于 12 名成员的陪审团 (*Williams v. Florida* 1970),但一些评论家对"6 名成员的陪审团是否真正足以反映被告人社区有代表性的部分,达到公正"已经表示疑问 (Hyman and Tarrant 1975, 39),小陪审团可能减少了少数种族代表。由全国州法院中心进行的一项研究表明,陪审团的规模从陪审员 12 个减到 8 个后,减少了非洲裔美国人和拉丁裔美国人被挑选担任陪审员的比例 (DeBenedictus 1990, 24)。因为非洲裔美国人和拉丁裔美国人一般受陪审团排挤,所以减少陪审团规模只是加重了这个问题。

但是,最高法院已清楚地将 6 人陪审团作为界限。在 *Ballew v. Georgia* (1978) 一案中,最高法院多数人认为 5 人陪审团太小不能被合宪地接受。次年最高法院规定,如果州选择运用 6 人陪审团,裁决必须全体陪审员一致同意,大多数陪审员赞成或甚至 6 人中 5 人投票赞成的裁决都不能被接受 (*Burch v. Louisiana* 1979)。

尽管大多数州要求一致同意的裁决,但 5 个州 (路易斯安那、蒙大拿、俄克拉何马、俄勒冈和得克萨斯) 允许大多数人投票赞成的裁决 (BJS 1988, 84)。最高法院认为第十四修正案正当程序的规定并没有要求在州刑事审判中陪审团裁决必须一致同意 (*Johnson v. Louisiana* 1972; *Apodaca v. Oregon* 1972)。最高法院支持 12 名陪审员中 9 名投票宣告有罪作出的有罪裁决 (*Johnson v. Louisiana*)。但是,如果陪审团只有 6 名陪审员成员时,最高法院要求必须是一致同意的裁决 (*Burch*)。

一项模拟研究探查了不要求一致同意的陪审团裁决所产生的一些结果 (Hastie, Penrod, and Pennington 1983)。研究发现宣告有罪或无罪的可能性没有区别。但是，研究者确实发现要求一致同意似乎与更长时间的评议联系在一起，这是预料的结果和可能是不要求一致同意的裁决的州条款背后的主要原因。这项研究也发现，要求作出一致同意裁决的陪审团在审查证据和法律时更彻底、更安全。

陪审团组成

美国宪法没有提到同等人的陪审团。然而，通过英国普通法和早期美国对其的适用来看，享有同等人陪审团的权利被用来解释陪审团的概念。"同等人的陪审团"的起源可间接追溯至大宪章和一个人应该被相似级别的封建君主审判的封建概念。这种封建要求的主要推动力是为了保证贵族不被比他社会和政治地位低贱的人判决（Gobert and Jordan 1990，46）。随着时间推移，同等人陪审团审判的概念逐渐意味着一个人享有由其他非专业人士而不是专业法学家判决的权利。现代普通法同等人的概念被解释为要求在犯罪发生地或审判举行地有代表性的区域里挑选陪审员。

最高法院在 *Duren v. Missouri*（1979）一案中最明确地描述了代表性区域的要求。每个小陪审团不需要是社区的代表，只是陪审员召集名单中的人员，或从中挑选陪审员的这群人（也被称为候补陪审员或陪审员名单），必须是有关方面的社区代表。

在逐渐被称为杜伦规则的认定中，最高法院认为被告人必须提出三项主张以表明触犯代表性区域的要求：

（1）被宣称排除的一群人是社区内"有特色的"一群人；（2）在挑选陪审员的召集名单中，这群人的代表性就这些人在社区中的数目而论是不公平和不合理的；（3）这种受排挤是由于陪审员挑选程序一贯排斥这群人。（*Duren v. Missouri* 1979，364）

在 *Carter v. Jury Commission*（1970）一案中，最高法院进一步认定在陪审员召集名单中受排挤的群体可以起诉，迫使法院系统就这个问题作出解释。也就是说，缺乏代表性不只是被告人可以抱怨的一件事，被排挤的群体成员也可以提起诉讼以改变陪审团挑选程序，使之涵盖面更广。最高法院后来规定在陪审员召集名单中涉及缺少种族群体代表的案件，被告人可以反对缺少种族代表，即使被告人并不是受排挤的群体成员（Peters v. Kiff 1972）。

公正的陪审员

另一项有关陪审团的宪法规定是陪审团必须公正。最高法院从来没有明确地定义公正，但已设法规定认定偏见陪审员的一些基础。一般来说，最高法院认为在考虑证据时不能搁置偏见而存有实际偏见的陪审员应该被撤免陪审团的服务。偏见必须在陪审团挑选期间被发现，但是，最高法院对被告人在何种情形下享有调查可能影响陪审员评议的潜在偏见的权利没有作具体规定。

一种偏见是种族歧视。最高法院规定当种族问题可能与案件有关时，被告方必须被允许询问预备陪审员关于他们的种族偏见（Ham v. South Carolina 1973）。但是，最高法院拒绝对所有涉及种族间犯罪的案件都适用这项规定（Ristaino v. Ross 1976）。尽管支持 Ristaino 案中的理论基础，但最高法院后来将死刑和非死刑案件区别开来，认为在死刑案件中被指控种族间犯罪的被告人享有让预备陪审员告知被害人种族和询问种族歧视问题的权利（Turner v. Murray 1986）。

审前宣传也能使陪审员产生歧视。最高法院对审前宣传的规定强调了只有不能被陪审员搁置的偏见才造成陪审员不公正的最高法院总规则。在 Irvin v. Dowd（1961）案中，最高法院指出陪审员不需要对案件事实"全然不知"，只要所有陪审员在作出裁决过程中能搁置先前对案件的任何了解或印象就足以公正。最高法院规定被告人没有向陪审员询问有关他们读到或听到的新闻报道内容的权利，只能询问陪审员对被告人的有罪或无罪是否已经形成固定的观点（Mu'Min v. Virginia 1991）。

最高法院也提出了公正与死刑的有关特殊问题。因为许多人从道义上反对死刑，所以死刑案件的检察官担心陪审员可能拒绝宣告有罪，因为他们不愿意扮演委托政府处罚被告人的角色。最高法院已经在几起案件中碰到这个问题。

Witherspoon v. Illinois（1968）案认定，如果预备陪审员只是因为

他们声称普遍反对死刑而被以正当理由撤免，死刑就不能实施。现行的规定是，如果陪审员对死刑惩罚的观点是"将防止或严重妨碍行使根据他的指示和宣誓作为一名陪审员的责任，那么陪审员在死刑案件中将有可能被正当理由撤免"（*Wainwright v. Witt* 1985，424）。另外，最高法院似乎按照偏见、价值观和信仰干涉陪审员根据法院指示衡量证据能力的程度，将公正与不公正作了区分。

其他审判权利

被告人在审判时享有许多其他权利，包括公正的法官、由州通过超出合理怀疑的证据证明指控、审判时出席、对质和交叉询问证人的权利。

司法公正

如果被分配审理具体案件的法官与案件有利益冲突、抱有偏见或对被告人的有罪或无罪已经形成了观点，那么法官应该回避（或者移交）审判并将案件分派给另一名法官。如果一方当事人认为法官抱有偏见，可能提出动议要求法官回避。

一些管辖区当事人可以要求分派另外一名法官而无须表明法官事实上存有偏见，这可能被称为替换法官动议或歧视保证书（Marcus 1989，278）。另一些管辖区则规定，要求法官回避的一方当事人必须说明原因，出示法官在案件中可能存有偏见的事实理由。不论适用的是哪项程序，律师必须仔细考虑，下一个被分派处理案件的法官是否可能比第一位法官更糟。在那些允许另一名法官替换而无须表明原因的管辖区，律师可能受诸如法官的量刑实践或熟悉法律等理由而并非是实际偏见的引诱而替换法官。律师必须仔细地衡量这个决定，因为"摆脱一名法官，然后得到一名更糟的法官没有什么好处"（Marcus 1989，278）。当然，如果案件存有明显偏见，律师应该寻求正当理由回避法官而无需担心下一位法官。

对质的权利

审判时出席的权利是第六修正案对质指控者权利的一部分。一般来说，被告人有权出席审判，但这项权利并不是绝对的。法院认可被告人缺席进行的审判，只要被告人被告知审判的时间和地点并自愿决定放弃出席的权利即可。然而，审判法院却竭尽全力保证被告人审判时到场。如果被告人在审判日不能到庭，则审判被推迟直至被告人能出庭。

如果被告人在法庭上扰乱工作，法官一般维持法庭秩序而不触犯被告人出席的权利。行为失去控制的被告人可能被隔离在一间单独房间里并允许通过单径镜子或闭路电视观看审判，或通过扩音器聆听审判。

对质权利涉及的一个特殊问题是有关对儿童被害人罪行的审判，尤其是儿童性虐待案件。作证反对实施虐待行为的成年人，对孩子来说是一件极其痛苦的事。另外，指控可能是孩子的父母亲或与孩子有扶养关系的其他成年人，他们因为会遭到威胁的可能也造成受害儿童不愿或不能在法庭上作证。为减少儿童被害人的痛苦，至少 23 个州已通过了允许儿童在闭路电视上或录像作证的法律。1990 年最高法院批准了如果在公开法庭作证会造成"儿童严重的情感痛苦而不能合理交流"，而允许审判法院采纳儿童通过闭路电视提供证言的马里兰法律（*Maryland v. Craig* 1990）。

审判程序

去审判的案件中，一半以上的案件由陪审团审判，另一些案件则被告人放弃了陪审团审判的权利而选择法官审判，法官担任唯一的事实认定者（Dawson 1992，7）。许多管辖区即使被告人放弃这项权利，检察官也可能要求陪审团审判。除非放弃陪审团审判；审判程序的第一阶段是陪审团挑选。

陪审团挑选

陪审团挑选程序设立了确保陪审团召集名单富有代表性和被挑选听

审具体案件的陪审员公正的程序框架。公民们被传唤到法院并被提问，陪审员作的回答决定他们能否为陪审团服务。

传唤陪审员

陪审团挑选程序以一个简单的行政程序，定期地随机挑选一大群将被要求为陪审团服务的社区人员而开始。要求尽陪审团义务的个人名字被列在一张表上，称作陪审团总名单或陪审团轮。然后根据这个名单传唤为具体案件服务的陪审员，从这时起陪审团挑选程序着重于陪审员个人的公正、品格和态度。

各管辖区运用种种资料编纂陪审团总名单。在理论上总名单应该包括管辖区内所有已经达到成年法定年龄的人员名字，但实践中总名单经常很不完整。16个州只依靠选民登记表，一些管辖区则只依靠州驾驶员执照登记表进行编纂工作（BJS 1988，86）。因为某些种族和年龄群体比另一些人不愿意参加选举或不大可能持有效的驾驶员执照，所以总名单倾向于不能代表整个社区。因为这类名单倾向于排挤少数民族群体代表，所以一些管辖区运用其他资料，比如电视号码簿或城市姓名住址录对选民登记表或驾驶员执照登记表进行补充。

如果总名单不能代表社区代表性区域或进行了不正当地挑选，双方当事人都可以提出反对，要求陪审员回避，这种回避可能基于杜伦规则。例如，如果地方管辖区7％的人是地道的美国人，但是要求尽陪审团义务的群体一贯都只包括1％的地道的美国人，任何种族群体的被告人都可以要求陪审员回避，主张挑选尽陪审团义务的陪审员程序不合乎宪法规定，对地道的美国人存有偏见。

一旦总名单编辑完成，法院书记官或另一名官员即传唤陪审团服务的人。有时传票包括必须填写并在传唤日前交还的调查表，如第15章所述，这些调查表搜集的信息有时被律师用来准备陪审团挑选。调查表被用以鉴别自动被排除或因为种种原因被免除陪审团服务的人。例如，联邦法律排除年龄不足18岁、不是公民、不能用英语交流、精神不健全或身体虚弱、被指控犯刑事罪行或被宣判重罪还没有恢复民事权利的任何人为陪审团服务（Gobert and Jordan 1990，153）；另外，特定的职业，比如消防人员和警官免除陪审团服务，如果一些人的服务将造成过分的困难或极端的不便，法院也免除这些人为陪审团服务（Gobert and Jordan 1990，155—156）。

被列在陪审团召集令上的陪审员可能必须每天早上向法院报告能出席具体案件的审判。当陪审团审判被确定下来时，数量更小的一群陪审员将被唤至询问，这是说明真相程序。陪审员名单人数多少区别很大，小至24个，大到100个或更多，取决于法官对可能被正当理由排除的陪审员人数的估计（Goldberg 1982，168）。陪审员名单，或陪审员召集令的最低限度规模应由陪审团规模，加上如果这是漫长的审判，候补陪审员的人数和允许律师不用提供理由强制回避的人数的总和来决定。然后从陪审员名单中随机抽取陪审员名字参加说明真相，单个或以小组形式进行审核。

说明真相

说明真相是询问陪审员以决定对被告人的有罪或无罪他们是否公正的程序。说明真相在审判程序中有三项广泛的功能：

- 它确认该被正当理由撤免的陪审员
- 它确认律师可能希望强制回避的陪审员
- 它提供给律师早期开始劝说程序的机会

尽管州法律设置了许多说明真相程序的规定，但法官对于决定在说明真相中律师的角色和参与享有很大的自由裁量权。一些法官主宰说明真相，履行全部或大部分的询问工作，或要求律师在询问陪审员之前提交询问问题以征得法官的同意。相反，其他一些法官则起很小的作用，他们限制与预备陪审员产生互相影响，只是介绍律师和询问初步及极一般的与陪审员服务资格相关的问题，了解哪位陪审员是否希望被撤免，每位陪审员对案件的认识和观点。

法官的许多问题都视陪审员召集名单中的人员为一个群体而不是针对个人提出。例如，法官可能提问陪审团服务是否会给各位陪审员造成很大的困难。一项研究指出："一些法官也会撤免大学生、长期被委任不能轻易中断和被预订不支付大笔罚款则不能取消委托的人。"（Myers and Pudlow 1991，90—91)

如果允许律师提问，地方实践和各个法官允许提问的方式也各不相同。一些法官要求律师正式地提问并限制他们只能提有关陪审员合适和公正的问题，最高法院的案件已认定律师没有权利提出帮助自己行使强制回避的问题，反方的律师可以反对不是有关陪审员偏见的说明真相问题（Gobert and Jordan 1990，336)。然而，一些法官则允许律师与预备陪审员之间可以开展比较开诚布公和内容广泛的对话。

有理回避陪审员

说明真相帮助确认那些已经对案件形成一些观点，这些观点会阻碍他们只根据审判时出示的证据作出裁决的陪审员。律师们竭力通过有理回避剔除这些陪审员。如果陪审员对问题的反应在一定程度上表明陪审员不可能完全公正，一方或双方律师都可能反对陪审员。如果预备陪审员"预先形成被告人有罪的概念"或"似乎歧视一个阶层的人们"，有理回避就可能提出（Myers and Pudlow 1991，94)。然后法官必须根据预备陪审员表述的观点决定有理回避是否有法律根据。如果法官认为陪审员可能有偏见，则撤免陪审员为目前这个案件的服务。如下的一段审判摘录说明了这项程序：

法官：陪审员名单上有谁认识格利斯科先生［检察官］或哈珀先生［辩护律师］提到的证人？

彼得先生［预备陪审员］：可能认识梅杰·坎贝尔［来自地方警察办公室］，是的认识。

法官：可能是梅杰·坎贝尔吗？你认为与其他证人证言相比，你会更相信或轻信他的证言吗？

彼得先生：可能会更相信。

法官［对律师说］：你想听听法官的意见吗？

（于是举行法官会议。）

巴爵克兹先生［辩护律师］：显然，阁下，彼得先生已提到梅杰·坎贝尔并公开表明他将可能更相信他的证言：他歧视。并且我们要求对他回避。

第16章 审判的戏剧性场面

（法官会议结束。）

法官：彼得先生，如果你可以的话，我要求你退出。传唤下一位陪审员。(Meyers and Pudlow 1991，92)

但是，如果法官根据最高法院对公正的规定认为预备陪审员决定手边的问题将会是公平和公正的，他可能拒绝有理回避。拒绝有理回避可能成为审判后宣告有罪上诉的基础。

行使强制回避

对律师来说，说明真相的另一个目的是能有机会改变陪审团的组成。起诉方和被告方都努力塑造偏向己方的陪审员，没有一方会竭力创建一个不偏见的陪审团。抗辩制诉讼程序认为，如果双方都享有平等地偏见机会撤免陪审团并受必须撤免明显偏见的陪审员的法官监管，结果是陪审团不会更偏向于控辩双方的任何一方。

律师根据他们对最富有同情心，或可能更精确地说，最不富有同情心的人们类型的感觉，运用强制回避以重塑陪审团（Goldberg 1982，174）。与有理回避不同，强制回避用来撤免陪审员不用提出理由甚至无需好理由。强制回避被运用是因为律师向陪审员问一个具体问题时不喜欢陪审员脸上的表情，或因为陪审员是新教徒，或因为陪审员似乎对陪审团的责任感到厌烦和烦恼。

挑选陪审团过程中抗辩双方都有明确的强制回避次数。次数由法律规定和可能根据被告人指控的性质而有所变异。因为没有强制回避的宪法权利，所以各州可以规定各自选择的回避次数（Ross v. Oklahoma 1987）。一般而言，越严重的指控，给予双方强制回避的次数就越多。例如，联邦案件，死刑罪行的审判起诉方和被告方都被允许有20次的强制回避；其他的重罪案件起诉方被允许有6次强制回避，被告方有10次；轻罪案件双方都被允许有3次强制回避的机会（Gobert and Jordan 1990，273）。

因为双方都只有有限的强制回避次数，所以他们首先都试图由法官按有正当理由的回避撤免"不受欢迎的人"（Bailey and Rothblatt 1985，191）。如果不存在有正当理由撤免陪审员的基础，律师则行使强制回避。因为强制回避的次数有限,所以律师必须明智和谨慎地运用回避,以撤免最糟糕的预备陪审员。

律师询问陪审员

律师通过说明真相询问,竭力获取每位陪审员的内心想法。亲耳从陪审员的口中获知有关他们的性情和态度比通过固定模式猜测显然更可靠。

如果被告方打算争辩自我防卫,律师会询问陪审员对暴力的态度。如果将运用精神错乱辩护,检察官和辩护律师都会想知道陪审员对精神疾病和精神病学家作为专家证人的态度。审判前被广泛宣传的案件,了解陪审员已经听到了案件有关什么情况和新闻报道是否对他们产生了影响是主要目的。律师可能询问陪审员他们是否已经形成了对案件的观点和废弃这个观点是否不易。

种族偏见

发现陪审员抱有种族偏见是说明真相的另一项重要目的。如果偏见充分,陪审员可能被有理回避。如果法官不能支持有理回避,律师可能需要通过强制回避要求陪审员回避。在涉及种族问题的审判中,例如,如果被害人是白种人,被告人是黑种人,或在一起涉及声称警察残暴,犯罪嫌疑人是黑种人的案件中,不遮掩的种族主义者态度对起诉方和被告方都相当重要,尽管双方的理由相反。一些案件,一方或另一方当事人更喜欢种族歧视的陪审员,这是一件不幸的事实。

因为种族歧视的态度不能被社会接受(也就是,人们一般认为这种态度不该公开表白),当问及有关种族态度问题时律师可能很难使预备陪审员真实回答。所以,律师问这种问题时也观察陪审员的眼光和身体语言,以了解一些非言语的提示。

传统上,强制回避完全在律师的自由裁量范围内。律师依靠有关陪审员的具体资料和基于与陪审员的社会地位、职业和其他特征,包括种族和性别相关的固定模式提供的参考作出是否回避的决定。最近最高法院的决定限制了律师基于歧视少数种族和妇女运用强制回避的自由。

第 16 章　审判的戏剧性场面

说明真相问题样例

以下摘录取自于提供律师书面文本的一本书。这个例子是一起严重的盗窃案子，被告人鲍勃是非洲裔美国人，他的律师担心白人种族的预备陪审员会歧视他。

我知道陪审员挑选的整个程序对你们大多数人似乎都有点儿多余，但我保证，如果你现在处于鲍勃的位置——如果你的生命、你的自由和你的将来都处于危险状态——你也会想了解将决定你命运的男士和女士们的一些情况。你能全部理解这所有一切对鲍勃是多么重要吗？我在说明真相中的主要目的是与你们各位讨论这个案件，使你了解你必须处理的一些问题，这样我们能决定这案件对你来说是否是最好的一件案子。

我们都有观点和态度，我有，法官有，你们也有，如果没有，我们就不成其为人。我认为如果有可能让我们清除掉所有的观点和态度，这对大多数人来说都很困难，我也相信陪审员想给每一个人公平的命运。因此说明真相的目的只是谈论这些经历、观点和态度，看看它们是否使你裁决具体的案件觉得困难和不舒服，或无论你怎样努力，你的一些观点、态度或经历都使你很难不抱成见。

以前我的一位预备陪审员告诉我她的女儿曾被强奸，无论这是多么的不公平，她认为任何被指控强奸或有阴茎的人都是有罪的。她被撤出那个陪审团，但成了一件商业案件的首席陪审员。这儿有人认为谁肯定犯罪或犯偷窃汽车罪吗？我说"阴茎"得罪谁了吗？在将观看的录像中你会听到一些比较粗鲁的话语，有谁认为就因为一些人使用四个字母的单字，他或她肯定是罪犯？有谁就凭现在所了解的认为这种案件你不该担任陪审员？

我想使你知道这儿没有欺骗，我将尽我最大的努力不使任何人尴尬或算计你们中的任何一位。最重要的，这不是测验，没有错和对的答案。

种族歧视

1. 你在皮尔斯县住多长时间了？（如果少于两年：）在这之前你住哪里？你在那儿住了多长时间？你住在哪个居民区？

2. 你在现在的住址住了多长时间?

3. 其他哪些地区你住过?为什么你要搬家?你或你的家人曾经是因为觉得周围居住的人不舒服而搬出居民区吗?(听揭示潜在歧视的词组、单字或语调。)

4. 告诉我有关你们居住区的一些情况——

   (a) 在你的居住区内住着哪些种族或少数民族群体?

   (b) 你与他们有什么来往(逐个列出陪审员居住区的种族群体)?

   (c) 自从你住到那儿以后,你居住区的种族构成发生改变了吗?你对此如何看待?

   (d) 告诉我你居住区的犯罪和违法行为情况。你居住区的犯罪和违法行为增加了吗?你最关心的是什么?

5. 高中毕业后你有没有继续学习?如果有,你学什么?

6. (对那些已经完成大学学业的人:)在大学期间你主修和选修什么?

7. (对那些目前仍在校的人:)你计划从事一项具体工作吗?

8. 你从事什么类型的工作?

   (a) 在这之前你从事过其他什么类型的工作?多长时间?

   (b) 你管理其他工作人员吗?如果是,你管理多少人?你担任管理者有多长时间了?作为一名管理者,有什么感触?

   (c) 描述与你一起工作的人的种族和少数民族成分。(听掩饰潜在歧视的短语、单字或语调。)

9. 你配偶从事什么工作?

   (a) 你配偶是什么种族或少数民族成员?

   (b) 在这之前你配偶从事过其他什么类型的工作?多长时间?

   (c) 你配偶管理其他工作人员吗?如果是,他或她管理多少人?他或她担任管理者多长时间了?

   (d) 你配偶与不同种族或少数民族成员一起工作吗?

10. 你有孩子吗?如果有,几岁了?

11. 你积极参加什么组织或活动?你加盟有非洲裔美国人成员的俱乐部、教堂或其他组织吗?

12. 你认为非洲裔美国人的犯罪率比其他种族群体的犯罪率要高吗?

第 16 章 审判的戏剧性场面

13. 你认为在皮尔斯县哪个群体的人们犯罪量最大？（如贩卖毒品者，等等。）你如何向你的朋友描述他们？

14. 你或你周围的人有因种族、宗教或少数民族成员被歧视的亲身经历吗？如果有，什么经历？

15. 你曾经与非洲裔美国人有不幸的经历吗？

16. 非洲裔美国人在你们家作客，最后一次是什么时候？

17. 你与非洲裔美国人如何交往？

18. 如果你是白人或拉丁裔美国人而不是非洲裔美国人，你认为在美国你会有什么不同吗？

19. 你认为如果你是非洲裔美国人，你的生活会有所不同吗？怎么不同？

20. 一些人说大多数非洲裔美国人懒惰，只想依赖福利生活。你认为大多数白人是这么认为吗？

21. 你会说你是在一个没有歧视的氛围中长大的吗？

22. 在学校里，你学习到非洲裔美国人在美国历史中取得的巨大成就吗？

23. 你相信在这个国家会出现种族不比头发颜色更重要的时候吗？如果会，还要多长时间？

24. 你认为歧视非洲裔美国人这种现象是加剧还是削弱了？在哪些方面你认为削弱（加剧）了？你能给我一些具体的例子吗？

资料来源：重印自 V. Hale Starr. Copyright © 1993. *Jury Selection：Sample Voir Dire Questions*. Boston：Little，Brown，and Co.，pp. 255—257。

在 *Batson v. Kentucky*（1986）和 *Powers v. Ohio*（1991）案中，最高法院认为州只是基于种族理由，运用强制回避要求预备陪审员回避的做法触犯了被告人受平等保护的权利。如果被告方出示明显表明起诉方只是基于种族而撤免陪审员的证据，然后起诉方必须证明回避陪审员除了种族还有其他一些理由。检察官不可以基于陪审员和被告人是相同种族，他们可能会偏向被告人的推测而回避具有被告人种族的陪审员。

检察官必须说明陪审员具有其他一些促成强制回避的态度和性情（Batson v. Kentucky 1986，97）。在 Powers 一案中，最高法院认为检察官不能以种族偏见运用强制回避，即使陪审员与被告人不是同一种族。例如，在一起指控白人被告人的诉讼中，检察官不能回避陪审员名单上所有黑人种族的陪审员，除非检察官能表明非种族偏见的其他回避理由。在 Georgia v. McCollum（1992）案中，最高法院扩展了这些规则，对被告方适用与起诉方相同的规定。最高法院指出，"我们认为宪法禁止刑事被告人以种族为由行使强制回避而进行有目的的歧视"（Georgia v. McCollum 1992，2359）。

接着，最高法院在一起确认生父的民事诉讼中认为，宪法禁止律师基于性别歧视行使强制回避（J. E. B. v. Alabama ex rel. T. B. 1994）。最高法院在这件案子及在这之前涉及种族问题的案件中的理论基础表明，在刑事案件中基于性别固定模式回避陪审员的做法也受禁止。最高法院指出这些规定并不禁止律师在行使强制回避过程中运用固定模式，只是有关种族和性别群体的固定模式被禁止。律师们仍旧可以从有关职业群体、经济状况和其他因素的固定模式中得出强制回避的推断，因为这些因素不是有着悠久历史的非法歧视的基础。

对死刑的态度

如果起诉方计划要求法院科处死刑，说明真相的大部分工作将花在探究陪审员对死刑的态度及他们宣告接着将面临死刑判决的被告人有罪的意愿上。最高法院在 Witherspoon v. Illinois（1968）一案中规定，陪审员可能被有正当理由地撤免，如果他们对死刑的观点将妨碍他们作出死刑案件的有罪判决。除非当可以判处死刑而陪审员不愿意宣告有罪，有理由回避陪审员之外，律师也希望探究陪审员对死刑的态度和运用强制回避撤免一些陪审员。

第 16 章　审判的戏剧性场面

建立有资格审理死刑案件的陪审团

最高法院 *Witherspoon v. Illinois*（1968）一案的判决允许检察官获取所谓的有资格审理死刑案件的陪审团，这意味着全体陪审员必须表达至少有科处死刑的一些意愿。研究表明，支持死刑的陪审员比反对死刑的陪审员更倾向于宣告有罪。鉴于这种发现，*Witherspoon* 的规定会使检察官在审判时处于优势地位吗？

这儿是在说明真相期间可能被提出以衡量陪审员死刑态度的一些问题：

你对死刑有什么感想？

你对死刑的感想会使你在任何情形下都不会撤回死刑裁决吗？

如果你在审判结束时超出合理怀疑地认定被告人有罪，他的行为非常令人震惊该受死刑惩罚，你会对死刑惩罚存有良心顾忌而不作出死刑裁决吗？

资料来源：Michael D. Marcus. Copyright ⓒ 1989. *Trial Preparation for prosecutors*. New York：Wiley，p. 409. 重印经 John Wiley & Sons，Inc. 允许。

劝说程序开始

说明真相的第三个目的与了解陪审员无关，于是就开始劝说陪审员的程序，这涉及培养与陪审员的融洽关系，使他们觉得惬意并赢得他们的信任。另外，说明真相提供给了律师第一次向陪审员介绍将在审判时提出的问题和出示的证据的机会，律师努力"影响陪审员以改变他们的态度或价值观，并塑造他们将聆听到的证据加以处理的方法"（Fried，Kaplan，and Klein 1975，50）。这可能涉及运用说明真相向陪审员介绍一些破坏性的事实，并使陪审员在记录上指明这种事实不会影响他们公正决定有罪或无罪问题的能力。例如，如果被告人被指控犯约会强奸罪，检察官希望在说明真相期间开始向陪审员介绍有关约会强奸罪的知识。

审判开始

当陪审员宣誓时审判就正式开始，他们被要求宣誓他们会根据法律履行责任。法官向他们解释陪审员的任务和在审判期间必须遵守的规则，尤其是关于相互之间或向其他人谈论有关案件的事实。有时陪审员在审判和评议期间被隔离。隔离是指禁止陪审员与外面对他们有影响的人或物接触，包括他们的家人。州将陪审员安排在宾馆里，他们只被允许与陪审员名单以外的人进行有限地接触。如果陪审员在审判期间被隔离，法官会解释陪审员将如何并在哪里受隔离以及为什么要隔离。如果法官审判，随着第一位证人宣誓，审判即正式开始。

一旦审判正式开始，被告人的危险处境即来临。在审判正式开始之后，因同样行为被再次指控的被告人能争辩"一罪受二审"，也就是，被告人因为同样罪行正被要求接受一次以上的审判。但是，围绕一罪不二审的许多规定允许在许多情形下重新审判被告人（见第3章）。

塑造陪审员的态度

一位作者提供了在说明真相期间提出的以教育和劝说约会强奸是犯罪行为的一些问题样例。

问：在这个案件中，可能有被告人和被害人赴约，他们接吻和亲抚，但那时她告诉他停止的一些证据。你怎么认为她是否有权告诉他在那时停止？

问：如果应该停止，你理解和同意被告人具有不可抵制的冲动进行这种行为，强奸罪指控不能辩解？有人对当女人告诉他停止时法律规定他该克制自己的主张持不同意见吗？

问：对于遇见一名调情女子的男子是否享有认为他有权与那女子发生性关系的权利，你是怎么认为的？

问：对于遇见一名调情女子的男士是否享有认为那女子希望与他发生性关系的权利，你是怎么认为的？

通过这一系列问题，检察官介绍了一些陪审员可能预先已形成观点的有关事实；这些问题也使检察官有机会教育陪审员关于对罪行进行有效辩护的法律要求。这些问题要求陪审员公开地陈述他们是否（1）同意当妇女说不时法律要求男士停止，（2）不同意妇女的调情使男士享有认为她想要性行为的权利。一旦在说明真相期间被记录下来，陪审员在评议时就较难采纳相反的观点。最后，这些问题也使检察官注意那些表述了令他们不同情约会强奸被害人的观点的陪审员。辩护律师也会涉入改变陪审员对关键事实和法律问题的认识及重塑陪审员态度的相似程序。

资料来源：Michael D. Marcus. Copyright © 1989. *Trial Preparation for Prosecutors*. New York：Wiley, p. 413. 重印经 John Wiley & Sons, Inc. 允许。

开场陈述

在双方开始传唤证人之前，每方均有开场陈述的机会。因为州一方先出示证人，所以检察官在审判时首先作开场陈述，被告方马上接着检察官作开场陈述。一些案件中，被告方的策略取决于检察官能出示的州案件及被告方破坏州陈述事件可信度的程度，被告方可能决定等待，一直到检察官作了开场陈述以后，最后被告方可能选择不作任何陈述，尽管这种情况不常见。

开场陈述的目的是向事实认定者介绍在审判时出示的证据。开场陈述使陪审团对将出现什么情况有所准备，并展示证据以使陪审团了解律师根据事实编织的故事的合理性。通过一定顺序的揭露事实——有时极有选择性的事实——律师构造了"一幅激励公平的陪审员去做律师所希望的事情的画面"（Goldberg 1982，192）。开场陈述也提供了以最有利的方式展示故事薄弱点的机会。

开场陈述被认为是审判劝说程序的一个重要部分。陪审团的研究结果表明，80％的陪审员最后裁定案件都赞成开场陈述中较有说服力的一方（Goldberg 1982，193）。即使法官告诫陪审员在没有听审完全部证据之前不要作出任何结论,但陪审员几乎不可避免地在开场陈述之后就得出一些暂时结论。

出示证据

因为起诉方负举证责任,所以起诉方先出示证据。这对起诉方有利。通过首先出示证据,起诉方能设定审判的基调并使陪审团对证明被告人有罪的证据产生印象。出示证据涉及传唤证人作证和介绍由事实认定者审查的物证或书面证据。

在其他证人出庭期间,证人一般被隔离,也就是说不允许在法庭里。法院通过隔离证人以确保证人证言不受在其之前的证人证言的影响。询问是律师获取他们需要的证据的工具,一般有四种形式。首先,无结尾的问题询问只要求证人对观察到的事件作叙事性叙述。例如,检察官可能要求被害人重述他被抢劫那天所发生的事。第二种类型的询问是确定证人对事物的反应。例如,"你能告诉我们当你到达现场时被害人看上去怎么样?"第三种类型的询问是要求证人明确的反应。例如,律师明确地问抢劫罪的证人,"逃跑的汽车是什么颜色?"最后一些问题,称为诱导性的问题,通过问题的措词提示证人的反应。比如,"汽车是绿色的,对吗?"(Goldberg 1982,211—212)。

传唤证人作证的律师进入直接询问证人,然后反方律师有机会交叉询问证人。一般而言,直接询问主要提无结尾的前两种类型的问题,这种询问形式使陪审员最能判断证人的可信度,但却使律师最不能控制证人的陈述内容(Glodberg 1982,212)。交叉询问较可能提明确反应和诱导性的问题。

整个直接询问和交叉询问期间,双方律师都必须遵守证据规则(见第12章)。如果触犯了一项证据规则,无论是询问的方式还是证人回答问题的方式,反方都可能反对,陈述反对的理由。例如,"反对,阁下,传闻证据",然后提问的律师可能简短地说明正当理由或要求召开法官席边协商会(陪审团听审之外),以更详细地解释为什么提这个问题或回答问题应该经法官允许。然后法官决定证据规则是否被触犯。如果法官不同意反对提问或回答的律师的意见，法官就否决反对，证人继续回答。如果法官同意询问或回答触犯了证据规则，法官就支持反对，询问的律师必须提另外一个问题。如果反对证人的回答，法官会建议陪审员不必理睬这个回答。一些案件因为证人的回答可能对案件的审判结果非常不利，律师于是提出无效审判的动议。表16—1罗列和描述了一些反对的最常见理由。

> **表16—1 常见的反对和它们的含义**
>
> 资料来源：F. Lee Bailey and Henry B. Rothblatt. 1985. *Successful Techniques for Criminal Trials*, 2d ed. Rochester, N. Y.：Lawyers Co-Operative, p. 385；American Bar Association. 1989. *Going to Trial：A Step-by-Step Guide to Trial Practice and Procedure*. Chicago：American Bar Association, pp. 125—127；Michael H. Graham. 1989. *Modern State and Federal Evidence：A Comprehensive Reference Text*, Vol. l. South Bend, Ind. ：National Institute for Trial Advocacy.

相关性：
信息材料与审判的问题没有具体联系。不相关的证据可能误导陪审员，引起困惑和造成不应有的延误。

责任能力：
证人不能对一件事情作证除非介绍的证据足以支持认定证人对事件有个人的认识。

传闻：
证人有的信息资料不是证人的直接认识而是其他人告诉他的。也就是说，律师不是传唤亲自观察事件或最初作出陈述的A，而想依赖B，B只是从A处听到发生的事件或陈述。传闻规则规定只有最可靠的证据才能在审判时被采纳。这个例子中，A亲自观察对事件的陈述比B的陈述更可靠，因为B没有目睹整个事件。毕竟B甚至不知道事件的发生，B只知道A说发生了这件事。传闻规则确实有几项例外，所有的例外都与审判时只采纳最可靠的证据的主要目的有关。

非反应性回答：
证人的回答与律师提的问题不相符和十分可能包括律师不愿陪审员知道的信息资料。如果律师恰当地提暗示性问题和证人企图提供多于是或不是的回答，证人的回答可能也被认为是非反应性的。

表16—1续　常见的反对和它们的含义
观点： 除非证人提供能帮助证人清楚理解案件事实的观点或是大多数人经历范围内的观点，证人，除专家证人之外，只对事实作证。需要专业知识的观点要求证人必须以专家证人的身份被接受。
诱导性的问题： 问题以'是'或'不是'回答，就这样提供信息并只要求证人同意或不同意。当问题提示希望的回答或假定是正受争论的事实时，它也是暗示性的问题。诱导性的问题在直接询问中不被允许，除非证人被认为不合作或怀有敌意。暗示性询问在交叉询问中被允许，因为反方证人被推定为缺少合作。

尽管律师充满热情的反对是审判的一项戏剧性事件，但律师只是在必要时才小心地反对。反对太频繁的律师会惹怒法官和陪审员，或者陪审员可能会认为律师不想让他们听到事实的真相（American Bar Association［ABA］1989，127；Bailey and Rothblatt 1985，382）。

直接询问

直接询问的目的是聚集证据以支持律师在开场陈述中阐述的罪行。直接询问通常涉及询问对传唤他们来作证的律师表示同情并能配合的证人。因为这些原因，直接询问主要依赖无结尾的问题的形式。直接询问证人的律师已经对证人的证言作过仔细审查并知道证人可能要说什么。

偶尔，直接询问的证人并不友善或甚至对询问律师的目的怀有敌意。不友善或怀有敌意的证人的例子包括起诉方传唤被告人的女朋友就罪行发生的那晚被告人的去处作证，或被告方传唤谋杀被害人的母亲对她死去女儿的毒癖作证。这些证人具有对律师提出的问题拒绝作证的理由。因为怀有敌意的证人不可能自愿提供材料，所以律师在询问怀有敌意的证人时，通常提明确反应或暗示性询问的问题。

交叉询问

直接询问的目的是聚集证据支持当事人对事件的陈述，但交叉询问的目的是推翻对方的证据堆。尽管每位律师都可能幻想能抓住说谎的证人，进行锐不可当的交叉询问，但更常见的交叉询问涉及逐渐破坏证人的可信度和确定性。

审判律师史蒂文·戈尔德伯格描述了律师交叉询问的目的,戈尔德伯格的观察结果对民事和刑事审判同等适用:

> [证人直接证言]的破坏、重点改变和效果减弱的试金石是亲身体会到生命是灰色的,大多数的证言是黑色和白色的。证人通常不愿告诉事实的本来面目,他们通常告诉事实的真实情况,再加上一些对他们最有利的陈述。这不是潜意识的谎言,甚至也不是个大错误,这是一个人在宣誓后和被置于法庭的人的本性。每位证人都希望尽可能的精确和博识,结果是对一方80%的支持以95%表现出来。例如,如果被争论的那一天下着蒙蒙细雨,原告或[检察官]一方的证人可能说是一场雾,被告的证人则可能认定是一场暴雨。当被告的证人谈论滑溜溜的潮湿路面时,原告的证人则可能描述车道基本是干的。如果证人是原告亲密的朋友,他可能将他自己描绘成是原告的一个朋友,或可能以"我们在一起工作"回答与关系有关的问题。半个街区之外透过纱窗观看事故的证人可能说他们观看事故发生时"视线清楚"。(重印自 *The First Trial: Where Do I Sit? What Do I Say?* Steven Goldberg,1982,pp. 303—306,经 West Publishing Corporation 允许。)

通过交叉询问,律师努力探出直接询问期间被(方便地)遗漏的信息。律师极力攻击或破坏证人有关他观察事故的机会或对观察到的事物回忆能力的主张。另外,为了表明证人与审判结果有利害关系,交叉询问经常竭力使陪审员注意证人与其他罪行当事人的关系。通过交叉询问,律师竭力向陪审员传递证人的证言具有怀疑的理由。

再直接询问和再交叉询问

F. 李·贝利和亨利·B·罗斯布莱特指出"一位熟练和灵敏的交叉询问者能迫使证人回答与案情无关的问题,或在答案会使人误解的情形下限制证人回答'是'或'不是'。这种情况经常发生在如果就一个具体问题交叉询问证人而证人承认感到迷惑或不确定时"。由于这些原因最先传唤证人作证的律师可能进行再直接询问,以重新聚集被交叉询问推翻的证据堆。再直接询问的问题拟将交叉询问中破坏性的证据再进行探讨。贝利和罗斯布莱特补充道,"成功的再直接询问是解释和清除交叉询问产生的明显矛盾、承认或明显错误的陈述……"(1985,408)。再直接询问之后,反方可能对再直接询问提出的观点进行再一次交叉询问。各管辖区均规定了再直接和再交叉询问的范围,限制进行再直接或再交叉询问的机会。

再直接询问证人

在一起抢劫案的直接询问期间,检察官要求抢劫罪的证人描述劫犯。证人回答了各项特征,说劫犯面颊上有伤疤,留着几天未剪的胡须。在交叉询问时辩护律师提出警察的报告并没有反映证人曾提到劫犯面颊上有伤疤和几天未剪的胡须。辩护律师运用这些遗漏,破坏证人将被告人确定为劫犯的可靠性。在这个案件中检察官可能进行再直接询问,由陪审团裁决遗漏的表述是否可信:

问:你告诉了警官有关抢劫商店的男子有伤疤和三天未剪的胡须吗?

答:我不能确定我有没有说。事情发生得这么迅速。我努力告诉他我认为能帮助他抓住劫犯的信息。伤疤这么小,没有剃须的事实在晚上如果他不在灯光下也没什么帮助——我可能没向警官提起这些,但我真的不能肯定。

问:为什么你在法庭提起伤疤和三天未剪的胡须呢?

答:嗯,你要我描绘这男子,我想尽可能全面地描述。我有许多时间想这张脸,我不可能忘记。我想我该告诉你我记住的每件事。

问:你在直接询问中作的描述法庭里有人相符吗?

答:是的。除了现在剃掉留了三天未剪的胡须外,那边的男子相符。(断然地指向被告人。)

资料来源:Steven H. Goldberg. 1982. *The First Trial:Where Do I Sit? What do I Say?* St. Paul, Minn.:West, pp. 359—360. 重印经 West Publishing Corporation 允许。

第16章 审判的戏剧性场面

起诉方歇诉

当起诉方出示了所有的证人和证言并认为这些证据已充分地证明了罪行，起诉方就歇诉。审判到了这一阶段被告方常规地提出直接裁决动议，要求法官认定起诉方并没有出示支持罪行各个要件的证据，唯一的公正裁决只能是宣告无罪（ABA 1989，150）。一些情况下，若起诉方准备不充分、审判时潦草地出示证据或案件确实存在事实问题，直接裁决动议就被接受，结果被告人被宣判无罪，而审判马上停止。然而，大多数案件，这个辩护动议如辩护方常规地提出动议那样，常规地遭到拒绝。

被告方

如果法官拒绝了直接裁决的动议，审判以被告方出示证据而继续进行。被告方传唤证人支持他对所发生事情的陈述，被告方可能提供对事件有着与起诉方证人不同回忆叙述的证人。如果被告方提出不在犯罪现场的辩护，证人必须作证犯罪发生时他们看见被告人在其他地方。一些案件被告方可能只能提供就人格方面作证的证人，作证被告人不是会犯被指控罪行的那种人。

被告方的一个重要决定是是否让被告人在审判时作证。被告人不必作证是因为第五修正案规定"没有人……在任何刑事案件中该被迫成为反对其本人的证人"。而且，陪审团通常被指示不能对被告人选择不作证的事实作出任何结论或推断（Bailey and Rothblatt 1985，416）。尽管有法官的这些告诫，但陪审员也可能作出不作证的被告人隐瞒了一些事实的结论。

对于被告方，决定被告人是否作证经常取决于在交叉询问时被告人可能产生的潜在破坏。例如，如果被告人以前作了有关罪行但不被采纳的陈述，而在审判时被告人作出了相反的陈述，那以前的陈述就可能被采纳。例如，向大陪审团作的非法的供认或陈述，可能被用来弹劾审判时被告人的证言。有犯罪记录的被告人也是一个问题，只要被告人不站在证人席上作证，被告人的记录就合乎法律规定地与此无关。然而，一旦被告人站在证人席上作证，起诉方就可能运用以前的宣告有罪来攻击被告人的可信度（Bailey and Rothbaltt 1985，417）。

反驳

起诉方在被告方出示证据结束时可能需要补充支持他的案件，被允许通过传唤反驳证人来完成。最初起诉方认为不必要的证据或证人可能被传唤，以证实一些事实。例如，如果辩护证人造成起诉证人的诚实和真实受到怀疑，起诉方可能需要传唤另外的证人反驳作证，以证实起诉方证人在询问中说了真话的声誉（Marcus 1989，177）。一般而言，反驳被用来解释、限制或否认被告人的案件（ABA 1989，148）。一些案件起诉方甚至可能筹划反驳，隐瞒一些证据以观被告方审判时的辩护策略。

反驳之后被告方也可能传唤反驳证人。无论如何，被告方一般都会重新提出直接裁决的动议，直接裁决动议通常又被拒绝。只要罪行的每个要件都有一些证据，法官一般会让陪审团作出裁决。

最后辩述

在陪审团退席评议裁决之前必须完成最后两个阶段：最后辩述和陪审团指示。最后辩述，也称作最后陈述或法庭辩论总结，因律师直接与陪审团对话而与开场陈述相似。与开场陈述不同的是，开场陈述主要针对事实，而最后陈述则拟提供一个机会，以争辩陪审团为什么应作出如律师要求的裁决。最后辩述使律师有机会说服陪审团根据已听审的证据，宣告有罪（起诉方）或无罪（辩护方）才是公平和合理的裁决。

陪审团指示

当被告方和起诉方都结束了他们的最后陈述，法官在一个有时被称为指示陪审团的程序中引导陪审团。法官必须指示陪审团在作出裁决过程中有关的法律知识和陪审团的法律责任。这些指示为陪审员界定法律术语和概念，这样陪审员能决定他们所听审的证据是否达到宣告被告人有罪的法律要求。尽管是与外行陪审员交流，指示倾向于以比较专业的法律术语表达。所以，陪审员在指示之后可能比在这之前对他们该作什么更感迷惑。

准备陪审团指示涉及起诉方和被告方两方。双方均有机会提议他们希望法官给予陪审团的指示内容。陪审团指示的内容通常从几乎对刑事审判出现的每个问题都提供陪审团指示的书中挑选出来。表16—2举了一个用致命或危险的武器殴打联邦官员的联邦罪行陪审团指示的例子。这些书中的指示都已通过上诉得到证实并成为以后案件指示陪审团的范本。

尽管陪审团指示书减少了每个法院指示的变异程度和限制了法官在指示陪审员过程中的自由裁量权,但法官经常有机会作出具体案件如何指示陪审员的重要决定。有时一个具体问题有不止一项的指示选择,法官可能根据审判时介绍的具体事实或案件的明确主张作出决定,这种情况法官必须选择最适合情形的指示。另一些案件中,可能不能对具体的情形提供得到承认的指示,律师可能参考以前案件的指示并主张目前案件的事实与以前案件非常相似,以保证获得同样的指示。

通常,检察官和辩护律师都会在审判的证据阶段向法官提交提议的陪审团指示(Bergman 1979,294),在审判结束之前法官会与律师一起讨论指示。律师一般有机会争论具体的措辞,有时也进行谈判。为了说服法官在另一个问题上接受更重要的指示,律师可能放弃不重要的指示。法官会注意审判的正式记录,了解律师提交的指示内容和它们是否被接受、修改或拒绝(Goldberg 1982,97),然后被接受的指示在审判结束时向陪审员口头传达。

评议和裁决

陪审团一旦被指示,即退席评议裁决。陪审员在审判的整个过程中偶尔被隔离,以避免与其他人交流、接触案件的新闻报道或甚至被施压按一定方式投票。如果陪审员在审判期间自始至终都没有被隔离,那么他们则可能在评议期间被隔离。一些案件如果晚上九时或十时以前还没有完成工作,陪审员可能被安置在一家宾馆,而另一些案件陪审员则可能被允许晚上回家,第二天回来继续进行评议。

陪审团如何工作:对陪审团评议的研究

对陪审团评议进程的研究揭示了法律规定陪审员完成任务的方式与陪审员实际完成工作的方式有所不同。研究采取了各种形式,有时研究

表 16—2　陪审团指示

资料来源：重印自 Edward J. Devitt, Charles B. Blackman, and Kevin O'Malley. 1990. *Federal Jury Practice and Instructions*, *Criminal*, 4th ed. Vol. 2. St Paul, Minn.；West, pp. 34—37。

B. 使用致命或危险的武器
[18 U.S.C.A. 111（B）]

23.06　指控的罪行的性质

大陪审团起诉书指控的＿＿＿＿罪发生在或大约在 19＿＿＿，＿＿＿月＿＿＿日，＿＿＿＿＿市＿＿＿＿＿地区内，被告人，＿＿＿＿＿使用危险或致命的武器强暴殴打＿＿＿＿＿，一位［联邦调查局特工］，他正在执行［联邦调查局特工］的公务。

23.05　界定指控的罪行的制定法

美国法典 18 章第 111 条和 1114 条规定，部分条款：

"无论谁强暴殴打、拒绝、反对、阻碍、威胁或干涉本章 1114 条规定的任何人［美国的官员和职员］当他［她］执行公务时或由于完成公务，……［并］使用致命或危险的武器实施这种行为……"

被认定反对美国的罪行成立。

23.06　指控的罪行的主要要件

为完成大陪审团起诉书指控的运用致命或危险的武器强暴殴打联邦官员的＿＿＿＿＿＿＿罪的举证责任，政府方必须超出合理怀疑地证明以下五（5）个主要要件：

　1. 被告人＿＿＿＿＿＿强暴殴打［大陪审团起诉书确认的人］；

　2. 强暴殴打时，＿＿＿＿＿＿＿［大陪审团起诉书确认的人］是美国的官员或职员；

　3. ＿＿＿＿＿＿＿［被确认为美国官员或职员的人］遭殴打时正在执行公务；

　4. 完全使用致命或危险的武器殴打；

　5. 殴打是被告人＿＿＿＿＿＿＿自愿和故意的状态下实施的。

23.07　"致命或危险的武器"的界定

词组"致命或危险的武器"是指任何能引起身体严重伤害或造成死亡的器

表16—2续　陪审团指示

械或装置。

器械或装置的物理性能和使用的方法都是陪审团考虑决定是否是"致命或危险的武器"的因素。

23.08　"强暴殴打"的界定

词组"强暴殴打"是指故意和有意地企图或威胁用暴力或力量对另一个人造成身体伤害,当这种企图或威胁具有明显这样做的能力时。

尽管"强暴殴打"被告人可能并没有对另一个人进行实际接触,敲打或造成身体伤害,但政府方必须证明被告人＿＿＿＿的行为具有使受他们威胁的人害怕身体即时受到伤害的性质。

者在实际刑事审判之后会见陪审员,其他一些研究则采取模拟审判形式,对随后被要求就像是案件陪审员那样作出裁决的人们进行研究。

研究表明,陪审员"并不花大量时间努力界定法律的类别,评价他们正在使用的证据的可采性或按照证据标准检测他们的最后结论"(Ellsworth 1993,47)。一些研究显示实际上陪审员有时被重要的法律概念比如举证责任所困惑(Marcotte 1990b,32),代之陪审员按照他们个人对案件观点的概括性固定主题进行运作。例如,一名陪审员可能将案件概括为"残酷的杀手实施报复",然而另一名陪审员可能视案件为"友善家伙的恐慌和过激反应"(Ellsworth 1993,48)。陪审团评议的这个特征强调了提供连贯一致和可信的主题的重要性。根据罪行的描述,陪审员"根据他们认为的罪行严重程度作出裁决"(Ellsworth 1993,48)。

第一轮秘密投票通常不会达成一致同意(Ellsworth 1993,42)。陪审员经常对正确裁决得出不同结论,并经常忽视审判期间重要的证据。面对数小时不具有明显相关性的经常令人厌烦的证人作证,陪审员的思想难免会彷徨。一些事实能使一些陪审员产生很深的印象,并影响其对这桩事件的看法,然而另一位陪审员甚至可能不记得那些证言。

陪审员们对证人可信度的裁决结果也会有所不同,但已出现了一些裁决模式。例如，陪审员一般可能拒绝被他们视之为雇用的枪炮的专家证人证言，但却被其认为是独立或似乎运用常识的专家证言说服（Marcotte 1990b，32）。警察证人，传统被认为是可信的证人，但现在似乎已丧失了这个特征。

最后，在具有说服力的讨论、证据审查和强大压力的综合作用下，大多数陪审团作出裁决。

悬而未决的陪审团

因为必须有一定的陪审员对裁决表示同意（大部分或全体一致同意，取决于州法律），所以陪审团不一定总能得出结论。如果陪审团不能达到规定的全体一致或大多数同意，陪审员则传递给法官他们不能作出裁决的信息。一般法官会力劝他们继续努力作出裁决，而不对他们施加太多压力。如果陪审员尽了真诚的努力，但仍旧不能调和意见分歧，法官则宣布未决审判。悬而未决的陪审团导致未决审判之后，被告方可能要求法官宣告被告人无罪。如果这项动议被拒绝，检察官可能要求重新审判案件，或认为不值得再为这事烦恼，要求驳回指控（*Arizona v. Washington*，1978）。

法官审判评议

如果法官是事实认定者，法官就必须作出裁决。法官必须完成比陪审员更多的工作。不只是简单地作出裁决——有罪或无罪——法官必须拟写事实认定及法律结论以支持判决。令人惊奇的是，由于法官审判中添加了这项工作，法官可能用少于非陪审团审判所需的时间来审理陪审团审判的案件：

> 陪审团审判对法官来说是一项更容易的审判，按照法律指示比认定事实及书写事实认定和法律结论更容易。我也发现我能审判比非陪审团案件数量更多的陪审团案件，因为作为一名法官，我需要用比挑选陪审团所需的更多时间考虑和拟写事实认定和法律结论。而且，当第一个陪审团评议时我可以开始第二个陪审团案件（Joiner 1975，155）。

法官审判对法官来说不是一件节省时间的事情。

调查结果,被指控者和警察受到平等对待
肖恩·G·肯尼迪

对全国范围陪审员的一项调查结果显示,面临互相冲突的被告人证言和警官证言时,陪审员没有必要更相信警官的证言。

783 名刑事和民事案件的陪审员接受了调查,51% 的陪审员说他们相信被告人与相信警官的程度相等。调查发现黑人陪审员中,70% 认为警官的证言不会更有分量。

被调查的陪审员中,61% 说应该认定殴打罗德尼·G·金的四位洛杉矶警官有罪。与加利福尼亚的陪审团不同,受调查的陪审员对事件有了事后的了解。调查从 1992 年 8 月 31 日持续到 11 月 5 日,于四位警官被宣告无罪后洛杉矶严重暴乱的几个月后进行。

100 个调查问题

由《国家法学》杂志社、法律新闻和信息服务的莱克斯主办的调查基于 100 多个问题。《国家法学》主编多琳·威森豪斯担任出题者。他说,调查的陪审员来自 31 个州和哥伦比亚特区的 40 个市区、郊区和乡村管辖区,取样的错误幅度在五个百分点上下。

调查结果将刊登在今天出版的《国家法学》上。

纽约法律援助协会诉讼副理事苏珊·亨德瑞克说,对警官证言的评定结果并没有使她感到惊奇。

"生活在与警察联系密切的社区的人们总是有点不太信任警察,"她说,"但是随着新闻和录像的发展,现在警察行为更为公众所了解。"

调查的结果表明如果陪审员对警官的证言不予特殊信任时,他们也倾向于不尊重专家证人的证言。被调查的陪审员 70% 说专家证言影响他们的裁决结果,但 1/4 的陪审员说他们认为专家的意见被因证言可能受惩罚的一方逐渐加以改变。

资料来源:Shawn G. Kennedy. Copyright © 1993 by the New York Times Company. "Accused and Police Given Equal Weight, Poll Finds." *New York Times*, February 15, p. A8. 重印经允许。

376

宣布裁决

当法官或陪审团作出裁决时，当事人就被提到法庭接受宣判。检察官、被告人和辩护律师听候裁决，每个人都有点紧张，尤其如果是严重的指控，宣布裁决的仪式加剧了这份紧张感。首席陪审员将裁决书交给法官，法官宣读之后将裁决书交还给首席陪审员或将裁决书交给书记官大声宣读。尽管并不常见，但双方律师都可能要求法官逐一询问陪审员。在询问陪审员过程中，每位陪审员都要求郑重陈述法庭上宣读的裁决是每位陪审员作出的裁决。然后法官感谢陪审团的专心和辛勤工作，并解散陪审团。

如果是无罪的裁决，法官告知被告人，他或她可以自由地回去。根据一项对 26 个市区管辖区的研究表明，全部去审判的案件中，只有 27％的案件最后结果是宣告无罪（Boland et al. 1989，5）。尽管被告方反对州指控的责任经常很大，尤其如果被告人在审判前被羁押在监狱里，但无罪宣判并不能使被告人享有获得州赔偿的权利，尽管由于关押丧失了收入、工作和名誉。由于这个原因，如果没有其他理由，审判前的筛查程序非常重要，因为它能使这些丧失达到最低限度。

有罪裁决不能灭绝被告方赢得无罪宣判的企图。如果陪审团作出有罪裁决，被告方可能提出尽管裁决但宣告无罪的动议，要求法官将有罪裁决搁置一边，因为起诉方的证据并没有完成超出合理怀疑的举证责任。这项动议比较常规，但只有证据的充分性能作为上诉的理由时才可能被提起（Bailey and Rothblatt 1985，734）。这项动议很少能被批准，究其原因是因为法官在这之前（检察官审查结束时和将案件提交给陪审团之前）有机会以证据不充分的理由驳回案件或直接作出无罪裁决。

最后法院签署宣告有罪的判决，这是一份使陪审团裁决生效的法院书面指令。被告人直到法院签发宣告有罪的判决令以后才被宣判有罪。宣告有罪之后，起诉方可能要求增加保释金或撤销审前释放，审判法官必须考虑被告人为逃避惩罚而失踪的可能性。另外，如果判决前调查不是自动发生，检察官可能要求进行这种调查，或法官可能指令调查而无需起诉方的要求，设定量刑的日期，法院休庭。

第 16 章 审判的戏剧性场面

总　结

　　抗辩制审判程序中的被告人权利和程序规则是诉讼案件的重要因素。被告人的权利包括陪审团审判的权利，尽管最高法院不愿扩展这项权利使所有的州诉讼被告人都能享有。陪审团一般由从社区有代表性的区域中挑选出来的 12 名公正的市民组成，但最高法院已允许州可以试验少于 12 名成员的陪审团，另外一些州允许全体陪审员并没有一致同意的裁决。

　　变更审判地点和仔细挑选陪审团是对审前新闻宣传可能造成预备陪审员形成被告人有罪观点的一种救济。确实偏见的陪审员，不管是因为以前与当事人认识、审前宣传、种族歧视或其他因素，都要被有正当理由地撤免。另外，双方均享有通过不用提供撤免理由的强制回避而撤免陪审员的有限机会。

　　开场陈述使陪审员熟悉起诉方和被告方宣称的案件事实。通过直接和交叉询问陪审员有机会评价证据和提供证言的证人可信度。根据按照证据规则出示的证据，陪审团（或法官）作出裁决。

　　审判程序的自始至终，抗辩双方都运用他们所能运用的（通常在法律规定的范围之内）技巧和战术说服法官或陪审团宣告有罪（或无罪）。程序规则，包括证据规则，是律师塑造在法庭出示的证据的一种工具，法官和陪审团的性情是按照裁决方向进行塑造的原材料。律师工作的成功在裁决中得到反映。证据的证明力量最终是由法官或陪审团尽力衡量的主观事项。

　　如果是无罪裁决，被告人被释放，但其不能就与州指控相关的损失获得补偿。如果是有罪裁决，那么刑事法院就进入下一个诉讼阶段：量刑。

参考书目

Adler, Stephen J. 1994. *The Jury: Trial and Error in the American Courtroom*. New York: Times Books.

American Bar Association. 1989. *Going to Trial: A Step-by-Step Guide to Trial Practice and Procedure*. Chicago: American Bar Association.

Apodaca v. Oregon, 406 U. S. 404, 92 S. Ct. 1628 (1972).

Arizona v. Washington, 434 U. S. 497, 98 S. Ct. 824 (1978).

Bailey, F. Lee, and Henry B. Rothblatt. 1985. *Successful Techniques for Criminal Trials*, 2d ed. Rochester, N. Y.: Lawyers Co-operative.

Baldwin v. New York, 399 U. S. 66, 90 S. Ct. 1886 (1970).

Ballew v. Georgia, 435 U. S. 223, 98 S. Ct. 1029 (1978).

Batson v. Kentucky, 476 U. S. 79, 106 S. Ct. 1712 (1986).

Bergman, Paul. 1979. *Trial Advocacy in a Nutshell*. St. Paul, Minn.: West.

Blanton v. City of Las Vegas. 489 U. S. 538, 109 S. Ct. 1289 (1989).

Boland, Barbara, Catherine H. Conly, Lynn Warner, Ronald Sones. and William Martin. 1989. *The Prosecution of Felony Arrests*, 1986. Washington, D. C.: U. S. Department of Justice, Bureau of Justice Statistics.

Burch v. Louisiana, 441 U. S. 130, 99 S. Ct. 1623 (1979).

Carter v. Jury Commission, 396 U. S. 320, 90 S. Ct. 518 (1970).

Criminal Justice Newsletter. 1990. "Supreme Court Allows Testimony by Video in Child Abuse Cases." *Criminal Justice Newsletter*. (July 7): 4—6.

第 16 章 审判的戏剧性场面

Dawson, John M. 1992. "Prosecutors in State Courts, 1990." *Bureau of Justice Statistics Buletin*. Washington, D. C. : U. S. Department of Justice.

DeBenedictus, Don J. 1990. "Small-Jury Study." *ABA Journal* (March): 24.

Duncan v. Louisiana, 391 U. S. 145, 88 S. Ct. 1444 (1968).

Duren v. Missouri, 439 U. S. 357, 99 S. Ct. 664 (1979).

Ellsworth, Phoebe C. 1993. "Some Steps Between Attitudes and Verdicts." In Reid Hastie, ed. *Inside the Juror: The Psychology of Juror Decision-Making*. New York: Cambridge University Press.

Fried, Michael, Kalman J. Kaplan, and Katherine W. Klein. 1975. "Juror Selection: An Analysis of Voir Dire." In Rita James Simon, ed. *The Jury System in America: A Critical Overview*. Beverly Hills, Calif. : Sage.

Georgia v. McCollum, 505 U. S. 42, 112 S. Ct. 2348 (1992).

Gobert, James J., and Walter E. Jordan. 1990. *Jury Selection: The Law, Art, and Science of Selecting a Jury*, 2d ed. Colorado Springs, Colo. : Shepard's-McGraw-Hill.

Goldberg, Steven H. 1982. *The First Trial: Where Do I Sit? What Do I Say?* St. Paul, Minn. : West.

Ham v. South Carolina. 409 U. S. 524, 93 S. Ct. 848 (1973).

Hastie, Reid, Steven D. Penrod, and Nancy Pennington. 1983. *Inside the Jury*. Cambridge. Mass. : Harvard University Press.

Hyman, Harold M., and Catherine M. Tarrant. 1975. "Aspects of American Trial Jury History." In Rita James Simon, ed. *The Jury System in America: A Critical Overview*. Beverly hills, Calif. : Sage.

Irvin v. Dowd, 366 U. S. 717, 81 S. Ct. 1639 (1961).

J. E. B. v. Alabama ex rel. *T. B.*, 114 S. Ct. 1419 (1994).

Johnson v. Louisiana, 406 U. S. 356, 92 S. Ct. 1620 (1972).

Joiner, Charles W. 1975. "From the Bench." In Rita James Simon, ed., *The Jury System in America: A Critical Overview*. Beverly Hills, Calif.: Sage.

Marcotte, Paul. 1990a. "Courts on Cable." *ABA Journal* (April): 19.

——1990b. "The Verdict Is..." *ABA Journal* (June): 32.

Marcus, Michael D. 1989. *Trial Preparation for Prosecutors*. New York: Wiley.

Maryland v. Craig, 497 U. S. 836, 110 S. Ct. 3157 (1990).

Mu'Min v. Virginia, 500 U. S. 415, 111 S. Ct. 1899 (1991).

Myers, Howard, and Jan Pudlow, 1991. *The Trial: A Procedural Description and Case Study*. St. Paul, Minn.: West.

Peters v. Kiff, 407 U. S. 493, 92 S. Ct. 2163 (1972).

Powers v. Ohio, 499 U. S. 400, 111 S. Ct. 1364 (1991).

Ristaino v. Ross, 424 U. S. 589, 96 S. Ct. 1017 (1976).

Ross v. Oklahoma. 487 U. S. 81, 108 S. Ct. 2273 (1987).

Turner v. Murray, 476 U. S. 28, 106 S. Ct. 1683 (1986).

U. S. Bureau of Justice Statistics. 1988. *Report to the Nation on Crime and Justice*. Washington, D. C.: U. S. Department of Justice.

Wainwright v. Witt, 469 U. S. 412, 105 S. Ct. 844 (1985).

Williams v. Florida, 399 U. S. 78, 90 S. Ct. 1893 (1970).

Witherspoon v. Illinois, 391 U. S. 510, 88 S. Ct. 1770 (1968).

第17章 量刑

被告人不管是通过审判还是通过有罪答辩被宣告有罪，都从一名享有广泛自由权利的公民转变成为一名被剥夺许多公民权利的被宣告有罪的重罪犯。有罪宣告授予法院一些权力，命令对被宣告有罪的被告人的自由严加限制，并剥夺一些案件罪犯的生存权利。这种权力由法官正式行使，有些案子则由陪审团行使。然而，检察官通过指控和答辩协议程序对判决非正式地产生巨大影响，许多案件法官只是对检察官和辩护律师之间的谈判协议加以批准而已。

量刑在维护（或破坏）刑事法院诉讼程序的合法性中扮演了一个重要的角色。被害人对整个刑事司法制度的满意程度主要取决于被害人对判决的满意程度（Ercz and Tontodonato 1992）。与此相似，公众对刑事司法制度的满意程度似乎与公众对量刑的认识密切有关。确保罪刑相一致是实体公正的重要方面。公众对罪犯没有得到他们应得惩罚的反映造成了许多州量刑程序的改革。

本章描写量刑的目的、刑罚的种类、重罪案件的量刑程序和为减少量刑的不公正而限制司法自由裁量权的法定处罚结构。最近几年立法者已寻求减少量刑裁量权和使犯罪的刑罚更确定，本章探究这些变化所造成的影响,并以对死刑问题的探讨作为总结。

量刑的目的

381　　宣告有罪给了政府在制定法和宪法范围内广泛的权力,以干涉被宣告有罪的被告人的生活,目的是保护公众和维持正义。在这些广泛的规定范围内,刑罚有着一系列明确的目的。

功利目的:保护公众

惩罚的几个目的被认为是功利性的,因为惩罚与通过科处刑罚产生的具体和实在的社会利益有关。通过对罪犯实施一些制裁,无论是被描写为惩罚还是处置,功利目的都是为了减少犯罪。惩罚的功利正当理由包括威慑、使能力丧失和归复。尽管每项正当理由都是基于最有效减少犯罪方法的不同假定,但它们却拥有一个共同目的:运用刑罚减少犯罪。

威慑

我们的司法制度是基于个人具备理性和自由意志的理念建立起来的。因为人们是理性的,所以他们能衡量选择不同行为和不同方式造成的潜在得与失,调整任何行为可能产生的回报或处罚能影响一个人的行为。这是威慑政策背后的哲学原理。

18世纪末英国的一位社会哲学家杰里米·边沁第一个明确地指出惩罚具有有效威慑的特征。根据边沁的观点,迅速、确定和严厉的惩罚比拖延、极不可能或不足以造成痛苦的惩罚更能威慑非法的行为。如果惩罚在犯罪很长一段时间后才实施,那么在惩罚之前犯罪者就有机会享受犯罪的果实,这使得惩罚不能有效地威慑犯罪。如果极不可能施行惩罚,那么就会有更多的人愿意冒险,因为他们从不会被抓获和受到惩罚。如果惩罚与犯罪行为带给罪犯的喜悦相比不是很痛苦(一巴掌),那么甚至迅速和确定的惩罚也不能威慑罪犯。

第 17 章 量刑

哲学家和科学家都将威慑区分为普遍的威慑和特定的威慑。普遍的威慑是指当政府惩罚罪犯时对普遍公众产生的威慑作用。被惩罚的罪犯向公众说明犯罪不值得，这使得我们不可能去犯罪。特定的威慑是指对正受惩罚的人产生的威慑作用。遭受了作为犯罪后果的惩罚，犯罪人不可能在将来再犯新罪。衡量特定威慑的一种方法是再犯率，也就是，被惩罚后犯新罪的罪犯比例。

任何曾从后视镜中认出巡逻车的人都受到了威慑。困扰研究家们的问题是有关威慑在什么情形下有效和惩罚在威慑犯罪过程中的局限性。对威慑的研究表明，基于逮捕和惩罚率，惩罚越确定，犯罪率就越低。这项研究结果与边沁和其他早期的威慑哲学家的预测相符。然而，这项结果能以许多方式加以解释，其中只有一些解释支持威慑理论（Gibbs and Firebaugh 1990）。许多研究表明非正式制裁，比如丧失名誉的威慑比逮捕和惩罚的威慑更有效。总之，威慑力量的研究产生了混合的结果，且威慑力量的研究者还不能证实通过加强正式惩罚的确定性和严重性能减少刑事行为（Paternoster 1987）。所以，逐渐改变的威慑政策的有效性，比如加重刑罚或通过强制刑促进惩罚的确定性，还没有被证实。

使能力丧失

使能力丧失旨在限制罪犯，通常通过关押他们，这样身体受到限制，他们就不能犯罪。与威慑不同，使能力丧失不作对有关罪犯理性或社会威慑犯罪能力的假设，而是基于社会防范的理念。根据社会防范哲学，社会有权和有责任保护自身免受其他人，也就是罪犯的侵害。

最近几年有选择性地使能力丧失的政策受到立法者和学者的广泛关注。这项政策是基于一项表明少数高犯罪率的罪犯犯了大量罪行的研究而制定的。"一直都争论，如果诉讼资源与机构和处置设施对这些高犯罪率的罪犯能更有效地适用，那么就可能防止大量的犯罪发生"（Barnett, Blumstein, and Farrington 1987，83）。换句话说，因为高犯罪率的罪犯对如此大量的严重罪行负有责任，为选择性地使他们能力丧失，将他们遴选出来，接受更严厉的诉讼和判处更长的刑期。将使能力丧失的资源针对这群挑选出来的罪犯比对所有罪犯科处更长的刑期要经济有效。例如，检察官事务所引进审查政策以鉴别高犯罪率的罪犯，然后这些被告人的案件被一组专门的检察官按照法律规定严厉地处理。对再犯规定加重刑罚的惯犯法律也针对使高犯罪率的罪犯能力丧失。

有选择性地使能力丧失政策受到了许多批评。在最初一阵研究结果比较乐观之后（Blumstein et al. 1986；Cohen 1983；Greenwood and Abrahamse 1982），接着的研究都显示如果高犯罪率的罪犯被释放而不是送往监狱，几乎不可能预测哪个罪犯会继续高比率地犯罪（Greenword and Turner 1987；Haapanen 1990）。预测高比率的犯罪似乎与为了审前羁押而预测危险性一样，都不可能。而且，即使我们能准确地预测哪些罪犯将继续高比率地犯罪，但使他们的能力丧失可能只是轻微地减少整个犯罪率，根据一项研究这一点不到 2%（Haapanen 1990，142）。

归复

归复是基于人们的行为是可塑造或能改变的设想而成立的，它是指通过打击引发刑事行为的个人因素，将罪犯转变成有贡献和遵守法律的社会成员。从精神治疗到工作训练的归复项目努力要阐明刑事行为的内在原因。

归复曾经深受欢迎，但也有过遭冷落的时期。19 世纪末缓刑和假释项目的设立，部分是基于归复的理念。1967 年总统的犯罪委员会指出社会帮教是一种更有效的归复途径，提议扩大使用范围。监狱引进工作训练项目以提高许多有罪者的工作技巧。许多机构也引进群体疗法解决罪犯的心理问题，从而减少他们犯罪的可能性。

本世纪 70 年代期间许多美国刑罚制度的观察家们认为归复已经失败。1974 年罗伯特·马丁森对大量归复项目有效性进行的研究所作的结论是："几乎没有孤立的例外，至今报道的归复努力都没有发现对累犯产生影响。"（1975，25）犯罪学家和政策制定者都迅速重复悲观的论调："没有产生作用。"一些评论家建议矫正管理者抛弃归复目的，将侧重点转到更能奏效的目的上来：惩罚。

第 17 章 量刑

归复在 20 世纪 80 年代又受到了些许关注。归复的支持者提醒反对归复的同事们，指出马丁森并没有提议废除归复，他只是指出"我们的项目还不够好，我们矫正制度所需的只是全身心地投入到处置战略上来"（Andrews et al. 1990，371）。争论如今仍很激烈。1974 年至 1985 年出版的两期归复研究评论得出了有点互相矛盾的结论。约翰·R·怀特黑德和史蒂文·P·莱博（1989）悲观地总结，自马丁森 1974 年的研究评论之后几乎没有取得任何进展，并且归复项目几乎都是不成功的。他们的认定"不能鼓励矫正干预的主张"（Whitehead and Lab 1989，289）。相反，D. A. 安德鲁斯和他的同事们（1990）却得出适当拟设的矫正服务似乎比没有归复服务的刑事制裁更能减少犯罪的结论，这些作者认为问题在于要拟设更有效的归复项目。所有的归复研究家们都一致认为，归复努力经常是三心二意，以及迄今为止相对的不成功不该引起研究者抛弃归复。另一个不同的问题是法官在对具体罪犯决定合适的刑罚时，是否该抛弃归复。

公平对待：非功利性的正当理由

由于不能很成功地说明基于威慑、归复和使能力丧失的量刑政策的有效性，于是一些人就主张量刑该只是强调公平对待，刑罚的两个目的——报应和恢复原状——与假定的对社会的功利利益无关，相反这两个目的是关于公正的问题。一种公正是有关为了维护法律的合法性和公平性而惩罚罪犯的必要。法律规定惩罚罪犯，所以罪犯该受惩罚，并且为了体现对遵守法律的人们的公平合理，有罪者必须受惩罚。另一种公正是有关对伤害的恢复原状。如果一个人对其他人造成伤害，那么这个人应该对受伤害的人进行赔偿。这两项理由均可追溯至古老的同态复仇法训诫："以眼还眼，以牙还牙。"报应旨在恢复遭刑事行为破坏的平衡，罪犯欠社会一笔债，便该受惩罚。恢复原状旨在按照受伤害者所遭受的伤害程度赔偿犯罪被害人。

应得的惩罚：报应的目的

报应根植于古老时代的家族长期不和的传统。然而，与盲目报复不同，报应不是简单地指被害人愤怒的情感发泄。报应被严格限定以确保惩罚符合罪行，学者将这称为相称性。报应通过纠正刑事行为造成的不公平而保持社会的完整。刑法规定惩罚，当罪犯违法时欠遵守法律的社会成员一笔惩罚债。本世纪70年代的量刑改革经常用报应目的或"应得的惩罚"明示其为正当。

恢复原状：赔偿的目的

美国刑事司法制度只是在最近采纳了恢复原状作为量刑的一个目的。如第5章所述，一些国家为被害人提供提起民事诉讼的机会，作为反对被指控罪犯的刑事起诉的一部分。相反美国一直以来依靠独立的民事诉讼为被害人提供赔偿的机会。

20世纪70年代期间，许多法院开始尝试把赔偿作为刑罚的一种。被宣告有罪的罪犯通过直接向被害人或向为许多被害人服务的被告人赔偿基金支付现金以赔偿被害人。或者，罪犯可能被要求参加社区服务以赔偿全社区。80年代以后颁发赔偿令赔偿被害人受到许多管辖区的欢迎。美国司法统计局发起一项全国司法报告项目，在美国收集富有全国代表性的300个县的重罪量刑数据。1990年，国家司法报告项目报告的重罪刑罚中，有16％是赔偿令（Maguire and Pastore 1994，54）。

刑罚种类

量刑的目的对刑罚的选择有着明显的影响，也就是说，与情形相适应的刑罚将取决于量刑法官希望通过科处那种刑罚所要达到的目的。另外，认可的特定目的会影响适用不同罪行和罪犯的刑罚类型。最后，即使法官有可供选择的大量的刑罚种类，但是量刑结构、答辩协议和社会倾向也会影响法官作出的选择。

死刑、监禁和基于社区的制裁是三类主要的刑罚。最近几年法院开始尝试将监禁和社区制裁结合起来实施，它们将短期的监禁与较长的基于社区的处置结合在一起，它们也尝试监视居住，一种社区内的监禁。

第 17 章 量刑

死刑

死刑是政府能采用的最古老和最可怕的刑罚之一。17 世纪之前，英格兰的所有重罪犯都被处以死刑，绞刑引起成群的观望者（Newman 1978）。尽管执行不再是公开的场面，但美国继续科处死刑（见表 17—1）。到 1993 年 4 月为止，36 个管辖区、联邦政府和美国军队有生效的死刑制定法（Maguire，Pastore，and Flanagan 1993，670）。

表 17—1　1977 年至 1991 年，有死刑条款的管辖区和被执行死刑的囚犯人数

资料来源：摘自 Kathleen Maquire，Ann L. Pastore，and Timothy J. Flanagan, 1993. *Sourcebook of Criminal Justice Statistics*— 1992. Washington D.C.：U. S. Government Printing Office, p. 678；U. S. Bureau of Justice Statistics, 1992. *Capital Punishment* 1991. Washington, D. C.：U. S. Department of Justice, p. 1。

州或管辖区	被执行的人数	1991 年被执行的人数
得克萨斯	42	5
佛罗里达	27	2
路易斯安那	20	1
佐治亚	15	1
弗吉尼亚	13	2
亚拉巴马	8	0
密苏里	6	1
内华达	5	0
密西西比	4	0
北卡罗来纳	4	1
南卡罗来纳	4	1
犹他	3	0
阿肯色	2	0
印第安纳	2	0
伊利诺伊	1	0
俄克拉何马	1	0
亚利桑那	0	0
加利福尼亚	0	0
科罗拉多	0	0
康涅狄格	0	0
特拉华	0	0

表17—1 续　1977年至1991年，有死刑条款的管辖区和被执行死刑的囚犯人数

州或管辖区	被执行的人数	1991年被执行的人数
爱达荷	0	0
肯塔基	0	0
马里兰	0	0
蒙大拿	0	0
内布拉斯加	0	0
新罕布什尔	0	0
新泽西	0	0
新墨西哥	0	0
俄亥俄	0	0
俄勒冈	0	0
宾夕法尼亚	0	0
南达科他	0	0
田纳西	0	0
华盛顿	0	0
怀俄明	0	0
联邦系统	0	0
美国，总数	157	14

死刑提倡者以三项主要理由论证死刑的运用是正当的：报应、威慑和使能力丧失。死刑是否产生威慑作用和使罪犯能力丧失是否需要死刑是有争议的问题。对死刑威慑作用的研究表明其并没有巨大的威慑作用（Bedau 1982，97）。尽管死刑显然使能力丧失（一位死者不能再杀人），但死刑的反对者提出这种严厉的使罪犯能力丧失的方法对大多数被处以死刑的罪犯来说并没有必要。例如，研究家詹姆斯·W·马考特和乔纳森·R·索伦森研究了最初被处以死刑，但在最高法院作出 *Furman v. Georgia*（1972）案死刑不能被反复无常适用的判决之后，被减为有期徒刑的同狱犯的行为：

Furman 集团的31人（包括3名持械抢劫者）最后被释放到自由的社区。数据表明被释放者中大多数没有再犯。四名被释放者犯了新的重罪——一起谋杀罪，一起强奸罪和两起夜盗罪。对一些人

来说，这第二次杀人可能"太多"和超出"能接受的"暴力水平或比率。(1988，690)

但是，另一些人可能得出这些曾被判处死刑的绝大多数罪犯，在惩罚和释放出狱后对社会不再构成危险的结论。

尽管威慑和使能力丧失的功利目的可能无从捉摸，但死刑确实达到了其他一些目的：报应和谴责暴虐的暴力行为。死刑提倡者认为公正要求对极恶的谋杀者处以死刑，即使不能产生威慑或使能力丧失的作用。死刑反对者指出死刑的负面可能，尤其是对无辜者执行死刑的风险。法律学者继续争论死刑的合宪性，包括对非洲裔美国人歧视地适用死刑。

监禁

17世纪之前，监禁很少作为对犯罪的一种惩罚而被使用，但后来，法院演变发展了一系列机制，为许多否则会被处以死刑的重罪犯减轻刑罚。没有被执行死刑的罪犯经常发现他们被转送到遥远的殖民地，或被一种几乎与奴隶没有区别的契约劳动形式奴役。

17世纪至18世纪期间，自由改革者论称死刑过分严厉。18世纪意大利改革家切萨雷·贝卡里亚认为犯罪能以比较宽恕的刑罚得到控制。这个时期有影响力的美国政治家，比如约翰·亚当斯和本杰明·富兰克林，熟悉贝克利亚和他英国的改革同行边沁的思想，都表达了以较宽恕的惩罚替代许多重罪惩罚的意愿（Shane-DuBow，Brown，and Olsen 1985，1—2）。

1790年宾夕法尼亚贵格会教徒们建造了美国第一所监狱，并且宾夕法尼亚极大地限制了死刑作为惩罚的使用（Shane-DuBow et al. 1985，3）。当托马斯·杰斐逊推行"今后死刑案件罪行与惩罚必须相当"的法案时，弗吉尼亚迅速跟从宾夕法尼亚的做法（Shane—DuBow et al. 1985，3）。这些举动标志着19世纪初开始了全国范围的大幅度减少死刑的运用和增加替代的监禁惩罚的运动。威斯康星在1853年成为第一个完全废除死刑的州，另外一些州将死刑限定运用于一些最严重的重罪（比如谋杀罪、强奸罪和绑架罪）。对死刑惩罚依赖的下降促使增加对监禁惩罚的依靠。

监禁通常在看守所或监狱里执行。看守所通常是地方运行机构，接收被判处短期徒刑，一般不超过一年的罪犯。监狱通常是州运行机构，在大多数州，必须是被宣告重罪有罪且最高刑期一年以上的罪犯才能被送往监狱服刑。

看守所监禁通常被认为不及监狱监禁严厉。但是，似是而非的是，地方看守所的监禁条件通常比监狱的标准条件要差。看守所经常人很拥挤，且很少为囚犯提供教育、归复和娱乐的机会。看守所的囚犯比监狱的囚犯更有可能被长时间地锁在囚房里，很少有机会在狱所内走动。看守所的囚犯也很少有可能获得医疗保健和精神健康服务。如果说看守所监禁是一项比较宽恕的惩罚的话，那么这只是因为看守所的监禁期限较短，而不是因为在看守所服刑比较容易。

监狱通常比地方看守所大，人员和设施配备也比看守所好。一些囚犯在19世纪建造的、有枪塔并且四周围着电线的石头城堡内服刑，一些囚犯则在几乎没有防范的监狱农场或训练基地服刑。一些监狱有很大的提供囚犯工作机会的监狱工业项目，一些监狱则强调教育和工作培训。一些监狱着重通过纪律改造罪犯，而另一些监狱则依赖药物和集体治疗。尽管说的是报应和威慑，监狱的目的是惩罚而不是归复，但很少有监狱完全地抛弃归复理念。

1990年监禁是重罪案件中最常见的量刑处置，或结果（Solari 1992；见表17—2）。1979年国家犯罪和青少年犯罪委员会颁文公布美国的监禁率在世界上排名第三，仅位于南非和苏联之后。到1991年美国超过所有国家，成为世界上监禁率最高的国家。与南非每10万人监禁333个，和1992年初苏联解体前每10万人监禁268个的监禁率相比，1991年美国每10万人监禁426个。而西欧的监禁率幅度从每10万人监禁120个到每10万人监禁35个不等（Mauer 1991，3）。

美国的高监禁率归诸于一系列因素。首先，美国的犯罪率比其他国家高。例如，美国的谋杀率大约是欧洲的7倍。另一个理由是本世纪

80年代以后采用了更严厉的量刑政策。强制最低刑、限制性假释政策和严厉的量刑结构均是造成监禁率增高的原因。实施这些政策和打击毒品的结果是，比10年前有更多的罪犯被判处监禁。1980年，因严重罪

表17—2 1990年，州法院科处的重罪刑罚类型

资料来源：重印自 Patrick A. Langan and John M. Dawson. 1993. *Felony Sentences in State Courts*, 1990. Washington, D.C.: U.S. Department of Justice, Bureau of Justice Statistics, p.2.

最严重的宣告有罪罪行	总数	被判处监禁的重罪犯比例			
		总数	监狱	看守所	缓刑
所有罪行	100%	71%	46%	25%	29%
暴力罪行	100%	80%	59%	21%	20%
谋杀[a]	100	95	91	4	5
强奸	100	86	67	19	14
抢劫	100	90	73	17	10
加重情节的殴打	100	72	45	27	28
其他暴力[b]	100	67	42	25	33
财产罪行	100%	66%	44%	22%	34%
夜盗	100	75	54	21	25
盗窃[c]	100	65	40	25	33
诈骗[d]	100	53	33	20	47
毒品罪行	100%	72%	43%	29%	28%
私藏	100	64	35	29	36
贩卖	100	77	49	28	23
武器罪行	100%	62%	38%	24%	38%
其他罪行[e]	100%	66%	37%	29%	34%

注释：对被科处多种刑罚的被告人，刑期按最严重的刑罚计算——监狱监禁最严重，看守所监禁次之，最轻微的是缓刑。被调查的99.4%案件提供了刑罚类型数据。

  a. 包括故意谋杀罪
  b. 包括诸如过失谋杀、妨害风化和绑架罪
  c. 包括机动车盗窃罪
  d. 包括伪造和贪污罪
  e. 包括诸如窝赃和酒后驱车这些非暴力罪行

行被捕的每1 000人中有196名罪犯被判处监禁，1987年这个数字跳至301（Mauer 1991，8）。

这些量刑政策造成的两个后果是监狱拥挤程度加剧和矫正系统费用猛涨。到1987年，研究家琼·彼得斯利发现，"9个州在法院颁布或批准有关拥挤和其他条件的法令下运行它们的整个监狱系统。另外28个州至少有1个按法院指令运行的主要监狱"（1987，2）。

反对严厉量刑政策的批评家们争论监狱开支的增加并没有降低犯罪率：

> 如果过去几十年惩罚政策已经造成犯罪率明显减少的话，那么人们就可以认为他们巨大的费用支出得到了结果的部分证实。但是按照90年代的进展，我们面临着与80年代同样的问题，只是程度更深——拥挤不堪的监狱、高比率的犯罪、全国主要的毒品问题和刑事司法制度缺乏公众信任。（Mauer 1991，11）

这种批评促使更加依靠社区制裁，对非危险罪犯进行惩罚。

监狱过分拥挤的压力也迫使州矫正管理人员在满足公众对安全和惩罚的要求同时，寻找新的不监禁罪犯的刑罚类型。所以，在20世纪90年代期间，政策制定者已经将他们的注意力转到社区刑罚以替代监禁。

社区非监禁刑罚

一系列非监禁刑罚适用于许多重罪案件和大多数轻罪案件，这些刑罚包括分开的刑罚（有时也被称为震撼缓刑或震撼监禁）、劳动释放、监视居住和电子监控、社区内严密监视以及传统的缓刑。罚金、赔偿和社区服务令也允许罪犯留在社区内。有时这些制裁与监禁刑罚被结合使用。

社区非监禁刑罚的优点是它们比看守所和监狱监禁的管理费用要少得多。如特拉华的数字所示（表17—3），监视居住一名囚犯的费用不及监狱监禁一名罪犯花费的监狱设施和保卫费用的1/5（Mauer 1991，15）。社区非监禁刑罚，也称为中级制裁，对危险的罪犯并不合适。各州正在探索对因财产罪或轻微毒品罪被判处监禁，留在社区也可能安全的惯犯适用中级制裁。尽管中级制裁具有经济上的一些优势，但一些人担心它们会不够严厉，不能达到惩罚和威慑的报应目的。在归复罪犯方面，它们的有效性不甚清楚。

表17—3　1985年，特拉华州每个罪犯的监禁和非监禁年费用

资料来源：重印自 Marc Mauer. 1991. *Americans Behind Bars：A Comparison of International Rates of Incarceration*. Washington, D.C.：Sentencing Project, American Judicature Society, p.15。

监狱	$17 761
劳动释放	11 556
监视居住	3 332
严密监视	2 292
正规缓刑	569

分开的刑罚

分开的刑罚，指罪犯在服完一段刑期较短的监禁后再执行一段期限较长的缓刑，是一种被用来既能使罪犯留在社区，又能使他感受到一系列单单缓刑不能达到的威慑现实的刑罚。同时又被冠以震撼缓刑的称谓，它的理念是让年轻的罪犯体会监禁的现实生活，激励他们堂堂正正做人和遵守缓刑的规定，目的是将归复和威慑结合起来。另外，短期看守所监禁能使法官无须较长时间的监禁罪犯而施行一些报应惩罚。

最近几年震撼缓刑的一种变异形式——军训已经被许多州实行。与最初的震撼缓刑项目相似，军训主要针对年轻的罪犯，尤其是毒品罪犯。通常，他们被判处在训练基地服短期的监禁徒刑（3个月到6个月）。军训项目的哲学思想是规定军队般的纪律与科处没有长期监禁的惩罚。与1989年只有11个州设立军训项目的情况相比，到1990年7月，已有17个州规定了军训项目，并且另有17个州正在计划或考虑设立军训项目。军训项目不提倡教育和劝告咨询服务，但各项目花费在身体培训和操练上的时间却相差很大。尽管研究者已指出军训项目具有一些优点，但罪犯一旦回归到社会，这些积极的改变能否保持就不甚清楚了（MacKenzie 1990，6—8）。研究家们正寻找有效的军训、吸毒治疗和罪犯释放后安置项目的结合方式（Cowdy 1993，10）。

劳动释放

与分开的刑罚相似，劳动释放提供了一种结合威慑、报应和归复的途径。罪犯一直被监禁，但在社区劳动期间被释放。劳动释放对罪犯的安排是周末关在看守所里，从星期一到星期五住在家里，白天去工作或上学，周末到看守所登记入住。劳动释放降低了监禁的费用，因为罪犯经常被要求支付住宿和伙食费用。另外，通过劳动罪犯也能资助那些不如此则可能被迫要依靠社会福利的扶养者。

监视居住和电子监控

使罪犯丧失能力的一种新方法是命令将罪犯监禁在家里。这种刑罚常常与劳动释放结合在一起，这样罪犯除了去工作或上学或进行法院指令的治疗项目以外都应该待在家里。

为确保罪犯留在家里，监视居住常常与一些形式的电子监控相结合。电子监控项目近几年得到迅速发展（见表17—4）。被监视居住的囚犯被要求配戴发射电子信号的手镯，研究家们估计到1992年初为止约有4万件电子监控器被使用（Gowdy 1993，6）。其中一种监控器，在罪犯没有得到允许离开家时，会发射连续的信号而马上惊动中心监控站。另一类型的监控器是随机打电话给罪犯以确认他们是否在家（Friel，Vaughn，and del Carmen 1987，3—4）。

早期的报告表明，监视居住可能是一条将罪犯从看守所或监狱分离出来的有效途径。例如，佛罗里达州监视居住了2万名宣告有罪者，如果没有监视居住，这些罪犯中70%要进监狱，另外15%要进看守所。即使这些"本该监禁的"罪犯，也只有22%在服完刑前最终被送到监狱，大多数是因为技术性违法而不是犯新的罪行（Petersilia 1987，38）。

罪犯们汇报监视居住的日夜限制对他们是一种惩罚（Petersilia 1978），另外，监视居住可能产生缓刑所不能及的归复作用。罪犯被关押在家中改变了他们与同类人之间的相互作用，并使得罪犯学习更积极的、非刑事的行为以充实他们不工作的时光（Friel et al. 1987，21）。

一些被监控的罪犯也报告,他们运用监控器作为逃避与他们朋友一起参与刑事行为的借口(Gowdy 1993,6)。监视居住和电子监控需要进一步的评价,但初步结果似乎很有希望。

> **表 17—4　1986 年至 1989 年,美国被监控的罪犯日估计人数**
> 资料来源:重印自 Marc Renzema and David R. Skelton. 1990. "Use of Electronic Monitoring in the United States: 1989 Update." *NIJ Reports*, (November — December): p.9。

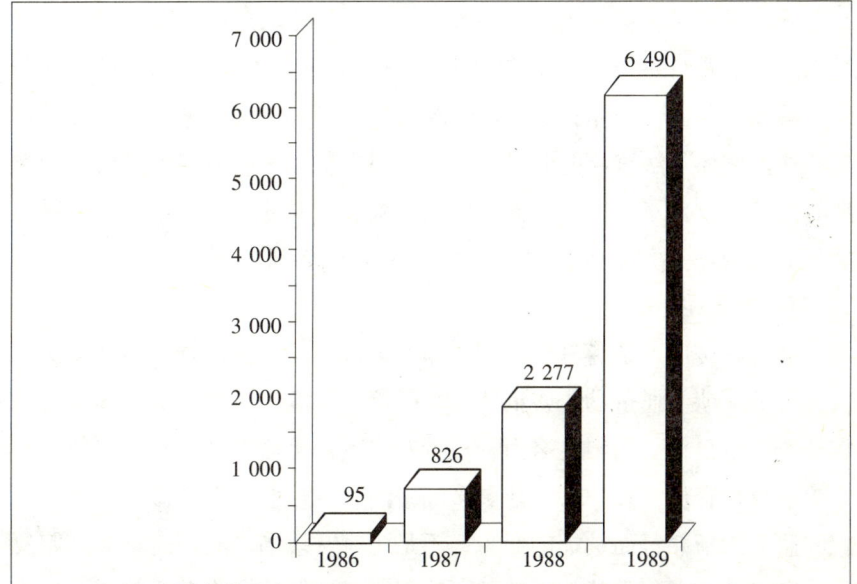

年份	人数
1986	95
1987	826
1988	2 277
1989	6 490

注释:这份材料取自 C.M.Friel,J.B.Vaughn,and R.del Carmen,*Electronic Monitoring and Correctional Policy*,U.S.Department of Justice,National Institute of Justice;Annesley K. Schmidt,*The Use of Electronic Monitoring by Criminal Justice Agencies*。

这些刚发展的制裁已经引起了一些争论。一些评论家想知道监视居住和电子监控是否触犯了被告人的权利,或预示一个政府将更加干涉公民生活的时代,包括罪犯与非罪犯(见 Berry 1985;Lilly, Ball, and Lotz 1986)。批评家指出,不是运用中级制裁替代监禁,而是被用来加强政府对否则会被判处缓刑的罪犯的控制(Tonry and Morris 1990)。如果这种情况发生,那么中级制裁将会增加矫正费用而不能降低。全国法学会 1989 年进行的一项调查表明这张安全网可能会加宽。1993 年的一项研究发现电子监控正被用来跟踪监禁假释和控制被判处社会矫正的罪犯，或监控审判或量刑前的罪犯（Gowdy 1993，6）。

缓刑

市区大的管辖区，大约有 1/4 被宣告有罪的重罪犯只是被判处缓刑，没有监禁（U. S. Bureau of Justice Statistics [BJS] 1993，17）。通常，法官先科处监禁刑罚，然后命令中止刑罚，无限期地拖延将罪犯交付给看守所或监狱的时间。法官不监禁罪犯而是将其置于缓刑部门的监管之下。缓刑对被告人进行一些限制，这称为缓刑条件，一般要求罪犯定期向缓刑执行官员汇报并包括其他一些总的所有缓刑犯都附加的条件。另外，根据各个罪犯的具体情况，法官可以自由裁量命令特殊的缓刑条件。例如，法官可能命令有毒瘾的罪犯参加毒品治疗项目而作为缓刑的条件。唯一对法官科处条件的权力限制是科处的条件不能触犯罪犯的基本权利，并且条件应与量刑的一些目的合理有关（Czajkoski and Wollan 1986）。

最初，缓刑被认为是对初犯或非严重罪犯的宽恕处置。另外，缓刑执行官员被期待通过劝告咨询使罪犯归复。事实上大量的缓刑案件已使官员不能付出很大的归复努力，进行劝告或甚至监管都经常不可能。一个缓刑执行官员负责 100 个或更多的缓刑犯，他们什么都做不了，只能跟踪监管因新罪行而被捕的罪犯。不足为奇，缓刑已经不能承兑其归复的允诺。一项缓刑释放的重罪犯研究表明，43% 的罪犯在释放后 3 年内因重罪被再次逮捕（BJS 1992b）。

因为需要更多的社区制裁以减轻监狱的拥挤状况，所以许多缓刑部门已尝试对那些刑事倾向被认为太严重，不适于常规缓刑的罪犯实行严密监管缓刑（ISP）。罪犯被要求必须经常向缓刑执行官员报告，这些官员的案件工作量比普通工作量要小，可能负责 30 个至 50 个缓刑犯（Gowdy 1993，4；Maguire and Pastore 1994，579—580；Petersilia 1987，10）。40 个州正在运行的严密监管缓刑项目一般包括对罪犯是否再可能犯罪进行预测。每个缓刑犯的处置要求被评估，缓刑犯被提交参加教育、工作培训和解决毒品滥用问题的社会处置项目。严密监管的缓刑犯受到缓刑执行部门更频繁的监视,包括宵禁、监视居住和定期毒品和酒精使用检验。严密监管缓刑的执行官员常常经过特殊训练以对付这些更难处置的罪犯(Petersilia 1987,12)。尽管严密监管缓刑的初步评价并不确定,但将众多的严重重罪犯从监狱分离出来,以缓刑对他们进行监管而不对社会造成更大的危险似乎是可能的。

罚金

罚金是最古老的刑罚种类之一,如第 4 章所指,英国国王发现罚金能为政府提供一笔可观的收入。如今,美国每年收缴的罚金超过 10 亿美元(BJS 1988,96)。罚金在轻微罪犯的量刑过程中扮演了一个重要的角色,但较少被用来判处严重的罪犯(Hillsman et al. 1987,2)。较严重的罪行,只有初次犯罪和有能力支付罚金的罪犯才可能被处以罚金。例如,罚金常常适用于被判处证券违法和环境犯罪等罪行有罪的公司和行政人员。较穷困的罪犯可能没有能力支付法院科处的罚金,因而以监禁作为替代(Hillsman et al. 1987,3)。罚金也可能与其他刑罚被结合起来使用,尤其是对有经济收入的罪犯。根据国家司法报告项目,在呈报的管辖区内,有 16% 被判处重罪的罪犯被科处罚金(Maguire and Pastore 1994,541)。

在大多数美国法院,法官倾向于对所有被宣告有罪的被告人科处的罚金设定非正式的固定数额。为了能使大多数案件即使贫穷的被告人也能支付,这些固定的罚金数额一般都非常低(Hillsman and Greene 1988,39),结果不穷困罪犯的罚金一般比他们能够(或应该)支付的罚金要低很多。另外,法官不愿对较严重的轻罪和重罪使用罚金(Hillsman et al. 1984,43)。

监狱和看守所拥挤不堪的状况使得政策制定者更仔细地审视改良的刑事罚金制度的优点和不足。支持者认为罚金起到了适当的惩罚和威慑作用,没收了罪犯的不义之财;罚金与其他刑罚结合能达到量刑的目的;最后,罚款数额还可以根据具体情形进行调整,包括罪行的严重程度和罪犯的经济状况(Hillsman and Greene 1988)。

罚金在欧洲的一种表现形式，称为每日罚金，似乎很有发展可能。每日罚金制度鼓励法官以不固定的标准，大约相当于罪犯的日工资额科处罚金（所以被称为每日罚金）。一些美国法院已开始采纳了这个做法。法院在量刑前获得有关被告人经济状况的材料，并据此调整罚金数额。

最近斯塔滕岛对每日罚金实施情况的研究表明，收缴的罚金总额增长了14个百分点。要是罚金额的制定法规定没有生效的话，罚金总额会增加50%。此外，尽管法院科处了数额较高的罚金，但每日罚金则像传统的较低的固定罚金那样常常被全部收缴齐（Gowdy 1993，2）。

赔偿和社区服务项目

至此讨论的刑罚种类都没有涉及赔偿的目的。尽管罪犯可能被要求通过监狱服刑或支付罚金向社会补偿，但被害人因罪犯行为造成的伤害或财产损失却没有得到直接的赔偿。赔偿和社区服务要求罪犯以现金给付或提供劳务进行赔偿。

赔偿是指由罪犯向被害人支付金钱，作为对被害人所遭受的伤害的补偿。大多数州法官在量刑时能指令赔偿。一些管辖区法官可能命令支付赔偿金作为缓刑的条件。如果罪犯没有支付赔偿金，那么就撤销缓刑，将被告人送至看守所或监狱。一些管辖区将赔偿与劳动释放或监狱劳动项目结合在一起，这样将罪犯收入的一部分就自动寄给被害人作为赔偿。另一种做法是要求被告人支付给被害人赔偿基金，这项基金被用来赔偿一些暴力和财产罪行的被害人。

社区服务要求罪犯为社区服务从而赔偿整个社区。最初，社区服务被认为是一种允许穷困被告人通过为社区服务而抵销罚金的做法，这项制裁被广泛适用于因酒后驱车、白领犯罪（比如触犯环境法）和犯了没有明确被害人的罪行而被宣告有罪的罪犯。罪犯被安排在一个社区机构内以一名"志愿者"身份参加工作，比如，在医院里帮助干活，在公共停车场做维修工，或在无家可归者的避难所里张罗膳食。法官具体规定了罪犯必须工作的服务时间。维拉研究院社区服务量刑项目的一项评论得出"社区服务能大量地被科处，不仅适用于具有很高价值技能的较富裕的初犯，而且也可适用于那些一般不犯暴力罪行但法院很难处置的积习成癖的财产罪犯"的结论（Petersilia 1987，75—76）。1990 年，国家司法报告项目报告的所有重罪刑罚中，有 4% 包括社区服务令。轻罪案件的这个数字可能要高一点。

量刑程序

刑罚种类的范围这么广，法官如何决定科处何种刑罚？量刑决定最好能被理解为一系列的决定。初步决定着重于是否要求监禁罪犯，这经常被称为"进/出决定"：罪犯将被关在看守所或监狱里，或不立即监禁而释放回社区？如果法官决定罪犯能被马上释放回到社区，那么接着的一系列决定就与缓刑期限的长短、缓刑特殊条件、命令赔偿或社区服务、科处罚金刑有关。决定科处监禁刑罚的法官然后就必须决定监禁的期限。量刑实践的研究主要着重于进/出决定和监禁的期限。

法官正式科处的刑罚同时受正式和非正式限制的影响。制定法的量刑结构，可能规定了最低刑和最高刑，是对法官决定的主要的正式限制。非正式的限制包括检察官谈判的有关刑罚的任何交易和对一定种类的罪行和罪犯科处的刑罚种类的地方标准（现行比率）。尽管法官可以拒绝检察官的量刑建议，但是法官不愿意使答辩谈判得以运行的一系列企盼落空。除非建议的刑罚完全不合理，法官极可能遵照检察官的建议行事。

如果检察官没有同被告人就刑罚达成协议，那么法官就有更大的自由空间。然而，管辖区主导的法律文化标准影响着法官的决定，判决前调查也对法官的决定有影响。

判决前调查

判决前调查在许多法院已成为标准程序，目的是为法官提供有关罪行和罪犯更详细的信息资料。尤其是，法官常常依靠判决前调查确认那些适用中止刑罚和缓刑的罪犯。大多数管辖区缓刑执行部门负责进行判决前调查，并能对"挑选"置于它的权力范围之内的罪犯施加一些影响。

> ### 每日罚金
>
> 实践中，运用每日罚金的法官首先对罪犯科处一定的罚金单位数额（比如10，50，125单位），这反映了法官认为与罪行相当的惩罚程度。为有助于确保罚金单位数额是一贯如此和相互一致的（在法官本人的量刑实践和一定的法院范围内），运用每日罚金的法官倾向于制定灵活的、书面的指南。在决定了适当的罚金单位数额后，法官根据被科处的罪犯的经济状况计算每单位的货币价值。法官运用常规从警察、法院、缓刑部门或被告人（通常是后者）可获得的信息资料进行计算。例如，在瑞典，这一程序受总检察官事务所宣布的支付罚金能力的统一计算方法指导。经过这两个阶段的量刑程序，法官科处的罚金刑总额——惩罚的程度——与罪行的严重性相当，但同时对经济状况不同的罪犯造成相等的经济负担。
>
> 当欧洲法院开始运用每日罚金制度时，为反映是对富裕罪犯的公正的惩罚，罚金额显著上扬，罚金作为制裁的可用性也被加强。然而，每日罚金的实行没有造成错误率增加、执行机构的费用和再犯率增高。
>
> 资料来源：重印自 Sally T. Hillsman, Vice President of the National Center for State Courts, and Judith A. Greene. 1988. "Tailoring Criminal Fines to the Financial Means of the Offender." *Judicature* 72（June—July）：38—45。

判决前调查涉及大量的各种信息材料。一些资料比较客观，然而另一些资料只是调查官员或被调查会见的一些人的主观印象。大多数判决前调查有对现行罪行的描述，其中包括对罪犯的有罪和悔恨的评估以及罪犯对被害人产生的经济和情感影响（Clear, Clear, and Burrell 1989, 15）。因为法院经常搜寻与若允许罪犯以缓刑留在社区的冒险性有关的信息资料，所以判决前调查一般包括罪犯记录，其中包括先前罪行的处理结果。一些法院也要求调查员作出风险评估，衡量罪犯若被释放回社区犯新罪的可能性（Clear et al. 1989，15）。现在许多缓刑部门运用风险检查仪预测正被量刑的罪犯将来的刑事牵涉情况。这些仪器根据一系列特征，包括罪犯的记录、吸毒历史和首次被捕的年龄等进行预测。如果适当地操作，这些仪器对界定低风险的罪犯一般都具有帮助，但常常错误地预测如果被释放回社区可能再犯新罪的罪犯（Clear et al. 1989）。也就是说，如果一名罪犯被预测为是低风险的，那么罪犯如果被释放不会犯新的严重罪行的概率就很大。但是，被告人可能犯新罪的预测就不可靠得多，许多被预测为危险的或高风险的罪犯在释放后并没有犯新的严重的罪行。

判决前调查报告的另一部分描写罪犯的目前情况，包括受教育程度、目前的职业和就业条件、家庭状况和其他资料。进行调查的缓刑执行官员在决定该调查哪些情况、运用哪些资源收集资料和报告哪些信息材料方面具有大量的自由裁量权。

最后，一些判决前调查报告可能包括有关可适用的刑罚的信息资料。在一些管辖区，缓刑部门评估了监禁或传统缓刑非传统替代刑罚的可行性。尽管在过去这种信息资料被限制，但现在对实施中级制裁和运用非监禁刑罚的强调使得判决前调查先考虑这种信息。

有关量刑答辩交易的重要性已引起对判决前调查报告如何影响实际科处的刑罚进行研究。研究表明法官倾向于遵从判决前调查报告提出的量刑建议（Carter and Wilkins 1967；Hagan 1975；Rosecrance 1988；Walsh 1985）。

然而，研究家们对量刑建议为什么具有影响作用意见不一。一些研究家们认为缓刑执行官员在量刑程序和调查报告中都是富有权力的角色，与此相似，也极大地影响法官的决定（Walsh 1985）。另一些研究家指出缓刑执行官员在量刑程序中，与其说是一位领导者，还不如说是一名跟随者，事实上只是对其他人的提示作出反应。例如，一件答辩协议包括刑罚建议的案子，发现缓刑执行官员的建议迎合检察官建议的情况不足为奇。一些部门在这种案件中只是进行最低限度的调查和制作一份简短的判决前调查报告。

甚至其他类型的案件，缓刑执行官员的建议也只不过是对预见结果的一种反映。一项研究发现，在判决前调查早期，缓刑执行官员只是基于现在的罪行和罪犯以前的记录提出初步建议，然后收集和解释信息资料以支持初步建议。因为在形成初步建议过程中罪行非常重要，所以检察官的指控决定影响判决前的调查结果。研究总结出判决前调查可能更是一种仪式，只是提供个别化公正的表象（Rosecrance 1988）。

调查报告包括的信息资料的质量是另一引起争论的事项。大多数缓刑执行官员都超负荷工作，一般的工作量大约是监管80名缓刑犯，但最近几年监管150名至200名缓刑犯的工作量已成普遍情况（Gowdy et al. 1989）。基于这样的工作量，缓刑执行官员被期望每星期完成几份调查前报告——一些管辖区竟达12份之多（Clear et al. 1989）。工作量造成时间非常紧张，在这种情况下，缓刑执行官员经常不能证实这些信息材料，结果判决前调查报告可能不完全或有事实错误。另外，判决前报告的批评家们指出，报告可能包括法官一些难以察觉的微妙的偏见。比如，"一名在中等阶层白人家庭长大的缓刑执行官员，可能将一位街头谋生的黑种年轻人在一次会面中的紧张行为错误地理解成对当局的敌视，并且在［判决前报告中］错误地解释罪犯的行为"（Clear et al. 1989，21）。

这些问题因为报告中大部分内容的机密性而被加重。大多数管辖区被告人和辩护律师都不被允许查阅整份报告，他们可能被允许阅读被告人的记录，但通常不被允许阅读记载与被告人、罪犯老板、家人、教师和其他人秘密会见了解的那部分内容。美国最高法院认可报告的机密性，但如果判决前报告被用来辨明死刑科处的正当性时则为一种例外（Gardner v. Florida 1977）。

尽管被告人很少享有审查整份判决前报告的权利，但在一些管辖区，常规的做法是向被告方提供报告的复印件，这个做法符合加强披露和共同分享信息资料的趋势。在不允许辩护方查阅整份判决前报告的管辖区，错误不能够被发现并提出反对或者被纠正。因为存在这种可能性，所以一些辩护律师建议由私人聘用调查员制作一份独立的判决前报告（Rodgers, Gitchoff and Paur 1984）。一些案件中，法律援助协会或其他慈善机构已经为穷困被告人提供了这项服务。然而大多数地方，由辩护方制作判决前调查报告并不常见，而可能只有富裕的委托人能够进行（Rosecrance 1988）。

与法院指令的判决前报告一样，辩护方的判决前调查报告被用以提供对法官量刑有用的信息资料。辩护方调查报告更可能提出运用大批社区资源、富有创造性的处理方法。例如，辩护报告可能包括缓刑计划，明确提出了该被科处的特殊条件和对罪犯适用的特殊项目。辩护方判决前调查报告可能强调非监禁的最宽恕刑罚的可行性。辩护方判决前调查通过量刑阶段使抗辩形式得以继续，并向法官提供判处更宽恕刑罚的具体建议和正当理由。

被害人影响陈述

许多法院出现了一个新的趋势，即在量刑阶段向法院提交被害人影响陈述。被害人影响陈述明确说明了被害人或被害人家庭因为罪犯的犯罪行为而遭受的伤害，包括身体的、经济的、情感的和心理的伤害（Erez and Tontodonato 1992，394）。另外，被害人影响陈述被认为是一种使被害人在法院诉讼中占有一席之地的方法，并为被害人提供了公开表述由犯罪行为造成的痛苦的机会。

被害人影响陈述有助于法官判断罪行的严重程度。造成被害人一只眼睛视力丧失、情节加重的殴打罪被认为比没有对被害人造成永久伤害、相似的殴打罪更严重。然而，被害人影响陈述的批评者认为，罪行对被害人产生的影响经常是一个机会问题，与罪犯的犯罪故意没有直接关系。批评家们不明白，为什么被害人比较贫穷并因此而遭受比较大的伤害的盗窃罪罪犯应该比被害人恰巧在银行里买有保险或存有钱的罪犯受到更严重的处罚。

目前被害人参与量刑的趋势扩大已经引起了对被害人参与效果的研究。研究家埃德娜·埃瑞兹和帕梅拉·托图杜那图（1990）发现被害人影响陈述对被科处的刑罚只产生轻微的影响,并且,提交被害人影响报告的被害人可能对他们提供的信息资料寄予过高的期望。如果这种被害人认为他们的陈述对被科处的刑罚没有任何影响,那么他们可能对刑罚和整个刑事司法制度感到不满意(Erez and Tontodonato 1992)。

量刑听证会

判决在量刑听证会期间被宣布,听证会可能在裁决或接受有罪答辩后立即举行。但是,律师经常要求时间准备量刑听证会,或者法官为完成判决前的调查而可能希望推迟量刑。一般而言,量刑发生在宣告有罪后的一个月内。

量刑听证会通常在公开法院正式举行,然而,证据规则没有审判时那么严格,被排除的信息资料(传闻或歧视的证据)可能因为量刑而被采纳。被告人享有律师代理的权利,包括在被告人不能支付私人律师费用时为其提供指定的律师(*Mempa v. Rhay* 1967)。法院可能听审证据,但法官通常基于律师的陈述、判决前报告和罪犯的陈述作出判决。

量刑期间的宪法保护

除了制定法对司法量刑自由裁量有限制之外,美国宪法第八修正案还禁止联邦和州法院的法官科处残酷和非同寻常的刑罚。"残酷和非同寻常"的含义还没有被最高法院以任何明确或决定性的方式加以界定。事实上,最高法院已明确指出残酷和非同寻常的意思随着时间不断演变(*Weems v. United States* 1910;*Trop v. Dulles* 1958)。当权利法案1791年被批准时,肉体惩罚如笞刑和用足枷监禁比较常见,如今则因为良心发现而被废除。类似地,今天认为合宪的和没有触犯免受残酷和非寻常惩罚保护条款的惩罚也可能令下一代感到良心受责。

最高法院认定如果惩罚触犯了以下其中的一项标准,则被认定为残酷和非寻常的惩罚:

- 如果惩罚超过了法定的最高刑;
- 如果惩罚与罪行的严重程度不相当,尽管州法律许可;

● 如果惩罚是不人道和残忍的，比如刑讯拷打。

最高法院也明确规定了法院在决定刑罚是否不相当的过程中运用的三项标准：

● 如果刑罚就罪行的严重性而言过分严厉；
● 如果同一管辖区其他犯更严重罪行的罪犯被科处相同或较轻的刑罚；
● 如果与其他管辖区犯同样罪行科处的刑罚相比，科处的刑罚过于严重。

最高法院 *Solem v. Helm*（1983）案的裁决说明了如何适用这些标准。根据南达科他累犯制定法，一位因递交一张＄100 空头支票的被告人将被科处不得假释的终身监禁。在南达科他州，终身监禁明示否定罪犯享有假释的机会。最高法院认为这个刑罚违反宪法规定，因为它与罪行不相当。最高法院尤其指出罪犯的罪行比较轻微，而且并无暴力犯罪的历史。最高法院也指出南达科他没有假释的终身监禁只能适用于最严重的罪行：谋杀罪、叛国罪、纵火罪和绑架罪，因此，对递交一张＄100 空头支票科处的刑罚实际上与严重得多的罪行被科处的刑罚相等。最后，最高法院指出只有另外一个州与南达科他州一样对相似的罪行科处如此严厉的刑罚。

自由裁量权和量刑差别

量刑的不相当是量刑中较普遍的不公平的一种极端形式：刑罚不等。不等能以许多形式存在，比如各州或州内各县之间，以相同的罪行被宣告有罪，乡村的罪犯可能比市区罪犯受到更严厉的处罚。每个管辖区都可能证明法官之间存在量刑差别，一些法官比他们的同事科处更严厉或更宽恕的刑罚。这种刑罚不等意味着被告人受到的处罚很大程度上取决于是哪位法官主持量刑。最后，当法官对被告人之间存在的应该与量刑无关的差别，比如种族或性别有所顾忌时，不等也会产生。

量刑自由裁量和经常产生的刑罚不等在 20 世纪 70 年代至 80 年代期间是一个严重的政策问题。60 年代和 70 年代初进行的研究表明，不确定的量刑结构给了法官太多的自由裁量权，而很少对法官量刑标准进行指引，结果使被告人受到的刑罚经常取决于量刑法官。

研究家们也指出被告人之间，尤其是白种被告人和黑种被告人之间存在刑罚不等。尽管所有的研究者都认为目前罪行的严重程度和先前的记录最能影响刑罚的严重性，但一些研究者已发现黑种被告人比犯相似罪行的白种被告人要受到更严厉的处罚（Spohn and Cederblom 1991）。轻微罪行量刑决定受种族的影响似乎要比严重罪行受到的影响更大。严重的案件相当的刑罚很清楚，法官几乎不能被罪犯的种族所左右。然而，较轻微的案件，法官可能对适当的刑罚较不确定，法定无关的因素比如种族，对被科处的刑罚可能就有较大的影响。

研究家哈里·凯尔文和汉斯·泽塞尔（1966）将这称为"解放假说"，认为当事实不清楚或模糊时，决定者从严格的法律要求中解放出来，依据他们本人的价值观（和歧视观）作出结论。其他研究家发现了支持关于量刑的解放假说的一些理由。他们发现在较轻微的案件中，"法官在决定刑罚时有更大的自由裁量权，他们对少数种族被告人的偏见和态度可能发生作用"（Spohn and Cederblom 1991，323）。

量刑结构：构造司法自由裁量权

量刑听证会的结果取决于管辖区内施行的量刑结构类型。量刑结构限制量刑的自由裁量。一些量刑结构给予法官很大的自由裁量权，而另一些量刑结构则限制法官在决定刑罚时可作的选择。所以，一些量刑结构使量刑差别的潜在可能最大化，而另一些则大幅度地降低刑罚不等的可能性。

不确定量刑

不确定量刑是指以宽泛的自由裁量和每个罪犯受到的处罚有可能存

第 17 章　量刑

在很大变异为特征的量刑结构。不确定量刑以两种方式允许广泛的变异。第一，立法机关只设立较大的量刑范围，给予法官较大的自由空间，在立法规定的范围内科处宽恕或严厉的刑罚；第二，法官科处刑期不确定的刑罚，由假释官员决定罪犯实际上该被监禁的具体时间。

　　许多州划分罪行级别，然后对同一级别的所有罪行设置最高刑和最低刑。例如，得克萨斯州法律将重罪分为四级——死刑重罪、一级、二级和三级重罪。得克萨斯州制定法规定二级重罪的刑罚，不管是故意杀人、贿赂还是其他任何重罪，都是"在得克萨斯矫正部门关押 2 年至 20 年"。在最高刑和最低刑之间法官有完全的自由裁量决定刑期。一些案件制定法可能只明确最高刑。反过来法官只科处最低刑和最高刑，而不具体地对罪犯科处明确的刑期。假释委员会决定罪犯在幅度较大的范围之内是否释放和在什么时候被释放（Knapp 1988，46）。不确定量刑下，被告人实际服的刑期比立法机关允许的最高刑和法官科处的最高刑都要短。

确定量刑

　　确定量刑结构是指几乎不给予法官科处刑罚的自由裁量权，并完全取消假释委员会自由裁量的结构。确定量刑结构以一种或同时两种方式限制量刑的自由裁量权。首先，确定量刑限制法官可以选择的刑罚范围，如果有裁量权，通常也允许很少的自由裁量。其次，确定量刑通过减轻假释委员会的作用或完全取消假释委员会而减少自由裁量，这被称为统一量刑。法官科处的刑期就是罪犯需服的刑期，它只能因优良表现时间而被减少，优良表现时间是按照规定对行为表现良好的一种奖励。例如，两天服刑没有触犯纪律，刑期可能被减掉一天。

　　直至 19 世纪晚期，确定量刑结构成为美国的标准。法官几乎没有自由裁量权，他们在量刑中的角色被限于从制定法书中翻看何种刑罚是法律要求的。假释委员会被取消。当许多州在 19 世纪末面临监狱的拥挤不堪时，监狱管理人员和立法者在寻求控制监狱人口的机制（Shane-DuBow et al. 1985，4）。

饶恕和准许优良表现时间帮助解决了一些拥挤问题。许多州也开始采纳英国的"释放许可证"制度,这在美国逐渐被称为假释。1870年全国监狱协会提出要求采纳法官不确定量刑的做法,以促进按假释自由裁量地释放罪犯(Shane-DuBow et al. 1985,5)。到1911年,9个州采纳了不确定量刑,取代了较古老的固定的量刑结构(Shane-DuBow et al. 1985,6)。到20世纪60年代为止,全国各州都有一些形式的不确定量刑和假释。

减少不确定性和量刑自由裁量权

以19世纪70年代自由改革而开始的不确定量刑,成为20世纪70年代自由和保守的批评家共同的目标。不确定量刑增加了司法裁量,允许法官根据罪犯的特征改变刑罚,是反对不确定性运动的主要目的。但是,司法裁量既能令人欣喜,也能遭人唾骂。20世纪70年代期间公开的几项主要报告指出,量刑的司法裁量应该被减少或取消(American Friends Service Committee 1911;Von Hirsch 1976;Dershowitz 1976)。60年代至70年代的量刑研究报告,最后宣布的刑罚,比起罪犯所犯的罪行,更取决于科处刑罚的法官。不确定量刑的批评家们认为刑罚不等固有的不公平使"众多的监狱同住者感到愤怒和具有受挫感,这经常扰乱监狱的秩序"(Shane-DuBow et al. 1985,7)。不确定量刑也被指责是犯罪率升高的原因。60年代中期开始,保守的政治家们要求加强"法律和秩序"并允诺要加重刑罚(Cohen 1985,91;Finckenauer 1978)。政治家和保守的学者们提倡"强硬"策略(例如,见van den Haag 1977;Wilson 1983)。强硬的一种方式是减少法官的自由裁量(Link and Shover 1986)。

对不确定量刑的不满引起了两种类型的改革。一种是通过推定量刑或量刑指南缩减立法机关设定的量刑范围,减少法官的自由裁量。推定量刑是缩减可能的刑罚范围,和在不完全取消司法裁量的情况下减低自由裁量幅度的一种确定量刑。对于特殊的案件,只要法官出示书面理由,他们也可能超出"推定的"范围科处刑罚。大多数推定量刑计划也保留司法裁量，决定对罪犯科处监禁或一些类型的社区制裁（Knapp 1988，46）。另一些州已制定量刑指南，帮助法官作出量刑决定。推定量刑和量刑指南之间的区别主要在于如何采纳量刑结构。立法机关制定的结构通常是指推定量刑，而州法院法官或专门委员会制定的结构通常被认为是指南。尽管"指南"这词听起来不很具有束缚力，但是一些量刑指南，比如联邦系统中的那些指南，非常详细且几乎不给法官自由裁量的余地。相反，一些推定量刑结构却允许法官有很大的自由裁量，科处非制定法规定的推定刑罚。

一些案件，立法机关通过设立强制刑进一步减少了司法裁量。强制刑一般要求法官对被宣告一定罪行有罪的罪犯科处法定的最低监禁刑期，没有例外。强制刑已作为犯罪控制"强硬"总策略的一部分被推行。通过科处强制刑罚，立法机关能防止法官"温柔"地对待罪犯。强制刑罚不允许法官因减轻情节减短刑期或调整刑罚适合罪犯的个人需要。

许多州订有惯犯制定法，在本世纪90年代早期经常是指"三次打击，你完了"的条款。较早期的这些法律允许检察官对以前曾两次被宣告重罪有罪的被告人提起额外指控，有时又称超级指控。以惯犯宣告有罪，其刑期是普通最高刑期的两倍或终身监禁。最近的惯犯监禁法律加重了被告人的利害关系，并取消了检察官和法官的自由裁量。这些三次打击条款对被第三次宣告严重重罪有罪的被告人采取自动的强制终身监禁，不得保释。这些法律一般列明根据法律被"认为"严重重罪的具体重罪。几个州和联邦管辖区现在已有这种条款。

另一项改革是通过要求统一刑罚而废除假释委员会的自由裁量。统一刑罚减低了由不确定量刑造成的有关监禁期限的不确定性。不确定量刑允许计算有资格假释的日期和强制释放日期（最高刑期减去减免的刑期），但是这两个日期经常相差很大。量刑法官、囚犯和监狱官员都不知道什么时候因犯会被实际释放，是由假释委员会作出这个决定。统一量刑取消了假释决定。尽管采用统一量刑的各州都允许囚犯获得优良表现时间，但这些州的刑期从被科处的那时起就比较确定。遵守监狱规定的囚犯能算出他们的释放日期。

这些改革不是没有受到批评。特别是许多专家担心：（1）取消假释减少了囚犯遵守监狱规则和参加归复项目的动力；（2）不确定结构转为确定结构只是将量刑自由裁量从相对明显的法官位置转到检察官较隐蔽的位置上来；（3）从不确定结构转到确定结构的实际影响是增加罪犯实际服刑的时间，而不是如改革者提出的减短刑期（Shane-DuBow et al. 1985，93）。尽管反对确定量刑的人们体谅改革家们的目的，但他们认为解决方法——推定量刑和取消假释决定——不可行而且注定只会使事情更糟。

尽管存在这些批评，但量刑改革的支持者却恳求政策制定者涵盖面要广泛。自由改革派的政策制定者被推定量刑结构减少量刑差别的允诺吸引。另外，自由改革家认为推定量刑更人道，因为它允许囚犯更确切地知道他们的释放日期。更多保守的政策制定者在改革提议中发现了他们感到安心的意识形态。抛弃归复目的，提倡报应的哲学与保守派对归复持悲观态度，认为因为自由的法官太软弱而罪犯正逃避惩罚的论调正好吻合。量刑改革的锐气已使许多州发生巨大的改变，并至少另有许多州已进行了部分改革（Shane-DuBow et al. 1985，279；Link and Shover 1986）。

确定量刑政策的变异

不管它们被称为确定量刑、推定量刑还是量刑指南，这些制度均限制了法官科处刑罚的自由裁量。尽管大多数州已按一些方式修改了它们的量刑政策，但并非所有州都采纳相同类型的变化方式。从1971年大约到1981年，50个州和哥伦比亚特区（在这里作为"州"被包括在内）的量刑政策发生了以下一些改变：

- 11个州没有对它们的法典作重大变更。
- 15个州采纳了确定量刑建议。
- 25个州对刑事法典作了重大修改。
- 15个州对法典进行了细枝末节的修改。

- 33个州制定或增加了关于再犯或惯犯的刑事法律。
- 49个州对一些罪行制定了强制量刑法律,但在许多州被科处强制刑的一级谋杀和酒后驾车不包括在内。
- 27个州提高了假释的资格标准。
- 8个州完全取消了假释(统一量刑)。

一些州采取改变本州刑事法典的做法,而另一些州只是制定了指南;一些州使法官很难偏离规定的刑罚,而另一些州则给予法官很大的自由裁量权,使之可以根据具体情形改变规定的刑罚;一些州最看重有罪指控的性质和罪犯记录,而另一些州则考虑罪犯的特征,比如雇用经历(Kramer, Lubitz, and Kempinen 1989);一些州明确地界定加重情节和减轻情节以及这些情节对刑罚的影响,而另一些州则给予法官更多的衡量加重和减轻情节的自由裁量权。

改革结果

由于20世纪70年代至80年代开展的量刑改革存在广泛的变异,因此很难对改革结果得出简单的结论。各州量刑改革取得的成效差异很大。在建立确定量刑结构的过程中,最引人注目的成果之一是明尼苏达州的量刑指南。1980年明尼苏达实施了由一个独立委员会制定的量刑指南。明尼苏达量刑指南委员会在制定指南的过程中考虑了以往的量刑实践,但是,并非简单地将过去的实践搬到现在的指南上,而是采纳了监禁刑罚主要针对暴力罪犯而非针对财产罪犯的观点。换而言之,即使委员会发现许多财产罪犯被判处了监禁,但它在制定指南的过程中有意不因循这种做法(Miethe and Moore 1989,2)。

实施明尼苏达指南的头两年,刑罚不等大大减少,且未增加监狱人口,这与其他建立确定量刑制度的州情况一样(Miethe and Moore 1989,1)。在对指南效果进行的跟踪调查中,研究家们发现:

- 监禁率在转型期间缓慢上升,但保持低于指南实施前的监禁率。明显不同的是,其他州的监禁率却在实施确定量刑后升高。
- 随着时间推移,法官越来越可能偏离指南。然而,在实施4

年后，90％以上的量刑决定法官遵循指南的规定。

● 法官将看守所监禁作为缓刑条件的案件比例上升，从44％增至66％。结果，尽管州监狱没有拥挤的问题，但地方看守所却存在日益增加的人口问题。

● 最初，指南促进了刑罚的统一和相当，但在以后几年里这些促进被削弱。

● 当检察官意识到指南不合理时，他们对其指控和答辩谈判实践加以调整以规避指南。(Miethe and Moore 1989，3—4)

同样的研究得出结论：

> 根据在这项研究中运用的标准，明尼苏达量刑改革试验取得的成功是不容争辩的。与实施指南前的实践相比，实施指南后明尼苏达的量刑更统一、更能预测和调节社会经济。结果表明现在暴力罪犯比指南实施前更可能被监禁，并且这些变化的取得并没有对州矫正资源增加额外的负担。(Mithe and Moore 1989，5)

然而，其他州的确定量刑经历就没有如此乐观。根据一项80年代中期进行的全国50个州量刑结构的分析：

> 改革的共同性表明当量刑法律改变时，几乎所有的刑罚都被加重，强制最低刑期被规定，再犯或惯犯刑事法律被制定或加强或完全取消……一个附属的共同性……几乎每个州都面临严重的过分拥挤问题，且许多州正在建造新的刑罚实施机构。(Shane-DuBow et al. 1985，279)

例如，佛罗里达在1983年制定了全州范围适用的指南。指南强调使再犯者的能力丧失，对有长期刑事记录的罪犯增加刑罚的严重性，即使他们以前的罪行相对比较轻微，结果随着持续的轻微罪犯根据指南日益被判处监禁，监狱人口增加 (Griswold 1985)。强制量刑条款也造成相似的问题。根据亚利桑那颁布的强制量刑条款，50％以上的监狱人口是按照强制量刑条款被判处。研究家们估计由强制量刑造成的刑期延长将会增加48.3％的费用 (Fischer and Thaker 1992)。

总之，量刑改革的结果已掺入了杂质。法官倾向于忽视继续造成刑罚不等的自愿的指南。相反，那些限制司法裁量的管辖区只是将自由裁量转到检察官身上，检察官根据量刑指南调整他们的指控决定和答辩协议。另外，量刑改革被指责造成了本世纪80年代期间监狱人口的迅猛增加。

艰难时刻

一些联邦罪行都得被科处强制刑罚吗？

促使国会举行听证会以考虑强制最低刑对国家打击犯罪力度的影响的美国律师协会，把日益增多的对这一战略结果持怀疑态度的一群人联合起来。

美国律师协会反对强制最低刑的政策可追溯至1974年，它深深扎根于人们的这一信念，即认为强制最低刑将使量刑程序严重阻碍司法、取消法官的量刑司法裁量权，并使公众错误地认为强制最低刑能有效地打击犯罪。

关于强制最低刑的争论非常激烈。当国会公布全国犯罪问题增加，尤其是与毒品有关的犯罪，而又对60个制定法规定的100多个联邦罪行科处强制最低刑时，由于监狱人口猛增和似乎只对刑事行为产生了轻微的影响，使强制最低刑的有效性受到怀疑。

1991年8月，当美国量刑委员会签发了一份包括强制最低刑与量刑指南概念不一、没有被适当运用以及造成量刑种族差别情形加重的报告时，这个问题更为突出。

量刑指南是由1987年成立的委员会为努力减少不同法官对同一罪行恣意作出不等的刑罚而制定。指南规定了法官应考虑的量刑范围。

但是，因为指南对联邦司法系统没有约束力，所以国会颁布了许多制定法，设定了最低刑并规定最低刑是指南结构的一部分。这项建议也被去年第102次国会颁布的混合犯罪试行立法包括在内。

1991年量刑委员会的研究发现，法官一般认为最低限度的强制量刑要求太严厉并取消了司法裁量权。合众国检察官表示，他们对指控被告人犯将被科处严厉强制最低刑的罪行有点犹豫。

委员会发现量刑差别基于一些原因,比如种族、性别、犯罪率、案件工作量、巡回区和起诉实践。

研究发现,黑种被告人最可能被科处相当于或超过强制最低刑的刑罚,随后是拉美人和白人。白种被告人获得比被宣判相似罪行的黑人和拉美人更宽恕的刑罚,女性被告人与男性被告人相比,不太可能被科处相当于或超过强制刑最低水平的刑罚。

委员会发现强制最低刑要求的监禁期限也经常超过罪行严重性和罪犯该受谴责性所要求的限度。非暴力初犯者经常比那些在答辩交易程序中可能提供更多的信息以交换刑罚减轻但却有长期刑事记录的被告人获得更长的刑期。

监狱拥挤

强制最低刑、新的指南和其他一些因素造成了联邦监狱人数从1980年的2万增加到1992年的8万。1992年,联邦监狱的费用是$23亿。

总会计事务所(GAO)指出到1996年入狱者人数将达到10.6万,并且联邦监狱局预测到2000年联邦监狱人数将达到13.3万。

总会计事务所指出,按毒品制定法被宣告有罪的囚犯是联邦囚犯总数的57%,以后〔1996年〕3年内,这部分囚犯将占联邦囚犯人数的2/3。这些囚犯中,许多人将按照强制制定法被监禁。

众议院议员多恩·爱德华和D-卡利夫在1992年发起撤销最低刑的立法,按照他们俩人的说法:"强制最低刑产生大批新的囚犯,我们已经负担过重的监狱系统很难接纳他们。"

爱德华争论强制最低刑的设立是监狱人满为患的主要原因,因为法官很少或没有判处一些罪犯非羁押刑罚的自由裁量权。他补充道,强制最低刑通过阻滞被告人答辩有罪以期获得较轻刑罚的动机,也加重了司法系统的负担。

美国律师协会、国会创立的联邦法院研究委员会、美国司法会议、12个联邦巡回区的法官和许多刑事司法组织都支持取消强制最低刑的立法。一项寻求取消最低刑的法案预期爱德华在这次国会早些时候将再作介绍。

然而，记录表明司法部支持强制最低刑。

布什执政期间，司法部视强制最低刑为量刑指南的补充，设置了刑罚的基本界限并增加了惩罚的可预测性。比尔·克林顿刚担任总统时，则未表明对这个问题的态度。

资料来源：重印自 Rhonda McMillion. 1993. "Hard Time: Mandatory Minimum Sentencing Comes Under Congressional Scrutiny." *ABA Journal* 79 (March): 100. 重印经 the *ABA Journal* 允许。

特殊的问题：死刑

科处死刑的权力是刑事法院诉讼程序中最重要的权力之一。从1977年到1991年，至少有150名被判处死刑的罪犯被执行，到1993年4月20日至少有2 700名死刑未决犯（BJS 1992b，12; Maguire et al. 1993，670）。在许可死刑的州内，在1977年到1991年间只有16个州实际执行了死刑（BJS 1992b，12）。只有4个州——得克萨斯、佛罗里达、路易斯安那和佐治亚州——在同一时期执行了2/3被判处死刑的罪犯（Maguire et al. 1993，678）。1991年被判处死刑的130名囚犯中，不足11%被执行，差不多60%的囚犯被上诉法院撤销刑罚，大约20%同时被撤销刑罚和有罪判决（Maguire and Pastore 1994，673）。州法律许可的执行死刑方法包括致命注射、电刑、致命毒气、绞刑和死刑执行部队。尽管更多的州倾向于使用致命注射，但事实上执行运用最多的是电刑。17个州对不足18岁的罪犯适用死刑（BJS 1992b，7）。

死亡和第八修正案

最高法院从来没有认定死刑在本质上触犯了第八修正案。然而，最高法院却认定死刑与一些罪行不相当，并且如果以一种专断和反复无常的态度适用死刑的话,死刑可能触犯第八修正案(*Furman v. Georgia* 1972)。另外,通过威姆斯原则的演变标准(*Weems v. United States* 1910),最高法院已为将来一些法院作出在一个文明社会里死刑不是宪法能容忍的规定作了准备。

最高法院已经认定死刑与一些罪行和一些类型的罪犯不相当。在 *Coker v. Georgia*(1977)案的决定中,最高法院认为死刑对强奸罪是过于严重。在 *Coker* 案之前,有几个州允许对抢劫罪、强奸罪和绑架罪判处死刑。最高法院认为死刑"对强奸罪是非常不相当和过分的惩罚,所以被第八修正案以残酷和非同寻常的惩罚加以禁止"(592)。另一方面,最高法院已宣布死刑在有加重情节且辩明这种最严重刑罚是正当的谋杀案件中是相当的。最高法院已批准了死刑量刑程序,该程序能对自由裁量权加以规范,并规定了量刑法官必须衡量的加重和减轻情节。

在 20 世纪 60 年代期间,公众观点被均衡地分成支持死刑和反对死刑两种观点(White 1991,24)。许多人认为最高法院 *Furman v. Georgia*(1972)案的决定将造成美国永久地废除死刑。在 *Furman* 一案中,最高法院认为死刑触犯了第八和第十四修正案,因为死刑在案件递交最高法院前已被适用。最高法院没有就它的决定提出一个理论基础,但整理了 9 个独立的观点,5 个表示支持,4 个反对。在 *Furman* 案中最高法院的意思很清楚,即有些制定法允许陪审员在没有指南的情况下科处死刑,准许专断和反复无常的决定,但宪法禁止按照这种制定法作出死刑科处的决定。两个持一致意见的大法官主张死刑在任何情形下都被认为违反宪法规定。三位法官以更严密的理由认为佐治亚州的死刑制定法无效,对一个州是否能形成一个将避免佐治亚州法律专断和反复无常性质的死刑制定法的问题未作最后定论。

最高法院的几位成员认为佐治亚的法律存有缺陷,因为它没有向法院提供有关该在哪些情形下科处死刑的指南,结果没有区分一些被判死刑的被告人的情形与其他一些被科处监禁的被告人的情形。因为许多州死刑法律允许与佐治亚制定法遭受指责的同样的专断和反复无常的结果,所以一些州开始起草将经过宪法审查的新的死刑法律。35 个州在

1972 年到 1977 年间颁布了死刑制定法。许多州采纳，后来被最高法院在 *Gregg v. Georgia*（1976）案中批准的解决方法是提供在科处死刑过程中允许个别化考虑罪行和罪犯的立法指南。

在一系列案件中，最高法院明确了在决定谁该被判处死刑，谁将被饶恕死刑的过程中能被承认的程序和因素。最高法院同意分叉的审判程序，在这项程序中陪审团首先决定有罪的问题，只是后来返回听审与量刑有关的额外的证据。死刑制定法必须给罪犯提供一个去确立由量刑官员考虑的减轻情节的机会。强制死刑制定法不能达到这个要求。量刑官员肯定具有自由裁量权，但是这种自由裁量必须受法定标准引导。尤其是，死刑制定法必须通过明确科处刑罚过程中考虑的加重和减轻情节来引导自由裁量（见表 17—5）。为辩明死刑是正当的，必须出示明确的个别化的证据以支持认定加重情节。最后，州必须提供广泛的死刑上诉审查以确保与被宣告相似罪行有罪的其他被告人相比，不是不公平地被判处死刑。

在 *Gregg* 决定之后，死刑诉讼的焦点转向第十四修正案正当程序和平等保护的问题。反对死刑的平等保护争论基于种族和死刑科处之间的明显关联。

种族差别、平等保护和死刑

多年的研究皆表明，种族偏见导致黑种被告人比白种被告人更易被科处死刑。例如，强奸白种妇女的黑种男人比其他罪犯更可能被判死刑。在 *Furman*（1972）案决定中，两位意见一致的大法官指出适用死刑时的种族歧视是他们认为死刑违反宪法规定的一个因素（White 1991，135）。

最近的研究没有发现被告人的种族是科处死刑的一个因素。本世纪 80 年代早期进行的研究表明在 *Furman* 决定之前明显的歧视黑种被告人似乎不再进行，然而，被害人的种族确实影响刑罚。凯西亚·斯波恩和杰丽·塞德布劳姆写道："许多最近的研究表明谋杀白种人的黑种人比谋杀黑种人的黑种人，或谋杀白种人或黑种人的白种人要蒙受更大的被判处死刑的风险。"（1991，307）另一项运用佐治亚数据的研究（Baldus, Pulaski, and Woodworth 1983）发现，杀死白种被害人的罪犯被科处死刑的可能性是杀死黑种人的罪犯的4.3倍。肯塔基州一项类似的研究表明，"不管杀人罪行的严重程度，肯塔基州的检察官和陪审员最可能建议判处杀死白种人的黑种人死刑"（Spohn and Cederblom

表17—5　加重情节和减轻情节与死刑

资料来源：重印自 Howard Myers and Jan Pudlow. 1991. *The Trial : A Procedural Description and Case Study*. St. Paul, Minn. : West, p. 167. 重印经允许。Copyright © 1991 by West Publishing Co. All Rights Reserved。

加重情节
1. 服刑期间犯的死刑重罪；
2. 被告人以前曾犯死刑重罪，或被宣判涉及运用威胁或暴力的重罪有罪；
3. 被告人明知会造成许多人死亡；
4. 被告或共犯抢劫、妨害风化、纵火、夜盗、绑架、航空器海盗、不合法扔弃、放置或卸载破坏性装置或炸弹后，或犯了上述的未遂罪后，逃跑或企图逃跑时犯的死刑重罪；
5. 为逃避或免受合法的逮捕，或为使逃犯不被拘捕而犯的死刑罪；
6. 为钱财而犯的死刑罪；
7. 分裂或阻止合法地行使政府职能或执行法律；
8. 死刑重罪特别可恶、凶暴或残忍；
9. 没有任何道德或法律的正当理由，凶残、有计划和有预谋地犯的谋杀死刑重罪；
10. 死刑重罪的被害人是执行公务的法律执行官员；
11. 如果死刑重罪的动机，全部或部分与被害人职务能力有关，被害人是选举或指定的正执行公务的公务员。

减轻情节
1. 被告人没有严重的刑事犯罪记录；
2. 被告人在精神或情感极度受干扰的情况下犯的死刑重罪；
3. 被害人参与被告人的行为或对行为的发生表示同意；
4. 被告人是死刑重罪的共犯，且被告人的参与程度较轻；
5. 被告人在极端威逼或受另一个人强大控制下实施犯罪行为；
6. 被告人认识他行为的违法性或使他的行为符合法律要求的能力严重受损；
7. 被告人犯罪时的年龄；
8. 被告人品行或记录的任何方面和罪行的任何其他情节。减轻情节第8项包括诸如儿童时被虐待、酒精中毒、宗教信仰的转变、真诚的悔恨、候审期间是一位模范的囚犯和犯罪时精神或情感极度受打击等一些情节。

1991，308）。而且，与前面介绍的解放假说相一致，科处死刑的种族差别似乎在杀人罪的严重性和应受惩罚性不清楚的案件中表现得最明显（Barnett 1985）。

平等保护条款是指不考虑无关的因素，比如种族或宗教，确保相似情形的个人受到相似的处置。如果杀死白种被害人的罪犯比杀死其他种族人的罪犯更可能被科处死刑，那么能以平等保护的理由使死刑无效吗？这是在 *McCleskey v. Kemp*（1987）案中提出的问题。5 比 4 的投票表决后，最高法院认为佐治亚州的死刑科处没有触犯平等保护条款。尽管研究家们出示了种族影响的证据（Baldus et al. 1983），但最高法院认为佐治亚州的死刑判决没有种族歧视（White 1991，158）。最高法院认为，为了证明触犯了平等保护条款，被告人必须表明对被告人刑罚确实有歧视影响的歧视故意。另外，大多数人认为关于死刑的统计证据不正确，死刑案件中小陪审团过于考虑许多个人特征和罪行的具体事实（Erickson et al. 1992，13—73）。按照最高法院的观点，研究不能获得所有陪审团在辩明死刑是正当的过程中可能考虑的罪犯独有的特征。最高法院也驳回了被告人认为佐治亚州在采纳和实施死刑制定法过程中有目的地歧视黑人的主张。为证实歧视，被告人必须表明"立法机关制定［死刑］制定法是因为，不只是不顾，制定法对一个可视为同一的群体产生不利的影响"（Erickson et al. 1992，13—74）。这个规定对证明在死刑量刑过程中的歧视设立了很高的证据标准。按照一位作者的说法：

> *McCleskey* 案之后，反映在科处死刑过程中存在偏见的统计研究不可能对死刑案件的诉讼产生影响。除非立法机关指出在死刑判决过程中的种族主义问题，死刑被告人才能使死刑无效，只要他能表明"他案件的决定者带有歧视的目的进行工作"。禁止这种被告人能出示有关具体诉讼证据的非寻常情形——例如，检察官叙述由于被害人的种族他正指控被告人——使这种目的成立将非常困难（White 1991，159）。

死刑判决过程中检察官的角色

大多数管辖区,检察官杀人案件指控决定的部分内容是是否要求死

生命交易

[桑德拉]洛奇特因为涉及杀死一位当铺老板而以谋杀罪被起诉。根据州一方的证据,洛奇特、阿·帕克和另外两位讨论拿钱的种种方法。洛奇特提议抢劫并引他们去当铺。从没有谈论过要杀死谁。在抢劫过程中,帕克用枪对着被害人,被害人抢枪,枪突然走火,杀死了被害人。帕克和他的同伙逃跑。帕克跳进洛奇特等着的汽车内,他们两人开车逃走。

审判前,洛奇特被提供在与州方合作的前提下答辩故意杀人和情节加重的抢劫有罪的机会。在政府方"准备好了他的案件"后(比如,获得以答辩交易作交换的帕克的证言),他给了洛奇特不及帕克宽大的要约。她被允许通过答辩情节加重的谋杀有罪而避免被判处死刑的任何可能。这些要约都被拒绝,接着洛奇特去审判,被认定谋杀罪并具有两项加重情节,且被判处死刑。

如查尔斯·布莱克[法学家]所说,洛奇特的案件"附带出许多问题"。最明显地可以看出,洛奇特在杀人过程中涉及很少,她被判处死刑似乎不正常。她没有开枪射死当铺老板,她没有杀死他的故意,在他被杀时她甚至不在场。如果新的死刑制度拟以只挑选最严重的罪犯被执行死刑,那么桑德拉·洛奇特是那些被选中者之一似乎很具有讽刺意味。

洛奇特的死刑是在那个案件发生的答辩谈判情形中被考虑的,讽刺意味加重。既然当铺老板的事实杀手是帕克,那么如果要说谁该被科处死刑,就应该是他。然而帕克进行答辩交易,他答辩谋杀有罪并为政府作证:以此为交换,他获得了无期徒刑。另一方面,洛奇特去审判并被判处死刑。

[洛奇特对她的有罪判决和监禁处罚上诉。美国最高法院以俄亥俄死刑制定法不允许法官考虑有关被告人品行和记录的减轻情节为由,驳回她的死刑判决(*Lockett v. Ohio* 1978),见第18章对Lockett上诉

案的描述。]

资料来源：重印自 Welsh S. White. 1991. *The Death Penalty in the Nineties*：*An Examination of the Modern System of Capital Punishment*. Ann Arbor：University of Michigan Press，pp. 60—61。

刑。如果起诉的自由裁量是专断或反复无常的，那么就产生了引起最高法院在 Furman 案决定中丧失死刑制定法效力的同样问题。检察官不要求死刑的决定可能基于专断或反复无常的理由作出，但是，这种决定不受审查。而且，死刑经常成为死刑案件答辩谈判的主要焦点。一位研究家（White 1991）描述了辩护律师和检察官就有关死刑问题进行答辩交易的动机。尽管一些检察官不愿与面对可能被科处死刑的被告人进行交易，并且一些检察官事务所订有控制这种交易的指南，但关于死刑的交易似乎十分常见。与非死刑判决一样，当答辩协议影响刑罚时，量刑自由裁量确实存在于检察官事务所内，而不是在法院。"自从答辩交易广泛地被死刑案件运用，它对判处死刑的被告人挑选影响很大，且极大地扭曲了公正适用死刑的程度"（White 1991，62）。

结论：死刑在将来

社会科学家还没有成功地说服最高法院，死刑并不起威慑作用且以一种歧视的方式被科处。具有讽刺意味的是，最高法院似乎对表明广泛和日益支持死刑的社会科学公众观点调查作出了反应。调查表明 70% 以上的公众赞成死刑（Bowers 1993）。

然而，对公众对死刑问题的反映的深入调查表明，公众对死刑的支持比较微弱。尤其是，当调查者被给予在死刑和没有假释但强制赔偿被害人家庭的终身监禁之间选择时，公众对死刑的支持锐减（Bowers 1993，163）。尽管最高法院可能继续拒绝在宪法中找到禁止死刑的规定，但是公众情感的转移和有意义的非死刑刑罚的发展可能使各州抛弃死刑。最后，威姆斯原则演变的标准有可能使最高法院在某一天认定死刑是残酷和非同寻常的。

总　结

法院进行有罪宣告以后，基于报应、威慑、使能力丧失、归复和/或恢复原状的正当理由科处刑罚。现在法院的选择范围很广，包括死刑、监禁和基于社区的制裁如缓刑。监狱过分拥挤的状况导致中级制裁的提出或运用，比如休克缓刑和电子监控。大部分州继续运用不确定量刑制度，给予法官广泛的量刑自由裁量权。然而，自20世纪70年代中期起，许多州对量刑制度进行了改革，通过规定较确定的量刑和取消假释决定而减少司法裁量权。

尽管正式的量刑权力归属于法官，或少数的案件归属于陪审团，但是，检察官通过指控和答辩交易程序，对科处的刑罚产生巨大的影响。最严重的指控和指控罪名决定最高刑。另外，答辩协议可能包括明确的刑罚建议，法官在接受答辩交易过程中接受此项建议。甚至死刑案件检察官也可能同意以有罪答辩作交换，不提出死刑指控或要求判处死刑。检察官通过控制在法院出示的有关加重和减轻情节的信息种类，也能操纵确定量刑制度科处的刑期。

起诉方对量刑的这种影响使量刑差别的评测问题复杂化。司法量刑差别可能被检察官在量刑听证会很早之前作出的自由裁量决定所遮掩。对刑罚不等的研究表明，情节不清楚的罪行不等表现得最明显。宽恕或严厉明显的案件倾向于根据案件事实情节进行处理。"正确"处理结果不是很清楚的案件则居中，被告人的特征，包括种族和性别最可能对科处的刑罚产生影响。

参考书目

American Friends Service Committee. 1971. *Struggle for Justice*. New York: Hill and Wang.

Andrews, D. A., Ivan Zinger, Robert D. Hoge, James Bonta, Paul Gendreau, and Francis T. Cullen. 1990. "Does Correctional Treatment Work? A Clinically Relevant and Psychologically Informed Meta-analysis." *Criminology* 28 (August): 369—404, 419—426.

Baldus, David C., Charles Pulaski, and George Woodworth. 1983. "Comparative Review of Death Sentences: An Empirical Study of the Georgia Experience." *Journal of Criminal Law and Criminology* 74: 661—753.

Barnett, Arnold. 1985. "Some Distribution Patterns for the Georgia Death Sentence." *U. C. Davis Law Review* 18: 1327—74.

Barnett, Arnold, Alfred Blumstein, and David P. Farrington. 1987. "Probabilistic Models of Youthful Criminal Careers." *Criminology* 25 (February): 83—107.

Bedau, Hugo Adam. 1982. *The Death Penalty in America*, 3d ed. New York: Oxford University Press.

Berry, Bonnie. 1985. "Electronic Jails: A New Criminal Justice Concern." *Justice Quarterly* 2 (March): 1—22.

Blumstein, A., J. Cohen, J. Roth, and C. Visher. 1986. *Criminal Careers and "Career Criminals,"* Vol. 1. Washington, D. C.: National Academy Press.

Bowers, William. 1993. "Capital Punishment and Contemporary Values: People's Misgivings and the Court's Misperceptions." *Law and Society Review* 27 (1): 157—175.

Carter, Robert M., and Leslie T. Wilkins. 1967. "Some Factors in Sentencing Policy." *Journal of Criminal Law, Criminology, and Police Science* 58: 503—514.

Clear, Todd R., Val B. Clear, and William D. Burrell. 1989. *Offender Assessment and Evaluation*. Cincinnati: Anderson.

Cohen, J. 1983. "Incapacitation as a Strategy for Crime Control: Possibilities and Pitfalls." In Michael Tonry and Norval Morris, eds.,

Crime and Justice: An Annual Review of Research, Vol. 5. Chicago: University of Chicago Press.

Cohen, Stanley. 1985. *Visions of Social Control*. Cambridge, U. K.: Polity Press.

Coker v. Georgia, 433 U. S. 584, 97 S. Ct. 2861 (1977).

Czajkoski, Eugene H., and Laurin A. Wollan, Jr. 1986. "Opinion and Debate: Creative Sentencing: A Critical Analysis." *Justice Quarterly* 3 (June): 215—229.

Dershowitz, Alan. 1976. *Fair and Certain Punishment*. New York: McGraw-Hill.

Erez, Edna, and Pamela Tontodonato. 1992. "Victim Participation in Sentencing and Satisfaction with Justice." *Justice Quarterly* 9 (September): 393—415.

——1990. "The Effect of Victim Participation in Sentencing on Sentence Outcome." *Criminology* 28 (August): 451—474.

Erickson, William H., William D. Neighbors, and B. J. George, Jr. 1992. *United States Supreme Court Cases and Comments*. New York: Matthew Bender.

Finckenauer, James O. 1978. "Crime as a National Political Issue: 1967—76." *Crime and Delinquency* 24: 13—27.

Fischer, Daryl R., and Andy Thaker. 1992. *Mandatory Sentencing Study*. Phoenix: Arizona Department of Corrections.

Friel, Charles M., Joseph P. Vaughn, and Rolando del Carmen. 1987. *Electronic Monitoring and Correctional Policy: The Technology and Its Application*. Washington, D. C.: U. S. Department of Justice.

Furman v. Georgia, 408 U. S. 238, 92 S. Ct. 2726 (1972).

Gardner v. Florida, 430 U. S. 349, 97 S. Ct. 1197 (1977).

Gibbs, Jack, and Glenn Firebaugh. 1990. "The Artifact Issue in Deterrence Research." *Criminology* 28 (May): 347—367.

Gowdy, Voncile B. 1993. *Intermediate Sanctions*. Research in Brief, National Institute of Justice. Washington, D. C. : U. S. Department of Justice.

Greenwood, Peter, and A. Abrahamse. 1982. *Selective Incapacitation*. Santa Monica, Calif. : Rand.

Greenwood, Peter, and Susan Turner, 1987. *Selective Incapacitation Revisited: Why the High-Rate Offenders Are Hard to Predict*. Santa Monica, Calif. : Rand.

Gregg v. Georgia, 428 U. S. 153, 96 S. Ct. 2909 (1976) .

Griswold, D. B. 1985. "Florida's Sentencing Guidelines-Progression or Regression?" *Federal Probation* 49 (March): 25—32.

Haapanen, Rudy A. 1990. *Selective Incapacitation and the Serious Offender: A Longitudinal Study of Criminal Career Patterns*. New York: Springer-Verlag.

Hagan, John. 1975. "The Social and Legal Construction of Criminal Justice: A Study of the Presentence Process." *Social Problems* 22: 620—637.

Hillsman, Sally T. , and Judith A. Greene. 1988. "Tailoring Criminal Fines to the Financial Means of the Offender. " *Judicature* 72 (June-July): 38—45.

Hillsman, Sally T. , Barry Mahoney, George F. Cole, and Bernard Auchter. 1987. *Fines as Criminal Sanctions*. Washington, D. C. : U. S. Department of Justice.

Hillsman, Sally T. , Joyce L. Sichel, and Barry Mahoney. 1984. *Fines in Sentencing: A Study of the Use of the Fine as a Criminal Sanction*. Executive Summary. Washington, D. C. : U. S. Department of Justice.

Kalven, Harry, Jr. , and Hans Zeisel. 1966. *The American Jury*. Boston: Little, Brown.

Knapp, Kay A. 1988. " Structured Sentencing: Building on Experience. " *Judicature* 72 (June-July): 46—52.

Kramer, John H., Robin L. Lubitz, and Cynthia A. Kempinen. 1989. "Sentencing Guidelines: A Quantitative Comparison of Sentencing Policy in Minnesota, Pennsylvania, and Washington." *Justice Quarterly* 6 (December): 565—587.

Lilly, J. Robert, Richard A. Ball, and W. Robert Lotz, Jr. 1986. "Electronic Jail Revisited." *Justice Quarterly* 3 (September): 353—361.

Link, Christopher T., and Neal Shover. 1986. "The Origins of Criminal Sentencing Reforms." *Justice Quarterly* 3 (September): 329—341.

Lockett v. Ohio, 438 U. S. 586, 98 S. Ct. 2954 (1978).

Mackenzie, Doris Layton. 1990. "'Boot Camp' Programs Grow in Number and Scope." *National Institute of Justice Reports* (November-December): 21—28.

Maguire, Kathleen, and Ann L. Pastore. 1994. *Sourcebook of Criminal Justice Statistics-1993*. Washington, D. C.: U. S. Government Printing Office.

Maguire, Kathleen, Ann L. Pastore, and Timothy J. Flanagan. 1993. *Sourcebook of Criminal Justice Statistics-1992*. Washington, D. C.: U. S. Government Printing Office.

Marquart, James W., and Jonathan R. Sorensen. 1988. "Institutional and Postrelease Behavior of *Furman*-Commuted Inmates in Texas." *Criminology* 26 (November): 677—693.

Martinson, Robert. 1974. "What Works? Questions and Answers About Prison Reform." *Public Interest* 35: 22—54.

Mauer, Marc. 1991. *Americans Behind Bars: A Comparison of International Rates of Incarceration*. Washington, D. C.: Sentencing Project.

McCleskey v. Kemp, 481 U. S. 279, 107 S. Ct. 1756 (1987).

Mempa v. Rhay, 389 U. S. 128, 88 S. Ct. 254 (1967).

Miethe, Terance, and Charles A. Moore. 1989. *Sentencing Guidelines: Their Effect in Minnesota*. Washington, D. C.: U. S. Department of Justice.

Newman, Graeme. 1978. *The Punishment Response*. New York: Lippincott.

Paternoster, Raymond. 1987. "The Deterrent Effect of Perceived Certainty and Severity of Punishment: A Review of the Evidence and Issues." *Justice Quarterly* 4 (June): 173—217.

Petersilia, Joan. 1987. *Expanding Options for Criminal Sanctioning*. Santa Monica, Calif. : Rand.

Rodgers, T. A. , G. T. Gitchoff, and I. Paur. 1984. "The Privately Commissioned Presentence Report. " In Robert M. Carter, Daniel Glaser, and Leslie T. Wilkins, eds. *Probation, Parole, and Community Corrections*. New York: Wiley.

Rosecrance, John. 1988. "Maintaining the Myth of Individualized Justice: Probation Presentence Reports. " *Justice Quarterly* 5 (June): 235—256.

Shane-DuBow, Sandra, Alice P. Brown, and Erik Olsen. 1985. *Sentencing Reform in the United States: History, Content, and Effect*. Washington, D. C. : U. S. Department of Justice.

Solari, Richard. 1992. *National Judicial Reporting Program, 1988*. Washington, D. C. : U. S. Department of Justice, Bureau of Justice Statistics.

Solem v. Helm, 463 U. S. 277, 103 S. Ct. 3001 (1983) .

Spohn, Cassia, and Jerry Cederblom. 1991. "Race and Disparities in Sentencing: A Test of the Liberation Hypothesis. " *Justice Quarterly* 8 (September): 305—327.

Tonry, Michael, and Norval Morris. 1990. *Between Prison and Probation*. New York: Oxford University Press.

Trop v. Dulles, 356 U. S. 86, 78 S. Ct. 590 (1958) .

U. S. Bureau of Justice Statistics. 1993. *Felony Defendants in Large Urban Counties, 1990*. Washington, D. C. : U. S. Department of Justice.

——1992a. *Recidivism of Felons on Probation*,1986—89. BJS Special Report. Washington, D. C.: U. S. Department of Justice.

——1992b. *Capital Punishment* 1991. Washington, D. C.: U. S. Department of Justice.

——1988. *Report to the Nation on Crime and Justice*,2d ed. Washington, D. C.: U. S. Department of Justice.

Van den Haag, Ernst. 1977. *Punishing Criminals.* New York: Basic Books.

Von Hirsch, Andrew. 1976. *Doing Justice-The Choice of Punishment.* New York: Hill and Wang.

Walsh, Anthony. 1985. "The Role of the Probation Officer in the Sentencing Process." *Criminal Justice and Behavior* 12: 289—303.

Weems v. United States,217 U. S. 349,30 S. Ct. 544 (1910).

White, Welsh S. 1991. *The Death Penalty in the Nineties: An Examination of the Modern System of Capital Punishment.* Ann Arbor: University of Michigan Press.

Whitehead, John T., and Steven P. Lab. 1989. "A Meta-analysis of Juvenile Correctional Treatment." *Journal of Research in Crime and Delinquency* 26: 276—295.

Wilson, James Q. 1983. *Thinking About Crime*,rev. ed. New York: Vintage Books.

第18章 上诉和其他宣告有罪后的救济

尽管抗辩式诉讼程序建立了许多防范和控制措施，但错误还是会发生。有时错误极为严重，甚至造成审判不当。因此，各州均设立了复审刑事有罪判决的程序。这些程序的目的是通过纠正判决的错误，维护同一管辖区内各法院司法实践的一致性以及明确管辖区内对具体案件和将来所有案件适用的法律，对审判法院进行监督。

复审法院在发现错误时，可能撤销或变更审判法院的指令以弥补可能造成的伤害，例如，撤销审判法院的有罪判决或变更科处的刑罚。复审法院也可能维持、变更或明确适用于相似案件的法规。上诉法院给审判法院提供关于它们决定适当性的反馈信息。通过这个复审程序，上诉法院将法律传达给管辖区内所有法院和法院参与者。上诉法院的这种监督和制定政策的作用对于司法制度来说，其重要性至少等同于在纠正影响个人的错误方面所起的作用。

复审分为直接上诉和间接复审两类。直接上诉是刑事案件的继续，向更高级的法院上诉。各州均提供一些直接上诉复审的机会。间接复审是被宣告有罪的被告人基于他或她正被非法拘押的理由，诉请法院释放的一个独立的民事诉讼程序。这种复审最常见的救济是人身保护令状，是一个对囚犯拘押的合法性提出异议的民事诉讼。

上诉和间接复审的途径

上诉程序涉及案件从审判法院逐步移送至较高级的上诉复审和间接复审法院的一系列步骤。移送提起上诉的被告人案件可能按照以下步骤进行：

1. 向审判一级的法院提起重新审判的动议
2. 直接上诉州中级上诉法院
3. 州最高法院酌情复审
4. 美国最高法院酌情复审涉及声称触犯美国宪法权利的问题
5. 诉请在州法院间接复审
6. 州中级上诉法院的间接上诉程序
7. 州最高法院间接上诉的酌情复审程序
8. 美国最高法院州间接上诉的酌情复审程序
9. 向美国地区法院诉请联邦人身保护
10. 向美国上诉法院上诉人身保护裁定
11. 美国最高法院酌情复审联邦人身请求裁定（Carrington, Meador, and Rosenberg 1976，105）

这个总体框架产生的变异很大。例如，一些案件没有提起有罪判决的直接上诉，案件直接从审判进入州或联邦人身保护程序。没有一条按部就班的途径。例如，向州中级上诉法院上诉失败之后，囚犯可能根据州或联邦人身保护诉请释放。而且，即使人身保护的申请被拒绝，并且所有上诉申请都被拒绝的话，囚犯也可能继续以新的不正当关押的名义提起新的人身保护申请（见表18—1）。

人身保护申请和其他形式的间接救济也在审判一级法院提起。任何在审判一级法院失败的一方都可以通过正规的直接上诉程序上诉。由于直接上诉和间接攻击之间存在差别，所以我们将它们分别进行讨论。

第18章 上诉和其他宣告有罪后的救济

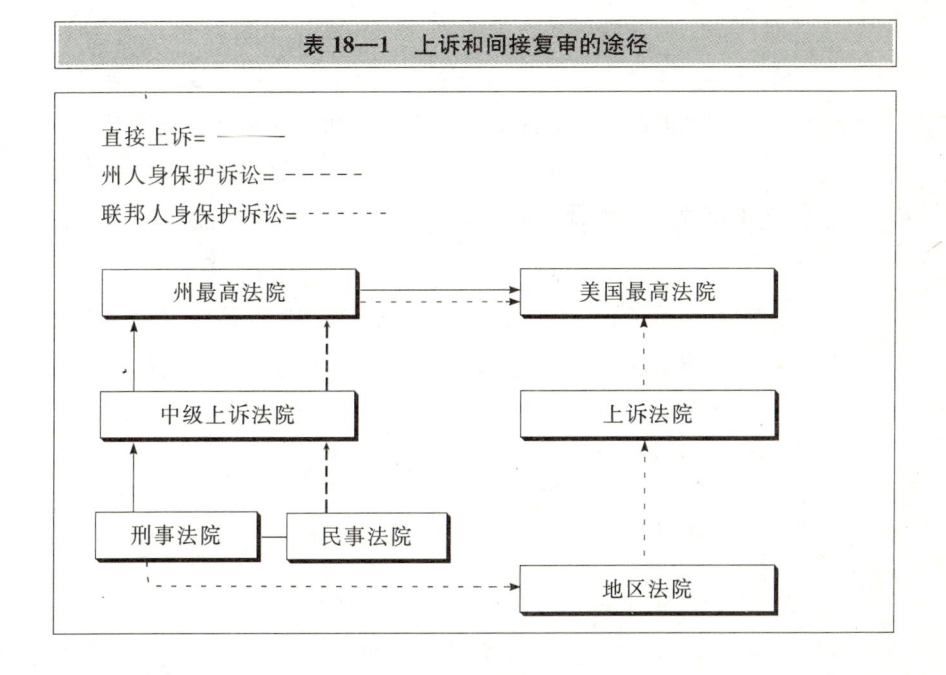

表18—1 上诉和间接复审的途径

直接上诉＝——
州人身保护诉讼＝- - - - -
联邦人身保护诉讼＝· - · - ·

```
州最高法院 ——→ 美国最高法院
   ↑              ↑
中级上诉法院       上诉法院
   ↑              ↑
刑事法院—民事法院   地区法院
```

直接上诉

在第2章我们描述了法院系统的结构。大部分州都已建立了三级的法院系统,包括审判级法院、中级上诉法院和终审法院或最高法院。一些州仍保留较传统的两级结构,所有上诉案件均由最高法院听审。上诉法院为决定审判法院是否触犯了程序规则或被告人的宪法权利,对审判法院进行的所有审判活动进行审查。上诉审查以记录为依据,即根据审判法院审判案件时所有的书面陈述记录进行审查。上诉法院不听审证人证言,不会见证人。在多数情况下,它们甚至不关心整个审判法院诉讼程序,而只考虑与上诉问题相关的那部分程序。上诉法院不是事实认定机构。审判法院最主要是裁判证人的可信性和证人证言的合理性,然而上诉法院的任务并不是作这种裁判,而是基于真实的书面记录和律师的书面(有时是口头)争论作出法律认定。

一位前美国司法副部长曾评论说:"宪法和常识都不能说明上诉法

院的决定可能比地区法院的决定更正确。"（Resnik 1985，605）他指出宪法不能使上诉法院更准确地解释法律是正确的，但是，常识可能反映审判法院在紧张的时间压力和缺乏与同事考虑和讨论的机会的情况下作出的决定的准确性，确实可能不及上诉法院经过考虑作出的决定。上诉法院决定的作出具有两个显著特征：具备考虑的时间和以集体的方式进行。

上诉决定通常由至少三位上诉法官组成的合议庭作出。上诉法官有时间研究双方提出的问题和掂量最适当的决定，这一点与经常必须迅速作出决定并在案件诉讼过程中确定的审判法官不同。此外，上诉法官互相能讨论问题，这进一步明白了各种问题和适当的解决方案。

享有上诉的权利

美国宪法未规定上诉权（*McKane v. Durston* 1984；*Pennsylvania v. Finlay* 1987），所以，州上诉程序专门由州宪法或制定法制定。只有15个州具有承认上诉权利的宪法性条款（Arkin 1992，516），大多数州由制定法规定，弗吉尼亚和西弗吉尼亚两个州没有规定上诉的权利；这两个州的所有上诉均由上诉法院自由裁量。联邦法律规定联邦被告人的上诉诉讼程序，并允许如果州被告人主张其宪法权利被否定，可以向美国最高法院上诉。

因为没有上诉的宪法权利，所以各州可能能对上诉的机会加以限制或者严格规定被告人在上诉程序中的权利。如果在上诉过程中程序没有破坏对被告人的平等保护，美国最高法院已经认定程序由州自由裁量（Arkin 1992，507）。

在大多数州，被告人享有宪法或制定法规定的向中级上诉法院上诉的权利。在这些州，从审判法院提起的第一次上诉被称为权利的上诉——如果被告人在规定的期限内提起上诉，上诉法院就必须考虑。在一些设有中级上诉法院的州，初次上诉向州最高法院提起。州最高法院审查案件后，决定复审的内容并将不需复审的案件部分移交给中级上诉法院。而在未设中级上诉法院的州，审判后的第一次上诉直接向州最高法院提起（Meador 1991，17）。

传统观点认为，被告人不得对审判法院签发的初步指令提起上诉。一般来说，州允许被告人只能就裁决后的最终判决提起上诉，所有对初步指令的不服均在审判终结时的上诉中集中提出（Stern 1981，52—55）。这项政策旨在避免"零碎的判决"和减少审判法院的中级决定可在案件最终决定之前即时提起上诉所造成的费用、延误和法院工作量的增多（Martineau 1987，468）。

但这项只允许在最终判决之后能上诉的总规则亦存在一项例外，即中间上诉。中间上诉是在最终判决或裁决之前启动上诉复审的一种上诉。一般来说，为了纠正可能对当事人造成不可弥补的损害，被允许中间上诉。例如，如果审判法院裁决讯问非法并排除口供，起诉方就可能对裁决提起中间上诉，因为证据的排除可能严重地破坏州一方的案件（American Bar Association[ABA] Commission 1977，21）。当涉及一个法律问题，而对法律的正当认定不清楚时可以提起中间上诉，因为抗辩双方可能就问题提出较好的争论观点，而且问题的即时复审会对案件结果产生巨大影响。起诉方对审判法院决定可以上诉的情形并不多，中间上诉即为一种。

上诉的身份依据

身份依据是向法院提起诉讼一方当事人的资格能力的一个法律概念。对上诉身份依据总的要求是上诉人，即提起上诉的当事人必须在初级法院"丢失了一些东西"（Stern 1981，151），获胜的当事人不能上诉。这意味着刑事案件，除了少数的例外，只有被宣告有罪的被告人可以上诉。一些管辖区允许初步指控决定被审判法院驳回的检察官可以提起中间上诉。另外，一些州允许起诉方在审判裁决后向上诉法院寻求咨询裁决，但这种起诉方上诉只能寻求法律的宣告，而不能造成无罪判决的撤销。所以，大多数刑事上诉案件的被上诉人，即应对上诉的一方当事人，是州（Martineau 1987，469）。

上诉的争论点

上诉程序的总规则要求上诉提出的问题必须首先已在审判法院提起,必须给予审判法院一个纠正错误的机会(Stern 1981,37)。刑事被告人对争议点提起上诉,以期获得上诉法院的撤销裁定。在审判法院,可以通过提出动议、表示反对和指出审判法官判决的例外情况提出错误。

尽管总规则作了规定,但在少数情形,上诉人能对最初在审判法院前并没有提出的问题提起上诉。如果审判法院的错误对复审法院来说是基本或清楚的,那么即使这个问题没有在审判法院被提起,被告人也可以上诉。这个例外最可能发生在触犯宪法权利的案件中。另一项主要的例外发生在被告人宣称在审判时遭受了律师无效帮助的那些案件。在这种情况下,被告人争论因为律师懒惰或没有能力和没有履行辩护律师最低限度的职责,在审判期间没有对不正当程序提出反对。所以,被告人要求上诉法院复审审判法院的错误。

尽管有罪答辩后的上诉在最近几年比较常见,但是大多数上诉还是在审判的有罪宣判后被提起并涉及伤害人和科处 5 年左右徒刑的罪行(Chapper and Hanson 1989,42)。大约25%的上诉产生于非审判程序,比如有罪答辩、缓刑撤销和有罪宣告后的救济比如人身保护被否决(Chapper and Hanson 1989,4)。上诉提出的问题因上诉的类型不同而有所变异。陪审团审判后最常提出的上诉问题与证据或证言的引用、支持有罪宣告的证据的充分性和给予陪审团的指示有关。

关于刑罚的上诉可能是反对被加重的刑罚、被科处刑期连续而非合并的监禁、量刑听证会的程序问题和在科处刑罚过程中考虑被禁止的一些因素(比如被告人的无罪答辩)(Chapper and Hanson 1989,6)。对量刑的上诉最近几年逐渐增多,尽管有着长期不允许对刑罚上诉的传统(Chapper and Hanson 1989,8)。许多组织和顾问机构,包括美国律师协会和全国刑事司法标准和目标咨询委员会,已建议扩大刑罚复审。当准许刑罚上诉时,这些上诉经常考虑与刑罚的合理性和过分性或者明显偏离量刑标准有关的一些问题（Carrington et al. 1976，9）。

上诉程序

一些州要求被告人在提交上诉通知书之前必须申请重新审判（Carrington et al. 1976，105）。一旦审判法院不批准重新审判的动议，被告人必须在审判法院判决或重新审判动议被拒绝后数天，通常是30天内提交上诉通知书。如果不能在法定时限内提交的话，不管上诉案件的事实如何，都将造成上诉被驳回。一旦时效已过，惟一的复审途径就是间接复审。

许多州上诉通知书向审判法院提出。上诉通知书造成审判法院开始准备法院抄录和其他必须移交上诉法院的记录。打字员誊写法院速记员逐字记录的法院记录，这不仅耗时间且费用又高，要花费数百美金。如果州法律规定上诉是一项权利，那么贫困被告人就享有免费获得抄录的权利，这样他们支付不起抄录费用的问题就不会妨碍平等向上诉法院上诉的权利（*Griffin v. Illinois* 1956）。

另外，当州规定享有上诉权利时，穷困被告人根据第十四修正案平等保护的条款享有获得上诉律师的宪法权利（*Douglas v. California* 1963）。然而，如果上诉是自由裁量，那么州就不被要求必须为贫穷者提供律师（*Ross v. Moffitt* 1974）。

提起上诉并不自动地停滞（或拖延）审判法院的判决。即使上诉待审未决，被宣告有罪的被告人也通常被押至监狱。对于一些案件，审判法院可能准许上诉未决判决延期的动议。法院在决定是否准许动议的过程中考虑四个因素：上诉人上诉胜诉的可能性；如果判决不延期上诉人将遭受无法弥补的伤害的可能性；如果准许延期被上诉人可能遭受的伤害以及公共利益（Martineau 1987，471）。对于严重犯罪案件而言，公共利益一般被认为高于对上诉人造成的潜在伤害，且延期动议常规上不被准许。

简要阐述争论点

大多数上诉只提出一个或两个争论问题。被宣告有罪的被告人的律师必须制作上诉状,概括反映被告人上诉有罪判决的问题,即审判程序中被宣称犯的错误。上诉状声称事实和引用支持己方主张案件遵循了非法或不正当程序的制定法和判例法。所有的错误,审判法院都必须有记录。上诉人提交上诉状后,由被上诉方提交一份答辩状,主张上诉法院应该裁定审判法院遵循的程序是合法和公平的。

其他有利害关系的当事人也可以制作答辩状,称之为法院的朋友答辩状,经常简称为朋友答辩状。受案件结果政策影响的个人或组织——警察署、国际警察局长协会、检察官组织和司法部长、律师组织、美国民权同盟或其他有关刑事司法和公民自由问题的自愿协会通常会制作朋友答辩状。

尽管复审法院有时要求适当的有利益关系的当事人递交朋友答辩状,但通常,朋友答辩状通过组织自身的动议提交。为递交朋友答辩状,组织通常必须获得复审法院、答辩状支持的一方当事人,或双方当事人的准许(Marvell 1978,80)。朋友答辩状为法院提供了额外的专门知识,更全面地分析正在争论的问题。

口头争论

答辩状提交后,上诉法官进行研究并且讨论提出的问题。经过对案件的初步讨论,上诉法院可能决定在作出决定之前需要一些额外的信息资料。对这类案件,法院将命令口头争论。口头争论源于英国的传统,直到今天英国法院主要还是依靠口头争论,而不是书面答辩状(Carrington et al. 1976,16)。在美国,口头争论的重要性自20世纪60年代起已经衰退(Martineau 1987,472),然而,口头争论的传统仍然在上诉程序中根深蒂固。

口头争论有助于强调上诉人和被上诉人提出的最重要问题,另外,它们提供给法官一个发问的机会。许多大法官都对口头争论在作出疑难案件的决定过程中的重要性加以评论。最高法院大法官威廉·J·布伦南写道:

> 口头争论是上诉辩护绝对必要的组成……经常我对案件的全部认识都在口头争论时明确。即使我在口头争论前已阅读过辩护状,

也会发生这种情况；确实，这是现在所有最高法院成员的体验……经常我对案件如何发生的想法被口头争论改变……口头争论是大法官和律师之间苏格拉底式的对话。(Stern 1981，358)。

负担过重的上诉法院正在废弃口头争论，以求节省时间。联邦上诉法院 33％ 的刑事上诉案件是在没有口头争论的情况下作出决定（Cecil and Stienstra 1987，22）。在一些巡回区多达 55％ 至 65％ 的刑事上诉案件没有口头争论而作出判决。如果问题清楚，涉及的法律明确且事实和法律争论在答辩状中被清楚地叙述，案件可能不用口头争论而作出决定（Cecil and Stienstra 1987）。口头争论较少的趋势已受到批评（Stern 1981；见 ABA Commission 1977，55—56），但这种现象可能会继续下去。

当口头争论被听审时，倾向于比较简短，在州上诉法院每方当事人可能被允许的时间为 15 分钟到 30 分钟（Carrington et al. 1975，5）。许多法官抱怨口头争论低劣的质量，且一些人认为口头争论是浪费时间（Baker 194，111；Carrington et al. 1975，5；Stern 1981，360）。

判决案件

如果进行口头争论的话，口头争论之后，法官举行会议讨论问题并得出案件的暂时结论。由一名指定法官记下大多数人赞成的初步观点，这些初步观点将在法官中传阅。法官们经常分成小组讨论他们对初步观点的看法。有时法官会改变他们的立场，或提出微妙的异议。一些法官可能决定写下表示同意的意见，即对被告人的指令结果表示同意，但提出不同的理论依据或详尽说明法律的具体规定。法官也可能写下表示反对的意见，不同意大多数人对案件的裁决结果并解释不同意的理由。

这项工作许多部分在绝对秘密的情况下进行。尽管双方的辩护状、法院朋友答辩状、口头争论和最终的书面意见都是公开的，但上诉法官的讨论和初步观点都严格保密，甚至在对案件作出判决之后也是如此。这种机密被正当理解为是确保在决定作出程序中的公开讨论所必需的，允许法官发表暂时的观点并经进一步考虑和讨论后改变他们的想法（Marvell 1978，7—8）。

上诉法院最终必须决定审判法院是否作出了错误的决定，并且错误是否可撤销或是无害的过错。

可撤销的过错对抗无害的过错

可撤销的过错是指造成审判法院判决被撤销的错误。曾有一段时间，任何错误，无论是多么轻微或是技术上的错误，都能造成有罪判决的撤销（Traynor 1970，103）。但是，如今，联邦系统和大多数州都已通过了关于无害过错的制定法，这些制定法规定上诉法院只有在错误触犯了被告人基本权利或实际影响案件结果的情况下才能撤销有罪判决。无害过错规则使上诉法官能无所顾忌地指出错误，甚至是轻微的过错，而不必因为有罪证据充分却撤销有罪判决。要是没有无害过错规则，上诉法院可能会迟疑不肯指出程序错误，因为这样做将会放纵显然有罪的被告人。如果上诉法院裁决错误是无害的，那么它的裁决将有助于明确法律，但被告人的有罪判决却不能被撤销。

无害过错规则使上诉法官处于一种不得不决定陪审团在认定被告人有罪过程中是否遵循了正当程序的异常情形中。例如，如果非法供认被正当地隐匿，那么检察官出示的其他证据能足以说服陪审团作出有罪的裁决吗？要求上诉法官作出这种决定似乎违背了他们传统的角色。无害过错规则要求上诉法官衡量证据并决定证据能否超出合理怀疑地证明有罪，而不只是审查所应用的程序。然而，这种证据的衡量只限于上诉法院已发现错误的案件。

大多数案件，即使发现审判法院犯了错误，上诉法院也会认定错误是无害的，并不一定撤销有罪判决。所以，上诉的实质是有关法院是否可能认定错误是无害的，并且是否有可能撤销判决（见表18—2）。一些问题被常规地通过上诉提出，也常规地被认定为无害的过错。证据裁定、证据的充分性和陪审团指示是上诉最常提出的问题。例如，法院可能认定证据没被正当采纳是无害的过错，因为其余正当采纳的证据足以支持有罪判决。相反，对制定法错误的解释则不大可能被认为是无害的过错。

第 18 章　上诉和其他宣告有罪后的救济

上诉的救济

如果上诉法院认定过错有害，那么法院就撤销初级法院的判决并将案件退回审判法院。州可能重新审判被告人。上诉法院撤销判决以后的重审是反对一罪二审的普遍原则的一项例外。

表 18—2　争论点及可撤销的错误

资料来源：Joy A. Chapper and Roger A. Hansen. 1990. *Understanding Reversible Error in Criminal Appeals*, *Final Report*. Williamsburg, Va.：National Center for State Courts, p. 7。

争论点	所有与争论点有关的错误比例	成功率
证据的采纳/排除	20.6%	7.7%
指示	13.5	9.7
程序或自由裁量的裁定	13.1	7.8
证据的充分性	12.0	5.8
数罪合并	10.5	51.9
证据、陈述或鉴别的隐匿	10.5	8.4
律师不充分的帮助/放弃	6.0	12.9
其他宪法权利的主张（一罪不二审、迅速审判）	4.9	11.5
陪审团挑选或评议	3.4	8.8
制定法的解释或适用	2.2	19.4
答辩	2.2	15.0
诉讼渎职	1.1	1.9
	100% 总数 267	

成功上诉之后被重审或重新量刑的被告人受到保护，防止法官对他们上诉最初的有罪判决进行惩罚。在 *North Carolina v. Pearce*（1969）案中，最高法院认定法官不能报复判决成功的上诉和再次起诉后的被告人。只有在初审之后揭露的信息材料比如第二次审判时出示的证据、新的判决前调查、被告人的监禁记录或其他原始资料能辨明科处加重的刑罚是正当的判决时，法官才被允许在被告人成功的再次起诉后科处加重的刑罚。

第一次上诉以后的上诉

案件并不一定在第一次上诉审理终结后就终止。败诉方当事人可能要求复审或复议。如果法官合议庭听审了首次上诉,那么上诉法院就可能准许要求全体法官对上诉案件进行复审的动议。如果不同的合议庭对法律问题得出相反的结论,或者如果要决定的问题尤其重要,这种动议就可能得到批准。为履行其明确法律的职能,上诉法院对上诉进行复审,不延误地解决不相一致的问题。美国最高法院对全体法官复审作出的决定非常尊重,这种决定被推翻的可能性大大低于三位法官组成的合议庭作出的决定(Ball 1987,252)。

如果第一次上诉是向州最高法院提出,该州法院结构为两级,而且上诉是有关联邦问题,败诉方就可以向美国最高法院上诉。如果第一次上诉是向中级上诉法院提起,败诉方可以向州最高法院和美国最高法院上诉。不论哪一方上诉获胜都是这种情况。无论如何,这随后的上诉几乎都是酌情处分的。

上诉人,即旨在向更高级别法院上诉的当事人,其第一步是申请调卷令。调卷令的申请是向法院递交请求考虑上诉的必要的申请书。如果申请被准许,上诉法院要求初级法院递交记录进行审查。用上诉程序的行话来说,即高级法院"批准绝对确实的事情"。因为这个级别听审案件的决定完全是自由裁量,所以只有一小部分案件被考虑。例如,美国最高法院只批准了不到1%的调卷令申请,表示同意考虑上诉(Maguire and Pastore 1994,554)。

因为有许多调卷令的申请,且只有少数能被接受听审,所以这些法院制定了是否能准许调卷令申请的标准。案件的具体事实只是法院考虑的一个因素,申请指出了具有特别重要性的法律原则,或者案件提出与初级法院判决不相一致的问题,这些更可能被高级法院接受考虑(Martineau 1987,474;Marvell 1978,17)。例如,如果几个巡回区的上诉法院对具体法律问题得出不同的结论,最高法院为了促进各巡回区之间的统一性而可能接受这个案件。

第 18 章　上诉和其他宣告有罪后的救济

间接救济

一旦双方当事人都用尽了向州最高级法院（如果涉及联邦问题的话则向美国最高法院）申请调卷令的机会，那么就没有机会直接上诉。然而，感到委屈的被告人可能通过间接攻击机制再向法院提起诉讼。最常见的间接救济是人身保护令。此外，即使被告人从来没有提起过直接上诉，也可以要求间接救济。

人身保护令状

人身保护令状，有时被法学家们称为"伟大的令状"，历史相当悠久。从字面上看，人身保护令状是指"要有身体"（Duker 1980，23）。历史上令状是被用来强迫一个人到法院出庭。首例囚犯运用令状要求法院审查监禁原因的案件发生于 1340 年（Duker 1980，23）。17 世纪期间，英国法律的发展使人身保护令状的运用成为一种保护个人自由的工具。但是，那些被关押的罪犯一般不能要求获得保护令状（Duker 1980，225）。

美国宪法的制定者显然认为令状非常重要。宪法第 9 章第 1 条规定，只有叛乱或侵略时人身保护令状才可能被中止。1789 年的司法法案是第一部准许运用人身保护令状的制定法，这部制定法不时被修改。在 19 世纪 60 年代以前，一直只有被联邦当局处置的个人才可能获得联邦人身保护令状。另外，被宣告有罪的被告人发现令状并无多大帮助。不管审判法院的程序产生了多大的错误和多么的不公平，只要被告人已被正式审判和判决，令状就不能起到救济的作用。

这种情况在 1867 年得以改变（或开始改变）。国会担忧在以前结盟的一些州内存在歧视性地运用刑事司法制度反对获得自由的奴隶的潜在可能。于 1867 年制定了经过修改的人身保护令状制定法，为州囚犯寻求反对处理他们的当局提供了救济。尽管 1867 年的法案次年就被修改，再一次规定了联邦人身保护令状的范围，但最高法院仍旧对人身保护令状的可获得加以限制（Duker 1980，230），到 1915 年，联邦保护令状作为间接攻击的工具，被用来反对以侵犯宪法权利为由对囚犯的关押。人身保护令状的运用逐渐演变发展，以至于触犯美国宪法规定被羁押的任何人都能通过人身保护令状而对拘押提出异议（Peyton v. Rowe 1968）。大约 30 个州也制定了人身保护令状法律，这些州法律被用来通过州法院表示不服拘押（Sokol 1969）。

人身保护令状是一项民事诉讼，而且必须首先在审判一级的法院提起，而不是在上诉法院；联邦人身保护令状诉讼则在地区法院提起。因为是一项民事诉讼，所以第六修正案享有律师的权利并不适用。相反，联邦制定法通过允许以贫民身份免付诉讼费的方式，为任何类型的联邦法院诉讼中的穷困者提供指定律师。以贫民身份免付诉讼费是指请求者声称自己贫穷，且法院指派律师在法院为其代理。州人身保护诉讼中，一些州并不规定诉讼者享有律师的权利。这些案件中，请求者被要求自己进行诉讼，也就是说，在没有律师的帮助下进行诉讼（Pennsylvania v. Finlay 1987）。联邦和州程序上的不同使得联邦人身保护诉讼更能吸引囚犯。在美国司法官一年处理的 2.8 万多件民事诉讼案件中，有 22% 是州囚犯提出的请求（Judicial Conference 1990，283）。

人身保护令状的申请通常要求释放被羁押的请求者。一般来说，应诉者是请求者被关押监狱的监狱长。收到申请书的法院指令应诉者说明被请求的救济为什么不被准许的理由（Sokol 1969，103），一般情况，州司法部长办公室起草一份回复，这份回复可能包括申请人最初被审判的相关记录内容和针对申请书的主张提出的法律争论。"如果证据存在，或通过非公开出庭作证或正式书面陈述能使证据存在，这些反驳申请人宣称的证据该与对说明理由的指令书的回复书一并提交法院"（Sokol 1969，109—110）。这非常重要，因为被告不回复的任何声称都将被法院作为真实事实接受。

一旦法院收到被告的回复，法院就必须决定解决纠纷事实是否有必要听审。这个事实认定听审与直接上诉案件进行的口头争论不同。口头争论的目的是解释法律推理过程和说明上诉各方主张的理论基础。人身保护令状诉讼中，听审是事实认定听审，其间为允许法院解决请求书和回复书提出的事实争论要求证人宣誓作证。几乎所有的人身保护诉讼，事实认定者都是法官而不是陪审团。在人身保护诉讼程序中没有陪审团审判。

如果事实和法律向法官表明申请人的权利受到侵犯，那么法院就可能同意所要求的救济。然而释放不是自动的。反对一罪二审的保护不适用于囚犯通过人身保护令状请求释放的情形。所以，州在人身保护诉讼中败诉后，可以重新审判囚犯。这种情况下，囚犯的释放可能被推迟，直到州决定是否重审被告人或上诉人身保护诉讼中法官的判决。再之，因为人身保护申请是一项民事诉讼，所以州在审判一级法院如果败诉，州可以上诉。事实上，通常人身保护诉讼中不论是哪一方败诉，败诉方都会上诉。

可获得人身保护的限制

联邦人身保护制定法规定，州囚犯在向联邦法院申请人身保护令状之前，必须是州所有的救济对其都已不再适用。这意味着如果提起直接上诉的时限还没过期，囚犯应该向州提起直接上诉，而不是提起联邦人身保护诉讼。与之相似，如果州允许提起人身保护诉讼，联邦法院可能要求申请者首先运用州救济方法。这项规定的理论基础是"如果州法院和联邦法院的大门同时都开着，那么州囚犯首先该试试州法院的大门"（Sokol 1969，163）。

另外，最高法院最近几年规定，一些争论的问题不是联邦人身保护诉讼的正当主题。这项规定的第一个例子是 *Stone v. Powell*（1976）案的判决。在这个案件中，最高法院认定，如果州囚犯以人身保护请求提出的对第四修正案权利的主张在州法院已有完全和公平诉讼的机会，联邦地区法院不能加以审查。1989年最高法院进一步认定，联邦地区法院必须"拒绝听审基于州法院诚实地解释既存的联邦宪法先例的人身保护审查中的主张，即使那些决定与囚犯直接上诉审结之后下达的联邦判决并不一致"（Arkin 1992，512；*Graham v. Collins* 1993，897—898）。这项判决的实际影响是限制州囚犯反对有罪判决的次数。最高法院一直在减少初级联邦法院听审州囚犯提出的联邦人身保护申请的自由裁量权（*McClesky v. Zant* 1991；*Coleman v. Thompson* 1991；*Herrera v. Collins* 1993）。

复审的机会太多了吗？

这些判决反映了最高法院法官、国会议员和州法院官员对刑事案件缺乏终结性的日益不满。已故的前首席法官沃伦·伯格批评了联邦人身保护令状政策，认为该政策允许被宣告有罪的被告人重复地进行复查，"不必要地延误了司法以及超出合理期望地增加了司法系统的负担"（Roper and Melone 1981，136）。

毋庸置疑，上诉与宣告有罪后其他救济的相互结合为愿意追寻每一条救济途径的囚犯创造了几乎不受限制的法院诉讼的可能。囚犯依靠监狱律师，即精通刑事诉讼程序包括上诉和人身保护程序的一些囚犯的建议。因为囚犯有大量的时间阅读和草拟法律文书，所以一些囚犯几乎花费他们所有的监禁时间寻求宣告有罪后的救济。如一位评论家指出："贫穷的刑事被告人上诉几乎不丧失任何东西，他不用出钱。在这种情况下，贫困者为什么不选择结果不确定的诉讼就不能很好地解释，一些人表明他们就倾向于提出上诉"（Geoffrey Hazard in Carrington et al. 1975，63）。死刑案件备受关注。批评家们指出因为囚犯被判处死刑，所以连续不断地提出人身保护请求成为不确定地延误执行死刑判决的一项策略：

> 被宣告死罪和判处死刑的州被告人可能利用三个连接的程序反对在他或她的有罪宣告或刑罚中违反宪法规定的缺陷。他或她的宣称可能通过上诉、州和联邦的人身保护诉讼程序中被提出。结果，在判刑和刑罚的执行之间会有一段很长时间的延误。（Hazard in Carrington et al. 1975，63）

因为审判法院对人身保护申请作出的裁决通常会被上诉，所以尽管不常见，但被告人在九个或九个以上独立的法院寻求复审则是可能的。

每个具体案件过分和不必要的诉讼机会确实很多，但是，很少有囚犯上诉他们的有罪判决，寻求间接救济的囚犯甚至更少（Flanagan and Maguire 1990，527—528）。且很少有囚犯积极和重复地要推翻对他们的有罪判决。

然而，两种情形结合在一起将人身保护列入改革议程。第一，传统上上诉法院的案件工作量非常少，提起上诉的囚犯人数增加已产生了巨大的影响。第二，被判死刑的人数日益增多，非常强调死刑犯通过连续的人身保护申请而延误执行的能力。

负担过重的上诉法院

20世纪70年代期间对日益增多的上诉和人身保护诉讼逐渐关注。从1960年到1973年，联邦法院的刑事上诉增加了250％以上，州囚犯提起的联邦诉讼（包括人身保护诉讼）增加176％（见表18—3）。最高法院也感到了工作量的压力。为此，组织了几个机构对这个问题进行研究。两个主要的委员会（1971年的弗鲁德研究委员会和1972年的霍鲁斯卡委员会）着重于美国最高法院工作量加重的问题。其他一些机构，比如美国律师协会和国家州法院中心，着重于中级上诉法院和州最高法院工作量大小的一些问题。

留有统计资料最近的一段时期是1973年到1983年这10年，这段时期上诉的案件增长率比较和缓，刑事和民事上诉增长率基本相等（分别是107％和114％）。然而，在这之前，刑事上诉增长得要比民事上诉增长快很多。但是，在司法系统内刑事上诉继续比刑事案件增长得快。1973年和1983年间"刑事上诉的增长速度是联邦调查局犯罪指数统计资料的两倍，并且在29个有审判法院统计资料的管辖区，是审判法院刑事案件的两倍"（U. S. Bureau of Justice Statistics 1985，4）。

上诉和要求判决有罪后救济的数量猛增的原因不完全清楚。一些评论家认为对刑事案件享有律师权利的认知，尤其是在第一次权利上诉中，造成了利用上诉程序的被告人数量的增加（Carrington et al.1975）。几位法学家也指出，案件工作量的增加是由于囚犯提起的"无聊上诉"案件的增加造成的。如一位评论家所指出："许多穷困者上诉有罪判决的事实只是因为他这样做并不丧失什么，相反却意味着，上诉法院非常恼怒，日益被要求对提出的法律问题显然没有法律依据的案件进行听审和裁决"（Robert Hermann in Carrington et al. 1975，701）。

表 18—3　州和联邦囚犯提出的请求

资料来源：重印自 Howard Ball. © 1987. *Courts and Politics*：*The Federal Judicial System*, 2d ed. Englewood Cliffs, N.J. : Prentice ＿ Hall, pp.97, 221—223. 重印经 Prentice ＿ Hall, Englewood Cliffs, New Jersey 允许。

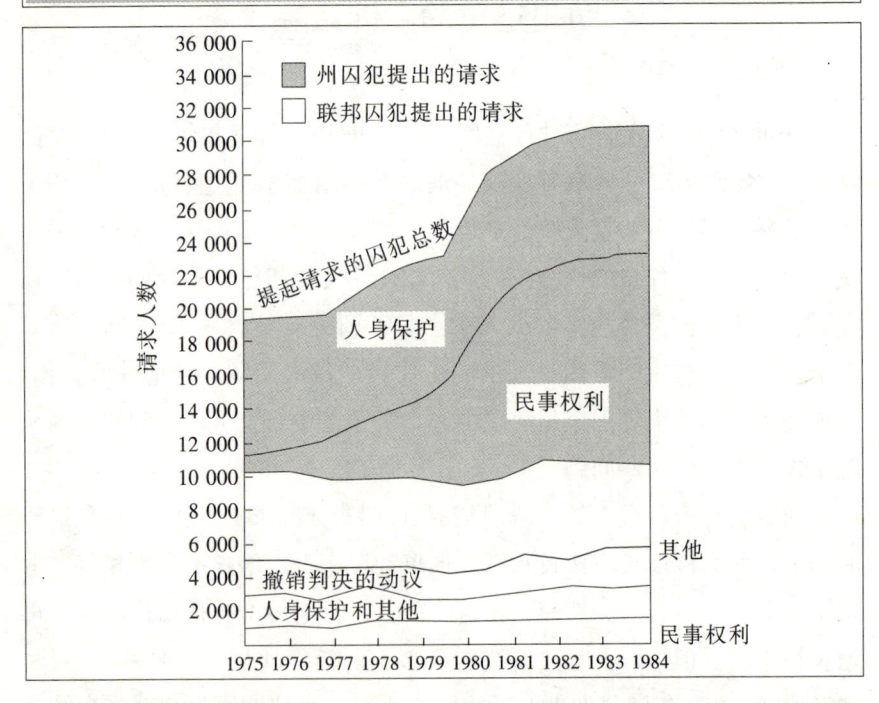

增加法官以适应日益增长的上诉案件，但法官的数量却远远不及上诉案件的数量。尽管 1973 年到 1983 年间所有的民事和刑事上诉案件增长了 112％（在有数据的 43 个州内），但是上诉法官人数只增加了

36％。1973年，每位上诉法官平均处理85件上诉案件；到1983年，这个数字已增至每位法官处理133件上诉案件。联邦上诉法院也是这种情况。1982年三位法官组成的合议庭平均听审635件刑事和民事上诉案件。在1993年每个三位法官的合议庭平均听审902件案子（Maguire and Pastore 1994，550—551）。

出于对上诉法院过分拥挤状况的极大担忧，各州和联邦法院在20世纪60年代开始改变上诉诉讼程序。到80年代，差不多所有的上诉法院都发生了巨大的改变，包括旨在减少上诉案件、增加大法官人数或减少每个决定花费的时间的政策（Carrington et al. 1975，3）。

减少上诉案件量的努力

一系列最高法院的裁决都旨在减少囚犯向联邦法院提起的人身保护诉讼案件，限制死刑判决被复查的次数。这些裁决的总目的是增加判决的终结性和减少有机会要求完全和公平审查有罪判决的被告人进行重复的上诉。比如在 *Stone v. Powell*（1976）案的决定中，最高法院明确限制有资格要求联邦法院审查的案件量。国会通过介绍修改联邦人身保护诉讼程序的法案，限制一个案件被审查的次数和规定死刑犯在11个小时内对有罪判决提出反对后不能再等待的时间限制，这也表明了国会对这个问题的关注（Congressional Digest 1992，109）。由首席法官威廉·H·瑞恩奎斯特指派和退休的大法官刘易斯·鲍威尔主持的研究委员会在这一领域中特别富有影响力。

尽管死刑案件的联邦人身保护诉讼获得了最广泛的关注，但是，许多提议的改革目标却针对日益增长的直接上诉量。一些人已提议只有一定种类的案件能提出上诉，比如，仅限于那些被科处一定监禁期限的被告人（Hazard in Carrington et al. 1975，60）。另一些人指出轻微罪行有罪判决的上诉应该酌情考虑而不是权利上诉。因为美国宪法没有规定享有上诉的权利，所以各州可以自由地以不触犯第十四修正案平等保护条款的任何方式限制上诉途径。

美国法官准许加强囚犯保护的人身保护报告

因为美国司法会议颁布了一个限制人身保护但加强对被判处死刑囚犯保护的计划，上个月关于提高死刑案件人身保护诉讼程序效率的全国性争论又继续进行。这被认为是首席法官威廉·H·瑞恩奎斯特的一个挫折，瑞恩奎斯特法官曾指责在死刑量刑和执行之间通常发生长达几年的拖延。

争论开始于去年9月，当时退休的最高法院大法官刘易斯·F·鲍威尔主持一场讨论会，讨论会上提出对被判处死刑的囚犯对有罪判决或刑罚合宪性反对的程度要进行新的严格的限制。据报道当身为司法会议主席的首席法官瑞恩奎斯特将鲍威尔委员会报告交给国会时，惹怒了国会的一些成员。会议成员希望瑞恩奎斯特能等待由会议审查鲍威尔的建议。

由来自全国高级别的联邦法官组成的司法会议，在［1990年］3月30日的会议上讨论了这个问题，基于首席大法官的不同意见，鲍威尔委员会报告被建议进行两个方面的修改。

第一个问题，会议要求确立标准，以确保死刑罪犯由有能力的、能有充分报酬的律师代理。鲍威尔委员会只对死刑囚犯为提出人身保护而可获得律师代理的州，设立了新的人身保护限制，但是，鲍威尔委员会并没有规定律师的质量标准。司法会议认为："因为人身保护程序中的许多延误与被告人在审判一级（和州宣告有罪后的诉讼程序中）并非由有能力的律师代理的事实有关，所以，关于对死刑被告人在州和联邦死刑惩罚诉讼中的所有阶段指定和补偿律师，应该规定与1988年反毒品滥用条例中相似的明确的强制标准。"1988年毒品条例的标准规定，从事死刑案件宣告有罪后工作的律师必须至少已被承认在州上诉法院执业5年，并且至少有3年在州上诉法院处理重罪上诉案的经历。

第二个问题，司法会议实质上赞同美国律师协会专业工作组最近提出的建议。鲍威尔委员会禁止囚犯向联邦法院提起一次以上的人身保护诉讼，除非出现一些新的破坏法院科处死刑、认定有罪判决的正确性的证据。

第18章　上诉和其他宣告有罪后的救济

司法会议允许更多的案件提起额外的人身保护请求。会议认为："在下列情况下,联邦法院应该接受第二次或连续的人身保护救济的请求:救济的请求是基于囚犯在州和联邦法院以前没有提出的主张和主张没能提出是州诉讼触犯了宪法或美国的法律、最高法院承认了新的有追溯力的可享有的联邦权利所造成的,或是基于通过合理的努力不能被发现的事实推测;以及主张所依据的事实,如果被证明,足以破坏法院对陪审团裁定有罪或科处死刑或对死刑的适当性的信任。"

资料来源:重印自 Criminal Justice Newsletter. 1990. "U. S. Judges OK Habeas Report, With Greater Inmate Safeguards." *Criminal Justice Newsletter* 21 (April 2): 5—6. 重印蒙 Pace Publication 许可。

除了这些改变之外,一些法院还增加了直接上诉预先审查程序,以识别那些不该接受完全复审或提出无聊问题的案件。弗鲁德和霍鲁斯卡委员会都提议再建立一个法院,以减轻最高法院的一些工作量压力(Coleman 1983,8;Ball 1987,67—69)。弗鲁德研究组建议组建一个新的国家上诉法院,预先审查向最高法院提起的案件,由其根据事实真相裁决一些案件,并将另一些案件提交给最高法院裁决。最高法院保留对国家法院提交的案件批准调卷令的自由裁量权。霍鲁斯卡委员会建议,最高法院可以将高级法院明确认为无须最高法院复审的案件呈交给提议设立的国家上诉法院处理。

关于这些改变的结果,学者们没有达成共识。对这些救济的不同意见也反映了对上诉程序的作用和无聊上诉比例的不同观点。一些人认为所有的被告人都该享有上诉的权利,因为不准上诉是破坏法院诉讼程序本身的合法性。预先审查上诉案件意味着一些被告人被拒绝复审,没有完全对造成他们被宣告有罪的程序进行告发的机会。据一些评论家所说,这可能使被宣告有罪的罪犯对科处他们监禁的诉讼程序的公平性更加怀疑。

因为这个原因,美国律师协会总结道,"为减少无聊的上诉而引入一个审查阶段,理由基本上是不充分的"(ABA in Carrington et al. 1975，75）。而且，美国律师协会指出，在准备上诉的过程中，上诉人要求的工作量没有改变。如果上诉法官进行预先审查，他们的工作量增加，排除无聊的上诉案件并不能明显节省时间。如果审判法院进行预先审查，它的判决可上诉，同样的也不能过多地减轻上诉法院的负担。此外，法院已认为明确什么是无聊的上诉很难。"最后的分析中，无聊的案子是由最后裁决问题的法官说了算"（Sokol 1969，195）。因为无聊不是不言自明的，所以这些评论家在预先审查能公平和有效地减少上诉案件的提议中几乎没有发现任何依据。

尽管很难明确什么构成无聊的上诉，但一些批评家认为，以无聊上诉阻碍法院的被告人应受惩罚。尽管贫困的被告人上诉并不丧失什么，哈扎特认为，"如果上诉被认为缺乏重要的法律依据时，一项被宣告有罪的刑事罪犯承担上级法院更改他的判决的风险的规则是否不该被采纳，可能值得考虑"（Hazard in Carrington et al. 1975，63）。事实上大不列颠使用这种对没有正当理由的上诉的刑罚制度，规定不成功上诉的申请者自动丧失6周至9周的折减刑期分。尽管刑罚可能阻止通过有效的问题提起上诉，但美国律师协会刑事上诉标准反对在美国运用这种制度（Carrington et al. 1975，81）。

对这个问题的另一项建议是对不上诉的被告人进行补偿，给予贫困被告人在要求上诉决定中与非贫困被告人同样多的金钱奖励。按照这项提议，贫困的被告人要进行一项选择：以公共费用提起上诉，或者如果被告人放弃对有罪判决的上诉，给付其一笔与州提供一名上诉律师所花费用相等的钱。

目前，似乎只有设立预先审查得到了很大的支持，但是，惩罚无聊上诉和对不上诉给予回报几乎都没有人响应。其他处理上诉工作量压力的提议着重于增加上诉法院处理向它们提起的案件的能力问题，要么通过增加上诉法官人数，要么减少花在案件上的时间。

增加上诉法官人数

上诉法官人数从20世纪70年代至80年代增加。从1974年到1984

年，中级上诉法院的法官人数增加了 73%。很大程度上这种增加是由于三级法院系统的建立而造成的，因为这要求额外的法官。从 1975 年到 80 年代末，24 个州建立了中级上诉法院。另外，其他州通过增加上诉法官职位而扩充了上诉法官人数（Chapper and Hanson 1989，xi）。

中级上诉法院的设立承认了大体上上诉程序的双重作用。其一是审查具体案件的程序和审理结果的正确性；其二是确保案件的统一性和根据宪法和制定法向警察和法院阐述政策问题。中级上诉法院，尽管履行双重职能，但通过为具体被告人提供审查而着重于第一项作用，这使得最高法院能着重于处理一些具有严重统一和政策上的制度性的法律问题。也就是说，中级上诉法院的建立使最高级法院免予处理常规性的事务工作（Carrington et al. 1975，10）。

一些评论家表述了他们的担心，认为上诉法官人数的扩大会"因降低法官的地位和增加和谐和统一执法的难度而威胁程序的质量"（Carrington et al. 1975，3）。尽管这种情形可能会发生，但是，通过减少向上诉法院提起的案件和减少花在每个案件上的时间，对程序质量潜在的威胁可能比相对降低上诉法官的地位造成的质量减退会更严重。

减少花在案件上的时间

几项建议着重于通过充分利用有限的时间和人员使上诉法院更有效益。一项拟以节约上诉法院时间的方法在中级上诉法院很常见：由合议庭决定案件（Marvell 1989，285）。法官合议庭，一般由 3 人组成，听审案件，而不是所有的上诉法官都听审每个案件。只有非常情形下，上诉法院的全体法官出庭听审。这些情形包括：解决不同合议庭互相冲突的判决，或者当整个法院希望复议合议庭对具体案件的判决，或者当案件提出的法律问题非常重要，以至于法院认为应该以一个权威的口气对问题作出慎重的决定时。然而，大多数情况下，中级上诉法院由合议庭作出判决。

针对日益增长的案件工作量，另一种方法是增加简易处理的运用。一些案件，法院只是在口头争论结束时由法官作出口头裁决。其他案件,尤其还没有进行口头争论时,法院签署简短的书面指令,有时称为引用法官判词或备忘决定,对事实或理论基础的讨论或判决的正当理由不作大量的描述(Meader and Bernstein 1994,85)。这些做法越来越常见,绝大多数上诉法院的裁决都通过这种方式作出(Stern 1981,483)。

吉登的上诉无聊吗?

关于很难裁决一个上诉案件是否无聊可从第3章讨论过的具有界定性的 *Gideon v. Wainwright* (1963)案中窥见一斑。吉登,一位贫穷的被宣判夜盗罪的被告人,坚持宪法规定的享有律师的权利。当时,最高法院就穷困者享有律师权利问题审理的主要案件是 *Betts v. Brady* (1942)案。根据 Betts 案的判决,只有案件具有非同寻常的情形时,被告人才享有指定律师的权利。例如,如果指控非常复杂或如果被告人精神不健全,最高法院规定就必须指定律师。一个对合理的理智的被告人,比如吉登,提起的简单的夜盗罪控诉,*Betts* 案判决规定得很清楚:审判法院无须指定律师。也就是说,吉登是否享有律师的权利是法律已经确定的一个问题。在吉登向佛罗里达最高法院提起的上诉案中,州法院正确地适用了既存的美国最高法院先例。然而,最终,美国最高法院听审了吉登的主张并撤销了先前对他的判决。最高法院认为,通过第十四修正案,第六修正案要求为诸如吉登这些穷困的被告人指定律师。

如果吉登向最高法院的请求被审查认为无聊,那么这个案件的结果将会怎样?这个审查程序会阻碍法律的发展吗?由于主张无聊,上诉人的声称被拒绝不能进行复审后,上诉人还有其他的诉讼渠道吗?

这种做法已受到严厉的指责。一些学者认为,为维持上诉诉讼程序的完整性和合法性,提供裁决的书面理由是必需的:

> 当诉讼当事人和公众看见在推理程序结束时作出的决定被明示地列明,而不是一个违反法律或没有正当理由的专横的命令[判决]时,他们感到心安。尤其在没有进行口头争论的案件中,对法

院事实上已经考虑了这个案子，意见是一项重要的证明。(Carrington et al. 1976，31—32)

另一项减少上诉法院花在每个案件上的时间的建议是不用印发法官意见（Marvell 1989，282）。不印发节省了时间，因为法官不必提供案件事实的描述。另外，可以运用较不正式的书写和不要求很多的修改和斟酌（Stern 1981，486）。许多州和联邦巡回法院已经采用了规定哪些意见应该印发，哪些不必印发的政策。60%的联邦上诉法院裁决无须印发（Meador and Bernstein 1994，87）。一般来说，如果意见"有一些内容促进了对法律的理解"，那么应该印发（Stern 1981，486）。电子法律研究服务，比如西部法律和莱克塞斯，正努力使它们的数据库里能包括印发和非印发的意见。按传统，未印发的观点不能被引用或作为先例依靠。律师通过商业数据库可获得未印发的意见将改变这个传统。

另一项提高上诉法院效益的策略是减少花在口头争论上的时间。上诉法官质疑常规案件口头争论的有用性。结果，他们发现这是一条提高上诉诉讼程序效益的简易方法，尤其因为法官仍持有决定哪个案件该进行口头争论的控制权。最后，一些法院已经雇用了额外人员做一些常规工作。一些法院更多地雇用了法院书记官或将一些任务分配给中心法律工作人员。助理律师制作概要、从事法律研究，甚至为大法官草拟意见。

这些改革没有一项取得完全的成功。上诉和人身保护的申请继续增加（Maguire and Pastore 1994，550—552），但是偏离传统上诉程序的做法常常受到指责（Chapper and Hanson 1990，xii）。传统上诉实践的捍卫者和享有上诉权利的倡导者的论点大部分是基于上诉诉讼程序推定的象征性价值。这些评论家反对控制向上诉法院提起上诉或减少上诉法院诉讼程序的形式规定，因为他们害怕这些做法会破坏上诉诉讼程序的合法性，并因此而破坏整个司法制度。提议更具效益的上诉程序者认为，许多上诉是由事实上有罪而利用每次上诉机会不会丧失什么的刑事被告人所作的最后的渺无希望的努力。

上诉的结果

评判上诉的实际效用并非易事。一项对四个中级上诉法院的研究表明，只有 20% 的上诉案件造成原来的判决被撤销（Chapper and Hanson 1990, 17）。这项认定倾向于支持许多上诉没有法律依据的假设。联邦上诉法院的研究结果与此相似。到 1989 年 6 月 30 日止为期 12 个月，联邦上诉法院只有 9.3% 的刑事上诉案件撤销原判决（Arkin 1992, 515）。基于此，一些上诉诉讼程序的专家总结出，如果 80% 至 90% 上诉但判决没有被撤销的被宣告有罪的被告人能被说服放弃上诉，或被上诉法院以最低限度的努力将这些案件筛选出来，那么上诉案件量将大幅度地减少。

尽管只有一小部分的上诉能使判决撤销，但对得到撤销裁定的被告人产生的后果却是巨大的。一项研究（Roper and Melone 1981）检查了从 1975 年到 1979 年美国上诉法院退还和接受重新起诉的案件的最终处理，结果发现 40% 以上的案件最终被审判法院驳回，经常是在检察官提出动议的情况下。也就是说，检察官拒绝重新起诉上诉法院退还的案件。另外 7% 的案件重审后被宣告无罪。研究者得出程序上的权利造成案件实体结果不同的结论。当被告人在最初审判中被拒绝享有程序上的权利，那么他们被宣告有罪。案件被退回，差不多半数被告人逃脱了有罪判决。

一项对四个中级上诉法院的研究指出了检察官在成功上诉后拒绝起诉的一些理由（Chapper and Hanson 1990）。这项研究发现 32% 的上诉法院发现的歧视性错误与证据的采纳或排除有关，或者与支持宣告有罪的证据充分性裁决有关。如果上诉法院裁决关键证据不该用作宣告有罪或证据不足以充分地支持指控，检察官可能就案件退回作出他们进行诉讼没有强有力的证据，并请求驳回的结论。而且，一些案件被告人可能将要服满监禁期限，检察官可能作出由于被告人迫近的释放，案件不能保证投入额外资源的决定。

第 18 章　上诉和其他宣告有罪后的救济

桑德拉·洛奇特被宣告有罪的续篇
一个上诉案件的历程

桑德拉·洛奇特因涉及杀死一位俄亥俄的当铺老板而被宣判谋杀罪（见第 17 章对此案的记述）。洛奇特参与计划抢劫，但她在抢劫期间留在后来逃跑的车内且没有杀死店老板的故意。尽管她的同伙，阿·帕克曾扣动扳机，但他同意在审判时作证反对洛奇特以交换检察官同意不追究其死刑的答辩协议。洛奇特被宣告有罪且被判处死刑。

洛奇特首先向俄亥俄上诉法院上诉对她的有罪判决和死刑惩罚，接着又上诉俄亥俄最高法院。洛奇特声称她的案件受到有资格科处死刑的陪审团的歧视。陪审员名单中的四位人员被免职，因为他们说他们非常反对死刑，不会就死刑案件宣誓履行法律职责。洛奇特在上诉中也提出陪审团没有足够的证据认定她故意要杀死当铺老板，她主张律师违反宪法规定提供了无效的帮助。上诉法院和州最高法院驳回了她认为陪审团歧视的主张，因为陪审团有资格审理死刑案件。俄亥俄最高法院也驳回了她关于证据充分性和律师无效帮助的主张（*Ohio v. Lockett* 1976）。

洛奇特然后向美国最高法院提出允许她以贫民身份诉讼的请求，最高法院批准了她的要求（*Lockett v. Ohio* 1977）。然后洛奇特向美国最高法院请求授予她调卷令以复审案件，最高法院批准了她的请求。复审之后，最高法院肯定了有资格审理死刑案件的陪审团作出的有罪判决，但它驳回了对她的死刑惩罚。最高法院认为俄亥俄死刑制定法触犯了第八修正案和第十四修正案，因为它不允许法官考虑被告人品行和记录等有关减轻情节（*Ohio v. Lockett* 1978）。

最后，洛奇特通过联邦人身保护请求上诉对她的关押，仍旧主张她受律师无效帮助之害，并增加了法官错误指示陪审团的主张。美国地区法院驳回了这个请求，洛奇特对这个裁决提出上诉。美国第六巡回区上诉法院根据事实拒绝了她的律师无效帮助的主张，并认定她现在不能抱怨陪审团指示，因为她当时没有提出反对。行使她最后的一项上诉权利，洛奇特请求美国最高法院复审对她人身保护请求的裁决，这次最高法院拒绝了她的要求（*Lockett v. Arn* 1986）。

总　结

上诉法院处于司法诉讼程序的最高点，且只接收一小部分审判法院已诉讼的案件。被告人很少上诉，且甚至更少的被告人能成功地将他们的有罪判决撤销。然而，能利用上诉程序和上诉程序的公平在保证审判法院程序被审查，并纠正其中的错误中有着象征性的重要的作用。由于审判法院的错误而被错判有罪的被告人，上诉诉讼程序对他们具有无法估计的价值。两条通向审查有罪判决程序的主要途径是从审判法院直接上诉和民事诉讼，后者又被称为人身保护诉讼，这可能在用尽直接上诉之后再被提起。

最近几十年日益增长的上诉案件量已引起许多观察家的警觉，并且已进行一系列提高上诉法院诉讼程序效率的改革。一些学者指责这种制度无休止地允许刑事被告人上诉对他们的有罪判决。另一些人争辩，尽管一些被告人可能滥用旨在审查审判法院判决的机会，但是努力控制向上诉法院提起上诉，在对上诉法院工作量只产生很小的影响的同时，只会降低司法诉讼程序整体的合法性。

美国最高法院的判决通过增加（或减少）提起上诉的理由、加重（或减轻）审判法院诉讼程序正确性的模糊程度，和提高（或降低）州囚犯提起联邦人身保护诉讼的可能性而影响上诉法院的工作量。上诉裁决对刑事司法实践的影响不总是在决定作出时就明显地表现出来。而且，对裁决实际产生的政策影响的考虑对具体案件的裁判可能不恰当。

上诉政策不是刑事司法诉讼程序中最吸引人的部分。所以，有关上诉政策的争论一般仅限于相对较小的一群上诉法官、律师和学者之间。由于继续担心上诉工作量和有罪判决的终结性，所以这种小范围的争辩将可能继续下去。

第 18 章　上诉和其他宣告有罪后的救济

参考书目

American Bar Association Commission. 1977. *Standards Relating to Appellate Courts, Final Draft.* Chicago: American Bar Association.

Arkin, Marc M. 1992. "Rethinking the Constitutional Right to a Criminal Appeal." *UCLA Law Review* 39 (February): 503—580.

Baker, Thomas E. 1994. *Rationing Justice on Appeal: The Problems of the U. S. Courts of Appeals.* St. Paul, Minn.: West.

Ball, Howard. 1987. *Courts and Politics: The Federal Judicial System*, 2d ed. Englewood Cliffs, N. J.: Prentice—Hall.

Carrington, Paul, Winslow Christian, Wilfred Feinberg, Jerold Israel, Delmar Karlen, and Bernard Witkin. 1975. *Appellate Justice:* 1975, Vol. 1. [s. l.] Advisory Council for Appellate Justice.

Carrington, Paul, Daniel J. Meador, and Maurice Rosenberg. 1976. *Justice on Appeal.* St. Paul, Minn.: West.

Cecil, Joe S., and Donna Stienstra. 1987. *Deciding Cases Without Argument: An Examination of Four Courts of Appeals.* Washington, D. C.: Federal Judicial Center.

Chapper, Joy A., and Roger A. Hanson. 1990. "Understanding Reversible Error in Criminal Appeals." *State Court Journal* 14 (Winter): 16—18.

——1989. *Understanding Reversible Error in Criminal Appeals, Final Report.* Williamsburg. Va.: National Center for State Courts.

Coleman v. Thompson, 501 U. S. 722, 111 S. Ct. 2546 (1991).

Coleman, William T. 1983. "The Supreme Court of the United States: Managing Its Caseload to Achieve Its Constitutional Purposes."

Fordham Law Review 52 (October): 1—36.

Congressional Digest. 1992. "Federal Habeas Corpus." *Congressional Digest* (April): 102—103, 109.

Douglas v. California, 372 U. S. 353, 83 S. Ct. 814 (1963).

Duker, William F. 1980. *A Constitutional History of Habeas Corpus*. Westport, Conn.: Greenwood.

Flanagan, Timothy, and Kathleen Maguire. 1990. *Sourcebook of Criminal Justice Statistics*——1989. Washington, D. C.: U. S. Department of Justice, Bureau of Justice Statistics.

Graham v. Collins, 113 S. Ct. 892 (1993).

Griffin v. Illinois, 351 U. S. 12, 76 S. Ct. 585 (1956).

Herrera v. Collins, 113 S. Ct. 853 (1993).

Judicial Conference of the United States. 1990. Proceedings. *Annual Report of the Director of the Administrative office of the United States Courts*. Washington, D. C.: U. S. Government Printing Office.

McClesky v. Zant, 499 U. S. 467, 111 S. Ct. 1454 (1991).

Mckane v. Durston, 153 U. S. 684, 14 S. Ct. 913 (1894).

Maguire, Kathleen, and Ann L. Pastore. 1994. *Sourcebook of Criminal Justice Statistics*——1993. Washington, D. C.: U. S. Government Printing Office.

Martineau, Robert J. 1987. "Appeals and Appellate Practice." In R. J. Janosik, ed. *Encyclopedia of the American Judicial System*, Vol 2. New York: Charles Scribner's Sons.

Marvell, Thomas B. 1989 "State Appellate Court Responses to Caseload Growth." *Judicature* 72 (March): 282—291.

——1978. *Appellate Courts and Lawyers. Information Gathering in an Adversary System*. Westport, Conn.: Greenwood.

Meador, Daniel J. 1991. *American Courts*. St. Paul, Minn.: West.

第 18 章　上诉和其他宣告有罪后的救济

Meador, Daniel John, and Jordana Simone Bernstein. 1994. *Appellate Courts in the United States*. St. Paul, Minn.: West Publishing Co.

North Carolina v. Pearce, 395 U. S. 711, 89 S. Ct. 2072 (1969).

Pennsylvania v. Finlay, 481 U. S. 555, 107 S. Ct. 1990 (1987).

Peyton v. Rowe, 391 U. S. 54, 88 S. Ct. 1549 (1968).

Resnik, Judith. 1985. "Precluding Appeals." *Cornell Law Review* 70 (March): 603—624.

Roper, Robert T., and Albert P. Melone. 1981. "Does Due Process Make a Difference? A Study of Second Trials." *Judicature* 65 (September): 136—141.

Ross v. Moffitt, 417 U. S. 600, 94 S. Ct. 2437 (1974).

Sokol, Ronald P. 1969. *Federal Habeas Corpus*, 2d ed. Charlottesville, Va.: Michie.

Stern, Robert L. 1981. *Appellate Practice in the United States*. Washington, D. C.: Bureau of National Affairs.

Stone v. Powell, 428 U. S. 465, 96 S. Ct. 3037 (1976).

Traynor, Roger J. 1970. *The Riddle of Harmless Error*. Columbus: Ohio State University Press.

U. S. Bureau of Justice Statistics. 1985. *The Growth of Appeals*. Washington, D. C.: U. S. Department of Justice.

中英文对照表

佩里·梅森	Perry Mason	2
萨拉	Sarah	4
比利	Billy	4
社会契约	social contract	4
托马斯·霍布斯	Thomas Hobbes	4
约翰·洛克	John Locke	4
埃克森·瓦尔德兹	Exxon Valdez	9
威廉王子海峡	Prince William Sound	9
罗德尼·金	Rodney King	14
文图拉县	Ventura county	14
可视性	visibility	15
责任性	accountability	15
赫伯特·帕克	Herbert Packer	15
正当程序模式	due process model	15
犯罪控制模式	crime control model	15
装配线司法	assembly-linc justice	16
重审	de novo review	22

底特律法官特别法院	the special Recorder's Court of Detroit	24
司法官	magistrate	28
多县联合区	multicounty divisions	28
罗斯科·庞德	Roscoe Pound	29
提起指控	filing charge	33
案件磨损	case attrition	34
过分指控	overcharging	34
初次到庭	initial appearance	34
具结释放	released on recognizance (ROR)	34
正式审查	formal screening	35
预审听证	preliminary hearing	35
检察官起诉书	information	35
大陪审团起诉书	indictment	35
真实诉状	true bill	35
证据不足或没有根据的诉状	no-bill	35
具结审判	bindover	35
提审	arraignment	37
法庭工作群体	courtroom work group	39
威廉·瑞恩奎斯特	William Rehnquist	42
实体公正	substantive justice	43
程序公正	procedural justice	43
正当程序条款	due process clause	45
合并	incorporation	45
全部合并	total incorporation	45
有选择的合并	selective incorporation	45
犯罪控制本位	crime control-oriented	46
吉登	Gideon	49
自我归罪	self-incrimination	50
米兰达	Miranda	50
正当法律程序	due process of law	50
可能性根据	probable cause	52

美国刑事法院诉讼程序

优势证据	preponderance of the evidence	52
清楚和令人信服的证据	clear and convincing evidence	52
超出合理怀疑的证明	proof beyond a reasonable doubt	52
强制程序	compulsory process	54
悬而未决的陪审团	hung jury	54
动议	motion	55
排除规则	exclusionary rule	55
诚实	good faith	56
展示	discovery	56
伦·L·富勒	Lon L. Fuller	57
路易斯安那	Louisiana	65
血亲复仇	blood vengeance	66
被杀赔偿金	wergeld	66
征什一税	tithing	67
依据他人证词宣誓	compurgation	68
神明裁判法	ordeal	69
克拉伦登诏令	The Assize of Clarendon	69
大审判诏令	The Grand Assize	73
罗马天主教堂第四次大会议	Fourth Lateran Council of the Roman Catholic Church	73
强暴和残酷的惩罚	la peine forte et dure	74
大宪章	The Magna Carta	75
星室法院	court of star chamber	76
英美司法程序	Anglo-America judicial procedure	76
新大陆	the New World	82
伊曼纽尔·肯特	Immanuel Kant	84
《自由本体》	the Body of Liberties	86
詹姆斯·麦迪逊	James Madison	88
托马斯·杰弗逊	Thomas Jefferson	88
雷内·戴维	Rene David	93
约翰·布里尔利	John Brierly	93
罗马—日耳曼法系	Romano-Germanic family	93

中文	英文	页码
民法法系	civil law system	93
普通法系	common law family	93
社会主义法系	socialist family	93
教皇格里高利九世	Pope Gregory IX	95
司法调查	judicial investigation	97
对质	confrontation	98
威斯	Wice	117
厄尔·沃伦	Earl Warren	118
瑟古德·马歇尔	Thurgood Marshall	118
桑德拉·戴·奥康纳	Sandra Day O'Connor	118
无党派选举	nonpartisan election	125
党派选举	partisan election	125
美国法官协会	the American Judicature Society	125
量才录用方案	the merit plan	125
参议院礼貌否决	senatorial courtesy	128
美国律师协会联邦司法常务委员会	the Standing Committee on the Federal Judiciary of the American Bar Association（ABA）	128
参议院司法委员会	the Senate Judiciary Committee	128
克拉伦斯·托马斯	Clarence Thomas	129
罗伯特·博克	Robert Bork	129
安尼塔·希尔	Anita Hill	129
杰罗姆·弗兰克	Jerome Frank	131
罗伯特·萨特	Robert Satter	132
判决前报告	presentence report	133
因藐视法庭被传讯	citation for contempt	133
辅助人员	support personnel	134
法院书记官	clerk of court	134
联邦最高法院集中管理办公室	centralized Administration Office of the Court	136
《联邦综合犯罪控制和安全街道法》	the Federal Omnibus Crime Control and Safe Streets Act	136
法院管理员	court administrator	136

581

书记员	law clerk	138
弗兰克·M·科芬	Frank M. Coffin	138
《九条道德准则》	the Nine Canons of Ethics	139
《道德约因》	ethnical consideration	139
《职业行为标准规则》	the Model Rules of Professional Conduct	140
美国律师协会代表委员会	the ABA House of Delegates	140
《司法行为示范法典》	the Model Code of Judicial Conduct	140
阿伯特·卡勒	Albert Kale	140
检察长	attorney general	148
合众国检察官	U. S. attorney	148
鲁道夫·圭里阿尼	Rudolph Guiliani	149
早期案件衡审局	the Early Case Assessment Bureau（ECAB）	152
海尔布鲁纳	Heilbroner	152
横式诉讼	horizontal prosecution	159
竖式诉讼	vertical prosecution	159
乔纳森·卡斯帕	Jonathan Casper	170
律师—委托人特权	attorney-client privilege	172
O. J. 辛普森	O. J. Simpson	176
约翰尼·科查伦	Johnnie Cochran	176
F. 李·贝利	F. Lee Bailey	176
艾伦·德希维兹	Alan Dershowitz	176
刑事辅导课程	criminal crash course	180
权利项目	entitlement program	184
辅助辩护项目	defense advocacy program	184
分流项目	diversion program	184
时效制定法	the statute of limitation	193
刑事告发书	the criminal complaint	193
延缓起诉	deferred prosecution	194
较少包括的罪行	lesser included offenses	195
系统效益模式	the system efficiency model	197
实物证据	real evidence	198

文书证据	documentary evidence	198
直接证据	direct evidence	198
旁证	circumstantial evidence	198
言词证据	testimonial evidence	199
物证	physical evidence	199
指控协商会	charging conference	200
调查的大陪审团	investigative grand jury	201
指控的大陪审团	charging grand jury	201
法定充分模式	legal sufficiency model	201
审判充分模式	trial sufficiency model	201
杰夫·吉罗力	Jeff Gillooly	202
斯通	Stone	202
托尼亚·哈丁	Tonya Harding	202
南希·克利根	Nancy Kerrigan	203
佐证	corroboration	203
戴维·海伯劳纳	David Heibroner	203
米尔顿·休曼	Milton Heumann	208
夸张指控	piling on charges	208
签发抛弃的指控	issuing throw-away charges	208
床单布	bed sheeting	208
指控指南	charging guideline	209
治安法院	justice of the peace court	215
治安法官	justice of the peace (JPs)	215
案件打印	case-typing	219
马尔科姆·菲利	Malcolm Feeley	220
塞缪尔·戴思	Samuel Dash	222
莫里恩·迈尔斯基	Maureen Mileski	223
审前协商会	pretrial conference	224
每日罚金	day-fines	226
执法和司法管理总统委员会	the President's Commission on Law Enforcement and the Administration of Justice	227
替代的纠纷解决方式	alternative dispute resolution	228

中文	英文	页码
无论如何不得释放	deny release on any release	235
传票	citation	238
附条件释放	conditional release	239
无押金保证	unsecured bond	239
签名保证	signature bond	239
全国毒品控制战略	the National Drug Control Strategy	240
现金保释	cash bail	241
百分之十替代	ten percent alternative	241
定金保证	deposit bond	241
保证人保证	surety bond	241
保释担保	bail bonding	241
保释金明细表	bail schedule	241
保释保证人	bondsman	242
私人利益本位买卖	private profit-oriented business	243
维拉研究所	Vera Institute	244
曼哈顿保释工程	the Manhattan Bail Project	244
罗伯特·肯尼迪	Robert Kennedy	244
《联邦保释改革法》	the Federal Bail Reform Act	244
不到庭率	failure-to-appear（FTA）rate	245
保释决定	bail decision	246
凯思琳·戴利	Kathleen Daly	250
莱兹研究所	the Lazar Institute	251
预防拘押	preventive detention	254
罗斯福·丹尼尔斯	Roosevelt Daniels	254
秘密的预防拘押	sub rosa preventive detention	255
沃伦·伯格	Warren Burger	255
爱德华·肯尼迪	Edward Kennedy	255
保释指南	bail guidelines	260
证据辩护	evidence advocacy	266
实质性	materiality	266
证明性	probity	266
科学证据	scientific evidence	267

激动的表述	excited utterance	268
自发承认	spontaneous admission	269
特免权交谈	privileged communication	270
免予起诉	immunity from prosecution	275
应用和派生应用免除	use and derivative use immunity	275
检察官起诉书型司法管辖区	information jurisdiction	278
消耗率	attrition rate	281
再次提起指控	refiling charge	282
工作成果	work product	283
对等补偿	quid pro quo	291
明示谈判	explicit negotiation	291
默示协议	implicit agreement	291
意见统一模式	consensus model	294
审判刑罚	trial penalty	296
艾伯特·阿尔素勒	Albert Alschuler	297
约翰·保罗·赖恩	John Paul Ryan	297
詹姆斯·阿尔菲尼	James Alfini	297
安德森	Anderson	298
指控交易	charge bargaining	299
刑罚交易	sentence bargaining	299
空洞允诺	hollow promise	300
布鲁克林桥	the Brooklyn Bridge	301
报复起诉	vindictive prosecution	301
真正罪行量刑	real offense sentencing	307
缓答辩	slow plea	309
斯蒂芬·舒尔豪福	Stephen Schulhofer	309
无争论答辩	no contest plea	314
不愿争论	nolo contendere	314
阿尔弗德答辩	Alford Plea	314
明知的	knowing	316
理智的	intelligent	316

自愿的	voluntary	316
海斯	Hayes	316
威廉·F·麦克唐纳	Williams F. Mcdonald	318
拒绝答辩	stands mute	322
限制行为能力辩护	diminished capacity defense	326
丽塔·西蒙	Rita Simon	326
戴维·艾伦森	David Aaronson	326
丹尼尔·麦纳顿	Daniel M'Naghten	328
罗伯特·皮尔爵士	Sir Robert Peel	328
爱德华·德拉蒙德	Edward Drummond	328
麦纳顿规则	M'Naghten rule	328
不能控制冲动检验	irresistible impulse test	328
德赫姆规则	Durham rule	329
约翰·欣克利	John Hinckley	329
有罪但是精神病	guilty but mentally ill	330
错误身份辩护	mistaken identity defense	338
肯定性辩护	affirmative defense	338
迈克尔·D·马库斯	Michael D. Marcus	338
正当理由	justification	341
责任免除	excuse	341
自我防卫	self-defense	341
他人防卫	defense of others	341
受殴打配偶综合症	battered spouse syndrome	341
创伤后的精神紧张紊乱	posttraumatic stress disorder	341
紧急避险辩护	necessity defense	343
胁迫	duress	343
不在犯罪现场的辩护	alibi	344
示意证据	demonstrative evidence	345
说明真相	voir dire	348
审判地点的改变	change of venue	351
同等人的陪审团	jury of peers	357
陪审员召集名单中的人员	venire	357

候补陪审员	talesman	357
陪审员名单	panel	357
杜伦规则	Duren rule	357
回避	recuse (remove)	358
替换法官动议	motion for substitution of judge	358
歧视保证书	affidavit of prejudice	358
陪审团总名单	master jury list	360
陪审团轮	jury wheel	360
要求陪审员回避	challenge to the array	360
陪审团召集令	venire	360
强制回避	peremptory strike	360
有理回避	challenge for cause	361
隔离	sequestration	366
开场陈述	opening statement	366
无结尾的问题	open-ended question	368
诱导性的问题	leading question	368
直接询问	direct examination	368
交叉询问	cross-examination	368
（法官）席边协商会	sidebar conference	368
反对	object	368
否决	overrule	368
支持	sustain	368
史蒂文·戈尔德伯格	Steven Goldberg	370
亨利·B·罗斯布莱特	Henry B. Rothblatt	371
歇诉	rest	371
直接裁决	directed verdict	371
反驳证人	rebuttal witness	372
最后辩述	closing argument	372
法庭辩论总结	summation	372
指示陪审团	charging the jury	373
逐一询问陪审员	poll the jurors	377
尽管裁决但宣告无罪	acquittal notwithstanding the verdict	377

宣告有罪的判决	judgement of conviction	378
法定处罚结构	the statutory penalty structure	381
杰里米·边沁	Jeremy Bentham	382
普遍的威慑	general deterrence	382
特定的威慑	specific deterrence	382
再犯率	recidivism rate	382
使能力丧失	incapacitation	383
社会防范	social defense	383
有选择性地使能力丧失	selective incapacitation	383
高犯罪率的罪犯	high-rate offender	383
归复	rehabilitation	383
罗伯特·马丁森	Robert Martinson	384
约翰·R·怀特黑德	John R. Whitehead	384
史蒂文·P·莱博	Steven P. Lab	384
同态复仇法	lex talionis	384
报应	retribution	385
恢复原状	restitution	385
应得的惩罚	just deserts	385
詹姆斯·W·马考特	James W. Marquart	387
乔纳森·R·索伦森	Jonathan R. Sorenson	387
弗门	Furman	387
切萨雷·贝卡里亚	Cesare Beccaria	387
约翰·亚当斯	John Adams	387
本杰明·富兰克林	Benjamin Franklin	387
贵格会教徒	Quaker	387
国家犯罪和青少年犯罪委员会	the National Council on Crime and Delinquency	388
琼·彼得斯利	Joan Petersilia	389
分开的刑罚	split sentence	390
震撼缓刑	shock probation	390
监视居住和电子监控	house arrest and electronic monitoring	391
严密监管缓刑	intensive supervision probation	393

中文	英文	页码
斯塔滕岛	Staten Island	394
社区服务	community service	395
被害人影响陈述	victim impact statement	398
埃德娜·埃瑞兹	Edna Erez	399
帕梅拉·托图杜那图	Pamela Tontodonato	399
刑罚不等	sentence disparity	400
哈里·凯尔文	Harry Kalven	401
汉斯·泽塞尔	Hans Zeisel	401
解放假说	liberation hypothesis	401
不确定量刑	indeterminate sentencing	401
确定量刑	determinate sentencing	401
统一量刑	flat sentencing	402
优良表现时间	good time	402
释放许可证制度	ticket-of-leave system	402
推定量刑	presumptive sentencing	402
量刑指南	sentencing guideline	403
强制刑	mandatory sentence	403
三次打击，你完了	three strikes and you're out	403
有资格假释的日期	parole eligibility date	403
强制释放日期	mandatory release date	403
总会计事务所	the General Accounting Office	407
威姆斯原则	Weems doctrine	408
凯西亚·斯波恩	Cassia Spohn	409
杰丽·塞德布劳姆	Jerry Cederblom	409
直接上诉	direct appeal	417
间接复审	collateral review	417
人身保护令状	writ of habeas corpus	417
权利的上诉	appeal of right	420
中间上诉	interlocutory appeal	420
身份依据	standing	420
法院的朋友答辩状	amicus curiae briefs	422
威廉·J·布伦南	William J. Brennan	423

同意的意见	concurring opinion	423
反对的意见	dissenting opinion	424
可撤销的过错	reversible error	424
无害过错	harmless error	424
复审	rehearing	425
复议	reconsideration	425
调卷令	writ of certiorari	426
司法法案	the Judiciary Act	427
以贫民身份免付诉讼费	in forma pauperis	427
弗鲁德研究委员会	the Freund Study Commission	429
霍鲁斯卡委员会	the Hruska Commission	429
刘易斯·鲍威尔	Lewis Powell	431
哈扎特	Hazard	433
合议庭	panel	435
全体法官出庭听审	en banc	435
法官判词	per curiam	435
备忘决定	memorandum decisions	435
西部法律和莱克塞斯	Westlaw and Lexis	435

当代世界学术名著·第一批书目

心灵与世界	[美]约翰·麦克道威尔
科学与文化	[美]约瑟夫·阿伽西
从逻辑的观点看	[美]W.V.O.蒯因
自然科学的哲学	[美]卡尔·G·亨普尔
单一的现代性	[美]F.R.詹姆逊
本然的观点	[美]托马斯·内格尔
宗教的意义与终结	[加]威尔弗雷德·坎特韦尔·史密斯
帝国与传播	[加]哈罗德·伊尼斯
传播的偏向	[加]哈罗德·伊尼斯
世界大战中的宣传技巧	[美]哈罗德·D·拉斯韦尔
一个自由而负责的新闻界	[美]新闻自由委员会
机器新娘——工业人的民俗	[加]马歇尔·麦克卢汉
报纸的良知——新闻事业的原则和问题案例讲义	[美]利昂·纳尔逊·弗林特
传播与社会影响	[法]加布里埃尔·塔尔德
模仿律	[法]加布里埃尔·塔尔德
传媒的四种理论	[美]威尔伯·施拉姆 等
传播学简史	[法]阿芒·马特拉 等
受众分析	丹尼斯·麦奎尔
写作的零度	[法]罗兰·巴尔特
符号学原理	[法]罗兰·巴尔特
符号学历险	[法]罗兰·巴尔特
人的自我寻求	[美]罗洛·梅
存在——精神病学和心理学的新方向	[美]罗洛·梅
存在心理学——一种整合的临床观	[美]罗洛·梅
个人形成论——我的心理治疗观	[美]卡尔·R·罗杰斯
当事人中心治疗——实践、运用和理论	[美]卡尔·R·罗杰斯

万物简史	[美]肯·威尔伯
动机与人格(第三版)	[美]亚伯拉罕·马斯洛
历史与意志:毛泽东思想的哲学透视	[美]魏斐德
中国的共产主义与毛泽东的崛起	[美]本杰明·I·史华慈
毛泽东的思想	[美]斯图尔特·R·施拉姆
仪式过程——结构与反结构	维克多·特纳
人类学、发展与后现代挑战	凯蒂·加德纳,大卫·刘易斯
结构人类学	[法]克洛德·列维-斯特劳斯
野性的思维	[法]克洛德·列维-斯特劳斯
面具之道	[法]克洛德·列维-斯特劳斯
嫉妒的制陶女	[法]克洛德·列维-斯特劳斯
社会科学方法论	[德]马克斯·韦伯
无快乐的经济——人类获得满足的心理学	[美]提勃尔·西托夫斯基
不确定状况下的判断:启发式和偏差	[美]丹尼尔·卡尼曼 等
话语和社会心理学——超越态度与行为	[英]乔纳森·波特 等
社会网络分析发展史——一项科学社会学的研究	[美]林顿·C·弗里曼
自由之声——19世纪法国公共知识界大观	[法]米歇尔·维诺克
官僚制内幕	[美]安东尼·唐斯
公共行政的语言——官僚制、现代性和后现代性	[美]戴维·约翰·法默尔
公共行政的精神	[美]乔治·弗雷德里克森
公共行政的合法性——一种话语分析	[美]O.C.麦克斯怀特
后现代公共行政——话语指向	[美]查尔斯·J·福克斯 等
政策悖论:政治决策中的艺术(修订版)	[美]德博拉·斯通
行政法的范围	[新西]迈克尔·塔格特
法国行政法(第五版)	[英]L·赖维乐·布朗,约翰·S·贝尔
宪法解释:文本含义,原初意图与司法审查	[美]基思·E·惠廷顿

英国与美国的公法与民主	[英]保罗·P·克雷格
行政法学的结构性变革	[日]大桥洋一
权利革命之后:重塑规制国	[美]凯斯·R·桑斯坦
规制:法律形式与经济学理论	[英]安东尼·奥格斯
阿蒂亚论事故、赔偿及法律(第六版)	[澳]波得·凯恩
意大利刑法学原理(注评版)	[意]杜里奥·帕多瓦尼
刑法概说(总论)(第三版)	[日]大塚仁
刑法概说(各论)(第三版)	[日]大塚仁
英国刑事诉讼程序(第九版)	[英]约翰·斯普莱克
刑法总论(新版第2版)	[日]大谷实
刑法各论(新版第2版)	[日]大谷实
日本刑法总论	[日]西田典之
日本刑法各论(第三版)	[日]西田典之
美国刑事法院诉讼程序	[美]爱伦·豪切斯泰勒·斯黛丽,南希·弗兰克
现代条约法与实践	[英]安托尼·奥斯特
刑事责任论	[英]维克托·塔德洛斯
刑罚、责任和正义——相关批判	[英]阿伦·洛雷
政治经济学:对经济政策的解释	T.佩尔森,G.塔贝里尼
共同价值拍卖与赢者灾难	约翰·H·凯格尔,丹·莱文
以自由看待发展	阿马蒂亚·森
美国的知识生产与分配	弗里茨·马克卢普
经济学中的经验建模——设定与评价	[英]克莱夫·W·J·格兰杰
产业组织经济学(第五版)	[美]威廉·G·谢泼德,乔安娜·M·谢泼德
经济政策的制定:交易成本政治学的视角	阿维纳什·K·迪克西特
博弈论经典	[美]哈罗德·W·库恩
行为博弈——对策略互动的实验研究	[美]科林·凯莫勒
博弈学习理论	[美]朱·弗登伯格,戴维·K·莱文
利益集团与贸易政策	G.M.格罗斯曼,E.赫尔普曼
市场波动	罗伯特·希勒
零售与分销经济学	罗格·R·贝当古

世界贸易体系经济学	[美]科依勒·贝格威尔，罗伯特·W·思泰格尔
税收经济学	伯纳德·萨拉尼
经济学是如何忘记历史的：社会科学中的历史特性问题	杰弗里·M·霍奇逊
通货膨胀、失业与货币政策	罗伯特·M·索洛 等
经济增长的决定因素：跨国经验研究	[美]罗伯特·J·巴罗
全球经济中的创新与增长	[美]G.M.格罗斯曼，E.赫尔普曼
美国产业结构（第十版）	[美]沃尔特·亚当斯，詹姆斯·W·布罗克
制度与行为经济学	[美]阿兰·斯密德
企业文化——企业生活中的礼仪与仪式	特伦斯·E·迪尔 等
组织学习（第二版）	[美]克里斯·阿吉里斯
企业文化与经营业绩	[美]约翰·P·科特 等
系统思考——适于管理者的创造性整体论	[英]迈克尔·C·杰克逊
组织学习、绩效与变革——战略人力资源开发导论	杰里·W·吉雷 等
组织文化诊断与变革	金·S·卡梅隆 等
社会网络与组织	马汀·奇达夫 等
美国会计史	加里·约翰·普雷维茨 等
新企业文化——重获工作场所的活力	特伦斯·E·迪尔 等
文化与组织（第二版）	霍尔特·霍夫斯泰德 等
实证会计理论	罗斯·瓦茨 等
组织理论：理性、自然和开放的系统	理查德·斯科特 等
管理思想史（第五版）	丹尼尔·A·雷恩
后《萨班斯—奥克斯利法》时代的公司治理	扎比霍拉哈·瑞扎伊
财务呈报：会计革命	威廉·比弗
当代会计研究：综述与评论	科塔里 等
管理会计研究	克里斯托弗·查普曼 等
会计和审计中的判断与决策	罗伯特·阿斯顿 等
会计经济学	约翰·B·坎宁

Ellen Hochstedler Steury

Nancy Frank

Criminal Court Process

COPYRIGHT © 1996 By WEST PUBLISHING COMPANY

图书在版编目（CIP）数据

美国刑事法院诉讼程序/［美］斯黛丽，弗兰克著；陈卫东，徐美君译
北京：中国人民大学出版社，2002
（当代世界学术名著）
ISBN 978-7-300-03837-7

Ⅰ.美…
Ⅱ.①斯…②弗…③陈…④徐…
Ⅲ.刑事诉讼-诉讼程序-研究-美国
Ⅳ.D971.252

中国版本图书馆CIP数据核字（2001）第044990号

当代世界学术名著
美国刑事法院诉讼程序
［美］爱伦·豪切斯泰勒·斯黛丽（Ellen Hochstedler Steury） 著
　　南希·弗兰克（Nancy Frank）
陈卫东　徐美君　译
何家弘　校

出版发行	中国人民大学出版社				
社　址	北京中关村大街31号		邮政编码	100080	
电　话	010-62511242（总编室）		010-62511398（质管部）		
	010-82501766（邮购部）		010-62514148（门市部）		
	010-62515195（发行公司）		010-62515275（盗版举报）		
网　址	http://www.crup.com.cn				
	http://www.ttrnet.com（人大教研网）				
经　销	新华书店				
印　刷	北京东君印刷有限公司				
规　格	155 mm×235 mm　16开本		版　次	2002年1月第1版	
印　张	38.25 插页2		印　次	2009年1月第2次印刷	
字　数	547 000		定　价	77.00元	

版权所有　侵权必究　　印装差错　负责调换